사회주의 사상사

사회주의 사상사

박호성 지음

사회평론아카데미

사회주의 사상사

2025년 9월 11일 초판 1쇄 찍음
2025년 9월 19일 초판 1쇄 펴냄

지은이 박호성

편집 김천희 · 김찬호
디자인 이수경 · 김진운
마케팅 유명원

펴낸이 윤철호
펴낸곳 ㈜사회평론아카데미
등록번호 2013-000247(2013년 8월 23일)
전화 02-326-1182
팩스 02-326-1626
주소 03993 서울특별시 마포구 월드컵북로6길 56
이메일 academy@sapyoung.com
홈페이지 www.sapyoung.com

ISBN 979-11-6707-199-6 93300

저술을 빙자하여 슬하를 떠나 강화도에서 나 홀로 혼밥과 만행(萬行)을 일삼도록 윤허해준 경외하는 나의 아내, 윤덕희 교수의 저간의 관용지덕(寬容之德)에 깊은 감사를 표하며…

차례

저자 서문 디딤돌 9

초짜 교수의 사회주의 강의 10
'돌아온 장고'의 회억 ; '부활한' 「사회평론」 19
'호랑이의 자유'와 '앵무새의 평등' 26
강화도 윤슬 35

제1장 서론 49

I. 왜 쓰는가? 57
II. 무엇을, 어떻게 쓰는가? 64

제2장 개념 정리 71

I. 사회주의의 개념 73
II. 사회주의의 기본정신 89

제3장 플라톤, 고대의 마르크스주의자인가? 97

I. 인간관 및 이상국가론 106
II. 공산주의 사상의 요체 119
III. 소결 129

제4장 유토피아(공상적) 사회주의 143

I. 유토피아의 개념 및 기능 144
II. 유토피아 사회주의의 유형 151
1. 토마스 모어 153
2. 캄파넬라 170
3. 생시몽 192
4. 로버트 오웬 214
III. 소결 248

제5장 마르크스주의의 본질: 혁명의 이데올로기인가, 혁명적 방법론인가 253

I. 마르크스주의 혁명론과 영국 265
II. 마르크스주의 혁명론의 좌절 272
III. '성부 마르크스', '성자 엥겔스', '성신 레닌' 280

제6장 사회민주주의의 실체 295

I. 사회민주주의의 역사적 전개 과정 302
사회민주주의의 생성과 전개 304
II. 사회민주주의의 특성, 독일 사회민주주의를 중심으로 309
정치적 저항의 '독점' 320
이론과 실천의 괴리 323
개량주의의 점진적 관철 327
1860년대, 독일 민족통일의 사회경제사적 배경 341
1866년 보·오 전쟁과 노동운동: "선민주, 후통일"과 "선통일, 후민주" 전략 간의 갈등 347
1870-1871년 보·불 전쟁에 대한 사회민주주의 노동운동의 입장 349
'사회주의자 탄압법'과 노선갈등 353
비스마르크 시대, 노동운동·민족운동·민주화운동의 상호관계, 그리고 한국 362
III. 사회민주주의와 민주사회주의 382
IV. 자유민주주의와 사회민주주의 411

제7장 소련 및 동유럽 공산권의 붕괴 433

I. 마르크스·엥겔스와 러시아 혁명, 그리고 레닌 및 스탈린 435
II. 마르크스주의·레닌주의·스탈린주의 445
1. 레닌의 '전위당' 이론 457
2. 레닌주의와 '1당 독재' 461
3. 스탈린주의의 본질 466
III. 혁명 전후, 소련의 사회·경제 472
소련의 평등 현실 484
IV. 소련 및 동유럽 공산권 몰락의 역사적 의의 510

제8장 결론 523

사회주의의 기본정신 526

에필로그 542

시장과 광장 548
자본주의와 사회주의, 그리고 대한민국의 미래 562

참고문헌 569
찾아보기 582

저자 서문

디딤돌

사실 이 책이 이렇게 늠름한 모습으로 세상의 빛을 보기까지에는 눈에 잘 띄지 않는 여러 은덕들이 소금에 절인 배추처럼 몰래 숨죽여 깃들어 있다. 그런 탓에 쇠락한 정원의 앙상한 나뭇가지같이 오래된 행적들이 오랜만에 단비를 맞은 듯 홀연히 되살아나는 듯하다. 하지만 얘기가 길어질 것만 같아, 벌써부터 불안해지기 시작한다.

그런데 그간 대체 무슨 일이 있었던 것일까…?

초짜 교수의 사회주의 강의

어쨌든 이 책의 주제인 '사회주의' 문제가 나에겐 애초부터 유별난 품새로 다가온 것만 같다.

독일통일 전 서베를린 대학에서 끙끙거리며 박사과정을 겨우 끝내고 허접한 박사학위증을 하나 들고 귀국한 직후인 1980년대 후반, 하늘의 도움으로 서강대학교 정치외교학과가 나를 불러주어 운 좋게도 정치사상 전공교수로 무사히 안착할 수 있게 되었다. 원래부터 사람 냄새 나는 정치학도가 되고 싶은 게 나의 꿈이긴 했었다. 하지만 교수의 권위가 일상적으로 다이아몬드처럼 숭고하게 빛나는 독일 대학 맛을 오랫동안 체험한 탓인지, 무엇보다 '교수'라는 호칭부터가 몹시 눈에 거슬렸다.

게다가 첫 출발부터가 버거웠다. 행인지 불운인지, 어리바리한 새파란 새내기 교수에겐 종잡기 힘든 일들이 줄을 이었기 때문이다. 하필 그 무렵은 대학운동권이 비타민처럼 활기 차 있을 때였다. 그런데 당시 그것은 민족문제를 중시하는 이른바 NL(민족해방파)와 계급문제를 우선시하는 PD(민중민주파)로 양분되어 서로 불꽃 튀기는 쟁투를 벌이던 시절이었다.

더구나 정치사상 및 이념 전공인 초짜교수로서, 나는 이처럼 간고한 시대상황의 막중한 손사래를 피할 도리가 없어 보였다. 새내기 교수인 나에게 부과된 난생 첫 강좌 역시 대단히 과감한 것으로서, 막 새로이 신설된 것처럼 보이는 것들이었다. 흥미롭게도 'NL 및 PD용' 신장 과목들이 우박 쏟아지듯 나에게 하사된 것이다.

NL과 관련해서는, 요컨대 학생들 사이에서 이른바 '민제'로 불리던 「민족주의와 제국주의」, 반면에 PD 쪽으로는 소위 '사정사'로 통용되던 「사회주의 정치사상」, 이 두 과목이었다. 얼핏 보기에도 수강생의 주류는 대체로 운동권 학생들인 성싶을 정도였다. 대형 강의실인데도, 터져나갈 것만 같았다. 그리고 마치 운명이기나 한 것처럼, 이 과목들이 정년퇴임 때까지 그럭저럭 나를 동행했던 것 같다.

세상에 태어나 난생 처음으로 으스스한 대학 강단이란 데 서 보는 애송이 신임교수에겐, 과목의 속성도 그러려니와 어쨌든 저절로 긴장감이 자연스레 엄습할 수밖에 없었다.

하여튼 대형 강의실에 가득 찬 수백 개의 헤드라이트 같은 눈빛들이 나를 쏘아보는 강단에 섰다. 이 녀석들도 완전 새내기 교수가 어떤 짓거리를 풀어놓을지 몹시 궁금하기도 했을 터였다.

그러나 어떤 성향과 유형이든지 간에, 청중이란 무조건 두려운 존재다. 내가 하는 말을 열심히 듣고나 있긴 한 것인지, 아니면 알바나 등록금 걱정을 하고 있는 중이거나 어젯밤에 마신 술이 아직 깨지 않아 속으로는 계속 트림을 하고 있을지, 또는 자신을 차버린 한때의 파트너를 곱씹고 있을지, 그렇지 않으면 소위 교수라는 나를 속으로 타박 놓고 있을지…, 좌석에 앉아 있는 녀석들의 머릿속이 도대체 어떤 상념으로 가득 차 있을 지, 알아낼 길이 막막할 수밖에 없는 것은 정해진 이치였다.

이런 면에서, 정치인들은 역시 지극히 출중한 인물들임에 틀림없는 것 같다. 선거운동 연설할 때도 이 무시무시한 청중이 가능한 한 단 한 명만이라도 더 모여주기만을 그렇게도 갈망하지 않는가.

하기야 이런 강의에 별탈이 없을 수 있으랴. 한번은 강의 와중에 흥미진진한 사태가 벌어진 것이다.

11시에 시작해 12시에 끝나도록 되어 있는 이른바 '사정사' 강의 시간에, 재미있는(?) 소극이 하나 무대에 올랐다. 학교의 규정에 따라 조교가 출석을 확인한 후, 1, 20분 정도 지나면 노상 한 학생이 꼭 뒷문으로 핫바지 방귀 새듯 강의실을 슬그머니 빠져나가는 게 아닌가. 한 달이 넘도록 이 특이한 행사는 그칠 줄 몰랐다. 그러자 호기심과 불안감이 동시상영하듯 서서히 발동하기 시작했다. 혹여나 그 녀석 건강에 무슨 이상 징후라도 있어서 그런 건 아닌지 우려되어, 하는 수 없이 하루는 그를 불러 세울 수밖에 없었다. 그리고 그 연유를 물었다. 그런데 그 학생은 지나칠 정도로 태연하고 솔직담백했다. 자기를 가르치고 있는 선생이 어떠한 충격에 휩싸일지 하는 것에 대해서는 눈곱만한 관심조차 없는 듯, 지극히 간단명료한 대답이 자연스럽게 돌아 나왔다. "좀 더 늦게 식당에 가면 줄서서 오래 기다려야 하기 때문에, 할 수 없이 강의 도중에 일찍 자리를 뜰 수밖에 없노라"는 답변이 무덤덤하게 되돌아온 것이다. 난생 첫경험이라 그랬을까, 충격이 적잖았다. 식당의 시설미비를 나무라야 할지, 아니면 학생식당 점심 밥 한 그릇에도 미치지 못하는 수준 미달의 내 저급한 강의수준을 자책해야 할지, 한동안 망연자실할 수밖에 없었다.

하지만 나는 그 학생에게서 큰 가르침을 전수받았다. 덕분에 보다 세심하게 하나씩 확인해가며 깨우쳐나갈 수 있게 되었다. 교수생활을 시작한 지 그리 긴 시간이 흐르지 않아, 우리 대학의 어두운 그림자와 씁쓸한 양상이 뼈저리게 감촉되기 시작한 것이다.

기대와는 달리, 우리 대학은 인품과 애정이 서로 어우러져 진리와 지혜를 뼈아프게 추구해나가는 건실한 수련장이 아니었다. 그 대신 사회적으로 잘 팔리는 지식만을 눈치껏 싼값으로 적당히 사고파는 대형할인매장으로 전락해가고 있는 것처럼 보였다. 그야말로 지식의 바겐세일과 '가격파괴'가 연일 성행하고 있는 공설시장과 다를 바 없이 비친 것이다. 무엇보다 등록금을 갖다 바친 대학생이라면 누구든지를 가리지 않고, 동일한 강의와 교육을 이수 받을 동등한 기회를 향유할 수 있기 때문이다. 이러한 현실은 어찌 보면 '기회균등의 원칙'을 성가처럼 예찬하고 있는 자유민주주의 체제의 난맥상일지도 모른다.

물론 이 기회균등의 원칙은 모든 개인이 자신의 소질과 능력을 자유롭게 개발할 평등한 권리와 기회를 소유할 뿐만 아니라, 동일한 업적에 대해서는 동일하게 보상받을 수 있다고 선언한다. 그것은 곧 모든 사회제도에 대한 접근을 모든 사람에게 균등하게 개방한다는 원칙을 밝히는 것이다. 거기에는 혈통이니, 종교적 배경이니, 가문이니, 성별이니 하는 등등의 객관적 여건이 아니라, 오직 개인의 주관적 능력과 소질만이 결정적인 규정요소로 작용하게 된다.

비유컨대 모든 사람을 – 그들이 지체부자유자든, 건강한 청년이든, 재벌집 자식이든, 달동네의 아이든지를 가리지 않고 – 100m 출발선 위에 공평하게 똑같이 세워 놓고 자유롭게 달리기 경주를 시키는 경우와 흡사한 것이다. 한 학자의 날카로운 지적처럼, 이 기회의 균등은 "가장 무능한 자와 가장 유능한 자에게 성공을 위한 경주의 평등한 출발을 부여"하는 것이나 다를 바 없다.[1] 그러한 실정이니, "법은 정의롭다. 그것은 빵을 훔친 죄로 부자와 가난뱅이를 평등하게 처벌한다"는 야유가 터져 나올 법하지 않으랴. 문예가들은 더욱 신랄하다. 예컨대 노벨 문학상까지 수상한 아나톨 프랑스(Anatole France)는 이런 경구를 날린 적이 있다. "법은, 그 장엄한 평등 속에서, 가난한 사람뿐만 아니라 부자에게도 다리 밑에서 자고, 거리에서 구걸하고, 빵을 훔치는 것을 금하고 있다."[2] 영국 시인도 가세한다. 윌리엄 블레이크(William Blake)도 "사자와 소를 위한 하나의 법(one law)은 억압이다"라는 글 화살을 날리고 있다.[3] 어쨌든 대학에서도 마찬가지로 '취업파'든, 학구파든, 아니면 오로지 '졸업장 쟁취파'든지를 가리지 않고, 모든 학생이 마치 이러한 기회균등의 원칙을 준수하듯이, 동일한 환경 속에서 동일한 강의와 교육을 전수받을 동등한 기회를 향유하고 있는 것이다.

한번은 강의가 하도 지루하고 재미도 없는 것 같아서, "오늘은 강

1 Friedlich(1967, 219)에서 재인용.

2 Arblaster(1987, 74)에서 재인용.

3 Green(1981, 163)에서 재인용.

의를 고만 하고, 여러분들과 흉금을 털어놓고 얘기나 좀 나누자"고 서두를 끄집어내고서는, "요즘 학생 여러분들의 최대관심사는 과연 무엇인가?" 하는 질문을 던진 적이 있었다. 오랜 침묵이 흐른 후, 어느 남학생이 손을 번쩍 들더니 "저희들은 지금 주로 '속도전'만 깊이 생각하고 있습니다!"라고 짤막하게 대답하는 게 아닌가. 나는 그 개념 속에 우리 같은 노틀들이 가까이 하기 힘든 젊은이다운 신선한 생활철학이라도 깔려 있는 게 아닐까 하는 기대를 가지고, 그게 구체적으로 무슨 의미인가 하고 되물었다. 그랬더니 그 녀석 왈, "어떻게 하면 남보다 '빨리' 대학을 졸업해서, 남보다 '빨리' 좋은 직장에 취직하고, 또 남보다 '빨리' 돈을 많이 벌 수 있을까 하는 것만 고민하고 있다는 말입니다" 하고 덧붙이는 게 아닌가. 지극히 정직한 답변이었다.

대학사회에도 역시 '빨리 빨리, 그러나 아무렇게나' 이데올로기가 지배하는 듯 여겨졌다. 특히 8·15 이후 우리 사회를 줄기차게 지배해온 규범이 있다면, 나는 그것이 한마디로 '빨리 빨리, 그러나 아무렇게나' 정신이리라 굳게 믿고 있다. 이러한 '졸속의 원리'는 조그만 도로공사에서부터 크게는 국가의 운명을 좌우할 중대한 정책결정에 이르기까지 온 사회와 나라 구석구석에 스며들지 않는 곳이 없을 정도다. 아마도 성수대교와 삼풍백화점 붕괴는 그 귀엽고 사소한 사례에 불과하리라.

그야말로 오랫동안 바로 이러한 '대충대충' 자세와 '후딱후딱 이데올로기'가 바로 우리의 보편적인 생활철학이자 정치이념이었던 것이다. 어디 그뿐이랴, 우락부락한 '한탕주의'가 또 그 옆자리에 근엄하게 똬리를 틀고 앉아 있기 일쑤다.

반면에 100여 년 전에 일본 사람이 만들어놓은 한강대교와 충무해저터널은 아직도 끄떡없이 건재하고 있다. 그런데도(아니, 어쩌면 바로 그 때문에) 우리는 예컨대 『일본은 없다』라는 책을 기어이(?) 독서 시장을 휩쓰는 베스트셀러로 만들어놓아야 직성을 푸는 민족인 것처럼 보인다.

어쨌든 그 '속도전' 강의가 끝난 직후, 이번에는 두세 명의 다른 학생들이 내 연구실로 찾아왔다. 그 친구들은, "교수님, 저희들도 드릴 말씀이 있어 찾아 왔습니다" 하고 정중히 말문을 열었다. 이 녀석들도 대단히 솔직했다. "선생님, 저희들이 나름 심중한 문제에 대해 토론 좀 하자고 하면, 저희들은 금세 소외당합니다" 하고 우울한 낯빛으로 말문을 여는 게 아닌가.

하기야 '속도전' 을 추구하는 대다수의 학생들에게 가령 정치사상과 같은 인문학적 소양과 진리가 과연 무슨 소용이 있을까. 그들은 오히려 컴퓨터라든가 영어단어, 인터넷 교재나 입사시험문제 모음집 등을 더 중시할 수밖에 없지 않으랴. 반면에 삶의 고뇌라든가 사회의 모순 등에 대해 함께 가슴을 열고 토론하고 싶어 하는 '소수파'는 대학 안에서 소외당할 수밖에 없는 안타까움에 시달리는 것처럼 비쳤다.

물론 경우는 달랐지만, 또 한번은 대학 입학시험 과정에서 앳된 한 수험생으로부터 큰 가르침을 받은 적도 있었다. 면접을 보려고 한 여학생이 면접장으로 들어섰다. 원서를 보니, '진주여고 졸업', 이렇게 쓰여 있었다. 마음을 편케 해주려고 흔히 하듯이, 그 학생에게 우선 '진주에 대해 자랑할 게 있으면 한번 해보라'라는 식의 단순한 질문으로 말문을 열었다. 그 여학생은 서슴없이 "논개요" 하고 대답하는 게 아닌가. 나는 대뜸 "그런데 학생은 논개를 어떻게 평가하나요?" 하고 추궁을 이어갔다. 그랬더니 그 녀석은, "무모하다고 생각해요" 하고 대답하는 게 아닌가. 흥미진진한 답변이었다. 또 그 이유를 다그쳐 물었더니, 그 여학생은 자신만만한 태도로 "약을 맥여서 죽이지, 왜

같이 빠져 죽나요?" 하고 자신감 넘치는 표정으로 자신의 최후진술을 끝마쳤다. 경탄할 만한 '신세대'였다. 그 수험생은 나에게 지극히 간결하게 신세대의 본성을 깨우쳐주었다. 나에게 큰 가르침을 베풀어준 그 수험생의 뛰어난 임기응변에 감동한 나머지, 나도 그에 걸맞게 뛰어난 면접점수로 보답해주었다. 대체 이 여학생이 최종적으로 합격은 했는지 하는 건, 안타깝지만 전혀 알아낼 도리는 없다. 하지만 지금은 어엿한 중년여성이 되어 있을 텐데, 지금은 아직도 꼿꼿하게 '약을 맥이는' 자세를 고수하고 있을지, 아니면 논개의 '함께 투신' 스타일로 살아가고 있을지, 헛헛하게 모든 게 궁금할 따름이다.

하여튼 강의를 해나가면서 나는 알고 있는 것과 가르치는 일이 얼마나 현격한 차이가 있는 것인가 하는 걸 몸서리치게 깨달을 수 있었다. 게다가 내가 알면 또 얼마나 알고 있으랴. 갖고 있는 지식이라 해야 지극히 소소한 정도에 불과할 수밖에 없어, 어차피 쩨쩨한 수준으로 떠벌일 수밖에 없었다. 그런데도 그걸 열심히 받아쓰는 학생대중을 앞에 두고 마치 '진리의 전도사'나 되는 것처럼 숭고한 표정으로 떠들어대어야 하는 일상이 얼마나 가슴 미어지는 일이었던지, 골리앗을 대하는 다윗의 심정이 이랬을까 하는 심정뿐이었다.

모름지기 모든 첫경험이 그러하리라 짐작되기도 하지만, 나는 내 생애 최초의 이 사회주의론 강의가 마치 심야의 암벽등반과도 흡사한 위기의식과 중압감으로 점철되었던 것으로 기억한다. 그런데 하필이면 수강생은 왜 또 그렇게 구름처럼 많이 몰려들었던지 …, 대형 강의실이 빽빽이 들어찰 정도였다. 아마도 학생들이 이 초짜 교수를 면접하기 위해 모여들었으리라 추측되기도 했지만, 말 한 마디, 한 마디가 지극히 조심스러울 수밖에 없었다. 더구나 수강생들 거의 대부분이

운동권 학생들처럼 여겨지기까지 할 정도였으니, 더욱 긴장할 수밖에 없는 노릇이었다.

그런데다가 엎친 데 덮친 격으로, 이 「사회주의 정치사상사」 강의가 하필이면 어느 중앙 일간지에 '우리나라 대학에서도 이런 강의가 개설되었다' 운운하는 박스기사로까지 게재된 적이 있었다. 그런 탓에, 안팎으로 부담과 위압감이 더욱 더 가중될 수밖에 없는 형편이었다. 내 자신이 선천적인 소인배라 매우 소심한데다 초심자의 노이로제 탓도 가세했겠지만, 강의실 안에 짬짬이 '거수자'(거동이 수상한 사람)도 눈에 띄는 것만 같았다. 더군다나 원래부터 신원이 별로 탐탁한 편이 아니었던 나에게, 이때부터 오랫동안 묘한 버릇이 하나 따라붙게 되었다. 강의를 시작하기 전에 줄곧, "학생 아닌 사람은 나가달라"라고 말문을 여는 기이한 습벽이 생겨난 것이다.

하지만 초짜교수에게 이렇게 으스스한 개척강의를 떠맡기는 게 대학 내의 신임교수 길들이기 전통의 일환인지, 아니면 소비자인 학생대중의 현실적 관심에 정성껏 부응코자 하는 대학교수 본연의 '학자적 양심'에 입각한 고차원적인 상술의 소산인지, 헤아릴 길은 막막했다. 나는 자신에게 '내가 애완견인가, 아니면 속죄양인가' 하고 쉴 새 없이 되묻는 와중에 몇 학기가 후딱 지나갔다. 이윽고 나는 지금껏 내가 살아온 삶의 방식대로, 걸림돌을 디딤돌로 만들어나가기로 작심하였다. 결국 이 강의는 내가 정년퇴임할 때까지 '중단 없는 전진'이었다.

이러한 특이한 기억과 체험 탓인지, 이 강의들이 몇 십 년 지난 지금까지도 애틋한 추억으로 내 뇌리를 맴돌고 있다. 그런 연유로 그 시절을 떠올리기만 하면, 늘 입가에 미소가 슬며시 번질 정도로 흐뭇해지곤 한다. 게다가 이처럼 내 생애 최초의 강의가 그때의 풋풋한 추억이 밑거름이 되어 이렇게 되바라진 한 권의 저서로 당돌하게 탈바꿈하고 있으니, 어찌 다시금 훈훈한 미소를 머금지 않고 배겨낼 수 있으랴….

물론 애송이 시절의 나의 이러한 망측한 행적을 못내 잘 알고 있는 주위 지인들의 부추김인들 왜 없었으랴만, 나의 대답은 노상 한결같았다. 경제상황까지 어려운데, 더구나 이런 불순한 주제의 책을 출간해낼 출판사가 이 대한민국에 어디 단 한 곳이라도 있을 수 있겠는가 하는 나의 합리적인 항변이 제법 꼿꼿이 먹혀드는 눈치를 보이는 것 같기도 하였다.

그러나 바로 그 순간에 또다시 이변이 일어났다. 조희연 전 서울시 교육감이 홀연히 등장한 것이다. 교육감으로 쓴맛, 단맛 다본 역전의 용사답게 역시 그가 해결사였다. 어찌 그런 출판사가 없으리라 경망스레 장담하는가 하는 애꿎은 표정으로 자신 있게 손사래를 치며, 나를 한심하게 여기는 눈치까지 보이며 어딘가로 전화를 거는 게 아닌가. 조 교육감은 도대체 어디에 전화를 걸었을까? 좌우지간 그 덕분에 또 하나의 자못 극적인 에피소드가 금상첨화처럼 하나 더 덧붙여지게 되었다. 어찌 흐뭇함이 배가되지 않을 수 있으랴. 나는 그저 미소만 줄곧 흘릴 따름이었다.

'돌아온 장고'의 회억 ; '부활한'「사회평론」

조 교육감이 전화를 돌린 곳은 다름 아닌「사회평론」출판사의 윤철호 사장이었다. 결국엔 극적인 랑데부가 이루어졌다. 이 애틋한 랑데부에 힘입어, 이 저술은 가시밭길을 거쳐 끝내는 꽃길을 걷게 된 셈이다. 마치 '돌아온 장고'처럼, 천신만고 끝에 이 책이 기어이 '부활한'「사회평론」으로 환생하게 된 것이다. 이 마당에 어이 또 애잔한 후일담이 빠질 수 있으랴.

거의 30여 년 전, 우여곡절 끝에 어쩌다 한 월간잡지가 창간된 적이 있었다. 그것이 바로「월간 사회평론」이었다.

물론 우리 사회가 나아가야 할 바람직한 미래상과 진로를 제시하리란 다부지고 옹골찬 목표가 내걸리긴 하였다. 하지만 잡지 출간을 위해 소요될 자금은 응당 맹탕일 수밖에 없는 형편이었다. 그런 탓에 일차적으로 벅찬 모금운동부터 서두를 수밖에 없었다.

사회상황이 워낙 열악했음에도(아니 어쩌면 바로 그 때문에), 기대 이상으로 호응은 무척 높았다. 경제적으로 부대낄 수밖에 없는 간고한 현실에 처해 있음에도 불구하고, 전국의 진보적인 학자·예술가·언론인·법조인·운동가 등등 무려 400여 명이 기꺼이 호주머니를 털어주었다. 그리하여 곤고한 형편임에도 함께 뜻을 모아 십시일반으로 탈탈 털어 내준 돈을 밑천삼아 1991년 드디어 월간잡지 하나를 창간할 수 있게 된 것이다. 자금은 부족했으나, 열성 하나만은 넘쳐났다.

그런데 이때 또다시 불가사의한 일이 하나 벌어졌다. 이 월간잡지의 편집 및 경영 등을 떠맡을 책임자를 한 사람 물색해내는 일이야말로 무엇보다도 긴급을 요하는 가장 기본적인 기초공사일 수밖에 없었음은 물론이다.

그런데 난관은 과연 누구에게 이 험난한 과업을 맡길 것인가, 그리고 과연 누가 이 골치 아픈 일을 냉큼 맡아줄 것인가 하는 문제였다. 그런데 또다시 이변이 터져 나왔다.

하지만 어쩌다가 불행히도 아무런 경험도 없는데다가 더 이상 미욱할 수도 없는, 더할 나위 없이 어리바리한 한 인사에게 결국엔 이 월간잡지의 편집 및 경영책임을 떠맡게 될 중책, 요컨대 '편집인' 자리가 내맡겨지게 된 것이다. 그런데 그 인사가 바로 나였다.

그리곤 마침내 불행이 발차한 것이다, 이러한 측면이 실은 중대한 월간지 창간작업이 얼마나 어수룩하고 졸속적으로 주먹구구 하듯이 이루어졌던가 하는 것을 명백히 입증하고도 남는 일이었다. 줄곧 얼뜨기 짝이 없는 품성 탓에 아마도 내가 부려먹기 손쉬워 발탁되었으리라 여겨지긴 했다. 하지만 학교 일과 이 업무를 동시에 병행한다는 게 그리 손쉽지만은 않았던 것 같다.

게다가 애초부터 돈은 쪼들릴 수밖에 없는 숙명이었다. 어차피 궁핍한 재정상태로 말미암아 당연히(?) 필진의 원고료는 물론, 소속 기자 및 직원들의 월급조차 제대로 주지 못하는 난맥상을 겪을 수밖에 없었음은 물론이다. 결국은 굶주리는 사람에게 마라톤을 강요한 셈이었다.

이윽고 재정파탄에 이를 수밖에 없게 되었다. 지극히 자연스러운 수순이었다. 마침내 빚 청산작업에 몰입할 수밖에 없었다. 그러나 다들 매사에 헌신적인 관계자들이었기에, 묘기 또한 속출했다. 누구는 아파트를 잡히기도 했고, 또 누구는 권위 있는 학술상으로 수여받은 상금까지 몽땅 다 갖다 바치기도 했다. 그런 와중에 어찌 '불순분자'인들 없을 수 있으랴. 잡지발간을 논의하기 위한 준비모임에서는 매번 목에 힘줄을 돋우며 열정적으로 잡지 창간의 숙명적 필연성을 목청껏 외쳐대며 열렬히 배후선동만 하고서는, 막상 발간 이후에는 단 한 번도 코빼기조차 보여준 적이 없는 지극히 신중한 인사도 있었다.

하지만 나름 수입을 올릴 수 있는 호기가 전무했던 것은 결코 아니었다. 우리에겐 최소한 인적 자산은 풍부하지 않았던가. 무엇보다 평소 습성대로 온갖 뒤치다꺼리를 마다 않으며 이 잡지의 편집위원으로 숱한 고생을 도맡아 하던 유홍준 교수가 일단 요주의 인물로 떠올랐다. 바로 「나의 문화유산 답사기」가 있었던 것이다.

애초에는 이 원고를 매월 나누어서 계속 연재키로 했다. 그러나 가슴 미어지게도 절찬리에 한, 두어 차례밖에 게재하지 못한 채 잡지사가 문을 닫을 수밖에 없는 초위기 상황이 들이닥친 것이다. 만약에 「월간 사회평론」이 빚잔치만 하지 않았더라면, 「나의 문화유산 답사기」가 우리에게 떼돈을 안겨줄 수도 있었으리라 애통해 하며, 모든 잡지사 관계자들이 통탄을 금치 못하기도 했다.

그러나 우리에겐 모든 사람이 다 일고 있을 법한 일반상식이 결여해 있었던 것처럼 여겨진다. 우리는 잡지사의 문을 닫을 때쯤에 이르러서야 비로소, 돈이 있어야 돈을 벌 수 있다는 초보적인 자본주의적 사회원리를 다들 새삼스레 깨닫게 된 것이다. 고차원적인 이론과 철학에는 정통해 있을지언정, 소소한 일상적인 생활지혜엔 이처럼 어둡기 짝이 없었던 것이다. 그럼에도 목소리 하나만은 언제나 컸다.

마침내 「월간 사회평론」이 유명을 달리할 수밖에 없게 되었다. 사망신고 직후 그래도 월간지 「길을 찾는 사람들」에 합병되어, 1990년대 내내 우리 사회가 나아가야 할 바람직한 길을 제시하며 나름 부단히 몸부림치긴 하였다. 하지만 또다시 엄중한 현실의 벽에 부딪칠 수밖에 없게 되면서, 이윽고 1998년 11월 통권 107호를 마지막으로 월간지 시대를 마감하게 된다.

하지만 「월간 사회평론」은 결기 있는 구성원들로 가득 차 있었다. 그런 탓에 비록 곤고한 여정을 거치며 잡지가 비록 아쉽게도 막을 내리긴 했지만, 잡지사 요원 대부분은 멈출 줄 몰랐다. 그들은 사회 곳곳으로 흩어져나가 험난하긴 했지만 자랑스럽게도 계속 올곧은 일들을 이끌어나갔던 것이다. 오랜 시간이 흐르긴 했지만, 지금까지도 서로 친목을 게을리 하지는 않고 있다. 결국 「사회평론」이 거두어들인 수확은 결코 초라하지만은 않았던 것이다. 옛 추억담이 나온 김에 잠시 그 풍설을 잠깐 떠올려보는 것 역시 그리 무익하지만은 않으리라.

예컨대 '편집장'으로서 언제나 웃는 얼굴로 모든 궂은일부터 다 도맡아 해치워야 직성을 풀던 조희연 교수는, 지금은 비록 퇴임하긴 했지만, 서울특별시 교육감으로 맹활약한 바 있기도 했다. 온갖 골치 아픈 잡무로 온통 뒤범벅이 될 수밖에 없었었음에도, 그는 희한하게도 신음소리 단 한 번 낸 적이 없을 정도였다. 그런데 잡지사가 기울어져가고 있을 무렵, 그래도 우리는 또 신입기자를 뽑는 무모함을 숨기지는 않았다. 바로 그때, 응당 무보수임에도 불구하고 보무도 당당히 마지막 입사시험장에 나와 치열한 경쟁을 뚫고 '가까스로' 최후의 무보수 기자로 「월간 사회평론」에 채용되는 영예(?)를 걸머쥐었던 애송이 김영희 기자는 지금은 당당하게 봉급 받는 「한겨레신문」 편집인으로 명성을 떨치고 있다. 뿐만 아니라 이 지상의 모든 문화와 문명에 대해 논할 때, 결코 빼놓을 수 없는 분도 있었다. 당시 편집위원으로 온갖 난관 속에서도 마냥 사자후를 토해내던 유홍준 교수 얘기는 이 정도로 밀문을 닫는 게 결례가 되지 않을 성싶다.

다른 한편 월간 「길을 찾는 사람들」은 마침내 '사회평론'으로 사명을 변경하고 출판사업에 뛰어드는 용단을 내리게 된다. 이것이 결국 현재 「사회평론」 출판사의 기원으로 기록되지는 않으랴. 행·불행이나 성공·실패를 차치하고서라도 어쨌든 계속 거슬러 올라가다보면, 「사회평론」 출판사의 뿌리가 결국엔 「월간 사회평론」에 가닿을 수밖에 없음은 어쩔 수 없는 노릇 아닐까 한다.

그러나 무엇보다 경탄스러운 것은 어쨌든 '사회평론'이란 명칭이 그대로 사수되고 있다는 엄연한 사실이다. 그런 탓에 「월간 사회평론」

의 창간정신을 올곧게 계승·발전시키고자 분투·노력하는 모든 「사회평론」 출판사 임직원들의 숭고한 사명감이 그 속에 그대로 녹아들어 있지 않나 유추해볼 수 있을 정도다.

어쨌든 「사회평론」 출판사는 철학도임에도 '불구하고'(아니, 어쩌면 바로 그 때문에) 바야흐로 윤철호 사장의 비상한 경영능력에 힘입어, 지금은 기적처럼 국내 굴지의 대형출판사의 하나로 발돋움하게 되었다. 어디 그뿐이랴, 윤 사장은 현재 「대한출판문화협회」 회장까지 맡고 있다. 그것도 무려 3연임째라 한다.

그러한 윤 사장이 이따금 나를 포복절도하게 「사회평론」 출판사의 'Founder'(창립자)라 부추기기도 한다. 아마도 기상천외한 이러한 유머를 통해, 사실은 누추해져버린 나 자신의 새로운 각성을 은연중에 부추기고자 하는 깊은 속뜻의 발로이리라 여겨지기도 한다.

하기야 거의 30여 년 만에 '돌아온 장고'처럼 뚱딴지같이 '사회평론'으로 되돌아온 나이니, 오죽 하랴 싶기도 하다. 그럼에도 노상 골치 아프기 짝이 없었던 「월간 사회평론」의 편집인으로서가 아니라, 이젠 버젓이 나름 여유 만만한 「사회평론 출판사」 필진 중 한 사람의 너울을 쓰고 다소나마 격조 높게 금의환향하는 듯한 품새를 취할 수 있으니, 그 두근거림이야 어찌 시위 멈추어질 수 있으랴.

아마도 이 저서는 우리나라에서 이루어지는 이 분야에서의 첫 시도라 할 수 있지 않을까 한다. 예컨대 K-Pop 등이 전 세계를 주름잡고 있는 오늘날, 우리나라에서도 이러한 유형의 저술을 한 권 정도 기획해낼 수 있어야 하지 않으랴 헤아려지기도 한다

사회주의란 것이 본질적으로 인간의 삶을 어떻게 향상시킬 수 있을까 하는 이상 및 가치관과 직결해 있는 이념인 탓에, 무엇보다 사상

사적인 인간인식에 대한 분석이 저변에 깔려야 하리라 짐작된다. 이런 의미에서, 사회주의 사상의 역사를 성공적으로 풀어낼 수만 있다면, 한국사회의 인간화 노력에 눈곱만한 기여라도 될 수 있지 않으랴 하는 성가신 기대가 늘 내 주위를 맴돌곤 했다. 아마도 정치학도로서 저자가 자연스레 지닐 수밖에 없는 간곡한 희망 수준 정도 아닐까 한다.

반면에 우리가 사회주의 문제에 관한 이러한 구시대적 착시증에 휘둘리며 숨죽여 살아가는 동안, 예컨대 우리가 흠모해마지 않는 미국에서는 이런 면에서 우리를 충분히 경악케 하고도 남을 만한 혁신적인 역설이 백주에 활개 치기도 했다.

비록 트럼프의 승리로 막을 내리긴 했지만, 지난번 미국 대통령선거에서는 우리 한국인이 보기에 놀랄 만한(?) 명연설 하나가 터져 나온 것이다. 미국 역사상 최초의 흑인·아시아계 부통령으로서 민주당 대통령 후보로 선출된 카멀라 해리스(Kamala D. Harris)의 러닝메이트(부통령 후보)로 백인 남성인 팀 월즈(Tim Walz) 미네소타 주지사가 낙점되었다. 그런데 이 월즈 주지사가 한 모금행사에서 우리 대한민국 국민의 가슴을 송두리째 격동시키고도 남을 경이로운 연설 한 가닥을 터뜨린 것이다. CNN은 월즈 주지사가 "우리의 진보적 가치를 부끄러워하지 말라. 한 사람의 사회주의는 다른 사람의 이웃사랑"이라 자랑스레 외쳤다고 전하고 있다(오마이뉴스 2024.08.07.). 사회주의를 '이웃사랑'이라는, 거의 종교적 덕망의 차원으로까지 끌어올리고 있지 아니한가. 그가 만일 한국인이었다면, 그는 국가보안법 위반으로 즉각 체포되고도 남았을 것이다.

'호랑이의 자유'와 '앵무새의 평등'

불교의 「장아함 소연경」(長阿含 小緣經)에는 이러한 가르침이 있다. "세상에는 왕족과 바라문과 평민과 노예 등 네 가지 계급이 있다. 그러나 왕족이라 해서, 남의 생명을 해치고 재산을 약탈하거나 음란한 짓을 하고 거짓말과 이간질 악담을 하며 탐욕과 성냄과 그릇된 소견을 가지고 있다면, 그들도 또한 죄를 범하게 되며 그 갚음을 받게 된다. 바라문이나 평민, 노예도 이와 마찬가지다…. 네 가지 종족이나 계급은 그 사람의 혈통이나 신분으로서 차별되는 것이 아니다. 우리는 모두가 똑같은 사람이다."

기독교의 신약성서도 「갈라디아서」 3장 28절에서 "유다인이나 그리스인이나, 종이나 자유인이나, 남자나 여자나 아무런 차별이 없습니다. 그리스도 예수 안에서 여러분은 모두 한 몸을 이루었기 때문입니다"라고 선포하고 있다. 평등에 관한 종교적 대헌장이라 이를 수 있으리라.

이와 같이 인류의 역사가 시작된 이래 평등의 존재 그 자체는 한 번도 외면당한 적이 없다. 평등은 박해당하기는 하였으나, 부인당한 적은 없다.

다만 평등을 허용하는 폭을 극단적으로 좁혀서건 또는 그것도 안 되면 저 먼 천국의 복락 속으로 그 완성을 기약 없이 미루어 놓든지 간에, 우리 인간은 평등에 대한 열망을 잠시도 게을리 한 적이 없다. 어떻게 보면 세계사는 평등의 확장사라 이름 붙일 수 있을지 모른다. 그만큼 평등은 역사의 진전에 따라, 그 폭과 넓이와 깊이를 한결 더해 왔던 것이다.

이런 맥락에서 자유와 평등은 근대사의 본질적 개념이라 할 수 있다. 프랑스 혁명의 구호는 그것을 극명하게 드러낸다. 그러나 그 우선순위는 당연히 자유에 놓여 있다. 왜냐하면 국가적·전제적 강압으로부터의 해방이 부르주아적 개인의 일차적 관심사였기 때문이다.

그들은 개인에서 출발한다. 사회는 단지 이러한 개인들의 집합으로만 간주될 따름이기 때문에 '공동체'라든가 '보편이해' 또는 '일반의지' 등에 대한 실질적인 인식은 낯설 수밖에 없다. 개인들은 자율적으로 자신들의 이해관계를 추적할 따름이다. 따라서 외부, 즉 국가와 사회로부터 오는 제재를 거부한다. 그러나 평등은 자신과 외부 세계에 대한 비교에서 비롯한다. 그러므로 그것은 집단적 척도에 호소한다. 특정적 개인 또는 그러한 개인의 집단에 대한 간섭이나 통제를 통해 비로소 실마리가 풀릴 수 있는 평등 문제의 해결은 자연스럽게 국가나 사회의 개입을 요청할 수밖에 없게 된다. 진보적 이념과 물질적 파괴력으로 무장한 근대적 신흥 부르주아 계급이 어떠한 가치를 더 선호할 수밖에 없었던가는 불 보듯 뻔한 일이다. 그에 따라 자유주의(Liberalism)는 '고유명사'로 자리 잡았지만, 평등주의(Egalitarianism)는 단지 '보통명사'에 지나지 않게 되었다.

초기 자유주의는 재산의 유무에 따라 정치적 평등조차 거부하였다. 소유의 불평등은 천부적 인권개념으로 신성시되었다. '평등'은 단지 구체제의 특권계급이 누리던 모든 지위와 특권을 이제는 부르주아 계급도 동일하게, 그러나 합법적으로 향유할 수 있다는 의미로 통용되었다. 이것이 프랑스 혁명의 역사적 한계였다. 그것은 말하자면 힘 있는 자를 위한 '호랑이의 자유'만을 옹호하였던 것이다. 여기서 자유와 평등은 숙명적으로 대립할 수밖에 없게 된다.

그러나 역설적이게도 평등의 가장 위대한 '적'은 다름 아닌 자유였다. 그리고 이러한 전통은 아직까지 생생하게 살아 꿈틀거리고 있다. 근대 이후의 모든 사회문제가 언제나 자유와 평등 사이의 대립관계를 어떻게 해소할 것인가 하는 데 모아졌다고 해도 결코 지나친 말은 아닐 것이다. 근대 이후의 역사는 한마디로 자유주의 승리의 역사라 할 수 있다.

어쨌든 자유주의는 자유를 일단 절대적 가치로 붙박아 놓은 상태에서 평등에 대해 어느 정도의 관용을 베풀 것이냐 하는 쪽으로 논의의 흐름을 잡아가도록 만들었다. 자유주의는 자유의 대헌장인 것이다. 전형적인 자유주의자에게는 따라서 자유가 당연히 평등에 우선한다. 단순히 그 정도에 그치는 것이 아니라, 때에 따라서는 자유와 평등의 대립적 속성을 지나치게 과장하거나 또는 평등을 "보복의 도구"로 몰아붙이는 경우도 적지 않다.

아마도 가장 합리적인 자유주의적 대응의 하나는 자유를 "몸통"으로, 그리고 평등을 "다리"로 간주하는 정도가 아닐까 한다. '몸통' 없는 '다리'는 있을 수 없어도, '다리' 없는 '몸통' 은 있을 수 있기 때문이다.

역사적으로 볼 때, 이러한 '자유'로부터의 억압에 대한 최초의 본격적인 '평등'의 저항은 1848년 혁명에서 그 첫 신호탄이 오른다. 이 혁명은 자유주의적 부르주아 계급들로 하여금 민주주의에 대한 공포를 새삼 환기시켜주는 사건이었다. 그러나 동시에 자유의 운동원리를 새롭게 점검하는 자아 비판적 계기를 만들어 주기도 하였다.

역사적으로 자유가 인민대중의 행복을 보장해주지 못한다는 것이 확연해지자, 자유에 대한 반란이 본격적으로 조직화하기 시작하였다. 다양한 공산주의 및 사회주의 조류들이 대오를 정비하였다. 그들은 수단과 방법의 측면에서는 상당한 이질성을 노정하고 있었지만, 특히 경제적 평등의 구현이라는 궁극적 목표에 있어서는 대체로 견해의 일치를 보이고 있었다.

이러한 상황에서 자유주의적 부르주아 계급에 의해 고안된 자구책이 바로 자유민주주의였던 것이다. 그것은 경제적 평등이 아닌 정치적 평등만을 인민대중에게 허용함으로써, 한편으로는 자유주의적 지배세력의 경제적 기득권은 계속 온존시키면서 다른 한편으로는 사회주의 세력의 변혁적 예봉은 미연에 무력화시키고자 하는, 일종의 절묘한 정치적 타협책이기도 하였다. 그러나 그마저도 실은 적지 않은 주저와 불안 속에서 이루어졌다. 그 이후 물론 다양한 우여곡절을 겪긴 했지만 자본주의 사회는 오늘날 '자유 속에서의 평등 구현'의 역사적 단계로 진입하였다.

한편 보다 과격한 사회주의 세력들은 자유민주주의 체제의 허구성과 기만성을 폭로하면서, 사적 소유의 철폐 및 경제적 불평등의 제거만이 진정한 인간해방의 길임을 역설해마지 않았다. 그리고 이를 위해 혁명적 방법만을 유일한 대안으로 제시하게 되었다. 그들은 대체로 평등 속에서 그리고 평등을 통해서만이 자유를 온전히 구현할 수 있다고 믿었던 것이다.

러시아의 볼셰비키 혁명은 이러한 신조의 산물이었다. 그리고 소련은 한때 이러한 이상이 바야흐로 실현되었노라고 선포한 적도 있을 정도였다. 그러나 그들은 단지 시민의 개인적 자유를 짓누르며 당과 국가의 일방통행식 명령만 복창하도록 만든 '앵무새의 평등'만을 현실화시켰을 따름이다. 하지만 그조차 얼마나 허구적이었던가 하는 것이 동구공산권의 궤멸로 인해 오히려 폭로된 셈이다.

이렇게 하여 '평등 속에서의 자유 구현'을 위한 혁명적 실험은 일단 좌절당하였다. 그것은 거칠게 말해 자유에 대한 평등의 패배를 의미한다. 반면에 자본주의 진영에서는 '힘센 놈이 최고'라는 식의 '호랑이의 자유'만을 찬양한다.

그리하여 우리 시대의 역사적 발전 과정은 '자유 속에서의 평등 구현'을 그 최고의 이상으로 하는 단계에 계속 머무르게 되었고, 그 한계를 극복하기 위한 다양한 시도들이 부분적으로 비주류의 범주 속에서 행해지고 있다. 그러나 언제까지 이 단계가 지속될 것이며, 또 그것이 어떤 방식으로 지양될 것인가 하는 것에 대해서는 지금 아무도 명확히 예측할 수는 없다.

자유가 빵 문제를 해결할 수 없듯이, 빵 역시 자유의 문제를 풀지는 못한다. 그러나 문제는 어떻게 하면 자유를 한껏 즐기면서도 빵 또한 마음껏 먹을 수 있는가 하는 데 있다. 자유롭게 빵을 먹을 수 있는 권리와 먹을 빵을 충분히 나누어 가질 수 있는 자유는 과연 어떻게 동시에 확보되어질 수 있는 것인가? 말하자면 평등과 성취, 균형과 능률, 복지와 경쟁 사이의 조화를 어떻게 이루어낼 것인가? 이것이 바로 우리 시대의 역사적 과제라 할 수 있는 것이다. 이는 결국 휴머니즘과 불가분의 상호관계에 놓일 수밖에 없는 것처럼 비쳐진다.

인간 상호간의 사랑에 뿌리내리는 이 휴머니즘은 사실 지극히 단순한 것일 수 있으리라 유추된다.

나의 부박한 시각에 의하면, 자신이 기르는 애완동물에 쏟아 붓는 애정의 절반이나 1/100 정도만이라도 주위의 힘들고 결핍된 동료 인간에게 베풀어주면, 그게 훌륭하고 당당한 휴머니즘(이웃사랑)이 될 수 있지 않으랴 여겨진다. 요즈음에는 이러저러한 대학들에서 '애완동물 관리학과' 같은 것까지 만들어지고 있다는 소문이 들려오기도 한다. 이처럼 말 못하는 동물에게도 지극한 애정과 정성을 기울일 수 있는 존재가 인간인데, 하물며 같은 인간에게는 더더욱 무슨 번잡한 부연설명이 더 필요하리요.

인간도 숨 쉴 줄 아는 동물 아닌가. 그런데 애완동물이 우리의 휴머니즘을 독차지해야만 할까? 이런 애완동물이 부럽고 존경스러운 나머지 차라리 '애완인간'이라도 되었으면 하고 목 따갑게 갈망하는 사람이 어디 한둘이겠는가. 허나 두말할 나위 없이 행복한 애완동물이 되기보다는 비참하더라도 인간, 인간이 되어야 하는 게 더욱 마땅한 일 아니랴. 프랑스의 작가 앙드레 말로도 「침묵의 목소리」라는 글 속에서, "휴머니즘이란 것은 '어떠한 동물도 우리가 해왔던 것을 할 수 없었다'라고 말하는 데 있는 것이 아니라, '우리는 우리 내면의 야수가 하라고 강요한 것을 거부하였다'라고 선언하는 데 있다"고 외치지 않았던가.

그러나 우리 인간의 실상은 과연 어떠한가?

권세 등등한 이의 집으로 뻔질나게 달려 들어갈 때는 뱀처럼 기어 들어가서는, 그 문을 나설 때는 호랑이처럼 사납게 노려보며 나오는 게 흔히 펼쳐지는 삶의 모습이니, 어찌 슬프지 않으리오. 뿐만 아니라 배고픈 건 잘 참아도 남 잘 되는 건 못 참는 게 또 우리들의 정든 습속이라 하니 어쩌겠는가. 하기야 봄이 오면 겨우내 입었던 솜옷을 내팽개치고, 또 가을이면 그 곱던 부채를 보이지 않는 곳으로 깊숙이 밀쳐버리는 게 우리의 본색 아닐런가만….

인간을 가장 즐겁고 행복하게 만드는 것이 인간관계지만, 동시에 인간을 가장 괴롭히고 불행하게 만드는 것 역시 인간관계다. 다 아는 얘기지만, '사람 人'이라는 글자가 사람과 사람이 서로 의지하고 있는 모습을 본뜬 것이고, '人間'이라는 글자가 사람과 사람 사이라는 뜻을 지니고 있다는 것에서도 알 수 있듯이, 사람은 혼자서는 살 수 없는 존재다. 혼자 살 수 없기 때문에 인간은 서로 만나야 하고, 또 서로 돕고 기대며 살아야 하기 때문에 만남이 이루어지는 것이다.

옛 어른이 이런 말씀도 일러두었다.

> "천지간에 사람에게 재앙이 되는 것에 '많음' 같은 것이 없고, 사람으로 하여금 많이 갖게끔 만드는 것에 '아름다움' 만한 것이 없다. 아름다운 맛은 사람으로 하여금 많이 먹게 만들고, 아름다운 여인은 사람에게 지나친 욕심을 갖게 만든다. 아름다운 물건은 또 쓸데없는 욕심을 부채질한다. 아름다운 벼슬은 사람에게 이것저것 구함이 많게 만들고, 아름다운 집은 사람에게 오래 살고 싶어 하게 한다. 이것들은 모두 재앙을 불러들이는 매개가 된다. 아름답지 않으면 사람은 많이 가지려 하지 않고, 많이 지니지 않으면 사람은 낭패를 맛보지 않는다."

'아름다움'이 모든 헛된 욕망의 근원인고로, 아름다움을 멀리하는 게 진솔한 삶을 살기 위한 복된 지혜가 될 수 있으리라는 말일 터이다. 그러나 사실은 모두를 질곡으로 몰아넣는 궁색함 같은 것에서 벗어나 두루 두루 더불어 행복하게 잘 살아나갈 길을 함께 찾아보는 게 어떠랴 하는 단아하지만 굳건한 심지(心志)를 내비친 말이었으리라 유추된다.

그런데 요즈음 우리 사회는 어떠할까. 한마디로 인간적 화합의 몸짓이 아니라 경쟁적 이기주의가 더욱 살인적으로 기승을 부리는 듯하다. 타인에 대한 증오와 자신에 대한 열애만이 가장 확실한 삶의 밑천인 것처럼 보이기도 한다.

하기야 이기주의는 비인간적인, 너무나 비인간적인 재앙의 불씨며 뿌리다. 인간의 이기심은 질투와 경쟁심이 만든 새장이다. 그러므로 이기적인 인간은 자신 스스로가 만든 새장 속에서 꼼짝달싹 못하거나 짓눌려 있을 수밖에 없다.

원래 자연은 모든 인간에게 그 어느 누구도 결코 거부할 수 없는 오직 하나의 '자연적 절대평등'을 부여하였다. 이를테면 자연은 우리 인간으로 하여금 죽음이라는 절대평등의 벽 앞에 같이 서 있을 수밖에 없는 유한한 존재로 창조했다는 말이다. 요컨대 인간은 어차피 자연에서 와서 함께 자연으로 되돌아갈 수밖에 없는 존재인 것이다.

따라서 우리 인간은 이러한 허망한 절대평등의 울타리 안에서 더불어 살아가다가 결국 더불어 이 세상을 하직할 수밖에 없는 '피붙이 공동운명체'로서, 서로를 아끼고 격려하고 도우며 함께 살아가야 할 자연적 소명을 부여받은 존재라 할 수 있다. 부귀한 사람도 빈천한 사람도, 언젠가는 모두 자연으로 되돌아가게 되어 있다. 그러하니 노상 타령조로 '흙에서 나서 흙으로 돌아간다'고 읊어대지 않는가. 마치 흙에서 와서 다시 흙으로 되돌아가는 인간적 삶의 본성처럼, 인류는 자연에서 출발하여 다시 자연으로 회귀하고자 하는 공동체적 특성을 보여준다.

자연이 창조한 '생명'(生命)이란 곧 '살라는 명령'을 뜻한다.

하지만 뱁새가 깊은 숲에 보금자리를 만드는 데 필요한 것은 나무 한 가지에 불과하고, 두더지는 강에서 물을 마시지만 필요로 하는 물은 배를 채울 만한 분량뿐이지 않은가. 낙타는 엄청나게 무거운 짐을 등에 질 수 있지만, 개미는 불과 부스러기 하나밖에 지지 못한다. 하지만 둘 다 모두 온 힘을 다 기울인다는 점에서는 다를 바 없다. 마찬가지로 코끼리는 어마어마한 양의 물을 마시지만, 쥐는 겨우 한 모금의 물밖에 마시지 못한다. 그래도 쥐나 코끼리 모두 배를 가득 채운다. 열매를 맺으려 땀 흘려 일하는 호박꽃의 뛰어남을 장미가 어찌 따를 수 있으리오만, 과연 자연이 장미꽃더러는 예쁘다 하고 호박꽃보고는 못생겼다고 밉다 할 것인가. 같은 의미에서, 자연 앞에서는 인간도 결국은 평등한 존재인 것이다.

그러므로 자신의 산물들이 상호 공존·공생·공영을 함께 누리게 될 것을 바라는 것, 이것이 자연의 자연스러운 요망이라 할 수 있지 않으리오. 이런 의미에서, 자연이 인간의 소유물이 아니라 인간이 자연의 소유물임은 물론이다. 따라서 모든 생명의 원천인 자연을 단순히 '보호'하는 게 아니라 오히려 '존중'하는 자세가 보다 소망스러운 것임은 물론이다.

뿐만 아니라 자연은 – 이러한 인간의 자연적 절대평등에 입각해 – 우리 인간을 필연적으로 서로 '연대'(Solidarity)하도록 창조하기도 하였다. 말하자면 우리 인간은, 무한히 유한한 존재로서, 서로 연대하며 살아갈 수밖에 없도록 자연에 의해 운명 지어졌다는 말이다. 따라서 이러한 인간의 '자연적 평등' 명제에 입각한다면, 인간사회 내부에 인간적 평등을 구현하기 위한 사회체제를 건설하는 일이야말로, 자신의 산물인 인간을 향하여 자연이 권유하는 가장 자연스러운 요청일 수밖에 없지 않으랴(박호성 2012, 222-223). 셰익스피어 역시 "자연의 부드러운 손길은 온 세상을 하나로 만든다"고 강조하지 않았던가(루소 1995, 30).

그리고 자연의 이러한 요청에 순응하는 태도야말로 요컨대 자연존중과 자연보호를 지향하는 환경 철학 및 운동의 유의미한 초석으로 기능하지 않겠는가. 그리고 바로 이러한 인간적 노력의 가장 고전적인 유형의 하나가 바로 사회주의인 것이다. 사회주의가 곧 인간사회의 평등실현을 포기할 수 없는 신조의 하나로 삼는다는 것은 의심할 여지없는 사실 아니랴.

이런 면에서 사회주의는 곧 휴머니즘의 굳건한 한 가닥이라 할 수 있으리라 여겨진다.

플라톤은『국가론』에서 "최상급의 불의는 실제로는 올바르지 않으면서 올바른 듯이 '보이는' 것"이라 역설한 적이 있다(361a). 이런 의미에서 사회주의는 바로 이 "올바른 듯이 '보이는' 것"에 대한 인도주의적 항거라 할 수 있으리라.

강화도 윤슬

나에게도 어찌 소소한 꿈 하나 정도야 없을 리 있었으랴.

마땅한 기회가 오면, 차가 들어가는 서해안 낙도의 한 자그마한 초등학교 분교 같은 곳의 '명예교사'라도 되어, 어린이들과 함께 즐겁게 손잡고 뛰놀며 조촐하게나마 마지막으로 봉사할 수 있는 기회를 누릴 수만 있다면 하는 게, 내 소심한 꿈의 전부였다. 물론 내 고향 부산 영도 섬에서의 어린 시절의 추억이 꽤나 끈기 있게 나를 끌어당기기도 했던 것 같다.

하지만 그 꿈이 꿈처럼 다가왔다. 정년퇴임을 마무리 짓자, 나는 표표히 강화도로 잠입할 수 있게 되었다. 실은 '자기귀양'과도 흡사한 길이었다. 가까운 주위 지인들의 다정한 힐난을 빌리면, 그야말로 "꼴값 하듯이" 혈혈단신으로 강화도로 들어와 뿌리내린 지 벌써 10여 년이 훌쩍 흐른 것 같다.

처음에는 강화도 안의 달동네라고나 할까, 섬 전체를 온통 철책이 휘감고 있는 민통선 안의 조그만 섬 교동도와 인연이 닿게 되었다. 이북까지 직선거리가 불과 몇 Km 정도에 불과해, 다리 하나만 놓으면 북한까지 충분히 걸어서도 건너갈 수 있는 곳이다. 가령 썰물 때 바닷물이 쭈욱 빠져나가면, 6·25 이전에는 뻘밭 위를 걸어 황해도 연백 쪽으로 5일장을 보러 다니기도 했다 할 정도로 근거리였다.

그러나 어렵사리 연결된 교동도의 한 초교 분교 측에서는, 기대와는 달리, 나의 '갸륵한' 속내를 별반 달갑게 여기는 것 같지는 않은 눈치들이었다. 지금까지도 그렇게 살아왔듯이, 여기서도 역시 꽃길을 걷기는 애당초 글러 보였다. 그럼에도 나는 빼어난 풍광을 품고 있으면서도 그저 묵묵히 자리만 지켜온 무심한 섬 교동도에서, 마침내 '무보수 명예교사'로 체류허가를 받고 '자기귀양'의 문을 열어젖힐 수 있게 되었다. 물론 귀양객다운 생활은 여전했다. 하지만 틈틈이 둘러본 강화도는 참으로 빼어난 섬이었다. 늘 청정한 공기와 정밀한 정적이 감돌았다. 서툰 솜씨로나마 유일하게 내 자신이 제법 해낼 줄 아는 산책에는 그야말로 금상첨화처럼 여겨지는 곳이었다. 직업적인 글쓰기에도 최적의 공간인 듯했다.

1년 정도 흐른 후, 마침내 또다시 중대결단을 결행했다. 이 강화도에서 아예 '종신 귀양살이'의 길로 들어서기로 결연히 작심한 것이다. 무엇보다 내 인생행로의 마지막 정착지로 삼기에, 강화도는 전혀 부족함이 없어 보이는 섬이었다.

나는 내 차의 내비게이션에 '평생 귀양지'를 설정해놓고, 강화도 본섬으로 진격했다. 마지막 정착지를 물색하며, 의연히 고공비행을 감행한 것이다. 그런데 마치 애국가 가사처럼 '하느님이 보우하사', 나는 또다시 기막힌 '인연'과 조우할 수 있었다. 이윽고 강화도에서 가장 큰 저수지라는 '고려지'(高麗池) 바로 앞에서 나를 기다리고 있던 풍광 좋은 마지막 혈거에 착륙할 수 있었다. 또 역시 다양한 우여곡절을 거친 후에, 내 한 몸 건사하기에 결코 부족해 보이지 않는 아담한 우거(寓居) 하나가 드디어 내 손아귀에 걸려든 것이다. 그 동안 자행해온 내 '꼴값'의 성공확률이 그다지 낮은 편은 결코 아닌 듯했다. 이윽고 호수 같은 그윽한 저수지가 내려다보이는 2층 서재에서 이 글을 쓰는 호사까지도 누릴 수 있게 된 것이다. 바야흐로 본격적인 나의 강화도 유배생활이 개막하였다.

하지만 나이가 들어갈수록 살아온 길을 더욱 더 깊이 반추해보는 일이 습관처럼 굳어져가는 것은 어쩔 수 없는 노릇인 듯했다. 되돌아보면, 70 평생을 70여 개 이상의 잘못과 병폐만 양산하면서 살아온 느낌뿐이다.

물론 학자로서의 삶이 완전히 끝난 것은 아니지만, 그래도 학문적 삶의 여로에서 하나의 결정적인 반환점을 통과하면서 어찌 눈곱만한 소회와 회한이 없을 수 있으랴.

숨쉬기하듯, 다시 필을 꼬나 잡게 되었다. 더구나 보다 꿋꿋한 행보를 더더욱 절실히 재촉하는 우리의 급박한 사회현실에 대해 정치학도의 일원으로서 어찌 무덤덤할 수 있으랴 하는 내면의 다그침이 거세게 일기도 했다. 그런 탓에, 내면적인 자성을 새로이 촉구하는 지적인 삶의 한 전환점에 이르러, 꽤나 당차게 불어제치는 시대적 요구의 바람을 나름 의젓하게 맞받아보리라 마음먹게 되었다. 그 와중에 삶은 '거래'(trade)가 아니라 '나눔'(share)이라는 소중한 깨달음 하나가 나를 한껏 배후 선동하기도 했다. 제법 당돌하게 엄두를 내본 것 중 하나가 결국 이 저술인 셈이다.

어차피 이 우주는 본래부터 공평하게 조성된 존재라 여겨졌다. 모순적인 양면성(이중성)이 상존하기 때문이리라. 예컨대 여름이 있으면 반드시 겨울이 있고, 더위가 있으면 언제나 추위가 뒤따르지 않는가. 마찬가지로 얻는 것이 있으면 필연적으로 잃는 것이 있어야 마땅하다. 그러나 잃지는 않고 오로지 얻기만 하려고 광분하기 때문에, 불상사나 분규가 끊일 새 없이 발생하는 것이 아닐는지.

강화도에서의 나의 홀로살이 역시 응당 이러한 양면성에 종속당할 수밖에 없는 운명이었다. 홀로 있음으로 해서, 정밀한 고요 속에서 주위의 티끌만한 방해도 받음이 없이 오로지 연구에만 몰입할 수 있는 여유와 환경을 향유할 수 있으니, 이 어찌 가슴 벅차지 않을 수 있으랴. 반면에 생활과 생존문제는 끊으려야 결코 끊어낼 수 없는 견고한 고리로 완강히 연결되어 있다. 그런 탓에, 어수룩하게도 예컨대 여름 난방과 겨울 냉방이 무작정 따라오는 경우 역시 비일비재해, 곤혹스러움 역시 늘 따라붙었다.

비록 망망대해에 홀로 낚싯줄을 드리운 낚시꾼 같은 신세에서 탈피하진 못했지만, 오로지 글쓰기에만 몰두할 수 있으니, 이 얼마나 고마운 행운인가.

그럼에도 피할 길 없는 고적한 내 삶의 정경을 간파했던지, 속 깊은 친지 한 분이 어느 노스님이 쓰셨다는 「휴헐당(休歇堂)」이라는 자그마한 나무현판 하나를 불현듯 강화도 내 집 벽에다 걸어주는 게 아닌가. 내 머리로는 도통 읽어 낼 수도, 판독할 수도 없는 문구였다. 또다시 연구를 거듭하는 수밖에 없었다. '휴헐'(休歇)이라, '쉬고 또 쉬라'는 갑갑하기 짝이 없는 내용인 것만은 분명해 보였다.

그러나 '휴헐'이란 고려시대 승려 지눌이 제시한, 전통과 역사를 자랑하는 불교 수행법 중 하나라 한다. 불교는 채우는 게 아니라 비우는 종교인 탓에, 무엇을 성취하고자 아등바등하는 대신, 비우고 또 걷어내라고 타이른다. 그런데 불교에서는 왜 뭔가를 얻고자 발버둥치지 말고, 오히려 비우고 쉬는 공부에 매진하라고만 가르치는가?

불교철학은 인간이 빈부귀천이나 남녀노소에 상관없이 누구나 다 부처님의 생명을 올곧게 지니고 있기에, 그 자체로서 완성된 존재라 역설한다. 우리의 순수한 본성은 본래 맑고 깨끗하여, 허공처럼 푸르고 한계가 없다. 그런데 그러한 것을 마치 구름이 밝은 태양을 덮는 것처럼 무수한 망상과 잡념의 장막이 뒤덮어버리는 통에, 맑은 생명의 숨소리가 짓눌려버리고 말게 된다. 그런 까닭에 우리가 지나친 욕심과 헛된 망상을 냉큼 비워버리고 깨끗이 쉴 수만 있게 된다면, 원래 우리 내면 속에 파릇파릇 숨 쉬고 있던 순결한 생명의 숨소리에 다시 조용히 귀 기울이게 되지 않으랴 하는 뜻인 것 같았다.

이와 유사하게, 우리도 흔히 '마음을 비웠다'는 말을 곧잘 자랑스레 되뇌기도 하지 않는가.

군더더기를 다 떨어내고 푹 쉬어서 마음을 텅 비운 사람이 좋을까, 아니면 욕심으로 가슴을 덕지덕지 가득 채운 사람이 더 나을까? 쉬고 또 쉬어서 응당 마음을 텅 비운 사람이 더 달갑지 않으랴…. 마음이 여유 있고 한가로워 한껏 부드러운 미소를 잃지 않는 사람, 마음이 갖가지 상념으로 요동치기보다는 오히려 차분히 가라앉은 사람, 불교는 그러한 사람이 물론 더 좋은 사람이고, 이상적인 불자의 모습이며, 나아가 보다 바람직한 수행자 상이라 여겨 어찌 더욱 더 기리지 않으리오. 이러한 취지에서, 당나라의 선승(禪僧) 임제 선사 역시 "쉬고 또 쉬라(休歇)"고 가르쳤다 한다. "쉬고 또 쉬어 아무 일 없이 지내라(休歇無事去)"라는 가르침인 듯하다. 갈피를 잡지 못해 헤매도는 어지러운 영혼을 쉬게만 할 수 있다면, 곧 조사·부처와 다를 바 없는 존재가 되리라는 말 아닐까 싶다. 이를테면 쉬고 또 쉬어 망상만 일어나지 않게 할 수만 있다면 우리 자신이 절로 부처요 조사가 될 수도 있을 터인데, 억지로 뭔가를 찾느라 야단법석 피우며 소란을 떨 필요가 있으랴 하는 뜻이리라 짐작된다. 깨달음의 꽃이 이미 우리 마음속에 피어 있으니, 다만 쉬어주기만 하면 될 따름이라는 말인 듯하다. 이런 취지로 『능엄경』(楞嚴經) 역시 "쉬는 것이 곧 깨달음(歇卽菩提)이니라" 하고 가르치기도 했다 한다.

하지만 분주한 일상 속에서 우리 보통사람들이 조용히 쉴 수 있다는 게 대저 가능하기나 한 일일까? 가령 화가 날 때도, 쉬어주면 그 화가 사라진다. 뜨겁게 달아오르는 상념도 쉬어주기만 하면 가라앉는다. 쉬기만 하면, 원래의 고요하고 부드러운 생명이 새근새근 숨 쉬며 다시금 새로이 꿈틀거리지 않으리오. 마음이 요동치고 뒤숭숭해지면 숨소리가 거칠어지지 않는가. 그러하니 진정한 휴식이란 곧 거친 숨소리를 잠재우는 요령 아닐까 싶기도 하다.

그런데 쉬는 게 과연 쉬운 일일까? 쉬는 게 결코 쉽지 않음은 물론이다. 틈만 나면 망상과 잡념이 여기저기서 치솟아 올라 우리를 괴롭히지 않는가. 무분별하게 솟구치는 잡생각에 눈이 멀어 허둥대면서 좌불안석해지기 일쑤다. 아마 그윽한 산사(山寺)를 찾아가는 숨은 뜻도 한번 조용히 쉬어보리란 마음가짐 탓 아닐까 한다. 산새소리 들으며 숲 속 오솔길을 거니는 것 역시 쉼을 통하여 마음의 안정을 불러다 주리라.

하지만 쉬되, 마음은 늘 깨어 있어야 한다고 가르친다. 쉰다는 것이 아무 일도 하지 않고 그저 목석처럼 무위도식하라는 말은 결코 아니란 얘기다. 한적한 곳에서 아무 생각도 없이 마냥 속편하게 시간을 흘려보내기만 하는 것은, 우리를 무사안일 상태에 빠지게 함으로써, 결국엔 한가로이 인생을 낭비토록 이끄는 것과 별반 다를 게 없지 않으랴. 그러므로 아무런 의식도 없이 그저 유유히 여유를 즐기기만 하는 것은 특히 경계해야 할 일이 되리라는 말인 것 같다.

그렇다면 참되게 쉬려면 대체 어째야 하는 걸까?

무엇보다 억지로 부리는 욕심과 외부를 향한 무분별한 치근거림, 그리고 아무데나 제멋대로 나대고자 하는 망상 등에서 벗어나기 위해 쉬어야 하리라. 그러나 쉬되 마음은 깨어 있어야 한다. 하기야 일을 하면서 깨어 있을 뿐만 아니라, 동시에 그것을 궁극적으로는 진정한 쉼의 경지로까지 이끌어 갈 수 있는 사람이야말로 가히 도인이라 불릴 수 있지 않으랴.

이런 의미에서, 나의 집 벽에다 「휴헐당(休歇堂)」이라는 현판을 걸어준 숨은 뜻 속에는 아무래도 나에 대한 부드러우나 가차 없이 매서운 채찍질을 우아하게 숨겨둔 속 깊은 지혜가 깃들어 있었던 것처럼 보인다.

별 도리가 없었다. 어차피 연구에 거듭 박차를 가하는 수밖에 없었다. 그러나 시간이 흐르면서 이 저술에 감히 뛰어들었던 나의 만용이 가증스럽게 여겨져, 시도 때도 없이 울화가 치밀어 오르기도 했다. 하지만 한번 엎지른 물을 어찌 다시 그릇에 담아낼 수 있단 말인가. 책상이 고문대 같았다. 어느 기관으로부터 정식으로 학술연구비를 받고 이 작업을 수행하는 것도 아니기에 연구계획이나 결과제출 등의 공적인 의무를 짊어진 것도 아닌데 싶어, 그냥 집어던져버릴까 하는 생각이 굴뚝같이 솟구치기도 했다. 하지만 가족과 가까운 친지들의 따뜻한 격려가 나를 차갑게 몰아붙였다. 여기저기서 갖가지 도움이 밀려오기도 했다.

게다가 나에겐 나를 때로는 지긋지긋한 현실주의자로, 또 때로는 허황한 초현실주의자로 만들어주기도 하는 강화도의 푸른 바다와 고적한 산책로가 늘 가까이 있었다.

나는 산보를 통해 호기심과 모험심을 배우고 함양하는 철늦은 외투 같은 습벽을 오랫동안 버리지 못해왔다. 그러나 강화도에 뿌리를 내린 이후에, 나 자신이 보다 더 강인한 산책꾼으로 돌변한 것처럼 느껴졌다. 내 산책로에는 언제나 새로운 세계가 열려 있었다. 무엇보다 내 산보 길은 항상 무거운 짐 지고 새 길을 찾아나서는 노정이었기 때문이다. 이 지상에 내가 난생 처음 걸어보는 길이 얼마나 많은지, 그리고 새로운 길, 아니 새로운 세계를 발견했을 때의 감격이 또 얼마나 엄청난 것이었던지, 나는 실로 걷기 위해 존재하는 듯 했다. '나는 산책한다, 고로 존재한다!', 이 문구가 늘 나의 좌우명이었다. 무엇보다 걷고 있는 사람에게는 절망이 있을 수 없는 법이라는 걸 믿어 의심치 않았기 때문이다. 게다가 본래부터 이 세상에 만들어진 길이 단 한 뼘이라도 있는가? 천만에, 길은 오직 만드는 것일 따름이다.

그렇게 넉넉히는 남아 있어 보이지 않는 내 삶의 마지막 순간이 예치해둔 소액 잔금 같아 보여서, 인색하게 보일 정도로 아껴 쓰고 싶었다. 그러다 보니 꾀재재하게 붙은 이자처럼 이 책이 손에 쥐어진 것이다.

하지만 안락한 도정은 아니었다. 인간 및 자연의 '이중위기'가 동시에 들이닥치고 있는 지상의 총체적 난국을 몸소 겪으면서, 하물며 내 딴에는 감히 바람을 비추는 등불처럼 절망의 시대를 밝히는 연약한 희망의 먼뎃불빛이라도 되어주길 갈구하는 허황된 충동으로나마 이 저서를 집필하는 만용을 부린 셈이니 어찌하랴. 그럼에도 꿈은 컸다.

나는 이른바 이론의 상아탑주의를 배격해왔다. 그 대신 이론의 '공설시장화'나마 성공적으로 이루어지길 고대하는 편이었다. 이런 의미에서, 나는 노상 아카데미즘의 경직성과 폐쇄성을 뛰어넘어야 하리라 생각해왔다. 그리하여 내 가슴속이, 강단의 사상이 아니라 거리의 이념으로 채워지길 늘 기대해오긴 했었다. 그런 탓에, 그야말로 사무치는 형태로 대중을 향하여 발언하는 사유의 힘으로써 대중에게 다가가는 글을 쓸 수만 있다면 하고, 늘 꿈꾸어왔던 것이다. 말하자면 구체적인 삶의 현실 속에서 이론의 광맥을 탐사하고, 동시에 이론의 힘을 빌려 삶의 여러 자취들을 과학적으로 체계화하는 작업방식에 매달리고자 애써왔다는 말이 되리라. 다시 말해 이론 속에서 삶을 찾고 생활 속에서 이론을 관조하는, 이론과 현실의 유기적 상관성 추적에 나름 매진하고자 한 것이다. 아무튼 암호와 고급 사치품 같은 이론이 아니라, 생활필수품 같은 지식을 듬뿍 담아낼 수 있는 연구를 할 수 있다면 하고, 오랫동안 기원해오기는 했다는 말이 되리라.

어쨌든 "유령보다 훨씬 더 유령 같은" 이론과 논리에서 멀어지고자 노력은 하였다. 이른바 '기지촌 지식인'의 굴레와 허물을 벗고자 항상 분투하고 있음을, 부끄럽게나마 고백하는 쪽에 서고 싶다. 이런 의미에서, 알제리의 민족해방 운동가였던 프란츠 파농(Frantz Fanon)과 우리의 신채호 선생의 채찍 같은 목소리를 늘 가슴에 새겨두고자 노력은 하고 있다. 파농은 오히려 프랑스 인을 닮아가려는 동료 흑인들을 향하여, "백인보다 얼굴이 더 흰 흑인"이라 질타하였다. 그렇게 긴 시차를 두지 않고 활약했던 우리의 신채호 선생은, "조선에 주의(主義)가 들어오면, 왜 조선의 주의가 되지 않고 주의의 조선으로 전락하는가!" 하고 개탄한 적이 있다. 그 시대에 전화나 인터넷이 있을 리 만무했지만, 동업에 종사하다보니 자연스레 공감대가 형성된 듯하다.

하기야 그 동안 '이 세상에 희망 없는 일은 없고, 단지 희망 없다고 생각하는 인간만 있을 따름'이라는 슬로건을 앞세우고서는, 도전에 한계를 두지 않고 한계에 도전하는 자세로 과욕을 부리며 허둥대

온 삶의 궤적을 걸어온 셈이니 어쩌겠는가. 결국엔 자신보다는 오히려 주변 환경 탓으로 책임을 전가하는 약자들의 오래된 관행이 역시 나에게도 큰 힘이 되어주는 것 같다.

무엇보다 정년퇴임에 임하여 연구실에 가득 차 있던 장서 처리문제가 심각해졌다. 학교에 공간적인 여유가 있었다면, 별 문제가 되지 않았을 터이다. 그러나 우리 학교에서는 가외로 책 한 권 들여놓을 스페이스조차 찾을 길이 막막한 형편이었다. 내 마지막 조교인 이정범 군이 그야말로 동분서주하여 문 연 지 얼마 되지 않는 지방대학 한 곳을 찾아내는 출중한 역량을 발휘해주었다. 아쉬운 대로 내 장서라도 비치하고자 했던 그 대학이 그래도 내 이름을 단 서고를 하나 따로 설치해주기로 한 덕에, 하는 수 없이 수십 년간 곳곳에서 품팔이 하듯 모아두었던 책들을 몽땅 넘기게 되었다. 예컨대 수십 권에 달하는 『마르크스·엥겔스 전집』조차 머물 곳을 찾지 못해 쫓겨나가는 신세가 되어버렸다. 하지만 강화도에 들어와 이 저서를 집필하게 되면서, 참고서적을 구할 길이 암담해 발을 동동 구를 수밖에 없게 되었다. 가슴이 무너지는 듯했지만, 하는 수 없었다.

그러나 그게 다가 아니었다. 나의 꼴사나운 컴퓨터 실력 역시 극심한 두통거리였다. 나는 여태껏 '한글 97'을 쓰고 있는 보수주의자인 것이다. 고장 나도 이젠 그 부속조차 찾을 길이 막막하다며 전문가들까지 곤혹스러움에 빠지기 일쑤이니, 난들 감히 어쩌랴.

그래도 학교에 있을 때는, 용산전자상가에서 알바 하는 학생들까지 있을 정도로 컴퓨터 초전문가들이 주위에 수두룩했었다. 질식할 것같이 골치 아프기 짝이 없는 문제까지도 수 초 안에 초인처럼 뚝딱 해결해주곤 해서, 낙원이 따로 없을 것 같았다. 그러나 이 강화도에서는 그러한 걸 눈곱만큼도 기대할 수 없었다.

그런데 하늘이 나를 버리지 않은 듯했다. 때맞춰 기적을 내려보내곤 했다. 한번은 홀로 고군분투할 노 스승의 근황이 얼마나 걱정스러웠으면, 근무지인 머나 먼 세종 시에서 단숨에 먼 길을 애써 달려온 제자도 있었다. 어느 날 석사 오세용 군이 홀연히 나타나 나의 구세주로 등극한 것이다. 그 동안 나를 발광하게 만들었던 쌓이고 쌓였던 해묵은 컴퓨터 고뇌를 단칼에 해치워주는 게 아닌가. 그 덕분에 집필이 날개 돋친 듯하였다. 그러나 어리바리한 나에게는 응당 한 사람의 구세주로서는 역부족일 수밖에 없었다. 이번에는 하필이면 「사회평론」 출판사의 김천희 소장께서 골치 아픈 나의 출판사 측 전담요원으로 발탁되는 바람에, 어이없는 고생길로 들어서게 되었다. 하지만 타고난 성실함으로 진득하게 마지막 힘까지 나누어주셨다. 그에겐 불운이었지만, 나에게는 행운이었다. 그저 감사할 따름이다.

그 와중에 응당 나 자신에 대한 타박이 늘어날 수밖에 없었음은 당연한 일이었다. 예컨대 정약용이 강진의 유배지에서 고향에 있는 두 아들에게 보낸 편지에는, "죽을병에 걸린 사람을 살려내야 훌륭한 의원이라고 부르고, 공격을 받아 아슬아슬한 성을 구해내야 이름난 장수라고 일컫는다"는 구절이 엿보인다. 허나 어쩔 때 도대체 탁월한 학자라 부를 수 있을까?

나의 눈은 언제나 높았으나, 나의 역량은 늘 낮았음을 고백하지 않을 수 없다. 그런 탓에 나의 저술이 자신의 능력을 저울질 해보지도 않고서 무턱대고 만용을 발휘한 결과일 경우가 잦았다. 무릇 사회사상의 이상이 '차이가 차별이 되지 않고, 다름이 다툼이 되지 않도록 이끄는' 사회질서의 기본토대를 제시할 수 있는 것이어야 함에도, 민망함만 배가되는 것 같아 그저 송구스러울 뿐이다. 하지만 불의에 대한 저항이 존경받는 사회, 억압과 착취에 대한 항거가 칭송받는 사회,

그리고 간난과 고통에 대한 투쟁이 기림 받는 사회의 도래를 고대하며, 이 책을 썼다.

환상을 가미해 현실적으로 살펴보자면, 우리는 지금 분명히 '역설'이 요청되는 시대에 살고 있을 가능성이 높다.

우리는 지금 "역사의 미로"를 걷고 있을지 모른다. 미로 위에서는 전진한다거나 퇴보한다는 것이 아무런 의미 없는 개념일 수 있음은 물론이다. 그런 탓에, 우리는 현재 전혀 새로운 "역사의 기하학"을 준비해야 하리라 여겨진다.

이러한 역사적 현실 속에서, 나는 환상적인 물음을 던지는 데 나날이 익숙해져가고 있는 자신을 발견하곤 지극한 곤혹스러움에 빠질 때가 잦다.

이를테면 현재처럼 자유주의적 거인주의가 횡행하는 개인주의적 자본주의 사회에서 과거 봉건사회나 구 공산권을 지배하던 공동체적 인간연대의 토대를 다시금 일구어내는 '역설'을 창조해낼 수는 없을까? 나아가 '자주의식'을 고수하면서 '연대의식'을 어떻게 펼쳐나갈 수 있을 것인가? 그것은 단지 초혼제에 불과한 것이 되고 말 것인가? 요컨대 자본주의적 개인주의와 봉건적이거나 사회주의적인 공동체주의를 결속해내는 '역설'을 과연 어떻게 현실화할 수 있으랴 하는 등등의 탐문인 것이다. 그러나 한 사람만이 '역설'에 대해 꿈꾼다면 이는 단순히 꿈으로 머물 뿐일 테지만, 만일 많은 사람들이 더불어 '역설'을 꿈꾼다면 그것은 현실이 되지는 않을까?

이처럼 몰상식한 꿈을 꾸어대곤 했던 저간의 어정쩡한 나의 삶 한 토막이 결국엔 이 책으로 모습을 바꾸었다.

그러나 저술에는 모름지기 '의미'와 '재미'가 함께 해야 수분을 빨아들이는 식물처럼 약동하는 법이다. 그런데 이 책에 과연 어떤 의미와 재미가 동행하고 있을까 우려하며, 조심스레 필을 내려놓는다. 하지만 물음엔 끝이 없는 듯하다.

2025년 봄
고려 저수지가 내려다보이는 강화도 오상리에서
지은이

제1장

서론

근대는 서양의 역사에서 해방의 시대였다. 신분적 예속에서 개체를 해방시키는 일이야말로 가장 본원적인 해방의 지상명령이었다. 그리하여 보편적 이성을 소유한 존엄한 존재로서 개인의 자유와 평등을 어떻게 확보할 수 있을 것인가 하는 것이 긴급을 요하는 시대의 대명제로 떠올랐다. '자유'와 '평등' 그리고 '박애'를 절규한 1789년의 프랑스 대혁명은 이러한 요구를 압축적으로 대변한 인류사적 대사건이었고, 그것은 이미 사회 깊숙이 똬리를 틀고 앉은 자본주의적 경제질서를 정치적으로 공식화하고 완결하는 마지막 미화작업 같은 것이기도 했다.

그러나 하나의 모순이 극복되면 또 하나의 다른 모순이 새로이 그 자리를 대신 차지하는 것이 우리 인류사의 일반적 발전양태라 할 수 있으리라.

프랑스 혁명 역시 역사발전을 한 단계 더 높은 수준으로 끌어올리긴 하였으나, 어쩔 수 없이 하나의 모순을 또 다른 하나의 모순으로 대체시킨 역사의 숙명적 한계를 극복하지는 못하였다. 결국 우리 인간은 신분과 종교의 속박에서 벗어나긴 하였으되, 또다시 자본과 개인주의의 새로운 사슬에 얽매이는 모순의 악순환에 포박당하지 않으면 안되었다. 자본은 인간을 상품으로 전락시켰고, 개인주의는 인간을 계급적 이기주의의 노예로 탈바꿈시키는 가능성을 열어주었던 것이다.

하지만 신분질서에 뿌리내린 봉건주의적 예속체계에 대한 부르주아 계급의 정치적·법률적 대공습은 프랑스 대혁명으로 일단락되었다. 반면에 상품관계에 입각한 자본주의적 불평등체계에 대한 프롤레타리아 계급의 사회경제적 대반란은 훗날 결국 러시아 혁명으로 귀결되었다. 역사는 역사를 먹고 자라는 것이다.

이와 같이 지난 20세기를 가장 괄목할 만하게 장식한 것은 한마디로 말해 사회주의 체제의 성립과 그 붕괴라 할 수 있다. 세계사적인 관점에서 볼 때, 20세기는 볼셰비키 혁명으로 돛을 달아 올렸고 공산권의 몰락으로 닻을 내린 셈이다. 이런 맥락에서, 사회주의에 대한 성찰 없이 앞으로의 세계를 조망한다는 것은 무릇 덴마크 왕자 없이 햄릿을 말하는 것과 다를 바 없으리라 여겨진다.

하지만 사회주의는 보다 정의롭고 평등하고 행복한 인간적 공동생활의 최선의 형태가 무엇인가 하는 것을 끝없이 찾아 헤매는 간고한 인간적 노력의 일환이라 폭넓게 이해할 수 있을 것이다. 이런 관점에서, 나는 사회주의가 인간 공동체의 생성과 그 궤를 같이하는 장구한 인류사적 전통을 지니는 이상의 하나라 해석하고 있다.

이런 맥락에서, 우리는 사회주의를 개략적으로 공동체 구성원 상호 간의 집단적 평등 수립을 추구하는 체제 및 이데올로기라 개괄할 수 있을 것이다. 따라서 사회주의란 한마디로 인간 공동체 내부에 자유와 평등에 기초한 집단적 연대를 수립하고자 하는 정신적 결의라

이를 수 있으리라 유추된다. 이런 의미에서, 사회주의가 원칙적으로 개인주의에 대해 부정적인 시각을 지닐 수밖에 없게 되리라 함은 자연스러운 현상이라 할 수 있으리라.

그런데 이러한 개인주의를 철학적 토대로 하는 자유주의적 자본주의는 '개인'을 표방한다. 이때 개인은 '거인'이다. 왜냐하면 자본주의는 '힘'의 논리에 뿌리박고 있기 때문이다. 요컨대 힘이 있는 자만이 자본주의적 '자유경쟁'에서 궁극적인 승리를 쟁취할 수 있는 '균등한 기회'를 만끽할 수 있는 것이다. 그리고 이 힘은 자본에서 나온다. 따라서 자본주의 사회에서 개인주의는 결국 '거인주의'로 귀결될 수밖에 없는 것이다.[1]

한마디로 자유주의적 개인주의는 거인주의다. 말하자면 사회적 권력, 부, 명예 등을 배타 독점적으로 장악하고 있는 사회 내부의 보다 힘센 세력의 자유만을 우선적으로 비호하는 불평등체계라는 말이다. 반면에 사회주의는 무엇보다 사회적으로 소외당하고 억눌림 당하는 사회적 저변집단의 해방을 일차적인 목표로 삼는다고 선언한다.

널리 알려져 있다시피, 현대 사회주의 진영에서 본원적인 인간해방을 지향하는 가장 체계적인 과학적 이론을 제시한 것으로 평가받는 인물은 마르크스와 엥겔스다. 그들은 반자본주의적 계급혁명에 의해 프롤레타리아트의 계급적 해방이 달성되고, 또 그를 통해 비로소 진정한 인간해방의 길이 열릴 수 있음을 역설하였던 것이다. 에리히 프롬이 적절히 지적하듯이, 마르크스의 철학이 저항 이데올로기로서,

1 필자가 이 개념을 처음으로 고안해낸 것은 필자의 졸저, 『평등론: 자유민주주의, 사회민주주의, 맑스주의의 이론과 현실』(2009, 78-82) "개인주의" 편이었으나, 아울러 나의 졸저인 『공동체론: 화해와 통합의 사회·정치적 기초』(2009, 28)에서 처음으로 이 어법을 보다 폭넓게 활용하기도 한 바 있다.

서구의 "인간 중심적인 철학적 전통"(humanistische philosophische Tradition)에 깊이 뿌리박고 있음은 명백하다. 마르크스의 사상은 인간의 자기소외 및 자기상실 그리고 물화(物化)에 대한 저항이며, 동시에 자본주의적 산업화에 의해 빚어진 비인간화와 인간의 기계화에 대한 반항인 것이다(프롬·포핏츠 1983, 11-12).

다른 한편 오늘날 이념의 세계적 지평은 과연 어떠한 상황에 처해 있는가? 현실정치적 차원에서 볼 때, 앞으로의 세계는 당분간 자유주의 또는 자유민주주의와 사회민주주의 상호 간의 화합과 충돌로 점철되리라 예측된다. 다시 말해 사회주의 혁명은 이제 새로운 시대의 촉망받는 대안으로서의 지위를 오랫동안 상실할 가능성이 지극히 농후하다는 말이 되겠다. 그것은 혁명적 목표의 유실이 아니라, 혁명적 방법론의 퇴각을 의미하는 것이라 할 수 있다. 후세에 이러한 역사적 교훈을 남겨준 것은 다름 아닌 소련 및 동유럽 공산권의 몰락임은 물론이다.

그런데 우리 한국 사회는 과연 어떠한 상황에 처해 있는가? 서로 감싸안는 인간적 화합의 몸짓이 아니라, 오히려 경쟁적 이기주의가 더욱 엽기적으로 좌충우돌하는 듯하다.

양극화 현상이 현재 우리 사회를 덮치고 있다는 우려와 불만이 팽배하고 있음은 널리 알려진 사실이다. 지난 1996년 이후 10년 사이에, 중산층이 크게 줄어드는 반면에 빈곤층과 상류층이 늘어나는 등 양극화가 심화했음을 보여주는 조사결과가 나오기도 했다.

한국보건사회연구원이 펴낸 「사회양극화의 실태와 정책과제 연구보고서」를 보면, 우리나라 국민소득 중간값의 70-150% 미만인 중간층은 1996년 55.54%에서 2000년 48.27%로, 다시 2006년 상반기에는 43.68%로 각각 줄어들었다. 국민소득 중간값의 50-70% 미만으로 정의되는 중·하층 비율도 같은 기간 13.19%에서 12.84%, 10.93%로 각각 감소했다. 반면에 빈곤층과 상류층의 비율은 늘었다. 국민소득 중간값의 50% 미만인 빈곤층은 10년 사이에 11.19%에서 16.12%, 그리고 20.05%로 두 배 가까이 늘었다. 국민소득 중간값의 150% 이상인 상류층도 20.08%에서 22.77%, 25.34%로 각각 증가했다. 요컨대 중간층이나 중·하층이 결국 상·하위층으로 각각 나뉘어 편입된 셈이다.

뿐만 아니라 IMF 외환위기 이후 우리나라 전체 가구에서 절대빈곤층이 차지하는 비율이 2배 이상 증가한 것으로 나타났다. 절대빈곤층이란 개별 가구가 벌어들이는 소득이 최저생계비에도 미치지 못하는 계층을 뜻하는 것으로서, 국가로부터 생계비 지원을 받지 않으면 안 될 집단을 가리킨다. 뿐만 아니라 이러한 절대빈곤층이 가난에서 벗어날 가능성 역시 외환위기 이후 급격히 떨어지는 추세라 한다. 말하자면 일단 빈곤의 함정에 빠져들게 되면 헤어날 길이 막막해진다는 말이다. 아울러 최저생계비 수준의 소득으로 살아가는 빈곤층이 700만 명을 넘어선 것으로 집계되기도 하였다. 이를테면 전체 인구의 15%가량이 빈곤에 허덕이고 있다는 말이다. 그러나 고용여건이 나빠지게 되면, 저소득층일수록 소득이 뒷걸음질 칠 수밖에 없게 됨은 자연스러운 현상이다. 그런 탓에 부익부·빈익빈의 사회양극화는 더욱 심화하게 될 것이다.

게다가 가난과 낮은 학력이 대물림되고 있는 실정이라는 연구결과까지 나왔다. 무전유죄·유전무죄에 이어, 이제는 '무전무학'(無錢無學)·'유전유학'(有錢有學)이 일상화하고 있다는 말까지 들려올 지경이다. 이제 더 이상 '개천에서 용 나는' 법은 결코 없으리라고 입들을 모으는 실정이다.

그러나 또 그게 다가 아니다. 이 지상에 보다 근원적인 문제가 도사리고 있다. 우리의 공동체적 삶의 터전이자 최후의 피난처이기도 한 자연이 지금 기하급수적으로 수탈당하고 있다. 이러한 심각한 위기현상 또한 대체로 인간의 이기주의에서 비롯하는 것임은 물론이다. 대부분 인간 자신의 이기적인 행복과 쾌락만을 배타 독점적으로 향유하기 위해, 생태계 윤리를 서슴없이 짓눌러버리기 때문이다.

이처럼 심중한 난제들이 겹겹이 우리를 포박하고 있다. 우리는 지금 여느 때보다도 더욱 더 절절하게 인간사회에 대한 새로운 관심과 탐구가 요구되는 급박한 상황에 처해 있는 것처럼 여겨진다. 물론 바람의 방향은 바꿀 수 없으나, 항로는 조정할 수 있지 않으랴.

어쨌든 역사적인 세계화 추세에 발맞추어, 첨단기술의 범람과 사이버 돌풍, 환경오염 및 자연파멸에 대한 공포, 그리고 그를 극복하기 위한 노력 역시 더불어 세계화하고 있는 현실이다. 예컨대 전 지구를 휘감는 오염된 불순공기의 폐해를 과연 어느 한 나라만의 독자적인 노력 하나로 제압할 수 있을까? 전 지구적 차원에서 발생하고 확산하는 이러한 이상기후 증상을 극복하기 위해서는, 부득이 국제적 차원의 상호 협력이 필연적으로 요구될 수밖에 없으리라. 하지만 마치 헤겔이 말하는 "이성의 간지"(die List der Vernunft)이기라도 한 것처럼,[2] 때맞춰 놀라운 일이 벌어지고 있다. 전혀 의도치 않았는데도, 역사발전에 일정 정도 기여할 수도 있는 긍정적인 면모의 국제정치적 현상

2 예컨대 로버트 터커는 "헤겔과 마르크스에 있어 이성의 간계"라는 논문에서(Tucker 1956), 다음과 같이 주장한다: 본질로서의 이성은 세계사적 개인을 통해 스스로를 역사 속에서 실현하지만, 세계사적 개인은 이성의 도구로서의 역할을 완료한 이후에는 토사구팽되고 마는 것이다. 이렇게 특수한 개인의 열정적인 삶과 희생을 통해 배후에서 은밀하게 스스로를 실현하는 이성의 힘, 헤겔은 이것을 바로 '이성의 간계'(the cunning of reason) 혹은 '이성의 간지'라고 불렀다.

이 기지개를 펴고 있는 것이다.

무릇 국제관계란 본질적으로 "정글이며, 무정부주의가 규칙이다. 그리고 질서, 정의, 윤리는 예외"에 불과한 것으로 치부된다. 요컨대 국제관계의 "정글" 속에서는 '호랑이'만이 '리바이어던'으로 군림할 수 있는 것이다. 그리하여 국제적인 차원으로까지 비약하여 '거인'의 독주만 옹호되고 권장되는 현실이다. 한마디로 '호랑이의 자유'만이 극대화해 가고 있는 실정이란 말이 되리라. 그러므로 도덕적 진보나 인간적 자아실현 등, 유의미한 주요 정신적 가치들이 비관적인 것으로 간주되기 일쑤임은 물론이다.

따라서 이러한 힘의 논리가 지배하는 국제정치 무대는 원래 모든 게 도덕적 원칙보다는 사적 이해관계(self-interest)가 군림할 수밖에 없도록 설계되어 있다. 요컨대 '민족적 이해관계'(national interest)의 추구 및 충족이야말로 국제정치의 본질인 것이다. 하지만 오늘날 점차 일정 정도 자기 국가만의 이기적인 민족적 이해관계에만 집착할 수 없도록 만드는 역설적인 국제정치 상황이 서서히 조성되고 있는 것같아 보인다. 자연적인 이상기후 현상이 지배적인 요인인 듯하다. 어쨌든 국제적 연대가 불가피해지는 형국이다.

그런데 더욱 놀라운 것은, 그 와중에 마치 일부러 타이밍을 맞추기라도 한 것처럼, '심지어' 코로나19 팬데믹까지 발생하여 국제적 단합에 불을 붙이기까지 한 사실이다. 코로나 극복을 위한 방책을 진지하게 성찰하는 가운데 홀연히 나타난 현상이기도 하겠지만, 이러한 절망적인 현실을 마주하면서 특히 경이롭고도 희망적인 메시지가 극적으로 자태를 드러낸 것이다. 요컨대 공공의 영역에서는 평소에 거의 접하기 쉽지 않았던 '연대'니 '공동체'니 하는 용어들이 거의 일상적으로 들려오곤 한 것이다. 이 개념들은 코로나 극복을 위한 방책을 진지하게 성찰하는 와중에 고심 끝에 찾아낸 활로의 하나라 여겨지긴 하지만, 놀랍게도 '연대'니 '공동체'니 하는 이러한 개념들이 실은 사회주의적 지표와 깊이 관련된 개념이라는 점은 특기할 만한 사실이다.

하지만 우리가 잘 알다시피, 코로나19 환자가 급증하던 2021년 7월, 논란 끝에 기어코 도쿄 올림픽이 개최되었다. 세계보건기구(WHO)는 이 올림픽이 끝날 때까지 10만 명이 더 사망하리라 경고하기까지 했다. 그럼에도 WHO의 사무총장 테워드로스는 올림픽 개최 자체를 긍정적으로 평가해 마지않았다. 그는 국제올림픽위원회(IOC) 총회에서, "이번 대회가 전 세계를 하나로 묶고 팬데믹을 함께 종식시키는 데 필요한 결속력과 결단에 불을 붙이는 순간이 되기를 바란다"는 웅변까지 하였다(파이낸셜뉴스 2021.07.21). 세계보건기구의 사무총장까지 나서서 열렬히 '코로나 연대'에 대해 열변을 토한 것이다.

어쨌든 우리는 오늘날 인간적 이기주의와 공존·공생의 생태계 윤리, 그리고 민족공동체적 이기주의 및 전 지구적 이타주의가 상호 경합을 벌이고 있는 모순적인 상황에 내던져져 있다. 하지만 나는 이러한 현상을 전 지구의 생존과 인류적 공생을 위한 범세계적 결속이 결정적으로 요구되는 시대의 도래를 알리는 징표로 간주한다.

I. 왜 쓰는가?

필자가 특별히 사회주의 주제를 연구대상으로 선정한 까닭은 특히 오늘날 우리 지구사회를 지배하고 있다고 여겨지는 다음과 같은 두 개의 요인에 의거한다.

첫째, 나는 현재 이 지구사회에 무엇보다 '이중위기'가 엄습해 있다고 믿는다. 요컨대 '인간위기'와 '자연위기'라는 대재앙이 동시에 폭발하고 있는 것이다. 이러한 범지구적 이중위기 국면에 적절히 대응해나가기 위해서는, 궁극적으로는 자연과 인간, 그리고 인간과 인간의 합일을 지향하는 새로운 이념적 토대가 필요하리라 여겨진다. 그것은 인간사회 및 전 생태계의 민주화를 일상화할 수 있는 새로운 세계의 초석으로 기능하게 될 것이다.

둘째, 소련 및 동유럽 공산권의 붕괴와 맞물려, 오늘날 특히 신자유주의 이데올로기가 전 세계를 획일화하고 있는 실정이다. 결국 극심한 경제적 불평등 역시 범세계적으로 확산할 수밖에 없게 되고, 그와 더불어 민주주의가 생존할 수 있는 가능성 역시 점차 희박해질 수밖에 없지 않으랴 하는 위기감까지 고조될 지경이다.[3]

어쨌든 원자화한 개체의 사적 이익이 공동체의 공공이익 위에 군림하게 되는 현실이 만들어지고 있는 상황이다. 결과적으로 이를 조장하는 시장주의가 강화하면서, 민주적 공동체에 대한 충성심이 약화하고 경쟁의 미덕만 강조됨으로써, 결국 '승자 독식 사회'(winner-take-all society)가 배태되었다. 그에 따라, 계급·민족·인종·지역 상호간의 불평등 또한 심화해가고 있는 형국이다.

물론 자유가 빵 문제를 온전히 해결할 수 없듯이, 빵 역시 자유의 문제를 고스란히 풀지 못한다. 그러나 어떻게 하면 자유를 한껏 즐기면서도 빵 또한 마음껏 먹을 수 있을 것인가 하는 숙원을 해결해나가는 것, 이것이야말로 인류사적 소명 아니겠는가.

그런데 빵을 충분히 함께 나누어 먹을 수 있는 자유와 빵을 자유

3 이러한 현상에 대한 상당히 설득력 있는 참고자료의 하나로, 임혁백(2000)을 들 수 있을 것이다.

롭게 충분히 먹을 수 있는 권리는, 과연 어떻게 동시에 확보될 수 있는 것인가? 말하자면 평등과 성취, 균형과 능률, 복지와 경쟁 사이의 조화를 과연 어떻게 쟁취해낼 것인가 하는 말이다. 그 해법을 찾아내는 일이야말로 정치철학의 진정한 과제가 아니겠는가 하는 완고한 문제의식이 사실상 나 자신을 줄기차게 닦달질하며 예까지 이끌어온 추동력이 아니었으랴 사료된다. 하지만 그게 다가 아니었다.

원론적인 수준이긴 했지만 이러한 난감한 문제의식에 덧붙여, 구체적이고 현실적인 물음이 새로이 포개지는 게 아닌가. 요컨대 보다 존엄하고 보다 인간적인 생존양식 및 생활방식 추구에 보다 부합할 뿐더러 오늘날 우리 인류가 겪고 있는 인성 및 자연의 '이중위기' 극복에 보다 걸맞은 방책으로 기능할 수도 있는 이념이 과연 어떠한 것이 있을 수 있으랴 하는 의문이 새로이 떠오른 것이다. 뿐만 아니라 다원화되어야 마땅할 우리의 자유로운 이념세계를 획일화하고 있는 신자유주의적 독점지배체제를 극복할 수 있는 대안이 과연 무엇일까 하는 문제까지 가세하여, 자승자박하듯 또다시 나를 옭아매기 시작하는 게 아닌가. 하지만 이런 곤혹스러운 형세를 마냥 외면할 도리가 없었다. 거추장스럽고도 당혹스러웠다.

그 와중에 다양한 사회주의 조류에 조심스레 눈길을 돌리기 시작하는 나 자신을 자연스레 목도하게 되었다. 왜 그랬을까?

우선 사회주의야말로 지극히 인간적인 속성을 지닌 이념체계 아닌가 하는 믿음직스러움이 친근감을 주었다. 그것이 무엇보다 인간에 대한 치열한 탐구 노력의 소산이기 때문이다. 다시 말해, 공동체적인 연대에 기초하여 보다 정의롭고 보다 평등한 인간사회를 건설하고자 하는 역동적인 인간적 결의에 의해 이끌리는 이념이 곧 사회주의 아니겠는가 하는 말이 되겠다.

뿐만 아니라 사회주의가 동시에 자연적인 속성을 지닌 이념이기도 하다는 측면이 나를 일깨우기도 했다. 무엇보다 그것이 생태계의 모든 생명체들이 상호 공존·공영·평화를 함께 공평히 누리게 될 것을 간곡히 소망하는 '자연의 섭리'의 내적 윤리질서에 순응하고자 노력하는 논리체계이기 때문이다. 응당 인간 역시 모든 생명체의 평등성에 기초한 이러한 자연의 윤리질서에 순응해야 할 존재임은 물론이다. 무엇보다 이러한 자연의 절대명제를 좇아, 인간의 생태적 평등을 구현하기 위한 공평한 사회체제를 구축해내는 일이야말로 자연의 자연스러운 요청이라 하지 않을 수 없을 것이기 때문이다.[4] 이런 의미에서, 인간사회의 공동체적 평등실현을 추구하는 사회주의 역시 이러한 자연의 섭리에 순응하는 자연친화적 이념의 하나로 간주될 수 있음 또한 지극히 자연스러운 현상 아닐까 한다.

그러나 그게 다가 아니다. 우리는 사물의 '본성'을 nature라 부른다. 따라서 인간본성, 즉 '인간성'이라는 어휘가 영어로는 자연스레 human nature로 번역해 쓰이는 것이다. 이처럼 자연(nature)이 곧 본성을 가리키는 말이기도 한 것이다. 이런 의미에서, 본원적인 인간의 자연적 본성을 토대로 하여 스스로 지향하고자 하는 인간적 이상을 포괄하는 목표개념을 '인간성' 또는 '인성'이라 일컬어도 별 무리는 없으리라 여겨진다.[5] 이런 의미에서, 인간사회의 평등실현을 추구하는 사회주의 역시 바로 이러한 인간적 이상을 포괄하는 목적의식, 즉 인간성 개념과 어우러진다고 말할 수 있으리라.

따라서 사회주의를 보다 정의롭고 평등하고 행복한 인간적 공동

4 이에 대해서는, 박호성(2011, 173-182) 참고.

5 자연과 인간본성 간의 상관관계에 대해서는, 박호성(2011) 참고.

생활의 최선의 형태를 끊임없이 탐색하는 꾸준한 인간적 노력의 일환이라는 의미로 보다 폭넓게 이해해도 무방하리라 여겨진다. 그러므로 사회주의의 시발이 유구한 인류사적 전통을 지니는 인간 공동체의 성립과 자연스레 그 궤를 같이한다고 해석해도 별반 지나침이 없으리라 예단할 수 있으리라. 무엇보다 사회주의가 인간적이기 때문이다.

사실상 20세기는 자유주의, 마르크스주의 그리고 사회민주주의, 이 세 개의 주요 패러다임의 각축 속에서 닻을 들어올렸다. 그러나 역사의 흐름은 세기말에 와서는 자유주의의 '반명제'(Antithese)라 할 수 있는 마르크스주의적 사회주의에 대해 판정패를 선언하고 말았다. 그리고 사회민주주의는—최소한 이론적인 차원에서는—여러 면에서 '종합'(Synthese)의 속성을 드러내 보이고자 분투하는 것처럼 비쳐지고 있다.

하여튼 사회주의 체제는 붕괴하였다. 불우한 환경에서 태어난 소련 및 동유럽 공산정권은 또 역시 급작스러운 객사로 자신의 삶을 마감하였다. 그리하여 그 사망의 원인에 대해서, 그리고 또 그 주검의 정체에 대해서 수많은 증언이 뒤따르기도 했다. 통곡도 있었고, 박장대소도 있었다. 하지만 여기서 그 기다란 조문행렬을 일일이 수소문할 여유는 없다. 그러나 어둠이 지나면 밝음이 뒤따르는 이치와 마찬가지로, 공산권이 스스로 거의 살신성인하듯 몰락함으로써, 연구자들은 그 반대급부로 절호의 연구기회를 보배같이 손에 넣을 수 있게 되지 않았나 싶을 정도다.

요컨대 공산권 붕괴로 말미암아—그 이전과 비교하여 상대적으로 편견이나 선입견 없이 보다 객관적이고 균형 잡힌 시각으로—사회주의를 총체적으로 조망할 수 있는 합리적인 연구 환경이 조성되게 된 것이다. 나아가 공산권 몰락은 한편으로는 마르크스·레닌주의가 사회주의 내부의 하나의 "변이"(Variante)이기도 함을 입증해준 기회를 제공해주었을 뿐만 아니라, 다른 한편으로는 "사회주의의 사상사적인 뿌리를 탐색하도록 이끄는" 유효 적절한 계기로 작용하기도 하였음은 물론이다(Walter 1991, 9).

아울러 필자 역시 이 '호기'를 결코 방관할 수만은 없었다. 좌충우돌하며 꾸준히 편승을 시도하였다. 더구나 우리는 지금 인성과 자연의 전 지구적 '이중위기' 상황에 맞닥뜨리고 있지 아니한가. 뿐만 아니라 거의 신자유주의 하나로 도배된 것처럼 비치는 획일적인 세계의 이념적 지평과도 마주하고 있지 않은가.

불현듯 정치사상 학도로서의 각성의 순간들이 밀어닥쳤다. 이윽고 스스로의 본분을 곱씹는 계기가 자연스레 뒤따르게 되었다. 급기야 하나의 의문이 필자의 뇌리를 섬광처럼 파고들었다. 그것은 바로 우리 인류의 선각자들은 갖가지 인류사적인 가시밭길을 과연 어떻게 헤쳐 왔을까 하는, 그들의 험난한 고투의 여정과 관련된 물음이었다. 바야흐로 필자의 탐험 욕구에 서서히 시동이 걸리는 듯했다. 이내 인간 및 인간사회의 행복한 일상과 미래를 위해 헌납한 이들 선각자들의 지혜의 발자취를 더듬어볼 야욕이 쓰나미처럼 밀어닥치기 시작했다. 결국 대장정에 나서기로 용단을 내리게 되었다. 만용이 결국엔 용단을 호출하게 된 것이다.

하지만 무엇보다 두고두고 필자의 골머리를 썩였던 것은, 필자 스스로가 이미 앞질러 제기해놓은 자연의 위기와 관련된 문제였다. 이 문제는 결국엔 우리는 과연 생태계 윤리와 화합하는 가운데 사회적 분열과 불평등을 극복함으로써, 우리 모두가 평화롭게 공생해나갈 수 있는 공정하고 행복한 사회를 어떻게 건설해나갈 것인가 하는 미래지향적 과제와 직결될 수밖에 없는 것으로서, 결코 방기해선 안 될 임무이기도 한 것이다. 어떻게 할 것인가.

그러나 이러한 생태계 위기문제는 일단 도외시하기로 했다. 무엇보다 이 문제가 비교적 근래에 들어 심각하게 제기되고 있을 뿐만 아니라, 나 스스로도 개인적으로 얼마 전 이미 이러한 문제를 주제로 한 연구문헌을 공표한 바 있기도 했기 때문이다.[6] 몸과 마음이 훨씬 가뿐해졌다.

이윽고 가벼워진 심신에 기대어, 탐색의 방향을 새로이 정조준하기 시작했다. 이상적인 사회상과 더불어 그 속에서 일상적인 삶을 꾸려가는 인간의 이상적인 삶의 자세 및 유형 등을 논구한 역사적인 지혜의 산물들이 과연 어떠한 것이 있을 수 있을까 하는 쪽으로 방향을 틀었다. 수많은 의문과 망설임과 자책이 뒤따랐지만, 탐구의 탐험을 멈출 수는 없었다. 심호흡을 되풀이하는 게 고작이었다.

그러나 마냥 끝이 보일 것 같지 않던 길고 힘든 자문자답도 서서히 꼬투리가 잡히는 것 같았다. 내가 뭐라고, 이 지상에 대체 어떻게 유독 나 혼자만이 이러한 문제의식을 지니고 있는, 천상천하에 유일무이한 존재일 수 있으랴 하는 너무나도 당연하고 지엄한 사실에 착안했다. 흘러간 지난 역사 속에서 이미 이러한 문제의식으로 고뇌를 앓던 수많은 선각자들이 엄연히 존재할 수밖에 없으리라는 너무나도 지당한 사실을 부끄럽게도 뒤늦게야 자각하게 된 것이다. 이윽고 그들의 발자취를 면밀히 채광해보겠다는 쪽으로 기울기 시작했다. 광맥을 찾아 나섰다. 어찌 모든 난제를 일거에 송두리째 다 해결해내는 신묘한 실마리를 보여주는 신과도 같은 존재가 있을 수 있으랴만은, 그

6 필자는 바로 이러한 문제의식에서, 이미 다음과 같은 생태론 저술을 집필·발간한 바 있다. 이러한 생태계 문제 일반에 대해서는, 박호성(2012)을 참고할 것.

래도 유사한 문제를 풀어내기 위해 피땀 흘리며 고투했을 선인들의 사유체계가 명백히 존재할 수밖에 없으리라는 데 가까스로 내 사념이 가닿았던 것이다.

필자의 부박함 탓에, 사회주의 사상이 필자의 뇌리를 선점하기 시작했다. 무엇보다 그것이 '인간이 더불어 잘 살아갈 수 있는 길'을 힘겹게 탐색해온 장구한 역사를 뒤로한 고군분투의 하나라 여겨졌기 때문이다. 혹여나 사회주의를 휴머니즘으로 간주해온, 미미하지만 오래된 필자의 이념적 타성이 나름대로 고뇌에 부응해준 덕은 아니었을까, 하는 생각이 들기도 했다.

필자의 경망스러움이 끝 간 데 없어, 내친김에 인류의 오랜 역사와 더불어 부침을 거듭해온 사회주의 이념의 다양한 흐름과 갈래를 훑기 시작했다. 그러나 이 저서는 결국 이러한 내 자신의 만용이 둔갑해 현신한 셈이다. 하기야 끝없이 되풀이되었던, 그 지겨운 자문·자답의 옹색한 소산이 아닐까 싶기도 한 것임에랴.

II. 무엇을, 어떻게 쓰는가?

항상 연구자들을 지진처럼 괴롭히곤 하지만, 전체 글의 원활한 논리 전개를 위해 무엇보다 우선시해야 할 것은 개념의 정위치 작업이라 하지 않을 수 없을 듯하다.

일상생활에서조차 습관적으로 상용하고 있음에도 잘못 쓰거나 마구잡이로 뒤섞어 사용하는 핵심적인 사회과학적 개념인 '자유' 및 '평등'과 마찬가지로, '사회주의'와 '공산주의' 개념 역시 오용과 혼용으로 뒤범벅되기 일쑤다. 비록 정확한 개념 규명 문제가 그리 단순한 일이 아니긴 하지만, 이 두 개념의 본질 및 차이 등을 가능한 한 명확히 해명하는 작업을 선행하는 것이 바람직하고도 필수적이라 할 수 있지 않을까 한다.

여기서 필자는 사회주의를 한편으로는, 지향해야 할 이념 및 가치로서의 사회주의, 다른 한편으로는, 이러한 정신적 가치를 구체적으로 구현한다고 이해되어지는 현실 정치·사회제도로서의 사회주의를 상호 구분해 고찰하는 것이 바람직하리라 생각한다. 이러한 관점에 입각하여, 이 저술은 이념의 첫 출발신호 삼아 플라톤에서 시작하여, 제도적 구현의 붕괴 신호라 이를 수 있는 소련 및 동유럽 공산권 몰락으로 마감한다.

결국 이 저술은 고대 희랍에서 시작하여 최근세사에 이르기까지, 거의 2천 년 이상 사회주의 사상이 흘러온 장구한 역사적 전개 과정을 뒤쫓는 작업이 된 셈이다. 이러한 맥락에서, 도대체 언제, 어디서, 사회주의의 연원을 찾아볼 수 있으랴 하는 의문이 자연스레 제기될 수밖에 없었다.

사회주의는 과연 언제부터 시작하였는가? 한마디로 사회주의의 역사는 숭고하고 장구한 전통을 자랑한다.

필자는 한편으로 사상과 가치의 맥락에서는, 사회주의가 인류의 역사와 그 궤를 같이한다고 믿는다. 사회주의 정신 자체가 무엇보다 인간의 삶과 직결해 있기 때문이다. 그리고 다른 한편 사회운동의 차원에서는, 근대 이후의 현상으로 간주한다. 이런 취지에서, 필자는 다음과 같은 관점에 입각한다.

첫째, 사회주의를 보다 정의롭고 평등하고 행복한 인간적 공동생활의 최선의 형태가 무엇인가 하는 것을 끝없이 찾아 헤매는 인간적 노력의 일환으로 폭넓게 이해한다면, 사회주의는 인류의 역사에 버금

가는 장구한 전통을 지니는 이상으로 간주되어야 마땅하리라 여겨진다. 다시 말하면 사회주의란 공공질서에 내재하는 문제점과 모순과 불의 등에 대해 심사숙고하고 그것을 극복·개선할 결의를 지니고 있는 사람들에 의해 창안된 다양한 지성적 체계로서, 인류사회의 역사 자체만큼이나 오래된 평등주의적 노력의 하나라 일컬을 수 있다는 말이 되겠다.[7]

둘째, 사회주의를 자본주의 사회질서를 극복하기 위한 산업노동자의 계급운동 이념으로 이해하는 경우, 사회주의는 반자본주의적 노력의 일환으로 본격적으로는 19세기 중반에 등장하였다고 말할 수 있으리라. 그리고 그 대표자는 물론 마르크스와 엥겔스며, 이들은 스스로를 '공산주의자'(Kommunist)라 규정한 바 있기도 하다.

바로 이러한 관점에 입각하여, 필자는 무엇보다 사회주의 이념의 본질적인 목적의식을 충실히 고취해온 주요 사상가 및 운동가의 발자취를 탐색할 것이다. 따라서 특히 서양사상사의 범주 속에서는 의당 저 고대 희랍사회로부터 사회주의의 사상적 궤적을 더듬어보는 것이 마땅하리라 믿는 쪽이다.

필자는 사회주의의 역사가 한마디로 이론 및 관념으로부터 실천으로의 도정(道程)이라 판단한다. 따라서 이러한 필자의 기본 시각에

7 유사한 입장의 사회주의 이해방식을 참고하기 위해서는, Lichtheim(1968, 11)을 볼 것. 다른 한편 고전적 마르크스주의자였던 독일의 카우츠키는 이미 1900년대 초에, "실제로 있었거나 또는 추구되어진 공산주의 형태가 존재하지 않는 시대는 좀처럼 찾아보기 힘들다. 공산주의는 인류의 요람과 함께 한다"고 역설하면서, '심지어' 공산주의와 인류의 기원이 동일함을 강조하기까지 한다. 이에 대해서는 Kautsky(1947, 17) 참조. 이러한 신념에 입각해 카우츠키는, 플라톤이 "공산주의를 최초로 철학적·체계적으로 옹호"하였다고까지 역설하고 있다(Kautsky 1947, 23). 이에 덧붙여 Walter(1991, 9)도 참고할 것. 이 책에서 저자는 "인간이 서로 견딜 만하게, 아니 우애롭게 함께 살아갈 수 있으리라는 기대는 가장 오래된 정치적 관념에 속한다"고 역설해 마지않을 정도다.

의거해, 이 저술은 관념의 태두라 할 수 있는 플라톤에서 시작하여, 실천 과정의 거대한 일단락이라 할 수 있는 소련 및 동유럽 공산권 붕괴까지 추적·분석하는 것으로 마감할 것이다.

제일 앞자리에 플라톤이 등장한다. 필자는 플라톤이 무엇보다 '사회주의'[8] 이념의 선구자라는 점을 배려하여, 특히 그 자신의 여성관과 직결시켜 그의 '사회주의' 사상의 요체를 들여다볼 것이다. 무엇보다 그가 '심지어' 처·자식 공유제까지 제창할 정도로 파격적이었기 때문이다. 오늘날의 시각으로 볼 때도, 거의 초과격 공산분자라 지칭해도 무방할 정도 아닐까 한다. 그가 만약 현재 한국에 살고 있다면, 그는 분명히 국가보안법 위반 혐의로 지금 감옥생활을 영위하고 있을 가능성이 지극히 높으리라 짐작된다. 어쨌든 플라톤의 입장이 장구한 사회주의 및 유토피아 사상의 역사 속에서 과연 어떠한 의미와 위상을 지니고 있는가 하는 측면도 부수적으로 살펴보게 될 것이다. 이에 덧붙여 오늘날에 이르기까지 사회주의 사상의 전체 역사에서 플라톤이 점하는 역사적 의의를 되새겨보는 기회 역시 잠정적으로 갖게 되지 않을까 생각한다.[9]

이와 같이 플라톤을 필두로 하여 현대에 이르기까지 매 시대별 주

8 앞으로 본론에서 차차 다루어나가겠지만, 필자는 공산주의를 사회주의의 하나로, 요컨대 특정적인 유형의 사회주의로 간주한다. 말하자면 사회주의를 공산주의를 포괄하는 하나의 상위개념으로 규정한다는 말이 되겠다. 이런 의미에서 플라톤의 입장을 분석하는 이 글의 주제 역시 '사회주의'로 총칭하게 되었다. 그러나 일반적으로 그의 견해를 '공산주의'라 칭하는 경우도 비일비재함은 물론이다.

9 예를 들어 바커(Ernest Barker)는 플라톤의 공산주의와 근대적 사회주의의 특성을 탁월하게 비교·분석하고 있다. 그러나 그는, 뒷장에서도 언급하겠지만, 주로 외형적·평면적 차이에 대한 비교에 주력한 것처럼 보인다. 필자는 이 글에서 이러한 바커의 입장을 기본적으로 수용하면서도, 사회주의의 보다 본질적인 측면에 대한 심층적인 상호 비교·분석을 시도해보고자 한다. 이러한 바커의 입장을 참고하기 위해서는, Barker(1959, 127-163)을 볼 것.

요 사회주의 사상가를 선별하여 분석하게 될 것이다. 우선 근대의 개막과 더불어 개화하기 시작하는 이른바 '유토피아(공상적) 사회주의'를 대표하는 토마스 모어, 캄파넬라, 생시몽, 로버트 오웬 등의 이념의 본질을 분석하고자 한다. 이어서 근대 이후 가장 과학적으로 체계화된 사회주의 이념으로 일컬어지는 마르크스주의의 본질을 현대적인 시각으로 되짚어볼 것이다. 하지만 그 체계가 워낙 방대한 탓에, 마르크스주의의 모든 주요 요소들을 일일이 다 점검해볼 여력은 없다. 다만 마르크스주의의 핵심적인 본질이라 할 혁명이론을 현대적인 관점에 입각해서 집중적으로 해부하고자 한다. 뿐만 아니라 마르크스·엥겔스와는 달리 실제 폭력혁명의 현장에서, 이러한 마르크스주의를 '러시아화' 하면서 그것을 실천 이데올로기로 응용한 레닌과 스탈린 역시 결코 도외시할 수는 없으리라.

나아가 마르크스주의의 서구 좌파적 수용 형태라 할 수 있는 사회민주주의의 실체 및 그 개량주의적 본질에 대한 점검 또한 빠뜨릴 수는 없다. 무엇보다 숱한 논쟁과 갈등을 거치며 사회민주주의를 역사적으로 집대성한 것으로 평가받는 독일 사회주의 노동운동의 사례를 중심으로 분석하고자 한다. 마지막으로 특히 사회주의의 정치·사회적 제도로서 레닌과 스탈린에 의해 구축된 소련 및 동유럽 공산권의 실체 및 그 몰락이 지니는 문제점과 역사적 의의를 간략히 분석하면서 대단원의 막을 내리게 될 것이다.

이 책의 전편을 통틀어 대체로 문헌 분석에 치중하게 되리라 여겨진다. 혹여나 기회에 따라 사회경제사적 배경 분석이 동반될 경우도 있겠지만, 대체로 1차 자료를 중심에 놓고 필요에 따라 2차 자료를 배합하는 형식으로 저술이 이루어지리라 생각된다.

그런데 우리를 숙연하게 하는 것은 사회주의적 목표를 달성하기 위해 심신을 다 바쳐 피땀 흘려 헌신해온 사상가와 운동가 대부분이 개별적으로는 대체로 환난과 불운으로 점철된 파란만장한 삶을 살아왔다는 점이다. 이들의 굴곡진 인생 역정은 마치 사회주의 이상의 구현이 얼마나 지난한 역사적 과업인가 하는 것을 손수 증언이라도 하는 듯한 전율과 감동을 불러일으키기까지 하는 경우가 드물지는 않다. 혹여나 군더더기처럼 비칠지도 모르지만, 지면이 허락하는 대로 가능한 한 충실히 그들의 인고의 인생여로 역시 짬짬이 담아내볼 생각이다.

제2장

개념 정리

'자유'와 '평등'은, 마치 영어의 불규칙동사처럼, 일상생활에서조차 습관적으로 상용하고 있음에도 잘못 쓰거나 마구잡이로 뒤섞어 사용하는 경우가 빈번한 핵심적인 사회과학적 개념이라 할 수 있다. 마찬가지로 이들 못지않게 이러한 오용과 혼용으로 뒤범벅되기 일쑤인 주요 사회과학적 개념에 '사회주의'와 '공산주의' 또한 버젓이 한자리 차지하고 있음은 물론이다.

하지만 일반적인 학문 수련 과정에서 대체로 우리를 가장 골치 아프게 만드는 고된 시련의 하나가 바로 개념 정위치 작업이 아닐까 한다. 물론 결코 간단한 문제는 아니지만, 적어도 '사회주의 사상의 역사'를 다루는 이 저술에서만큼은 이 두 개념의 본질과 차이를 가능한 한 명확히 밝히는 것이 바람직하고도 필연적인 과제일 것 같다.

그렇다면 사회주의와 공산주의의 정체는 과연 무엇인가? 사회주의의 개념 정리에서 시작하여, 사회주의의 역사는 언제부터 비롯한다고 말할 수 있는가 하는 문제로 넘어가기로 한다. 사회주의와 공산주의의 개념은 어떠한 차이를 가지고 있는가, 그리고 이 두 이념과 긴밀한 관계를 맺고 있으리라 여겨지는 유토피아(Utopia)의 속성은 과연 어떠한 것인가?

I. 사회주의의 개념

근대적 사회주의 개념의 근원지는 영국이라 할 수 있다. 1827년 11월, 로버트 오웬(Robert Owen)의 추종자들은 오웬이 발간한 *Co-operative Magazine*에서 자신들의 공식적인 명칭으로 처음으로 'Socialists'라는 용어를 선택하게 된다. 그 후 얼마 지나지 않아 '오웬주의'(Owenism)를 'Socialism'이라는 용어로 대체하기 시작한다. 동시에 이들은 이 개념에 대한 독점권을 주장함으로써, 이 개념의 일반화를 반대하는 입장을 드러내게 된다. 어쨌든 산업적 부는 사유재산이 아니라 조합적 기초에 입각한 공동재산이 되어야 한다는 견해를 추종하는 사람들을 곧 '사회주의자(Socialists)'라 명명하게 된 것이다.

그러나 사회주의 용어를 정치체제 개념으로 자유롭게 활용하기 시작한 것은 프랑스였다. 그런데 오웬의 추종자들처럼 관련자들에 의해서가 아니라, 그 개념과 결부된 내용과 정신을 처음으로 비판한 인물에 의해 사용되었다. 저널리스트였던 루이 레이보(Louis Reybaud)는 1836-1838년간 발표한 '근대적 사회주의자'(Socialistes modernes)에 관한 논문시리즈에서 프랑스의 생시몽(Saint-Simon)과 샤를 푸리에(Charles Fourier), 그리고 영국의 오웬을 사회주의자란 개념하에 총괄한 것이다. 반면에 독일에서는 본질적으로 그에 걸맞지 않은 사회상황에서 사회주의의 어휘가 사용되었다. 요컨대 독일에 사회주의자가 존재하기도 전에 영국 및 프랑스의 사회이론 추종자들을 사회주의자라 부르기 시작한 것이다. 로렌츠 폰 슈타인(Lorenz von Stein)은 1842년 『오늘날 프랑스의 사회주의 및 공산주의(*Socialismus und Kommunismus des heutigen Frankreichs*)』라는 저술에서 프랑스의 사회주의를 최초로 '사회의 학문'(Wissenschaft der Gesellschaft)이라 규정하였는데, 독일에서는 대체로 1848년 무렵까지 주로 이런 개념으로 활용되었다.

하지만 'Socialisme'이라는 표현은 1832년 2월 13일, 프랑스의 삐에르 러루(Pierre Leroux)가 발간한 생시몽주의자 잡지인 『러 그로브(*Le Globe*)』에 처음으로 등장한 것으로 알려져 있다. 반면에 '사회주의자(Socialists)'라는 용어는 수년 전인 1827년 11월, 영국의 오웬이 창간한 *Co-operative Magazine*에서 오웬 이론의 추종자를 명명하기 위해 처음으로 쓰이기도 한 바 있다.[1]

그렇다면 사회주의의 본질은 도대체 어떠한 것인가? 예컨대 독일의 정치학자 이링 페춰(Iring Fetscher)는 사회주의의 개념을 다음과 같이 다섯으로 나누어 살펴본 적이 있었다(Fetscher 1982, 132-138).

첫째, 그것은 주요 생산수단에 대한 소유가 사회화(국유화 또는 조합화)되어 있는 사회질서를 가리킨다. 특히 과거 소련 및 동유럽 공산주의자들은 이러한 최소요건으로 만족하였고, 나아가서는 이러한 '사회경제적 토대'의 창출이 곧 마르크스가 기대하였던 '생산자의 자유로운 결사체' 형성의 밑거름이 될 것이며, 점차 '국가의 소멸' 및 '인간에 대한 지배의 사물에 대한 관리'로의 교체를 실현하는 원동력으로 작용하리라 생각하였다.

1 이러한 관점을 보기 위해서는, Lichtheim(1968, 233, Fn. 1)을 참고할 것.

둘째, 사회주의는 사회화된 생산수단이 실질적으로 연합한 생산자 자신에 의해 직접적으로(즉 노동자 자치에 의해) 관리되고, '근로인민'의 민주적 지배가 '평의회민주주의'(Ratedemokratie)적 제도장치에 의해 보장되는 사회질서를 뜻한다. 이것은 대체로 평의회민주주의자나 로자 룩셈부르크(Rosa Luxemburg)주의자, 또는 이전 공산 유고슬라비아의 노동자 자치론자들이 대변한 입장이라 할 수 있다.

셋째, 사회주의는 인민의 지배가 그에 상응하는 제도에 의해 뒷받침되는, 요컨대 상호 경쟁하는 정당의 다원성이나 지배적인 노동자정당 내부에서의 자유로운 토론이 제도적으로 보장되는 사회체제를 말한다. 이러한 민주적 다원성이 용인되지 않을 경우, 당 지도부는 인민과 괴리될 뿐만 아니라 민주적 제도장치의 틀을 벗어난 관료주의적 지배기관으로 변질되리라 간주된다.

넷째, 사회주의는 비록 모든 대규모 생산수단이 사회화되지 않았다 하더라도, 단지 기업 내에서 노동자들이 생산과 노동 과정에 대한 공동결정권을 행사하거나 또는 소비자 및 생산자 협의회가 전체의 이해관계 속에서 국민경제의 발전을 통제할 수 있는 권한을 부여받은 사회를 말한다.

다섯째, 생산수단에 대한 사적 소유가 원칙적으로 거부되지는 않지만, 자유시장경제의 사회적 폐해들을 적극적으로 극복하고자 하는 사회적 복지국가 이념이 사회주의라 규정되기도 한다. 이것은 중도 내지 우파 사회민주주의자들의 기본입장으로서, 자신들에 의해서나 또는 대립적인 상대방에 의해서 그렇게 불리기도 했다.

그런데 여기서 주목해야 할 것은, 첫 번째 경우는 '생산수단의 사회화'를 그 자체 기본적인 목표 내지는 목적으로 간주하지만, 여타의 사례들에서는 사회화를 때에 따라서는 다른 요소로 보완하거나 교정할 수 있는 잠정적인 수단으로 여긴다는 점이다. 이를테면 여타의 경우에서는 사회화라는 것을 자유나 민주주의 등 보다 높은 가치를 위해 희생시킬 수도 있다는 유보적인 입장이 견지되고 있다는 말이 되겠다. 이렇게 보면 '생산수단의 사회화'라는 것이 사회주의냐 아니냐를 판가름하는 절대적인 척도로 기능하지 못하고 있다는 상황이 오늘날의 사회주의 개념의 발전 수준이라 할 수 있을 것이다.

그러나 현재 소련 및 동유럽 공산권의 붕괴로 말미암아, 첫째와 둘째의 사회주의는 제도로서 더 이상 존재하지 않게 되었다. 게다가 세 번째 경우가 점차 네 번째 및 다섯 번째의 사회주의적 구상으로 옮아가고 있는 것이 오늘날의 현실이다. 우리는 이미 몰락한 과거 소련 및 동유럽 공산권의 사회주의를 한마디로 '국가 사회주의'(State Socialism)라 특화시키기도 하는 현실을 체험하기도 하였다.

특히 우리나라에서는 사회주의 하면 흔히 마르크스주의 하나만을 생각하는 관행이 있는 듯하다. 우리가 물론 자본주의 체제에 살고 있기 때문에 그것에 대한 가장 체계적이고 적나라한 비판사상이 마르크스주의라는 것에 대해서는 이의를 제기하는 경우가 거의 드무리라 여겨진다. 그러나 마르크스주의가 사회주의의 하나임에는 틀림없으나, 모든 사회주의가 곧 마르크스주의라는 말은 성립할 수 없다. 달리 말하면, 마르크스주의는 19세기 이후의 사회주의 사상 및 이론체계에 지나지 않다고 말할 수 있다.

그러므로 여기서 또다시 문제로 떠오르는 것은 사회주의를 도대체 어떻게 개념 규정할 것인가 하는 것이다. 사회주의를 자본주의의 다양한 극복 시도로 풀이한다면, 사회주의는 분명히 자본주의의 본격적인 출현 이후의 현상일 수밖에 없게 된다. 반면에 사회주의를 보다 정의롭고 평등하고 행복한 인간적 공동생활의 최선의 형태가 무엇인가 하는 것을 끝없이 찾아 헤매는 인간적 노력의 일환으로 폭넓게 이해한다면, 사회주의는 인류사적인 전통을 지니고 있는 것으로 파악할 수밖에 없을 것이다. 그러므로 서양사상사의 범주 속에서는 의당 저 플라톤으로부터 사회주의의 사상적 유래를 더듬어볼 수 있으리라 판단된다.

그렇다고 해서 모든 유형의 이러한 인류적 노력들을 다 사회주의라 통칭해도 과연 무관할 것인가?

한편 마르크스와 엥겔스는 그들이 지향하고자 했던 미래사회의 구체적인 본질에 대해서는 거의 아무런 체계적인 언질도 남겨놓고 있지 않다. 무엇보다 구체적인 역사적 체험 속에서 사회의 보편적 운동 논리를 찾아내는 방법론에 매달렸기 때문이라 할 수 있다. 이 문제와 관련하여 예컨대 엥겔스는 과학적 사회주의의 목적이 "완전한 사회제도를 구상해내는 것이 아니라, 여러 계급들과 그들 상호 간의 투쟁을 필연적으로 발생하게 하는 역사적·경제적 과정을 연구하는 데 있다"고 밝히기도 하였다(Engels, MEW 19, 208). 이런 의미에서, 이상적인 미래사회의 실체에 대한 예단적 분석은 사실상 그들의 방법론적 한계를 초월하는 것이라 말할 수 있을 정도다.

따라서 그들이 우리에게 보여주고자 했던 미래사회의 참모습은 주로 기존의 자본주의 질서체계에 대한 그들의 분석과 비판 속에서 역으로 추론해 내거나, 아니면 지극히 간헐적으로 내놓은 프롤레타리아 혁명 이후의 사회에 대한 언급들을 가지런히 정리함으로써 그 대강을 짐작할 수 있을 따름이다.

대체로 마르크스와 엥겔스는 지금까지의 역사발전 과정 속에서 추출한 역사발전의 '법칙'을 앞으로 도래할 역사 과정의 해명에도 그대로 적용하는 경향이 있다. 요컨대 그들은 경험적 사실과 미래사회의 출현에 대한 전망을 동일한 논리구조 속에서 파악하는 것이다. 이런 면에서 마르크스의 「고타강령 비판」(Marx, MEW 19)은 예외적인 저술이라 할 수 있을 듯하다. 비록 명언적인 수준에서나마 미래사회의 운동원리를 직접적으로 거론하고 있기 때문이다.

마르크스는 여기서 '공산주의 사회의 초기 단계'(또는 사회주의 단계)에서는 모든 노동자가 자신이 투여한 노동의 양과 동일한 가치를 사회로부터 되돌려받는다는 것을 강조한다. 이 '공산주의 사회의 첫 단계'는 "그 자신의 토대에서 '발전해온' 것이 아니라, 거꾸로 자본주의 사회로부터 '솟아난'(hervorgeht)" 것이다. 따라서 "경제적, 정신적, 관습적"으로 아직도 자본주의적 "모반"(母斑; Muttermalen)을 완전히 벗어 던지지는 못하고 있다(Marx, MEW 19, 20). 그럼에도 마르크스는 이 단계에서 '동일한'(gleich) 노동에 대해서는 '평등한(gleich) 권리'가 보장된다는 것을 인정하고 있다. 바꾸어 말하면, 비록 계급 차이를 인정하지는 않지만 육체적, 또는 정신적 능력의 차이에 기인하는 불평등한 노동에 대해서는 불평등한 보상이 주어질 수 있는 원칙이 통용된다는 말이다. 이 단계에서는 모두가 다 동등한 노동자로 취급받기 때문에, 계급적 차이가 더 이상 인정되지는 않는다. 그러나 아직도 불평등을 정당화할 보편적 기준을 필요로 한다는 점에서, 자본주의적 구속을 완전히 벗어나지는 못하고 있다. 이 단계는 곧 불평등의 영역인 것이다.[2]

이것이 바로 공산주의 초기 단계의 속성이다. 비록 불평등의 뿌리가 아직은 송두리째 뽑혀 나가지는 않았지만, 그래도 그 폭은 자본주의 사회와 비할 바가 아니다. 뿐만 아니라 생산수단에 대한 사적 소

2 Tucker(1963, 317) 참조. 이 글은 Tucker(1969, ch. 2)에도 재수록되어 있다.

유가 철폐됨으로써, 자본주의의 본질인 계급적 착취와 계급적 특권이 근절된 상황으로 변모하였다. 모든 사람은 서로 노동자로서, 오직 노동만이 개인적 소득의 원천으로 작용할 따름이다. 노동자는 이제 더 이상 노동력의 판매자가 아니다. 따라서 노동자는 더 이상 상품관계의 노예는 아닌 것이다. 그렇기 때문에 노동자는, 자본주의 사회와는 전혀 다르게, 자신이 제공한 전체 노동에 상응하는 충분한 가치를 되돌려받게 되는 것이다. 따라서 잉여가치의 착취를 정당화하지 않으면 안 되었던 자본주의적 정의의 체계는 더 이상 쓸모가 없게 된다. 더구나 연합한 생산자들이, 생산수단에 대한 집단적 소유에 의거하여, 공동의 이해관계를 집단적으로 충족하기 위해 함께 노력할 수도 있다. 따라서 자본주의 사회를 풍미하던 사회적 소외와 '강제노동'은 더 이상 발붙일 곳을 찾지 못한다.

추론하건대, 이러한 초기 공산주의 단계에서는 거의 완전한 사회보장 및 복지가 구비된 상태에서의 개인적 능력의 차이에 따른 다소간의 소득의 불평등 정도가 잔존할 것으로 짐작되어진다. 그러나 이러한 부분적인 한계는 자본주의적 잔재가 완전히 제거되면 함께 극복되어질 것임은 물론이다. 이런 취지에서 마르크스는 발전한 공산주의 사회에서는 계급 차이의 완전한 소멸과 더불어 "그로부터 비롯하는 모든 사회적, 정치적 불평등이 사라질" 것이라 확신하고 있다(Marx, MEW 19, 26). 그리하여 이 사회는 "능력에 따라 일하고 필요에 따라 분배 받는 사회"가 된다(Marx, MEW 19, 21). 반면에 사회주의는 "능력에 따라 일하고 일한 만큼 분배 받는 사회"로 일컬어질 수 있다.

이러한 관점에서 엥겔스는 「반뒤링론」에서 공산주의 사회의 기본질서에 대해 다음과 같이 언급한다: "프롤레타리아트가 국가권력을 장악하고 생산수단을 국유화한다. 그러나 그와 동시에 프롤레타리아트는 프롤레타리아트로서의 자신을 해체시키며 동시에 모든 계급 차별과 계급대립도 해체시키고 또한 국가로서의 국가도 해체시킨다. … 사람에 대한 통치 대신에 사물에 대한 행정과 생산 과정에 대한 관리가 등장한다. 국가는 폐지되는 것이 아니라 사멸한다"(Engels, MEW 20, 261-262).

마르크스와 엥겔스의 구분을 따르면, 국가의 사멸과 같은 상태는 아마도 발전한 공산주의 단계에나 가능하리라 짐작된다. 그러나 이들에게 공산주의란 하나의 '거울'과도 같은 존재는 아니었을까? 말하자면 그들이 몸담고 있던 자본주의의 추악한 몰골을 비춰보면서 끊임없이 새로운 세계로의 도약을 담금질했던 하나의 원대한 정신이며 빛나는 꿈이 아니었던가 하는 말이다. 따라서 공산주의는 창조해내지 않으면 안 될 구체적인 '상황'이 아니라, 지향해야 할 영원한 '이상' 아니었을까? 요컨대 그것은 유토피아였다. 그러나 지극히 현실적인 유토피아였으리라 여겨진다.

그렇다고 해서 사회질서의 모순과 불의, 그리고 그 문제점들을 극복하기 위해 행해지는 모든 유형의 노력들을 다 사회주의라 부를 수 있는가? 사회주의란 도대체 어떠한 것인가, 사회주의를 어떻게 개념 규정할 것인가?

정치사상은 규범적인 가치판단을 전제로 하는 논리체계라 할 수 있다. 그러므로 그것은 어떤 정치체제가 좋은가 나쁜가, 어떤 정치적 목적이 정당한가 부당한가, 누가 그리고 어느 쪽이 정당성을 소유하고 있는가, 그렇지 못한가 하는 등등을 따지는 행동과 직결되어 있다고 말할 수 있다. 이런 의미에서, 정치사상의 한 유형으로서 사회주의에 대해 살펴볼 때 우리는 일단 지향해야 할 이념 및 가치로서의 사회주의와, 이러한 정신적 가치를 구체적으로 구현한다고 이해되어지는 현실 정치·사회제도로서의 사회주의를 구분할 필요가 있으리라 여겨진다.

먼저 가치의 차원에서는 자유, 평등, 형제애, 정의, 진보, 평화, 번영, 행복, 상부상조, 공동체적 단합 등등을 예시할 수 있을 것이다. 그리고 다른 한편으로 제도적 차원에서는 부와 소유에 대한 통제 및 경제활동에 대한 사회적·조직적 감독 등을 통해 사적 경제체제를 교체하려는 다양한 시도들을 지적할 수 있을 것이다. 후자의 경우 우리는 예컨대 "생산수단에 대한 공적(common or public) 소유"로 그 제도적 시도를 압축하기도 하는 사례를 자주 접하기도 한다.

그러나 문제는 사회주의가 추구하는 가치들이 타 이념들에 의해 공유될 수 있을 뿐만 아니라, 그 가치들의 구체적인 내용과 폭 그리고 그 실현의 수단과 방법 등에서도 다양한 차이들이 존재할 수 있다는 사실이다(예컨대 완전한 국유제, 대기업 및 금융기관만의 국유화, 국가에 의한 사기업의 부분적 소유, 공동결정권, 공사(public corporations), 노동자 통제, 생산자 협동조합 등등). 이런 이유 등으로 인하여, 『사회주의 사전』이란 책까지 저술한 어느 학자는 사회주의에 대한 39개의 정의를 열거하면서도 끝내는 사회주의가 무엇인지 모르겠다고 고백할 정도였다(Rappoport 1924).

다른 한편 예컨대 과거의 소련 및 동유럽 공산권에서도 그들 나름대로, 동시에 서유럽의 사회민주주의 지향세력들 역시 마찬가지로, 자신들이야말로 사실상 '진정한 사회주의'를 지향하고 있다고 서로 쟁투를 벌이기까지 할 정도였다.

아무튼, 사회주의란 '특정적인' 형태의 공동소유를 통해 공동체 구성원 전체의 집단적 행복을 증진하기 위해 더불어 노력하는 이념이라 개괄할 수 있을 것이다.

따라서 사회주의는 본질적으로 공동체 구성원 상호 간의 집단적 평등 확보에 주력하는 목표를 지향하게 된다. 이렇게 볼 때, 공동소유의 유형과 방식 그리고 집단적 행복 증진 방안의 측면에서, 요컨대 소유의 '유형', '집단'의 개념 및 '방안'의 속성 등등의 차원에서 사회주의 진영 내부에서 다양한 차이가 존재할 수 있음은 물론이다. 이러한 관점을 간략히 플라톤에 대입해보면, '유형'은 처·자식 공유, '집단'은 국가공동체 구성원 전체, '방안'은 특정 신분인 수호자 계층에 국한된 절대평등 추구로 요약할 수 있을 것이다. 반면에 예컨대 마르크스·엥겔스의 경우에는, '유형'은 일체의 사적 소유 철폐, '집단'은 근본적으로는 프롤레타리아트 계급에 기반을 둔 인류 전체의 해방, 그리고 '방안'은 폭력혁명을 통한 공산주의 체제 수립 지향으로 대비할 수 있을 것이다.

그런데 이러한 목표를 달성하기 위해 사회주의는 무엇보다 국가 구성원 상호 간의 굳건한 '연대'의 확보라는 동일한 목표를 지향하는 공통성을 지니고 있음도 두드러진 특성의 하나라 할 수 있다.

개별 구성원이 전체와 스스로를 동일시할 때 한 사회체제의 연대가 가장 효율적으로 이루어질 수 있으리라는 것이 대체로 다양한 사회주의 진영이 공감하는 부분이다. 예컨대 마르크스·엥겔스도 유사한 논리로 이미 「공산당 선언」에서 프롤레타리아 혁명 이후 계급적대로 점철된 낡은 부르주아 사회가 척결되고 나면, 그 자리에 "각자의 자유로운 발전이 전체의 자유로운 발전을 위한 조건으로 기능하게 될 연합체(Assoziation)"가 들어서리라 예견한 바 있다(Marx-Engels, MEW 4, 482).

하지만 이미 고대 희랍에서부터 공동체 안에서의 인간적 단합의 확립이야말로 얼마나 중대하고 바람직한 사회적 과업인가 하는 것을 꾸준히 역설해왔음은 물론이다. 이런 취지에서 특히 평등에 관한 관심이 유달리 진작되어 오기도 하였음은 지극히 자연스러운 현상이라 할 수 있다. 플라톤은 그 선두주자에 해당된다.

특히 구성원 상호 간의 유기적 단합에 똬리를 튼 공동체의식이 발달한 곳에서는, 전통적으로 자유보다는 평등에 대한 관심이 보다 강하게 드러나는 경향이 있다. 왜냐하면 본질적으로 자유는 개인을, 그리고 평등은 집단을 그 터전으로 하기 때문이다. 이렇게 보면 사회주의는 오히려 개인주의에 대한 반발이라 할 수 있으리라 여겨지기도 한다.

그러나 이러한 사회주의와는 달리 자본주의는 본질적으로 평등보다는 자유에 집착한다. 왜냐하면 그 뿌리가 바로 개인에 있기 때문이다. 개인의 능력에 따른 자유경쟁과 무한한 이윤추구, 그리고 그를 통해 축적한 사적 소유물에 대한 보호욕구 등은 자연히 이웃에 대한 고려(평등)보다는 개체의 힘(자유)에 대한 열망으로 이어지기 쉽다. 따라서 자본주의적 개인주의는 강자 중심주의, 요컨대 '거인주의'와 다를 바 없다.[3] '정의와 평등을 찾아 나서는 것은 언제나 약자'(Aristoteles 1984, 1318b)라는 아리스토텔레스의 경구를 새삼 떠올릴 필요조차 없다.

이런 관점에서 볼 때, 사회주의는 다양한 방식을 통해 본질적으로 공동체 구성원 상호 간의 집단적 평등 확보에 주력하며 이를 위해 강력한 연대 구축을 동시에 지향하는 기본성향을 띠게 된다고 말할 수 있다.

하지만 사회주의에 대해 고찰할 때, 우리가 반드시 염두에 두지

3 이러한 발상이 처음으로 등장하는 것은 박호성(1994, 11)이다.

않으면 안 될 하나의 특별한 고려사항이 있는 것처럼 여겨진다. 그것은 바로 이상과 현실, 곧 가치와 제도 양 측면에 동시에 포괄적으로 조명을 가해야 한다는 점이다. 말하자면 사회주의에 대해 살펴볼 때, 한편으로는 지향해야 할 이념과 가치로서의 사회주의와, 다른 한편으로는 이 정신을 구체적으로 구현한다고 이해되어지는 정치·사회적 제도로서의 사회주의를 상호 구분하여 복합적으로 고찰할 필요가 있다는 말이 되겠다.

먼저 가치의 차원에서는 자유, 평등, 정의, 진보, 평화, 형제애(박애), 번영, 행복, 공동체적 단합의식 등등을 열거할 수 있으리라. 반면에 제도적 차원에서는 부와 소유에 대한 통제나 경제활동에 대한 사회적·조직적 감독 등을 통해 사적 경제체제를 교체하려는 다양한 현실적 시도들을 짚어볼 수 있을 것이다. 특히 제도적인 맥락에서, 우리는 그 제도적 시도를 압축하여 예컨대 "생산수단에 대한 공적 소유" 방안을 자주 거론하기도 하는 편이다.

그러나 문제는 사회주의가 추구하는 정신적 가치들이 타 이념들에 의해 공유될 수도 있을 뿐만 아니라 그 구체적인 내용 또한 다양할 뿐더러, 생산수단 공유의 내용과 폭 그리고 그 실현의 방법 등에서도 다양한 차이들이 존재할 수 있다는 사실이다.

이런 여러 측면들을 고려할 때, 사회주의란 어떤 특정적인 교리나 가치의 단일한 체계를 의미하지는 않는다고 말할 수 있을 것 같다. 하지만 동시에 그 폭과 내용이 다양하고 서로 갈등적이라 해서 사회주의를 관통하는 이념적 정체성(正體性)이 훼손되어서도 안 될 것이다. 이런 의미에서, 사회주의란 곧 "단일체(a single thing)가 아니라, 하나의 영역, 하나의 범주, 하나의 열려 있는 구조(open texture), 하나의 자기모순"이라 할 수 있으리라. 그러므로 사회주의는 마르크스의 문헌에만 존재하는 것이 아니라, 여러 상호 이질적인 곳들에 폭넓게 널려 있다. 그러나 비록 상호 모순적이라 하더라도, 사회주의를 관통하는 하나의 정신이 존재할 것임은 분명한 일이다. 그렇기 때문에 우리는 그것을 '사회주의'라 부를 수 있지 않겠는가.

이어지는 글들에서 자세히 언급되겠지만, 필자는 사회주의가 사상과 이념의 차원에서는 인류의 역사와 그 궤를 같이한다고 믿는다. 그러나 사회운동의 차원에서는 근대 이후의 현상이라 이해한다.

요컨대 근대적 사회주의는 근대정신의 발로인 것이다. 그러나 동시에 이 근대정신에 의해 이룩되어진 것에 대한 가장 격렬한 지적·정서적 거부의 표현이기도 한 것이다. 그것은 '진보의 호위자'이면서 동시에 지나간 시대와의 연결고리이기도 하다. 그러므로 마치 민족주의처럼, '그 눈은 미래에 확고히 고정되어 있으나, 그 힘과 호소력은 과거로부터 비롯하는 것'으로 인식되어진다. 이를테면 근대적 사회주의는 르네상스와 계몽주의의 상속인으로서, 휴머니즘과 고전적 자유주의로부터 그 가치를 물려받고 있다고 말할 수 있는 것이다.

그렇다면 근대정신이란 무엇인가?

그것은 보다 높은 존재나 초자연적인 매개물로부터의 인간의 독립을 주장하고, 인간 존재의 뿌리를 이 물질적 세계에서 찾으며, 나아가서는 자신의 구원과 행복을 다름 아닌 세속적 환경 속에서 추구하는 자연적 존재로 인간의 특성을 파악한다. 요컨대 '개인주의', '세속주의', 그리고 '물질주의'가 근대정신의 요체인 것이다. 개인주의는 인간의 개체성 및 개인적 권리의 정당성을 옹호하며, 세속주의는 인간의 이성과 인간사회의 자족성을 설파하고, 물질주의는 자연 속에서 발견하거나 또는 인간의 노동에 의해 획득한 대상의 소유와 향유로부터 인간적 행복과 성취를 찾아낸다.

사회주의가 이러한 근대정신의 일부이면서 그 지향성과 잘 맞아떨어진다는 것은 명백하다. 그러나 그것은 근대정신이 (물질적 부 자체를 위한) 더욱더 많은 물질주의, (개인적 행복의 이기적 충족에만 심취한) 더욱더 완고한 개인주의, 그리고 (자연 및 노동착취에까지 이르는) 더욱더 강력한 세속주의를 향해 나아가기 시작하면서부터는 그의 가장 단호한 적대자로 떠올랐다.

사회주의는 이러한 근대적 발전 경향에 대해 두 가지 측면에서 비판을 퍼부었다.

첫째는 일종의 양적인 것으로서, 자유주의적 자본주의 사회에 의해 만들어진 물질적·제도적 성과의 불충분성에 대한 비판이다. 말하자면 계몽주의와 고전적 자유주의는 정치적·경제적 혁명을 통하여 모든 사람들에게 개인적 행복과 물질적 풍요를 약속하였으나, 사실은 새로운 형태의 대중적 빈곤과 비참함을 조성해냈다고 사회주의는 공격을 퍼부었다. 요컨대 한 유형의 억압이 새로운, 보다 치명적인 억압으로 대체되었다고 날 세워 비판한 것이다. 마침내 자유주의와 그에 의해 만들어진 사회는 오히려 모든 인류의 발전과 복지를 위한 지속적인 진보에 걸림돌로 작용하고 있다는 비관적인 인식이 사회주의자들을 사로잡게 되었다.

둘째는 앞의 것과 직결된 것으로서, 일종의 질적인 비판이 제기되었다. 사회주의자들은 보다 많은 물질적·문화적 재화의 충분한 공급뿐만이 아니라 보다 공정한 분배까지도 요구하게 되었던 것이다. 그들은 가치의 근본적인 혁신, 말하자면 경쟁적 개인주의보다는 인간적 공동체 및 미래세대를 위한 헌신을, 그리고 물질적 행복의 일방적 추구보다는 이기심의 제거와 박애 및 희생정신의 자발적인 수용을 촉구하였던 것이다.

이렇게 볼 때, 사회주의가 추구하는 기본가치들은 한편으로는 계몽사상으로부터 부분적으로 발원하긴 하였으나, 다른 한편으로는 계몽사상 스스로가 우선적으로 반기를 들었던 보다 오래된 기원에 뿌리를 두고 있음을 알 수 있다.

이러한 측면에서도 시사받을 수 있듯이, 사회주의는 그 자체 긴장과 모순으로 조립되어 있다고 말할 수 있을 법하다. 우선 사회주의는 개인주의와 집단주의, 다양성과 획일성(uniformity)의 가치들 사이에서 동요하고 있다. 그것은 완벽한 미래사회에 대한 유토피아적 기대들을 함유하면서, 동시에 당면과제의 해결에 집중하는 현실주의적 유연성도 보여준다. 그러므로 타협과 적응의 정신이 사회주의에 결코 낯설지만은 않은 면모를 보여주기도 한다. 뿐만 아니라 경제 분야에서는 조직, 통제, 규율, 위계, 전문가에 의한 지도를 활용하고, 또 때로는 물질적 인센티브와 이윤동기(profit-motive)를 촉진하기도 한다. 나아가 사회주의자들은 정치적 차원에서는 메시아적 엘리트주의뿐만 아니라 획일적인 민주주의에 집착하기도 한다.

그런데 이러한 속성을 소지한 사회주의 이념은 역사적으로 볼 때 과연 언제부터 발아하기 시작한 것일까? 만일 사회주의를 산업노동자의 계급운동의 이념으로서 부르주아적이고 자본주의적인 사회질서에 대립적인 것으로 이해하는 경우, 사회주의는 반자본주의적 노력의 일환으로 19세기 중반 무렵 처음으로 출현한 것이라 할 수 있다. 이러한 사회주의 이념의 대표자는 마르크스·엥겔스로서, 이들은 스스로를 '공산주의자'(Kommunist)라 명명하였다.

반면에 사회주의를 인간적 공동생활의 최선의 형태를 끝없이 찾아 헤매는 지속적인 열정과 노력의 일환으로 이해하는 경우, 사회주의의 역사는 인류사적 차원에서 파악되어야 하리라 여겨진다. 말하자면 시기와 시대를 뛰어넘어 사회질서에 잠복해 있는 숱한 문제점 및 모순과 불의 등에 대해 심사숙고하고, 아울러 그것들을 제거·극복할 결의를 지니고 있는 사람들에 의해 창안된 다양한 지성적 체계 역시 사회주의라 일컬을 수 있으리라는 말이다. 다시 말해, 사회의 역사 자체만큼이나 오래된 범평등주의적 노력을 사회주의라 할 수 있는 것이다. 이 경우, 고대 희랍의 플라톤이 선구자적 지위를 지니고 있다고 말할 수 있으리라.

그러나 이게 또 다가 아니다. 마치 자유와 평등처럼, '사회주의'와 '공산주의' 역시 상호 긴밀히 접착된 상태로 함께 어깨를 나란히 하여 동시에 등장하는 경우가 지배적이다. 따라서 오용과 혼용으로 뒤범벅되기 일쑤인 것처럼 보인다.

그렇다면 이 사회주의와 공산주의의 본질은 과연 어떠한 것인가? 그리고 이 두 개념은 서로 어떻게 구분될 수 있고, 또 그 본질적 차이는 과연 어떻게 정리될 수 있을까? 물론 세계관의 차이에 따라 이 두 개념을 바라보는 시각이 굴절되어 있거나 자기합리화로 분칠된 경우가 빈번히 일어날 수 있음에 유념할 필요가 다분하다.

첫째, 재산공유라는 관점에 입각해 볼 때, 사회주의는 투여된 노동에 따른 재화분배를, 반면에 공산주의는 국가의 공권력에 의한 재산분배를 의미하는 것으로 이해되기도 한다. 사회주의는 '진정한 부의 원천'으로서 노동과 개체의 자유를 존중하나, 공산주의는 철저한 사유철폐에 기초한 재산공유를 강제함으로써 개체의 자유를 존중하지 못하는 상황을 빈번히 야기할 할 수도 있다. 어쨌든 유사개념으로 활용되기는 하나, 사회주의를 상위 개념으로 인식하는 경우가 일반적이라 할 수 있다.

둘째, 예컨대 엥겔스는 1890년 「공산당 선언」 서문에서, 1847년에는 사회주의를 오웬주의와 푸리에주의로, 그리고 "자본과 이윤을 전혀 건드리지 않고, 다양한 만병통치약과 이것저것 누더기 논리를 가지고 사회적 병폐를 제거하고자 했던 지극히 잡다한 사회적 돌팔이의사들"로서 노동운동의 외곽에서 인테리들로부터 지지를 받았던 이념적 경향으로 해석한 바 있었다. 요컨대 사회주의는 노동운동과 아무런 상관도 없이 전개된 개량적 운동방식으로서, "살롱사회주의"(Salonsozialismus)에 지나지 않았던 것으로 폄훼해버린 것이다. 반면에 공산주의는 사회의 철저한 변혁을 요구하며 기존 세계질서에 대한 철저한 거부와 특히 사유재산에 대한 완전한 배척으로 일관한 혁명적 운동으로서, 사유재산의 철폐야말로 이러한 공산주의의 근본목표라 선언하기에 이르렀다. 이를테면 사회주의는 개량이념, 반면에 공산주의는 혁명운동이라는 게 마르크스·엥겔스의 기본신조였던 것이다.

셋째, 마르크스·엥겔스는 철학적인 차원에서 사회주의를 전(前)공산주의 단계로 이해하기도 하였다. 사회주의 사회는 "능력에 따라 일하고 일한 만큼 분배 받는 사회"를, 그리고 공산주의 사회는 "능력에 따라 일하고 필요에 따라 분배 받는 사회"를 가리키는데, 공산주의 단계에 도달하게 되면, 남·녀, 육체 및 정신노동자, 도시와 농촌, 당 간부와 노동자대중 등등의 차별이 철폐되리라 예측하기도 하였다.

II. 사회주의의 기본정신

모든 인간에게는 어느 누구도 결코 거부할 수 없는 오직 하나의 자연적 절대평등이 있다. 그것은 바로 모두 삶을 끝내고 자연으로 되돌아간다는 사실, 그 하나다.

어쨌든 우리 인간은 언젠가는 생명을 마감할 수밖에 없는 시한부 존재다. 우리 인간은 필연적으로 유한한 존재일 수밖에 없다. 그러므로 이러한 절대평등을 공유한 공동운명체로서, 서로를 아끼고 서로 도우며 더불어 손잡고 살아가야 할 자연적 소명을 지니고 있는 존재라 이를 수 있으리라. 이처럼 자연의 자연스러운 이치이자 소망은 바로 자신의 산물들이 상호 공존, 공영, 평화를 함께 누리게 될 것을 간곡히 바라는 것, 그 이상도 이하도 아닐 것이다.

하지만 예컨대 뱁새가 깊은 숲에 보금자리를 만드는 데 필요한 것은 나무 한 가지에 불과하고, 두더지는 강에서 물을 마시지만 필요로 하는 물은 배를 채울 만한 분량뿐이지 않은가. 낙타는 엄청나게 무거운 짐을 등에 질 수 있지만, 개미는 불과 부스러기 하나밖에 지지 못한다. 하지만 둘 다 모두 온 힘을 다 기울인다는 점에서는 조금도 다를 바 없다. 마찬가지로 코끼리는 어마어마한 양의 물을 마시지만, 쥐는 겨우 한 모금의 물밖에 마시지 못한다. 그래도 쥐나 코끼리 모두 배를 가득 채운다. 열매를 맺으려 애쓰는 호박꽃의 뛰어남을 장미가 어찌 감히 따를 수 있으리오만, 과연 자연이 장미꽃더러는 예쁘다 하고 호박꽃보고는 못생겼노라고 밉다 손가락질할 것인가. 같은 의미에서, 자연 앞에서는 인간 역시 모두 평등한 존재다.

그러므로 이러한 자연의 절대명제에 순응하며 인간의 자연적 평등을 구현하기 위한 사회를 건설해내는 일이야말로 자연의 자연스러운 요청이라 할 수 있지 않으리오. 그러므로 인간사회의 평등실현을 추구하는 사회주의야말로 이러한 자연의 섭리에 순응하는 자연스러운 이념의 하나라 할 것이다.

다른 한편 '자연'(nature)이 인간의 '본성'(human nature)으로 풀

이되는 것도 결코 우연은 아닐 것이다. 사전에서도 자연이 "사람이나 물질의 본디의 성질, 본성"으로 해석되고 있다.

예를 들어 마르크스도 '인간의 자연화'(Vernatürlichung des Menschen)와 '자연의 인간화'(Vermenschlichung der Natur)를 역설한 적이 있다. 마르크스에 의하면, 인간은 단순히 자연(Natur)의 산물일 뿐만 아니라 동시에 사회적·인간적 노동(Arbeit)의 산물이기도 하다. 그리하여 자연의 존재 이유 또한 인간과의 직접적인 상호 관련성 속에서만 그 의미를 지닐 수 있는 것으로 이해된다. 마르크스에게 자연이란 곧 인간화·사회화한 자연, 그 자체였던 것이다. 그러므로 변화시킬 수 없는 자연은 존재하지 않는다. 자연은 인간에 의해 변화하고, 인간은 또 그를 통해 자신의 '자연', 곧 '본성'을 변화시킨다. 인간은 자연의 일부일 뿐만 아니라, 동시에 자연을 변형시키는 힘으로 작용하기도 하는 것이다.

그런데 이러한 인간의 본성(human nature)은 전통적으로 '인간성', 또는 '인간다움'의 의미를 지니고 있는데, 이것은 다시 인간성의 변증법적 측면이 드러나는 두 개의 의미군으로 나뉘게 된다. 한편으로는, 반대 개념인 동물성 및 신성(神性)에 대비되는 논리적 종(種)의 의미로서 인간의 본질을 포괄한다. 자연적으로 규정되는 인간의 인간성 개념으로서 자연적 존재로서의 인간을 뜻하는 것이다. 그리고 다른 한편으로는, 인간 스스로가 설정하고 또 지향하고자 하는 목표와 목적의식을 뜻하기도 한다. 이런 의미에서의 인간성이란 인간 스스로가 규정하는 휴머니티(Humanity)를 향한 자율적인 충동과 의지를 가리키는 것이라 할 수 있다. 따라서 언제나 인간 자신에 대한 다양하게 변화하는 이해 및 해석 가능성을 소지할 수밖에 없기 때문에, 결코 주어지거나 불변적인 속성을 띠는 것은 아니다. 이렇게 이해되는 두 번째 인간성 개념은 본원적인 인간의 자연적 본성을 토대로 하여 스스로 지향하고자 하는 인간적 이상을 포괄하는 목표개념이라 할 수 있다. 이런 취지에서, 인간사회의 평등실현을 추구하는 사회주의는 바로 이러한 인간적 이상을 포괄하는 목적의식과 직결된다고 말할 수 있을 것이다.

물론 우리는 사회주의를 보다 정의롭고 평등하고 행복한 인간적 공동생활의 최선의 형태를 끊임없이 탐색하는 꾸준한 인간적 노력의 일환으로 폭넓게 이해할 수 있다. 그러하다면, 사회주의는 인간 공동체의 성립과 그 시발을 같이하는 장구한 인류사적 전통을 지니는 이상의 하나로 해석될 수 있을 것이다.

그런데 바람직한 인간의 공동생활이 가능해지기 위해서는, 무엇보다 공동체 구성원 상호 간의 '연대' 구축이 절실히 요구될 수밖에 없을 것임은 물론이다. 한마디로 사회주의란 인간 공동체에 구성원 상호 간의 집단적 평등 및 연대를 수립하고자 시도하는 정신적 결의라 이를 수 있다. 이런 의미에서, 사회주의란 곧 개인과 개인, 개인과 사회 간에 상호 평등한 연대체제의 구축을 지향하는 체제 및 이데올로기라 규정할 수 있을 것이다.

이런 면에서 특히 근대적 사회주의는 원칙적으로 자유주의적 개인주의를 거부하는 입장을 지닐 수밖에 없었다. 무엇보다 자본주의의 이념적 토대가 자유주의이고, 또 자유주의의 철학적 기초가 바로 개인주의이기 때문이다.

하지만 오늘날 이러한 자유주의적 개인주의가 범람한 탓인지 '독주'의 자유만 있지, '공생'의 자유는 찾기 힘들다. 더구나 전 세계를 단일시장화하는 '세계화'의 확산과 더불어 소비주의, 물신주의가 동시에 세계화하고 있다. 이를테면 국제적인 차원으로까지 비약하여 '거인'의 독주만 옹호되고 권장되는 실정인 것이다. 한마디로 '호랑이의 자유'만이 극대화해가고 있는 현실이다. 그리하여 도덕적 진보 및 인간적 자아실현 등의 주요 가치들이 비관적인 것으로 간주되기 일쑤다. 이러한 논법에 따르면 국제관계란 "정글이며, 무정부주의가 규칙이다. 그리고 질서, 정의, 윤리는 예외"에 불과한 것으로 나타난다. 요컨대 국제관계의 "정글" 속에서는 '호랑이'만이 '리바이어던'으로 군림할 수 있다는 말이다.

이처럼 근대 이후의 역사는 사실상 자유주의의 역사라 해도 과언이 아니다. 그리고 자유주의는 자유의 대헌장이다. 그러나 자유주의는 전통적으로 자유와 평등의 긴장관계를 과장하는 습성이 있다. 평등의 침투로부터 자유의 '성역'을 올곧게 하려는 의도임은 의심의 여지가 없는 일이다. 자유와 평등의 상호관계는 과연 어떠할까?[4]

자유와 평등 사이에는 필연적인 갈등이 있을 수 있다. 자유를 옹호하는 쪽은 개인이야말로 자신의 특수한 욕구와 이해관계를 가장 잘 알고 잘 표현할 수 있다고 확신한다. 그러므로 국가나 여타 다른 공동체가 사적 시민의 삶과 자유에 개입한다는 것은 이롭지 못할 뿐만 아니라 온당치도 않다고 주장하는 것이다. 요컨대 사적 이해관계에 대한 이른바 '제3자 개입'을 원천적으로 거부하는 것이다. 여기서도 드러나듯이, 자유는 개인주의와 굳게 뭉쳐 있다.

반면에 평등은 본질적으로 개인적인 결함이나 결핍을 외부의 도

4 자유와 평등 간의 상관관계를 밝히는 데는 크게 보아 두 개의 시각이 있다. 그 하나는 이 둘은 서로 양립할 수 없다는 입장이다. 그 대표적인 저술로는, Hayek(1960, 특히 ch.6); Friedman(1962, ch.10); Nozick(1974, 특히 Part II); Joseph and Sumption(1979, 특히 ch.3)이 있다. 이와는 대조되는 견해로서 자유와 평등은 서로 조화를 이룰 수 있다는 입장이 있다. 그 대표 격으로는, Tawney(1952, 특히 ch.5 ii 및 7 iii); Rawls(1971); Walzer(1983); Nielsen(1985) 등이 있다

움을 빌어 보충하고자 하는 기본속성을 지닐 수밖에 없다. 따라서 국가 등의 개입을 당연시하는 것이다. 기존의 특권을 제거하고 사회적 조건을 골고루 하기 위해서는, 다시 말해 불평등을 없애기 위해서는, 국가나 사회의 개입이 필연적으로 요구되기 때문이다. 그러나 이러한 개입은 즉각적으로 개인적 자유의 자유로운 행사를 저해하는 행위로 지탄받게 된다. 왜냐하면 기존의 개인적 부와 특권이 그로 인해 흔들릴 수밖에 없으리라 간주되기 때문이다. 이런 의미에서, 사회주의는 개인주의야말로 사회적 불평등을 감싸고도는 반동적 원리라 윽박지르고, 거꾸로 자유주의는 개인에 대한 사회주의적 통제를 전체주의적 발상이라 사정없이 내몰아치기도 하는 것이다.

누차 반복적으로 강조한 바 있지만, 자유주의적 개인주의는 한마디로 거인주의다. 요컨대 사회적 권력, 부, 명예 등을 배타 독점적으로 장악하고 있는 사회 내부의 보다 힘센 세력의 자유만을 우선적으로 비호하는 불평등체계라는 말이다. 이런 의미에서, 사회주의는 무엇보다 사회적으로 소외당하고 억눌림당하는 사회적 약소집단의 해방을 일차적인 목표로 설정하는 일반적인 경향을 띠게 된다고 말할 수 있다. 그리고 바로 그러한 해방을 시발점으로 하여 사회주의는 점차 공동체 전체 구성원 모두의 화해와 연대를 지속적으로 추구해나갈 수 있게 되리라 인식하는 것이다.

무엇보다 험준한 역사적 과업을 달성하고자 할 때나 또는 우리에게 가해지는 역사의 채찍질이 험난할 경우, 개인과 개인 그리고 개인과 사회가 서로 굳세게 결속하고 있다면, 우리의 의지는 강화되고 고통은 약화될 것이다. 이를테면 개인과 개인, 개인과 사회 상호 간에 구축되는 역사적 연대가 그만큼 소중하다는 말이다.

이 연대는 프랑스 대혁명의 구호 가운데 하나인 '박애'(fraternity)

와 맞물린다. 그러나 연대는 본질적으로는 19세기 노동운동의 직접적 산물로서, 노동자 계급의 동질적인 이해관계를 반영하는 민주주의적 투쟁의 전통에 입각해 있다고 말할 수 있다. 따라서 다양한 형태와 속성을 지닌 지배집단의 특권을 제거하고 만인에게 자유와 정의와 번영을 가져다주기 위해 현실상황에 대한 정확한 인식과 판단, 그리고 그러한 상황을 개혁하려는 단호한 의지 및 행동이 절실히 요구되었던 것이다. 이것이 바로 연대의 의의라 할 수 있다.

그러나 연대는 단순한 투쟁수단만을 뜻하지는 않는다. 그것은 시민사회의 발전으로 말미암아 바야흐로 사회 각 분야의 필수적인 덕목으로 자리를 굳혀가게 된 것이다.

이런 의미에서 연대는 동등한 사회적 구성원으로서 지녀야 할 자발적인 인간적 유대감 및 도덕적 의무감을 가리킨다고 말할 수 있다. 그것은 특히 사회적으로 억압당하거나 불리한 대접을 받는 종속적 개인 및 집단의 낙후된 상황을 개선하기 위한 공동체적 결속과 단합의 표현인 것이다. 그러므로 연대는 예외적인 경우(예를 들어 장애인 전용 주차장 설치 등)를 제외하고는, 국가의 영역에서 벗어난 기본가치에 속한다고 말할 수 있다. 왜냐하면 그것이—예컨대 이승만 치하에서처럼, '뭉치면 살고, 흩어지면 죽는다' 식으로—국가에 의해 부추겨지는 경우, 극단적으로는 파쇼적이고 전체주의적인 상황으로까지 치달을 수 있기 때문이다. 이런 의미에서 연대는 오히려 국가에 대한 사회의 저항으로 해석될 수 있다.

다른 한편 연대는 집단적 속성을 지니고 있음으로 해서 곧잘 개인적 자유와 충돌할 소지를 다분히 안고 있기도 하다. 그러므로 연대는 항상 자발성에 뿌리를 두어야 한다. 또한 이 연대는 개인적 능력에 따른 자유경쟁이 치열하게 전개되는 곳, 예컨대 자유주의적 개인주의가 지배하는 영역에서는 손쉽게 무장해제당할 수 있는 약점을 지니고 있기도 하다. 뿐만 아니라 그것은 정서적 일체감, 의식적인 노력, 그리고 상황에 대한 수준 높은 합리적 판단까지 요구하기 때문에, 그것을 현실화시킨다는 것은 물론 결코 그리 손쉬운 일은 아니다. 무엇보다 높은 수준의 정치의식과 지성적 분별력을 요구하기 때문이다. 그러나 실현하기 힘든 꿈이기에, 그 꿈이 위대한 것일 수도 있지 않겠는가.

결론적으로 말해, 인간과 인간 사이에 평등한 연대 구축과 연대를 통한 평등 수립을 지향하는 본원적 휴머니즘이 곧 사회주의 정신의 본질이라 이를 수 있을 것이다.

곧 이어서 바로 다음 장에서부터 다양한 사회주의 사상의 궤적들을 분주히 뒤좇아가며, 사회주의의 다양한 형태와 복합적인 속성들에 대한 분석이 보다 심화하지 않을까 기대해 마지않는다.

제3장

플라톤, 고대의 마르크스주의자인가?

지금으로부터 무려 2천 수백여 년 전 고대 희랍의 플라톤은 비록 유별나긴 했지만 획기적인 사회주의 사상의 발아를 우리들에게 보여준다. 이미 세계철학사가 서서히 개막하기 시작할 무렵부터 고전적 사회주의 사상이 미동하기 시작한 것이다.[1] 정치사상의 본질적인 목표가 모순적인 정치현실에 대한 비판과 대안제시임에 견주어 볼 때, 응당 고대의 플라톤 역시 결코 예외는 아니었다. 그는 현실정치를 예리하게 쏘아보며, 기회 있을 때마다 단연코 나름대로 정치실험을 감행하는 모험을 마다하지는 않았다.

플라톤은 기원전 427년, 아테네의 한 귀족 가문에서 태어났다. 그의 가문이나 개인적인 성향을 따른다면, 그는 정치활동에 종사하도록 운명 지어졌을 가능성이 농후했다. 그러나 플라톤은 펠로폰네소스 전

1 이 글은 박호성(2008)에 기초한다. 그러나 전체 저서의 흐름을 감안하여, 필요에 따라 적절하게 첨삭하고 윤색하였음은 물론이다.

쟁에서 패하면서 아테네에 성립한 30명에 의한 친스파르타 과두정권의 공포정치에 시달리지 않으면 안 되었다. 게다가 자신의 스승이자 동료이기도 한 소크라테스가 처형당하는 참상을 체험하기도 하였다. 이러한 현실에서 정치인의 길을 걷는다는 것이 별반 지혜롭지 않다는 것을 느끼게 되었다. 플라톤은 이러한 역경을 거치면서 국가 및 사회의 부패와 불의를 극복해내기 위해서는 오히려 참다운 철학이 보다 절실히 요망된다는 것을 절감하게 되었다. 아테네의 현실정치로부터 등을 돌린 그는 시칠리아 동남부 항구도시인 시라쿠사로 서서히 눈길을 돌리기 시작하였다.[2]

펠로폰네소스 전쟁의 후유증으로 말미암아 한때 지중해 지역을 석권하고 있던 아테네와 스파르타의 위용이 함께 퇴락의 길을 걷기 시작할 무렵인 기원전 4세기경, 이 지역의 맹주 자리가 시칠리아 동남부 항구도시인 시라쿠사로 서서히 이동하게 되었다. 이윽고 플라톤은 지중해 세계에서 맹위를 떨치기 시작한 시칠리아의 참주 디오니시우스 1세를 찾게 되는 기회를 만나게 된다. 이 정복군주를 만나기 위해 40세의 플라톤은 도합 3번이나 머나먼 시라쿠사를 방문하게 되는 것이다. 무엇보다 디오니시우스 1세의 처남이자 사위로서 시라쿠사의 제2인자이면서 플라톤의 제자이기도 했던 디온이 마침내 스승의 이상국가를 실현할 최적의 장소가 바로 자신의 모국 시라쿠사 아닌가 하는 판단으로, 플라톤을 강력히 초빙했기 때문이었다. 역시 아테네의 명문가 출신으로 젊은 시절부터 간직해온 이상정치의 꿈을 펼치고 싶었던 플라톤이 흔쾌히 시라쿠사로 향했음은 물론이다. 디오니시우스 1세 역시 지중해 일대에 명성이 자자한 플라톤에 관심이 없을 리

2 이에 대해서는, Fenske Hg.(1990, 71-72)을 참고할 것.

없었으니, 애초에는 서광이 비치는 듯 전망이 밝아 보였다. 하지만 파탄은 순식간에 찾아왔다. 군주는 플라톤의 직설적인 비판과 쓴소리를 결코 쉬이 감내하지 못하였다. 급기야는 플라톤을 궁정 한구석에 연금시키는 지경으로까지 상황은 악화하였다. 심지어는 플라톤을 다른 도시에 노예로 팔아버리라고 부하에게 은밀하게 지시할 정도였다는 비화까지 전해지기도 한다. 플라톤은 가까스로 목숨을 부지해 아테네로 생환할 수 있었다. 현실 권력에 대한 철학의 참패였던 것이다.

그러나 자신의 철학적 신념에 대한 투철한 강박관념 탓이었을까, 플라톤은 이상정치에 대한 꿈을 결코 버리지 못한다. 바야흐로 20여 년 후 '철인 왕'의 출현을 손꼽아 고대하던 환갑의 플라톤은 이번엔 당대 최고의 철학자를 멘토로 두었다는 명예에만 허황된 관심을 불태웠던 젊은 디오니시우스 2세에게로 속절없이 향하게 된다. 그러나 속세의 현실정치인은 꿈같은 철학이나 정의(正義)의 구현이니 하는 것 등엔 별반 관심을 기울이지 않았다. 세속의 군주가 지나치게 현실적이었을까, 아니면 플라톤의 꿈이 지나치게 이상적이었을까. 이번에도 플라톤은 다시 한 번 더 독배를 마시지 않으면 안 되었다. 그는 결국 음모와 모략이 판치는 방탕한 궁정정치의 소굴인 시라쿠사에서 목숨까지 위협받으며 기적적으로 탈출하지 않으면 안 될 정도였다. 하지만 이상향에 대한 꿈을 버리지 못하던 플라톤은 몇 년 후 다시 한 번 더 디오니시우스 2세의 초빙에 응하는 우를 범하게 된다. 그러나 또다시 쓰디쓴 환멸을 맛보지 않으면 안 되었다. 플라톤은 이윽고 탐욕과 내란의 소용돌이에 휩싸인 시라쿠사를 떠나올 수밖에 없었다. 결국엔 시라쿠사도 자멸의 길을 걷게 된다.

그런데 이렇게 참담한 실패를 거듭하면서도 노년에 이르러서까지 플라톤은 왜 이상정치의 환상을 버리지 못했을까? 그런데 흥미롭게도 그의 이러한 이상정치에 대한 불멸의 꿈은 이제부터 본격적으로 살펴보게 될 그의 사회주의 사상과 직결해 있었다. 그러나 다른 한편 어떻게 보면 플라톤은 사회주의의 실현이란 것이 자못 허망하고 속절없는 환상처럼 비칠 정도로 얼마나 지독하게 지난한 꿈인가 하는 것을 역사적으로 몸소 입증해 보인 철학자처럼 여겨질 정도다. 하지만 플라톤은 이러한 현실정치 참여의 쓰라린 체험을 겪으면서 이윽고 최후의 저작인『법률』을 선보이며, '이상국가'에 대한 그의 꿈을 일정하게 수정하는 겸허한 변모의 모습을 보여주기도 한다. 꿈이란 그것이 실현 불가능한 것이기 때문에 위대해지는지도 모를 일이다.

아무튼 플라톤의 정치적 이상향에 대한 꿈이 자신의 사회주의 사상과 견고히 맞물려 있음은 특히 주목할 만한 사실이다.

다른 한편 사회주의가 본질적으로 사회적 평등문제와 직결해 있는 이념임은 결코 부인할 수 없는 사실이다. 이런 의미에서 플라톤의 사회주의 체계가 배태된 토양을 보다 입체적으로 음미해보기 위해, 당대의 평등사상의 발자취를 간략히 일별해보는 것 역시 그리 무익하지만은 않을 듯 여겨진다.

평등의 정치사상은 이미 고대 희랍에 그 뿌리를 두고 있다.[3] 예컨대 오토 단은 플라톤과 아리스토텔레스가 출현하기 이전에 이미 미비

3 고대 희랍으로부터 근대에 이르기까지 주로 평등의 사상사적 흐름을 뒤쫓고 있는 근래의 대표적인 저술로는, Lakoff(1964)와 Dann(1980) 등을 들 수 있다. 그러나 Lakoff는 역사적 관련성은 도외시한 채 단지 평면적인 텍스트 분석으로 일관하면서 평등의 사상사를 자유적·보수적·사회주의적 유형의 엇바뀜으로 해석한다. 이 도식에 따르면 예를 들어 루터는 자유적, 홉스와 루소는 보수적 유형으로 분류된다. 이와는 반대로 Dann은 방대한 원전을 동원하여 평등의 개념을 사회경제사적 관련성 속에서 고찰함으로써, 우리들에게 훨씬 더 풍부한 자극과 읽을거리를 제공한다. 그는 사상사적 개념의 절대화 위험성을 배제하기 위해 이러한 방법론을 사용하고 있다고 밝힌다. 마지막으로 저자의 졸저인 박호성(1994)도 지나가듯 참고할 만하리라 여겨진다.

하긴 하지만 대략 여섯 개 정도의 평등 관념이 고대 희랍에 존재하고 있었음을 밝히고 있다.[4]

1) 특히 스파르타의 특권적 상류 지배계층이 지니고 있는 신분적 특성과 일체감을 드러내기 위해 '동일한 (귀족적) 계통'이라는 뜻으로 '호모이오이'(homoioi)라는 개념이 쓰이고 있었고, 그와 관련하여 '종(種)의 동일성'(Artgleichheit)을 표현하는 호모이오스(homoios) 개념이 널리 퍼져 있었다.

2) 도시국가가 더욱 발전함에 따라 재산이나 권력 등의 양적 평등을 드러내는 이소스(isos)-개념 유형들이 나타났다. '이소모이리아'(isomoiria)는 '분배, 특히 토지의 균등'을 가리키는 말로, 이 개념은 전쟁노획물, 목초지, 경작지 등을 둘러싼 갈등과 차별이 이미 존재했었음을 암시해 주고 있다.

3) 그러나 이소모이리아 개념은 정치투쟁의 와중에 곧 그 의미를 '동등권'(Gleichberechtigung), 즉 '이소노미아'(isonomia)라는 합성어에 추월당하게 된다. 이 개념은 새로운 권리에 대한 일반적 요구로서 기원전 5세기 헌정제도 발전의 지배적 개념이 되었다. 그것은 급기야 모든 시민의 법률에 대한 평등, 말하자면 법에 의한 시민의 지배라는 구체적 요구로 발전하는 기틀로 작용하게 된다.

4) 이윽고 이 요구는 곧 폴리스의 정치적 결정 과정에 대한 참여, 곧 민회에서의 발언 및 투표권에 대한 모든 시민의 동등권 요구로 확장되었다. 특히 아고라에서의 자유로운 발언권은 아테네에서 특별한 의미를 지녔으리라 추정된다. 무엇보다 이와 연관된 개념들, 예컨대 '이세고리아'(isegoria: 아고라에서의 평등), '이숍세피아'(isopsephia)

4 이에 대한 자세한 논의는 Dann(1980, 33-38)을 참고할 것.

와 '이소로기아'(isologia: 투표 및 발언권에서의 평등) 등의 고유 개념들이 이미 등장해 있었기 때문이다.

5) 특히 크라이스테네스의 개혁을 통해 아테네에서는 이소노미아(isonomia)가 실현되었다. 그러자 이 개념은 원래의 의미를 뛰어넘어 헌정적 개념으로 발전하게 된다. 헤로도투스의 진술에서도 살펴볼 수 있듯이, 이소노미아는 '다수의 지배' 그리고 '1인 지배의 모든 결함으로부터 벗어남'을 뜻하게 되었다. 말하자면 이소노미아는 헌정질서의 형태로서 모든 형태의 1인 지배(군주정, 참주정 등)에 대한 대립 개념으로 자리 잡아가면서 차츰 '법 앞의 평등'을 포괄하게 된다.

6) 이소노미아는 점차 솔론 이래 오랫동안 전해 내려온 개념인 '오이노미아'(eunomia)로 이해되었다. 말하자면 '시민의 동등권'은 이제 법률적으로 질서 잡힌 훌륭한 헌정질서의 총괄개념으로 인식되었던 것이다. 앞서도 언급했듯이, 이소노미아 개념은 기원전 5세기의 아테네와 그 동맹 도시들에서 민주적 헌정질서 건설을 주도하였던 정치발전의 주요 원칙이었다. 그리하여 그것은 민주주의와 밀접한 상관성을 지니게 된다. 헌정 개념으로서의 이소노미아는 말하자면 B. C. 5세기 중반 무렵부터 틀을 잡기 시작한 데모크라티아(demokratia) 개념의 선구자였던 셈이다. 민주주의는 이소노미아의 특성을 간직한 채, 그 생성기부터 '시민의 법 앞에서의 평등'과 '정치적 의사결정에서의 시민의 동등한 참여'를 그 구조적 요소로 포괄하게 된 것이다.

그러나 여기서 우리가 주목할 만한 측면은 이 B. C. 5세기의 문헌들에 이미 민주적 헌정질서의 특징으로서 평등과 더불어 자유(eleutheria) 개념이 등장한다는 사실이다.[5] 아울러 평등의 개념이 정치적

5 자유 개념의 역사를 살펴보기 위해서는, Schlumbohm(1973); Treadgold(1990);

차원에서뿐만 아니라 경제적 측면에서도 활발히 논의되기 시작했다는 점이다. 아리스토텔레스를 통해 알 수 있는 사실이지만, 예컨대 카르케돈(Chalcedon)의 팔레아스(Phaleas)는 기원전 4세기경에 이미 토지의 균등한 분배, 모든 시민의 평등한 교육, 그리고 수공업의 집단적 경영에 대한 요구를 공식적으로 제기하고 있다. 한마디로 팔레아스는 이미 소유의 불평등이 모든 정치적 혼란의 근본원인임을 설파하고 있었던 것이다(Aristoteles 1984, 1266 b-1267 a). 이러한 그의 견해는 당시의 가장 과격한 민주적 평등사상으로 손꼽힐 수 있다. 무엇보다 그것이 폴리스의 정치적 동등권을 사회경제적 차원으로까지 확장하려는 진지한 시도를 담고 있기 때문이다.

그러나 지금까지 훑어본 평등의 관념은 명백한 사회적 한계를 지니고 있다. 요컨대 그것은 오직 폴리스만을 대상으로 하고 있을 뿐만 아니라 주민의 특정한 부분, 즉 정치적 권리를 온전히 지니고 있는 시민만을 고려의 범주에 포함시키고 있었을 따름이다. 따라서 노예라든가 주로 농공업 등 생산노동에 종사하던 이주민들은 정치적 동등권의 고려 대상에서 제외되어 있었던 것이다. 이를테면 이소노미아를 비롯한 여러 평등권들은 기껏 전 주민의 20% 정도만을 아우를 수 있을 뿐이었다.

그러나 흥미롭게도 처음으로 폴리스의 한계를 뛰어넘는 보편적 평등관을 제시한 것은 대체로 외국인으로 구성되었고 또 그로 인해 응당 평등권으로부터 배제되었던 아테네의 소피스트들이었다. 이윽고 그들은 자연법적 평등개념의 서막을 우리들에게 드러내 보여주게

Patterson(1991), 특히 고대 아테네에서의 자유와 평등 그리고 민주주의의 상호 관련성을 보기 위해서는 Hansen(1989)을 참고할 것.

된다. 소피스트들은 호모이오스 개념을 다시금 끄집어내어, 그것을 새로운 사고형태로 재결합시켰다. 그리하여 인간 스스로에 의해 만들어지고 강자의 권리에 기초하는 법(nomos)과 만인에게 똑같은 방식으로 적용되는 자연의 불변적 법(physis)을 서로 대비시킴으로써, 과연 어느 쪽이 더 바람직한 것인가 하는 것을 드러내기 위해 가일층 노력을 아끼지 않았던 것이다. 마침내 폴리스의 공적 삶을 규정하는 노모스는 가차 없이 평가절하하고(이것은 시민적 권리를 향유하지 못한 당시의 소피스트들에게는 지극히 자연스러운 현상이기도 했지만), 그 대신 새로운 유형의 평등의 기초가 되는 자연 개념(physis)을 새롭게 도입하였다. 플라톤의 입을 빌려, 예컨대 히피아스(Hippias)는 이렇게 말하고 있다. "나는 … 우리가 법을 통해서가 아니라 자연에 의해 친척이요, 친구며, 동료 시민이라 생각한다. 왜냐하면 평등한 것(das Gleiche)은 자연에 의해 평등한 것과 친화하기 때문이다. 그러나 인간의 폭군인 법은 많은 것을 자연에 거슬러 강제한다.[6] 여기서 자연은 서로 같은 자연적 종(種)에 속함으로써 획득되는 인간적 평등의 토대로 작용하게 된 것이다. 이를 통해 인간은 그의 개인적·사회적 차이에도 불구하고 모든 것을 포괄하는 자연의 관점에서 서로 평등한 존재로 나타난다. 그러나 이러한 사고방식은 상당한 추상적 인식능력을 전제하는 것이기 때문에, 주로 철학자와 지식인 등에 국한하여 제한적으로 통용되었으리라 여겨진다. 그러다가 훗날 스토아학파에 의해 계승되어 새로운 발전의 기틀이 닦이기 시작한다.

이런 상황에서 플라톤은 "우월한 자에게는 더욱 많은 것, 그리고 보다 약한 자에게는 보다 적은 것"을 허여하는 일종의 비례적 평등을

6 Platon, Protagoras. Dann(1980, 38)에서 재인용.

선호하였다.[7]

그러나 나중에도 살펴보겠지만, 이러한 '비례적 평등', 곧 능력에 따른 불평등에 토대를 둔 플라톤의 정의(正義)는 "향유하는 권리가 아니라 봉사하는 의무에서의 불평등"에 뿌리를 두고 있다(최자영 2005, 55). 그런데 이러한 플라톤의 평등관 속에는 이미 인간의 자연적 불평등을 전제하는 그 자신의 인간론이 이미 녹아 들어가 있다고 말할 수 있다.

다른 한편 아리스토텔레스는 플라톤이 구분한 평등의 두 개념을 보다 명확히 다듬어서 오늘날까지도 널리 쓰이는 '산술적 평등'(arithmetical equality)과 '비례적 평등'(proportionate equality)이라는 개념으로 정착시켰다.[8]

I. 인간관 및 이상국가론

한마디로 플라톤의 핵심적인 관심사는 무엇보다 인간사회의 정의가 어떠한 것이며, 또한 그것은 도대체 어떻게 쟁취될 수 있는가 하

7 Platon(1986, 757). 여기서 플라톤은 다음과 같이 말하고 있다. "똑같은 이름으로 표기가 되긴 하지만 실제로는 많은 면에서 대립적인 평등의 두 개념이 있다. 첫 번째 종류의 평등은 양, 무게, 수에 기초하는데 … 그러나 가장 참된 최선의 평등은 손쉽게 인식되어질 수 없다. 그것은 제우스(Zeus)의 지혜와 판결을 필요로 하는데, 단지 제한된 정도로만 인간에게 베풀어진다. … 보다 우월한 자에게는 더욱 많은 것이 그리고 보다 약한 자에게는 보다 적은 것이 허여되는데, 각자에게 그 본성에 맞게끔 적절히 주어진다."

8 간략히 줄여 말하면 '산술적 평등'은 '모든 사람에게 동일한 것을'(Jedem das Gleiche), 그리고 '비례적 평등'은 '모든 사람에게 자기의 것을'(Jedem das Seine)이라 바꾸어 놓을 수 있다. 이에 관해서는, Schwan(1982, 52)을 보라. 아리스토텔레스의 두 평등 개념에 대한 분석은 Harvey(1965, 101-146; 1966, 99-100)를 참고할 것.

는 문제를 밝혀내는 일이었던 것처럼 여겨진다.

그는 인간사회의 정의를 설파하기 위해 우선 '일'(ergon/work)의 개념을 끌어들인다. 플라톤적 사유방식에 따르면, 존재하는 모든 것은 다 할 수 있는 일을 소유하고 있다. 그런데 여기서 '일'이라 함은 사람이 의식적으로 행하는 일정한 활동만을 뜻하는 것이 아니라, 넓은 의미로서 어떤 사물이 실현할 수 있는 모든 가능성을 가리키는 것이라 할 수 있다. 가령 석유의 예를 들어보자. 석유는 공장의 기계나 자동차를 움직이게 할 수도 있고, 옷감을 만들어내는 데 쓰이기도 한다. 또한 우리는 석유에서 도로를 포장하는 아스팔트를 얻을 수도 있다. 이 모든 것이 말하자면 석유가 할 수 있는 '일'인 것이다. 하지만 석유가 할 수 없는 일도 있다. 우리는 석유를 먹거나 마실 수는 없다. 이처럼 할 수 있는 일과 할 수 없는 일을 구별함으로써, 개별 존재자의 본성을 명확히 규정할 수 있게 되리라는 것이 플라톤의 믿음이었던 것이다.

그런데 각각의 존재자는 자기가 할 수 있는 일을 잘할 수도 있고, 잘 못할 수도 있다. 예를 들어 어떤 석유는 열효율이 낮아 기계를 돌리는 힘이 떨어질 수도 있다. 이런 경우 우리는 일 잘하는 석유를 좋은 석유라 부르고, 일을 잘 못하는 석유를 나쁜 석유라 이르는 것이다. 이런 사정은 우리 몸의 경우에도 마찬가지다. 우리는 잘 보는 눈을 가리켜 눈이 좋다고 말하고, 그렇지 않은 눈을 나쁜 눈이라고 말한다.

플라톤은 각각의 개별 존재자가 자기가 맡은 일을 탁월하게 잘 수행해내는 상태를 가리켜 '아레테'(aretḗ)라 불렀다. 이 말은 희랍어에서 '좋다'의 최상급인 '가장 좋다'(the best)를 뜻하는 '아리스토스'(aristos)에서 나온 것으로서, 탁월함(excellence)을 뜻하는 말이다. 자기가 맡은 일을 잘하는 것은 탁월한 것이고, 탁월한 것은 좋은 것이다. 그런데 그리스적 사유 속에서 좋은 것과 선(善)한 것은 동일한 것이므로, 탁월한 것은 동시에 선한 것이기도 한 것이다. 줄여 말하면, 자기가 맡은 일을 잘해내는 것이 바로 선(善)이라 할 수 있는 것이다.

인간 역시 마찬가지다. 그런데 우리 육체의 기관마다 맡은 일이 서로 달리 있는 것처럼, 우리의 '혼'(psychē), 우리의 마음에도 역시 "세상의 다른 어떤 것으로써도 해낼 수 없는 그런 어떤 기능(일; ergon)이 있다. 이를테면 "보살피거나 다스리는(통솔하는) 것, 심사 숙고하는 … 특유의 기능"이 있는 것이다(박종현 1997, 353 d). 이런 것들은 오직 우리의 영혼만이 할 수 있는 일이다. 그리고 영혼의 가장 본질적인 일은 삶 바로 그 자체라 할 수 있다. 따라서 오직 우리의 영혼이 "훌륭한 상태"에 처해 있을 때, 즉 우리의 영혼이 "모든 일을 '훌륭하게(잘) 해내게'(eu prattein) 될" 때 우리는 필연적으로 좋은 삶, 선한 삶을 살 수 있게 될 것이다(박종현 1997, 353 d-e).

그런데 우리의 영혼은 언제 자기가 맡은 일을 잘할 수 있는가? 플라톤은 바로 이 물음에서 출발한다.

우선적으로 그는 "어느 한 집단이 특히 행복하게 되도록 하는 게 아니라, 시민 전체가 최대한으로 행복해지도록 하는 것"이야말로 사회정의를 가장 확실히 보장하는 지침이라는 점을 분명히 하고 있다(박종현 1997, 420 b). 마치 '최대다수의 최대행복'이라는 공리주의적 이상을 연상시키기라도 하듯, 소수가 아니라 전체 시민이 함께 향유할 수 있는 최대한의 행복 추구가 플라톤의 핵심적 관심사였던 것이다. 그리고 그는 이러한 보편적 행복확보 문제의 기본토대 위에서 인간의 영혼(psychē)에 대한 철학적 논의를 본격화한다. 여기서 무엇보다 영혼은 과연 어떠한 요소로 구성되어 있으며, 나아가 과연 어떠한 상황에서 이 영혼이 자기가 맡은 일을 잘 수행해낼 수 있게 되는가 하는 문제가 자연스레 제기된다.

플라톤은 인간의 영혼이 크게 세 유형으로 이루어져 있다고 역설한다. 첫째는 '이성 능력'(logistikon), 둘째는 '격정적(기개적)인 부분'(thymoeides), 그리고 셋째는 '욕구적인 부분'(epithymetikon)이 그것이다.

풀어 설명하면, 첫째, "재물과 명성에 대해 가장 덜 관심을 가지며, 배움을 좋아하고(philomathes) 지혜를 사랑하는(philosophon) 것이 바로'이성 능력'(logistikon)이다. 이때 이성의 미덕으로서 지혜는 일종의 "분별(euboulia)"과 "앎(epistẽmẽ)"을 의미하는 것으로서, 결코 목수나 농부 등속의 지식 같은 것이 아니라, "완벽한 수호자들"(teleoi phylakes)이라 부를 수 있는 소수 통치자들(archontes)의 "수호술(phylakikẽ)"을 일컫는다. 따라서 이는 "모든 지식 중에서도 유일하게 지혜(sophia)라 불리어 마땅한", 그러한 지식을 뜻하는 것이다(428 d-429 a). 이러한 '이성 능력'은 순수한 사유와 인식의 능력으로서, 우리의 몸에서는 머리에 위치한다.

둘째, 이기기를 좋아하고(philonikon) 명예를 좋아하는(philotimon) '격정의 능력'(thymoeides)인데, 분노와 명예욕 혹은 용기와도 같은 모든 고상한 열정과 결합된 능력으로서 가슴에 자리 잡고 있다. 그런데 용기는 격정의 미덕으로서, 욕망을 이기는 용기는 오로지 우리 마음의 모든 고귀한 열정에서 나오는 것이다. 예컨대 우리로 하여금 식욕과 성욕을 절제할 수 있게 하는 마음의 용기는 우리 마음속의 아름다움과 명예에 대한 고귀한 열정에서 비롯한다고 말할 수 있는 것이다. 그러나 이 용기가 지혜의 빛에 의해 인도되지 않는다면, 만용으로 전락하기 쉽다. 예컨대 식욕을 절제하는 것은 좋은 일이지만, 반면에 모든 욕망을 적대시하면서 전혀 아무것도 먹지 않겠노라 버티는 것은 어리석은 만용인 것이다. 이처럼 용기가 만용에 떨어지는 것을 막기 위해, 우리는 나아갈 때와 머무를 때를 지혜롭게 구별하지 않으면 안 될 것이다. 따라서 참된 "용기(andreia)는 일종의 보전(保全: sōtēria)"을 의미하는 것으로서, "법에 의한 교육을 통해 두려워할 것들이 무엇 무엇이며 또 어떠한 것들인지, 이와 관련해서 생기게 된 소신(판단)의 보전"을 가리킨다. 구체적으로는 "언제나(어느 경우에나) 고통에 처하여서도, 즐거움에 처하여서도, 그리고 욕망에 처하여서도, 공포에 처하여서도 이를 버리지 않고 끝끝내 보전하여 지님"을 뜻하는 것이다(429 c/d). 요컨대 "두려워할 것들과 두려워하지 않을 것들에 관한 바르고 준법적인 소신(판단)의 지속적인 보전과 그런 능력"을 용기라 부르는 것이다(430 b).

그러므로 절제가 절실히 요구된다. 절제란 "일종의 질서"로서, "어떤 쾌락과 욕망의 억제" 같은 것이다. 그러므로 "성향상 한결 나은 부분(면)이 한결 못한 부분을 제압하는 경우, 이를 가리켜 '자기 자신을 이긴다'고 말하는데", 이러한 표현법에 내장되어 있는 그러한 상태를 절제라 일컬을 수 있으리라. 반면에 "나쁜 양육이나 교제의 결과로 한결 못한 다수의 부분에 의하여 한결 나은 작은 부분이 제압될 경우, 이를 꾸짖어 나무라되, 이와 같은 상태에 있는 사람을 일컬어 '자기 자신에게 진' 무절제한 자라" 부르는 것이다(431 a). 그러나 용기와 지혜는 한 나라의 소수에만 국한된 것이지만, 절제는 "정말로 나라 전역에 걸치는 것으로서, 말하자면 협화음처럼, 가장 약한 소리를 내는 사람들과 가장 강한 소리를 내는 사람들, 그리고 중간 소리를 내는 사람들이 같은 노래를 합창함으로써 전 음정을 통하여 마련되는" 화성(和聲) 같은 것으로 이해된다(432 a). 그런데 이러한 절제는 "나라에 있어서나 한 개인에 있어서 성향상 한결 나은 쪽과 한결 못한 쪽 사이에 어느 쪽이 지배를 해야만 할 것인지에 대한 합의"를 가리킨다(432 b).

셋째, 돈을 좋아하고(philochrematon) 이(利)를 탐하는(philokerdes) '욕망 능력'(epithymetikon)으로서, 영양과 성의 충동을 비롯하여 모든 감성적인 욕망의 능력을 아우른다. 이것은 아랫배에 자리 잡고 있다(581 a-582 a).

요약컨대 인간의 영혼은 "지혜를 사랑하는 부류", "이기기를 좋아하는 부류", "이(利)를 탐하는 부류" 셋으로 이루어진다는 말이 되겠다(581 a-c).

이런 관점에 입각하여, 플라톤은 이러한 우리 영혼의 각 부분이 서로를 침해하지 않으면서 자기의 할 일을 제대로 수행해나가되 전체로서 조화를 이룰 때, 비로소 인간의 이상적인 삶이 가능해진다고 역설한다.

플라톤은 대화편 「파이드로스」(Phaidros)에서, 우리의 영혼을 두 마리의 말이 이끄는 마차를 한 사람의 마부가 조종하는 것에 비유하고 있다. 두 마리의 말 가운데 한 마리는 고귀하고 선한 것에서 태어났으나, 다른 한 마리는 그렇지 못한 것에서 태어났다. 당연히 고귀한 혈통의 말은 격정의 능력을 뜻하고, 나쁜 것은 욕망 능력을 뜻한다. 그리고 마차를 모는 마부는 우리의 이성이다. 그런데 영혼의 조화가 깨지는 것은 예컨대 나쁜 혈통의 말이 마부의 말을 잘 듣지 않을 때와 마찬가지로 이성이 영혼의 각 부분에 대한 통제권을 상실할 때다. 영혼의 타락이 극에 달하면 이성에 의해 지배받아야 할 욕망이 도리어 욕망을 위한 도구로 이성을 악용해버리는 일이 벌어지는데, 바로 이러한 영혼의 무질서와 혼란이 곧 악(惡)인 것이다.

따라서 이런 일이 벌어지지 않도록 하기 위해서는, 영혼의 각 부분이 응당 각자가 맡은 일을 잘 수행해내지 않으면 안 되리라. 그것이 바로 영혼의 각 부분의 덕이다.

욕망 능력은 욕망을 추구하되 절제할 줄 알아야 한다. 그러므로 절제야말로 욕망 능력이 가져야 할 미덕이 되는 것이다. 그러나 우리가 욕망을 절제할 수 있기 위해서는, 우리의 마음이 욕망의 끝없는 유혹을 이겨낼 수 있는 힘을 갖지 않으면 안 된다. 다시 말해 욕망의 힘을 이겨낼 수 있는 용기를 갖지 않으면 안 된다는 말이다. 바야흐로 플라톤은 바로 이러한 인간의 영혼 분석을 국가론의 정초로 삼게 된다.

바로 앞서도 살펴보았듯이, 이러한 인간 영혼의 세 가닥 유형론에 입각하여, 플라톤은 인간을 다시금 세 유형으로 나누어 고찰한다. 요컨대 '지혜를 사랑하는 부류', '이기기를 좋아하는 부류', 그리고 '이(利)를 탐하는 부류'가 바로 그것이다.

나아가 그는 이러한 유형 분류에 기초하여, 국가를 다시금 세 개의 사회적 신분질서, 즉 철인, 수호자(전사 및 감시인 층: guardians) 그리고 상인 및 노동자로 다시 분류하게 된다. 그리고 이 위계질서 속에서 상인 및 수공업자 계층은 최하위 '철'(iron)의 족속, 전사 및 감시인 층은 '은'(silber)의 부류, 마지막 국가 경영자인 철인은 '황금'(gold) 부위에 속하는 존재로 세분한다. 그러나 이러한 사회적 특성분화는 신탁에 의해 이루어지는 것이기 때문에, 예컨대 "쇠나 청동의 성분을 지닌 수호자가 나라를 지키게 될 경우에는, 나라가 멸망"하게 되리라 여겨질 정도로 절대적이고 불변적인 원리로 인식되었다. 이처럼 플라톤이 비록 이러한 엄중한 위계질서 원리를 수호하고자 전력을 경주하고 있긴 하지만, 동시에 그는 이들 사회구성원 "모두가 형제들"이라는 점을 결코 망각하지는 않고 있다(415 a-c). 하지만 플라톤도 인정하듯이, 사실은 두 개의 신분만이 존재하는 셈이라 할 수 있다. 왜냐하면 철인은 두 번째 수호자 계층에서 선발되어지기 때문이다.[9]

하지만 플라톤은 이러한 엄격한 계급구조를 통해 개인들 사이에 내재하는 차이를 그대로 드러내고자 한 것이었지, 그러한 차이를 의도적으로 만들어내고자 한 것은 결코 아니었다고 말할 수 있다. 그러나 그는 예컨대 '값'과 '값어치'를 서로 구별해야 하는 것과 유사하게, 과학적 세계와 도덕적 세계를 상호 엄격히 구별하려 하지는 않았던 것처럼 보인다. 이를테면 '사실'과 '가치' 간의 상호구별을 엄밀히 시도하지는 않으려 했던 것처럼 비친다는 말이 되겠다. 현실적으로 볼 때, '존재하는' 것과 '존재해야 마땅한' 것 사이에는 엄청난 차이와 괴리가 존재하지 않겠는가.

한마디로 말해 플라톤의 국가는 인간의 확대된 형상이라 할 수 있다. 마치 인간에게서 격정이나 욕망을 이성이 지배해야 하는 것과 마찬가지로, 국가에서도 철인이 여타 다른 신분들을 지배하도록 규정되어 있는 것이다. 플라톤은 이 철인을 통함으로써 비로소 인간적 불완전성으로 인해 각 개별 인간에게 이루어질 수 없었던 것이 궁극적으로 조정될 수 있으리라 믿어 의심치 않았던 것처럼 보인다. 철인의 지배야말로 항상 이성의 계율이 구현되는 것을 보증하리라 믿기 때문이다. 그는 철인의 지배를 완벽한 것이라 확신하고 있었던 것이다.

각 개별 인간이 세 신분질서에 편입되고 또 그것이 인간본성과 관련되는 상황은 결과적으로 세 신분 간의 차별이 크면 클수록 그 신분질서가 서로 서로를 보완해야 하는 욕구와 필요성이 더욱 심화할 수밖에 없게 되리라. 그리고 플라톤은 바로 이런 연유에서 세 신분이 서

9 참고로 말해 이러한 플라톤의 신분적 위계질서 관념과 인도의 카스트 제도 사이에는 "놀라울 정도의 유사성"이 내재한다는 흥미로운 지적도 있다. 브라마나(Brahmana) 계급을 상정해주는 것이 지적·도덕적 덕(Sattva)이라면, 크샤트리아(Kshatriya)를 특징짓는 것은 힘과 정열(Rajas)이고, 바이샤(Vaisya)의 특성은 육체적 욕망(Tamas)이다. 이에 대해서는, 김영한(1991, 43)을 볼 것.

로 서로 더욱더 강력하게 밀착되도록 이끌릴 수밖에 없게 되리라 믿었던 것이다.

이러한 판단에 토대를 두고 플라톤은 각자가 국가 안에서 자기가 맡은 일, 자기에게 부과된 고유한 업무만을 제대로 잘 수행해나갈 것을 촉구해 마지않는다. 따라서 한 인간이 동시에 두 직업을 이행하는 것이 불가능하다고 보는 것이다. 그리하여 "오직 이런 나라에서만 제화공을 제화공으로 발견할 뿐, 구두 만드는 일에 더하여 조타수로서 발견하는 일이 없을 것이고, 또한 농부를 농부로서 발견할 뿐, 농사에 더하여 재판관으로서 발견하는 일도, 그리고 전사(戰士)를 전사로서 발견할 뿐, 전쟁에 더하여 돈 버는 사람으로서 발견하는 일도 없을 것이며, 또한 그 밖의 모든 사람의 경우에도 이는 마찬가지"라 역설하게 되는 것이다"(박종현 1997, 397 e). 이런 관점에서, 플라톤이 구두장이가 해군에 복무하고, 농부가 법원에 앉아 있으며, 또 상인이 돈만 많으면 전사가 될 수도 있는 아테네식 민주주의에 반감을 가지게 되었으리라는 것은 상당히 납득할 만한 일이라 할 수 있다.

한마디로 영혼의 정의와 선(善)은 이와 같이 영혼의 각 부분이 자신의 미덕에 따라 제 할 일을 수행하면서 서로 조화로운 통일을 이루게 됨으로써 비로소 확보될 수 있는 것이란 말이 되겠다. 덧붙여 말하면, 이러한 상태는 곧 "자기 안에 있는 각각의 것이 남의 일을 하는 일이 없도록, 또한 영혼의 각 부류가 서로를 참견하는 일이 없도록 하는 반면, 참된 의미에서 자신의 것인 것들을 잘 조절하고 스스로 자신을 지배하며 통솔하고 또한 자기 자신과 화목함으로써, 이들 세 부분을, 마치 영락없는 음계의 세 음정(horos), 즉 최저음(neate), 최고음(hypate) 그리고 중간음(mese)처럼, 전체적으로 조화"시키는 일과 다를 바 없으리라 인식되었던 것이다(박종현 1997, 443 d). 말하자면 플라톤에게서 영혼의 정의와 선은 여러 부분이 서로 조화를 이루어 하나가 되는 것에 존재한다. 우리의 영혼이 분열과 무질서가 아니라 조화 속에서 하나의 통일을 이룩할 때, 그것이 바로 선이요 행복인 것이다. 그리하여 "각자가 자신의 한 가지 일에 종사함으로써 각자가 여럿 아닌 한 사람으로 되도록 하고, 또한 바로 이런 식으로 해서 나라 전체가 자연적으로 여럿 아닌 '한 나라'로 되도록" 하는 것이야말로(423 d) 최고의 목표 그 자체라 인식될 수밖에 없었던 것이다.

이런 의미에서 플라톤에게 선이나 정의는, 그 본질적인 측면에서 보자면, 이처럼 단순히 인간의 의지와 행위에만 국한된 좁은 의미의 윤리적 개념이 아니라, 존재의 온전함을 뜻하는 객관적인 존재론적 개념이라 할 수 있을 것이다. 요컨대 인간의 의지나 행위뿐만 아니라 모든 존재하는 것들이 각자 맡은 일을 온전히 수행할 때, 그것은 선하고 정의로운 상태에 있다고 말할 수 있는 것이 된다. 그런데 각각의 존재자에게 부여되어 있는 일은 그 존재자의 자연적 본성(physis) 그 자체에 의해 결정되어 있는 것으로 인식된다. 따라서 어떤 존재가 선하고 좋은 상태에 있다는 것은, 그것이 자기의 자연적 본성을 왜곡하거나 부족하지 않게 온전히 실현하고 있다는 것을 뜻하게 되는 것이다. 생물학적으로 말하자면, 이런 상태가 다름 아닌 건강한 상태다. 예컨대 눈이 눈의 자연적 본성을 온전히 실현할 때나 심장이 심장의 본성에 따른 일을 제대로 수행할 때, 그 눈과 심장은 건강한 것이라 말할 수 있는 것과 마찬가지다. 그러므로 어떤 존재가 선하고 좋은 상태에 있다는 것은 그것이 곧 건강한 상태에 있다는 것을 뜻하게 되는 것이다.

여기서 보듯이, 플라톤에게서 선과 정의란 존재의 기능적 완전성을 의미한다. 따라서 그것은 곧 '탁월함'(areté/excellence)을 가리킨다. 존재하는 모든 것이 건강하게 자기의 맡은 일을 온전히 수행하는 것이야말로 존재의 탁월함이며, 이것이 또한 인간의 경우에는 좁은 의미에서 윤리적 선이기도 한 것이다. 마치 일을 잘하거나 잘 달리는 말이 좋은 말이고 글씨 잘 써지는 만년필이 좋은 만년필인 것과 마찬가지로, 일 잘하는 사람, 즉 탁월한 사람이 곧 훌륭한 사람이고 좋은 사람인 것이다.

이처럼 한 존재의 완전성과 탁월함은 내적으로 볼 때는 존재자 자신의 자연적 본성과의 일치에 기인하는 것이지만, 그것이 외적으로 나타날 때는 조화와 통일로서 나타난다. 그런데 어떤 존재의 내적 부분들이 조화와 통일을 이룩할 때, 그것은 조화를 이룬 음정처럼 아름답게 나타날 수밖에 없지 않으리오. 무릇 사물의 아름다움이란 무엇보다도 각 개별 부분들의 조화와 통일을 통해 이루어질 수 있는 것이기 때문이다. 이런 의미에서, 플라톤에게 선과 정의는 존재의 기능적 탁월함과 완전성 그리고 아름다움과 같은 것을 가리키는 것이기도 한 것이다. 무엇보다 "'훌륭함'(훌륭한 상태: areté)은 일종의 영혼의 (정신적) 건강(hygieia)이요 아름다움(kallos)이며 좋은 상태(euexia)인 반면, 나쁨(나쁜 상태: kakia)은 일종의 영혼의 질병(nosos)이요 추함(aischos)이며 허약함(astheneia)"과 같은 것이기 때문이다(박종현 1997, 444 e). 이를테면 영혼의 덕과 영혼의 건강 그리고 영혼의 아름다움은 모두 같은 상태를 의미하는 것이다.

이처럼 플라톤의 윤리학은 희랍인들의 전형적인 인생관 및 세계관의 표현이라 여겨진다. 희랍인들이 탁월한 것을 선하고 아름다운 것이라 간주했다는 것에서 우리는 희랍 문화의 건강성을 읽어낼 수 있지 않을까 한다. 그들이 탁월한 것을 선하고 아름다운 것이라 생각했다는 것은 그들이 탁월한 것을 바람직한 것이라 보았으며, 나아가서 탁월하고 뛰어난 것에 매혹되었다는 것을 뜻하게 된다. 왜냐하면

선하고 좋은 것은 바람직한 것이요, 게다가 아름다운 것은 사람을 매혹시키는 것이기 때문이다. 돌이켜보면 이것이야말로 희랍 문명, 아니 서양 문명 일반의 힘이요 미덕이라 할 수 있지 않을까 여겨진다. 인간들이 탁월함을 바람직한 것이라 숭상하고 또 그것에 매혹되기까지 하는 사회는 분명 복된 사회라 이를 수 있지 않겠는가.

이와 같이 플라톤은 "올바른 국가철학"을 수립하고 "훌륭한 국가체제"를 탐색하기 위해, "일차적으로 인간의 소질과 능력에 대한 심리학적 반성으로부터" 출발한 것이다(이상인 2006, 418).

세 신분의 병존과 그들의 다양한 질서체계는 플라톤의 국가 속에 사회적 권력의 분산이 이루어지고 있음을 명백히 보여주고 있다. 즉 정치적·정신적 권력의 소유자는 철인이며, 군사력은 수호자 층에게 그리고 경제력은 제3 신분의 손에 각각 주어져 있기 때문이다. 마치 고대 희랍식 '정·경 분리' 원칙처럼 보이기까지 할 정도다.

어쨌든 이러한 힘의 분배로 말미암아 각 신분은 다른 신분의 존재를 필연적으로 필요로 할 수밖에 없게 된다. 그리고 어떠한 신분도 다른 신분 없이는 존재할 수 없도록 되어 있다. 제3 신분은 제2 신분을 보호자로, 이들은 제3 신분을 부양자로, 그리고 이 두 신분은 철인에 의한 지도를 필연적으로 필요로 한다. 따라서 세 신분 사이의 권력 분립 및 분산은 그들을 결합시켜주는 튼튼한 고리로 작용하게 되는 것이다.

하지만 그러한 상호 종속성으로 인해 각 신분이 자신에게만 할당된 권력의 몫을 오로지 자기 자신만을 위해 활용함으로써 혹여나 단독지배를 수립하고자 기도할 이기적 위험성이 상존하게 되지는 않을까?

플라톤이 무엇보다 수호자 집단에 대해 특별한 관심을 지니고 있었고, 또 특별히 이들에 대한 고찰에 심혈을 기울였던 것도 사실은 바로 이러한 권력정치적 불안의식의 발로였다고 말할 수 있으리라. 물론 그의 이러한 편향을 부분적으로는 제3 신분을 멸시하는 그의 귀족적 취향에 기인하는 것이라 추정할 수도 있겠지만, 그것이 오히려 냉철하고 현실적인 플라톤 자신의 권력정치적 성찰에서 비롯한다고 보는 것이 더욱 타당하리라 여겨진다.

왜냐하면 수호자는 군사력을 소유하고 있고, 따라서 권력을 남용할 위험성을 가장 많이 지니고 있는 존재이기 때문이다. 반면에 제3 신분은 별로 위험할 게 없다. 그들은 무력적 수단도 소유하고 있지 못할 뿐만 아니라, 그들은 자신들이 지니고 있는 다양한 욕망으로 인해 항상 상호 분쟁과 갈등에 휩싸일 가능성이 높기 때문이다. 그렇기 때문에 그들의 수적 우월성도 별반 큰 위력을 발휘하지 못하게 되리라 추정된다. 따라서 플라톤은 이 제3 신분에게 수호자 계층의 부양에 필요한 수준의 세금 바치는 의무 정도를 부과하는 것으로 만족한다. 말하자면 제3 신분에 속하는 자들은 모두 어떠한 군사적 의무에 속박당함도 없이 오로지 자신들의 소유욕과 영리 추구욕을 추종하기만 하면 되는 것이다. 이러한 성향이 그들의 영혼이 부여하는 자연적 본성에 부합하는 것이기도 함은 물론이다. 따라서 이들은 자신들에게 부적합한 의무수행을 강요하지 않는 국가의 유지·존속에 확고한 관심을 기울일 수밖에 없게 될 것이다. 뿐만 아니라 플라톤은 바로 이 제3 신분에서 자신들의 운명에 불만을 가진 정치 지도자가 나타나서 다른 두 신분에 대항해 자신의 집단을 이끌 위험성을 배제하기 위해, 제3 신분의 탁월한 후예를 수호자 신분으로 끌어올리고, 반대로 제2 신분의 무능한 후예를 제3 신분으로 강등시키는 방책까지도 강구하였다(423 c-d). 반면에 그는 지배자로부터 오는 위험만은 일관되게 과소평가하는 낙천적이기까지 한 성향을 꾸준히 견지하고 있다. 무엇보다 이들

"통치자들"(archontes)은 "완벽한 수호자들"(teleoi phylakes)로서(428 d), 단지 지혜의 관조에만 몰두하리라 확신했기 때문이다.

이러한 관점에 입각해서, 플라톤은 국가질서를 결정적으로 혼란에 빠뜨릴 잠재적 위험성을 가장 심각하게 보유한 집단이 바로 제2 신분이라 확신한 것처럼 보인다. 따라서 그는 이들에 대한 특별 조처를 강구하지 않을 수 없었으리라. 그리하여 이들에 대한 특수교육의 실시뿐만 아니라, 철인에 대한 무조건적인 복종의무까지 간곡히 부여하기에 이른다. 철인이 바로 이 제2 신분인 수호자 계층에서 옹립된다는 점을 강조한 것도 이 양자 간의 긴밀한 결합관계를 고려한 때문으로 비쳐진다. 이런 맥락에서, 지극히 자연스럽게 바로 이 제2 신분을 겨냥하여 가장 본질적이고 결정적인 대책을 강구할 수밖에 없었던 것이다. 바로 여기서 사회주의적 공동체 구상이 비롯하게 된다. 그리고 그것이 그의 이상국가론과 직결해 있음은 물론이다.

II. 공산주의 사상의 요체

간략히 요약하면, 플라톤의 이상국가는 남성과 여성의 평등이념, '처·자식 공동체' 구상 및 공유제, 그리고 철인 지배체제를 그 골간으로 한다.

이 최선의 국가에서는 단합이 "최대선"(to megiston agathon)으로 기림을 받는다. 따라서 분열이 "최대악"(to megiston kakon)으로 배척당할 수밖에 없게 되리라는 것은 지극히 자연스러운 현상이라 할 수 있다. 여기서는 "모든 시민이 최대한으로 비슷하게 즐거워하거나 괴로워할 경우의 이 즐거움과 고통의 공유(함께함: koinónia)이 나라를"

단결시키는 힘으로 작용하리라는 믿음이 공유된다. 예컨대 "누군가가 손가락을 다쳤을 때, … 그 부분이 아파하는 것과 동시에 전체가 일제히 함께 괴로워하는" 것과 마찬가지로, 모든 국가구성원이 "함께 기뻐하고 함께 슬퍼"해야 마땅하리라 여긴다. 그리하여 온 국민이 하나의 신체와 하나의 신경조직처럼 물샐 틈 없이 유기적으로 상호 결속하여 내 것(to emon)과 내 것 아닌 것(to ouk emon) 사이의 구별이 없는 확고한 일체감을 확보해내는 것이야말로, 이러한 이상국가가 지향해야 할 최고의 가치요 덕목으로 인식되는 것이다(462 a-e).

그러나 플라톤은 무엇보다 지배계급의 통일과 단합을 절대시하는 쪽이었다. 왜냐하면 그를 통해 모든 인간의 행복이 보장되고, 국가의 안정과 정의의 실현이 확실히 이루어지리라 믿었기 때문이다. 바로 이러한 신념에서 그는 재산 및 처·자식 공유제를 신봉해 마지않았던 것이다.

이러한 취지에서, 플라톤이 제2 신분의 생활질서의 확립을 위해 전개하고 있는 모든 원칙들이 일체의 특수이해 생성을 철저히 저지하고자 하는 목표 하나에 집중되어 있다고 말할 수 있다. 따라서 제2 신분 수호자야말로 최대한의 엄격한 평등이 지배하는 공동체를 형성하지 않으면 안 될 존재로 규정되어지는 것이다.

수호자 계층은 "어떤 사유 자산도" 가질 수 없고, "누구든 원하는 자가 마음대로 출입할 수 없는 그런 집이나 곳간" 역시 소유해서는 안 되며, 오로지 "수호에 대한 보수"로서 최소한의 생활필수품만을 제공받을 수 있을 뿐이다. 뿐만 아니라 이들은 "공동 식사"(syssitia)를 하면서, "마치 야영하는 군인들처럼, 공동으로 생활"하지 않으면 안 되게끔 되어 있다(416 d-e).

사실상 이 모든 조처가 계급적대 및 국가적 분열을 예방하고자 하는 심오한 현실정치적 고려의 산물이라 할 수 있다. 왜냐하면 플라톤은 "이들이 개인의 땅과 집 그리고 돈을 소유하게 될 때, 이들은 수호자 대신에 호주(戶主)와 농부로 될 것이며, 다른 시민들의 협력자 대신 적대적인 주인"이 되리라는 걸 이미 예상하고 있었기 때문이다. 뿐만 아니라 플라톤은, 그렇게 된다면 이들이 "미워하며 미움을 받으면서, 음모를 꾸미며 음모의 대상으로 되면서, 또한 외부의 적들보다도 내부의 적들을 오히려 훨씬 더 많이 무서워하면서 한평생을 보내게 될" 것이고, 결과적으로 모든 시민들이 "파벌의 문턱을 향해 치닫게" 되리라는 것 역시 잘 예감하고 있었다(417 a-b).

이런 맥락에서 수호자들이 온 힘을 다해 감시하지 않으면 안 될 것으로 "부와 빈곤"이 지목된다. 왜냐하면 사회적 부는 "사치와 게으름 및 변혁(neónterismos)"을, 그리고 빈곤은 "변혁에 더하여 노예근성(aneleutheria)과 '기량의 떨어뜨림'(kakoergia)"을 초래할 것이기 때문이다(422 a). 이처럼 수호자에게는 사회적 혼란과 분열 그리고 정신적 타락 등을 막기 위해 공동체 내부에 부와 빈곤함이 극단으로 흐르는 것을 저지해야 할 임무가 주어지는 것이다. 이런 취지에서 "이 나라에 사는 시민들 중에서도 오직" 수호자 계층에게만이 "금은을 다루거나 만지는 것이 허용되지 않으며, 또한 금은과는 같은 지붕 밑에서 기거해서도 아니 되며, 이를 [몸에] 걸쳐서도 아니 되고, 그리고 또 황금이나 은으로 만든 잔으로 술을 마셔서도" 안 된다. 그를 통해 이들은 자신도 구하고 나라도 구원할 수 있게 되리라 간주되는 것이다(417 a).

하지만 이처럼 수호자들이 마치 "여느 용병들처럼 먹는 것 이외에 보수를 받는 것도 없어서", 여행이나 정인(情人)을 위한 선물 등, 사사로운 개인적 용무에 전혀 신경 쓸 수 없음에도 불구하고, 전체 시민과 더불어 가장 큰 행복을 누린다는 것이 의심의 여지없는 일로 받아들여진다(420 a-c). 그리하여 결국에는 수호자의 삶이 "올림피아 경기에서의 우승자들의 삶보다도 훨씬 더 아름답고 좋은 것"이라 기림받게 되는 것이다(466 a).

그러나 그게 다가 아니다. 이러한 수호자의 공동체적 삶의 규범은 심지어 성생활의 영역에까지 확장된다. 그리하여 "모든 여자는 공유하게 되어 있고, 어떤 여자도 어떤 남자와 개인적으로는 동거하지 못하게 되어 있다." 나아가서 "아이들도 공유하게 되어 있고, 어떤 부모도 자기 자식을 알게 되어 있지 않으며, 어떤 아이도 자기 부모를 알게 되어 있지 않다"(457 d). 어쨌든 수호자가 하나의 유일한 공동체적 대가족을 형성할 수 있도록, 부모와 자식 간의 관계 역시 거부되어야 함은 물론이다. "어떤 산모도 제 자식을 알아보지 못하도록 모든 방책을 강구"해야 한다(460 c). 어린애들은 태어나면 즉시 특별한 보육소로 보내지고, 엄마가 젖 먹일 때 자신의 애를 식별할 수 없게끔 사전에 예방조치까지 취해진다. 나아가 모든 어린이에게도 역시 특수이해의 생성을 저지하기 위해 국가적 목적에 적합한 교육이 행해지도록 되어 있다. 이러한 교육을 이수한 이후에도 수호자는 정신적으로 결코 자신의 자의적 행동에 내맡겨지지 않는다. 그는 단지 그의 과업에만 관련되고 거기에서 벗어날 수 없도록 끊임없는 외부의 영향 속에 놓여져야만 한다. 이때 종교가 대단히 중요한 역할을 수행한다. 무엇보다 신(神)이야말로 선의 창시자이며 정의로운 행위의 주체로 인식되기 때문이다. 따라서 수호자는 참답게 살고 헌신적으로 봉사하고자 하는 덕망과 굳은 의지를 지니지 않으면 안 된다. 요컨대 신성(神性)에 가까워지기 위해 노력하는 자를 신은 결코 난관에 빠뜨리지 않을 것이기 때문이다. 응당 신이 곧 정의인 관계로, 이와 같이 정의롭게 살아가기 위해 분투하는 인간은 결코 불행에 빠질 수 없음은 물론이다.

이른바 이러한 '처·자식 공동체' 구상 역시 사실상 일체의 개체화, 이기화, 특화를 저지하기 위해 제시되고 있는 것이다. 그런데 이러한 조처는 여성이 남성의 생활에 폭넓게 동참하고, 남성과 동일한 교육을 받으며, 동일한 업무까지 수행하는 여성의 동등권 인정을 전제하는 것이라 할 수 있다.

뿐만 아니라 결혼 상대의 선택문제, 결혼시기, 더 정확히 말해서 동거시기 및 기간 등도 국가의 통제를 받게 된다. 왜냐하면 장기간 계속되는 하나의 개별 생활공동체는 하나의 특화를 의미하며, 그것은 결국 모든 것이 공동으로 이루어져야 한다는 수호자의 생활질서의 기본원칙에 위배되는 것이 되기 때문이다. 따라서 국가의 통제가 필수적으로 요구될 수밖에 없게 되는 것이다.

그러나 전쟁에서 특별한 수훈과 공적을 쌓은 수호자는 더욱더 잦은 성욕의 충족을 기대할 수 있다. "최선의 남자들은 최선의 여자들과 가능한 한 자주 성적 관계를" 가지도록 되어 있다(459 d). 그리고 "젊은이들 중에서도 전쟁에서나 또는 다른 데서 빼어난 사람들"은 포상을 받게 되는데, 그에 더하여 이들에게는 "여자들과의 한결 잦은 동침의 자유" 역시 허용되지 않으면 안 된다. 이들로부터 "최대수의 아이들을" 얻기 위함임은 물론이다(460 b). 사실상 성욕까지도 공동체의 공동적인 목적에 유용하도록 통제되지 않으면 안 되도록 되어 있다고 말할 수 있을 정도다. 이처럼 전쟁에서의 출중한 역량이 후손에게도 그대로 상속되어질 수 있도록 기획하는 사전조처까지 취해지는 것이다. 반면에 생산 연령을 넘어선 수호자에게는 동일한 세대 구성원들과의 자유로운 성행위가 허용되어진다. 이러한 상황에서는 국가의 개입이 더 이상 불필요해진다. 왜냐하면 이들의 성행위가 하등의 후유증, 요컨대 생산결과를 배태하지 않기 때문이다.

이와 같이 '처·자식 공동체'는 첫째, 마치 좋은 종마를 얻기 위해 양질의 암·수 종마를 교미시키는 것과 마찬가지로, 좋은 혈통의 시민을 생산하기 위해 국가도 마찬가지의 논리를 답습해야 한다는 육체적 이유의 산물이었다. 이는 결과적으로 일부일처제의 포기로 연결되었다. 둘째, 하나의 체제는 그 구성원이 전체와 스스로를 동일시할 때, 성공적으로 단합과 결속을 확보할 수 있다는 믿음에 입각한 도덕적 장점을 높이 산 결과였다. 요컨대 이기적 동기를 제거함으로써 국가의 단합을 확보하고자 했던 것이다. 플라톤은 성관계를 새로이 통제함으로써 비로소 인간이 최대한의 역량을 발휘할 수 있는 자유를 획득한다고 보았다. 그리하여 국가의 모든 구성원으로 하여금 자신의 일에서 참다운 동료로 기능하도록 하고, 나아가 육체의 개선 및 재산의 통제를 통해 완벽한 단합을 추구하고자 했던 것이다.

어쨌든 '처·자식 공동체'는 특화를 방지하고, 좋은 씨와 종자를 사육하고자 기도하는 정치적 고려의 산물이라 할 수 있다. 다른 한편 국가의 개입과 통제를 통해 국가의 규모와 크기를 예비적으로 미리 규제하고자 하는 숨은 뜻이 그에 내재해 있었으리라 것은 충분히 예상가능한 일이기도 하다(460 a).

우리는 여기서 최선의 후손을 획득하기 위한 일종의 '사육 이념'이 인간에게도 그대로 적용되고 있음을 발견할 수 있다. 결과적으로 최선의 이상국가가 "사육장"(Zuchtanstalt)으로 변질되는 결과가 초래된 셈이다(Ottmann 2001, 47). 왜냐하면 마치 좋은 종마를 얻기 위해 양질의 암·수 종마를 교미시키는 것과 마찬가지로, 좋은 혈통의 시민을 생육하기 위해 국가도 마찬가지의 동물적 논리를 답습하지 않으면 안 되리라는 '사육 이념'이 전면에 부각된 것이나 다를 바 없어 보이기 때문이다.

나아가서 남녀평등 원칙에 입각해 가족제도를 혁파하고자 했던 플라톤의 시도가 엿보이기도 한다. 그러나 그는 결코 여성해방의 이름으로 가정의 개혁에 접근하지는 않았다. 그는 수호자를, 예컨대 "감시견"(watch-dogs)에 비유한 적도 있다. 물론 암컷이 다소 힘이 떨어지긴 하지만, 마치 암·수 구별 없이 개라면 다 같이 집을 지키고 사냥도 함께할 수 있는 것과 마찬가지로, 남, 녀 모두 수호자의 역할을 공동으로 수행할 수 있다고 믿어 의심치 않았던 것이다(451 d-e). 그는 "나라의 수호와 관련해서는 한쪽이 한결 약한 반면에, 다른 쪽이 한결 강하다는 점을 제외하는 한", 여자고 남자고 간에 그 성향이 전혀 다를 바 없다고 역설한다(456 a).

이처럼 플라톤은 남, 녀의 본성과 기질의 차이를 부인했던 것처럼 보인다. 여성이 성적 기능에서 남성과 차이가 나긴 하지만, 그 외 모든 기능에서는 약한 남자로, 이를테면 비록 동일하게 강하지는 못하지만 동일한 역량을 소유한 존재로 인식하고 있는 것이다.

여기서도 드러나듯이, 플라톤은 한 기능의 차이로 모든 기능의 차이를 도출하는 것이 부당하다는 소신을 지니고 있었던 것처럼 여겨진다. 이 국면에서는 적어도 '차별'과 '구별'을 철저히 구별하는 지혜를 드러내 보여주고 있다고 말할 수 있을 정도다. 말하자면 남녀를 '구별'은 하지만 결코 '차별'은 하지 않겠다는 의지를 분명히 하고 있는 것처럼 비친다는 말이다. 이러한 관점에서 플라톤은 '심지어' 한 나라의 "최고 권력자(지배자)"가 되는 "참된 철학자들(참으로 지혜를 사랑하는 사람들)"의 역할 역시 "자질을 충분히 지니고 태어난 여성 통치자들"이 맡을 수도 있음을 강력히 시사하기도 한다(540 c-d). 여성을 바라보는 수천 년 전의 견해로는 경이를 자아낼 만하다고 여겨진다.

하지만 여성에 대한 이러한 플라톤의 배려는 한마디로 말해 "여성의 권리"(woman's rights)보다는 "여성의 의무"(woman's duties)를 보다 명백히 강조하기 위한 조처였다고 말하는 편이 보다 타당하리라 판단된다. 그는 "여성 의무의 교사"였던 것이다(Barker 1959, 145). 그리하여 가정의 속박으로부터 여성을 해방시키려던 그의 원래 의도가 결국은 여성을 보다 적극적으로 전체 공동체에 봉사하도록 강제하는 결과를 자초한 셈이라 할 수 있을 정도다. 그럼에도 이러한 수준은 수천 년 전 당시 고대 희랍적 상황에서는 놀라울 정도의 자유롭고 진취적인 입장이라고 여겨진다.

다른 한편 아리스토텔레스는 이러한 플라톤의 신조를 용인할 수 없었다. 주인과 노예까지도 공동이익을 추구하는 친구가 되어야 한다고 믿었던 아리스토텔레스는 국가가 가족들로 구성되는 것이고, 따라서 가족 간의 애정이 국가 자체를 위해 지대한 의미를 지닐 수밖에 없으리라는 확신을 지니고 있었기 때문에, 수호자 계층이 부인과 자식들을 공유해야 한다는 플라톤의 견해를 결코 받아들일 수 없었던 것이다. 그는 구성원들의 일부가 행복하지 못하면 그 전체도 행복할 수 없기 때문에 플라톤의 소신은 심각한 문제를 안고 있다고 타박하면서, 플라톤이 통치자들에게서 행복을 빼앗고 있다고 비판한다. 이런 의미에서 그는 "통치자들이 행복하지 않다면, 도대체 누가 행복하겠는가?" 하고 힐난하는 것이다(Aristoteles 1984, 1264 b).

아리스토텔레스의 비판은 여기서 멈추지 않는다. 부인들과 자식들을 공동소유하게 된다면, 사랑은 무미건조해질 것이다. 그리고 국가처럼 규모가 큰 집단에서 사람들에게 주어지는 애정은 산만해지며, 또 인간관계의 친밀성은 소실될 것이다. 아버지는 '내 아들'이라는 말을 할 수 없고, 자식은 또 '내 아버지'라 부를 수도 없게 된다. 아리스토텔레스는 계속 다그친다. "관심과 애정을 갖게 하는 주된 특성 두 가지는 어떤 것이 자기 자신의 소유라는 것, 그리고 그것이 자기만의 것이라는 사실이다." 그러나 부인들과 자식들을 공동 소유하는 국가에서는 이러한 특성들 중 어느 하나도 찾아볼 수 없게 되리라 개탄해 마지않는다(Aristoteles 1984, 1262 b).

근대에 들어 마르크스 역시 비판의 끈을 놓지 않는다. 마르크스는 "결혼"이 "사적 소유의 배타적 형태"라는 자신의 믿음에 입각해서, 일단 "부인 공동체"(Weibergemeinschaft)가 이러한 결혼제도에 대립적인 공산주의적 사고의 반영물이라는 점에 대해서는 공감을 표한다. 그러나 그는 인간을 물화된 "대상적 존재"(das gegenständliche Wesen)로 간주하는 자본주의 사회에서 "사적 소유자들의 배타적 결혼관계(die exklusive Ehe mit dem Privateigentümer)가 공동체의 일반적 매춘관계"(die universelle Prostitution mit der Gemeinschaft)로 전락할 수밖에 없는 것과 마찬가지로, 이러한 공산주의적 "부인 공동체" 하에서는 부인이 배타적 결혼제도로부터 "일반적 매춘관계"(die allgemeine Prostitution)로 들어설 수밖에 없게 되리라 힘주어 강조한다. 이런 면에서 마르크스는 공산주의적 부인 공동체와 자본주의적 일반 매춘관계가 본질적으로 동질적인 것이라 윽박지르는 것이다.[10] 이런

10 Marx(MEW 40, 534-36). 참고로 말하면, 마르크스는 여기서 돈만 있으면 어떤 여성이라도 마음대로 살 수 있는 자본주의 사회의 비인간적 인간관계를 "공동체의 일반적 매춘관계"(die universelle Prostitution mit der Gemeinschaft)라 규정한 것이라 할 수 있다. 다른 한편 「공산당 선언」에서는, 공산주의자가 '부인 공동체'를 도입하고자 한다는 부르주아지의 모함을 질타하고 있다. 마르크스와 엥겔스는 부르주아지가 자신의 아내를 "생산도구"(Produktionsinstrument)로만 간주할 따름이라고 혹독하게 비판하면서, 공산주의자는 다만 공동적으로 수탈당할 뿐인 이러한 생산도구, 요컨대 여성의 지위를 지양하고자 할 따름이라고 선언한다. 이들에 의하면 "부르주아적 부부관계(Ehe)는 실제로는 '아내 공동체'(Gemeinschaft der Ehefrauen)"에 지나지 않으며, 그리하

의미에서, 그는 "부인에 대한 남편의 관계(das Verhältnis des Mannes zum Weib)가 당연히 "인간에 대한 인간의 자연적 관계"(das natürliche Verhältnis des Menschen zum Menschen)가 되지 않으면 안 된다고 소리 높여 역설한다.

바로 이런 관점에 입각해서 마르크스는 플라톤식의 이러한 "부인 공동체" 이념을 한마디로 "지극히 조야하고 지각 없는 공산주의"(der ganz rohe und gedankenlose Kommunismus)라 폄하해 마지않는다. 사실상 이러한 마르크스의 입장은 무엇보다도 진정한 의미의 공산주의란 "인간의 자기소외를 뜻하는 사적 소유의 적극적 지양, 곧 인간을 위한 그리고 인간을 통한 인간적 본질의 참다운 쟁취로서, 완결된 자연주의, 즉 휴머니즘(vollendeter Naturalismus=Humanismus)"이라는 그의 확신을 직접적으로 반영하는 것이라 말할 수 있을 것이다. 예컨대 나중에 살펴볼 토마스 모어의 경우에서도 드러나지만, 유토피아적 사회주의 사상과 여성 및 결혼문제는 대체로 불가분의 상관성을 지니고 있다. 공산주의야말로 바로 '처자 공동체', '여성 공동체'라는 후대의 비난은 바로 이러한 플라톤에서 비롯한다고 말할 수 있다. 반면에 이러한 비난에 맞서 마르크스는 창녀나 공창 등을 예로 제시하면서, 여성 공동체를 지향하는 것은 다름 아닌 자본주의 그 자체라 반박한 적도 있을 정도였다.

여 "기존 (자본주의적) 생산관계의 철폐와 더불어 그러한 생산관계에서 비롯하는 부인 공동체(Weibegemeinschaft), 이를테면 공식·비공식 매춘제도(die offizielle und nichtoffizielle Prostitution) 자체가 사라질" 것이라 단언하는 것이다. 이에 대해서는 Marx-Engels(MEW 4, 478, 479)를 볼 것.

III. 소결

플라톤은 정의로운 국가건설의 기본토대로서 국민적 연대 및 사회적 일체감 확립이 필수적임을 역설하였다. 그리하여 사회적 부의 계급적 불평등으로 인한 계급적대 및 이로 인한 국가적 분열을 해소하기 위한 방책의 하나로 공산주의 사상을 고안하기에 이르렀다(417a). 결국에는 이러한 목표를 달성하기 위해 재산 공유제, '처·자식 공동체' 등의 급진적인 방안까지 제시하는 과격성을 보여주기도 하였다. 이런 와중에 국가의 안정과 정의를 구현하기 위해 무엇보다도 지배계급의 통일과 단합이 관건이라는 점을 강조하기도 하는 뛰어난 현실감각을 보여주기도 한다.

이러한 구상을 통해—비록 특정계급(즉, 수호자 계층)에 국한된 제한적인 '정신적' 사회주의의 한계를 보여주고 있긴 하지만—사회적 행복 추구 및 경제적 불평등 극복 사이에 내재하는 불가분의 상호 관련성을 강력히 환기함으로써, 후대의 사회주의자에게 귀감이 될 수도 있는 진취적인 영감을 불러일으키기도 했다. 나아가 비록 수호자 계층에 한해서만 사적 소유를 엄금하긴 했지만, 나름대로 빈부격차를 뛰어넘는 국가적 균등화 조치를 강구하는 동시에 상대적 박탈감까지도 극복하고자 한 심도 높은 경제적 불평등 극복 방안을 모색하기도 한 바 있었다. 뿐만 아니라 '심지어는' 가족제도의 철폐까지도 염두에 두는 급진적 평준화 시도까지도 포기하지 않는 급진성을 과시하기도 하였다. 그리하여 가정의 철폐 및 사회주의 구현 간의 직접적인 상관관계를 여실히 파헤침으로써, 사회주의 성취의 난관과 함께 사회주의적 이상의 원대함을 동시에 설파하기도 하는 진취성을 보여주기도 한다.

하지만 이처럼 거대한 구상 속에 어찌 곁가지인들 뻗치지 않을 리 있겠는가. 플라톤은 인류적 불평등의 본질을 밝혀내는 과정에서 사회적 불평등에 초점을 맞추는 대신 오히려 '자연적 불평등'을 논의의 기본 출발점으로 삼는 쪽으로 기울었다.

급기야 그는 영혼의 불평등을 신봉하는 편에 서게 된다. 그는 결국 자연으로부터 부여받은 이러한 자질과 능력의 선천적인 불평등이야말로 인위적으로는 결코 뒤바꾸어놓을 수 없는 신적인 절대명제라 확신하기에 이른다. 이윽고 그는 이러한 자연적 불평등을 정치·사회적 불평등과 직결시키는 쪽으로 나아가게 된다. 무엇보다 자연적 자질의 차이 그 자체가 바로 어느 사회적 계급에 소속하게 되는가 하는 것을 판가름하는 기본 잣대로 기능한다고 믿었기 때문이다. 결과적으로 자연적 불평등이 곧 사회적 불평등을 야기하는 직접적인 유발 요인이라 믿기에 이르렀다.

바로 이 지점에서 불가피한 문제가 발생한다. 요컨대 이와 같은 부동의 자연적 불평등을 전제하고서도 과연 인위적 평등 추구가 가능해질 수 있겠는가 하는 것이 바로 그 문제의 핵심인 것이다. 따라서 수호자 계층에게만 한정시킨 제한적 사회주의 전략 집행 방식을 선정하게 된 것도 바로 이러한 모순을 뛰어넘기 위한 나름대로의 안쓰러운 고육지책은 아니었을까 하는 의문이 자연스레 제기되는 것이다.

하지만 그게 다가 아니다. 플라톤 자신이 계급들 사이를 적나라하게 상호 구분지어 놓음으로써—물론 그가 피하고 싶어 했던 것이긴 하지만—결과적으로 공동체 내에서 심각한 계급적 갈등이 빚어질 확률을 한층 더 높이 끌어올린 것은 아닐까 하는 의문 역시 덩달아 생겨나기도 하는 것이다. 이런 의미에서 그가 권위주의적 방식의 해결책을 제안한 까닭 역시 바로 이러한 위험성을 사전에 이미 깨닫고 있었기 때문은 아니었을까 하는 추론이 가능해진다. 그 때문이었을까, 플라톤 스스로가 어떠한 사회에서든 선(善)의 내용을 서로 달리 이해하게 될 경우 상호 갈등이 빚어질 수밖에 없으리라는 사실을 잘 직시하고 있었기 때문에, 오로지 하나의 선만이 존재할 뿐이라 강변하며 오로지 철인의 지혜를 통해 지배되는 국가에서만이 바로 그러한 선이 충실히 관철되리라 과신해 마지않았던 것처럼 여겨지기도 한다.

아울러 플라톤은 권력의 유혹을 뛰어넘을 수 있는 인간본성의 뛰어난 능력에 대해 역시 추호의 의심도 갖지 않았던 것처럼 보인다. 그랬기 때문에, 자신의 영혼을 이성적으로 통제하는 통치자들이야말로 어떠한 사심도 없이 완벽하게 국가를 통제할 수 있으리라는 과신에 가득 차 있기도 했던 것은 아니었을까.

하지만 통치자들을 국가와 일치시키는 데에는 엄청난 부담이 뒤따를 수밖에 없지 않겠는가. 가정생활과 사유재산이 없다면, 통치자들의 개성은 소멸되어 버리지 않으리오. 결과적으로 그들의 삶의 양식이 지독히 부자연스럽게 변질될 위험성이 결코 적지는 않게 될 것이다.[11] 그렇다면, 과연 이러한 인물들로부터 완벽한 통치를 기대할 수 있을까?

그러나(혹은 바로 그러했기 때문에), 플라톤은 동시에 이러한 자신의 사회주의 이상이 유토피아적인 속성을 지니고 있음을 결코 부인하지는 않는 철학적 고뇌를 스스로 숨기려 들지는 않기도 하였다. 그는 자신의 이상국가가 "이론상(논의상)으로나 성립하는 나라"며, 사실상 "지상의 그 어디에도 존재하지 않을 것"이고, 그러한 곳에 살고 싶어 하는 자들을 위해 그러한 국가는 "하늘에 본(paradeigma)으로서 바쳐져 있다"고 술회하기도 하지 않았던가(592 b). 반면에 또 다른 글에

11 이에 대해서는, 로저 트리그(1996, 189)를 볼 것.

서는 "왕의 한 아들이 철인이 될 때"(Platon, *Laws*, Bk V), 자신의 이상 국가가 현실화할 수도 있음을 내내비치기도 한다. 이처럼 그는 그 실현 불가능성을 전제하기는 하나 동시에 평화롭고 조화로운 미래사회에 대한 꿈을 포기하지는 않는 유토피아를 지향했던 것처럼 비친다. 이런 의미에서, 플라톤이 '현실적 이상주의자'는 아니었을까 하고 유추해보게 되기도 하는 것이다. 이를테면 유토피아의 실현 불가능성을 믿기 때문에 현실적이요, '그럼에도 불구하고' 유토피아를 좇기 때문에 이상주의적이라 이를 수 있다는 말이 되리라.

플라톤의 국가는 한마디로 영혼의 산물이라 할 수 있다. 따라서 국가를 개혁한다는 것은 정신을 개혁한다는 것과 동일한 의미를 지니게 된다. 정의 또한 외부적인 것이 아니라, 정신의 조건과 토양에 기반을 두는 것이다. 따라서 플라톤을 관념적 사회주의자라 규정하는 데 큰 무리는 따르지 않으리라 판단된다.[12] 그에 걸맞게 플라톤은, 마치 수도원 공동체의 경우와 흡사하게, 관념적·정신적 행복을 향유하기 위해 물질적 재화의 평등한 체념을 요구하는 쪽을 선호하는 것이다. 이처럼 그가 제시한 공산주의는 "수도원의 공산주의"(communism of monastery)를 연상시키기에 부족함이 없어 보인다.[13]

12 예컨대 레오 스트라우스(Leo Straus)는 플라톤식 "공산주의의 비공산주의(non-communism)에 대한 탁월성은 비철학(non-philosophy)에 대한 철학의 탁월성"과 다를 바 없다고 강조한다. 요컨대 그는 수호자 집단이 공산주의 체제를 받아들이는 것은, 그것이 바로 철학, 즉 철인에 대한 복종을 뜻하는 것이기 때문이라는 것이다. 이때 철학은 한마디로 "순수한 관념"(pure mind), "순수한 사상"(pure thoughts)으로 나타난다. 이에 대해서는 Straus(1964, 115)를 볼 것. 이런 관점에서 스트라우스는 플라톤의 이상국가에서는, 오직 철학을 통함으로써만이 정의와 행복이 합치될 수 있다고 판단하고 있는 것이다(Straus 1964, 127). 다른 말로 하면 플라톤식 공산주의의 근간은 철학 그 자체라는 말이 된다.

13 이에 대해서는 Barker(1959, 127-163)를 참고할 것. 여기서 바커는 특히 플라톤의 공산주의와 근대적 사회주의 간의 차이점을 날카롭게 예시하고 있다.

그에게 국가 역시 한마디로 "정신"의 산물이었다. 따라서 국가를 개혁한다는 것은 정신을 개혁한다는 것을 의미할 수밖에 없고, 아울러 사회정의 역시 외부적인 요인이 아니라 정신의 조건에 지배당하는 것으로 인식되었던 것이다.

이와 같이 그의 공산주의 사상에는 관념적인 동기가 전적으로 지배적인 요소로 부각되고 있다. 바로 이러한 측면에 플라톤의 공산주의와 근대적 사회주의 간에 근본적 차이가 내재하는 것처럼 보인다. 무엇보다 근대적 사회주의의 주류가 물질적 결과를 얻기 위해 물질적 개념에 기초한다고 말할 수 있기 때문이다.

어쨌든 근대적 사회주의에는 물질적 개념이 지배적이다. 그것은 물질적 결과를 얻기 위해 물질적 요인에서 출발한다. 그리하여 근대적 사회주의자는 물질적 재화를 평등하게 분배함으로써 물질적 행복을 평등하게 확산하기 위해 노력한다. 반면에 플라톤은—마치 수도원 공동체에서 그러한 것처럼—관념적·정신적 행복을 쟁취하기 위해 물질적 재화의 평등한 체념을 요구한다. 말하자면 플라톤의 공산주의가 정신적 목적의 구현을 지향하고 있다면, 근대적 사회주의는 물질적 목표를 조준하고 있다고 말할 수 있으리라. 따라서 플라톤에게는 정치적 개혁이, 반면에 근대적 사회주의자에게는 경제적 혁신이 근본적인 과제로 떠오르게 된다. 그러나 앞으로 차차 살펴보겠지만, 물론 유형에 따라 수단과 방법 문제 등에서 적잖은 속성의 차이를 함유하고 있긴 하지만, 대체로 물질적 재화의 평등한 분배와 물질적 행복의 평등한 확산이라는 기본목표를 서로 공유하고 있다는 점에서는 크게 다를 바 없는 편이라 할 수 있을 것 같다.

하지만 이념의 지향성에서는 근본적인 차이가 두드러진다. 플라톤의 공산주의는 전체 국가질서의 구조적 개혁이 아니라, 오로지 한 특정적인 사회 계층, 즉 수호자 계층의 혁파에 조준해 있다. 물론 지나친 부유함이나 가난으로 인해 국가의 부패와 파멸이 초래된다고 믿기 때문에, 직접 생산자 계층인 노동자, 상인 등의 제3 신분 구성원들이 지나치게 부유해지거나 가난해지지 않도록 정부가 적절히 통제하기는 하지만, 이들에게는 원칙적으로 재산과 가족 등의 소유가 허용된다. 반면에 근대적 사회주의는 전체 사회의 전면적 개혁이나 변혁을 지향한다. 이처럼 플라톤의 공산주의 체제는 사회의 경제적 구조와는 아무런 직접적인 관련성이 없다. 그것은 개인주의적 생산체계를 그대로 존속시키며, 생산자를 전혀 건드리지도 않는다. 이런 의미에서 플라톤의 공산주의는 현대적 공산주의자에게 "기괴한 공산주의"(strange communism)로 비칠 가능성이 지극히 높다(Barker 1959, 141).

다른 한편 근대적 사회주의는 무분별한 개인의 경제적 경쟁을 지양함으로써, 집단적 이해의 관철을 도모하고자 하는 기본목표에 충실하고자 노력한다. 이 경우 개인은 스스로를 사회적 전체(집단)의 한 구성원으로 인식하게 된다. 반면에 플라톤은 정치적 분야에서 한 이기적 단위와 타 요소 간의 권력경쟁의 극복을 추구함으로써, 집단적 전체의 이해관계를 어떻게 충족시킬 것인가 하는 문제에 골몰하는 편이라 할 수 있다. 이런 맥락에서 재산의 공유뿐만이 아니라 처·자식의 공유까지도 옹호하고 나선다. 그러므로 플라톤의 이상국가에서는 가정(home)의 의의와 가치가 소실된다고 말할 수 있을 정도다. 근대적 사회주의가 이러한 측면을 결코 감내하지 못할 것임은 불 보듯 뻔한 일이다.

아울러 플라톤의 공산주의는 전체 국가 구성원 모두에게 전면적으로 반영되는 보편적 과업이 아니라 단지 한 특정 사회계층, 즉 수호자 계층 하나에만 특수하게 적용되는 한정적 체제라 할 수 있다. 물론 지나친 부유함이나 가난이 국가의 부패와 파멸을 초래하리라는 믿음에 입각해, 생산자로 하여금 지나치게 부유해지거나 가난에 빠지지 않도록 일정 정도 국가의 통제가 필요함을 역설하고 있긴 하지만, 본질적으로 제3 계급인 노동자, 상인 등에게는 재산 및 가족소유 등을 허용하고 있다. 바로 이러한 발상과도 직결해 있는 것이긴 하지만, 플라톤의 공산주의 체제는 사회의 경제적 구조나 본질과는 거의 무관한 속성을 지니고 있다.

그럼에도 사회적 부의 불평등으로 인해 야기되는 계급적대 및 국가적 분열을 정치적으로 해소하기 위한 방책으로 사회주의 이념을 대안으로 제시했다는 점에서는 플라톤과(특히 417 a-b) 근대적 사회주의자 양자 사이에는 거의 차이가 없다. 하지만 플라톤은—근대적 사회주의자와는 달리—사회주의 이념의 본질적 목표라 할 수 있는 사회적 불평등의 척결이 아니라 오히려 그 자체를 유지·존속시킴으로써 이상적인 국가체제를 건설할 수 있다고 믿었던 것처럼 여겨진다. 따라서 그에게는 사회적 위계질서가 당연한 규범으로 인식될 수밖에 없었다.

하지만 가정의 철폐가 사회주의 실현의 요체가 된다는 관점이야말로 근대적 사회주의자가 거의 설파해내지 못한 획기적인 안목이라 할 수 있을 것이다.

뿐만 아니라 플라톤이 사회주의 체제를 단순히 이념이나 가치 한 쪽으로만 한정시켜 편향적으로 고찰하지 않았다는 점은 특별히 주목을 요하는 측면이라 할 수 있으리라 여겨진다. 그는 이념과 아울러 이를 구체적으로 구현할 제도의 차원에 이르기까지 사회주의 문제를 포괄적으로 추적하고자 했던 것이다. 무엇보다 이념의 이상성과 제도의 현실성을 한데 아우르며 총체적으로 사회주의 사상의 본질에 접근하고자 한 측면이 특히 돋보인다고 말할 수 있을 것 같다.

이런 의미에서, 마르크스·엥겔스 못지않게 플라톤 역시 일정한 한계 속에서나마 나름대로 '이론과 실천의 통일'을[14] 도모하는 진취적인 입장을 지니고 있었노라 말할 수 있다. 하지만 플라톤은 한편으로는, 현실이 개선되어 자신의 이상에 접근하게 되기를 기다리면서 동시에 다른 한편으로는, 자신의 이상이 현실을 변화시키게 되길 바라기도 하는 이중적인 면모를 더불어 보여주고 있기도 한 것이다.[15]

하지만 이러한 양면성이란 것이 플라톤에게서는 자연스럽게 나타나는 일상적인 습성의 하나였던 것처럼 보인다.

한편으로, 그는 다분히 전체주의적인 성향까지 감지하게 만들 정도로 국가에 의한 강제를 우선시한다. 마치 강압적인 방식을 동원해서라도 연대를 확립시키고야 말리라는 결의를 과시하기라도 하듯이, 국가를 전면에 내세우는 것이다. 이러할 때, 개인적 자유를 심각하게 훼손할 위험성을 상시적으로 촉발하게 되리라 함은 지극히 자연스러운 귀결이라 할 수 있을 것이다.[16] 반면에 다른 한편으로는, 바로 이러한 국가에 의한 강제력 동원 전략은 플라톤의 탁월성을 유감없이 드러내 보여주기도 하는 긍정적인 양상으로 비치기도 하는 것이다. 왜냐하면 연대란 개인적 능력에 따른 자유경쟁이 치열하게 전개되는 곳

14 '이론과 실천'의 통일에 관한 마르크스·엥겔스의 논의를 보기 위해서는, Richter(1978) 및 Dangelmayr(1979) 등을 참조할 것.

15 나정원(1989, 175) 참고. 그러나 플라톤은 『국가』에서와는 달리 『법률』에서는, 일정한 한도 내에서 사유재산의 불평등을 인정하는 가운데서도 가능한 한 사회·경제적 평등을 실현할 수 있는 다양한 현실적인 차선책들을 제시한다. 이에 관해서는 최자영(2005, 79-83)을 볼 것.

16 이런 맥락에서 볼 때, 앞서도 살펴보았듯이 자유를 지나치게 확산시켜 급기야는 무정부 상태와도 다를 바 없는 무질서를 자초하게 될 '민주적 평등'을 플라톤이 결코 용인할 수 없었던 것은(박종현 1997, 562 e) 대단히 자연스러운 현상이라 할 수 있을 것이다.

에서는 손쉽게 무장해제당할 수 있는 약점을 지니고 있기 때문이다. 뿐만 아니라 사회적 연대는 정서적 일체감, 의식적인 노력, 그리고 상황에 대한 수준 높은 합리적 판단까지 요구하는 것이기 때문에, 그것을 현실화시킨다는 것이 결코 용이한 작업이 아님은 물론이다.[17] 그러므로 바로 이러한 현실적 장애와 난관을 국가의 강제력을 동원해서라도 돌파하고자 시도했다는 점은 플라톤의 깊은 현실정치적 성찰을 돋보이게 만들어주는 측면이기도 한 것이다.

하지만 바로 이러한 측면과 결부되어 플라톤의 논리체계에 불가피하게 드러나는 모순이 엿보이지 않는 것은 아니다. 그는 한편으로는, 계급들 사이에 엄격한 경계선을 설정함으로써 결과적으로 전체 공동체 내에 심각한 계급적 갈등이 야기될 수도 있는 사회적 장치를 견고히 예비하고 있다. 그러나 다른 한편으로는, 공동체 전체의 절대적 단합을 확립하기 위한 근본방책을 동시에 진지하게 강구하고 있는 것이다. 이를테면 갈등과 화합이 동시에 추진되는 모순적 형국이 만들어지게 되었다는 말이다. 이런 면에서 철인에게 거의 완벽한 수준의 권위와 통치력을 일임한 조처가 바로 이러한 모순을 뛰어넘기 위한 나름대로의 불가피한 또 하나의 다른 고육지책은 아니었을까 하는 의문이 자연스레 제기되기도 하는 것이다.[18]

물론 플라톤이 설정한 엄격한 계급구조는 개인들 사이에 현존하는 현실적 차이를 있는 그대로 드러내 보이려 했던 것이었지, 그러한 차이를 억지로 만들어내려는 인위적인 시도는 결코 아니었으리라 짐작된다(로저 트리그 1996, 183). 그러나 그는, 앞서도 지적했듯이, 과학

17 이에 대해서는 Miller und Potthoff(1983, 397)를 참고할 것.

18 로저 트리그(1996, 188)에서도 유사한 시각이 소개되고 있다.

적 세계와 도덕적 범주 간의 구별에 소홀했던 것처럼 보인다. 말하자면 평소의 그답지 않게, '사실'과 '가치'의 차이를 엄격히 구별하지 않는 지나친 단순화 결함을 드러내 보인다는 말이 되겠다. 반면에 남녀평등원리를 선포할 때는 입장이 전혀 달랐다. 여성이 성적 기능에서는 남성과 차이가 나지만, 그 외 모든 기능에서는 약한 남자와 다를 바 없다고 역설하지 않았던가. 요컨대 여성을 동일하게 강하지는 못하지만 동일한 역량을 소유한 존재로 남성과 등치시킨 것이다. 이러한 진단을 통해 플라톤은 남녀를 '구별'은 하지만 '차별'은 하지 않으리라는 의도를 분명히 한 셈이다. 요컨대 이 경우에는 '차별'과 '구별'을 철저히 구별한 것이다.

다른 한편, 사회주의의 본질적 토대라 할 수 있는 평등이념 문제를 둘러싸고도 플라톤은 다시금 양면적인 속성을 드러내 보여준다.

어쨌든 플라톤이 인간사회에 내재하는 이기적 특화욕구를 극복함으로써 공동체 전체의 절대단합을 확립하는 방안 탐구 자체를 자신의 본질적 목표로 설정했었음은 의심의 여지가 없는 일이라 할 수 있을 것이다. 특히 아리스토텔레스는 "친애"(philia/friendship)라는 주제를 동원해가면서까지 공동체 구성원 상호 간의 굳건한 결속을 지향하는 인간적 유대관계를 강조하기도 했다. 이처럼 그는 "친애"야말로 우리 인간들이 "살아가는 데 있어서 가장 필수적인 것"이라 역설하기까지 한다(아리스토텔레스 1984, 1155 a).

그는 '친애' 혹은 '우의'야말로 국가의 최고선이라는 소신을 갖고 있었다. 아리스토텔레스는 "둘이서 함께 가면"이라는 문장을 「일리아스」에서 인용하면서까지, "동포인 인류"에 대한 "사랑"과 국가의 "단합", 요컨대 "친애"를 "정의의 가장 참된 형태"라 극찬하기까지 한다. 뿐만 아니라 그는 "합심"(unanimity)이라는 개념까지 동원한다. 그는

"어떤 나라의 국민들이 그들의 이익에 관계되는 것에 관하여 같은 의견을 가지고 있고, 같은 행동을 선택하고 또 공동으로 결정지은 것을 실행할 때 우리는 그 나라가 합심하고 있다고 말한다고 강조하면서, "합심"을 바로 "정치적 친애"라 규정하는 것이다(아리스토텔레스 1984, 1155 a, 1167 a-1167 b).

하지만 플라톤이 마르크스적 의미의 공산주의자가 결코 아니었음은 두말할 나위도 없다. 무엇보다 마르크스주의적 공산주의는—플라톤의 기본신념과는 도무지 어울리지 않게—'철인' 지배와 같은 특정적 지배체제를 결코 염두에 두지 않았기 때문이다(레오 스트라우스·조셉 크랍시 1995, 71). 마르크스는 오히려 국가 및 지배 자체의 소멸까지 예단하지 않았던가.

그럼에도 플라톤을 충분히 '고대의 마르크스'처럼 비치도록 만드는, 대단히 호소력 있는 논거가 없는 것은 결코 아니다. 플라톤은 『국가』 제8권에서, 잘못된 정체들의 네 가지 유형을 차례로 분석한다. 그 가운데 특히 '과두 정체'(oligarchia)의 속성에 대한 지적이야말로 넉넉히 바로 그러한 논거로 작용할 수 있으리라 여겨지는 것이다. 이 언급을 통하여 플라톤은 자신을 '고대의 마르크스'처럼 비치도록 만들 뿐만 아니라 동시에, 마르크스주의와 대립적인 자유주의의 특성까지도 대단히 흥미롭게 발가벗기고 있다.

'과두 정체'는 "평가 재산(評價財産: timéma)에 근거한 정체로서, 이 정체에서는 부자들이 통치하고 가난한 사람은 통치에 관여하지"(550 c) 못하도록 되어 있다. 따라서 "돈벌이를 좋아하는 사람들"과 "돈을 사랑하는 사람들"이 자연스레 떠받들림 받으면서 고위 관직을 독차지하고, 결과적으로 "가난한 사람은 멸시"당하게 된다. 그리하여 마치 정치적 불평등을 당연시했던 초기 자유주의 체제하에서와 흡사하게, "자산이 정한 평가액에 미달하는 사람에겐 관직에 관여하지 못하도록 선언한 다음, 이를 무력에 의해 관철하거나, 또는 그러기에 앞서, 공포감을 조성"함으로써, 결과적으로 '과두 정체'를 수립하게 된다는 것이다(551 a-b).

곧 이어서 특유의 날카로운 비유가 등장한다. 요컨대 "가령 어떤 사람이 선박의 조타수들을 뽑으려 하면서, 평가 재산을 근거로 삼는다면, 그래서 가난한 사람이 비록 조타술에 더 능하다고 할지라도, 그에게 배를 맡기려 하지 않는다면", 얼마나 "형편없는 항해"가 초래될 것인가 하고 개탄하는 것이다. 그리하여 이러한 현상이 정치세계에서도 그대로 재현될 수밖에 없다고 단언한다. 마침내—마치 마르크스를 연상이라도 시키듯이—"이런 나라는 필연적으로 하나 아닌 두 나라, 즉 가난한 사람들의 나라와 부유한 사람들의 나라일 것이니, 같은 곳에 거주하면서 언제나 서로에 대해서 음모를 꾸미는 사람들의 나라"(551 c)로 전락할 수밖에 없다고 강력히 단정짓는 것이다. 이러한 플라톤의 논거에 의하면, 다름 아닌 극심한 빈부격차와 경제적 불평등이야말로 바로 이러한 모순투성이 '과두 정체'의 기본 토대로 작용한다는 것은 의심의 여지가 없는 일이다.

그런데 빈부격차와 경제적 불평등, 바로 이 두 요소야말로 근대적 사회주의자들의 핵심적인 반자본주의 논거의 기본축이라 할 수 있지 않을까. 나아가 플라톤은 "어떤 사람들은 지나치게 부유한 자들인 반면, 어떤 사람들은 아주 가난한 자들일"(552 b) 수밖에 없다고 못 박는다. 이러한 그의 진단은 과연 이미 자본주의 사회에서 계급적 양극화 현상이 필연적으로 생성될 수밖에 없으리라는 마르크스·엥겔스의 '과학적' 예단의 손색없는 선구적 전범으로 기능한다고 말할 수 없는 것일까. 물론 서로 다른 맥락이긴 하지만, 예컨대 마르크스도—이러한 플라톤과 대단히 유사하게—자본주의 발달 과정에서 민족은 "재산 소유자의 민족과 노동자의 민족"이라는 두 종류의 민족으로 분열할 수밖에 없다고 개탄한 적이 있을 정도다(Marx, MEW 5, 133).

분노에 찬 플라톤은 말을 멈추지 못한다. 어쨌든 이 "과두 정체적 인간"은 "어딘가 지저분하고, 무엇에서나 이윤을 남겨 창고에 쌓아 두는 사람"으로서, "대중이 칭찬하기까지 하는 그런 유형의 사람"이다. 요컨대 이런 사람에게서는 "한마음이며 조화된 혼의 참된 훌륭함(덕)은 멀찌감치 달아나" 버린다. 한마디로 여기서는 "장님", 곧 "부의 신"(富의 神)이 "선도자"의 지위를 향유하게 될 수밖에 없으리라 매듭짓는다(553 a-554 b).

이러한 분석틀을 자유주의적 자본주의가 지배하는 현대세계의 개념구조에 그대로 대입시켜 본다면 대략 다음과 같이 정리될 수 있지 않을까 한다. 이를테면 '과두 정체' 지배하에서는 첫째, 자본가 계급의 계급적 지배가 관철되고, 둘째, 빈부격차와 경제적 불평등이 필연적으로 생성되며, 셋째, 결국 황금만능주의와 배금사상이 사회적 지배윤리로 정착하게 된다는 식으로 말이다.

혹시 플라톤은 고대의 마르크스는 아니었을까?

하지만 플라톤은 가정의 철폐와 사회주의 실현 가능성 사이의 떼려야 뗄 수 없는 불가분의 상관관계를 부각시킴으로써, 가족제도의 극복 없이도 과연 사회주의의 구현이 가능할 수 있겠는가 하는 도발적인 문제를 획기적으로 제기한 철학자다. 이는 그 어떤 사회주의 진영에서도 본격적으로 예상치도 못한 대단히 통렬한 관점이라 하지 않을 수 없으리라 여겨진다.

제4장

유토피아(공상적) 사회주의

I. 유토피아의 개념 및 기능

우리는 전 근대적 사회주의의 여러 유형들을 흔히 '유토피아' 사회주의(Utopian Socialism)라 통칭하기도 한다. 무엇보다 머릿속의 공상을 통해 다양한 사회주의적 가치들을 추적했다는 점에서, 특히 '전 근대적' 또는 '공상적'이라 이를 수도 있으리라 짐작된다.

그렇다면 유토피아란 대체 무엇인가?

'유토피아'(Utopia)는 원래 'u'와 'topia'(장소)의 합성어다. 그런데 희랍어에서 'u'는 '없다'(ou)와 '좋다'(eu)는 두 개의 뜻을 동시에 지니고 있다. 따라서 유토피아는 이 세상에 '없는 곳'(outopia)을 뜻하지만, 동시에 '좋은 곳'(eutopia)을 의미하기도 한다.

이 유토피아라는 용어를 처음으로 들추어내어 대중화시킨 인물은 16세기 영국의 토마스 모어(Thomas More)였는데, 그는 같은 이름의 책을 1516년에 출간하였다(토마스 모어 2020).

그런데 바로 이 저서의 서시(序詩)에서 유토피아는 마찬가지로 지리적·역사적으로 존재하지는 않지만(numquam; nowhere), 그곳은 '좋은 곳'(eutopia)이라 언급되고 있다. 이와 같이 유토피아는 본래부터 '없는 곳'과 '좋은 곳'이라는, 본질적으로 두 개의 상이한 의미를 동시에 지니고 통용되기 시작한 것이다(김영한 1994, 5). 이를테면 유토피아는 한편으로는 '이 세상에 없는 곳', '비현실적이고 실현 불가능한 것', '환상적이고 공상적인 것'이라는 부정적인 뜻과, 다른 한편으로는 '보다 더 좋은 사회', '더 좋은 세계'를 향한 꿈이나 동경, 그 가능성에 대한 탐구, 그리고 그 이상이 이루어지리라는 기대와 희망이라는 긍정적인 뜻을 동시에 아우르고 있는 것이다. 후자의 경우처럼 긍정적인 관점에서 유토피아를 바라볼 때, 유토피아가 존재하지 않는다는 것은 '지금' '여기에' 없다는 것이지, 그것이 결코 실현될 수 없다는 것을 의미하지는 않는다. 에른스트 블로흐(Ernst Bloch)의 표현을 빌리면, 유토피아는 '아직 없는 것'(noch-nicht), 즉 아직 실현되지 않은 미완성의 현실태(現實態)일 따름인 것이다(김영한 1994, 6).

그러나 토마스 모어 이래, 이러한 유토피아라는 이름이 따라다니는 체제는 실현 불가능하고, 정치적으로나 학문적으로도 별반 심각하게 고려할 필요조차 없는 한갓 헛된 몽상에 불과하다는 관념 역시 널리 확산하였다. 그리하여 유토피아를 "멀고 먼, 도달할 수 없는 나라에 대한 동경"과 동일시하거나, 또는 "실행할 수단과 효과적인 방안을 갖지 못한 의(義)로운 사람의 꿈" 정도로 치부해버리는 관행이 만들어지기도 한 것이다. 이를테면 '정치적 동화의 세계' 수준의 의미로 쓰였다는 말이 되리라. 물론 대대적인 사회적 개선을 위한 일체의 진지한 노력까지를 모조리 다 유토피아로 획일화시켜 버리는 상투적인 술수가 적지 않았고, 또 그에 대한 강력한 반론 역시 제기된 바 적지 않았다. 그리고 그 와중에 유토피아를 불의와 좌절로부터 인간을 끝없이 일으켜 세우도록 만드는, 미래를 향한 굳건한 힘의 원천으로 이해하는 활기차고 적극적인 입장 또한 자주 피력되기도 하였음은 물론이다.

반면에 예컨대 마르크스와 엥겔스에게는 전혀 여지가 없었다. 그들은 응당 유토피아에 대해 부정적인 입장을 대변한 대표자로 손꼽힐 수 있다. 유토피아가 기껏해야 "공상적"인 수준에 지나지 않는 것으로 폄훼당할 수밖에 없었다. 따라서 유토피아 사회주의는 자신들의 이른바 "과학적" 사회주의와 대비되는, 몽상적이고 부정적인 요소들로 가득 찬 환상적 관념의 세계에 불과한 것으로 매도당하기 일쑤였다.

하지만 『타이스』, 『신들은 목마르다』 등의 작품으로 1921년 노벨문학상을 수상하기도 한 아나톨 프랑스(Anatole France) 같은 이는 전혀 달랐다. 그는 "다른 시대의 유토피아인들이 없었다면 인간은 아직도 동굴 속의 비참하고 발가벗은 상태에 살고 있을 것이다…. 유토피아는 모든 진보의 원리이며, 보다 나은 미래를 향한 시도"라 호언하기도 하였다. 그리하여 유토피아야말로 곧 진보에 대한 신념을 의미하는 것이기 때문에, 이성에 대한 신뢰에 입각해 바로 이 이성을 통해 사회발전을 촉진할 수 있다는 것이 바로 아나톨 프랑스의 소신이었던 것이다.[1]

이러한 입장과 유사하게, 필자 역시 긍정적인 차원에서 유토피아의 전모를 관조하는 데 지극히 익숙해 있는 편이다. 필자는 우리 인간이 미래에 대한 꿈 자체를 포기하거나 배척할 수 없는 존재인 탓에, 이상사회를 동경하는 유토피아야말로 비판과 개혁의지에 기초하여 우

1 이에 대해서는 김영한(1988, 9)을 볼 것.

리 인간을 끊임없이 일으켜 세우게 하고 좌절을 이겨내도록 만드는 진보의 추동력이라 믿는 바이다.

한마디로 말해, 필자는 인류의 역사가 '자유와 평등의 동시적 확보'라는 이상을 향해 꾸준히 앞으로 나아가고 있다고 믿는다. 그리고 지금까지의 역사 또한 이러한 방향으로 줄기차게 진전해 왔음은 물론이다. 그러나 동시에 필자는 이러한 이상의 실현은 불가능하리라 예측한다. 왜냐하면 그것은 유토피아이기 때문이다. 인간의 정치세계에는 무릇 문제의 영원한 지속만 있을 뿐, 문제의 영원한 해결은 있을 수 없다. 그러나 바로 그렇기 때문에, 우리 인간에게는 유토피아가 필연적으로 요구되는 것이다. 유토피아는 실현될 수 없는 것임에도 불구하고, 그것이 실현될 수 있으리라는 영원한 꿈을 우리에게 끊임없이 불러일으킨다. 그를 통해 우리 인간은 앞으로 나아갈 굳센 추진력을 얻게 된다. 그리고 이러한 힘이야말로 결코 뿌리칠 수 없는 역사발전의 기본 동력으로 작용하는 것이다. 이런 취지에서, 필자는 '현실적 이상주의'를 신뢰하고 있다. 유토피아의 실현 불가능성을 믿기 때문에 현실적이요, '그럼에도 불구하고' 유토피아를 쫓기 때문에 이상주의적이란 말이 되리라.

물론 서로 이질적인 맥락에서이긴 하지만, 이러한 미래세계에 대한 꿈은 다각적으로, 예컨대 멀리로는 반자유주의자인 에드먼드 버크(Edmund Burke)로부터 가까이로는 자유주의자인 카를 포퍼(Karl Popper)와 이사야 벌린(Isaiah Berlin)에 이르기까지, 엄중한 비판의 단골메뉴가 되어 왔다.

버크에게는 추상적 원리에 입각한 행복하고 조화로운 미래사회의 꿈은 한갓 미망에 지나지 않는 것으로 폄훼된다. 다른 한편 포퍼나 벌린에게 이러한 꿈은 불순하고 광신적인 전복음모이거나 복잡한 현실세계에 대한 난폭한 재단질의 소산일 뿐이라 인식된다. 포퍼나 벌린의 주적(主敵)은 물론 이른바 '전체주의적 공산주의'의 이념적 영양소로 인식되는 마르크스주의다. 포퍼는 "이상국가를 실현하려는 유토피아적 시도는" 그야말로 "전체로서의 사회에 대한 청사진을 활용하여 소수에 의한 강력한 중앙집권적 통치를 요구하는, 그래서 독재로 가닿기 쉬운" 그러한 체제에 대한 구상에 지나지 않는다고 요약한다. 포퍼는 스스로 "유토피아적 사회공학"(Utopian social engineering)이라 명명한 일체의 사회개조 및 변혁시도라는 것이, 단순히 이러한 구상을 실행할 수 있는 충분한 "사실적 지식"을 우리가 소유하고 있다는 가정에서 출발한다고 믿는다. 그러나 그러한 가정 자체가 잘못된 것이라 잘라 말한다(Popper 1945, 159-163).

이사야 벌린도 유사한 관점에 입각해 있다. 그는 현실 자체는 다원적이고, 복잡하고, 궁극적으로는 이해할 수 없는 것인 고로, 그것을 하나의 포괄적인 체계나 구상으로 묶어내거나 그러한 것에 환원시키는 것은 불가능하다고 믿는다. 그는 "한 목적에만 매달리는 일원론자(single-minded monists), 냉혹한 광신론자, 일체를 포괄하는 응집력 있는 비전에 사로잡힌 사람들은 현실을 직시하고자 하는 사람들의 의혹과 번민을 이해하지 못한다"고 단언한다(Berlin 1978, 193; 1969, 1v). 요컨대 그 자신이 신봉하는 다원론에 배치되는 이러한 일원론이 곧 유토피아니즘과 전체주의의 철학적 기초가 되리라는 것이 벌린의 소신이었던 것이다.

그러나 필자가 여기서 강조하는 유토피아는—비록 그 실현 불가능성이 용인될 수 있는 속성을 지니고 있긴 하지만—그럼에도 평화롭고 조화로운 미래사회에 대한 꿈을 결코 포기하지 않도록 견인한다는 점에서, 이러한 포퍼나 벌린의 반(反)유토피아주의로부터 자유로울 수밖에 없음은 물론이다.

하지만 유토피아를 둘러싼 이러한 다양한 개념의 각축 과정에서 바로 앞서 살펴본 플라톤이야말로 오늘날 통용되는 이러한 유토피아 개념을 예비한 탁월한 “선구자”(the captain or leader)이기도 했다는 측면에 유념할 필요가 있으리라 여겨진다.[2]

다른 한편 이처럼 유토피아의 기능을 둘러싸고 다양한 논란이 제기되고 있다는 사실은 유토피아의 유형과 가치 역시 다양할 수밖에 없음을 미리 암시하는 것이기도 하다.

유토피아는 무엇보다 성서에 등장하는 에덴동산이나 가나안 그리고 ‘구운몽’이 예시하는 무릉도원 등과 같이, 문학작품 등에 나타나는 목가적인 자연상태나 황금시대와 맞물린다. 나아가 토마스 모어의 ‘유토피아’ 등과 같이, 픽션에 의해 고안된 이상사회나 최선의 국가상 및 그 체제와 잇닿는다. 그리고 플라톤의 이상국가론이나 루소의 사회계약론 등에서 보이듯이, 특히 정치사상의 범주 속에서 이상적 정치질서 및 그 원리와 관련되기도 한다. 나아가 마르크스·엥겔스의 무계급 공산사회 이념이 암시하듯이, 특정 역사철학이 추구하는 역사발전의 최종 완성단계를 가리킬 때도 있다. 그리고 각종 종교집단 등이 표방하는 이른바 ‘천년왕국’의 추구정신 역시 유토피아적 속성을 다분히 띠는 것들이다.

사실상 우리가 아직껏 구체적으로 체험해보지 못한 미래사회의 이상 질서를 논하고 추구하는 모든 위대한 사상과 철학 또는 구상 등은 대부분 유토피아적 속성을 내포할 수밖에 없다고 추정해도 좋으리라 여겨진다. 그럼에도(어떻게 보면, 사실은 바로 그렇기 때문에) 유토피

2 이에 대해서는 예컨대 Hertzler(1965, 99)를 참고할 것.

아 사상은 결코 가볍게 흘려버리지 못할 소중한 가치를 지닌다고 단언할 수도 있지 않을까 한다.

유토피아는 하나의 문학 장르로서, 비판적이고 개혁적인 대안 제시의 수단으로 활용되기도 한다. 이런 의미에서, 유토피아 문학은 풍자문학과 그 결을 달리한다고 말할 수 있을 것이다. 물론 풍자문학 역시 현실에 대한 날카로운 비판과 고발을 목표로 하긴 하지만, 그 비판은 대체로 현실에 대한 부정적인 태도로 일관하기 일쑤다. 따라서 건설적인 대안 및 사회상을 제시하지는 못하는 게 상례다. 예컨대 토마스 모어의 '유토피아'는 매우 독특한 사회질서가 풍미하는 이상적인 섬나라 안에서의 여행기로서, 새로운 사회상을 충실히 보여주고 제시해주기도 한다. 반면에 우리의 풍자 문학작품 『홍길동전』은 섬나라 율도국으로 떠나는 것으로 소설이 마무리되고 만다.[3]

어쨌든 유토피아가 이상사회를 향한 동경심을 꾸준히 불러일으킴으로써, 현실적 모순에 대한 비판과 개혁의지를 끊임없이 진작시켜주기도 함을 부인하기는 힘들리라 짐작된다. 따라서 유토피아가 인간으로 하여금 스스로 좌절을 극복해내고 난관을 돌파하도록 이끌어주는 생동하는 활력소로 작용할 수도 있음에 특히 유념할 필요가 있지 않으랴 여겨진다.

3 허균 외(2007, 68)에는 "길동은 몸을 하늘 높이 솟구쳐 황해로 나가 남쪽으로 갔다 …. 끝없는 바다 한가운데 커다란 섬이 하나 둥실 떠 있었다. 길동은 회오리바람에 날려 온 나뭇잎처럼 사뿐히 섬 위에 내렸다. 율도국이라는 섬이었다 …. 여기에다 나라를 세우면 자손이 번성하고 사람들은 태평세월을 노래할 것이다"라 쓰여 있다. 그리고 이 『홍길동전』은 "사람들 사이에서는 홍길동 내외가 하늘의 신선이 되었다는 말이 퍼져 나갔다"라는 구절로 끝맺는다(93쪽).

II. 유토피아 사회주의의 유형

물론 유토피아 사회주의가 마르크스·엥겔스가 역설하는 이른바 '과학적' 사회주의와 대비되는 여러 고질적인 속성들을 지니고 있음을 부인하기는 힘들다. 뿐만 아니라 사회 내부의 다양한 갈등 상황, 사회적 모순의 내용 및 그 해결 방안, 나아가서는 역사발전의 경로 등등의 여러 측면에서 극단적인 입장의 차이를 드러내 보여주기도 한다.

여기서는 대표적인 유토피아 사회주의자 몇몇의 다양한 면모를 하나씩 간략히 들추어보는 것으로 만족해야 할 듯하다. 하지만 이들 사회주의자들은 어쨌거나 기존 현실을 마냥 평화롭게 수용할 수만은 없는 상황에 놓여 있기 일쑤였다. 따라서 지나온 전통과 주어진 현실에 대해 나름 자신의 처지에 걸맞게 반기를 들 수밖에 없었던 이들의 삶 역시 결코 평탄하지만은 않았다. 이런 취지에서, 여건이 허락하는 한 이들이 걸어온 삶의 발자취를 간략하게나마 들추어보는 것 역시 이들의 사상의 흔적을 이해하는 데 유용하리가 여겨진다.

무엇보다 유토피아 용어의 활성화·대중화의 주역인 토마스 모어부터 살펴보는 게 유의미할 것 같다. 그는 근대사회가 서서히 꿈틀대기 시작한 15세기 말엽, 16세기 초반에 활약한 인물이다. 하지만 근대의 시작은 사회주의 사상의 전개와 발전을 위해 그리 유리한 상황은 아니었다.

이때는 절대군주의 무제한적이고 절대적인 권력 그리고 신민들의 절대적인 복종을 정당화하는 절대주의 이론체계들이 일상적으로 활개치고 있던 시대였다. 비록 귀족과 시민계급 사이에 이따금 계급투쟁의 양상을 띠는 상황이 조성되긴 하였으나, 신흥 부르주아 계급은 자신들의 경제적 이해 및 자연적 권리를 보호하고 지켜주는 그 어떠한 권위체계라도 다 받아들일 준비를 하고 있었다. 동시에 절대군주는 한편으로는, 날로 강화해가는 봉건영주를 견제하기 위해, 그리고 다른 한편으로는, 상비군 및 관료체제 유지에 필요한 막대한 자금을 원활하게 충당하기 위해, 그러한 능력을 이미 갖추고 있는 것으로 판단되는 신흥 부르주아 계급에게 의탁할 길을 꾸준히 찾기도 하였다. 그리하여 양자 간에 이해관계의 결탁이 이루어지고 계급적 제휴가 가능해질 수도 있었다. 이 시대의 국가가 바로 절대군주국가인 것이다.

이윽고 재산의 불가침 원칙이 용인되었고, 마찬가지로 경제활동을 위한 자유로운 이동도 보장되었다. 물론 절대주의 사회에도 권력의 통일 및 집중을 지향하는 절대군주 및 통일되고 단일화한 거대시장을 노리던 부르주아 계급 사이에 분업 비슷한 체제가 형성되긴 했었다. 그럼에도 수차 되풀이되었던 빈번한 농민봉기 등의 사례가 보여주듯이, 사회적 불만과 불안의 싹들이 좀처럼 사그러들지는 않았다.

나아가 이 무렵 물론 토마스 모어나 캄파넬라(Campanella) 같은 이들이 플라톤에 의거해 주목할 만한 유토피아적 저술들을 써내고, 또 그를 통해 이웃사랑, 평등, 재화공동체 등을 꿈꾸고 있긴 하였다. 하지만 절대주의가 강성해져가기 시작하던 그 무렵에는 이 지상에 그와 같은 획기적인 제도들을 구현하기 위한 구체적인 노력들을 제대로 활짝 꽃피우기에는 토양이 너무나 척박했다. 지극히 미미하고 열악한 수준에 머물러 있을 수밖에 없었다.

그러나 이미 16세기경, 유토피아는 상당히 널리 만연해 있던 문학 장르였다. 그것은 이른바 '지리상의 발견'이 배태한 직접적인 산물의 하나였던 것이다.

물론 이 유토피아들 가운데는 비록 공통점들이 적진 않았지만, 표방한 정치적 목표는 지극히 다양했다. 이 중에서 특히 토마스 모어와 캄파넬라는 나름 독특한 위치를 점하는 쪽이었다. 무엇보다 이들은 당시의 사회제도들을 날카롭게 비판한 토대 위에서 새로운 사회질서에 대한 비전을 제시하고 있기 때문이다. 그러나 그들의 뿌리 역시 지극히 상이한 조류를 반영한다고 말할 수 있을 정도다. 모어가 당대의 휴머니즘과 유사한 방향으로 나아가고 있다면, 캄파넬라의 이념은 중세의 거대한 비전으로 충만한 신비주의를 연상시켜 주기에 부족함이 없기 때문이다.

1. 토마스 모어

1516년 토마스 모어(Thomas More, 1478-1535)의 『유토피아(*Utopia*)』가 출간되었다. 그와 더불어 새로운 문학 장르이자 정치사상의 새로운 방식이 등장하기 시작함과 아울러, 주목할 만한 사회주의의 발자취 하나가 서서히 용트림하는 상황이 전개되기도 한다. 그런데 모어의 이 『유토피아』는 여전히 유럽 식자층의 언어였던 라틴어로 쓰였으며, 특이하게도 에라스무스의 감독하에 벨기에의 루뱅에서 인쇄되었다.

더구나 인상적인 측면은 이 책이 근대의 개막을 알리는 건설적인 발돋움이나 심상찮은 움직임과 그 궤를 같이하는 시기에 모습을 드러내었다는 점이다. 요컨대 마키아벨리(Machiavelli)의 『군주론』(1513), 코페르니쿠스(Nicolaus Copernicus)의 「지동설」(World System, 1515년 연구 시작), 루터(Martin Luther)의 종교개혁 운동(1517) 등이 바로 이 무렵 때맞춰 기지개를 펴기 시작한 것이다.

토마스 모어는 1478년 런던에서 태어났다. 그는 성장하면서 법률

교육을 이수받고, 그 후 상인자본가와 제휴한, 대단히 성공적이고 수입 좋은 변호사가 되었다. 그 와중에 여러모로 런던의 대상인 길드의 이해관계를 대변하면서, 그들의 대부르주아적 세계관과 자의식으로부터 적지 않은 영향을 받기도 하였다. 1510년에는 런던시장의 법률고문이 되고, 1515년엔 런던의 이해관계를 대변하는 외교사절로 벨기에에 파견되기도 한다. 그런데 흥미롭게도 바로 이 벨기에로의 여행과정 중에 『유토피아』가 탄생하게 된 것이다. 그 후 50세 무렵인 1529년에는 '대법관'(Lordchancellor)이 되기도 한다.

그 이전인 1498년경, 흥미롭게도 대표적인 당대의 휴머니스트인 에라스무스(Erasmus)가 영국으로 건너오게 된다. 그리하여 앞으로 자신의 삶에 지대한 영향을 끼치게 될 토마스 모어와 친분관계를 맺기에 이른다. 이윽고는 그의 집에 머물며 세기에 남을 명저이자 자신의 대표작인 『우신예찬』을 출간하게 되고, 또 이 책을 토마스 모어에게 헌정할 정도로 둘 사이는 매우 두터운 교분을 나누게 되었다.

여기서도 암시받을 수 있듯이, 하여튼 토마스 모어는 휴머니즘에 심취해 있었다. 그러나 그의 휴머니즘은 기독교 비판적이었다. 하지만 기독교적인 휴머니즘의 테두리를 벗어나지는 않았던 것으로 추정된다. 이미 1505년에 그는 수도원에 입회하였다. 그리고 그러한 체험을 통해 세속과의 결별을 거치긴 하면서도, 다른 한편으로는 계속 조화롭게 휴머니즘을 추구하고자 노력을 아끼지 않았다. 그러나 그 와중에 드디어 그 유명한 국왕 헨리 8세(재위 1509-1547년)와의 숙명적인 조우가 이루어진다. 그로 인해 토마스 모어는 결국 파란만장한 삶을 피할 길이 없게 되는 것이다.

헨리 8세는 튜더 왕조의 뒤를 잇기 위해 응당 아들을 후계자로 삼고자 했으나, 첫 번째 부인인 아라곤의 캐서린은 아들을 낳지 못하였다. 이혼을 승인해달라는 자신의 요청을 로마 교황청은 당연히 받아들일 수 없었다. 그렇게 되자 헨리 8세는 신하들의 권유에 따라 로마 교회와의 결별을 선언하기에 이르게 된다. 이윽고 캔터베리 대주교로부터 이혼을 승낙받게 되고, 마침내 앤 블린과 재혼할 수 있는 길을 열 수 있게 되었다. 헨리 8세는 바야흐로 새로운 '잉글랜드교회'(성공회)의 수장이 된 것이다. 그러자 국내에 있는 모든 로마 가톨릭 계열의 수도원, 수녀원, 교회를 몰수해버렸다. 나중에 그는 아들을 낳지 못하고 간통을 저질렀다는 억지 이유를 내세워, 앤 불린을 처형하고 만다. 그러나 얄궂게도 이 앤이 낳은 딸이 바로 뒷날 만인의 추앙을 받게 되는 엘리자베스 여왕인 것이다. 하여튼 이것은 세계적인 명화 〈1000일의 앤〉의 무대가 되기도 하였다.

어쨌든 1529년, 헨리 8세는 캐서린과의 이혼을 허락지 않은 월시 추기경 대신에 토마스 모어를 대법관에 임명하게 된다. 그러나 헨리 8세의 변덕을 감내하기란 그리 쉬운 일이 아니었다. 모어는 국왕과 캐서린이 이혼한 후 거행된 앤 불린의 대관식에 끝내 참여를 거부하였고, 곧바로 요주의 인물로 낙인찍혀 버리고 만다. 결국 그는 권리 박탈자 명단에 이름이 오르기에 이르렀다. 하지만 교황의 최고권을 부인하는 동시에 헨리 8세를 교회의 수장으로 끌어올린 왕위 계승법 전체에 대한 선서를 끈질기게 거부하였다.

토마스 모어는 자신의 정통 가톨릭 신앙을 결단코 포기하지 않았던 것이다. 아내의 간절한 호소에도 불구하고, 자신의 목숨을 구해줄 수도 있는 헨리 8세와의 타협을 마치 '영국판 선비'처럼 끝내 완강히 거부하고 말았다. 그는 가톨릭 정신을 고수하며, 왕의 이혼을 결연히 반대한 것이다.

마침내 토마스 모어는 반역죄로 '능지처참형'을 선고받게 되었고, 1535년에는 참수되기에 이른다. 그런데 그가 사형 집행장에서 보여준 용기와 여유만만한 유머는 후대에까지 유명한 일화로 전해 내려온다. 그는 사형 집행리에게 이렇게 말했다고 한다. "내가 안전하게 올라가도록 보살펴주게. 내려올 때는 내가 알아서 할 테니까." 모어는 스스로 눈을 가렸다. 그리곤 단두대에 목을 올려놓고서는 턱수염을 옆으로 치우면서, "턱수염은 국왕에게 아무런 죄도 범한 게 없으니까…" 하고 읊조리며 태연히 칼을 받았다고 전해진다.

물론 토마스 모어는 영국교회가 로마 가톨릭에서 독립하는 것도 극력 반대하였다. 그는 교황의 최고 수장권을 결코 포기하지 않았던, 일종의 교회의 순교자이기도 했던 것이다. 이윽고 1935년 교황 피우스 11세에 의해, 김대건 신부에 앞서, 성인으로 시성되기도 하였다.[4]

하기야 한편으로는 경건하지만 교회 비판적이고, 그러면서도 또 다른 한편으로는 줄곧 이성의 범주 속에서 사고하던 비교조적 휴머니스트가 교회와 교황을 위한 순교자로 등장하고 이윽고는 성자로까지 시성되기도 한 이러한 토마스 모어의 경우는 매우 기이한 역사적 현상이라 할 수 있지 않을까? 그러나 동시에 그는 종교개혁을 혁명으로 간주함으로써, 전통과 기존 교회 편으로 떠밀림당하기도 하는 보수적 성향을 간직하기도 하였다.

어쨌든 이러한 역설적인 삶의 행로 탓이었는지, 에라스무스는 그를 "전천후 인간"으로 묘사하기도 할 정도였다. 뿐만 아니라 수많은 영국의 가톨릭교도들은 그를 "가장 위대한 영국인, 또는 적어도 영국 역사에서 가장 위대한 역사적 인물"이라고 찬양하기도 한다.

작품 『유토피아』는, 플라톤의 국가론과는 전혀 다르게, 이상국가

4 여담이긴 하지만, 김대중 전 대통령의 영세명이 바로 토마스 모어였다.

에 대한 철학적 성찰은 결코 아니었다. 그것은 당시의 사회상황에 대한 철저한 비판을 토대로 하여 쓰여진, 멀리 떨어진 환상적인 한 섬나라에 대한 여행기일 따름이다.

이 『유토피아』는 2권으로 이루어져 있다(토마스 모어 2020). 1권에는 풍자적인 방법을 동원한 당시의 각종 사회적 모순과 부패에 대한 격렬한 비판이 담겨 있다. 그리고 2권에는 이에 대한 대안적인 해결책으로 제시된 유토피아라는 이상적인 섬나라에 대한 해부가 주종을 이룬다.

토마스 모어의 『유토피아』는 여행가의 이야기 형식으로 구성되어 있다. 이런 의미에서, 그것은 '발견의 시대'의 산물이라는 명료한 표식을 지니고 있다고 말할 수 있으리라 짐작된다.

이 책이 출간되기 얼마 전 이루어진 '신대륙의 발견'이라는 역사적 사실은 이미 알고 있는 세계의 한계를 뛰어넘게 만드는 결정적인 정신적 파급효과를 보여주게 되었다. 이러한 '발견'은 기존의 자기세계를 상대화하고, 나아가 자기중심적 사고에서 일탈하게 만드는 획기적인 계기를 제공하는 기능을 발휘하게 되었던 것이다. 이런 맥락에서, 토마스 모어야말로 신세계의 발견을 보다 나은 세계의 관념과 결합시킨 최초의 인물 중 하나라 일컬을 수도 있을 것이다. 그렇게 함으로써 그는 사실상 하나의 다른 새로운 세계로부터 문명비판적인 모델을 발전시켜나갈 수 있는 계기를 포착하는 행운을 얻을 수도 있었으리라 여겨진다.

나아가 『유토피아』는 하나의 사회사적 현상으로서, 부르주아 계급의 상승 및 부르주아적으로 주조되고 부르주아적으로 사고하는 계층인 인텔리겐치아의 생성과 그 궤를 같이한다. 이 저서 제1권의 시대상에 대한 신랄한 비판과 제2권 유토피아에 대한 세밀한 묘파는 결정적으로 토지귀족에 대한 저항으로서 반봉건적이고 부르주아적인 관점으로 충만해 있다. 요컨대 능률과 이성, 기회의 균등, 근면과 효용성 등과 같은 시민적 덕망과 평화애호심 등이 지배적 척도로 작용하고 있는 것이다. 이런 의미에서, 『유토피아』는 봉건적 질서 및 그에 의해 규정된 비합리적인 정치질서에 대한 반대선언이라 할 수 있다. 그리하여 플라톤의 귀족 중심적 편향이 만인의 평등으로 확장하기에 이르게 되는 것이다. 다시 말해 지배계급의 평등이 만민의 평등으로 확산하게 되었다는 말이 되겠다.

이런 맥락에서, 『유토피아』는 휴머니즘의 작품이라 이를 수 있다. 따라서 대화의 주제인 가장 바람직한 공동체란 어떤 것인가 하는 문제 역시 대체로 휴머니즘에 의해 규정되고 있는 것이다.

르네상스 시대에 희랍고전에 대한 연구가 불붙기 시작했다는 것은 널리 알려진 사실이다. 이런 환경에서 휴머니스트들 역시 국가를 인간적 삶을 충족시키는 공간으로 인식하면서, 국가가 지니고 있는 제도적 문제점들에 대한 관심을 진작시키게 되었다. 그리하여 무엇보다 플라톤의 영향으로 무엇이 최선의 국가인가 하는 것에 대해 지대한 관심을 표명하게 된 것이다. 그러나 이 문제는 바야흐로 비신학적이고 합리적인 방식으로 냉철하게 다루어지기 시작하였다. 따라서 합리적인 이론구축 및 경험을 중시한다는 측면에서, 『유토피아』는 근대 정치사상의 효시라 일컫는 마키아벨리의 『군주론』(1513)과는 놀랄 만한 평행선을 이루고 있다고 말할 수 있을 것 같다.

그러나 에라스무스와 토마스 모어의 휴머니즘은 기독교적 휴머니즘이었다. 말하자면 이들은 교회를 속죄론 같은 방식을 통해서가 아니라, 정신적이고 실질적인 신조, 곧 자비심과 이성을 통하여 인간주의적 기독교로 개신하고자 하는 의도를 지니고 있었다는 말이 되겠다. 이런 취지에서, 인간적 삶을 참되게 만드는 제도를 건설하는 것이 교회의 독점적인 권한이 될 수는 없다고 역설한 것이다. 다시 말해 제도장치로서의 교회의 역할을 축소시켜야 마땅하리라는 주장으로 나아가게 되었다는 말이다. 예컨대 루터의 '만인 사제론'은 이러한 사고방식의 극적인 표현이라 할 수 있으리라 여겨진다.

이러한 관점에 입각해, 『유토피아』의 제1권은 2권에서 본격적으로 설파될 최상의 공화국인 유토피아 섬나라를 소개하기 위한 도입부로서, 당대 사회에 대한 격렬한 비판으로 가득 차 있다.

'라파엘 히틀로다이오'[5]에 의해 행해진 이 비판은 토마스 모어의 당시 입장을 반영하고 있다고 보아도 무방하리라 짐작된다.

그런데 당시는 부의 집중 및 농촌사회의 몰락으로 특징 지어지는 시대상황이 지배하고 있었다. 이것은 대체로 목축업을 자본주의적으로 경영하기 위해 토지소유의 집중을 기도하던 부자들의 탐욕에서 비롯한 '인클로저 운동'에 의해 야기된 것이었다. 결과적으로 수많은 빈민과 무산계급이 출현할 수밖에 없게 되었다. 이윽고 빈민들은 부랑자나 도적으로 돌변하고, 이들에 대한 당국의 가혹한 형벌에도 불구하고 참담한 범죄는 날로 증대할 따름이었다. 반면에 사치와 낭비, 나태와 허영에 빠진 군주와 귀족들은 이에 대한 대책을 세우지 못하면서도 끊임없이 전쟁만 도발할 뿐이었다. 국민에게 과중한 세금만 부

5 '히틀로다이오스'는 그리스어로 "말도 안 되는 이야기를 퍼뜨리고 다니는 자"라는 의미로서, 본래부터 풍자와 해학을 담고 있는 어휘다. '라파엘'이란 가톨릭 성경에 나오는 대천사를 가리키는데, "사람들의 먼눈을 뜨게 해주어 참된 것을 보게 하는 자"라는 뜻을 지니고 있다. 이런 맥락에서, 토마스 모어는 '히틀로다이오'의 이야기가 말도 되지 않는 터무니없는 얘기 같지만, 라파엘이란 이름을 덧붙임으로써 실제로는 거기에 진실이 담겨 있다고 말하고 싶었던 것처럼 보인다. 이에 대해서는 토마스 모어(2020, 287)를 참고할 것.

과한 탓에 전쟁이 끝나도 병사들은 실업자로 전락하게 되고, 결국 사회적 불안만 끊임없이 조성될 수밖에 없었다.

토마스 모어는 이러한 절망적인 사회악이 개인 소유의 제한, 공직 매매의 금지, 법령의 완화 등과 같은 미봉책으로는 결코 치유될 수 없다고 간주하였다. 그리하여 그 해결책을 사회체제의 근본적 개혁, 즉 사유재산의 폐지와 재산공유제의 도입에서 찾게 된 것이다. 그렇게만 된다면, 선과 이성과 정의가 지배하는 사회가 도래하게 되리라 믿어 의심치 않게 되었다. 그리고 이러한 상황을 '유토피아'로 인식하게 된 것이다.

이런 면에서, 에라스무스는 "모든 정치적 악의 근원이 어디에 있는가를 알고자 한다면, 토마스 모어의 『유토피아』를 탐독하라"고 권유할 정도였다. 이와 같이 제1권에서는 당시의 사회적 패악에 대해 혹독한 비판이 가해진 것이다.[6]

그러나 이러한 비판은 결코 종교적인 속성을 지닌 것은 아니었다. 이를테면 죄악이나 악마에 대해 행해지거나 보편적인 인간의 한계나 불충분성 같은 것들에 대해 가해진 것이 아니었다는 말이다. 요컨대 그것은 종말론적이거나 최후의 심판적인 참회와 소망의 고백이 아니라, 세속적이고 구체적인 비판이었던 것이다. 따라서 그 비판은 주로 도덕적이고 목가적인 차원에서 토지소유자나 심지어 도적의 양심에 호소하는 것으로 일관하곤 하던 전통적인 성향과는 전혀 별개의 것이었다. 다시 말해 인간에 대한 비판이라기보다는 사회상황과 제도에 대한 구체적인 비판으로 일관한 것이었다는 말이다.

마지막으로—이러한 측면이 결정적인 것이라 할 수 있는데—그

6 이에 대해서는 토마스 모어(2020, 32-36, 53)를 참고할 것.

비판이 지배질서의 개별적 속성에 대해 행해진 것이 아니었다는 사실이다. 따라서 보다 강화된 농민 보호책 등과 같은 미온적이고 부분적인 개혁에 대한 불충분한 요구에 집착한 것이 아니라, 질서 그 자체, 그 핵심적 요소로서 재산제도에 대한 총체적 비판으로 일관한 것이다. 이러한 측면은 훗날 자본주의의 근원적 척결을 외치던 마르크스의 총체적인 혁명성을 환기시키는 것 같아 보이기도 한다.

이어서 제2권이 전개된다.

『유토피아』는 항해자이며 철학자인 라파엘 히틀로다이오라는 가공인물과 토마스 모어 간의 대화 형식으로 이루어져 있다. 대화를 살펴보면, 히틀로다이오는 재산공유와 급진적 사회개혁을 주장하고 있고, 모어는 사유재산제 및 현실 정치질서의 범주 안에서 시행되는 점진적 사회개선을 옹호하고 있다. 그러므로 과연 어느 쪽이 저자 토마스 모어의 진정한 입장인가 하는 의문이 제기될 여지를 남겨놓고 있는 셈이다.

유토피아 섬은 그 당시 런던과 유사하게, 약 12마일에 달하는 띠같이 둘러쳐진 땅으로 서로 경계가 지어진 54개의 도시로 형성되어 있다.

이 섬나라의 기본적인 기초 생활단위는 대가족제로서, 대략 40여 명으로 구성되는 가족연합이다. 그리고 그 연결고리는 친족관계다. 맨 정상에는 장로가 서 있다. 그에 대해서는 엄격한 가부장적 복종의무가 뒤따르며, 젊은이는 늙은이에게 그리고 여성은 남성에게 순종해야 하는 규정에 따라, 대가족은 반듯이 직계로만 구성되지는 않고 방계의 친족도 함께 포괄하도록 되어 있다. 바로 이러한 대가족이 그 섬나라의 가장 밑바닥을 형성하는 경제적·정치적 기본단위로 기능한다. 가족의 최장로는 동시에 직업의 최고선임자이고, 대가족은 하나의 생산그룹의 속성을 띠게 된다. 그러므로 대가족은 혈연과 직업에 기초한 결속력으로 끈끈하게 뭉쳐진, 하나의 긴밀하고 견고한 연맹체와도 유사한 성격을 지니게 된다.

유토피아 섬나라는 한 사회가 물질적 안정을 누리려면 첫째는 사회 전 구성원을 충족시킬 수 있는 생산량이 확보되어야 하고, 둘째는 생산물의 공정한 분배가 이루어져야 한다는 굳건한 소신을 기본철칙으로 삼고 있다. 한마디로 충분한 생산량 확보 및 공정한 분배야말로 유토피아 섬나라의 근본적인 사회경제적 대원칙인 것이다.

따라서 생산의 증대를 위해서 하루 6시간의 노동을 실행해야 하며, 무위도식자들에게도 반드시 노동이 부여되지 않으면 안 되도록 되어 있다. 그리고 노동은 영리추구가 아니라 생계부양이 주목적이기 때문에, 모든 생산은 생필품에 한정되고 일체의 사치와 낭비, 허영, 허례허식 등이 철저히 엄금된다. 따라서 이 섬나라에서는 모든 가치가 필요성과 실용성에 의해 측정되도록 되어 있다. 그러므로 금은은 천시되고, 철은 존중받으며, 비단과 양모보다는 실용적인 옷감이 더욱 높이 평가받게 된다.

그러나 이 섬나라는 무엇보다 노동력과 생산력의 일정한 한계가 존재하는 사회에서 모든 사람이 어느 정도 골고루 자기충족을 얻을 수 있는 길이 과연 어떠한 것인가 하는 문제에 대한 해결책을 핵심 고리로 간주한 것처럼 보인다. 이윽고 그들은 인간욕구를 최대한으로 충족시킴으로써가 아니라 그것을 억제하고 절제함으로써 그 길이 비로소 열릴 수 있다는 확고한 믿음을 확보하게 되었다.

하지만 유토피아 섬나라는 인간의 탐욕과 이기심이 존재하는 한 재화의 균등한 분배란 불가능하며, 나아가 사유재산이 존재하는 한 인간의 이기심은 결코 소멸될 수 없다는 소신을 지니고 있다. "사유재산이 존재하는 곳에서는 재화의 공평한 분배가 이루어질 수 없"고, 그리하여 결국에 가서는 "극소수가 그 모든 재화를 나누어 갖게 되고, 나머지 대다수는 궁핍해질 수밖에" 없게 된다고 본 것이다.

결과적으로 이런 나라에는 "두 부류의 인간이 존재"할 따름이라 여기게 되었다. 하나는 "탐욕스럽고 사악하며 사회에 아무 유익도 주지 못하는 쓸데없는 부자들이고, 다른 하나는 겸손하고 정직해서 자신보다 공공의 이익을 위해 날마다 힘든 노동을 도맡아 하는 가난한 자들"이다. 하기야 이러한 현실이 마르크스·엥겔스에 오게 되면, 소수의 부르주아지와 대다수의 프롤레타리아트로 규정되고, 오늘날의 한국 같은 상황에서는 '양극화 현상' 등으로 풀이되기도 하지 않는가. 어쨌든 유토피아는 "사유재산이 완전히 폐지되지 않는 한, 재화가 공평하고 정의롭게 분배되는 것도 불가능하고, 인간의 삶이 행복해지는 것도 불가능함을 절대적으로 확신"하고 있다(토마스 모어 2020, 88-89). 따라서 재화의 공정한 분배 및 행복한 인간적 삶을 완벽히 보장하는 최선의 방책이야말로 사유재산의 완전한 철폐, 그 자체밖에 없는 것으로 간주되는 것이다. 유토피아는 바로 이러한 요소들이 골고루 다 충족되어 있는 섬나라다.

그러한 섬나라에서는 무엇보다 가족연합이야말로 가장 중요하고 기본적인 기초공동체로 인식되고 있다. 그러므로 국가는 그 건실한 유지·존속에 관심을 집중시키지 않으면 안 되도록 되어 있다. 게다가 가족연합은 혈연에 따라 이루어지는 것이기 때문에, 특히 결혼문제에 대해서는 세심한 주의가 요구될 수밖에 없다. 『유토피아』에서는 이 문제가 상세히 다루어지고 있다.

결혼연령은 남자는 22세, 여자는 18세로 고정되어 있다. 혼전 성관계는 엄격히 금지되어 있고, 그걸 어기는 경우 중벌이 뒤따르도록 되어 있다. 그리고 이 죄목으로 유죄판결을 받은 사람에겐 평생 결혼이 금지된다. 이렇게 혼전 순결을 지키지 않는 죄를 엄중하게 처벌하는 이유는 "이 사람 저 사람과 성관계 맺는 것을 엄격하게 금하지 않는다면, 한 사람과 결혼해서 일생 동고동락하면서 결혼생활에 따르는 온갖 어렵고 힘든 일을 감내하려는 사람이 별로 없다는 것을 잘 알고 있기 때문"이다(토마스 모어 2020, 168-69). 이런 의미에서, 특히 간통은 가장 무거운 노예형에 처할 정도의 엄벌을 받게 된다(토마스 모어 2020, 169, 172). 물론 합의이혼이 인정되긴 하지만, 당국의 허락을 받아야 할 정도로 어렵고 까다롭다.

나아가 결혼을 평생에 걸친 결합상태로 유지하기 위한 노력의 일환으로, 훗날의 실망이나 환멸을 미연에 방지하기 위해 가능한 한 파트너 선택에 신중을 기할 것을 촉구하고 있다. 그래서 결혼 후에 발견하게 될 육체적 결함이 갈등을 유발하지 않도록 하기 위해, 결혼 전에 미리 서로 나체로 선 보일 것을 제안한다. 무엇보다 "심지어 정신적인 미덕이 가장 중요하다고 생각하는 사람에게조차 배우자의 육체적 매력은" 정신적 장점에 보태지는 본질적인 "추가 고려사항으로 작용"한다고 믿기 때문이다(토마스 모어 2020, 170).

이처럼 결혼을 중대한 하나의 기본적인 사회제도로 무제한 용인하는 토마스 모어의 관점은 여성공동체 및 재산공동체를 하나로 서로 직결시키는 플라톤의 입장을 수용하지 않고 있다. 그러나 유토피아 섬나라도 농토 및 토지에 대한 사적 소유조차 인정하지 않는다. 주택은 개별 가족연합이 10년간씩 제비를 뽑아 서로 교환하도록 되어 있다. 그러나 수공업적 생산수단은 항상 가족소유로 남는다. 이 생산수단들을 팔거나 교환하는 것을 허용치 않는 것은 가족연합이 지니는 생산단위적 기능에 기인하는 것이다.

어쨌든 유토피아는 사유재산의 철폐에 이어서 화폐경제의 폐지를 통해 사회적 패악의 뿌리가 근절되리라 확신하고 있다. 무엇보다 그를 통해 범죄, 사기, 도둑질, 분쟁, 폭동, 살인, 불안 등등이 사라질 것이라 믿기 때문이다. 토마스 모어는 이렇게 역설한다.

> 예를 들어, 귀족, 금세공인, 고리대금업자와 같은 부류의 사람들은 아무 일도 하지 않거나 한다 해도 공공의 이익에 별 필요가 없는 일을 하며 살아가면서도, 그 대가로 사치스럽고 화려한 삶을 보장받습니다. 반면에 노동자, 마부, 목수, 농부 같은 사람들은 무거운 짐을 실어 나르는 노새 같은 짐승도 해내기 어려운 아주 어렵고 힘든 일을 쉴 새 없이 하며 살아갑니다. 그들이 하는 일은 반드시 필요한 것이어서, 만일 그런 사람이 없다면 어느 나라든 1년을 버티기 힘듭니다. 그런데도 그들은 생계를 유지하기에도 턱없이 부족한 임금을 받고 극도로 궁핍한 삶을 살아가는데, 무거운 짐을 실어 나르는 짐승보다도 못한 비참한 인생입니다. … 게다가 그런 짐승들은 미래를 걱정하지 않지만, 그들은 지금도 먹고살기 힘들고 장래도 보장되지 않는 임금을 받으며 죽을힘을 다해 힘들게 일할 뿐만 아니라, 나이가 들어 힘이 없어지면 어떻게 먹고살아야 할지를 걱정해야 합니다. … 우리는 이것을 도대체 무슨 정의라고 말해야 합니까?(토마스 모어 2020, 220-21)

무엇보다 사유재산이 존재하고 모든 것이 돈으로 평가되는 곳에 정의와 번영이 이루어질 수 없다는 것이 유토피아 섬나라의 본질적인 생활철학으로 정착해 있다. 가장 악한 사람이 가장 좋은 것을 소유하는 곳에 정의가 있을 수 없고, 극히 소수가 모든 것을 독점하고 있는 곳에 번영이 있을 수 없다고 믿기 때문이다. 따라서 모든 면에서 평등을 유지하는 것이야말로 전체의 복지에 이르는 유일한 길이라 할 수 있는데, 개인의 소유물이 사유재산으로 인정되는 곳에 과연 그러한 평등이 가능할 것인지에 극심한 의문을 표할 수밖에 없게 된다. 그리하여 유토피아는 가난한 사람도 부유한 사람만큼 잘살 수 있어야 한다는 것을 절대적 요청으로 받아들인다. 왜냐하면 부자들은 탐욕적이고 파렴치하여 쓸모없는 사람들인 데 반해, 가난한 사람들은 착하고 단순하며 매일 매일의 노동을 통해 자신보다 사회에 더욱 기여하는 존재라 믿기 때문이다. 그럼에도 귀족 등 부유한 자들을 환대하는 반면에 가난한 이들을 차별하고 억압하는 나라를 "배은망덕한 나라"에 지나지 않는 것으로 당당히 거부하고 마는 것이다(토마스 모어 2020, 221).

하지만 부자들은 더욱더 교묘하게 가난한 자들을 억압하고 착취하는 데 혈안이 되어 있다. "부자들은 노동자가 죽도록 일하지 않으면 안 되게 한 후에 … 한 푼이라도 덜 주고 더 부려먹기 위해 끊임없이 이런 저런 수법을 고안해내는 것은 물론이고, 그런 목적으로 나라의 여러 법률을 동원하기까지" 하는데, … "먼저 그들은 나라에 크게 기여한 사람들을 형편없이 대우하는 불의를 저지르고는, 나라의 법률을 동원해 그러한 불의를 합법화하여 정의로까지 둔갑"시키게 된다. (…) 그리하여 "부자는 국민의 이익을 위해 나라를 경영한다는 미명 아래 사리사욕을 채우려고 온갖 음모를" 꾸미는 데 여념이 없게 되는 것이다. 이처럼 부자들은 "자기 권력을 이용해 나라와 공공의 이익을 위한다는 명목으로 그런 것을 법률로 제정하여 합법화함으로써 가난한 사람들이 지키지 않을 수 없게" 만들어버린다. … "이렇게 해서 만족을 모르고 탐욕스러운 극소수의 사악한 자들은 국민 전체가 살아가기에 충분한 부를 저들끼리만 나누어" 가질 뿐이다(토마스 모어 2020, 222).

이와 같이 『유토피아』는 부자들 스스로가 파렴치한 수단으로 끌어 모은 재산을 한 푼도 상실할 위험 없이 고대로 간직하기 위해, 그리고 가난한 사람들의 고통과 노동을 가능한 한 값싸게 사들이고 남용하기 위해 온갖 방법과 책략을 다 짜낸다고 공격을 퍼붓는다. 그리하여 부자들이 이러한 자신들의 음모를 실행하기 위해 국가의 이름으로 결의를 이끌어내게 되면, 바로 이 음모가 동시에 법적 효력을 갖게 된다고 폭로한다. 이를테면 국가란 것이 부자들 스스로의 이득을 위해 이름과 법적 타이틀을 도용하는 일종의 부자들의 음모체와 다를 바 없는 존재라 휘몰아치는 것이다.

이와 같이 토마스 모어는 자본주의 국가를 부르주아지의 착취수단으로 내몰아친 마치 300여 년 후의 마르크스와 엥겔스를 연상이라도 시키듯이, 국가와 가진 자들에 대해 아낌없이 혹독한 비판을 퍼붓는다. 이윽고 오직 사유재산 및 화폐의 철폐를 통함으로써만이 부자가 가난한 사람들의 매일 임금을 날마다 개인적인 사기가 아니라 공공연한 법률에 의거해 착취하는 이러한 국가적 부패경영 또한 사라지게 되리라 역설하는 것이다.

사실상 『유토피아』는 봉건적 사회질서 및 그것이 뿌리박고 있는 비합리적인 정치현실에 대한 일종의 독립선언서와 흡사한 것이라 할 수 있을 정도다. 그리고 플라톤의 귀족 중심적이고 지배계급 한정적인 평등의 의의가 유토피아에서는 만인의 평등으로 확대되고 있다. 요약컨대 이성, 행복 그리고 평등이야말로 유토피아적 세계질서의 핵심적인 가치범주라 할 수 있는 것이다.

하지만 토마스 모어는 때때로 지적인 이중성 속을 부유하고 있는 것처럼 보이기도 한다. 그는 모든 면에서 바람직하고 도달 가능한 이상향으로 그리고 있음에도 유토피아 섬나라와 마냥 혼연일체를 보이는 것 같지도 않을 뿐더러, 단순한 이교도적 환상으로서의 유토피아를 비난하거나 유토피아적 요구를 어수룩한 풍자나 도덕적 호소로만 국한시키지도 않는 듯이 비친다.

그러나 '유토피아적 실험'은 현실을 비판적·합리적으로 상대화함으로써, 독자들로 하여금 보다 나은 또 하나의 다른 현실과 그 가능성에 대한 토론을 요구하고 있기도 하다. 말하자면 유토피아는 하나의 새로운 세계에 대한 이해의 지평을 열어주는 매개체이기도 하다는 말인 것이다. 나아가 그를 통해 이 세계는 특히 제도를 통해 변화될 수 있고 또 마땅히 혁신되어야 한다는 것을 긴급히 촉구하고 있기도 하다. 요컨대 세계는 이성적 역량과 인간적 노력에 의해 무한히 변화될 수 있는 그 무엇으로 치부되고 있는 것이다. 이러한 측면이 작품『유토피아』의 독특한 근대성이라 할 수 있지 않을까 추정된다.

근대는 대체로 '3R', 요컨대 르네상스(Renaissance), 종교개혁(Reformation), 그리고 혁명(Revolution)에서 비롯한다고 주장한다. 특히 지적 정열과 예술적 창조력이 용솟음친 르네상스 시대는(1350-1600) 중세를 밀어내고 근대세계의 도래를 위한 획기적인 발판을 마련하였다. 그것은 사회적 불안, 정치적 소요, 종교적 분쟁으로 점철된 어지러운 시기였다. 르네상스는 당시 사람들에게 한편으로는 고전문명의 '부활'로 일컬어지기도 했지만, 다른 한편으로는, 중세 전성기의 균형 잡혔던 문화가 붕괴하면서 나타난 혼란의 시기이기도 했던 것이다.

우리는 르네상스의 새로운 자유에서 지극히 이질적인 두 가지 상이한 태도가 나타났음을 헤아려볼 수 있다. 하나는, 신앙이 주었던 안정감을 상실하는 데서 오는 공포와 불안감이 가세하여 극단적인 비관론과 절망이 나타났다. 반면에 또 다른 하나는, 대부분의 사람들이 르네상스에서 연상하는 내용으로서, 전통과의 모든 연결고리가 끊기고

부가 넘쳐나며 국경선이 바다 건너 미지의 땅으로 무한히 뻗어가는 상황에서 사람들이 느꼈던 진정한 자유의식이 바로 그것이었다. 자유를 손에 넣을 수 있는 역량이 이미 확보되었고, 또 앞으로의 가능성 역시 무한하다는 낙관적인 태도가 바로 그것이었다.[7]

어쨌든 인간이 살아가는 유일한 목표란 내세에서 구원을 받는 것이라고 믿어 의심치 않았던 중세 기독교 세계의 신념이 지상의 삶은 그 자체로서 가치 있는 것이며 개개인의 삶에는 그 나름의 고유한 가치가 있다는 믿음에 조금씩 밀려나기 시작했다. 어쨌든 르네상스인들은 중세인들보다는 개인주의적이었고 물질주의적이었으며 회의적이었다. 그리하여 고대 유산을 맹렬히 부활시킴으로써 멋진 신세계를 창조할 수 있는 남다른 개인적 능력에 대한 자부심이 불타올랐던 것이다. 이러한 르네상스인들의 강한 자아의식과 개성은 그들의 명예추구 욕구에서도 잘 드러난다. 르네상스의 문인, 학자, 예술가, 군주들은 한결같이 불후의 명성을 얻으려는 열망에서 학문과 예술에 몰두하였고, 또 이를 적극적으로 후원하기도 한 것이다. 개성의 발달로 말미암아 다재다능한 만능인, 이른바 '르네상스적 인간'이 출현하기도 하였다. 레오나르도 다빈치와 미켈란젤로가 회화, 건축, 시, 음악 등에 두루 통달한 만능의 천재라는 것은 널리 알려진 사실이다. 예컨대 다빈치는 한때 프랑스에서 일자리를 구하기 위해 프랑스 왕에게 이력서를 써서 제출한 적이 있었다 한다. 그는 그 이력서에다가 자신의 능력을 소개하며, "연금술사, 물리학자, 철학자, 수학자, 법률가, 군인, 군사학자, 시인, 음악가, 가수, 건축가, 기계전문가" 등 20여 가지를 열거해 쓰고 나서, 맨 끝에다가는 "취미로 그림도 조금 그림"이라고 기록한

7 이에 대해서는, 로버트 램(2000, 322).

것으로 알려져 있을 정도다.

이처럼 르네상스는 다재다능한 천재의 시대이자, 개성이 최고도로 발휘된 개인의 완성시대였다고 말할 수 있을 듯하다. 어쨌든 개인에 대한 치열한 각성을 토대로 하여 결국엔 인간 전반의 문제로 관심이 확장되었고, 이어서 인간의 자유와 삶의 행복에 관한 탐구가 본격화하게도 되었다.

토마스 모어와 마찬가지로 이러한 르네상스의 세례를 함께 받았으나, 모어가 세상을 떠난 얼마 후 바다 건너 이탈리아에서는 보다 몽상적으로 각인된 한 사상가가 출현하게 된다. 캄파넬라가 바로 그 주인공이다.

2. 캄파넬라

캄파넬라(Campanella, 1568-1638)는 교황권이 마지막으로 소멸해가는 시기에 살았다. 그의 삶의 역정이 워낙 기이하였기에, 다소 장황하게나마 그 뒤를 따라가보는 게 나름 유의미하리라 짐작된다.[8]

그는 마치 우리나라의 호남지방처럼, 전통적으로 가난하고 핍박받는 남부 이탈리아의 칼라브리아에서 태어났다. 예컨대 훗날 무솔리니와 그람시도 이 지역 출신이다.

그런데 그 당시 가난한 집안의 자녀들이 공부할 수 있었던 유일한 통로는 성직자의 길을 걷는 것 정도였다. 이윽고 14세 때 캄파넬라 역시 토마소란 영세 명을 받고 정식으로 도미니코 수도회에 입회하게 된다.

8 이에 대해서는, 임영방(1985, 134-146)을 볼 것.

그러나 그는 이단서까지 탐독할 정도로 뜨거운 학구열을 지니고 있었을 뿐만 아니라 그 당시 팽배하기 시작하던 자연과학에 대한 뜨거운 관심으로 말미암아 수도원에 적을 두고 있었음에도 외지로 떠나 점성술, 마술, 연금술, 천문학, 철학 등의 연구에 매진하기도 하였다. 갈릴레이와도 교분이 두터웠다. 이처럼 도발적인 그의 학문적 성향과 열정은 수도원 측과 자주 충돌을 빚게 되었고, 그런 탓에 끊임없이 감금과 석방을 되풀이하는 일상에 처할 수밖에 없었다.

27세 되던 1594년에는 당시 금지되기도 했던 유태교도들과의 신앙에 관한 토론 혐의로 투옥되어 심한 고문을 당하기도 했는데, 급기야는 로마 교황청에 감금당하기도 하였다. 1595년에는 다시 종교재판에 회부되어 캄파넬라의 주장이 이단이라는 판정을 받게 되고, 마침내 자신의 철학적 견지를 포기한다는 조건으로 로마의 도미니코 수도원에 연금당하게 된다. 그러나 그의 고향 사람 하나가 사형당하기 직전 다시 캄파넬라의 이단성을 고발함으로써, 그는 다소 평온했던 연금생활을 끝내고 1597년, 다시 교황청에 재수감되기에 이른다.

그 와중에 캄파넬라는 감옥 안에서 그에게 가장 큰 영향을 준 인물 중의 하나로 알려진 프란체스코 푸치라는 노인을 만나게 된다. 그는 60세에 가까운 나이로 유럽 각지를 순례하며 교회의 부패와 무능을 신랄하게 비판하면서, 교회의 혁신을 주창한 사람이었다. 결국 그 노인은 교회로부터 이단으로 몰려 체포된 후 처형당하기 직전에 처해 있었다. 그 노인은 끝내 참수당하고, 그의 사체마저 화형에 처해질 정도였다. 캄파넬라는 이 노인이 자신의 종교적 신념을 고수하기 위해 생명을 걸고 태연히 참수대에 오르는 모습을 보고는 깊은 감동과 용기를 얻게 되었다. 이윽고 캄파넬라는 자신에게 앞으로 그 어떤 박해가 가해지더라도 학문적·종교적 신념을 결코 포기하지 않겠노라는 뜨거운 신념과 용기를 되찾게 된다.

캄파넬라는 30세 무렵인 1597년, 은둔생활을 한다는 조건으로 낙향하게 된다. 당시 남부 이탈리아는 루터의 종교개혁을 가장 극렬히 거부하던 스페인의 지배하에 놓이며 정치·경제적으로 스페인의 식민지로 전락해 있었던 탓에, 민중의 생활은 비참의 극을 달리고 있었다. 게다가 봉건지주 계급의 착취가 극심한데다가 사회질서가 극도로 문란해짐으로써 사회불안이 폭증할 수밖에 없었다. 이처럼 극렬한 사회적 질곡 속에서 스페인 점령군에 대한 폭동이 자주 발생하게 되었고, 이러한 상황은 당시 혈기 왕성하던 캄파넬라를 결코 무관심 속에 나날을 보내도록 방치하지는 않았다.

마침내 자신의 사상적 신념을 현실 속에서 실천하려는 캄파넬라의 제2의 인생은 바로 스페인에 대한 남이탈리아 민족해방운동으로 발화하기 시작한다. 그는 일종의 이탈리아판 NL이었던 것 같다. 그는 그의 조국이 처한 식민 상태를 개탄하며, 조국해방운동의 선봉에 나서게 되었다.

캄파넬라는 자신의 점성술에 따라 1600년에 대혁명이 폭발하리라 확신하고, 그에 대비해 비밀리에 동지 규합에 나서기도 하였다. 그는 가톨릭교회의 수도사임에도 불구하고, 당시 가톨릭교회와는 숙적관계에 있었던 터키 군(軍)의 지원을 받으면서까지, 스페인 및 스페인 세력과 깊은 밀월관계를 유지하고 있던 봉건적 반동세력을 축출하려는 결의로 불타올랐다. 그의 이러한 의지는 「우리의 주님 그리스도에게 바치노라」라는 그의 시(詩)에도 잘 드러나 있다(임영방 1985, 138-139).

이 시 속에는 터키인에 대한 캄파넬라의 자세와, 왜 터키인을 조국해방에 끌어들이지 않으면 안 되는가 하는 그의 숨은 뜻이 잘 나타나 있다. 그는 서슴지 않고 당시 교회의 고위성직자 및 참다운 그리스도 정신에서 벗어난 사이비 수도사들이야말로 가톨릭교회의 진정한 대적이라 규탄해 마지않았다. 이에 비하면 터키인들은 비록 가톨릭을 신봉하는 민족은 아니지만, 조국해방과 참다운 가톨릭 부흥에 도움이 된다면, 오히려 동지가 될 수 있지 않으랴 하는 것이 그의 소신이었던 것이다.

이러한 고귀한 믿음을 앞세우며, 캄파넬라는 혁명계획을 수립하고 혁명조직 구축에 박차를 가하기 시작했다. 그는 자신을 따르는 무리에게는 단합과 상호 애정으로 충만한 공산주의적인 공화국 수립을 약속하였다. 포섭된 동지 중에는 귀족을 비롯해 혁신적인 성직자도 다수 포함되어 있었다. 그들 중에는 캄파넬라를 구세주로까지 믿고 따른 자들도 있었다고 전해질 정도다. 그러나 불행히도 그의 조국해방 결의는 배신한 동지가 스페인 관헌에게 밀고함으로써 수포로 돌아가버리고 말았다. 그는 외국으로 피신했으나 곧 체포당하고 말았다.

이단자로서 벌써부터 '요시찰 인물'이었던 캄파넬라는 급기야는 이단자뿐만 아니라 반역자라는 이중의 대죄를 저지른 중죄인으로서, 사형이 거의 확실시되고 있었다. 그러나 의지가 남달리 강한데다 역사적 사명감에 불타오르고 있던 캄파넬라는 끝내 희망을 잃지 않고 생존을 위한 투쟁을 멈추지 않았다. 물론 극심한 고문을 당하며 '반역 음모'를 모두 자백하지 않으면 안 되게끔 되었다.

그러나 그는 처형을 면할 수 있는 유일한 길을 택해, 본격적으로 미친 사람 흉내를 내기 시작하였다. 왜냐하면 당시에는 어떠한 대죄인이라 하더라도 광인은 결코 처형할 수 없다는 불문율이 지배하고 있었기 때문이다(참고로 말해, 예컨대 일본 제국주의 침탈시대 조선의 공산주의자 박헌영도 자기가 싼 똥까지 스스로 집어먹기도 하며 미친 사람 흉내내기에 극적인 성공을 거두고 출옥한 사례도 있었다). 어쨌든 캄파넬라는 32세이던 1600년 4월 초부터 결사적으로 광인 흉내를 내기 시작했다 한다. 그러나 예로부터 사형을 면키 위해 위장 광인 행세를 해대는 것이 지극히 흔한 일이었기 때문에, 스페인 관헌들도 응당 캄파넬라의 발광증의 진위 여부를 가려내기 위해 의학적인 검사를 비롯한 온갖 방법을 다 동원하였는데, 심지어 극렬한 고문까지 마다하지 않았다 한다. 이 검사는 무려 1년 이상을 끌었다. 그 마지막 시련은 무려 37시간에 걸쳐 밧줄로 공중에 매달아 놓고 잠도 재우지 않으면서 계속 잦은 고통을 가하는 체형이었는데, 대부분의 죄인은 끝내 이 마지막 고통을 이겨내지 못하고 죽어간다고 할 정도로 무시무시한 고문이었다고 한다. 하지만 드디어 캄파넬라는 초인적인 의지와 인내로 정식 '광인 자격증'을 쟁취해내는 데 극적으로 성공할 수 있었다. 그는 마침내 생명을 건질 수 있게 된 것이다. 무엇보다 고문 중에서도 가장 잔혹한 것으로 유명한 이 마지막 시련을 끝내 이겨냄으로써, 그는 자신의 의지가 얼마나 강인한가 하는 것을 새로이 자각하면서 이를 자랑스럽게 여기기도 했다 한다.

사형을 면하긴 하였으나, 그게 끝이 아니었다. 그 대신 그는 종신형을 선고받게 된다. 그 와중에 60세가 가까운 1626년 5월 고향인 칼라브리아의 도미니코 수도원이 스페인 왕에게 제출한 석방 청원서가 받아들여짐으로써, 그는 마침내 27년간의 옥중생활을 마치고 자유의 몸이 되었다. 그러나 그의 석방에 불만을 품고 있던 교황청 당국에 의해 석방 한 달 만에 다시 재구속되어 교황청 감옥에 2년간 더 감금되었다가, 1628년 재석방되었다. 그런데 바로 이 30년 가까운 감옥생활이 사실상 그의 왕성한 저술활동 시기이기도 한 것이 보다 놀라운 일이었다.

34세가 되던 1602년, 이탈리아 도미니코 수도승 캄파넬라(Thomas Campanella)는 『태양의 나라』(*Citta del sole*; *The City of the Sun*; *Sonnenstaat*) 집필을 완료하였고, 마침내 1623년에 그의 독일인 제자에 의해 독일 프랑크푸르트에서 라틴어로 출간되기에 이른다.

하지만 캄파넬라는 옥중에서 저술활동만 거듭한 게 아니었다. 그는 동시에 탈출계획까지 세우기도 하였다. 그런데 그것이 발각되는 통에, 나폴리의 가장 악명 높은 감옥의 지하 감방에 재수감되는 더한 역경을 겪기도 하였다. 습기 차고 햇빛이라곤 단 한 줄기도 들어오지도 않는 이 지하 감방에서 그는 손발이 묶인 채 죽지 않을 정도로 최소한의 식량만을 공급받으며 4년가량을 보내게 된다. 그러나 감옥에 수감되어 있는 동안 수많은 캄파넬라의 추종자들이 생겨나면서 이윽고 그의 명성이 전 유럽에 널리 퍼지게 되었고, 결국엔 석방에 이르게 되었다.

그러나 오랜만에 자유를 얻은 캄파넬라는 또다시 정력적으로 활동을 재개하고 사회참여에 박차를 가하면서, 새롭게 반발을 받게 된다. 설상가상으로 그의 애제자 한 명이 스페인 부왕(副王) 암살사건에 연루됨으로써 캄파넬라는 배후 조종인물로 지목받기에 이른다. 그러나 그게 다가 아니다. 특히 1633년 법정에서 갈릴레오 갈릴레이를 적극 옹호하고 나섬으로써 교회의 새로운 반감을 불러일으키게 되고, 또다시 옥고를 치르게 될 운명에 봉착하게 된다.

하지만 그 이듬해 그는 변장을 하고 로마 탈출을 감행하였다. 마침내 그는 그의 지지자가 많은 프랑스로 망명하는 데 성공하게 된다. 이윽고 그는 시민들의 대대적인 환영을 받으며 파리에 안착하게 되었다. 더구나 당시 프랑스인들은 이탈리아 사람이 지배하는 교황청의 종교정책에 노골적인 반감을 터뜨리고 있었기 때문에, 이 수난자 캄파넬라에 대한 호기심이 더더욱 클 수밖에 없었다. 이윽고는 프랑스의 명재상 리슐리외(Richelieu)의 직접적인 환영을 받았고, 나아가서는 프랑스 국왕 루이 13세까지 알현하는 영예를 누리기도 하였다. 이러한 사실은 당시 캄파넬라에게 보여준 프랑스의 환영의 도가 어느 정도였는지 미루어 짐작케 하고도 남는다. 게다가 캄파넬라의 70세 생일날, 온 프랑스 국민이 오랫동안 기다리고 기다려온 왕자, 루이 14세까지 탄생하는 경사를 맞기에 이르니, 환호는 고조될 수밖에 없었다.

그러나 1638년 캄파넬라는 점성술에 의거해 자신의 죽음이 임박했다는 걸 깨달았다. 이윽고 그 해 5월 21일 새벽, 그가 묵고 있던 파리의 도미니코 수도원에서 많은 동료들의 기도를 받으며 파란만장한 일생을 71세의 나이로 마감하게 된다. 그러나 이 수도원과 그의 무덤은 프랑스 대혁명 때 파괴되어, 그 종적을 찾을 길은 없다고 한다.

하기야 캄파넬라의 참담한 일생은 사회주의 사상의 행로가 얼마나 험난할 수 있는가 하는 것을 미리 귀띔해주는 전조현상처럼 비칠 정도다. 토마스 모어와 캄파넬라의 죽음은 직접적으로는 물론 그들의 이념으로 인한 것은 아니었다. 하지만 그것은 일생에 걸친 그들의 정신적 자세의 결연함과 단호함이 시사하는 바가 결코 작지 않음을 간접적으로 드러내 보여주는 징표처럼 여겨진다.

그렇다면 캄파넬라는 어떠한 공산주의 사상을 대변하였던가?

거칠게 말해, 그의 대표작 『태양의 나라』는 토마스 모어의 『유토피아』와 플라톤의 '이상국가론'의 중간 정도에 위치하지 않을까 간주되기도 한다. 하기야 캄파넬라는 한때 유토피아를 국가제도의 표본으로 칭송하고, 또 플라톤에 대한 아리스토텔레스의 현실주의적 비판을 격렬히 거부한 적이 없지는 않았다. 하지만 캄파넬라의 이념을 주조하는 데는 이 양자의 원리에다가 로마 가톨릭 교회의 영향까지 함께 가세하지 않았으랴 추정된다. 하지만 캄파넬라는 이 세 요소를 합성하여 급기야는 자신의 선배들과는 본질적인 점에서 차이가 나는 새로운 사회질서의 대안을 제시하기에 이른 것처럼 비칠 정도다.

이 새로운 사회질서는 대략 세 개의 이념적 기본토대에 기초하고 있다고 말할 수 있는데, 첫째, 결혼 및 재산의 거부, 둘째, 인간적 기질의 다양성 장려 및 촉진, 셋째, 이성의 우월성에 대한 신봉이 바로 그것이다. 하나씩 살펴보기로 하자.

첫째, 캄파넬라는 여성공동체를 표방하였다. 플라톤과 마찬가지로 캄파넬라 역시 소유이념이 바로 주거, 자식 및 부인 문제와 직결된다고 믿어 의심치 않았다. 이를테면 결혼으로 인해 이기심이 생겨나고, 그리고 바로 그로 인해 자신의 자녀들에게 부와 명예를 남겨주기 위해 노력을 경주하게 됨으로써 결국 인간은 공적인 재산을 도둑질하는 존재로 전락하게 된다고 믿었던 것이다. 그러나 만일 이러한 이기심이 사회질서 속에 안주처를 찾을 수 없게 된다면 그것은 이윽고 소멸할 수밖에 없고, 따라서 공동체에 대한 사랑만이 남게 되리라 간주하였다.

이러한 관점에 입각해서 캄파넬라는 주택, 침실, 식당 등이 공유되는 것으로, 그리고 그에 덧붙여 매 6개월마다 한 번씩 바뀌는 것으로 규정한다. 모든 생필품은 당국에 의해 분배되고, 국가는 나아가 개인의 성생활까지도 규제해야 마땅하다고 주장한다. 그런데 이러한 성생활 통제 의도 속에는, 플라톤에게서와 마찬가지로 최고의 후손을 얻으려는 일종의 사육 구상이 바탕이 되고 있다. 물론 후손의 문제 역시 이처럼 개인적 사안이 아니라 국가적 과업으로 치부하고 있다.

이런 면에서 캄파넬라는 서로 사랑하는 사람들에게서만이 유익한 후손을 물려받을 수 있으리라 기대하면서, 그들에게만 성적인 결합을 허용해야 한다고 역설한다. 물론 한 여성이 이미 다른 성적인 결합을 통해 임신한 경우는 제외되는데, 만약 한 여성이 그러한 두 개의 '혼인'에도 불구하고 임신이 되지 않으면, 그때는 남성의 공유물이 된다. 그렇게 되면 이 여성에게서는 다른 여성들이 누리는 명예와 존경을 박탈하게 된다. 이러한 조처는 방탕과 탈선 등을 방지하기 위한 예방조처로 정당화된다. 하지만 캄파넬라는 획일적인 인간 유형으로 인간을 사육하고자 하는 자세는 거부하기도 한다. 이런 취지에서, 인간사회 안에 인간적 균형을 도모하기 위해 예컨대 사상가들에게는 생동감 있고 활력적이며 아름다운 여성이 주어져야 하고, 화를 잘 내는 경향이 있는 남성들에게는 둔감하고 살찐 여성들이 부여되어야 한다고 주장하기도 한다.

캄파넬라는 이런 유형의 여성공동체를 옹호하기 위해 많은 지면을 할애한다. 우선 그는 이 공동체가 자연법에 저촉되지 않음을 증명하고자 최선을 다하고 있다. 이때 그는 자연법과 자연질서를 동일시하거나 자연을 거역하게 되면, 개인과 종족의 파괴가 필연적으로 뒤따르게 된다고 역설한다. 그러나 '태양의 나라' 안 여성공동체에는 이러한 자연에 대한 거역이 존재할 수 없다. 따라서 반자연적인 것은 오로지 개인의 자의에 내맡겨진 연애와 사랑뿐이라 인식될 따름이다. 왜냐하면 그렇게 되면 남성들은 죄다 최고로 아름다운 여성들만 찾아 헤맬 것이고, 결국 이 여성들은 복잡한 접촉을 통해 창녀처럼 임신 불능이 되거나, 또는 자손 번식이 아니라 감성적 욕망만을 충족시키기 위한 또뽑기식의 성 공동체로 전락하고 말 것이라 믿었기 때문이다. 오직 이런 유형들만이 자연법에 위배되는 것이다. 반면에 캄파넬라는 간통이란 것이 자연법에는 결코 위배될 수 없고, 단지 실정법에만 저촉될 뿐이라 강조하기도 한다. 따라서 모든 공동체는 자유롭게 그러한 실정법을 폐기하고, 나아가 일부일처제 역시 철폐할 수 있어야 한다고 주장한다. 그는 심지어 친척이나 여형제들과의 성적 접촉조차도 자연법적 질서에 위배되지 않는 것으로 간주한다. 단지 모친과의 관계만이 근친상간이라 여길 따름이다.

둘째, 여성공동체에 대한 캄파넬라의 이러한 입장은 플라톤 사상의 변형으로 간주될 수 있겠다. 반면에 국가에 대한 관점에서는 완전히 플라톤을 벗어나고 있다.

캄파넬라는 국가라는 것이 애당초 인간의 다양한 기질과 재주를 촉진하고 장려하도록 부름을 받은 존재라는 기본신조를 지니고 있었다. 플라톤과는 전혀 다르게, 그는 인간이 다양한 능력을 소유하면 할수록, 가령 한 사람이 예컨대 군대 복무, 농업, 목축업 이외에 더욱더 많은 유형의 다양한 수공업을 영위할 수 있다면, 그 사람은 더욱더 높은 사회적 존경을 받는 존재가 되리라 확신하고 있었다.

이런 면에서, 자신의 직업에서 탁월한 자질을 소유한 자는 그 직업의 스승이 되게 된다. 만일 이런 능력을 여러 직업들에서 골고루 갖추고 있다면, 그는 관료가 될 수 있다. 따라서 세 개의 주요 관직인 폰(Pon; Power), 신(Sin; Wisdom), 모르(Mor; Love)는 자신들의 통치 분야에 속하는 예술, 수공업들의 미세한 부분에까지 정통해 있어야 한다. 동시에 철학, 역사, 정치, 물리학 등을 철저히 이해해야 할 뿐만 아니라, 나아가 모든 다른 예술 및 수공업 분야에 대한 일반적인 지식까지 골고루 보유하고 있지 않으면 안 된다. 마지막으로 네 번째의 최고위 관직인 '형이상학'(Metaphysikus)은—마치 제갈량과도 같이—모든 수공업, 모든 국민들의 역사와 종교, 제반 국가들의 법률, 그리고 하늘과 지상에서 이루어지는 모든 일들의 원인 등에 정통해 있지 않으면 안 되도록 되어 있다.

이처럼 캄파넬라는 인간적 복합성과 다양성을 높이 평가하는 새로운 사상을 전개하고 있다. 이를테면 인간은 더 이상 하나의 작업이나 활동 영역에만 속박되어서는 안 되고, 자신이 소유하고 있는 모든 종류의 자질과 재주 등을 골고루 다 능력껏 충분히 연마하지 않으면 안 되리라는 구상을 밝히고 있는 것이다. 물론 전혀 다른 맥락에서이긴 하지만, 예컨대 마르크스도 『독일 이데올로기』에서 공산주의적 무계급사회가 도래하게 되면, 가령 아침에는 목축, 낮에는 농사와 수렵, 저녁에는 비판 등에 몰두할 수 있게 됨으로써 계급적 속박에서 해방될 수 있으리라 예측한 적이 있다.

어쨌든 캄파넬라는 이미 어릴 때부터 직업과 노동에 대한 성향과 기질 등에 대한 관심이 폭넓게 베풀어져야 하고, 다만 '태양의 나라'의 지탱을 위해 필수적인 일들, 예컨대 농업, 목축업 혹은 군대 복무 등의 과업은 모든 사람에게 필수적으로 부과되지 않으면 안 되리라 강조한다.

이런 관점에서, 관료는 가장 출중하고 다양한 역량을 겸비한 인간으로 추앙받는다. 요컨대 자기 분야에 속하는 모든 직분에 정통하고, 따라서 개별적인 작업이나 노동의 조정 및 통제에 가장 뛰어난 능력을 발휘할 수 있는 존재인 것이다. 그러나 캄파넬라는 관료들 사이의 결정 권능을 중앙집중화하는 조처를 선호한다. 이러한 측면은 그의 회의적인 기본태도를 반영하는 것이라 여겨진다. 뿐만 아니라 그는 토마스 모어와는 질적으로 전혀 다르게, 조화로운 사회질서 및 모든 이해관계의 자연적 화합 가능성 등을 거의 인식하지 못하고 있는 것처럼 보인다. 이런 방식으로 그는 또 플라톤에 접근하는 양태를 보여주기도 한다.

물론 캄파넬라는 중대한 국가적 과업을 수행하는 필수불가결한 도구로서 정부의 역할을 결코 경시하지 않는다.

정부는 위계질서에 입각해 조직되는 것으로 규정되고 있다. 정상에는 4인으로 구성되는 위원회가 자리 잡는데, 1) 최고권력자이며, 모든 정신적·세속적 사안에서의 심판관인 메타피지쿠스(Metaphysikus; Metaphysik), 2) 군사통수권자인 폰(Pon), 3) 예술·학문·교육의 지도자인 신(Sin), 그리고 4) 출산 업무, 건강·의료·양육·의복 등의 분야를 관장하는 모르(Mor)가 그들이다.

이들은 모두 동등한 권한을 부여받아 서로 단합해서 행동하지만, 특히 메타피지쿠스는 다른 3인이 자동적으로 동의해야 하는 그런 특별한 권위를 향유한다. 이 세 명의 '전문장관' 밑에는 보다 하위직의 고위관료들이 배치되는데, '4인 위원회'와 더불어 일종의 '국가평의회' 같은 조직을 구성한다. 이 평의회는 매 8일마다 회합하여 국가사업에 대한 상의 및 관직임명 등을 이행하는데, 물론 최후 결정권은 '4인 위원회'에 놓여 있다.

이 네 명의 최고위 관직자가 행사하는 완벽한 권리는 이들이 어느 누구에 의해서도 퇴직을 강요당할 수 없도록 규정되어 있음으로 해서 더욱 강화된다. 그들은 자신의 퇴임을 스스로 결정하는 것이다.

일반 백성의 권한은 매월 개최되는 통제집회에 한정되는데, 이 집회에는 20세 이상의 모든 주민들이 참여하고 투표권도 부여받는다. 이 집회에서는 모든 사람이 관직자의 공직수행을 비판하거나 찬양할 수 있다. 여기서 새롭게 지명될 공직자와 매 산업 분야의 교사가 추천되는데, 최종적인 임명권은 물론 '국가평의회'가 장악하고 있다. 이 집회에서 전쟁의 수행 여부 및 정당성 등이 논의된다. 이러한 측면을 통해서 알 수 있듯이, 인민에게는 어떠한 결정권한도 부여되어 있지 않은 것처럼 비쳐진다. 이 인민집회는 단지 여론을 공개적으로 표명하는 정도의 기회로 활용될 따름이고, 최종적인 결정권은 정부가 독점하는 모양새를 취하고 있다.

그런데 흥미로운 것은 '메타피지쿠스' 및 여타 다른 모든 정부 관리들이 다 승려라는 사실이다. 그들은 주민의 양심을 깨끗이 하여 결함이 없도록 만들어나가는 임무를 띠고 있다. 이 상황에서는 '고해제도'가 대단히 중요한 역할을 수행하는데, 이 고해가 세속적인 목적에 봉사하도록 활용되기도 하는 것이다. 나아가 모든 관리는 자신의 부하들에 대해 철저히 숙지하고 있어야 할뿐더러, 자신의 상급자에게 이들의 과오의 형태와 빈도수를 일일이 보고해야 함과 아울러 범죄통계를 제시하기도 해야 한다. 이어서 메타피지쿠스는 이 통계를 주민에게 공지하고, 일반사면을 실시하며, 나중에는 스스로가 저지른 죄까지도 고해하도록 되어 있다. 동시에 모든 직업 분야의 상급자는 부하들에 대한 세속적 심판관 역할을 수행하기도 한다. 여타의 다른 범죄들을 다루기 위해서는 특별재판소 같은 것이 설치되어 있다. 어쨌든 캄파넬라는 일종의 사회적 고해제도 또는 세속적 고해성사 같은 것을 국가적 과업수행의 중대한 수단으로 간주하는 듯이 여겨진다.

캄파넬라는 무엇보다 형법과 형사소송법에 대해 특별한 관심을 쏟는 편이다. 형벌로서는 추방, 태형, 견책, 공동식사로부터의 배제, 사원의 방문, 그리고 마지막으로 성생활의 금지 등을 열거하고 있다. 특히 국가, 신 또는 최고관직에 대한 범죄행위에 대해서는 은사가 베풀어지지 않는 사형선고가 내려지도록 되어 있다. 고의적인 살인 및 상해행위에는 엄중한 보복행위가 따른다. 살인자에게는 죽음을, 요컨대 '눈에는 눈, 이에는 이' 원칙이 적용되는 것이다. 그러나 재산 및 결혼제도의 철폐와 더불어, 그를 보호하기 위한 형법 또한 폐지하고 있다. 캄파넬라에게는 범죄는 도덕적 질환이고, 형벌은 그것을 치유하는 행위라는 가치관이 지배적이다. 그리고 사형집행은 공동체의 육체에서 썩은 부분을 도려내는 작업으로 인식된다.

반면에 캄파넬라는 기독교 신자들에게는 지극히 일상적인 생활지침이기도 한, 금욕·고행 문제 등에 대해서는 엄청난 증오심을 보여준다. 그는 인간의 원죄를 믿지 않았으며, 그의 이상국가에서는 생의 향유를 허용하고 있다. 성생활에 대한 엄격한 통제에도 불구하고, '태양의 나라'에서는 정당한 성적 본능을 충족시키는 행위를 전폭적으로 용인하는 것이다. 그런 탓에, 범죄에 대한 형벌의 하나로 성관계의 제한을 포함시키기도 하는 양태를 보여주기도 한다.

다른 한편 캄파넬라의 '태양의 나라'에서는 특이하게도 이성적인 차원에서 신을 세계의 창조주로, 요컨대 세계창조의 제1원인으로 인정하긴 하지만, 이 세계의 다른 일들에 대한 신의 직접적인 간섭과 개입을 거부하고 있다. 이러한 성향은 그리스도교의 신앙 내용을 오로지 이성적인 진리에 한정시키는 합리주의 신학의 종교관인 이신론(理神論)과 유사한 속성을 띠는 것처럼 보이게 만들 정도다. 말하자면 캄파넬라는 본래부터 인간을 죄악에서 해방하기 위해서는 신의 은총이 아니라, 인간 이성과 의지의 복원이 필수적이라는 신념을 지니고 있었다는 말이 된다. 그러므로 '태양의 나라'에서의 사회제도 및 규범들은 비이성적인 요소의 척결을 지향하는 본성을 드러내고 있다.

하지만 캄파넬라의 목표이자 이상은 새로운 기독교정신에 입각한 보편국가의 건설에 놓여 있었다. 그는 가톨릭에 의한 통일과 그에로의 귀의를 열렬히 갈망하고 있었던 것이다. 이런 의미에서, 『태양의 나라』는 인본주의적 신사조에 뿌리내렸다기보다는 종교적이고 도덕적인 관점에 뿌리박은 저서라 할 수 있을 터이다. 이를테면 16세기 말 새로운 메시아가 나타나 부패하고 세속화한 교회를 정화할 것이라 믿는 '천년 왕국설'에 대한 열렬한 희망을 민중 속으로 전파하고자 한 한 열렬 기독교인의 정신적 산물이란 말이 되겠다. 이러한 관점에 볼 때, 이 저서는 신정적(神政的)이고 공산주의적인 국가 및 사회질서를 묘사한 작품이라 할 수 있을 것이다(Droz 1974, 119).

캄파넬라는 에라스무스나 토마스 모어와는 달리, '휴머니스트'는 아니었다. 그의 작품은 그의 사회적 위상의 양면성을 드러내 보여준다고 말할 수 있을 정도다. 한편으로는 로마적 위계질서를 숭상하는 교회인으로서, 반면에 다른 한편으로는 대중적인 비참함과 복음의 불충분성을 새로운 사회건설의 초석으로 인지한 민중의 한 사람으로서의 양면성이 바로 그것이다.

어쨌든 캄파넬라의 진정한 목표는 기독교의 가르침을 구현할 완벽한 국가체제를 이 지상에 수립하는 일이었다. 이 목표를 달성하기 위해 그는 세 가지 차원에서 인간을 해방시켜야 한다고 믿었다. 첫째, 인식과 행위의 끝없는 무기력으로부터의 해방(따라서 Pon=Power), 둘째, 인간과 사회를 마비시키는 증오심으로부터의 해방(Mor=Love), 셋째, 모든 죄악의 근원인 무지로부터의 해방(Sin=Wisdom)이 바로 그것이다.

그는 예수의 피를 통해 인간은 원죄로부터 보속받았다고 믿었다. 그러므로 무지와 탐욕 속에 인간을 붙들어 매고 있는 부당한 법률로부터 인간을 해방시키지 않으면 안 되리라 간주했다. 그리하여 인간은 마침내 정의로운 법률과 지식과 기술적 능력에 힘입어 신의 국가를 이 지상에 건립할 수 있게 되리라는 것이 캄파넬라의 신념이었던 것이다. 서양에서는 지식과 학문에 의한 인간해방이 두 번째의 보속에 해당한다고 이해하기도 하였다.

이처럼 중세와 근대의 과도기를 살았던 그에게는 중세적 전통과 근대적 신사조의 영향이 혼재해 있는 것처럼 보인다.

이러한 토마스 모어와 캄파넬라에 뒤이어 이른바 '공상적 사회주의'의 선구자라 불리기도 하는 1700년대 인물, 프랑스의 사제 모를리(Morelly)가 출현한다. 그는 당대인 중에서는 가장 명확하게 구체제의 변혁 필연성을 확신하고, 거의 유일하게 나름대로 새로운 체제에 관한 건설적인 계획과 구상을 제시한 인물로 전해진다. 그는 사유재산권의 철폐야말로 이상사회건설의 기본원칙이라 확신하고 있었다. 그러나 아쉽게도 그에 대한 명확한 자료가 별반 전해진 게 없는 실정이다.[9]

다른 한편 산업사회가 본격적으로 도래하기 이전에 이미 특별히 경제적 측면에 눈길을 던지기 시작한 사상가가 있었는데, 그가 바로 샤를 푸리에(Charles Fourier, 1772-1837)다. 그는 무엇보다 당시의 상업적 유통질서에 대해 극렬한 비판을 퍼붓는다. 상업은 그에게 "합법성의 가면으로 조직되고 허용된 도둑경제"에 지나지 않는 것으로 비칠 따름이었다. 푸리에는, 마치 나중의 로버트 오웬을 연상시키기라도 하듯이, 부족한 대중구매력과 상품의 과잉공급이 일반적 위기를 몰고 오는 원인이라 믿었다. 그리고 그 배후에는 상인의 비도덕성과 유통질서의 횡포가 도사리고 있다고 생각했다. 그리하여 푸리에는 생산과 소비를 직접 재결합시키는 생산조합이 만들어진다면, 중간에서 이익을 가로채는 상업의 중개가 불필요해지리라 간주했다.

무엇보다 푸리에는 노동에 대해 새로운 안목을 제시한 인물로 주목을 받기도 하였다. 그는 특히 노동자의 비참한 생활상에 대해 극렬한 비판을 멈추지 않았다. 지나치게 일률적이면서 장시간 지속되는

9 모를리의 사상에 관해서는 Droz(1974, 163-174)를 참조할 것.

고된 노동, 아무런 매력을 보여주지도 못하는 노동, 그리고 소질이나 능력 때문이 아니라 단순히 굶어죽지 않기 위해 마구잡이로 강요되는 불결하고 비위생적인 작업장에서의 비참한 노동에 대해 극심한 반감을 표출한 것이다.

이러한 맥락에서, 푸리에는 노동자와 노동 사이에 아무런 내적 연관성이 존재하지 않음을 통박한다. 이 노동자는 비참하게 살아갈 수밖에 없음에도 계속 실업의 공포에 떨지 않으면 안 되지만, 부자들은 더욱더 사치스러워져만 가는 모순적인 현실에 참담함을 금치 못하였다. 예컨대 푸리에의 다소 후배 격인 덴마크의 신학자이자 철학자인 쇠렌 키르케고르(Søren Kierkegaard)의 짧은 글, 「레이스 짜는 여직공의 비애」나 마르크스의 '소외론' 역시 유사한 인식형태의 소산 아닐까 한다. 특히 마르크스는 "노동자가 일할 때, 그는 집에 없다"는 만담 수준의 너무나 당연한 소아병적인 말을 던지면서, 자본주의적 노동이란 것이 가정에 있는 것과 같은 편안함을 결코 주지 못하는 강제노동에 지나지 않음을 간략히, 그러나 신랄하게 조롱한 적도 있다.

어쨌든 푸리에는 근본적으로 노동자에게 필수적인 것이 결여되어 있는 참혹한 현실에 분격하지 않을 수 없었다. 그들의 권리는 단지 종이 위에만 존재하는 허무맹랑한 것에 지나지 않고, 충분한 일자리 역시 주어져 있지 않다. 그럼에도 먹을 것, 입을 것조차 가지지 못한 이러한 참담한 사람들을 '주권자'라 명명하는 것에 대해 극렬한 반감을 터뜨릴 수밖에 없었다. 비슷한 맥락에서 루소 역시, '인민은 투표할 때만 주권자 대접을 받을 뿐, 선거가 끝나는 즉시 노예로 전락하는 존재'라 일갈한 적이 있지 않은가. 하기야 주인 노릇하기 위해 하인처럼 보이려 안달하는 존재가 바로 정치인 아닐까만.

그런 탓에, 푸리에는 지극히 자연스럽게 허울 좋은 인민주권론 원칙에 반기를 들며, 민주주의를 배척하고 인권 이념을 공박하기 시작했다. 훗날 마르크스 역시 「유태인 문제」에서, 자본주의 '국가' 속에서는 천국적인 삶을 누리지만, '사회' 안에서는 지옥적인 삶을 영위할 수밖에 없는 자본주의적 인간유형의 이중성을 통박한 적이 있지 않았던가.

푸리에는 "사람들은 노동자가 자유롭다고 가르친다. 그러나 무엇 때문에? 굶어죽기 위해! 인간은 일과 빵을 요구할 권리조차 지니지 못하고 있다"고 절규한다. 나중에 마르크스는 이러한 참상을 '노동의 상품화'로 개념화하였다. 말하자면 노동자는 자신의 노동력을 자유롭게 판매할 자유를 지니는데, 물론 노동하지 않을 자유 역시 향유한다. 그런데 이것은 아사할 자유에 지나지 않는 것이라고….

이런 취지에서 푸리에는 프랑스 혁명의 구호인 평등과 형제애를 "공감할 수 없는 망상, 헛된 꿈, 심지어 사기술"이라 매도하지 않을 수 없었다. 따라서 인권 역시 정치적 권리에 지나지 않을 뿐, 생존 연명의 필연성을 위해서는 전혀 무용하고 부차적인 권리일 따름이라 비판한 것이다. 그리하여 그는 하나의 대안 삼아 노동할 권리와 최저생존권 보장을 촉구하기에 이르렀다. 이를테면 인간의 기본권에 사회적 내용이 담겨야 함을 역설한 것으로서, 오늘날의 복지국가 체제와 맥락이 통하지 않을까 여겨지기도 한다.

마지막으로 푸리에는 나름 노동자의 참담한 현실을 타개하기 위한 처방을 제시하기에 이른다. 그는 새로운 노동조직으로서 '팔랑쥬'(Phalange)의 건설을 제안한 것이다.

이 조직 속에서는 공동노동이 행해지고, 업적과 도급제에 따른 생산물의 분배가 이루어지며, 조직구성원의 최저생활이 보장되고, 생산단위 간의 업적 경쟁이 이루어진다. 다른 한편으로, 공동노동의 의

무가 수반되지 않는 단순한 자본 유입이 허용되고, 또 이 유입된 자본에 대해서는 그에 걸맞은 생산물의 분배 몫이 배정된다. 물론 노동자에게는 노동의 종류에 따라 차별적으로 생산물의 분배가 이루어진다. 그러나 이 새로운 질서체계 속에서도 사회적 차별, 임금의 불평등, 사적 소유 등은 면면이 계속 존속하게 된다.

그럼에도 푸리에는 개별 '팔랑쥬'가 연방으로 결집되고, 궁극적으로는 세계연맹으로까지 발전해 나가리라 확신하였다. 그러나 무엇보다 건설자금이 급선무였다. 그는 표본이 되는 팔랑쥬 건설에 소요되는 자금을 충당하기 위해 심지어 내각 대신들에게까지 호소하기도 하였다. 뿐만 아니라 그 와중에 자신의 생애 마지막 10년 동안은 정오에 자기 집에서 기다릴 테니 돈 보따리를 싸들고 나를 찾아오라며 자신만만하게 기다리다가 허망하게 생을 마감하고 말았다. 공상으로 점철된 그의 신념은 결코 변할 줄 몰랐던 것이다.

하지만 푸리에의 이러한 환상 속에는 인간의 모든 본능이 서로 조화롭게 화합하리라는 믿음이 내재해 있다. 뿐만 아니라 사회질서의 기본과제란 것이 인간을 총체적인 존재로 인식함으로써 모든 본능을 서로 조화롭게 만들고, 나아가 강자만이 아니라 모든 인간들에게 자신들의 본능을 충족시켜도 좋다는 것을 보증하는 것이어야 한다는 숨은 뜻이 담겨 있다고도 할 수 있을 것이다. 나아가 노동과 인간 본성 및 소질을 서로 화해시키고자 하는 숨은 의도가 엿보이기도 한다. 어쨌든 오늘날 이스라엘의 키부츠 제도가 푸리에의 관념과 유사하다는 주장까지 나올 정도다.

다른 한편, 모든 인간들로 하여금 자신의 본능을 충족할 수 있도록 배려하는 이러한 인식태도야말로 실은 현재와 과거, 미래를 상호 구분하는 척도로 작용하기도 함에 유념할 필요가 있을 것 같다. 무엇보다 푸리에 스스로가 현재와 과거는 오로지 강자만이 자신들의 욕망충족 가능성을 독점해 왔다고 확신하기 때문이다. 반면에 앞으로의 미래는 지금까지 억눌린 약자의 본능이 반드시 충족되지 않으면 안 될 시기로 인식될 수밖에 없었다. 이러한 측면은 일종의 해방의 메시지로 이해될 수도 있으리라 여겨진다. 어쨌든 이러한 인간의 자기구현 이념은 나중에 마르크스에게서 '인간해방'의 논리로 집대성되기에 이른다.

그러나 푸리에는 결코 혁명가는 아니었다. 오로지 평화적인 사회개량과 정의 및 자유의 실현을 꿈꾼 인물이었을 뿐이다. 모범적으로 팔랑쥬가 제대로 잘 건설되기만 한다면, 그것이 표본이 되어 결국엔 세계적 변혁을 초래하게 되리라 믿어 의심치 않았던 것이다. 하지만 푸리에 역시 프랑스 혁명을 몸소 겪지 않으면 안 되었다.

하지만 프랑스 혁명기인 1789-1799년 사이, 유토피아 사상 역시 혁명의 세례를 받을 수밖에 없었다. 이 혁명기에 일부는 유토피아로부터 반혁명으로 자리를 바꾸게 되고, 또 다른 일부는 유토피아의 흐릿한 몽상에서 깨어나 혁명세력으로 발돋움하기도 하는 전변이 일어나게 된다.

그런데 프랑스 혁명 이전기의 사회비판은 대체로 실천적 결의가 뒤따르지 않는, 그야말로 단순한 도덕적 비판으로 일관된 실정이었다. 다시 말해 행동에의 의지가 아니라, 시종 정서적 분노로 이어져왔다는 말이 되겠다. 하지만 혁명을 체험하며 날이 갈수록 더욱 거세게 고개를 쳐들기 시작하는 인민의 요구에 직면하면서, 바야흐로 사회사상은 더 이상 지식인의 정신적 유희 속에 안주할 수 없게 되었다.

이러한 국면에서 인민혁명이 관철되고 봉건적 사회체제가 척결되면서, 이윽고 '민주주의'가 수용되는 단계에 이르게 되었다. 그리하여 봉건적 질곡과 귀족적 특권을 제거하기 위해 '법 앞의 평등' 원칙 문제가 본격화하였다.

그러나 예기치 않은 사태 진전이 일어났다. 요컨대 이 문제는 바로 인권의 사회적 내용, 즉 이론적인 차원에서의 자유를 의미하는가 아니면 실질적 자유를 뜻하는가 하는 쟁점을 심각하게 부각시키게 되었던 것이다.

이때 혁명구호의 하나인 평등을 둘러싸고도 본격적인 개념 논쟁이 불붙게 된다. 대략 3개의 분파가 쟁투를 벌였다. 우선 첫째는, 평등은 오로지 '법 앞의 평등'만을 의미할 따름이라 주장하는 부르주아적 자유주의 진영, 둘째, 평등이란 예컨대 인간답게 살 권리와 같은 생활의 향유에서의 평등, 요컨대 사회적 민주주의 차원에서의 동등성이라고 역설하는 사회민주주의 부류, 그리고 마지막으로, 완벽한 평등과 보편적 행복, 즉 재화 및 노동의 공유를 외치는 공산주의 진영이 그것이었다. 이 세 개의 노선이 사실상 프랑스 혁명의 세 개의 이념적 경향을 대변하는 조류이기도 했음은 물론이다.

이러한 상황에서 최초의 공산주의 폭력혁명가로 알려진 인물이 등장한다. 바로 바뵈프(Babeuf)다. 그는 진정한 평등의 실현을 위해 사유재산의 철폐, 재산공동체 및 공동노동의 수용을 촉구하며 폭력적인 봉기를 준비하기도 하였다(Droz 1974, 252-59 참고). 그는 프랑스 혁명을 통해 체득한 최초의 집단주의적 국가체제를 건립하기 위해, 혁명조직까지 구축하였다. 그것이 바로 비밀결사 조직인 '평등을 위한 음모'(conspiracy)였다. 이 꿈을 실현하기 위해 그는 모든 것을 다 바쳤으나, 결국 좌절당하고 만다. 바뵈프는 혁명을 시도하다가 붙들려 평생을 감옥에서 보내다 결국엔 처형당하고 마는 신세가 되었다. 반면에 그의 형은 정치경제학을 전공하여 기존 체제에 봉사하면서 부귀

영화를 한껏 누렸다.

어쨌든 바뵈프의 이념은 유럽 역사상 최초의 참다운 공산주의 교리로 자리매김되기에 이른다. 그를 통해 공산주의가 최초로 정치세력화하는 과정을 겪게 되었음은 물론이다. 그리하여 사회주의 사상은 더 이상 철학가의 머릿속에만 존재하는 비현실적 공상의 체계로서가 아니라, 사회변혁을 지향하는 실천적인 결의의 표출로 인식되기 시작하는 것이다. 이런 의미에서 프랑스 혁명은 사회주의 이념의 차원에서도 추상과 관념으로부터 행동으로의 길을 열었다고 말할 수 있으리라 여겨진다. 그때까지 단지 관념적인 교리로 머물러 있던 이념이 이때부터는 바야흐로 정치적 행동의 원리로 작동하기 시작한 것이다.

이런 면에서 바뵈프의 재화공동체 구상은 새로운 사회건설을 위한 혁명적 이데올로기의 최초의 분출이라 할 수 있다. 그때까지 단지 유토피아적인 꿈에 머물러 있었던 공산주의는 바로 이 바뵈프주의를 통해 비로소 혁명을 지향하는 변혁 이데올로기로 떠오르기 시작한 것이다.

마르크스와 엥겔스는 이러한 바뵈프의 혁명적 비밀결사체인 '평등을 위한 음모'를 봉건사회가 제거되고 부르주아지의 지배가 열리기 시작함으로써 역사의 무대에 바야흐로 프롤레타리아트가 등장하고 또 그의 요구가 역사적으로 제기되는 한 징표로 간주한다. 그리고 그들은 바뵈프의 시도가 실패로 돌아간 것은 "프롤레타리아트의 형성이 미발전 상태에 머물고 있었고, 아울러 그의 해방을 위한 물질적 조건이 결여되어 있었기 때문"이었노라 단정 짓기도 하였다. 그들은 이론가로서의 바뵈프에 대해서는 특별히 높이 평가하지는 않았다. 바뵈프와 관련하여 「공산당 선언」은 "프롤레타리아 최초의 운동을 동반한 혁명적 이론은 … 일반적 금욕주의와 거칠고 세련되지 못한 절대 평등주의만을 설파했을 따름"이라고 쓰고 있다. 이런 입장에서 마르크스·엥겔스는 단지 새로운 사회질서를 수립하기 위해 평화적 노선을 타기하고 폭력적 변혁을 시도한 혁명가로서의 바뵈프만을 인정하고 있을 따름이다.

이러한 경향은 레닌 및 스탈린에 와서는 더욱 고조되어, 코민테른(Comintern)이 바로 이 바뵈프에서 시작하여 카를 립크네히트(Karl Liebknecht)와 로자 룩셈부르크(Rosa Luxemburg)로 이어지는 혁명세대의 직접적인 후예라 선포하기도 했다.

3. 생시몽

흥미롭게도 생시몽(Saint-Simon, 1760-1825)은 백작 가문의 장남으로, 1760년 파리에서 태어났다. 그는 자신이 서로마제국 황제였던 샤를마뉴(Charlenmagne) 대제의 후손인 명가문 출신이라 믿으면서도, 동시에 "자유를 신봉하는 귀족" 신분으로 자신의 생애를 이어갔음을 결코 잊지 않았다(코올 1988, 52).

그는 어릴 때부터 성미가 대단히 괄괄한 소년이었던 것으로 알려져 있다. 12세 때 최초의 영성체를 거부함으로써 부친의 노여움을 사 감옥에 유폐되었으나, 간수에게서 열쇠를 빼앗아 탈출했다가 큰어머니의 중재로 귀가가 허용된 적이 있을 정도였다 한다. 그러나 이처럼 평소에 자녀교육에 엄격했던 부친이 자유주의 사상의 담지자였다는 사실이라든가 소년 생시몽이 제네바로 노년의 루소를 방문한 적이 있었다는 일화 등은, 그 자신이 이미 어린 시절부터 프랑스 계몽사상의 지적 환경으로부터 적잖은 영향을 받았음을 암시해주고 있다.

생시몽은 이미 청년시절에 당대의 대표적인 계몽철학자의 한 사람인 달랑베르(d'Alembert)로부터 교육을 받았다. 게다가 귀족 출신임에도 18세경에 군에 입대한 후 기병 대위로 미국 독립전쟁에 참전하여 두 번씩이나 부상당하기도 하였다. 그러나 전투에 임하면서, 그는 자신의 천직이 군인이 아니라는 것을 깨닫기 시작했다고 한다. 그는 전술보다는 정치에, 그리고 전쟁 그 자체보다는 오히려 전쟁의 목적인 미국의 독립 및 독립에 의해 확립될 새로운 정체체제나 산업제도에 더욱더 깊은 관심을 지니게 되었다.

평화조약이 체결된 이후, 자신이 머물고 있던 멕시코에서 생시몽은 멕시코 총독에게 양 대양 사이를 연결하는 운하 개설을 제안하기도 했을 뿐만 아니라, 스페인에서 마드리드로부터 지중해로 연결되는 운하 개설을 기획하기도 하는 등, 사실상 군무에서 떠나 있던 형편이었다. 그러다가 28세 때 대령으로 정식 퇴역하였다. 여기서 한 가지 흥미로운 것은 그가 어디를 가든지 간에 항상 운하 개설에 큰 관심을 기울였다는 사실이다. 훗날 수에즈운하 개설자인 레셉스도 생시몽의 추종자였던 것으로 알려져 있을 정도다.

그 와중에 프랑스에서 혁명이 발발했다는 소식을 접하고 생시몽은 체재 중이던 스페인에서 급거 귀국하긴 하였으나, 혁명의 소용돌이 속으로 뛰어들려고 하지는 않았다. 그는 훗날, "나는 혁명에 관련되고 싶지 않았다. 그 이유는 한편으로는 구체제가 오래 지속될 수 없으리라는 확신 때문이었고, 다른 한편으로는 파괴가 달갑게 여겨지지 않았기 때문이었다"라고 술회한 적이 있기도 했다.

그럼에도 생시몽은 혁명의 와중에 나름 적잖이 의미 있는 일 두 개를 해치웠다. 자신의 영지가 있던 북부지방의 주민 앞에서 백작의 칭호를 영구히 포기하겠다고 선언한 것이 그 하나고, 국유지 부동산 매매에 손대기 시작한 것이 또 다른 하나였다.

비록 부동산투기에 어느 정도 성공을 거두긴 하였으나, 그것이 빌미가 되어 1793년 혁명정부에 의해 체포되어 감옥살이를 치르게 된다. 그러나 그는 자신을 변호하며, "부동산투기는 결코 치부를 위해서가 아니라, 대산업시설을 조직하여 과학적인 학교를 설립하기 위한 것, 한마디로 말해 지식의 진보 및 인류운명의 개선에 공헌하기 위한 것, 그것이야말로 내 야심의 진정한 목적"이었노라고 밝히기도 했다. 그러나 다음 해 출옥한 이후에도, 그는 자신의 투기 작풍을 멈추진 않았다.

생시몽은 겨우 30대에 이르러, 학문연구로 서서히 방향을 전환하기 시작했다. 그는 이공대학이나 의과대학 근처로 주거를 옮기면서, 강의를 청강하곤 했다. 또한 자기 소유의 호텔에 저명한 학자나 예술가들을 초빙하여, 그들과 교류하며 최신 지식을 흡수하기도 했다. 그리고 "학자들과 연구하는 수단"이라고 밝히며 41세에 결혼하긴 했으나, 1년이 채 못 되어 이혼하고 만다.

그러는 사이 생시몽은 40대 중반 무렵, 투기로 번 재산을 몽땅 다 써버리고 무일푼의 처량한 신세로 전락하게 된다. 그는 훗날 "15만 루블의 막대한 돈이 명예로운 과학자로서의 지위와 명성을 얻기도 전에 몽땅 다 없어져버렸다"라고 술회하기도 하였다. 급기야는 필경작업으로 겨우겨우 연구생활을 계속하긴 했으나, 건강을 극도로 해치게 되었다. 그런 와중에 치부한 예전의 하인을 만나, 다행스럽게도 죽을 때까지 그의 식객으로 여생을 보낼 수 있었다. 이 무렵 생시몽은 『19세기의 과학적 연구서설』을 완성했다. 겨우 100부 정도밖에 인쇄하지 못해 당대의 저명 과학자들에게 배포하긴 했지만, 전혀 반응을 얻지는 못했다.

생활난에 빠지긴 했으나, 이미 궤도에 올라선 그의 연구활동은

1813년 『인간과학에 관한 각서』의 완성으로 연결되었다. 이 책은 생리학 및 사회생리학을 실증과학으로 확립함으로써 인간과학을 완성시켜 보겠노라는 시도하에서 집필한 것으로서, 생시몽 과학론의 총결산이라고도 볼 수 있는 주요 저서였다. 하지만 그의 재력은 겨우 60부 정도를 복사하는 데 그쳤을 뿐이다. 이 책을 당대의 명사나 친구들에게 보내면서 첨부한 다음과 같은 편지 속에는, 그가 얼마나 지독하게 불우한 환경에 처해 있었던가를 잘 드러내 보여준다.

> 2주 동안, 나는 빵과 물로 연명하고 있습니다. 나는 불도 없이 일하고 있으며, 원고지를 사기 위해 옷까지 팔아버렸습니다. 내가 이렇게 곤궁에 빠진 것은, 과학과 공공의 복지에 대한 정열 때문이며, 유럽사회 전체가 빠져든 무서운 위기를 평온하게 종식시키기 위한 수단을 발견하려는 염원 때문입니다. 그러므로 나는 얼굴을 붉히지 않고 감히 나의 빈궁을 고백하며, 나의 작업을 계속해나가는 데 필요한 조력을 구하는 바입니다.

그 와중에 생시몽은 자기를 "새로운 종교의 예언자"(prophet of a new religion)라 숭상하는 젊은 제자들에 둘러싸인 채 가난 속에서 숨을 거두었다(Fried and Ronald 1992, 73).

이러한 삶을 살다간 생시몽은 과연 어떠한 사회주의 철학을 후세에 남겼으며, 사회주의 역사에서 그가 차지하는 비중과 의의는 과연 어느 정도일까?

첫째, 생시몽은 '산업자', '산업주의'라는 용어를 처음으로 사용하기 시작한 인물로 알려져 있다. '산업제도', '산업체제'라는 개념 역시 그가 널리 확산한 것이라 할 수 있다. 아울러 '산업사회'라는 용어 역시 그가 처음으로 도입한 것이다. 이런 취지에서, 그의 사상적 특성이 바로 이러한 용어들과 함께 병존하는 것으로 보아도 별 큰 무리는 없으리라 여겨진다.

1815년의 비엔나 회의는 나폴레옹 시대를 불식하고 그 종말을 선포함과 아울러, 근세 외교사의 시발점으로 간주되는 '비엔나체제'를 배태하게 된다. 나아가 이 무렵은 프랑스뿐만 아니라 전 유럽사회의 역사적 전환기로 기록되기도 한다. 생시몽의 학문생활 역시 이 시기에 이르러 큰 전환점을 이루게 된다. 그는 과학적 산업체제를 확립하기 위한 제반 조건 및 그 가능성에 대한 탐구에 본격적으로 착수하기 시작한 것이다.

이 시기 무엇보다 산업발전이 본격화하기 시작하였다. 대륙봉쇄의 해제와 더불어 약동하는 영국 산업혁명의 여파가 전 유럽 대륙으로 대대적으로 밀려오게 된 것이다. 프랑스에서도 왕정복고와 함께 산업혁명이 태동하였음은 물론이다.

그 무렵까지 과학연구를 완결짓지 못한 생시몽은, 50대 중반 이후에는 정치·경제·사회·종교 등을 포괄하는 광범위한 분야에 관심을 기울이기 시작한다. 산업혁명의 태동이라는 역사적인 시대상황이 충분히 그의 관념을 자극하고 촉진했으리라 여겨진다. 이윽고 그는 과학적 산업체제에 대한 탐구에 보다 적극적으로 몰입하게 된 것이다.

파리의 은행가 및 사업가들의 재정적 지원에 힘입어, 생시몽은 마침내 1818년 『산업』 전4권을 간행할 수 있었다. 자신의 제자이기도 했던 오귀스트 꽁트(Comte)의 협력 아래 「모든 것은 산업에 의해, 그리고 모든 것은 산업을 위해」라는 서문을 붙여 발간하게 된 것이다. 다시 1820년부터 1822년에 걸쳐 대저 『산업체제론』 전3권이 나왔다. 이 저서에서는 자유주의에 대한 날선 비판과 아울러, 자신의 산업주의 사상을 한층 더 명확히 밝히고 있다. 요컨대 정치·경제·종교 분야 등을 포괄하면서, 과학적 산업체제의 확립을 위한 제반 원리 및 조건들을 집중적으로 탐구한 것이다.

하지만 이처럼 그의 저술활동이 본궤도에 오르고, 그의 산업주의 사상이 점차 체제를 갖춰가기 시작할 무렵, 생시몽은 그의 생애 최후의 대사건을 저지른다. 62세의 나이로 자택에서 자살을 기도한 것이다. 무엇보다 은행가나 공장주들로부터의 재정적 지원이 끊어지는 바람에, 또다시 궁핍한 상태로 전락할 수밖에 없게 되었다. 뿐만 아니라 자신의 사상적 깊이가 심화함에도 불구하고 자신의 연구 업적에 대해 지나친 무관심으로 일관하는 냉혹한 세태 등이 62세의 생시몽에게 견디기 어려운 고뇌를 안겨주었던 것 같다.

최후의 결단을 내린 그는 피스톨에 탄환을 장전하고서는 조용히 방아쇠를 당겼다. 그러나 명중이 안 되었던지, 한쪽 눈만 잃은 채 그는 다시 살아남게 되었다. 이러한 의외의 불행한 사태가 벌어지자, 주위에서는 다시금 생시몽을 동정하는 열띤 기운이 일어나기 시작했다. 재정적 원조가 다시 답지하게 되었다. 생시몽은 자신의 희생과 구원을 통해 하늘의 뜻을 감지라도 한 듯이, 배전의 열성을 기울여 저술에 몰두하게 된다. 『산업자의 정치적 교리문답』이라는 저서는 실로 그 결실이라 할 수 있을 것이다. 이 저작은 전4권으로 되어 있는데, 이 중 제3권은 사회학의 원조로 알려진 제자 꽁트가 집필한 것으로 알려져 있다. 그런데 바로 생시몽이 쓴 '서문'이 문제가 되어, 꽁트는 생시몽과 완전히 결별하는 길을 걷게 되고 만다.

그런데 이 『산업자의 정치적 교리문답』은 한마디로 "국민의 24/25 이상을 구성하는 산업자"의 이해관계에 준거하는 '순수 산업체제'를 확립하기 위한 조건과 방법을 탐구한 저술이라 할 수 있다. 이런 면에서 생시몽은 프랑스 혁명 이후까지도 계속 살아남아 기승을 부리는 봉건잔재와 아울러 봉건제를 재건하기 위해 나폴레옹에 의해 급조된 '신귀족' 또한 철저히 척결하지 않으면 안 되리라 역설하였다. 그러나 생시몽에 의할 것 같으면, 신·구 귀족만이 봉건제를 지탱하는 것이 아니라, 그것에 토대를 제공하는 중간계급, 요컨대 법률가, 평민 출신 군인, 금리·지대 소득자 등으로 구성되는 '부르주아지' 역시 봉건제에 기생하는 불순세력이나 다를 바 없는 존재로 간주되었다.

반면에 '산업자'는 농민·제조업자·상인 세 사회집단으로 이루어지는데, 바로 이들만이 온갖 사회적 부의 원천으로 비호받은 것이다. 이런 의미에서, 생시몽은 봉건계급에 대한 산업자 계급의 승리, "지배적·봉건적·군사적 제도에서 관리적·산업적·평화적 제도로"의 이행, 바로 이것이 역사의 기본 발전방향이라 역설하고 있다.

그러나 그가 제시한 대안은 지극히 생뚱맞은 것이었다. 그는 역사가 이러한 방향으로 발전해나가기 위해, 전 산업자가 국왕에게 청원하여 국왕을 산업자 계급의 우두머리로 삼고, 그 아래에 공공사업의 계획 및 재정관리 등에 관한 일체의 권한을 위임 받는 "산업자 평의회"를 구성해야 한다고 주장한 것이다. 생시몽은 이러한 "산업 군주제"야말로 산업체제를 실현하기 위한 가장 현실적인 방안이라 강조해 마지않았다. 기독교의 교리 문답형식을 취한 이 저술은 동시에 "우리는 산업주의의 호칭을 채용하고, 스스로 산업주의자임을 선언한다"고 천명하고 있다.

그러나 이 저서를 출간한 지 몇 년 지나지 않아 1825년 5월, 생시몽은 급성폐렴이 원인이 되어, 64세를 일기로 파란만장한 삶을 마감하게 된다.

둘째, 생시몽은 변증법적 역사인식의 단초를 제공하는 역사철학에 몰두한 사상가다.

그는 무엇보다 기존의 역사고찰 방식을 격하게 비판하였다. 그것은 단지 그럭저럭 입증된 사실들을 단순히 모아놓은 것에 지나지 않는 것이라 매도될 따름이었다. 무엇보다 이러한 역사인식 태도야말로 이론적으로 체계화되어 있지 못하여, 결국엔 여러 민족이나 제왕들의 길잡이 노릇을 하지 못하는 기본적인 한계를 지닐 수밖에 없는 것으로 여겨졌기 때문이었다.

이와 같이 그는 지금까지의 역사인식 방식이 과거로부터 미래를 도출해낼 수 있는 수단을 전혀 제공하지 못하는 수준이라 개탄하였다. 이런 의미에서 생시몽은 과거로부터 미래를 진단해내고, 기존에 수립된 이러한 체계와의 연결고리를 토대로 하여 다음에 도래할 것을 법칙적으로 찾아내고자 노력함이 마땅하다고 역설하게 되었다. 요컨대 그는 역사발전의 법칙성을 가정하고 있었던 것이다.

이러한 입장은 그의 진보이념과 직결해 있다. 기본적으로 생시몽은 관념과 추상을 거부하며, 자연과학 및 모든 경험으로부터 직접 획득된 지식만이 가치가 있는 것이라는 신념을 고수하였다. 이러한 취지에서 그는 "실증철학은 형이상학을 타도하고, 그 명성을 실추시키지 않으면 안 된다"고 강조한 것이다. 요컨대 그는 실증적으로 관찰된 자연과학적 인식의 기초 위에 보편적 학문을 수립하고자 애썼으며, 그로부터 정신과학적 원칙을 해명하고자 노력했던 것이다.

마찬가지로 그의 진보이념 역시 오늘날의 인간이 동물과 유사한 원시인으로부터 점차 높은 단계로의 발전을 이룩해냈다는 방식의 자연과학적 이론의 산물이라 할 수 있으리라 여겨진다. 이러한 상위단계로의 발전은 결국 역사적 흐름 속에도 그대로 재현되어, 역사란 이성의 발전을 뜻하게 되는 것이라 강조하기에 이르렀다. 이런 의미에서 생시몽은 "인간의 황금시대는 우리의 뒤에 놓여 있는 것이 아니라, 바로 우리의 앞에 놓여 있는 것"이라 역설하게 되었던 것이다. 그는 모든 지금까지의 경험에 입각해, 인류가 그 운명의 개선과 더불어 사회조직의 개량을 위해 지속적으로 일하고 있음을 입증할 수 있다고 주장한다. 말하자면 모든 것이 발전의 상승선 위에 놓여 있는 것이라는 낙관적인 역사인식을 피력한 것이다.

따라서 중세의 철학은 고대철학보다 우월하고, 마찬가지로 중세적·신학적 사회질서 또한 고대의 그것보다 우월한 것으로 이해된다. 그러나 생시몽은 이러한 낙관적인 발전 철학이 결코 절대적 척도는 아니라고 주장한다. 그 대신 각 시대, 시대에 걸맞은 상대적인 척도만이 존재할 뿐이라는 입장을 표방한다. 이러한 관점에 입각해 그는 그 어떠한 시대의 제도라도 그것을 원시적이거나 비인간적이라 단정할 수는 없는 것이라 역설하기에 이르게 된다. 그는 오히려 "각 시대의 민족은, 그 시대의 도덕적 상태가 요구하는 대로 이끌리며", 자연은 인간에게 매 시대마다 그들에게 가장 적절한 통치형태를 허여하는 법이라 힘주어 강조하기까지 한다. 이런 시각에서 그는 예컨대 노예제도는 그 시대의 인간적인 제도라 규정하게 되는 것이다.

이와 관련하여 생시몽은 철학자의 과제야말로 그가 속해 있는 시대의 최선의 사회조직이 어떠한 것인가를 찾아내는 일이라 주장한다. 따라서 그는 모든 시대상황을 당대의 주어진 조건으로부터 이해하지 않으면 안 된다고 강조한다. 마치 마르크스가 "한 시대의 지배사상은 지배계급의 사상"이라 역설한 것과 유사하게, 생시몽은 모든 시대는 그 시대의 질서에 부합하는 도덕관념을 지니고 있다고 밝히기도 하였다. 나아가 매 시대를 지난 시대에 비해 객관적인 진보를 의미하는 것으로 이해하기도 하였다. 그러나 각 시대는 그것을 뛰어넘는 새로운 힘을 만들어낸 후에는, 계속적인 발전의 장애가 된다고 주장하였다. 마르크스 역시 이와 유사하게 자본주의의 심화된 모순이 스스로 자본주의 철폐의 무기로 변신할 프롤레타리아트와 노동운동을 창출함으로써, 종국적으로는 사멸의 길을 걸을 수밖에 없게 되리라 예측한 바 있지 않은가.

어쨌든 생시몽은 이처럼 시대를 뛰어넘는 새로운 힘을 찾아내는 일이야말로 경험에 입각한 실증철학의 과제라 주장하였다. 미래사회를 머릿속에 그려내는 것은 더 이상 타당하지 않고, 오히려 그 대신 이미 작동하고 있는 발전 추세와 경향을 인식하고 장려하는 것이 보다 중요한 과업이라 역설한 것이다.

이처럼 생시몽은—헤겔이나 마르크스처럼 거대한 철학체계를 수립하기보다는—오히려 에스프리로 충만한 번뜩이는 이상을 간직한 기라성 같은 사상가처럼 보인다.

그렇다면 생시몽의 사상은 사회주의 운동이념의 역사에서 과연 어떠한 의의를 지니고 있을까?

1) 생시몽은 변증법적 역사인식의 단초를 제공하고 있다.

그는 계몽철학과 마르크스주의적 역사변증법의 중간 중개인으로서, 역사발전의 법칙성과 진보이념을 표방한다. 나아가 역사발전의 변증법적 형태로서 모순의 상호투쟁을 인지하고 있었다. 그는 인간사회가 갈등 없이는 전진하지 않는다고 주장한다. 요컨대 어느 시대를 막론하고 항상 기존질서의 향유자와 수난자가 동시에 공생하기 때문에, 늘 수구의지와 변혁의지가 공존할 수밖에 없다고 본 것이다. 생시몽은 당대의 투쟁이 모든 근로자, 기업가, 상인, 농부, 학자, 예술가, 수공업자, 노동자 등등을 포괄하는 생산적 계급과 귀족, 군부, 비노동 재산가 등으로 이루어지는 비생산적 계급 상호 간의 투쟁이라 간주하였다.「공산당 선언」의 주요이념이 실은 생시몽과 그의 제자들에게서 간헐적으로나마 이미 엿보이고 있는 것이다.

2) 뿐만 아니라 생시몽은 사회와 국가 간의 변증법적 상호관계를 적시하기도 하였다.

그는 국가권력이 항상 사회적 실체와 상호 조화를 이루지 않으면 안 된다고 보았다. 요컨대 경제사회의 실력자가 곧 공권력의 담지자가 되어야 한다는 것이다. 말하자면 사회가 국가를 지향할 것이 아니라, 반대로 국가가 사회로 동화되어야 한다고 주장한 것이란 말이 되겠다. 예컨대 마르크스 역시 자본주의 국가는 한마디로 부르주아 국가라 역설하지 않았던가.

이런 관점에 입각해, 생시몽은 '무국가 사회'에 대한 전망도 제시한 바 있다. 요컨대 경제사회의 대표자, 즉 생산적 계급의 최적자가 일단 국가권력을 장악하게 되면, 정치권력은 단순히 새롭게 분배되는 것이 아니라 질적인 변화를 보이게 된다는 것이다. 이를테면 그것은 지배수단이기를 중단하고, 강압적인 제도로서의 특성을 상실하게 된다는 말이다. 그리하여 통치는 인간에 대한 지배로부터 사물에 대한 단순한 행정관리로 대체되리라 예견하였던 것이다. 우리는「공산당 선언」에도 대단히 유사한 문구가 반복되고 있음을 익히 잘 알고 있다.

3) 생시몽은 생산자 공동체로서의 산업사회의 실체를 간파하기도 하였다.

그는 사회의 기생적 계층에 대해 생산적 계급 및 그의 역사적 요구를 대립시키고 있다. 이런 면에서 그는 비록 거칠게나마 물질적 생산에 직간접적으로 관여하고·실행하고·주도하는 참여자 모두, 예컨대 농지의 경작자, 기업가, 상인, 노동자, 학자, 예술가 등등을 골고루 다 포괄하는 "산업계급"(classe industrielle)의 개념도 나름대로 밝히고 있다. 요컨대 그는 산업사회를 보편화시킨다는 공동목표를 통해 결집된 통일체를 '산업자'의 대계급으로 파악한 것이다. 그리하여 그가 내세운 "모든 것은 산업을 통하여, 그리고 모든 것은 산업을 위하여!"라는 구호는, 기생적이고 무용한 지배계층을 타파하기 위해 생산적 사회의 모든 부문을 포괄하는 투쟁구호이기도 하였다.

4) 나아가 생시몽은 노동 분화된 산업사회의 다양한 일상 속에서 함께 활동하는 구성원들은 반드시 서로서로를 필요로 하게 되리라 여겼다. 요컨대 '노동협력 및 단합'의 원리야말로 바로 이들의 이해관계의 일치를 만들어내는 담보가 되리라 간주한 것이다. 이를테면 상호 결합된 노동의 조건들이 산업자 계급 내의 모든 집단들을 하나로 결속시키는 토대로 작용하게 되리란 것이 그의 신념이었다는 말이 되겠다. 마르크스와 엥겔스 역시 프롤레타리아 계급의 이해관계의 일치를 역설하며, "만국의 노동자여 단결하라"고 외치지 않았던가.

뿐만 아니라 생시몽은 업적에 따른 위계질서의 수립을 구상하며, 사회의 모든 비생산적 계층에 대해 업적의 원칙을 적용해야 한다고 촉구하였다. 그러나 업적원칙은 사실상 평등을 배제하는 것으로서, 소득의 불평등 역시 업적원칙에 부합하는 것으로 인식하게 되었던 것이다. 어쨌든 그는 성과와 능률과 업적을 중시하는 사회질서를 지향했던 것으로 보인다. 마르크스도 유사하게, 공산주의 초기 단계에서는 "능력에 따라 일하고, 일한 만큼 분배 받는 사회"가 되리라 예견하며, 일정한 정도의 불평등 과정을 용인할 수밖에 없음을 자인한 바 있지 않았던가.

하지만 생시몽은 무엇보다 가장 성실하고 유능한 자가 생산 과정을 주도하고, 나아가서는 국가의 통치를 담당하지 않으면 안 되리라는 소신을 지니고 있었던 것처럼 보인다. 이런 점에서, 그는 유용하고 활동적인 기업가정신의 대변자 노릇을 하기도 했다고 말할 수 있을 것 같기도 하다. 어쨌든 그는 만약 그것이 개인적 능력과 성실성의 증거가 된다면, 사적 소유 자체도 거부하지는 않았다. 다른 한편 그는, 마치 오늘날의 수정자본주의나 복지국가론을 연상시키기라도 하듯이, 공공복리를 위해 재산에 대한 간섭과 개입 또한 결코 배척하지는 않았다.

그러나 생시몽에게서는 이상사회에 대한 구상 같은 것은 찾아보기 힘들다. 그는 단지 사회 안에 이미 존재하는 발전경향의 실현만을 촉구했을 따름이다. 예컨대 봉건제와 산업주의는 양립할 수 있거나 둘 중 하나를 선택할 수 있는 양자택일의 문제가 결코 될 수는 없고, 이미 오래 전에 붕괴한 중세적 질서가 마침내 언제까지, 어떻게, 잔존할 수 있는가의 문제에 지나지 않는 것으로 비쳤다. 경제적 관점에서 이 문제는, 모든 경제제도의 존속 여부가 결국엔 '노동의 원칙'에 입각할 수밖에 없다는 그 자신의 원칙적 소신과 직결해 있었던 것이다.

5) 이런 관점에 입각해, 생시몽은 역사를 노동과 노동하는 계급의 발전으로 파악하고 있다. 요컨대 고대의 노예적 존재로부터 출발하여 급기야는 실질적인 사회적 지배세력으로 발돋움하게 된 노동자 계급에 이르기까지의 발전사가 바로 역사 아닌가 하는 입장인 것이다. 여기에는 아담 스미스(Adam Smith)의 영향이 현저하게 드러나 보인다. 생시몽은 아담 스미스가 바야흐로 모든 가치가 노동에 의해 생산된다는 사실을 처음으로 찾아낸 인물이라고 믿었기 때문에, 그를 "불후의" 존재로 간주하기도 한 것이다.

이와 같이 생시몽은—물론 거의 200년 이상의 시대적 간극이 게재해 있긴 하지만—토마스 모어나 캄파넬라 같은 그의 선배들과는 전혀 다른 시각으로 노동이란 것을 고찰하게 된 계기와 만나고 있었던 것이다. 그의 선배들은 노동 속에서 오로지 인간의 필수적인 의무나 중요한 교육적 요인만을 찾고자 애썼을 따름이다. 그러므로 무노동과 도덕적 타락이 동일시되곤 하였음은 물론이다. 그러나 생시몽에게 가장 중요한 관점은 노동의 윤리적·도덕적 측면 같은 것이 아니라, 한마디로 노동의 경제적 기능이었던 것이다.

프랑스 초기 산업주의 이론가로서 생시몽은 경제문제를 전적으로 전면에 부각시켰다. 그랬기 때문에 학문의 임무조차 산업발전을 장려하는 데 있다고 강조할 정도였다. 이런 면에서 무제한한 경제적 취업의 자유를 요구하였고, 나아가 전 사회가 반드시 노동의 법칙에 기초해야만 하리라 역설하기도 하였다. 따라서 산업자가 세속적 권력을 쟁취하기 위해, 봉건체제로부터 생성된 노동하지 않는 사회계급을 타파하지 않으면 안 되리라는 주장에까지 지극히 자연스럽게 도달하게 된 것이다. 이런 취지에서 생시몽은 군주, 귀족 그리고 그들의 봉사자들만이 유일한 시민이었고, 그 외 일체의 여타 다른 프랑스인들은 모두 정치적 의미에서 노예처럼 취급당하던, '구체제'의 신랄한 적대자일 수밖에 없었다. 그는 구체제를 근원적으로 거부했던 것이다.

이처럼 생시몽은 모든 것을 봉건주의와 산업주의 간의 적대적 상호 갈등으로 첨예화시켰다. 그러나 바로 이러한 지나친 단순화로 말미암아, 적잖은 문제점이 따라붙기도 하였음은 물론이다.

예컨대 산업자 내부에 존재할 수밖에 없는 이해관계의 갈등이나 대립구조 등을 외면하는 결과를 야기하기도 하였다. 이러한 양태는 '산업자'의 개념 규정에까지 그대로 드러나기도 한다. 그는 산업자를 "재화를 생산하거나, 사회의 다양한 요소들에게 하나 혹은 다수의 물질적 이득을 베풀기 위해 일하는 사람"으로 규정한다. 나아가서는 산업자를 세 개의 대계급, 즉 농민, 수공업자 및 상인으로 분류하면서,

이들이 프랑스 국민의 대다수인 24/25를 형성한다고 주장하기까지 한다. 뿐만 아니라 생시몽은 산업의 개념을 이론적인 것까지도 포괄하는 모든 유용한 일로 파악하였다. 요컨대 사회발전에 결정적인 도움을 주는 것을 생산적인 작업으로 이해하는 반면에, 귀족처럼 놀고먹는 자들을 철저히 비생산적인 무위도식자라 규탄한 것이다. 아마도 소수의 비생산적인 특권계층에 대한 극심한 반감이 산업자 집단에 대한 지나친 과잉 배려로까지 비약하지 않았을까 짐작되기도 한다.

6) 생시몽의 이론에서 특히 주목할 만한 것으로 여겨지는 것은, 모든 역사시대는 그에 걸맞은 고유의 계급 개념을 갖고 있는데, 하지만 그 시대가 끝나게 되면 그 시대를 특화했던 계급 역시 사라지게 되리라 주장한 측면이다. 예컨대 봉건사회에서는 승자와 패자 계급이 존재하는데, 봉건제의 종말은 동시에 두 계급 간의 상호 갈등의 종말을 의미하는 것이기도 하다고 밝힌 것이다.

다른 한편 생시몽은 산업사회에서는 생산적 또는 산업적 계급과 비생산적 계급 상호 간의 대립이 전개되는 것으로 본다. 생산적 계급에는 모든 근로자, 기업가, 상인, 농부, 학자, 예술가, 수공업자, 노동자 등이 포함되는 반면에, 비생산적 계급에는 귀족, 군부, 비노동재산가, 그리고 '중간계급'으로서 언론계 종사자 및 형이상학자 등이 내재한다. 하지만 산업사회가 도래함으로써 과거의 계급 구분이 소멸하는 계기, 요컨대 노예, 농노 등의 패자계급이 바야흐로 승자계급에 대해 스스로를 관철시키는 기회가 창출될 수 있게 되었노라 웅변해 마지않는다. 이런 면에서 그는 역사 속에서 계급투쟁을 투시하고 있었던 것처럼 여겨진다.

무엇보다 생시몽의 목표는 한마디로 생산적 계급의 온전한 승리와 더불어 실제 상황과 배치되는 사회제도의 근본적인 혁파에 놓여 있었다고 말할 수 있을 듯하다. 그러나 그는 이 승리가 다른 계급에 대한 어떤 특정 계급의 지배로 귀결되는 것은 아니라고 보았다. 말하자면 궁극적으로 생산 계급의 지배가 확실히 관철되면, 더 이상의 계급갈등이 존속하지 않으리라 확신했다는 말이 되겠다. 훗날의 마르크스·엥겔스 역시 프롤레타리아 지배가 관철되면, 계급갈등 및 계급지배 자체가 소멸하리라 보지 않았던가.

이런 의미에서, 생시몽은 새로운 사회질서에 등장하게 될 위계질서가 새로운 계급지배가 아니라 능력과 업적에 따른 자연적 질서가 되리라 확신하고 있었던 것처럼 여겨진다. 그러나 그는 산업자에 의한 권력쟁취가 반드시 평화적인 수단으로 이루어질 것이고 또 이루어지리라 믿고 있었다. 그는 결코 폭력혁명을 수용하지는 않았던 것이다.

그러나 생시몽의 이러한 현란한 이념의 배후에 적잖은 문제점 역시 만만찮게 도사리고 있음을 간과하기가 예사로워 보이지는 않는다.

첫째, 마치 우리의 동학혁명이 인내천 사상에서 엿보이듯이 인간의 존엄성에 대한 위대한 각성, 민본사상, 계급타파, 여성지위 옹호 등의 혁명적인 반봉건의 구호를 내걸고 있음에도 국가관에서는 왕에 대한 충성과 도덕정치론을 고수했던 것과 마찬가지로, 생시몽 역시 신랄하게 봉건제를 공격하고 있음에도 군주정 자체를 건드리지는 않았다. 오히려 군주를 "사회 피라미드의 정상에 위치하는 다이아몬드"로 규정하기까지 하였다.

생시몽이 봉건계급에 대한 산업자 계급의 승리를 응당 역사발전으로 인식하고 있었음은 물론이다. 그는 "지배적·봉건적·군사적 제도에서 관리적·산업적·평화적 제도로의 이행"을 역사의 기본방향으로 설정하고 있었다. 하지만 바로 이러한 역사발전을 촉진하기 위해, 전 산업자가 국왕에게 청원하여 그를 산업자 계급의 우두머리로 삼아야 한다고 역설한 것이다. 나아가 국왕 아래 '산업자 평의회'를 구성하여, 공공사업의 계획 및 재정 관리에 관한 일체의 권한을 위임해야 한다고 촉구하기도 하였다. 요컨대 생시몽은 '산업 군주제'야말로 산업 체제를 구현하기 위한 가장 적절하면서도 현실적인 방안임을 강조해 마지않았던 것이다. 결국 그의 이념이—거의 프랑스 혁명기에 잉태되었음에도—근대적인 인민주권론이나 인민정부론으로까지는 발전하지 못하는 한계를 보여줄 수밖에 없었다.

둘째, 생시몽은 산업사회적 위계질서가 과연 어떠한 방식으로 가능해질 수 있는가 하는 문제에서도, 어떤 법적 강제장치가 아니라 보다 통찰력이 탁월한 존재에 대한 복종과 자발적인 종속을 통해 이루어진다고 주장하였다. 말하자면 그것이 갈등으로 뒤범벅된 봉건국가에서처럼 "명령"되어지는 것이 아니라, 단지 "이끌리고, 관리되어질" 뿐이라는 것이다. 그는 단순 노동자에서부터 심지어 가장 부유한 기업가 및 가장 뛰어난 기술자에 이르기까지, 만인을 동료 노동자로 간주하였다. 이를테면 모두가 다 동등권을 인정받는 사회의 구성원이기 때문에, 자발적인 복종 및 종속이 가능하리라 보는 것이다. 대단히 순진무구하고 낙천적인 발상법이라 하지 않을 수 없을 것 같다.

이러한 관점에 입각해, 생시몽은 산업 분야 내부에서의 이해관계의 갈등이라든가 원천적인 충돌 가능성을 전혀 인정하려 들지 않았다. 그는 무엇보다 기업가가 재산이 아니라 정신적 우월함으로 인해 보다 더 높은 지위를 보장받는 존재라 믿었기 때문에, 응당 노동자의 타고난 보호자가 될 수밖에 없으리라 단언하는 것이다. 그리하여 노동자, 즉 "무지한 계급"이 국가의 강제력 동원을 정당화시킬 만한 그러한 위험을 도발하지는 않으리라는 소신을 지니게 되었다.

나아가 생시몽은 능력과 노력에 따라 임금 및 지위가 결정되는 것이야말로 "평등의 최고수준"이라 규정하기도 하였다. 달리 말하면, 그의 목표는 능력과 성과에 의거한 새로운 위계질서의 구축이었고, 이러한 자신의 목표를 달성하기 위해 구시대적인 낡은 봉건질서를 제거하지 않으면 안 되리라 믿었던 것이라 할 수 있겠다.

그럼에도 재산이 사회적 기본토대임을 믿어 의심치는 않았다. 따라서 이러한 재산이 그야말로 계속적으로 존속하지 않으면 안 되리라 확신하였다. 그렇지만 "개인의 재산권은 단지 공동적이고 일반적인 공공복리의 토대 위에서 행사되어져야" 한다고 덧붙이기를 잊지는 않았다. 나아가 마치 노예제도가 그것이 생성된 시대에는 인간적인 제도라 수긍했던 것과 같은 논리로, 생시몽은 폭력과 정복에 기초한 봉건적 소유체제 역시 과거에는 옳은 것이었노라 인정하기를 주저하지 않았다. 반면에 노동이 사회의 기초가 된 이후에는, 노동재산을 오로지 노동하는 계급의 재산으로 환원시키기에 합당한 입법적 조치가 필연적으로 뒤따르지 않으면 안 되리라 역설하기에 이르렀다.

한마디로 말해 생시몽의 사회철학의 목표는 모든 인간이 자신의 노력과 능력에 따라 재산소유자가 되도록 촉진하는 것이라 할 수 있으리라 여겨진다. 우리의 다산 정약용이 '모든 백성이 양반이 되었으면 좋겠다'고 밝힌 것 역시 유사한 입장에서 비롯한 것이라 할 수 있을까? 어쨌든 생시몽이 지향한 새로운 위계질서에 입각한 사회는 능력에 따른 것일 뿐만 아니라, 동시에 재산에 따른 사회라 이를 수도 있으리라 추정된다.

그렇다면 이러한 생시몽의 사회주의 이념에 대해 총체적으로 어떠한 평가를 내릴 수 있을까?

한마디로 생시몽은 관념과 추상을 거부하며 경험적으로 검증된 자연과학적 인식의 토대 위에 보편적 학문을 수립하고자 노력한 사상가라 할 수 있다. 이런 의미에서, 그는 역사가 응당 자연과학적 엄밀성을 지니고 필연적으로 진보할 수밖에 없으리라는 것 역시 믿어 의심치 않았던 것이다.

뿐만 아니라 그는 이러한 역사발전의 진로에는 필연적으로 사회적 갈등이 수반될 수 없다고 역설하기도 하였다. 마치 훗날의 마르크스를 연상시키기라도 하듯이, 한마디로 어느 시대나 항상 한 질서로부터 이득을 향유하는 세력과 고통을 전담하는 집단이 공존하기 때문에 이들 사이의 상호 투쟁이 불가피할 수밖에 없으리라는 추정이야말로 생시몽 역사인식의 핵심이었다.

이러한 확신에 입각해, 그는 당대의 투쟁의 본질을 한편으로는 모든 근로자, 기업가, 상인, 농부, 학자, 예술가, 수공업자, 노동자 등으로 대변되는 '생산적(혹은 산업적) 계급'과, 다른 한편으로는 귀족, 군부, 비노동재산가, 언론가 및 형이상학자 등으로 이루어지는 '비생산적 계급' 양자 간의 투쟁이라 갈파한 것이다. 물론 그는 생산적 계급의 온전한 승리로 역사발전이 전개되어 나가리라 믿어 의심치 않았다. 그러나 그는 항상 이들에 의한 권력쟁취가 오직 평화적 수단으로만 이루어져야 한다는 원칙을 강조해 마지않았다. 그는 폭력혁명을 철저히 부정하였던 것이다. 어쨌든 우리는 인류의 역사를 계급투쟁의 역사로 파악하는 마르크스·엥겔스의 기본입장이 이미 생시몽 및 그의 제자들에게서 이처럼 간헐적으로나마 서서히 싹트고 있음을 감지할 수 있으리라 여겨진다.

하여튼 '산업자', '산업주의', '산업사회'라는 개념이 생시몽에 의해 처음으로 창안되고 활용되었음은 주목할 만한 사실이라 하지 않을 수 없을 듯하다. 따라서 '산업혁명'이라 불리는 새로운 조건과 환경을 묘사하는 근대적 용어가 등장할 수 있었던 것 역시 생시몽이 끼친 영향에 기인하는 것이라 할 수 있으리라 여겨진다(코올 1988, 75).

그러나 그는 대단히 광범위하게 파악한 '산업' 개념에 입각한다. 요컨대 정신 및 육체 노동을 포괄하는 모든 유용한 활동들이 다 산업에 내포되는 것으로 인식한 것이다. 그리하여 그는 '산업자'(les industriels)가 압도적으로 절대다수의 주민을 포괄한다고 믿었다. 그리고 바로 이들로부터 사회의 물질적·정신적·도덕적 힘이 샘솟게 된다고 확신하게 되었다. 따라서 사회발전에 근본적인 의미를 지니는 이러한 산업의 진보야말로 역사발전과 행복의 원천이라 인식될 수밖에 없었던 것이다.

그러나 생시몽은 이러한 산업의 실질적인 위상 및 그 의의에도 불구하고, 거의 정반대 수준으로 그 법률적 지위가 일방적으로 강압당하고 있는 현실을 개탄하지 않을 수 없었다. 무엇보다 경제적으로 전혀 보잘것없는 소수의 기식자 집단인 봉건세력이 계속 사회적 권력을 독점하고 있는 탓이라 믿었기 때문이다.

이런 관점에서 생시몽은 국가가 서로 날카롭게 대치하고 있는 두 개의 적대 진영, 즉 한편으로는 생산과 노동을 영위하는 유용한 진영과 다른 한편으로는 단지 소모하기만 할 뿐 전혀 생산하지 않는 소수의 쓸모없는 진영 두 개로 분열되어 있노라 통분을 금치 않았던 것이다. 따라서 이러한 소수로부터의 노동하는 계층의 해방과 권리 쟁취가 급선무로 부각될 수밖에 없었다.[10]

여기서도 드러나듯이, 생시몽은 역사를 기본적으로 노동과 노동하는 계급의 발전사로 파악한다. 그러나 그는 노동에 대한 전통적인 사고방식을 탈피하여, 핵심적으로 노동이 지니는 경제적 기능을 중점

10 이에 대해서는, Fenske Hg.(1990, 428)을 참고할 것.

적으로 파헤치기 시작한 것이다.

이처럼 프랑스 초기 산업주의 이론가로서 생시몽은 학문의 임무조차 산업발전을 장려하는 데 있다고 강조할 정도로, 경제적 영역을 전적으로 전면에 부각시켰다. 이와 같이 인간의 근본과제와 의무를 노동으로 인식함과 동시에 근대적 사회관계에서 경제적 요인이 차지하는 지배적인 중요성을 갈파함으로써, 그는 사회주의 이론에 적지 않게 공헌한 사상가라 이를 수 있다.

이러한 생시몽이었기에, 노동하는 자는 소수의 횡포로부터 해방되어야 할 뿐만 아니라 나아가 자신의 권리를 쟁취해나가지 않으면 안 되리라 역설할 수밖에 없었음은 자연스러운 현상이었다. 그는 구체제의 날카롭고도 단호한 적대자였던 것이다.

다른 한편 그는 모든 것을 봉건주의와 산업주의 간의 상호 갈등으로 획일화하고 첨예화시키는 것으로 일관했다. 하지만 이러한 단순화와 획일화로 말미암아 산업자 내부에 상존하는 이해관계의 갈등이나 대립성을 부인하는 한계를 드러내기도 하였다. 그는 예컨대 기업가를 노동자의 타고난 보호자로 규정했다. 뿐만 아니라—'산업군주제'야말로 산업체제를 실현하기 위한 가장 현실적인 방안이라 강조한 데서도 드러나듯이—봉건체제를 예리하게 공격은 하면서도 군주정은 건드리지 않는 모순된 면모를 보여주기도 한 것이다. 한편으로는, 봉건계급에 대한 산업자 계급의 승리를 역사의 기본방향으로 확신하고 있는 사상가가 어떻게 동시에 다른 한편으로는, 국왕을 자신들의 우두머리로 삼을 수 있게끔 그에게 청원하지 않으면 안 되리라 주장할 수 있으리오.

아울러 생시몽은 능력과 성과에 따른 새로운 위계질서가 전개될 수 있도록 예전의 낡은 봉건질서가 타파되지 않으면 안 된다고 역설하였다. 그러나 재산은 사회적 기초이기 때문에, 계속 존속하지 않으면 안 된다고 선언하기도 하였다. 어쨌든 그는 모든 개인으로 하여금 각자의 노력과 능력에 따라 재산소유자가 되도록 촉구하는 사회철학적 목표를 지향하고자 했던 것으로 여겨진다. 하지만 산업의 역할을 과대평가함으로써, 결과적으로 대부르주아지나 기업가 또는 은행가의 대변인 구실을 하기도 하였음을 묵과하기는 힘들 것 같아 보인다. 그의 제자들 중에는 나중에 대기업가로 변신한 사람이 더러 출현하기까지 할 정도였다.

그런 탓에, 많은 사회주의 이론가들은 생시몽을 '부르주아 이데올로기의 옹호자'로 간주하기도 한다. 사실 그 자신 스스로도 자신을 정통 사회주의자라 여기지는 않았으리라 짐작된다. 그의 이론 속에서는 산업자, 요컨대 부르주아지가 인류의 구원자로 등장할 뿐만 아니라, 미래국가는 기업가가 실질적으로 권력 담지자가 될 수밖에 없는 산업사회가 되리라 믿었기 때문이다. 그러나 그의 이념과 저술 속에서 우리는 훗날 사회주의 논쟁에 적잖이 등장하는 수없는 용어 및 용례들과 부딪치게 된다(Fenske Hg. 1990, 427).

마르크스 역시 생시몽의 최종목표가 노동자 계급의 해방이었다는 사실을 추인한다. 나아가 그의 천재적 통찰력을 인정하면서, 훗날 사회주의 이론의 주요한 핵심요소의 이념적 편린들이 이미 그에게서 발아하고 있다는 사실을 부인하지는 않았다.

이런 면에서 생시몽을 사회주의 사상의 반열에 포함시켜도 큰 무리는 따르지 않으리라 여겨지기도 한다. 그 자신 스스로가 "최대의 그리고 최고로 가난한" 계급의 생활조건 개선을 촉구하면서, "최고로 가난한 계급의 도덕적·물질적 개선을 위해 일해야" 할 뿐만 아니라 바로 "이 목적에 충실하도록 사회가 조직되어야" 함을 역설하기도 한 측면에 주목할 필요도 있으리라 짐작된다. 여기서도 엿볼 수 있듯이, 노동의무와 노동조직을 강조했다는 점 등까지 감안하여, 그를 사회주의 선구자의 일인으로 평가해도 큰 무리는 없지 않을까 한다.

한편 사회주의는 바야흐로 산업화의 용광로인 영국으로 발걸음을 옮기기 시작한다. 생시몽이 산업화가 서서히 걸음마를 떼기 시작할 무렵 활약했었다면, 로버트 오웬은 산업화가 폭발적으로 터져나오던 산업혁명 시대의 총아였다.

4. 로버트 오웬

다른 초기 사회주의자들과 유사하게, 로버트 오웬(Robert Owen, 1771-1858) 역시 유별난 사람이었다. 다소 특이한 인물이었던 그의 삶 역시 기이함에서 벗어나긴 힘들었다.[11]

그는 19세기 전반기 영국의 대표적인 사회이론가였다. 뿐만 아니라 사회개혁을 위한 실천적인 활동 역시 활발히 전개하기도 한 인물이기도 했다. 요컨대 개혁운동가이자 이론가였던 것이다. 앞서도 살펴보았듯이, 사회주의의 실체는 한편으로는 지향해야 할 이념 및 가치, 그리고 다른 한편으로는 이러한 정신적 가치를 구체적으로 구현한다고 이해되어지는 현실 정치·사회제도 양자를 다 포괄할 때 비로소 그 진면목을 보다 확실히 파악할 수 있으리라 여겨진다. 이런 의미에서, 로버트 오웬이야말로 나름 이러한 사회주의의 진면목에 근접하는 사상가이자 실천가라 추정할 수 있을 듯하다.

11 로버트 오웬의 삶과 사상을 총괄적으로 살펴보기 위해서는, Morton(1969), 특히 Part One을 참고할 것.

오웬은 1771년, 가난뱅이 집안의 7형제 중 둘째 막내로 태어났다. 10세가 되자 맏형이 있는 런던으로 가 점원으로 취직하게 되면서, 양친으로부터 아무런 보조도 받지 않고 혼자 힘으로 생계를 꾸려나가기 시작한다.

10대의 태반을 런던·맨체스터 등지에서 점원생활로 보낸 오웬은 섬유관계 도·소매업을 직접 체험하면서, 자력으로 판매원으로서의 중요한 자질을 닦아나갈 수 있었다.

그는 주로 세계 각지에서 들어오는 정교한 직물을 면밀히 처리하고 그 품질에 대한 정확한 지식을 열심히 배우는 동시에, 재고정리·부기기록 등 경영관리에 관한 제반 훈련을 철저히 이수하게 된다. 그 와중에 근면했던 오웬은 민활하게 업무를 처리하는 법과 귀족·신흥부르주아지·하층계급 등, 다양한 유형의 고객들의 심리를 원활히 파악해내고 그에 대한 대응책을 신중히 모색하는 일 등을 꼼꼼히 익혀나갈 수 있었다. 그야말로 점원으로서의 이러한 엄격한 체험이 훗날 기업가로 성장해나갈 수 있는 훌륭한 밑거름으로 작용했음은 물론이다.

오웬이 기업가로 성장한 것은 주로 면공업의 중심지였던 맨체스터에서였다. 이 맨체스터는, 널리 알려져 있다시피 18세기 후반 산업혁명에 시동을 건 곳이었다. 더구나 오웬 당시에는 "산업혁명의 심장"인 이곳이 "최대발전기로" 접어들던 때이기도 했다(Morton 1969, 21). 오웬은 어린 소년으로 바로 이 맨체스터의 한 상점 점원으로 취업한 이래, 12년간 이곳에서 문자 그대로 잔뼈가 굵었다.

18세 나던 해 오웬은 런던에 있는 큰 형에게 빌린 100파운드로 방적기계 제조공장을 차릴 수 있게 되면서, 비로소 독립된 기업인으로서의 제1보를 내딛게 된다. 공장 건물을 빌리고 40여 명의 직공을 고용하면서, 착실하게 사업실적을 쌓아나갔다. 그러나 얼마 지나지 않아 사고가 터졌다. 그의 동업자가 다른 자본가와 결탁하는 바람에, 오웬은 겨우 방적기 3대를 인수한 채 그와 결별하지 않으면 안 되었다. 바야흐로 겨우 3명의 직공을 거느린 자영 소기업가로 전락할 수밖에 없게 된 것이다.

그러나 영국에도 전화위복이라는 게 있긴 있는 모양이다. 얼마 후 그의 나이 21살이었을 때, 또다시 그의 운명에 일대 전환을 이룰 엄청난 사건이 터졌다. 무릇 무협지처럼 어마어마한 것이었다.

당시 면방직 업계의 거물이자 대무역상으로 이름을 날리던 피터 드링크워터란 인물이 있었다. 그가 어느 날 신문에 자기 공장 지배인 채용 구인광고를 실었다. 우연히 그 신문을 보게 된 로버트 오웬이 응모를 마다할 이유가 전혀 없었다. 즉각 반응을 보였다.

운명의 여신은 역시 오웬 편이었다. 그는 일약 첨단설비가 갖추어진, 랭커셔 최대의 방적공장 지배인으로 당당히 채용된 것이다. 드링크워터는 이 거대한 공장을 자신이 직접 설계·건설하고 신식 증기기관을 비치했을 뿐만 아니라, 조명·환기장치·위생시설 등등의 면에서 놀라울 정도로 당대 최첨단 시설을 설치해놓은 나름 달관한 업계의 거물이었다(훗날 마치 엥겔스가 쓴 「안티-뒤링론(Anti-DÜhring」 한 편 덕에 뒤링이란 인물이 역사에 오래 이름을 남길 수 있게 된 것과 흡사하게, 이 드링크워터 역시 이런 식으로 오웬 덕을 좀 보게 되었다).

당시 겨우 21세에 불과했던 오웬으로서는 이 거대한 최신식 공장에 거의 백지상태로 뛰어든 거나 다를 바 없었다. 일약 성인남녀 및 유아노동자 등, 5백여 명 직공의 리더가 된 오웬은 아침 일찍 제일 먼저 출근하고, 밤에는 사무실 문을 손수 걸어 잠그고 퇴근하는 등, 성실하고 충직한 일꾼으로 매사를 처리했다. 그런 탓이었던지, 불과 6주 만에 그는 지배인으로서의 지위와 권위를 완벽히 꿰찰 수 있게 되었다.

그런데다가 1년이 채 되기도 전에, 오웬은 세사의 질을 전임자가 높이 칭송받던 70번수에서 120번수까지 거의 두 배 가까이로 끌어올리는 데 성공함으로써, '세계 최초의 세방직 업자'로 온 세상에 이름을 널리 알리게 되었다. 이런 식으로 오웬은 지배인 채용 당시 실패하리라던 일반의 예상을 철저히 깨뜨려버린 것이다. 어쨌든 맨체스터 업계는 이 청년지배인의 놀라운 수완에 경탄을 금치 못했고, 이윽고 드링크워터도 앞장서서 특별 승급은 말할 것도 없고 손수 합자협정서에도 동반 서명하는 열성까지 보이기에 이르렀다.

한편 공장에서 사용하는 면화의 매입문제에 특별한 관심을 집중시키던 오웬은 이윽고 면화시장 제일의 원면 감식가로도 널리 이름을 날리게 되었다. 마침내 그는 미국원면을 영국 방적업계에 처음으로 도입해 그 질적 우수성을 한껏 입증해냄으로써, 미국원면이 영국원면 수요량의 7/8을 점하게 만든 장본인이 되기도 했다.

이 거대 공장에서의 오웬의 성공 비결은 이러한 기계기술과 관련된 제반 공정의 쇄신에 국한된 것만은 결코 아니었다. 그보다는 오히려 그 기계들을 돌리는 공장 노동자들에 대한 생산·노무 양면의 관리체제를 탁월하게 확립해냄으로써, 비로소 그 뛰어난 성공이 가능할 수 있었노라 말하는 편이 보다 옳을 것이다.

그는 한편으로는, 공장의 취업규칙을 비롯한 제반 규정을 스스로 제정하여, 규율·훈련·절제를 중심으로 하는 엄격한 노무관리를 시행하면서, 다른 한편으로는, 노동조건·노동환경을 대폭 개선하고, 임금을 높이 인상함과 아울러 자율적인 일처리 방식을 대폭 강화하였다. 이런 방식을 통해 직공들의 공감을 완전히 얻어낸 다음, 질서정연한 통제를 통하여 노동생산력을 증진시키고 제품의 품질 향상 및 생산량 증대를 동시에 가능케 함으로써, 비상한 약진을 이룩할 수 있었던 것이다. 더욱이 기업가로서 생산 및 노무 관리를 새롭게 혁신함으로써, 그는 직공들의 노동조건 개선이 얼마나 긍정적으로 그들의 인간 내면에 작용하게 되는가 하는 것을 몸소 체득할 수 있었다. 이윽고 오웬은 의도적인 실험을 되풀이하는 가운데, 노동환경 개선이 노동자들의 성격 개선과 근로의욕 고취, 그리고 생산력 증진에 얼마나 지대한 영향을 끼치게 되는가 하는 것을 절로 깨달을 수 있었다. 그는 시행착오를 반복하면서도, 그를 통해 어느 정도 체계적인 이론 구축 역시 가능해지지 않으랴 하는 자신감까지 얻게 되었다.

이런 노력들이 가시화하는 와중에, 급기야는 결정적인 추진력까지도 확보할 수 있는 절호의 기회까지 얻는 복을 누릴 수 있게 되었다. 마치 우리의 전태일이 '대학생 친구가 있다면 …' 하고 꿈꾸었듯이, 오웬 역시 크게 다를 바 없었다. 그러나 '하늘은 스스로 돕는 자를 돕듯이', 이 공장 지배인 시절 후반부에 이러한 꿈이 마침내 이루어졌다. 우연히 맨체스터의 지적 엘리트들과 친교를 맺을 수 있게 된 것이다. 오웬은 응당 충격에 휩싸일 수밖에 없었다. 그는 특히 이 근대적 신흥 도시의 지적 중심지 역할을 떠맡고 있던 맨체스터대학의 쟁쟁한 젊은 학자들과 교유하면서, 저녁마다 화학 분야 및 기타 최신 발명 동향, 도덕 및 종교 등에 대해 귀동냥할 수 있게 되었고, 드디어 많은 자극과 용기를 얻을 수 있었다.

오웬처럼 초등학교밖에 나오지 않은 채 점원생활로 일관해온 사람, 요컨대 경험 일변도로 자기개발을 수행해온 사람들이 흔히 소박하고 협소하고 무지한 일상에 갇혀 지내기 일쑤인 것은 지극히 흔하게 나타나는 현상이라 이를 수 있다. 그런데 어느 날 그야말로 홀연히 맹렬한 지식욕을 불태울 수 있는 기회가 급격히 들이닥치게 되면, 이들이 엄청난 충격에 휩싸일 수밖에 없게 되는 것 역시 지극히 흔하게 일어나는 현상이기도 하리라. 로버트 오웬이 바로 그러했다. 하지만 그는 이러한 지적 엘리트들과의 교류에 힘입어, 보다 바람직한 미래 개척을 위해 더욱 맹렬히 박차를 가하기 시작하였다. 사물에 대한 체계적인 사고방식과 지적인 표현법을 하나씩 익혀나가게 되면서, 차츰 자신의 생각을 이론적으로 내실화해 나갈 수 있는 유용한 계기를 만들어나갈 수도 있게 되었다. 말하자면 오웬에게 지극히 중대한 참다운 성장의 기회가 무르익기 시작한 것이다.

그러나 이 무렵 청년지배인 로버트 오웬의 운명에 또다시 중대한 격변이 들이닥칠 준비를 하고 있었다. 일약 지배인으로 입신하여 명성을 떨치기 시작한 지 채 얼마 되지도 않아, 드링크워터가 홀연히 사업 제휴 조건을 별안간 바꾸면서, 오웬과의 합자협정 파기를 요구하고 나선 것이다. 이때 오웬은 격분한 나머지, 주인의 면전에서 협정서를 불태워버리고 결연히 사직을 선언했다. 이 소식은 응당 업계에 일대 센세이션을 불러일으킬 수밖에 없었다.

하지만 이번에도 운명의 여신은 로버트 오웬 편이었다. 그는 지칠 줄 몰랐다. 2년 후 그는 거대한 합자업체인 '골든 방적회사'를 설립하여 그 지배인으로 취임하게 되면서, '합자 조직형 기업가'로 변신해나갔다. 늘어나는 수요에 발맞춰, 사세는 번창 일로를 걷게 되었다. 그는 쉴 새 없이 랭커셔, 스코틀랜드 등지를 누비며 전력을 투구했다. 오웬의 이러한 초인적인 노력에 힘입어, 머지않아 그의 회사는 바야흐로 전 상전인 드링크워터의 업체를 압도하는 지경에까지 이를 정도가 되었다.

그러나 하늘은 출중한 인물을 그냥 내버려두지만은 않는 듯하다. '하늘은 스스로 돕는 자를 돕는다'고 했던가, 그에게 다시 한 번 더 그야말로 황홀한 운명의 곡예가 연출된 것이다.

그에게 꿈같은 한 여인이 나타났다. 상용으로 여행을 하던 1797년 어느 날 글래스고의 한 거리에서, 그는 운명의 장난처럼 우연히 앤 캐롤라인 데일(Anne Caroline Dale)이라는 한 아가씨를 만나게 된다. 그리하여 영화와도 같은 스토리가 이어지면서, 이윽고는 이듬해 연애결혼에 골인할 정도로 둘의 사랑은 깊어만 갔다. 그런데 이 아가씨는 과연 누구였던가?

그녀의 아버지는 다름 아닌 스코틀랜드의 목화왕이면서 대상인이자 은행가로서, 박애주의자로 큰 명성을 떨치고 있던 데이비드 데일(David Dale)이란 거물이었다.

결국 오웬은 1800년 벽두, 자신의 장인인 데일로부터 그 유명한 뉴 라나크(New Lanark) 면방직공장을 인수받기에 이른다. 그리하여 그는 〈뉴 라나크 방적회사〉를 설립하여, 그 총지배인으로 활약할 수 있게 된 것이다. 바야흐로 그의 새로운 인생이 비롯한다. 자신을 유명하게 만든 아이디어들을 실행에 옮기게 되었고, 이윽고 국가적인 인물로 부각되기 시작한다. 바로 이 뉴 라나크 시절이 그의 최전성기를 이루게 되는 것이다(Morton 1969, 23-32 참조).

그렇다면 이 뉴 라나크 마을에서의 오웬의 구체적인 삶의 양상은 도대체 어떠했고, 그의 사회주의 이념은 과연 어떠한 방식으로 직조되게 되는가?

1) 뉴 라나크 시절

뉴 라나크 마을과 면방직 공장은 이미 1784년에 건립된 것이었다. 예컨대 1791년의 경우, 전체 1,519명 마을주민 중 대략 1,334명 정도가 이 공장에 취업해 있었다 하니, 뉴 라나크는 그야말로 압도적인 공장마을이었던 셈이다. 그런데 이들 주민 대다수가 원래 스코틀랜드

각지에서 마구잡이로 몰려들어온 사람들이었던 탓에, 마을 공동생활 운영에 적잖은 어려움이 뒤따르기도 했던 모양이다.

이러한 상황에 오웬이 나선 것이다. 그의 주도로 이 마을 전체 면적의 60%가량이 농경지로, 30%가 주거지, 그리고 나머지 10%가 교육시설 부지로 할당되기에 이르렀다. 비록 오웬이 이 새 공장의 총지배인으로 새로이 부임하긴 했지만, 사실상 이전 상태의 시설이나 종업원 일체를 송두리째 옛것 그대로 인수받은 셈이었다.

그러나 그는 전혀 달랐다. 그 시대의 일상적인 병폐와 모순으로 가득 찬 기업 체질을 새로이 혁신한다는 새로운 각오와 자세로 매사에 임한 것이다. 결국 그는 기존 지배인들이 수행해온, 전통적인 자본가적 관행에 물든 상습적인 경영방식부터 송두리째 뜯어고치지 않으면 안 되었다. 요컨대 그는 그야말로 새롭고도 독창적인 생산 및 노무관리 체제를 새로이 확립하기 위해 심혈을 기울이기 시작한 것이다. 그는 노동 과정을 합리화하는 일부터 서둘렀다.

오웬은 고임금정책을 고수했다. 뿐만 아니라 당시 대부분의 기업들이 예사로 6-7세 이하의 어린이까지도 마구잡이로 고용하고 있었지만, 10세 미만 아동의 취업을 단호히 금지시켰다. 마침내 뉴 라나크에서는 아동노동자 수가 절반 정도로 줄어들게 되었다.

동시에 그는 고품질의 현대적인 기계장비를 꾸준히 사들였다. 결과적으로 자신이 부임한지 얼마 지나지도 않아, 종업원 수는 변동이 없는데도 기계 총수만 두 배로 늘어나는 기묘한 상황이 초래되기도 하였다. 그러나 이러한 실태는 노동자의 육체적 소모가 사실상 그만큼 줄어든다는 것을 의미하는 것이기도 하였다. 그에 덧붙여, 임금수준은 그대로 유지하면서도 노동시간은 과감히 단축하는 용단도 보여주었다. 다른 기업체들에서는 대체로 하루 14-16시간의 노동이 예사였으나, 오웬은 노동시간을 10시간 반으로 대폭 줄여버린 것이다. 그러나 그게 다가 아니었다.

자신의 노동자들이 상대적으로 저렴한 가격으로 생활용품을 매입할 수 있도록 돕기 위해, 협동조합의 원형이라 할 수 있는 구내매점까지 마을 안에 개설한 것이다. 이를 통해 직공의 생활비가 다소나마 절감될 수 있도록 배려해줄 수 있게 되었다. 그에 더하여, 비록 원시적인 수준이긴 하였으나 직공 진료시설, 양로보험 제도, 저축은행, 주방 및 식당의 공동운영 체제 등도 갖추어나갔다. 아울러 생활공간 내의 환경위생을 정화하기 위해, 노동자들의 주택개량에 매진하기도 했음은 물론이다.

실상이 이러했으니, 오웬에 대한 노동자들의 신뢰가 자연스레 깊어질 수밖에 없었고, 이는 다시 기업 내 경영진과 노동자 상호 간의 단합을 보다 더 돈독히 해주는 밑거름으로 작용하였다. 그러나 무엇보다 당대의 다른 기업주들을 가장 크게 경악시켰던 것은 이 모든 편의시설을 설립·운영함에도 불구하고, 고임금 체제를 계속 유지·존속시켰다는 점이었다. 이러한 조처가 소위 '경제법칙'에 어긋날 수밖에 없다는 것이 당시의 중론이었음은 물론이다.

무엇보다 교육문제는 제대로 배우지 못한 로버트 오웬이 특히 가장 깊이 심혈을 기울였던 핵심적인 관심사 중 하나였다. 각별히 노동자 및 그 자녀들의 바람직한 성격형성을 촉진하기 위해, 새로운 교육체제를 수립하고자 온갖 정성을 다 기울여나갔다.

그는 개인의 사적 행복과 사회의 보편적 행복이 서로 조화를 이루어나가는 것이 마땅한 일이긴 하지만, 이성적인 사회질서가 결코 수월찮게 절로 수립되지는 않으리라 확신하고 있었다. 그러므로 교육 자체를 이성적인 사회질서 구현을 위한 자연스러운 지렛대로 간주하였던 것이다. 계몽철학의 영향에 힘입기도 하여, 그는 인간의 무한한 발전 가능성을 믿어 의심치 않았다. 특히 그와 같은 독학자 출신에게 보편적 국민교육이란 것이 그야말로 절대적인 요청으로 인지될 수밖에 없었음은 지극히 자연스러운 현상이기도 했을 것이다.

오웬의 교육이념은 한마디로 '사회교육'이었고, 그의 교육이론은 '환경론'이었다. 따라서 인간으로 하여금 선량하고 이성적으로 행위할 수 있도록 이끄는 객관적 상황과 환경의 조성이 급선무로 여겨질 수밖에 없었다. 그러므로 그에게 교육개혁은 곧 사회개혁을 의미하는 것이기도 했다. 이런 입장에서 오웬은 노동조건의 개혁을 주창하고, 생산력 증진을 위한 국민교육의 중대한 의의를 설파해나갔던 것이다.

앞서도 잠깐 살펴보았듯이, 오웬은 노동시간을 10시간 반으로 단축하고, 저임금을 보상하는 복지시설을 설립하였으며, 협동조합의 원형이라 할 수 있는 공장 내 점포를 설치함으로써 직공의 생활비가 절감되도록 이끌었다. 동시에 정신적인 차원에서는, 바람직한 성격형성을 위해 새로운 교육체제를 수립하여, 노동자와 그 자녀를 새로운 인간형으로 육성하는 와중에 생산력의 증진에 박차를 가하기도 하였다.

그러므로 종업원의 자녀들을 위한 학교를 만들어가는 와중에, 특히 노동자들의 정신건강 증진에 주력하였음은 물론이다. 건물 두 채를 장만해, 낮에는 유치원과 소학교로, 그리고 밤에는 성인교육용 야간학교로 운영하였다. 그리고 자신의 교육철학에 입각해, 성격형성 원리에 따른 환경개선 교육에 치중하면서 자율학습 위주로 사랑과 행복을 가르쳤다.

특히 근대적인 방적기계를 활용한 노동과 결합된 실용적인 교육, 그리고 자연친화적인 교육에 역점을 두었다. 물론 노래와 춤도 가르쳤다. 물론 수업료와 교복 등은 대부분 무료였다. 그러나 소학교 중퇴

자를 주 대상으로 하는 성인야학은 종일에 걸친 노동일과를 끝낸 후에 속행하는 수업이었던 탓에, 적잖은 애로가 뒤따를 수밖에 없었던 듯하다. 그러나 뉴 라나크에 펼쳐진 명랑한 학교 분위기와 빈민가정 출신 어린이들의 활기찬 모습, 그리고 교육방식의 참신성 등은 유럽 곳곳에서 몰려드는 방문객들에게 깊은 인상을 심어주기에 족했던 것처럼 보인다. 무엇보다 이러한 노력들에 힘입어, 상당한 이득 창출이 역시 성공적으로 이루어지기도 하였음은 물론이다.

이와 같이 오웬은 노동자들을 새로운 인간형으로 새로이 도야함으로써, 그것이 결국엔 생산력 증진에까지도 직결되리라 믿어 의심치 않았다. 말하자면 이득을 창출해내는 노동 주체의 주관적 품성과 객관적 노동조건을 동시에 향상시킴으로써, 사업 실적 역시 폭넓게 증대할 수 있으리라는 믿음을 지니고 있었다는 말이다. 그리하여 오웬은 주체적인 노동자의 정신적 조건과 객관적인 물질적 여건의 통일적 개선을 추구하게 되었다. 결국엔 노무관리와 영업 실적 양 측면에서 동시에 성공적인 결실을 거두어들일 수 있었던 것이다.

이윽고 뉴 라나크는 대내외적으로 '사회 개량운동의 중심지'로 불리게 되었다.

바로 앞서도 지적하였지만, 무엇보다 환경과 성격형성 간의 불가분의 상관관계에 관한 주안점이야말로 그의 가장 본질적인 이념의 하나로 부각되었다. 그는 환경이 성격형성에 얼마나 결정적인 영향을 미치는가, 그리고 환경을 개선함으로써 성격의 개량이 어떻게 이루어질 수 있는가 하는 것을 나름대로 분명히 밝히기 위해, 1813년 그의 대표작으로 알려진 『사회에 관한 새로운 의견』(*A New View of Society*)를 저술하기에 이른다. 그리고 이 저서에 '성격형성론'이라는 부제를 붙이게 되었던 것도 다 이러한 그의 깊은 관심을 반영하는 것이라 할

수 있을 것이다.[12]

한마디로 성격형성에 차지하는 환경의 중요성과 아울러, 환경개선을 통한 성격 개량의 가능성, 이 두 명제가 이 저술이 전개하는 핵심 요체라 할 수 있으리라. 이를테면 오웬은 하층 빈민 노동계층의 성격 개량을, 아니, 사실은 사회변혁의 필연성을 제창한 것이라 할 수 있다. 이 저서는 당당히 세기적 명품으로 평가받으며, "근대 사회주의의 출발을 알리는 저술"로 규정되기도 할 정도였다. 사회주의 개념의 효시가 오웬주의(Owenism)라는 주장이 제기된 데서도 짐작할 수 있듯이, 이 저술은 놀라운 파급효과를 불러일으킨 행동신조로 가득 차 있다.

이 책의 출판이 일대 센세이션을 일으킨 것은 주지의 사실이다. 그것은 무엇보다도 당대 최대의 기업가이자 면방직 업계 군왕의 한 사람이며, 그리고 박애주의적 제반 시설을 갖춘 공장을 이끄는 산업자본의 첨단적 경영인으로 주목받는 오웬의 저작이라는 점에 기인하는 것이었다. 물론 그의 이론에는 아직 미숙한 점이 적지는 않았지만, 그럼에도 당대의 사회사상에서 단연 두각을 드러내기에 충분한 것이었다.

하기야 유토피아 사회주의자들 가운데—훗날 물론 엥겔스가 기업을 경영하며, 일시적으로 마르크스의 재정적 뒷받침을 떠맡은 적이 있기도 했었지만—오웬만큼 풍부한 기업 체험을 가진 자는 거의 아무도 없지 않았던가. 이런 의미에서, 오웬의 강점이 바로 산업혁명시대의 기업 체험이 배태한 생생한 노동현장의 실천원리를 후세대들에게 교시하는 파이어니어로서의 그의 위상 아니었을까 추정해볼 수 있을

12 이 저서의 정확한 제목은 다음과 같다. *A New View of Society; or, Essays on the Principle of the Formation of the Human Character, and The Application of the Principle to Practice.* 이 저술은 Butt(1972)에 수록되어 있다.

듯하다.

이러한 면면을 떠올리며, 다시 뉴 라나크의 세세한 일상으로 되돌아가보도록 하자. 뉴 라나크 마을에서는 여성 노동자가 남성에 비해 두 배가량 더 많았다. 그러나 전체 취업자 수에는 큰 변동이 없는데도, 어찌해서 여성 노동자 수가 오히려 더 증가하는 경향을 보였을까?

무엇보다 교육혁신 덕분이라 할 수 있을 것 같다. 오웬이 설립한 육아 및 여러 학교시설에 자녀들이 수용될 수 있었던 탓에, 여성들이 새로운 여유를 덤으로 더 얻을 수 있었고, 바로 이 여유를 취업에 선용할 수 있었기 때문이 아닐까 한다.

바로 앞서 언급했듯이, 그의 대표작 『사회에 관한 새로운 의견』의 핵심은 교육원리에 있었다. 그리고 그 실현 과정이 실은 그의 이른바 뉴 라나크 "통치"의 축을 이루게 된 것이다.

한마디로 그 중심은 페스탈로치보다 앞선, 세계 최초의 유치원, 이른바 '유아학교'였다. 이 유아학교의 설립이야말로 당대의 "능동적이고도 위대한 인간적 업적"이라 칭송받기도 하였는데, "그 교육기법이 독창적일 뿐만 아니라, 인간애와 애정의 면에서 특히 혁신적"이라는 중론이 지배적이었다. 그리하여 그는 교육철학의 측면에서도 불멸의 존재로 기림을 받기도 한다.

어쨌든 합자자들의 끈질긴 반대를 물리치고, 1816년 오웬은 '성격형성 새 학교'를 개설하였고, 유명한 「합리적 유아학교 제도」에 관한 최초의 성명을 발표하기도 한다. 이 '새 학교'는 두 채의 건물로 이루어졌는데, 낮에는 유치원과 소학교, 밤에는 성인교육을 위한 야간학교 등, 3개의 학교로 활용되었다.

그 교과과정은 대략 다음과 같았다.

첫째, 유치원의 경우, 걸음마를 익히게 되는 만 1세에 입학해 3세까지를 제1조, 3세부터 6세까지를 제2조로 하여, 각 조를 30명에서 50명까지로 구성하고, 각 조마다 한 명의 선발된 부인이 감독하도록 하였다. 제2조 어린이들은 산보도 많이 시켰다 한다. 1816년 보고에 의하면, 원아 총수는 남 41명, 여 39명이었다.

여기서는 오웬의 교육지도 이론에 따라, 주로 성격형성 원리에 의한 환경개선 교육, 어린이 자신이 스스로 유도하는 자율적 교육, 사랑과 행복의 교육, 상벌의 폐지, 책을 사용하지 않고 시각교육 도구를 종횡으로 사용하는 직관 학습, 근대적 방적기계를 활용한 생산 및 노동과 직결된 교육(특히 이러한 방식은 졸업 후 양질의 노동력을 제공하는 토대로 작용하기도 했다 한다), 자연과 결합한 교육(오웬은 특히 서머타임 제도를 창안했는데, 이는 어른보다도 어린이들로 하여금 일광을 조금이라도 더 많이 받게 해서, 성장과 건강한 발육에 보다 큰 도움을 주기 위한 배려에서였다) 등을 실시하였다. 그리고 날씨가 나쁜 날에는 실내의 유희실에서 2세 이상에게는 댄스, 4세 이상에게는 음악을 가르쳤다. 수업료와 복장이 무료였음은 물론이다.

둘째, 소학교는 대체로 만 5세에, 배울 능력이 인정되면 만 4세에도 입학을 허용하였다. 위로는 12세까지로, 20명에서 40명 정도로 구성된 남녀 두 클래스를, 그리고 아래로는 남녀공학을 설치했다. 여기서도 책의 사용은 극소화했으며, 특히 지리·박물·역사 분야에 시각교육 기구를 활용하는 방식은 견학 온 사람들에게 깊은 감동을 주었다고 한다.

셋째, 야학으로 이루어진 성인학교는 소학교 중퇴자를 주로 하여, 10세부터 20대 중반 정도까지를 수용했다. 교육원리는 다른 두 경우와 같았으나, 주간노동 이후에 수업이 실시되었던 탓에, 적잖은 곤경을 치를 수밖에 없었다고 한다.

마지막으로, 이상 세 유형의 학교경비 충당 방식은 다소 특이한 면모를 보여준다. '새 학교' 건립 비용은 물론 회사의 이윤에서 지출했고, 학교 경상비는 공장 협동조합 점포의 매상 흑자분으로 충당이 가능했다고 한다. 이 뉴 라나크에 펼쳐진 명랑한 학교 분위기와 참신한 교육방법, 더더구나 어린이들의 활기찬 모습 등은 이 변방지역에 당시 구미 각국으로부터 2만 명이나 되는 견학자들을 끌어모았고, 그들로 하여금 경탄과 찬사로 가득 찬 뉴 라나크 인상기를 남기도록 만들었다.

오웬이 루소나 페스탈로치 등, 대교육철학자들로부터 적잖은 영향을 받았음은 물론이다. 그러나 그는 이들과는 전혀 다른 유형의 교육세계를 펼쳐나갔다. 1818년 그는 페스탈로치를 방문하여 페스탈로치 교육법의 협애성을 질타하면서, 교육을 산업혁명이 낳은 대공업적 생산·노동과 직결시켜야 함을 역설한 적도 있었다. 요컨대 오웬은 교육이 지니는 사회개량 수단으로서의 의의와 위력을 강조한 것이다. 그를 두고 '교육 사회주의'의 창시자라고 말하는 까닭도 이런 데 있다고 말할 수 있지 않을까 한다.

기업가·교육자로서의 오웬은 마침내 뉴 라나크 후기에 접어들자, 개별 자본의 굴레에서 벗어나 실천영역을 가속적으로 확대함으로써, 점차 사회운동가로서의 본색을 드러내기 시작한다.

40대 중반 무렵 오웬은 글래스고의 한 면방업자 모임에서, 원면수입세 철폐 청원과 함께, 면방적 공장에서의 유년공 규제에 대한 입법을 주장했다. 그러나 수입세 철폐에 대해 박수를 보낸 면업가 중 그 어느 누구도, 유년공 문제에 대해서는 결코 찬의를 표하지 않았다. 독자적으로 행동하기로 결심한 오웬은 런던으로 가서 이곳저곳을 순회하며, 직설적으로 정부와 의회 등 관계당국에 공장법 제정의 필요성을 역설하였다. 결국엔 그 이듬해에 공장법안이 의회에 제출되긴 하였으나, 면업가들의 반대는 집요했다. 결국 몇 년이 지나서야 겨우 면 공장법으로 통과되긴 했지만, 오웬의 이상과는 거리가 먼 것이었다. 다만 그 중에 유년공의 최저연령, 노동시간 등을 규제토록 한 것은 공장법의 제1보로서의 의의를 인정할 만한 것이라 할 것이다. 하여튼 불평등한 자유계약이 아니라 국가 및 사회가 법률로써 노동조건을 통제토록 한 공장법을 제정하는 데 일정하게 기여한 셈이라 할 수 있지 않을까 한다.

그 와중에도 물론 뉴 라나크는 쉴 새 없었다. 1791년(노동자 수, 약 1,519명) 이래 노동자 수는 별반 변화가 없었음에도, 전체 주민의 수는 1813년까지 대략 2,200명으로 700명가량 늘어난 편이었다. 결과적으로 전체 주민 대비 노동자 비율이 감소한 셈인데, 이는 오웬이 유아노동을 엄격히 금지했기 때문에 생겨난 새로운 현상이라 할 수 있을 것이다.

그런데 경영실적은 과연 어떠했을까? 물론 생산도 호조를 보였다. 오웬이 총지배인으로 부임한 1년 후엔 방사(紡絲) 생산량이 무게로 쳐서 514,750파운드였던 데 비해, 그 10년 후에는 3배 이상 증가해서 1,620,373파운드에 육박했다. 이 시기 노동자는 1년에 1인당 26파운드를 벌어들였다. 이러한 발전상은 기업이득 면에도 그대로 드러났다. 예컨대 1799년에서 1810년까지의 이득은 9만 파운드, 1810-1814년간은 109,871파운드, 그리고 1814-1825년간은 192,015파운드로 계속 증가추세를 보였다. 반면에 오웬이 그 자리에서 물러난 후인 1825년에서 1828년 사이에는 6,558파운드로 급감한다.

이 수치를 통해서도 알 수 있듯이, 오웬과 그의 경영철학, 요컨대 독창적이고 개혁적인 생산 및 노무관리체제 도입이 뉴 라나크의 경제발전에 어떠한 의미를 지니고 있었던가 하는 것이 명료해진다. 특히 고용인 수에서 볼 때, 뉴 라나크는 아마도 당대 최대의 면방적공장이었으리라는 추정을 가능케 한다. 왜냐하면 당시 기껏해야 700명 정도의 고용인이 고작인 데 반해, 뉴 라나크는 그 배를 넘어서는 규모를 과시했기 때문이다. 이처럼 오웬은 여러 각도에서 바람직한 성과를 착실히 거두어나갈 수 있었다. 그러나 무엇보다도 노동자들의 정신적·물질적 복지증진이 바로 노동의 질 향상에 직접적인 영향을 끼친다는 사실을 자신의 체험을 통해 스스로 입증해내었다는 사실이 그가 거두어들인 최대 공적 중의 하나가 아닐까 한다.

바야흐로 뉴 라나크는 '사회개량 운동의 중심지'로 국제적인 명성까지도 획득하기에 이른다. 귀족들과 외국대사들까지 일부러 이곳을 찾아올 정도였다. 그 무렵 질투 반 부러움 반으로, 오웬을 뉴 라나크의 "영주"(Laird)라 빗대기도 할 정도였던 모양이다. 어쨌든 그가 뉴 라나크 공장을 모범적인 기업체의 전형으로 만들었음은 그 어느 누구도 부인할 수 없는 사실이다. 그 공장은 마침내 기업주 스스로가 전 공장노동자를 대상으로 어떻게 사회사업적 배려를 베풀 수 있는가 하는 것을 보여주는 모범업체로 각인돼, 그 이름이 자연스레 전 유럽에 널리 알려지게 되는 행운을 얻기도 한 것이다.

이처럼 이러저러한 양태로 오웬의 영향력이 비록 확대되긴 하였으나, 이 길은 결코 순탄하지만은 않았다. 여러 측면에서 오웬과 합자자들 사이에 충돌과 갈등이 끊임없이 터져 나왔다. 양지가 있으면 반드시 음지가 있을 수밖에 없듯이, 그 충돌은 끝을 몰랐다.

물론 자본주의적 모순과 기꺼이 더부살이하길 원했던 이 동업자들은 오웬의 개선책에 원천적으로 반기를 들기 일쑤였다. 특히 교육시설의 필요성과 그 비용문제를 둘러싸고서는, 심각한 의견대립이 끊일 새 없었다. 동업자들은 오로지 장삿속만 챙기려들 뿐이었지, 어린이 교육문제 등에 대해서는 하등의 관심조차 기울일 필요를 느끼지 않는 '순수' 기업가일 뿐이었던 것이다. 이들은 결국엔 오웬의 약점을 노려 공장경매 기도로까지 치닫기도 하였다. 오웬은 이 동업자들과의 분규로 인해 파산 직전까지 내몰리는 극심한 곤경을 겪지 않으면 안 되었다. 하지만 이 또한 그의 꿈을 잠재울 수는 없었다.

마침내 오웬은 철학자 벤담과 후일 런던시장이 된 인물들의 지지를 얻어내기도 하면서, 당당히 사태를 진압하였다. 이 소식을 듣고, 오웬을 신임하는 뉴 라나크 주민들은 환희에 넘쳐 그를 칭송하였다. 훗날 오웬은 이렇게 술회하기도 하였다, "그것은 내가 결코 잊을 수 없는 날이었고 또 일이었다. 그것은 나에게 깊은 감동을 주었다. 나는 그들을 위해, 그리고 그들의 어린이들을 위해, 내 힘이 미치는 한 최선을 다하기로 새로이 다짐했다"라고.

이처럼 합자자들과의 분규와 파산 직전까지 내몰리는 곤경을 겪으면서도, 오웬은 의미심장한 저작을 집필·간행하는 놀라운 열정을 과시했다.

그 중 하나인 「뉴 라나크 시설에 대한 스테이트먼트」는 1812년에 출간된 23페이지짜리 팸플릿이다. 이 글에서 오웬은 "싸게 사서 비싸게 파는 것 외에는 아무것도 생각지 않는 합자자들에게 넌더리가 나서", 나아가 공장의 생산단가 인하를 노리는 반대파의 악선전에 대항할 목적으로 이 글을 쓰게 되었노라 밝히고 있다. 이어서 그는 "다수의 사람들에게 최대의 안정과 개선을 가져다주고, 동시에 경영주에 대해서도 최대의 궁극적인 이득을 더해줄 단순·명백한 원리에 의거해", 이 글을 집필한다고 강조한다. 물론 그는 "가장 가난하고 무지한 사람들의 집단"이 그의 교육에 의해 거의 새 사람으로 바뀌어나가는 현상을 주저 없이 알리기도 한다. 아울러 뉴 라나크라는 '공장 커뮤니티' 실험을 촉진하기 위해 요구되는 제반 시설들, 특히 교육을 위한 '새 학교'(New Institution) 설립, 공동 주방 및 식당 건설 그리고 도로 개수, 요컨대 인프라 구축을 통한 인근으로부터의 새 노동력 확충문제 등에 대한 지원을 열렬히 호소하는 것으로 이 글을 마무리 짓고 있다.

이듬해 간행된 또 하나의 다른 걸작이 바로 『사회에 관한 새로운 의견』이었던 것이다. 두 저작을 간행한 후 오웬은 벤담 등 6명의 거물급 신합자자와 제휴하면서, 비로소 '로버트 오웬-컴퍼니'를 소신껏 가동할 수 있었던 것처럼 보인다. 더욱이 그 자신 스스로가 "이 시기부터 나의 참된 공생활이 시작했다고 해도 과언은 아니다"라고 말할 정도였다. 40대를 넘어선 그에게, 이때부터 바야흐로 뉴 라나크 후기가 펼쳐지는 것이다.

그의 실험은 이미 예비단계를 넘어섰고, 이른바 그의 "통치"는 뉴 라나크야말로 바로 "사회개량의 메카"임을 구가하기에 이르렀다. 1816년의 '새 학교'(New Institution) 개교는 바로 그 상징의 하나라 할 수 있을 듯하다.

기계의 정비 및 제품 옥내운반의 기계화, 조명의 가스화, 원료구입에서 제품판매에 이르기까지의 일관된 분업체계 수립, 사내정화 완비 등을 통해, 연간 원면 소비량이 급증하기에 이르렀다. 2천 명이 넘는 직공들(그 중 2/3는 여성)은—비록 경쟁업체의 임금수준에는 다소 미달하긴 했지만—그 부족분을 사내 복지시설 등을 통해 보충받을 수 있었다. 게다가 직공 진료시설, 질병 공제기금 설치, 저축은행 설립, 주방 및 식당의 공동화 등을 통해 직공의 생계가 안정을 되찾을 수 있었을 뿐만 아니라, 공장 내 협동조합 점포를 통해 학교의 경상비까지를 충당할 수 있을 정도의 실수익도 올릴 수 있었던 것이다. 뉴 라나크 공장은 직공 진료, 질병 공제기금, 저축은행, 주방 및 식당의 공동화 등에 소요되는 일체의 경비를 스스로 충당하고도, 연평균 2만 파운드에 달하는 이윤까지 기록할 수 있게 되었다.

그는 "가장 가난하고 무지한 사람들의 집단"이 그의 교육에 의해 거의 새 사람들로 바뀌어나가는 실상을 널리 알렸다. 물론 뉴 라나크 '공장 커뮤니티' 실험의 지속적인 발전을 위해 아낌없는 지원과 협조를 널리 호소하는 것 또한 잊지 않았다.

(이 뉴 라나크 공동체의 실상을 보다 명료히 하기 위해 참고로 덧붙일 만한 삽화 같은 자료가 하나 있다. 1833년 영국의 한 의회보고서는 "영국 노동자의 궁핍에 비하면 미국의 노예제도, 아일랜드의 영국인 지주제도, 영국의 참혹한 인도 통치 따위는 오히려 무색할 지경"이라 기록하고 있을 정도다.)

2) 공동체 구상

환경을 강조해온 로버트 오웬의 입장에서는, 개인이 별반 자유의지를 소유하지 못한 존재로 비쳤을 가능성이 적지 않아 보인다. 앞서도 살펴본 바와 같이, 오웬은 개인의 성향과 행위가 대체로 그를 둘러싸고 있는 환경에 의해 규정되는 것이라 굳게 믿었기 때문에, 개별 개인에 대해 결정적인 책임을 묻기가 그리 용이한 일은 아니었으리라 짐작된다. 무엇보다 개인의 도덕적 타락, 범죄행위, 빈곤과 불행 등에 대한 책임이 개개인이 아니라 바로 그 환경에 있다는 것이 그의 지론이었기 때문이다. 따라서 이러한 다양한 사회적 패악(悖惡)이 바로 그것을 야기한 환경을 생성시킨 기존 사회질서의 모순에서 비롯할 수밖에 없으리란 결론에 가닿는 것 자체가 실은 지극히 자연스러운 현상이라 할 수 있을 것 같다.

다른 한편, 오웬은 행복 추구욕이 인간행위의 근본동인이라 여겼던 것처럼 보인다. 그러나 동시에 개체의 행복이 전체와 조화를 이루어야 마땅하리라는 믿음 역시 견고히 견지하고 있었던 듯하다. 바로 이런 관점에서 그는 인간에 대한 교육의 핵심이 첫째, 인간이 환경적 요인에 종속될 수밖에 없는 존재라는 측면과 더불어 둘째, 개인과 전체의 행복이 불가분의 상관관계를 맺고 있다는 점을 잘 깨달을 수 있도록 가르치는 것이라 믿어 의심치 않았던 것이다.

이런 신념으로 다져진 오웬은 기업경영과 더불어 저술에 몰두하면서도, 유아노동 금지 및 노동시간 단축 등등, 노동자의 법률적 보호를 위한 국가의 적극적 개입을 촉구하는 실천적 사회운동 역시 게을리하지는 않았다. 그러나 그의 열정적인 입법청원에는 메아리가 들려오지 않았다. 정부와 기업인들에 대한 호소 역시 계속적으로 외면당하게 되자, 그는 노동자들과 직접적으로 연대할 수 있는 방안을 모색할 수밖에 없었던 것처럼 여겨진다.

하지만 그 와중에 불황과 실업이 영국을 엄습하여 사회불안은 날로 심화하였다. 뉴 라나크 역시 예외가 아니었다. 이런 상황에서 로버트 오웬은 1817년 이에 대한 대책을 강구해달라는 관계당국의 요청을 받게 된다. 그걸 받아들여 그는 심사숙고 끝에 「제조업 불황구제 위원회에 대한 보고서」(Report to the committee for the relief of the manufacturing poor)를 제작하여 제출하였다. 그런데 여기서 우리가 주목해야 할 것은 이 짧은 문서에 무엇보다도 공동체를 바라보는 오웬의 기본시각과 입장이 집약적으로 농축되어 있다는 사실이다.

오웬은 기업과 노동자들이 겪고 있는 참담한 경기불황의 직접적 원인이 한마디로 "인간노동의 가치하락"(depreciation of human labour)에 있다고 단정 지으면서, 그것은 바로 기업의 전면적인 기계 도입 때문이라 일침을 가하였다. 그렇기 때문에 특히 증기기관을 비롯한 다양한 현대적인 기계를 가장 앞장서 발명하고 설치한 영국이 역시 가장 큰 타격을 입을 수밖에 없음은 명백한 현상이라 잘라 말했다. 나아가 그는 공장제 기계공업이 생산량 증대와 생산물 가격 하락을 초래하고, 이러한 가격 하락이 결국엔 수요를 충동질하게 된다고 주장한 것이다.

그러나 오웬은 생산의 증대에 발맞춰 나란히 확장되지 못하는 시장의 한계로 말미암아 산업위기가 초래될 수밖에 없다고 진단한다. 가격 하락이 수요 욕구를 증진시키게 되고, 그로 말미암아 기계 도입 이전보다도 훨씬 더 많은 노동자가 돈벌이에 나서게 되긴 하였다. 하지만 기계가 오히려 일자리를 잠식해버림으로써, 노동대중의 구매력 결핍은 더욱 깊어지지만 그것을 보상할 대책은 전혀 마련되어 있지 않은 상태다. 따라서 시장의 확대가 이루어질 수 없기 때문에 위기가 야기될 수밖에 없다, 오웬은 이렇게 진단하였던 것이다. 그러므로 빈자와 실업노동자들을 위해 근본적으로 새로운 일자리를 창출하는 것이 급선무이긴 하지만, 이것이 현실적으로 불가능하다는 것이 바로 문제의 핵심이다. 이것이 곧 오웬의 결론이었던 것이다.

이처럼 오웬은, 훗날의 마르크스와 마찬가지로, 자본주의 경제질서의 본질적인 모순이 다름 아닌 자본주의 체제 그 자체에 기인한다는 소신을 지니고 있었다. 그리고 그는 이러한 판단에 기초하여, 기존 사회의 분배체제의 모순을 신랄하게 비판하기 시작한 것이다.

이러한 위기상황에 맞닥뜨려, 그는 '노동생산물에 대한 노동자의 완전한 권리'를 촉구하기 시작하였다. 오로지 노동만이 생산적임에도 불구하고, 모든 노동생산물이 노동자 자신에게 고스란히 되돌아가고 있지 못하는 모순이 만들어지고 있다는 것이 그의 지론이었다. 따라서 그는 기업가의 이득분이란 것이 온전한 노동생산물로부터 빼내간 부분이기 때문에, 노동자에게 모든 노동생산물의 원래 가치를 귀속시키지 않으면 안 된다고 역설하기에 이른 것이다. 후일 마르크스가 이러한 측면을 잉여가치론 및 노동가치론 등으로 심화하고 체계화한 바 있다는 것은 널리 알려진 사실이다. 어쨌든 오웬은 이와 같이 노동자에게 노동자 자신의 것을 환원시킨다는 취지에서, 생산조합과 같은 공동체 건설을 촉구하게 된 것이다.

뿐만 아니라 오웬은 기계가 인간을 노예로 전락시키며 오로지 자본가만을 위해 봉사하는 독소를 보유하고 있음을 명백히 하고 있다. 그러므로 인간적 소외를 심화할 뿐인 이 기계를 축출하는 게 마땅하리라는 결론에 자연스레 가닿을 것처럼 보였다. 하지만 그는 현재와 같은 경제체제하에서는 그 어떤 나라에서도 결코 기계를 멈추게 할 수는 없으리라는 것 또한 잘 깨닫고 있었다. 만에 하나라도 만일 기계를 멈추어버리게 된다면, 그것은 야만의 표지에 지나지 않는 것이 될 따름이리라. 반면에 만일 국가가 이런 기계로 말미암아 수백만의 인간을 굶주리게 만들어버린다면, 그것은 보다 더 극심한 야만의 증좌가 될 뿐이지 않으랴. 오웬은 이러한 번민과 회의를 되풀이하였다. 마침내 그는 바로 지금이 빈자 및 노동자 계급을 보호하고 존중하는 정책을 반드시 추진해나가지 않으면 안 될 절박한 시대상황이라고 판단내리고, 결의를 더욱더 굳혀 나가게 되었다.

이러한 상황에서, 그는 또다시 긴박한 물음을 던지지 않을 수 없었다. 만약에 우리가 기계 도입을 용인할 수밖에 없는 불가피한 현실에 처해 있다면, 이 빈곤한 사람들은 도대체 어떻게 구제할 수 있단 말인가? 이들의 노동력은 최대한 활용되어야 한다. 뿐만 아니라 이토록 비참한 생활이 야기한 도덕적인 타락으로부터도 이들을 반드시 구제

해내지 않으면 안 되리라. 그렇다면, 도대체 어떻게 할 것인가?

이윽고 오웬은 '협동'(Co-operation)의 원리를 제시하게 되었다. 뿐만 아니라 이를 자신의 모든 실천활동의 기본 조직원리로 삼기에 이르렀다.[13]

이윽고 노동자의 자발적인 '협동'에 힘입어 기계를 자율적으로 관리할 수 있게만 된다면, 인간적 소외를 극복해나갈 수 있는 활로를 개척해나갈 수 있게 되지 않으랴 하는 데 생각이 미치게끔 되었다. 나아가 노동자의 이해관계와 의무를 조화시키는 동시에 이들로 하여금 도덕적으로도 보다 건강한 생활을 영위할 수 있도록 이끌어주는 집단적 방안을 찾아낼 수만 있다면, 출로가 더욱 명료해지지 않겠는가, 뿐만 아니라 이들의 자녀들 역시 마찬가지로 인간적으로나 윤리적으로 바람직한 삶을 살아갈 수 있도록 돕기 위해 그에 합당한 체제를 수립할 수만 있다면, 금상첨화가 되지 않으랴?

오웬은 번민을 거듭했다. 그러나 바로 이러한 고뇌에 찬 현실인식과 자문자답으로부터 그 자신의 공동체 구상의 면모가 서서히 드러나기 시작하는 것이다.

하지만 그는 빈자와 노동자들의 바람직한 삶을 보장하는 기본토대를 구축하기 위해서는, 이러한 과업을 개인이나 개별 가정에 독자적으로 위임한다던가 또는 대규모 조직에 일괄적으로 내맡겨서는 성사될 수 없으리라 판단 내리게 되었다. 그리하여 그가 마침내 건져 올린 대안이 바로 생산조합식 공동체 건립 구상이었던 것이다.

13 옥스퍼드 영어 대사전에 따르면, 이 '협동'이란 어휘가 본래 "함께 일하다" 정도의 의미로 사용빈도수가 미미할 정도에 불과했지만, 실은 로버트 오웬과 그의 제자들 덕분에 "수많은 이들과 공동체 전체가 함께 생산하고 함께 분배하기 위해 힘을 모은다"는 정치경제학적 개념으로 다시 태어나 오늘날과 같이 널리 쓰이게 되었다고 한다. 이에 대해서는, 콜(2017, 10)을 볼 것.

오웬은 대략 500명에서 1,500명, 평균 잡아 1,000명 정도로 이루어지는 '주거조합' 같은 것을 염두에 두고 있었던 것 같다. 그리고 이들을 수용할 대지 규모로 대략 1,000-1,500에이커 정도를 예상하기도 했다. 나아가 공용 부엌 및 식당, 예배실 등이 배치될 공공건물, 그리고 유치원, 아동학교, 오락실, 운동장, 기숙사 및 주거용 주택, 농장과 공장 등으로 이루어질 주거단지 등을 기획하였다. 그러나 그의 구상은 끝이 없었다.

무엇보다 외부로부터의 악영향을 차단하기 위해 세 살 이상 어린이는 반드시 학교에 보내야할 뿐만 아니라, 식당에서 함께 식사하고, 기숙사에서 공동으로 취침하도록 한다. 여성에게는 특히 유아보호 및 교육, 정원 및 농장 노동, 의류제조 업무가 주로 할당되지만, 하루 4-5시간을 넘기지 않는 한도 내에서 공장노동을 수행할 의무도 함께 부여된다. 청소년들 역시 농장 및 공장 노동에 필요한 훈련을 받아야 하고, 모든 남성은 농장 및 공장 노동에 동원되도록 되어 있다. 예컨대 플라톤의 공동체 구상이 관념적인 철학적 토대에 입각해 있는 것이라 한다면, 오웬의 그것은 이처럼 일상적인 실용성에 뿌리를 내리고 있는 것이었다.

나아가 오웬은 세세한 건립 비용까지 따지고 있는데, 토지 매입과 건물 건축비가 대부분을 차지한다. 그러나 이 총비용을 전체 구성원 개인별로 나누어 할당하게 되면, 한 사람당 소액 부담으로도 전액 충당이 가능할 것으로 내다보았다. 뿐만 아니라 이 자금을 저리융자로 대출받을 수도 있음을 내비치기도 한다. 그런 와중에 이 자금을 동원하기 위해 자금력 있는 개인이나 교구, 지역 자치구 등이 나서거나, 아니면 아예 국가가 앞장서서 이 사업을 주도할 수도 있으리라는 꿈같은 기대에 부풀기도 하였다.

게다가 만약 이 공동체 기획이 성공적으로 이루어지기만 한다면, 여기에 속한 토지 및 건물 값뿐만 아니라 인근 지역의 땅값까지도 덩달아 뛸 수밖에 없게 되어, 결국엔 원래의 투자가치를 훨씬 상회하는 소득을 보장해주리라는 낙관까지도 품게 되었다. 그에게는 대단히 자연스럽기도 했던 이러한 선천적인 낙관이 실은 그의 꿈을 실현 가능한 것으로 믿게 만드는 것으로 비치기까지 할 정도였다. 총체적으로 볼 때, 그는 선천적인 낙관론자로 여겨진다. 이러한 낙관 탓이었는지, 오웬은 물론 이러한 공동체 건설의 시기가 무르익었다고 확신하고 있었다.

이윽고 그는 무엇보다 불우한 환경에 처한 사회적 빈곤집단이 더 이상 사회적으로 비참한 생활과 도덕적 타락에 빠져들지 않도록 하기 위해, 그리고 상부상조 정신에 입각하여 서로에게 이득이 되는 공동선을 시급히 구현해나가기 위해, 건강한 인간적 삶을 보장하는 공동체 속에서의 협동과 결속이 절실히 요구된다고 힘주어 역설하게 되었던 것이다. 뿐만 아니라 이러한 생산협동조합식 공동체 건설은 사적으로 이루어지는 자율적인 빈자 및 실업자 구제방안의 일환이기 때문에, 응당 국가의 공적인 부담을 경감시켜주는 부대효과도 거둘 수 있으리라 예측하기도 하였다.

오웬은 공동체 모델을 통한 생산협동조합을 건설함으로써, 덤으로 사회개조에 박차를 가할 수도 있으리라는 희망에 들떠 있기도 했던 것처럼 보인다. 그는 이 생산협동조합을 통해 무엇보다 새로운 부를 생산하는 노동자가 바로 자신의 공정한 몫을 착취당함 없이 올곧게 되돌려받을 수 있으리라 확신하고 있었다. 한마디로 그는 일체의 생활조건의 평등을 모든 구성원들에게 골고루 보장하는 자급자족적인 생산협동체적 공동체를 통해 자본주의적 모순이 극복 가능하리라 믿었던 것처럼 보인다. 이처럼 그는 '협동'을 사회개혁의 견인차로 간주하였던 것이다. 어쨌든 이러한 공동체 구상 속에는 실용성에 뿌리내린 그 자신의 심오한 인간애와 인도주의 정신이 깊이 아로새겨져 있음은 결코 부인할 수는 없으리라 짐작된다.

하지만 오웬의 실험정신은 끝을 모르는 듯했다. 곧이어 그는 새로운 열정의 회오리바람을 불러일으키게 되는 것이다. 50대 초반이었던 1824년 어느 봄날, 뉴 라나크 공장을 자신의 처남에게 맡기고, 그는 표표히 미국으로 떠난다. 자신의 공동체적 이상을 새로이 구현하기 위해, 자신이 소유하고 있던 뉴 라나크 지분을 몽땅 다 집어던지고는 두 손 털고 조용히 미국으로 향한 것이다. 그의 실험은 1829년까지 이어진다.

그런데 그는 왜 공동체 설립을 새로이 구상하게 되었을까, 그리고 그가 선택한 장소가 하필이면 왜 미국이었던가?

19세기 초반, 협동조합 이념은 별반 새로운 조류는 아니었다. 어떻게 보면 퀘이커, 모르몬교(말일성도 교회) 등을 비롯한 다양한 기독교 종파들이 오웬의 사상적 선구자였을 가능성이 적지는 않아 보인다. 이들은 사회로부터 이탈한 공동체 생활의 전범을 보임으로써, 오웬의 협동조합 이념에 꾸준히 영향을 끼쳤으리라 짐작된다.

나아가 영국의 경제불황과 실업확산도 그를 동요시켰다. 뿐만 아니라 오웬은 영국 내에서의 공동체 건립 사업이 자금난이라든가 빈약한 호응도 등으로 인해, 현실적으로 성취될 가능성이 희박하다고 판단했던 것처럼 보인다. 게다가 빈자와 노동자를 위한 자신의 다양한 정치적 개혁 시도가 번번이 좌절당하는 쓴맛을 자주 보기도 하지 않았던가. 엎친 데 덮친 격으로 뉴 라나크의 동업자들 상호 간에 불협화음까지 고조되어, 그를 더욱 깊은 실의에 빠지게 만들기도 했다.

하지만 이런 난관 속에서도, 그 자신에게는 지극히 고유한 선천적인 낙관이 맥맥이 살아 꿈틀거렸다. 자신의 조국 영국에 대한 실망감으로 뒤척이던 그의 눈에 미국은 미래를 기약하는 신천지로 홀연히 떠오르기 시작한 것이다. 그는 한 편지에서, "미국은 놀랍게도 새로운 시스템에 대한 준비가 다 되어 있다. 온 나라가 다 사유재산을 척결하고 공유재산 원칙에 입각한 새로운 제국을 건설할 각오로 충만해 있다"고까지 써 재끼며, 자신의 들뜬 속내를 숨김없이 드러내기도 했다.

마침내 1824년 무렵 미국에 발을 들여놓았다. 오웬은 이 여정에 수도 워싱턴에 들러 대통령 먼로 및 차기 대통령 애덤스 등의 환영을 받고, 나아가서는 미국 의회에서 연설까지 하는 일대 반향을 불러일으키기도 한다. 이윽고 그는 한 독일인 루터파 선교사가 인디애나주에 창설한 협동체를 3만 파운드에 구입하면서, 생애 최대의 이상주의적 모험을 시작하게 된다. 바야흐로 1825년 5월 1일, 공식적으로 〈뉴하모니 협동체〉가 문을 열게 되었다.

그는 이 〈뉴 하모니 협동체〉를 위해 이른바 '뉴 하모니 헌법'까지 기초하였다. 이 '헌법'은 입주자 전원을 한 가족으로 대우하고, 누구나 직업적인 차별을 받지 않도록 하며, 연령에 따라 되도록 같은 의복을 착용하고 같은 교육을 받도록 하며, 같은 집에 입주하여 같은 가재도구를 쓰고, 전체의 복지를 위해 근로를 제공할 것 등을 규정하고 있다. 하지만 공동체 주민들은 교육, 종교, 음악, 무용 등의 분야에서는 '협동'에 큰 성공을 거두었으나, 그를 뒷받침할 만한 생산의 공동화를 이루어내지는 못하였다.

그러나 오웬은 지나치게 홍보에 치중한 나머지 마을을 비울 때가 잦은데다가, 그의 지나친 낙관이 전략에 차질을 일으키기 일쑤였다. 게다가 무분별한 입주자가 범람함으로써 이른바 '악마와 천사'가 공존하는 마을로 전락한데다가, 무엇보다도 생산노동자가 부재하였다는 점이 치명적이었다.[14] 이윽고 수년 후 오웬 스스로가 퇴촌하게 되면서, 이 공동체 실험은 끝내 막을 내리게 된다.

결국 오웬은 이 '뉴 하모니 협동체' 실험에 자신의 전 재산을 거의 대부분 날려버리고, 1829년 빈손으로 영국으로 귀향하는 수밖에 없었다. 그 후 그는 뉴 라나크 공장의 자기 소유 잔여 주식을 몽땅 처분해 버리고는, 실질적인 관계도 청산해버렸다.

다른 한편 이러한 오웬의 공동체 실험 사례를 되돌아볼 때, 인류 역사에서 거의 유일한 공동체적 생활방식의 성공사례로 꼽을 만한 것은 수도원 정도 아닐까 한다. 공동체 생활은 대체로 인간적 이기심의 상호 갈등과 충돌로 무너지는 경우가 지배적이리라 짐작된다. 하지만 수도원에는 이러한 인간적 아귀다툼을 권위 있게 잠재울 수 있는 제3의 초월적인 존재, 즉 전지전능한 절대자가 군림하는 탓에, 공동체적 집단생활이 그나마 오랫동안 명맥을 유지할 수 있지 않을까 추정된다.

오웬은 '협동체' 실험을 시작한 지 얼마 지나지 않은 1826년 7월 4일, 미국독립 50주년을 맞이하여 뉴 하모니에서 '정신적 독립선언'이라는 제하의 연설을 하게 될 기회를 가진 적이 있었다.

하지만 그는 이 연설 속에서 "악의 3위1체"를 꼭 집어 들춰내고서는, 그것은 바로 "사유재산, 불합리하고 모순적인 종교, 그리고 그 둘 중 어느 하나와 결합한 불합리한 결혼제도"라 목소리를 높였다. 이런 관점에 입각해, 인류는 지금껏 바로 그런 것들의 "노예"로 살아왔다고 비판하며, 이러한 인류의 해방을 부르짖은 것이다. 마치 종교를 "민중

14 처음부터 이 공동체에는 지속적인 육체노동을 할 수 없거나 또 이를 천시하는 중산층 출신 지성인들로 넘쳐났다. 이들과 노동자 계급 구성원들과는 애초부터 아예 공생이 불가능했다. 이에 대해서는, Morton(1969, 42)을 볼 것.

의 아편"이라 독설을 퍼부었던 훗날의 마르크스를 연상이라도 시키듯이, 오웬은 특히 현존 종교를 무엇보다 자신의 지론인 성격형성의 원리 및 협동사회 건설의 장애가 되는 "어두운 제도"요, "도깨비"라 비난해 마지않았다. 한때 상업이 인간의 인격에 끼치는 해악을 비판함으로써 결국 자본주의에 대해서도 지적으로 전쟁을 선포한 바 있거니와, 이제는 바야흐로 종교까지도 자신의 지적인 원수로 만들고 말았는데, 이 교회에 대한 두 번째 공격이 훨씬 더 심각한 것이었다. 종교에 대한 그의 공격이 표적으로 삼은 것은 무엇보다 국가와 교회라고 하는 기존질서의 핵심부였기 때문이었다(콜 2017, 32). 당시 그는 거의 목숨을 내걸기라도 하듯이, 종교를 극렬하게 몰아붙였다고 전해진다.

그러나 이것이 또 화근이 되었다. 그러한 행위로 말미암아, 그의 오랜 지지 기반에 급격히 금이 가기 시작했다. 그를 지지하던 언론도 등을 돌리고 말았다. 하지만 그는 언론의 중대한 사회적 기능을 결코 외면할 수는 없었다.

가령 마르크스 역시 언론의 심각한 사회적 의미를 결코 잊은 적이 없었다. 그리하여 『라인신문』·『독불연보』·『신라인신문』 등의 신문·잡지에서 나름 꾸준히 언론활동을 전개하기도 하지 않았던가. 심지어는 노동자 계급 신문의 역할을 자임하던 『신라인신문』의 편집책임을 맡기도 하였으나, 결국 폐간되고만 적도 있었다. 하지만 그럼에도 『뉴욕 데일리 트리뷴』 등에 기고를 하는 등 언론활동을 결코 포기하지는 않았다.

언론이 등을 돌리자, 오웬 역시 훗날의 이러한 마르크스처럼 언론에 결코 눈감을 수는 없었다. 그는 스스로 언론매체를 소유할 필요성을 절감하게 되었고, 이윽고 최초의 기관지 『진리의 거울』을 창간하기에 이른다. 하지만 불과 2개월의 단명으로 끝나버리고 만다. 그러자 오웬은 종교계로부터 엄습하는 비난의 봇물을 피하기라도 하듯이, 유럽대륙 여행길에 오르게 된다.

그 와중에 영국 전역은 불황과 실업 등 사회불안에서 헤어나지 못한 채, 한층 더 악화일로를 걷고 있었다. 결국엔 뉴 라나크 지역까지 궁핍의 밑바닥을 헤맬 정도로 실업자가 홍수를 이루었다. 이러한 상황에서, 주 당국이 오웬에게 실업의 원인분석 및 대책을 요청한 것은 극히 자연스러운 일이었다. 그리하여 그의 답안이 「뉴 라나크주에 대한 보고」로 나왔다. 그러나 주 당국은 채택 여부를 결정하지 못한 채 전전긍긍하다가, 결국엔 '공공의 토의에 회부한다'는 어정쩡한 단서를 부쳐 반려하는 것으로 마감해버리고 말았다. 오웬은 이를 다음 해 출판하여, 또 다시 파문을 일으키게 된다.

오웬의 이 답서는, 비록 보고서(report) 형식을 취하긴 했지만, 절정에 도달한 오웬주의의 사상적 성숙을 드러내는 가장 중요한 논술서의 하나로서, 전술적·체계적인 차원에서도 귀중한 문헌으로 손꼽히기도 한다.

오웬은 대중실업이 새로운 생산기제 발달로 인한 과잉생산 및 분배방식의 오류에 기인한다고 보았다. 여기에 이미 그의 과소 소비론의 그림자가 어른거리기 시작한다.

그는 노동자야말로 당연히 자신이 생산한 새로운 부 가운데 공정한 몫을 청구할 정당한 권리를 소유한다고 역설했다. 이런 취지에서 그는 이러한 신생산력을 만인의 보편적인 이익을 위해 사회적으로 통제할 것과, 나아가서는 인간의 소외를 심화시키고 인간을 노예로 만들뿐인 자본가 중심의 기계 사용을 중단할 것을 촉구해 마지않았다. 이윽고 노동자의 자발적인 협동에 입각한 보다 면밀한 기계관리를 통해 인간적 소외가 점차 극복되어질 수 있으리라는 소신까지 명확히 밝혀나가기 시작했다.

요컨대 노동자에 의한 기계의 협동관리를 제창함으로써, 바야흐로 '협동'이야말로 사회변혁의 톱니바퀴임을 강조하기에 이른 것이다. 말하자면 모든 사람을 하나로 결속하는 위대하고 보편적인 '협동' 원리를 줄기차게 발전시켜나가게 되면, 마침내 전 사회적 경제체제가 변혁되고, 결과적으로 '새사회시설'(New social arrangement), 즉 연대에 기초한 공동체(Community)가 구현될 수 있으리라는 것이 자신의 신념임을 천명한 것이다. 이러한 구상이 오웬 자신의 성격형성 원리에 기초한 '인간 공동체 설립'(human community making) 목표의 일환이기도 했음은 물론이다.

이 「뉴 라나크주에 대한 보고」에 이어서, 그는 「현하 궁핍원인의 한 해명」 및 「사회제도론」을 잇달아 집필하였다. 결국 이 세 저술이 그의 3부작으로 꼽히게 된다.

이와 같이 로버트 오웬은 시종일관 인간에 대한 깊은 애정으로 일관하며 눈곱만큼도 인도주의적 배려를 아끼지 않은 기업가이자 사회운동가였던 것이다.

무엇보다 그는 개인의 사적 행복과 사회의 보편적 행복, 이 둘 다를 어떻게 하면 동시에 조화롭게 확보할 수 있을까 하는 인류사적 화두를 두고 종내 고뇌를 거듭할 수밖에 없었다. 뿐만 아니라 나름대로 이론과 실천을 통일시켜보고자 골몰하기도 했다. 그런데 이러한 측면이 19세기 전반기 영국의 대표적인 사회이론가이기도 했던 그의 총체적인 삶과 정신에 과연 어떻게 드러났을까?

물론 오웬은 이성적인 사회질서가 결코 저절로 구현되리라고는 생각지 않았다. 하지만 그는 인간의 무한한 발전 가능성을 신봉하며, 교육이 그 지렛대로 작용할 수 있음 또한 믿어 의심치 않았다. 그러므로 그와 같은 독학자 출신에게 보편적인 국민교육이 단연 핵심적 관심사안으로 떠오를 수밖에 없었음 역시 자연스러운 현상이었다. 뿐만 아니라 그는 사회정책(Social Policy)까지 제창하고 나섰다. 이론과 실천을 통일해보고자 진지하게 노력해온 그에겐 이 또한 자연스러운 일 아니었겠는가.

그러나 정부와 기업가에 대한 호소는 좌절되기 일쑤였다. 그러자 오웬은 노동자 자신에 대한 호소로 선회할 수밖에 없었다. 결국 실질적인 모범을 보일 진로를 스스로 선택하기에 이르렀는데, 그것이 바로 자조(Self-help)의 실험이었다.

그는 원시적 형태로서나마 '과소 소비론'을 제시했다. 요컨대 생산이 증대함에도 불구하고 그에 따르지 못하는 시장의 불충분성으로 인해 빚어지는 모순이 결과적으로 위기를 초래할 수밖에 없다고 역설한 것이다. 말하자면 노동대중의 구매력 결핍이 단연코 산업위기의 근본원인으로 작용한다는 말이 되겠다. 어쨌든 오웬은 자본주의 경제의 근본모순이 바로 자본주의 체제 본질 그 자체에서 비롯한다는 인식을 발전시켜 나간 것이다. 그리고 바로 이러한 관점에 입각해, 기존의 사회적 분배체제의 모순까지 싸잡아 비판하고 나섰던 것이다.

이러한 소신이 오웬으로 하여금 이윽고 '노동생산물에 대한 노동자의 완전한 권리'를 제창하도록 이끌었다. 바꾸어 말하면, 노동만이 홀로 생산적임에도 불구하고 모든 노동생산물이 노동자 자신에게는 전혀 되돌아가지 않노라 거세게 비판을 가했다는 말이 되겠다. 무엇보다 기업가의 이득분이야말로 실은 온전한 노동생산물로부터 빼낸 부분이며, 결과적으로 그것은 지불 받지 못한 임금에 다름 아니라 역설한 것이다. 이러한 판단으로부터 모든 노동생산물을 노동자에게 환원해야 한다는 주장이 자연스레 제기되기에 이르렀다. 다시 한 번 더 강조하는 바이지만, 훗날 마르크스가 특히 이 부분을 '잉여가치론' 및 '노동가치론' 등으로 체계화하고 집대성해냈음은 주지의 사실이다.

마침내 오웬은 노동자에게 자신의 것을 돌려주기 위해, 반드시 생산조합을 건설해나가지 않으면 안 되리라 촉구하고 나서게 된 것이다. 혁명적인 노선을 추구해본 적은 결코 없었다.

이상과 같은 간략한 분석을 통해서도 암시받을 수 있는 것이긴 하지만, 로버트 오웬은 사회운동과 사회정책에 자연스레 실천적인 영향을 끼칠 수밖에 없는 처지였다. 요컨대 자본주의적 모순이 격화하기 시작할 무렵 자본주의 사회의 인간화 노력에 매진하기 위해 그는 사회적 불의에 저항하여 끝없이 투쟁한 것이다. 이러한 소신은 이론가이자 실천운동가인 그로 하여금 이윽고 여성 및 유아 노동에 대한 법률적 제한을 최초로 감행토록 이끌기도 하였다.

뿐만 아니라 오웬은 노동자 자조정신을 불 지핌으로써, 소비조합 및 노동조합 운동에 실질적인 영향을 끼치기도 하였음은 물론이다. 그는 영국 최초의 노동조합(Trade Union) 단합대회를 주도하기도 하였다. 결국엔 그를 "협동조합의 아버지"라 부르는 관행이 생겨나기도 했다.

어쨌든 로버트 오웬과 더불어 영국에서 처음으로 노동운동과 '보다 더 나은 사회'에 대한 희망이 긴밀히 상호 결합하기 시작하였음은 특히 주목을 요하는 사실이다.

그러나 물론 '노동자를 위해서'이긴 했지만, 그러나 직접적으로 '노동자에 의해서'는 아니었노라 판독하는 것이 보다 타당하리라 여겨진다. 한마디로 그는 계급투쟁이나 혁명이 아니라, 모든 인간의 이성적 통찰력에 대한 호소로 일관한 편이었다. 달리 말하면, 조합이 산업을 위임받음으로써 자본주의적 방식을 폐기하고 사회주의적으로 주도되는 산업발전이 가능해지리라 믿었다는 말이 되리라. 오웬은 요컨대 평화적으로 도래할 사회주의 사회의 미래에 대한 꿈과 확신을 지니고 있던 인물인 것처럼 여겨진다. 한마디로 그는 사회개량 및 노동조합 운동의 기수였던 것이다.

III. 소결

이른바 '공상적'(유토피아) 사회주의는 근대 자본주의와 노동자의 절박함이 부의 축적과 비슷한 속도로 성장하는 시대를 맞아, 사회의 보편적 불평등에 대한 반발로 출현했다고 말할 수 있을 것이다.

그리하여 무엇보다 사회적 질병으로 간주되는 집단빈곤(pauperism) 현상이 일차적으로 '공상적' 사회주의자들의 눈길을 사로잡게 되었다. 그러나 그들 대부분은 당시의 경제적 발전 정도에 대한 심각한 분석이나 고려도 없이, 대체로 현실을 떠난 정서에 입각한 '체계'만을 단순히 '생산'해내는 편이었다.

엄청난 수의 인간이 실업상태로 내몰림당하거나 또는 성실히 노동함에도 불구하고 생활의 개선희망이 전혀 보이지 않는 현실에서 핍박당하기만 하는 상황을 마주하며, 그들은 큰 충격을 받을 수밖에 없었다. 하지만 경제체제의 본질이나 당시의 경제발전 정도에 대한 체계적인 분석과 과학적인 연구에 몰입하기보다는, 대체로 자본주의를 격렬히 비판하며 잔혹한 기업가적 이기주의와 화폐지배에 대해 비난을 퍼붓는다든가 좀 더 많은 정의와 형제애에 대한 감성적 호소로 일관하는 쪽이었다. 그리하여 그들은 어떻게 하면 인간의 자연적 능력을 조화롭게 발전시킬 수 있는 기본조건을 조성해냄과 동시에 사회주의 정신을 일거에 구현해낼 것인가 하는 다양하고 모순적인 해결책을 제시하는 수준에만 머물렀을 따름이다.

그러나 특히 국가에 대한 입장 역시 다양했다. 예컨대 로버트 오웬 등 대체로 조합주의적 정향을 지닌 사상가들은 현존하는 권위주의적이거나 또는 중앙집권화를 목표로 하는 공권력의 개입에 대해서는 적대적인 편이었다. 반면에 푸리에 같은 인물은 '노동의 조직', 말하자면 노동문제의 해결을 위한 국가의 필수적 역할을 강조하는 쪽이었다. 어떤 이론가의 눈에는 국가란 때로는 착취기구로 비치기도 했고, 여타 다른 이들에게는 또 때로는 사회적 변화를 위한 필수불가결한 도구로 인식되기도 하였다. 그에 따라 폭력의 문제에 대해서도 다양한 반응을 보일 수밖에 없었음은 물론이다. 예컨대 바뵈프를 제외한 대부분의 유토피아 사회주의자는 폭력을 근본적으로 거부하며, 개량과 평화적 수단만을 옹호하는 데 여념이 없을 정도였다.

물론 이들 유토피아 사회주의자들 가운데 공통점도 많지만, 그들의 정치적 목표는 지극히 다양한 편이었다. 이 가운데서 특히 토마스 모어와 캄파넬라는 독특한 의미를 지니는 인물이라 할 수 있다. 이들은 무엇보다 당시의 기존 사회체제를 날카롭게 비판하는 토대 위에서 새로운 사회질서에 대한 비전을 제시하고 있기 때문이다. 그러나 그들의 뿌리도 상이한 조류를 반영하고 있었다. 모어는 기독교 비판적인 자세를 견지하며 당대의 휴머니즘과 유사한 방향으로 나아갔다. 경건하지만 교회 비판적인, 또 그러면서도 이성의 범주 속에서 사고하던 비교조적 휴머니스트인 토마스 모어가 교회와 교황을 위한 순교자로 각인되기도 하였음은 적잖이 흥미로운 역사적 현상이라 하지 않을 수 없을 듯하다. 반면에 캄파넬라의 이념은 중세의 거대한 비전으로 충만한 신비주의를 연상시킬 정도다.

그러나 초기 사회주의 이념의 역사에서 가장 유의미한 위상을 차지하는 것은 뭐니 뭐니 해도 18세기경 프랑스 아닐까 한다.

하지만 18세기 이전 단계에서는 사회사상이 거의 정신적 소외에 파묻혀 있었던 실정이었다. 반면에 18세기에 오게 되면, 그것은 당대의 철학적 사상체계에 깊숙이 통합되기 시작하였다. 이러한 측면이 바로 이 시기 사회사상이 확보한 역사적 의의라 할 수 있을 것이다. 바야흐로 18세기 이후, 사회주의 사상 역시 더 이상 철학가의 머릿속에서만 오락가락하는 비현실적 몽상의 체계로 연명하지는 않았다. 그것은 오히려 사회변혁을 지향하는 실천적인 결의의 표상으로 이해되기 시작하는 것이다.

예컨대 무엇보다 『인간 불평등기원론』을 발간한 루소 이후에는, 그 어느 누구도 불평등에 뿌리내린 인간 상호 간의 관계에 대한 비판을 외면하거나 방관할 수 없게 되기도 하였다. 사회적 평등 이념은 바야흐로 신비주의적인 분위기에서 벗어나 세속화된 형태로서, 사유재산의 극복이나 최소한 새로운 분배 이념 등과 결합하여 정당한 이성적 요구로 굳건히 각인되기 시작한 것이다.

무엇보다 유럽 역사상 최초의 진정한 공산주의 교리로 자리매김되는 바뵈프의 이념은 최초로 폭력혁명에 토대를 두고 있는 것이었다. 그는 응당 사유재산의 철폐와 재산공동체 및 공동노동의 수용을 위해 폭력혁명을 촉구하기에 이른 것이다. 우리는 여기서 공산주의가 처음으로 정치세력화하는 현장을 만나게 된다.

생시몽의 사회주의 이념 역시 필연적으로 사회갈등이 수반될 수밖에 없는 역사발전의 진로에 대해 역설해 마지않는다. 그의 역사해석의 핵심은 한마디로 어느 시대나 항상 한 질서로부터 이득을 향유하는 세력과 고통을 전담하는 집단이 공존하기 때문에 이들 사이의 투쟁이 불가피할 수밖에 없다는 인식에 기초한다. 이러한 소신에 입각해, 생시몽은 당대 역사의 본질이 '생산적 계급'과 '비생산적 계급' 양자 간의 투쟁에 있다고 갈파한 것이다. 물론 그는 전자의 온전한 승리로 역사발전이 이루어져 나가리라 믿어 의심치 않았다. 그러나 그는 이러한 승리가 반드시 평화적인 수단으로 쟁취되리라 확신하고 있었다. 그는 결코 폭력혁명을 수용하지는 않았던 것이다.

우리는 인류역사를 계급투쟁의 역사로 파악하는 마르크스·엥겔스의 기본입장이 이와 같이 이미 생시몽 및 그의 제자들에게서 간헐적으로나마 서서히 싹트고 있음을 감지할 수 있으리라 여겨진다. 마르크스 역시 생시몽의 최종목표가 노동자 계급의 해방이었다는 점을 부인하지는 않는다. 나아가 그의 천재적 통찰력을 인정하면서, 훗날 사회주의 이론의 주요한 핵심요소의 이념적 편린들이 이미 그에게서 발아하고 있다는 사실을 추인하기도 하였다.

뿐만 아니라 생시몽이 '산업자', '산업주의', '산업사회'라는 개념을 처음으로 창안해내고 활용하였다는 사실 또한 주목할 만한 측면이라 하지 않을 수 없을 것 같다. 따라서 '산업혁명'이라는 척도로 새로운 역사적 상황을 묘파하는 근대적 개념이 등장할 수 있었던 배경 역시 생시몽이 끼친 영향에 기인하는 것이라 할 수 있지 않을까 추정된다.

이처럼 프랑스 초기 산업주의 이론가로서 생시몽은 인간의 근본과제와 의무를 노동으로 인식함과 아울러 근대적 사회관계에서 경제적 요인이 차지하는 결정적인 비중을 명확히 간파해냄으로써, 사회주의 이론에 적지 않게 공헌한 사상가라 이를 수 있으리라 여겨진다. 이러한 생시몽이었기에, 노동하는 자는 소수의 횡포로부터 해방되어야 할 뿐만 아니라 자신의 권리를 쟁취해나가지 않으면 안 되리라 역설할 수밖에 없었음 또한 자연스러운 현상이었노라 할 수 있을 것 같다.

어쨌든 이들 유토피아 사회주의자들이 보다 당당하고 바람직한 인간적인 삶과 인간사회의 행복을 쟁취하기 위해 나름대로 고군분투해온 투사들이었음엔 의심의 여지가 없으리라 여겨진다. 반면에 그들은 불의에 대한 저항이 존경받는 사회, 억압과 착취에 대한 항거가 칭송받는 사회, 간난과 고통에 대한 투쟁이 기림받는 사회 속에서는 제대로 살아보지 못한 인물들이었던 것처럼 비쳐진다.

그러나 보다 진일보한 사회, 요컨대 산업혁명을 겪으며 날로 성숙해가는 산업자본주의 사회의 빛과 그림자를 직접 체험하기도 한 로버트 오웬에 이르게 되면, 양상이 또다시 변하기 시작한 것 같다. 총체적으로 볼 때, 그는 이러한 유토피아 사회주의로부터 이른바 '과학적' 사회주의로의 이행 과정에 놓인 디딤돌 같은 존재라 이를 수도 있으리라 여겨진다. 물론 다른 맥락에서이긴 하지만, 예컨대 엥겔스 역시 「유토피아로부터 과학으로의 사회주의의 발전」(Die Entwicklung des Sozialismus von der Utopie zur Wissenschaft)이라는 제하의 글까지 쓴 적이 있지 아니한가.

그리하여 이러한 디딤돌을 딛고 마르크스·엥겔스는 마침내 새롭고도 획기적인 사회주의 사상을 정립하고 발전시켜나가는 험난한 역사적 여정에 오르게 된다. 그들이 정립한 마르크스주의 본질은 과연 어떠한 것이었던가?

제5장

마르크스주의의 본질

혁명의 이데올로기인가, 혁명적 방법론인가

지난 20세기를 가장 괄목할 만하게 장식한 것은 사회주의 체제의 성립과 그 붕괴라 할 수 있을 것이다. 세계사적인 관점에서 볼 때, 20세기는 볼셰비키 혁명으로 돛을 올렸고 공산권의 몰락으로 닻을 내린 셈이다.

소련 및 동유럽의 공산주의는 '프롤레타리아 독재'가 아니라 '프롤레타리아트에 대한 독재'로 마감하였다. 그와 더불어 이른바 마르크스·레닌주의도 종언을 고하였다고 다들 입을 모은다. 이러한 상황은 지극히 자연스럽게 일체의 사회주의적 실험과 구상들을 경멸하도록 조장하고 있다.[1] 이러한 현실에서 마르크스주의를 도대체 어떻게

1 예컨대 사회주의자가 아니었던 막스 베버(Max Weber)는 1920년 3월 볼셰비키 혁명에 공감하고 있던 자기 친구 게오르그 루카치(Georg Lukacs)에게, "나는 이 실험들이 단연코 사회주의를 앞으로 백여 년 동안이나 불신에 빠뜨릴 결과를 초래하리라 믿어 의심치 않네"라는 편지를 써 보낸 적이 있다(인용은 Kadarkay 1991, 251). 같은 해 러시아 무정부주의자 페터 크로포트킨(Peter Kropotkin)도 레닌에게 "현재의 상황이 지속된다면, 사회주의라는 어휘 그 자체가 저주로 돌변할 것"이라 쓴 서신을 보내기도 했다(인

이해할 것인가 하는 시대적 물음이 자연스레 제기되고 있는 것처럼 보인다.[2]

근본적으로 마르크스주의는 '비판'(Kritik)의 논리체계다.[3] 마르크스의 저술작업은 대체로 『헤겔 법철학 비판』(*Kritik der Hegelschen Rechtsphilosophie*)에서 시작하여 『고타강령 비판』(*Kritik des Gothaer Programms*)으로 끝맺는다고 말할 수 있으리라 여겨진다.[4] 이 '비판'의 기나긴 여정 속에서 클라이맥스를 장식하는 것은 물론 『자본론』(*Das Kapital*), 곧 '정치경제학 비판'이다. 이러한 사실은 단순하게 비치긴 하지만, 대단히 상징적인 의미를 지닌다고 말할 수 있을 것 같다. 이처럼 마르크스의 사상은 '비판'에서 시작하여 '비판'을 넘어 '비판'으로 마감한다.

마르크스에게 비판의 "본질적 파토스는 분노이며, 비판의 본질적

용은 Raskin 1991, 512). 어떻게 보면 베버와 크로포트킨 이 두 사람은 오늘날의 사회주의권 몰락과 사회주의의 시세 폭락을 이미 사전에 날카롭게 예언한 것처럼 보인다.

2 이 부분은 대체로 박호성(2005, 179-220)에 의거하였는데, 전체 저술의 흐름에 맞춰 일정하게 가감·첨삭하였음을 밝힌다.

3 마침 이러한 관점을 다른 각도에서 풍요롭게 만드는 논의가 눈에 띈다. 예컨대 아놀드는 그의 저서(Arnold 1990)에서 성공적인 "근본적 사회비판"(radical critique of society)이라면 갖추어야 할 필수조건들을 다음과 같이 열거하고 있다. 1) 사회적 질병이나 불의가 사회의 근본적인 사회경제적 구조 속에 뿌리내리고 있고 만연해 있다는 것을 보여주는 "비판적 설명"(Critical Explanations)틀, 2) 이러한 부정적 판단을 해명하거나 정당화할 수 있는 "규범적 이론"(Normative Theory), 3) 기존 체제를 대체하기 위해 제시되는 "대안적 제도"(Alternative Institutions), 4) 기존 체제를 제거하거나 근본적으로 변화시킬 이른바 "이행"(Transition)의 구도(Arnold 1990, 4-27 특히 5-6). 이러한 기준에 의거해 아놀드는 마르크스의 이론체계가 비록 불완전하고 궁극적으로는 성공적이지는 못했지만, 중후한 '근본적 비판'으로 손색이 없다고 주장한다(Arnold 1990, 290).

4 특히 물질적 풍요로움과 완벽한 정의, 자유 그리고 평등과 같이 유토피아적이며 정언적·구호적으로 묘사될 수밖에 없었던 공산주의 사회의 본질적 단면이 '비판'(고타강령 비판)이라는 표제 아래 그려지고 있다는 것과 그것이 마르크스의 대표적 저술 중 하나라는 사실은 지극히 흥미로운 일이라 할 수 있으리라.

노동은 고발이다"(Marx, MEW 1, 380). 말하자면 비판은 현실에 대한 분노에 찬 고발인 것이다. 그러나 그 '고발' 속에는 모순의 폭로뿐만 아니라 모순의 폭파까지도 포함된다. 즉 비판은 '비판의 무기'와 '무기의 비판'을 종합하는 개념인 것이다. 바로 이것이 마르크스식 이론과 실천의 통일이다.

그의 이론은 '비판의 무기'로서 곧 철학이다. 이것은 "해방의 두뇌"이며 프롤레타리아 계급의 지양(Aufhebung), 즉 완전한 인간해방을 통해 비로소 실현될 수 있다(Marx, MEW 1, 386, 391). 그러므로 철학은 궁극적으로는 모순의 혁명적 폭파를 지향하는 비판의 이념인 것이다. 그러나 그것은 주어진 현실을 추상적 원리 속에서, 또 그를 통해 개념적으로 파악한다. 그렇지만 그것은 단순히 인식의 도구에 머무르지만은 않는다. 그것은 동시에 변혁의 수단으로 기능한다. 바로 이러한 변혁의 궁극적 목표를 함유함으로 해서, 프롤레타리아 계급의 철학은 기껏해야 개념적 인식이나 세계에 대한 해석의 수준에만 머무르고 있는 헤겔 류의 관념철학이 지니는 한계를 초월한다고 인식되는 것이다.

다른 한편 엥겔스는 '철학'을 '머릿속에서의 개념적 파악' 정도로 이해하면서, 그것이 '경제'에 비해 제한적 의미만을 지닐 뿐이라 강조하며, 그것을 상대화하는 것처럼 보일 때도 있다.[5] 이런 의미에서 이러

5 엥겔스는 자신의 글(Engels, MEW 19, 210)에서 모든 사회적 변화와 정치적 변혁의 궁극적 원인 규명과 관련하여 '경제'와는 달리 '철학'은 제한적 의미만을 지닌다고 강조한다. "그것은(원인들은/ 필자 주) 철학 속에서가 아니라, 해당 시기의 경제에서 찾을 수 있다. … 드러난 폐해를 제거하는 수단 역시 … 머릿속에서 발명되어지는 것이 아니라 생산의 현존하는 물질적 사실들 속에서 머리를 매개로 하여 발견해내는 것이다"라고 주장한다. 여기서 엥겔스는 '철학'을 '머릿속에서의 개념적 파악' 정도로 이해하면서 그것을 상대화시키고 있는 것처럼 보인다. 이때 '경제'는 앞으로 논의할 '과학'과 직접적인 관련을 맺고 있다.

한 비판적 철학이 철학적 비판이라는 한계를 지닐 수도 있음이 드러나기도 한다.

바로 여기서 엥겔스가 말하고 있는 것처럼 '머릿속의 발명'을 '머리를 매개로 한 발견'으로 진전시키기 위해, 다시 말해 확보된 추상적 원리에 기초한 혁명적 이념(철학)을 현실의 구체적 운동방식에 대한 객관적 분석으로 보완하기 위해, 과학(Wissenschaft)[6]의 필요성이 제기되는 것이다. 마르크스와 엥겔스에게 과학은, 역사발전의 전 체계 속에서 자본주의에로의 역사적 발전 과정을 논리적으로 해명해내고 그것이 지니는 생산양식적 모순을 혁명적 전망 속에서 노출시키는 방법론을 일컫는다. 이런 식으로 철학과 과학은 만나고 있다. 철학은 과학을 풍부하게 만들고 과학은 철학을 구체화시킨다. 따라서 '철학 없는 과학'(예컨대 일반 부르주아 학문)은 공허하고 '과학 없는 철학'(예컨대 공상적 사회주의)은 맹목적이다. 이런 의미에서 마르크스는 철학과 과학의 통일을 추구하고 또 확보했던 것이다.[7] 이렇게 볼 때 비판은 곧 철학과 과학의 종합으로 나타난다. 그리고 이 비판의 본질적 핵심은 응당 혁명의 문제와 직결해 있다.

한편 엥겔스는 과학의 목적이 "완전한 사회제도를 구상해내는 것이 아니라, 여러 계급들과 그들 상호 간의 투쟁을 필연적으로 발생케 하는 역사적·경제적 과정을 연구하는 데 있다"고 밝히고 있다(Engels, MEW 19, 208). 그러나 동시에 과학은 지금까지의 역사발전 과정 속에서 추출한 역사발전의 '법칙'을 앞으로 도래할 역사과정의 해명에도

6 마르크스주의의 다양한 '과학성' 개념에 관해서는 정승현(1993)을 참고할 것.

7 유사한 의미에서 예컨대 굴드너는 "철학은 세계를 파악하기에는 불충분하고, 반면에 과학은 세계를 비판하기에 불충분하다. 따라서 마르크스는 과학 없는 비판을 환영할 수 없으며 비판 없는 과학도 환영할 수 없는 것이다"라고 쓰고 있다(굴드너 1984, 98).

그대로 적용한다. 말하자면 사회주의에 의한 자본주의의 교체를 '필연성' 속에서 통찰하도록 만드는 것이다. 이런 의미에서 마르크스·엥겔스의 과학은 혁명적 방법론이면서 동시에 혁명의 필연성을 선포하는 '과학적' 이데올로기로서의 기능을 아울러 지니고 있다고 말할 수 있다.

여기서 말하는 '이데올로기'는 물론 마르크스가 의미하는 이데올로기와는 사뭇 다르다. 마르크스는 이데올로기를 특히 사회적 지배계급의 이해관계를 합리화하기 위해 동원되는 일련의 신념 및 교리 체계로 간주하였다. 그것은 일종의 '허위의식'으로서, 지배계급의 계급적 특수이해를 다양한 수사와 상징조작과 관념 체계 등으로 미화하거나 위장하는 기능을 지니고 있다. 마르크스주의자의 목표는 바로 이러한 허위의식의 가면을 벗겨내고 사회의 진정한 물질적 본질의 구조를 파헤치는 데 있다. 이런 의미에서 마르크스주의 자체는 사회적 경제체제의 본성, 운동원리, 발전 경향에 대한 과학적 분석에 기초하여 노동자 계급, 궁극적으로는 전 인류의 이해관계를 충실히 대변하는 참다운 교리체계로 인식된다. 따라서 그것은 이데올로기가 아니다. 그러나 마르크스 자신도 『독일 이데올로기』에서 설파하였듯이, 모든 혁명적 사회계급은 자신의 특수이해를 보편이해로 분장하는 경향을 가지고 있다. 따라서 부르주아 계급과 마찬가지로 프롤레타리아트 역시 하나의 혁명적 계급으로서 스스로의 특수한 계급적 이해관계를 전 인류적 보편이해로 정당화하고자 하는 속성을 지닐 수밖에 없게 된다. 이렇게 볼 때 마르크스주의 역시 이데올로기로서의 본성을 벗어던질 수 없는 것이다. 반(反)이데올로기 또한 명백한 이데올로기이기 때문이다. 그러나 이 이데올로기는—역사상 어떤 이데올로기도 결코 흉내 낼 수 없을 정도로 강력하게—'지옥적인' 과거에 대한 탁월한

'과학적' 분석에 힘입어 '천국적인' 미래에 대한 '필연적' 신앙을 열렬히 불러일으키는 것이다.

이러한 '과학적 이데올로기'는, 한편으로는 과학이 이데올로기적 목표, 즉 혁명의 필연성에 과학적 엄밀성을 부여하고, 다른 한편으로는 이데올로기가 과학적 방법론의 실천적 정당성을 보장하는, 과학과 이데올로기의 상부상조적 상호 연관성 속에서 기능한다. 그러므로 그것은 경험적 사실과 미래 사회의 출현에 대한 전망을 동일한 논리 구조 속에서 해명하는 것이다. 그렇기 때문에 그것은 '지옥'의 참상을 파헤치거나 또는 '천국에 이르는 길'을 간곡히 일러주는 대단히 탁월한 능력을 보유하게 된다.

하지만 엥겔스가 위에서 지적한 것처럼, 혁명 이후의 사회적 현실, 즉 '천국' 자체의 생김생김을 구체적으로 묘파하는 데는 상대적으로 무기력하다. 왜냐하면 그것은 무엇보다 체험을 초월하는 세계에 속해 있기 때문이다. 그러나 반대로 이데올로기에 의해 과학의 객관성이 손상되거나, 또는 거꾸로 과학에 의해 이데올로기의 주관성이 훼손될 가능성은 항상 존재한다. 어떻게 보면 마르크스주의의 논쟁사는 사실 이 두 가능성 간의 갈등의 역사이기도 하다고 말할 수 있을 정도다. 예컨대 '혁명적 대기주의', '자동주의', '객관주의'니, '주관주의', '맹동주의', '모험주의'니 하는 것들이 다 그 사례들이다.

그럼에도 '혁명 제1주의 정신'만은 부동의 절대지엄의 최고가치로서, 신주처럼 모셔짐엔 변함이 있을 수 없다. 그 뿌리는 물론 마르크스·엥겔스에 가닿는다.

마르크스가 「포이에르바흐(Feuerbach) 테제」의 마지막 부분에서 지적한 것처럼, '세계의 해석'(interpretation of the world)이 아니라 '세계의 변혁'(change of the world)을 필생의 과업으로 인식하였다.

이런 의미에서, 혁명사상은 두말할 나위도 없이 그들 이론체계의 본질에 속한다고 말할 수 있다.[8]

이런 관점에서, 필자는 마르크스·엥겔스의 이론적 생애를 대략 다음과 같이 세 단계로 나누어 고찰할 수 있으리라 생각한다.

첫째 단계는, 1840년대 후반 「공산당 선언」 이전 시기로 이른바 '초기 저작', '젊은 마르크스(Young Marx)'로 통칭되는 철학적 단계다. 이 기간 동안에는 특히 혁명의 도덕적 당위성이 강조되었다. 혁명의 주체로서 프롤레타리아트의 존재가 처음으로 포착되긴 하였으나, 그것은 다만 도덕적·윤리적·철학적 범주로서만 이해되었다. 특히 이 시기의 가장 중요한 저작이라 할 수 있는 「독일 이데올로기」에서 그 토대가 잡히기 시작한 사적 유물론에 의거하여, 혁명의 반자본주의적 지향이 역사철학적으로 정당화되었다.

둘째 단계는, 대체로 「공산당 선언」에서 시작하여 『자본론』에 이르는 중기의 정치경제학적 과정이다. 이 시기에 오면 부르주아 사회에 대한 정치경제학적 "해부"가 행해지면서, 이윽고 사회주의 혁명의 '자연법칙적 필연성'이 강조된다. 예컨대 「공산당 선언」에 전형적으로 나타나는 것처럼, 처음에는 혁명의 객관적 조건이 이미 성숙했으므로 필요한 것은 주관적 조건의 완비, 즉 혁명적 조직의 건설 및 그 공고화가 당면과제라 선언된다. 그러나 『자본론』 단계에 이르게 되면, 주관적 결단과 의지보다는 혁명의 역사적 필연성이라는 객관적 법칙성의 측면이 보다 강력히 전면에 부각된다.

8 예컨대 터커(Tucker)도 이런 취지에서 "혁명이론은 마르크스의 거의 모든 저작 속에 나타난다…. 따라서 근본적인 의미에서 혁명은 마르크스 사상의 최상의 테마였으며, 마르크스의 혁명이념을 완전한 형태로 설명한다는 것은 바로 이론체계로서의 마르크스주의 그 자체를 설명하는 것과 다름없다"고 주장한다(Tucker 1969, 5).

마지막으로 셋째 단계는, 마지막 정치사회학적 시기다. 이 과정에서는 그 이전 단계들에서 철학적·정치경제학적으로 정당화되고 필연시되었던 사회주의 혁명과 관련된 여러 실천적 지침들이 혁명적 상황을 고려하여 현실 정치적으로 분석되고 제시된다. 그와 아울러 혁명 이후 사회의 근본원리를 강령적 수준에서나마 처음으로 드러내 보이기도 한다. 한편으로는 '파리 꼬뮌', 그리고 다른 한편으로는 당시 세계 최대의 사회주의 조직으로 부상하고 있던 '독일 사회민주주의'의 전략, 전술 및 강령 등에 관한 체계적 고찰을 통해 현실 혁명운동의 여러 문제점들에 대해 날카로운 비판이 행해진다. 그러나 「고타강령 비판」에서도 엿볼 수 있듯이, 점차 개량화해가는 독일 사회주의 운동의 조락을 바라보는 우울한 시선들이 틈틈이 나타나고 있다. 엥겔스에 의해 마지막으로 제시된 이른바 '혁명적 의회전술'도 실은 현실에 대한 지나친 낙관에 근거한다고 말할 수 있을 듯하다. 왜냐하면 독일 사민당에는 이미 개량주의의 관철이 점진적으로 이루어지고 있었기 때문이다.[9]

다른 한편 마르크스와 엥겔스는, 라쌀레와는 정반대로, 국가를 계급지배의 도구며 착취기구로 규정한다는 것은 널리 알려진 사실이다. 그들은 헤겔식의 국가관념에 대한 철저한 부정에서 출발하여, 자본주의적 생산관계가 지배하고 있고 그리하여 자본과 노동의 모순이 창출·축적되고 있는 사회와, 사회 내부의 착취·억압·불평등 등을 제반 제도 및 이데올로기 장치로 위장하고 있는 국가 사이에 존재하는 적대적 모순을 파헤치고 있다. 다시 말해 그들은 자본주의 사회에서의 국가는 부르주아 사회 내부에 엄연히 존재하는 불평등·부자유를 마

9 이에 관해서는 박호성(1989, 334-343)을 참고할 것.

치 존재하지 않는 것처럼 꾸미는 형식적 환각장치로 군림한다고 주장한다는 말이 되겠다. 말하자면 국가란 사회 속에 실질적으로 존재하는 계급착취·억압·적대감 등을 국가 내부에 형식적으로 존재한다고 가상되는 모든 인간의 자유 및 평등의 선언을 통해 눈가림하는 기능을 지니고 있다고 보는 것이다.

마르크스는 자본주의 사회의 근본 속성인 "상품관계"(Warenverhältnis)를 통해 이러한 인식을 도출해내고 있다. 그에 의하면, "자본주의 생산양식의 모든 기만, 모든 자유 환상은 노동력의 가격과 가치가 임금의 형태로 전화되는" 상품생산 사회의 특성에서 비롯한다. 생산과정 속에서의 잉여가치에 대한 착취로 인하여 원천적으로 봉쇄될 수밖에 없는 노동의 평등하고 자유로운 교환관계를, 마치 "등가교환"(Äquivalentenaustausch)인 것처럼 위장하기 위해, 제반 법제도와 국가권력과 이데올로기 장치들이 필연적으로 요구된다고 보는 것이다. 그러므로 노동력 매매가 이루어지는 유통 혹은 상품교환의 영역은 사실상 "천부인권의 참다운 에덴동산"인 것처럼 비칠 수밖에 없는 것이다.[10]

그리하여 자본주의 사회에서의 국가는 철저히 "총자본가 집단"(Gesamtkapitalist)의 이해를 수용·유지·관철시키기 위한, 아울러 그에 저항하는 노동자 계급의 투쟁을 효율적으로 저지·탄압하기 위한 부르주아 계급의 계급 지배 도구로 인식되는 것이다. 따라서 프롤레타리아 혁명에 의해 계급적 착취관계가 더 이상 존재하지 않을 사회주의 사회에서는 국가의 존재 자체가 불필요하게 될 것이고, 그리하여 그것은 점차 "소멸"의 길을 밟게 될 것으로 믿는다.

10 Marx(MEW 23, 562-563, 189 이후) 참조.

마르크스와 엥겔스는 생산관계와 더불어 유물사관의 핵심적 범주를 형성하는 물질적 생산력을 바로 역사발전의 원동력으로 파악한다. 그러나 역사발전의 일정단계에서는 사회의 물질적 생산력은 그것이 그 속에서 운동하던 기존의 생산관계, 혹은 그 법률적 표현인 소유관계와 모순에 빠지게 된다. 따라서 이러한 생산관계와 생산력의 상호 충돌·모순을 해소하기 위한 사회혁명이 필연적으로 요구되어지는 것이다(Marx, MEW 13, 8-9). 그리하여 역사발전의 단계들은 이러한 충돌과 모순의 척결을 겨냥하는 계급투쟁에 의해 규정되고 구별된다. 자본주의 사회에서도 역시 마찬가지로 "근대적 생산력과 시민적 생산형태의 모순"(Marx, MEW 7, 98), 다시 말해 "생산수단의 집중화와 노동의 사회화" 간의 모순이 더 이상 지탱될 수 없는 상황이 도래하면, 사회주의 혁명이 필연적으로 등장할 수밖에 없다. 그리하여 마침내 "자본주의 임종"의 종이 울리고, "착취자가 착취당하는" 새로운 사회가 찾아오게 되는 것이다.[11]

무릇 마르크스·엥겔스에 의해 개진된 사회주의 혁명의 물질적 기본전제는 무엇보다 자본주의의 충분한 성숙이다. 그 이유는 대체로 다음과 같다.

첫째, 그것은 사회주의 사회에서의 착취의 근절 및 분배의 평등을 보장하는 물질적 풍요의 담보조건이 된다. 따라서 생산력의 충분한 발전은 사회주의로의 진입을 위한 필수조건이 된다.[12]

11 Marx(MEW 23, 791). 마르크스·엥겔스의 혁명사상을 살펴보기 위해서는, Tucker(1969)를 참조할 것.

12 Marx-Engels(Collected Works 5, 74-75). 예컨대 얀 야로슬라브스키(Jan Jaroslawski)는 마르크스/엥겔스의 이 논거를 레닌이 전혀 알지 못하고 있었다는 점을 특별히 강조하면서, 레닌 자신이 훗날 제시한 제국주의 단계에서의 후진지역에서의 사회주의 혁명 가능성 주장과 완전히 일치하는 "하나의 놀라운 테제"가 마르크스/엥겔스에 의해 이미

둘째, 자본주의적 생산력이 고도로 발전하였다는 것은 마르크스·엥겔스에게는 곧 자본주의적 모순이 또한 고도로 심화하였다는 것을 의미하는 것이었다. 그러나 자본주의적 발전이 한편으로는 인간적·사회적 모순의 심화라는 부정적 요소와 아울러서 다른 한편으로는 계속 유지·발전시켜 나가야 할 긍정적 요소 둘 다를 숙명처럼 태내에 안고 있다. 하지만 그들은 오로지 생산력과 생산관계의 충돌이 결국 사회주의적 종합(Synthese)으로의 변증법적 진보로 나아갈 수밖에 없으리라는 측면에만 골몰하였다. 그런 탓에, 아쉽게도 그들은 자본주의적 성숙은 동시에 자유주의 또는 자유민주주의, 즉 자본주의적 상부구조의 성숙을 동반한다는 점을 간과하였던 것처럼 보인다. 그리하여 바로 이러한 상부구조의 진화야말로 자본주의 경제질서의 모순심화를 적극적으로 차단하거나 그 예봉을 무력화시키기도 할 역량을 지닐 수도 있으리라는 점을 놓쳐버린 듯 여겨진다.

셋째, 마르크스·엥겔스는 자본주의의 국제적 팽창으로 말미암아 프롤레타리아 혁명 역시 민족적 형태가 아니라 보편적 형태를 띠게 될 것이라 확신하였다. 따라서 그것은 선진 자본주의 국가들에서 "동시에" 진행될 혁명이었다.

마르크스·엥겔스는 이러한 혁명원칙을 평생 곧이곧대로 고수하

수립되어 있었음을 역설한 적이 있었다(Jaroslawski 1973, 44). 그러나 이러한 야로슬라브스키의 주장은 그 간파력이 뛰어나긴 하지만, 하나의 중요한 사실을 간과하고 있다. 즉 그는 훗날 러시아에서의 사회주의 혁명 가능성에 관해 논의할 때도 극명하게 드러나는 것이기도 했던 마르크스/엥겔스의 진의를 미처 파악하지 못했던 것처럼 보인다. 무엇보다 마르크스/엥겔스는 러시아가 결코 선진 산업국과 "경쟁관계"에 있을 만큼의 경제적 역량을 지니지 못하고 있기 때문에, 그쪽의 자본주의적 모순이 러시아에서의 '반자본주의 혁명'의 직접적 도화선으로 전혀 기능할 수 없다고 믿고 있었기 때문이다. 그들의 기본신조는 오직 자본주의가 고도로 발전한 곳(최소한 독일 정도의 수준)에서만 사회주의 혁명이 가능할 수 있다는 것이었다.

였다. 그러나 이러한 혁명신조는 과연 적중하였는가? 그들은 왜 이러한 혁명적 전망을 갖게 되었으며, 만약 그것이 좌초당하였다면 그 이유는 과연 무엇인가? 따라서 그것은 이제 사회주의권의 몰락과 더불어 폐기 처분당해야 할 운명인가, 아니면 마르크스주의 혁명론을 현대적으로 재해석해야 마땅한 일인가? 필자는 이런 문제의식에서 출발한다.

I. 마르크스주의 혁명론과 영국

마르크스와 엥겔스는 자본주의 및 그에 따른 계급모순이 최고도로 성숙해 있다고 믿은 영국이 사회주의 혁명의 최대 가능지라 믿어 의심치 않았다. 응당 그것은 지극히 자연스러운 일이기도 하였다. 영국은 말하자면 "사회주의 혁명에 필수적인 모든 물질적 전제조건"(all the material necessary for the social revolution)을 다 갖추고 있었던 것이다. 나아가 그들은 영국이 세계시장을 지배하고 있기 때문에, 이곳에서의 혁명이 전 세계에 직접적인 파급효과를 불러오게 되리라 확신하기도 하였다.[13]

그러나 마르크스·엥겔스가 기대하였던 영국에서의 사회혁명은 종내 현실화하지 못하였다. 하지만 그들은 완고했다. 예컨대 1851년 중국에서 태평천국 봉기가 발발하였을 때나,[14] 1867년 아일랜드에서 민족혁명 운동이 발생하였을 때도,[15] 그들은 이러한 지각변동이 영국

13 Marx(Colleted Works 21, 87, 118-119) 참조.

14 Marx(Colleted Works 12, 96, 98) 참조.

15 Marx(Colleted Works 12, 87-88, 119-121); Marx-Engels(Collected Works 43, 389-

에서의 사회주의 혁명을 위한 직접적인 촉매제로 작용하리라 고대하였음은 물론이다. 그러나 그들의 안타까울 정도의 소망은 전혀 충족되지 못하였다.

어떻게 보면 사회주의 혁명이 영국에서 폭발할 것이다, 또는 해야만 하리라는 확신은 그들의 유물사관이 정당하다는 것을 입증하는 리트머스 시험지 테스트와 유사한 것이었을지 모른다. 아마 그랬기 때문에, 그들은 영국이 그들의 자유로운 활동을 관용해준 유일한 나라였음에도 불구하고, 그 나라의 현실을 뒤집어엎는 혁명에 유별난 집착을 포기하지 못한 것은 아닐까? 그러나 어떻게 보면, 그러한 그들의 공공연한 전복활동조차 '넉넉히' 포용할 수 있었던 영국사회의 왕성한 소화능력 자체가, 다시 말해 성숙한 자유주의 체제 요컨대 상부구조가, 실은 사회주의 혁명 가능성까지도 너끈히 용해해버릴 수 있었던 저력은 아니었을까?[16]

이미 1850년 마르크스·엥겔스는 처음으로 '노동귀족'이라는 개념까지 동원해가며, 당시의 '한심한' 영국적 상황에 대해 상심해하는 모습을 여실히 보여주기도 하였다. 요컨대 그들은 영국의 노동자들이 한편으로는, 이미 쁘띠부르주아지 계급과 영합한 개량주의적 정향의 노동귀족과, 다른 한편으로는, "참으로 프롤레타리아적 조건 속에서 생활을 영위하는" 노동자대중으로 분열해 있다고 개탄한 것이다

391) 등 참조.

16 우리는 영국이 가장 장구한 자유주의 전통을 자랑하는 나라라는 것을 잘 알고 있다. 사실상 영국은 마르크스주의에 '오염'되지 않은 자유주의의 왕성한 파급력을 여실히 과시하고 있었다. 다른 한편 여기서 생성된 페이비언 사회주의 역시 마르크스보다는 오히려 J.S. 밀의 이론에 보다 더 직접적인 영향을 받았다고 말할 수 있다. 이러한 사실은 자유주의 또는 자유민주주의, 요컨대 상부구조의 발달과 마르크스주의의 확산 사이에 과연 어떠한 상관관계가 내재해 있을까 하는 것을 잘 예시해주는 흥미로운 사례의 하나라 할 수 있을 것 같다.

(Marx-Engels, MEW 7, 445). 또한 같은 글 속에서 그들은 대단히 주목할 만한 언급을 하고 있다. 불과 3년여 전「공산당 선언」을 쓸 무렵만 하더라도 그들은 자본주의가 이미 혁명적 종말에 봉착해 있다고 확신했었다. 그러나 이 시기에는 놀랍게도 사회주의 혁명이 지연될 수도 있는 상황적 변수가 존재할 수 있음을 은연중에 내비치고 있는 것이다. 그들은 이렇게 쓰고 있다.

> 부르주아 사회의 생산력이, 부르주아적 상황 내부에서 전적으로 가능한 그러한 왕성한 발전을 이루어내고 있는 일반적 호황기(allgemeine Prosperität)에는 참다운 혁명이란 어불성설이다. 그러한 혁명은 단지 근대적 생산력과 부르주아적 생산형태, 이 두 요소들이 상호모순에 빠지는 그러한 시기에만 가능하다… . 새로운 혁명은 단지 새로운 위기의 결과로서만 가능하다. 그러나 이 혁명은 이 위기와 마찬가지로 역시 확실하다(Marx-Engels, MEW 7, 440).

이 진술은 명백히 "근대적 생산력과 부르주아적 생산형태"의 충돌이 "일반적 호황기"에는 불가능한, 말하자면 특정 시기, 즉 경제위기 시에만 가능하다고 규정하고 있다. 그들은 물론 자본주의적 위기를 궁극적으로 극복 불가능한 것으로 이해하고 있긴 했지만, 만일 자본주의가 현실적으로 위기를 계속 이겨낼 수 있는 국면을 조성할 수만 있게 된다면 프롤레타리아 혁명은 '상당' 기간 동안 지연되거나 또는 거의 불능 상태에 빠질 수도 있다는 논리적 결론을 우리는 이 글 속에서 충분히 유추해낼 수 있으리라 여겨진다. 그러나『자본론』의 단계로 넘어가면, 마르크스의 혁명에 대한 신념은 '자연법칙적 필연성'의 차원으로 비약한다. 이를테면 그의 관심이 현실적 가능성보다는 오히

려 역사발전의 법칙성에 대한 강조로 이동하기 시작했다는 말이 되리라.[17]

어쨌든 이 당시 영국에서의 사회주의 혁명 가능성은 마르크스·엥겔스에 의해 일단 유보된 셈이나 다를 바 없었다.

그러나 시간이 흐르면서, 이윽고 영국을 바라보는 그들의 감성이 점차 안정을 상실하는 것처럼 보이기까지 할 정도였다. 엥겔스는 이번에는 '심지어' "부르주아적 프롤레타리아트"라는 경멸 섞인 용어를 들이대면서까지 영국을 윽박지르기도 하였다. 그는 마르크스에게 보낸 1858년의 한 편지 속에서 선거법 개정을 위한 공동투쟁을 위해 진보적 부르주아 진영과 동맹을 체결한 영국 프롤레타리아 계급의 '부르주아지화'(Verbürgerlichung)를 통박하고 있다. 엥겔스는 "모든 국가들 가운데서 가장 부르주아적인 국가", 즉 영국에서 '부르주아적 프롤레타리아트'가 출현하는 것은 그리 이상스러울 것도 없으리라 빈정거리면서 "전 세계를 착취하는 한 민족에게, 그것은 물론 어느 정도는 정당화된다"는 말을 자학적으로 내뱉기도 하였다(Engels, MEW 29, 358).

하지만 이 '부르주아적 프롤레타리아트'가 '프롤레타리아적 부르주아지'로 상승하고, 다시 쁘띠부르주아지로의 변신을 거쳐, 종국에는 완전한 부르주아지로 안착하지 말라는 법이 있을까, 혹시 그러한 개연성에 대한 불길한 예감이 엥겔스를 괴롭히지는 않았을까? 마르크스가 죽기 직전 이번에는 카우츠키에게 보낸 한 서신에서 엥겔스

17 뒷장에 가서도 다시 살펴볼 기회가 있으리라 여겨지지만, 이러한 마르크스의 입장에 영향을 받아, 예컨대 카우츠키 류(類)의 자본주의의 '자연과학적 자동붕괴론'이 제 2인터내셔널에서 풍미한 것도 그리 경악스러운 일은 아니라 할 수 있을 것 같다. 나아가 그람시는 "사회주의 혁명 가능성이 희박해지면 질수록 역사발전의 필연적 법칙성에 대한 강조는 더욱 활기를 띤다"고 경고한 바 있기도 하다.

는 드디어 참았던 분노를 폭발시키고 말았다. "이곳에는 정말 어떠한 노동자 정당도 존재하지 않는다…. 영국 노동자들도 영국의 세계시장 및 식민지 독점 덕분에 더불어 잘 먹고 잘 살고 있다"(Engels, MEW 35, 357). 그는 식민정책에 대한 영국 노동자의 입장이 부르주아지의 그것과 전혀 다를 바 없다고 질타하면서, 이렇게 씁쓸히 배신감을 달래지 않으면 안 되었다. 엥겔스는 거의 기진맥진한 것처럼 보일 정도다.

그러나 엥겔스는 결코 최초의 집념을 포기하지는 않았다. 그는 마르크스가 죽고 난 후에도, 영국에서 사회주의 혁명이 터져 나올 수밖에 없음을 끈기 있게 설파하였던 것이다.

엥겔스는 「1845년과 1885년의 영국」(Engels, Collected Works 26, 295-301)이라는 글에서 그 이유로 세계시장에서의 영국의 산업독점이 머지않아 붕괴할 것이라는 점을 들었다. 그는 원래 1847년의 무역위기와 아일랜드의 기근으로 말미암아 영국에서의 혁명 가능성이 상당히 높다고 생각했으나, 1848년 프랑스 혁명이 결과적으로 영국의 부르주아지를 구원해준 것으로 파악했다. 엥겔스에 따르면, 프랑스 노동자들의 사회주의적 구호들이 영국의 쁘띠부르주아지들을 경악시켰고, 이들의 냉담과 경각심이 결국 차티스트 운동의 조직적 붕괴까지도 야기한 것으로 나타난다. 다른 한편 1831년의 의회개혁과 1846년의 곡물관세 폐지로 인해 산업자본가의 지배력이 확립되었고, 그것은 이윽고 영국을 농업적 "위성"에 둘러싸인 거대한 산업중심지적 "태양"으로 변모시켰다. 그러나 차티스트의 몰락과 자유무역에 기초한 경기 활성화는 영국의 노동자들을 결국 기업가들에 의해 이끌리는 "대자유주의적 정당의 꼬리"로 전락시키고 말았다. 노동자 계급의 도움 없이는 그들의 정치·사회적 지배권을 공고히 할 수 없다고 판단한 영국의 자본가 계급은 심지어 한때 그들을 격분케 하였던 차티스트의 주요 요구들을 자신들의 개혁조치로 현실화시키기도 했다. 예컨대 1867년과 1884년의 의회개혁은 그 반증이었다. 이러한 변화는 1850-1870년간의 엄청난 생산증대와 더불어 노동자 계급의 상황 역시 현저하게 변질시켰다. 특히 노동조합—엥겔스의 표현을 빌리면 "노동자 계급 내부의 노동귀족"(Aristokratie in der Arbeiterklasse)—은 자본가 계급의 충실한 파트너로 뿌리내리게 되었다. 여기서 흥미로운 것은 우선, 이미 1850년에 언급했던 '노동귀족'의 존재가 40년 가까이 흐른 시점에서 오히려 더욱 구체화된 형태로 재언급되고 있다는 사실이다. 이러한 맥락에서, 자연스러운 의문이 제기될 수 있다. 이처럼 오랜 기간을 두고 착실하게 기반을 닦아온 노동귀족이 과연 사회주의 혁명에 어떠한 자세를 취할 것인가, 과연 이들이 혁명을 추구할 것인가, 그리고 그것은 과연 가능한 일일까?

엥겔스는 이 문제를 그의 뒤를 따라오는 레닌과 대단히 유사하게 인식하고 있었다. 엥겔스는 세계시장에서의 산업독점을 영국의 기존 사회체제 유지의 관건으로 파악하고 있다. 증대하는 영국의 생산력은 바로 이 독점으로 인해 그에 상응하는 시장을 확보할 수 있게 된다. 동시에 영국의 노동자 계급 또한 이 산업독점으로부터 일정 정도의 특혜를 부여받게 된다. 그러나 이 이득은 지극히 불평등하게 노동자들 사이에 분배된다. 특권적 소수(즉 노동귀족)이 대부분의 몫을 챙겨가지만, 대다수 노동자들도 의당 제 몫을 잊지 않는다. 엥겔스는 바로 이러한 현상 속에서, 로버트 오웬(Robert Owen) 이후 영국에는 왜 사회주의가 존재하지 못하는가 하는 이유를 찾아내기도 한 것이다.

그러나 다시 한 번 엥겔스는 영국혁명의 집념을 불태운다. 그에 의하면, 거의 100여 년 동안이나 영국이 장악하고 있던 세계시장에서의 산업독점은 불가항력적으로 붕괴하고 있다. 새로운 시장은 이제

한계에 봉착하고, 특히 미국의 세계시장 잠식으로 인해 영국 자본주의는 비틀거리기 시작한다. 자본주의는 정체(停滯)를 모른다. 정체는 곧 파멸이기 때문이다. 영국이 독점하고 있던 시장의 위축은 곧 영국 자본주의의 정체와 몰락을 의미한다. 엥겔스는 단호히 선언한다, 영국은 이제 "민족의 산산조각이냐, 아니면 자본주의적 생산의 파멸이냐" 하는 양자택일의 기로에 서 있다고. 뿐만 아니라 세계시장에서의 독점이 파괴됨으로써 영국의 노동자 계급 또한 자신의 특권적 지위를 상실하게 된다. 그리하여 그들은 머지않아 "전면적으로—지도적인 특권 소수층도 포함하여—외국 노동자들과 동일한 수준으로" 전락하게 될 것이다. 엥겔스는 바로 이 가능성이야말로 영국으로 하여금 다시 사회주의 혁명을 강제할 수밖에 없도록 만들 필연적 사유라 갈파한다. 이렇게 영국의 사회주의 부활은 또다시 필연성의 세계 속으로 끼어들게 된다. 이것은 1885년의 일이다.

하지만 이 지점에서 우리는 또 갖가지 합리적 의혹에 부딪칠 수밖에 없다. 사회적 생산력의 발전과 자본주의의 세계적 확산으로 인해 영국의 시장독점은 거센 경쟁에 봉착할 수밖에 없고, 또 그로 인해 영국 자본주의 역시 심각하게 동요하리라는 것은 상당히 설득력 있는 예측임이 분명하다. 그러나 그렇다고 해서 꼭 사회주의 혁명만이 유일한 탈출구일 수밖에 없는가, 그렇다면 그 이유는 과연 무엇인가? 혹은, 만일 그러한 세계시장에서의 산업독점이 완화된 형태로나마 예컨대 미국 같은 나라로 이전되거나 또는 몇몇 산업 선진국들이 그 독점을 분할하는 것이 가능하다면, 그런 나라들에서도 똑같은 현상—말하자면 엥겔스의 지적처럼, 노동귀족의 출현과 노동자 계급의 개량화 등과 같이 사회주의 혁명을 지연시키는—그러한 현상이 발생하지 말라는 법이 있는가?[18] 다른 말로 해서, '프롤레타리아 계급의 부르주아지화' 같은, 요컨대 사회주의 혁명을 지연·왜곡 또는 차단시킬 수 있는 역사적 경향들은 자본주의의 팽창과 더불어 오히려 더욱더 확산하는 것은 아닐까? 뿐만 아니라, 영국이 만약 자본주의적 국제경쟁에서 탈락함으로써 국민경제적 난관과 위기에 봉착하게 된다면, 영국의 노동자 계급은 과연 어떠한 자세를 취하게 될까?

그들은 영국의 자본가 계급보다는 오히려 미국이나 독일 같은 이민족 자본주의 열강을 자신들의 우선적인 적(敵)으로 간주하지는 않겠는가? 왜냐하면 다양한 권력적 수단을 독점하고 있는 영국의 부르주아지는—제국주의적 국제경쟁에서 보듯이—그러한 민족주의적 적개심을 손쉽게 고취할 수 있고 또 그렇게 함으로써 동요하는 자신의 내부적 지배기반을 더욱 공고히하는 데 박차를 가할 수도 있기 때문이다. 말하자면 영국의 노동자들은 자본주의적 경쟁에서 탈락함으로써 자신의 조국이 "산산조각"나는 것을 저지하기 위해, 오히려 자국의 자본가들과 거족적으로 단합할 가능성이 더욱 농후하지는 않으랴 하는 말이다.

마르크스·엥겔스의 예언보다는 오히려 이러한 의문들이 사실상 지금까지의 역사발전에 더욱 부합하는 것으로 판명난 지 이미 오래다.

II. 마르크스주의 혁명론의 좌절

어쨌거나 마르크스·엥겔스의 진단대로, 사회주의 혁명의 물질적

18 그러나 마르크스와 엥겔스는 이러한 영국적 상황을 단지 "비전형적이고 일시적인 것"으로 간주했다. 이에 관해서는 Schröder(1973, 63-66)를 참조할 것.

전제조건을 가장 직접적으로 충실하게 제대로 충족시켰던 영국을 비롯한 선진 자본주의 국가에서는 여태껏 프롤레타리아 혁명이 발발하거나 성공을 쟁취한 적도 없다. 그리고 냉정하게 관찰할 때, 그 가능성 역시 대단히 절망적으로 비쳐진다.

반면에 그러한 혁명은 오히려—마르크스·엥겔스가 그 폭발 가능성을 근원적으로 부인하지는 않았지만—그 궁극적 성공 가능성을 서유럽의 프롤레타리아 혁명에 원천적으로 종속시켰던 후진 러시아에서 터져 나왔다.[19] 그러나 당시 그들의 유럽중심주의(Eurozentrismus)적 혁명관에서 볼 때, 러시아는 자본주의적 국제질서의 변방에 위치하는 일개 무기력한 한 나라에 지나지 않았다. 더구나 혁명이 발발했다 해도 그것은 '동유럽 공산권 몰락'의 이름표를 달고, 인민 스스로에 의해 거부당하는 굴욕을 맛본 지 이미 오래다.

그렇다면 마르크스·엥겔스의 소신과는 달리, 왜 당시 선진 자본주의 국가에서는 사회주의 혁명이 터져 나오지 않았을까? 반면에 사회주의 혁명은 왜 왜곡되고 굴절된 형태로 자본주의적 변방(러시아)으로 추방당하지 않으면 안 되었던가? 물론 대단히 신중하고 심오한 접근을 요하는 난해한 논제이긴 하지만, 필자는 경거망동한 진단으로

19 예컨대 러시아 혁명에 관한 그의 마지막 견해가 피력되고 있는 "Nachwort(1894) zu 'Soziales aus Russland'"에서 엥겔스는 다음과 같이 주장하고 있다. "서유럽 나라들에서 프롤레타리아트가 승리하고 생산수단이 공동소유로 전환되고 나서 … 자본주의 경제가 그 고향에서 그리고 그것이 꽃피는 나라들에서 극복되고 난 후에만 … 후진 국가들은 단지 이 단축된 발전 과정을 시작할 수 있다. 그럴 때라야만 역시 확실한 성공을 획득할 수 있다. 이러한 것은 러시아뿐만 아니라 특히 전(前) 자본주의적 단계에 처해 있는 나라들에게 다 해당된다. 그러나 러시아에서는—주민의 일부가 이미 자본주의적 발전의 지적 결과를 확보하였고, 혁명기에는 여기서도 서유럽과 거의 동시에 사회적 변혁이 전개될 가능성이 있기 때문에—그것이 비교적 가장 용이할 것이다"(Engels, MEW 22, 428f).

끝날 수도 있음을 무릅쓰고, 일단 감히 다음과 같은 일반적 해법을 제시하는 만용을 부려보고자 한다.

첫째, 자본주의의 발달은 대체로 자본주의적 모순의 심화를 완화·희석시킬 수 있는 상부구조의 성숙을 동반해왔다. 무엇보다 자유민주주의 체제의 확립은—이것이야말로 서유럽 민주주의가 거두어들인 빛나는 성과의 하나라 할 수 있지만—경제적 불평등 문제를 평화적으로 해소할 수 있는 가능성을 터주었다. 자유민주주의는 물론 자본가 계급의 경제적 지배력을 보장하는 정치체제임이 명백하지만, 동시에 그러한 목적을 충족키 위해서라도 일정 정도의 정치적 양보를 통해 노동자의 경제적 지위 향상을 지원하는 제도 장치임도 분명하다. 그로 인해 노동자 계급의 사회적 불만 또한 기존 질서의 테두리 안에서 순치될 수 있는 가능성 역시 상대적으로 증대하게끔 되었다.[20]

여기에 이른바 "선거의 딜레마"가 가세한다. 자유민주주의적 선거는 무엇보다 다수결의 원리에 뿌리내리고 있다. 하지만 확대된 의무교육, 강제적인 퇴직, 대규모의 상비군 등으로 말미암아 프롤레타리아트에 잔류할 비중은 감소될 수밖에 없었다. 결과적으로 1890년에서 1980년까지 프롤레타리아트는 계속해서 유권자의 소수로 남았다. 이처럼 소수자라는 지위와 다수결의 원리가 결합할 때, 선거 패배를 감수하더라도 자신의 계급적 동질성을 지속적으로 유지하고자 할 것인가, 아니면 계급적 특성을 희석시키는 희생을 무릅쓰고라도 선거 승리에 매진하게 될 것인가. 사회주의 혁명의식은 점차 뒷전으로 물러날 수밖에 없게 되리라 추정된다.[21]

20 이 문제에 관해서는 박호성(1994, 93-105)을 참조할 것.

21 이에 대해서는, 아담 쉐보르스키(1991, 99-152)를 볼 것, 특히 119쪽.

이미 1872년 마르크스는 암스테르담에서 행한 한 연설에서, 사회주의의 실현 방법과 관련해 뜻밖에도 상당히 흥미 있는 언급을 한 적이 있다. 그는 "우리들은 여러 상이한 나라들의 제도와 풍습 그리고 전통을 고려하지 않으면 안 된다…. 우리는 … 노동자들이 평화적인 방법으로 그들의 목표에 도달할 수 있는 미국, 영국 그리고 … 또 네덜란드 … 같은 나라들도 있음을 부정하지 않는다"고 외쳤다.[22]

유감스럽게도 마르크스는 여기서 물론 "평화적인 방법으로" 쟁취될 수 있는 사회주의의 속성이 과연 어떠할지에 대해서는 전혀 언급하지는 않고 있다. 그러나 그러한 방법을 근본적으로 전혀 부정하지는 않고 있음 또한 사실이다. 그런데 이러한 방법이 적용될 수 있다고 꼽은 나라들이 대체로 자유민주주의적 발전이 상대적으로 공고한 지역이라는 점을 마르크스 역시 부인하지는 않았던 것처럼 보인다. 이런 의미에서, 노동자들의 요구가 합법적·민주적으로 개진될 수 있는 터전이 마련되어 있었던 자본주의 선진국인 영국을 비롯한 서유럽 여러 나라가 아니라, 시민적 자유가 철저히 압살당하고 있던 러시아에서 반자본주의적 혁명이 성공하였음은 시사하는 바가 적지 않으리라 여겨진다.

둘째, 자본주의의 성숙이 노동자들의 물질적 생활수준 또한 상당할 정도로 개선시켜왔음은 부인할 수 없는 사실이다. 비록 궁핍으로부터의 완전한 해방은 이루어내지 못하였지만, 실질임금의 꾸준한 인상, 노동시간의 점진적 단축, 고용 및 노동조건의 개선, 사회보장의 확대 등등이 노동자들로 하여금 자본주의 경제질서에 대한 반감보다는 오히려 신뢰감을 더욱더 북돋아주었을 가능성 역시 보다 커졌으리

22 Marx(MEW 18, 160). 강조는 인용자.

라 추정된다. 앞서도 언급했지만, 마르크스·엥겔스가 개탄해 마지않았던 노동자 계급의 '부르주아지화' 역시 바로 이러한 물질적 생활조건의 향상에 따른 노동자의식의 변화를 직접적으로 반영한 현상은 아니었을까? 어쨌든 결국엔 체제부정적인 정치투쟁보다는 타협과 협상을 선호하는 체제순응적인 경제투쟁에 더욱 몰입하는 양상을 보여주게끔 되었음 또한 자연스러운 현상이라 할 수 있을 것 같다. 뒷장에서도 면밀히 살펴보게 되겠지만, 예컨대 베른슈타인(Bernstein)의 수정주의(Revisionismus) 또한 바로 이러한 현실변화의 이론적 표현 아니었을까 여겨진다. 자본주의의 발전이 가장 앞섰던 서유럽에서 이러한 개량주의적 사회민주주의가 노동운동의 주류로 등장하였다는 사실이 단순히 역사의 아이러니이기만 할까?

셋째, 뿐만 아니라 자본주의의 발달이 사회의 분화 및 다원화를 촉진하였음 역시 명백한 역사적 사실이다. 하지만 그로 인해 노동자 계급의 '절대적 지위'가 사회적으로 상대화하기 시작하였음 또한 부인하기 힘든 현실이다. 따라서 농민 계급, 소시민 계급, 신중간 계급 등과 같은 여타 다른 사회계급들과의 연대가 강조되기도 하였다.[23]

게다가 노동운동의 발달로 인해 노동운동 조직의 관료화가 초래되기도 하지 않았던가. 기업의 집중현상은 산업노동자뿐만 아니라 사무직원의 수적 증대까지 불러왔다. 그리고 사무직원의 상당 부분은 노동자들에 비해 보다 더 높은 수입, 보다 더 확실한 직업 보장, 보다 더 나은 작업 환경 등을 통해 상대적으로 특권적 지위를 향유하는 편

23 쉐보르스키 교수는, 사회주의 정당들이 의회선거를 통해 권력 장악 및 사회주의의 실현을 시도하는 경우, 필연적으로 비프롤레타리아 계층 및 이해관계를 포섭하지 않으면 안 되고, 그에 따라 결과적으로 계량화될 수밖에 없었음을 설득력 있게 역설하고 있다. 이에 관해서는 Przeworski(1980); (1985, 7-46)를 볼 것. Przeworski(1980)에 대한 번역본은 아담 쉐보르스키(1991, 99-152)에 수록되어 있다.

이었다. 노동운동의 여러 다양한 조직들에 고용된 사무직원들의 상황도 마찬가지였다. 이들은 한마디로 노동운동을 "위해서"뿐만 아니라 노동운동"으로부터"도 자신들의 삶을 해결해나가고 있었던 것이다(Abendroth 1975, 71). 예컨대 독일의 경우 대부분 비프롤레타리아적 배경을 지니고 있었던 이 사무직원들이 독일 사회민주주의의 관료화와 개량화에 적극 공헌한 셈이었다.[24] 이러한 다양한 요인들이 서로 함께 뒤섞여서, 노동자 계급 내부로 자연스럽게 비프롤레타리아적 요소가 침투해 들어올 수 있는 통로가 점진적으로 확장될 수도 있었으리라 유추된다. 이러한 상황에서 노동자 계급의 계급의식이 과연 강화하거나 공고해질 수 있었을까?

넷째, 자본주의의 발전은 19세기 말 무렵 제국주의로 비화하였다. 이 제국주의적 무한경쟁에서 특히 민족주의가 그 이데올로기적인 자양분 구실을 하였음 또한 주목을 요하는 사실이다. 그런데 민족주의는 한마디로 위기의 이데올로기라 할 수 있다. 그것은 평화 시에는 잠복해 있다가 일단 유사시가 되면 거의 무분별할 정도로 터져 나오는 감성적 기본속성을 지니고 있다. 따라서 민족주의는 고단위의 정서적 폭발력을 과시할 수 있기 때문에, 지극히 효율적인 대중동원의 이데올로기로 악용될 수도 있는 숙명을 품고 있는 것이기도 하다.

이러한 민족의식과는 달리, 계급의식은 대체로 논리적 추리와 합리적 타산에 의존하는 경우가 지배적이다. 역사적으로 볼 때, 자본주의적 충돌이 심화하고 민족적 위기가 고양되는 상황에 직면하였을 때, 계급의식의 호소력이 결정적으로 위축될 수밖에 없었다. 예컨대 1914년 1차 세계대전이 발발했을 때, 대다수의 유럽 사회주의 정당들

24 Fülberth(1971, H.1/2) 참조.

이 그때까지 주문처럼 읊어오던 '프롤레타리아 국제주의'를 내팽개치고는, 스스로 원천적 타도의 대상으로 규탄해 마지않던 제국주의적 '조국의 수호'를 위해 앞장섰던 것은 그 상징적 실증 사례 아닐까 한다. 이처럼 제국주의는 프롤레타리아 계급의 민족의식을 동원함으로써 노동자와 자본가 간의 내부적 계급전쟁을 중지시키고, 이른바 '성중평화'(Burgfrieden)를 체결토록 종용하는 데 성공할 수 있었던 것이다. 결과적으로 계급갈등의 파열은 차단되었다.

지금까지 필자는 선진 자본주의 국가들에서의 사회주의 혁명 불발 이유로, 우선 자본주의적 상부구조의 포용력, 그리고 노동자 계급의 물질생활 개선, 사회적 분화 및 노동운동의 관료화 등으로 인한 프롤레타리아적 계급의식의 마모, 계급의식을 압도하는 민족의식의 우월성 등을 열거하였다. 그러나 이 요인들은 하나같이 마르크스·엥겔스의 혁명론에 의거해 부차적이고 비본질적인 요소로 경시당한 것들이기도 한 것임에 주목할 필요가 있다. 그렇지만 그들도 간헐적이긴 하지만, 이러한 요인들이 혁명을 저해하고 있음을 묵과하지는 않았다. 바로 그러했기 때문에 앞서도 살펴본 바와 같이, 영국 혁명을 바라보는 그들의 태도가 적지 않은 파행과 굴곡을 보여준 것이다.

그럼에도 그들은, 영국의 사례에서 보듯이, 현실변화에 부응하는 이론의 새로운 점검에는 등한하였다. 어쩌면 그럴 수밖에 없었을지도 모른다. 왜냐하면 그들은 '과학적으로' 정초된 자신들의 공산주의적 이상과 현존 부르주아 사회 간에 내재하는 간극을 절대적이고 화해 불가능한 것으로 간주하였고, 따라서 사회주의의 실현을 위해 자본주의가 조속히 제거당하지 않으면 안 되리라는 희망과 믿음을 결코 포기할 수 없었기 때문이다. 그러나 시간이 흐름에 따라, 이 비본질적 요인들이 실은 마르크스주의의 본질을 심각하게 동요시켰음 역시 부인할 수 없는 사실이다.

바로 여기에 마르크스주의 혁명론의 숙명적 딜레마가 있다. 사회주의 혁명은 자본주의적 생산력의 충분한 발전을 전제한다. 그러나 자본주의의 성숙한 발전은 거꾸로 사회주의 혁명을 저해하는 '부정적인' 요인들을 증대시킨다. 바로 이러한 순환모순에 마르크스주의 혁명론은 결국 좌초하고 만 것이다. 오늘날 자본주의적 중심부에서 프롤레타리아 혁명 가능성이 거의 쇠잔한 것처럼 보이는 이유들 중 주요한 몫 또한 바로 여기서 찾을 수 있지 않을까 한다.

그러나 초기부터 말기에 이르기까지 마르크스·엥겔스의 혁명관을 일관되게 관통하고 있는 것은, 사회주의 혁명은 의당 선진 자본주의 국가에서 동시에 일어날 보편혁명이 되리라는 점이었다. 따라서 서유럽과 미국이야말로 역사적 진보의 담당 주체로서 '태양'과 같은 존재로 추앙받았으며, 반면에 그 이외의 지역은 객체적 위성으로서 그러한 태양에 충실히 봉사하고 복무해야 하는 피동적 임무만을 부여받았을 뿐이다. 그들의 프롤레타리아 국제주의도 실은 '프롤레타리아 유럽주의'에 다름 아니었다. 왜냐하면 세계 다른 지역에서 혁명적 분규가 일어난다 하더라도, 그 최후의 심판자, 최후의 주재자는 곧 이 서유럽의 프롤레타리아트였기 때문이다. 이러한 혁명적 '향일성'(tropism)은 대체로 마르크스·엥겔스의 유물사관에 기인하는 것이 아닐까 짐작된다.

이런 맥락에서, 마르크스주의 혁명론에 대한 현대적인 재해석 필요성이 자연스레 제기되리라 여겨진다.

III. '성부 마르크스', '성자 엥겔스', '성신 레닌'

앞서도 지적했듯이, 마르크스주의적 '혁명 제1주의 정신'은 절대 지엄의 최고가치로서, 마치 신앙의 대상처럼 고착해왔다. 이제는 왜 그리고 어떠한 시대적 상황에서, 이러한 경색된 논리구조가 주조되었는지 하는 것부터 살펴볼 때인 것 같다.

자본주의적 혁명의 세계사적 발원으로 이해되어지는 프랑스 대혁명은 이미 점진적으로 구축되어온 자본주의적 경제질서를 정치적으로 완결 짓는 혁명적 특성을 지닌다고 말할 수 있을 것 같다. 이를테면 구체제를 대변했던 특권계급을 일망타진함으로써, 자본주의적 경제와 자본주의적 정치를 궁극적으로 통일시킨 것이다. 그것이 근본적인 변혁이었기 때문에, 정치적 범주에서는 엄청난 혼란과 우여곡절을 수반할 수밖에 없었지만, 경제적 차원에서는 사적 소유관계의 주체 및 형태만 변경되었을 뿐 사유의 원칙은 계속 고수되었기 때문에, 그 소용돌이는 상대적이었다고 말할 수 있으리라 짐작된다.

이와 비교할 때, 사회주의 혁명은 보다 더 극심한 저항과 혼란을 고려하지 않으면 안 될 근본속성을 함유한 것이리라 예측할 수 있을 것 같다.

우선 그것은 정치적 혁명으로 출발해야 했다. 「공산당 선언」에서도 준열히 선포한 바 있듯이, 프롤레타리아 혁명의 "제1단계"는 바로 "프롤레타리아트의 지배계급으로의 승격", 즉 "민주주의의 쟁취"인 것이다(Marx-Engels, MEW 4, 481). 무엇보다 프랑스 혁명의 경우와는 전혀 다르게, 사회주의 경제질서가 완벽히 부재하는 곳에 그것을 새롭게 이식해야 하는 궁극적인 과제가 부여되기 때문이다. 요컨대 「공산당 선언」의 언급처럼, 프롤레타리아트는 정치권력을 장악한 이후

"낡은 생산관계를 폐지해야" 하는 것이다(Marx-Engels, MEW 4, 482). 다시 말해 자본주의적 혁명과는 반대로, 정치혁명이 완결된 이후에 비로소 사적 소유의 철폐를 도모하는 경제혁명으로 이행할 수 있게 된다는 말이 되리라.

이와 같이 사회주의 혁명은 이중적인 질곡 속에 수행될 수밖에 없는 숙명을 지니고 있는 것이다. 사회주의 혁명의 역사적 임무와 그 진행 과정이 이처럼 원천적으로 험난할 수밖에 없기 때문에, 자연스럽게 그에 대한 '비상대책'이 여러모로 강구될 수밖에 없었다. 예컨대 혁명의 물질적 기초라든가, 프롤레타리아 계급의 혁명적 계급의식 및 프롤레타리아 국제주의니, 그리고 그에 더해 프롤레타리아 독재 등등이 절박하게 강조되었던 것이다.

그러나 마르크스·엥겔스가 사회주의 혁명의 필수적인 물질적 전제로 규정한 성숙한 자본주의는 다소곳이 팔짱을 낀 채 과연 이러한 사회주의적 정치혁명 및 경제혁명을 망연히 방관하기만 할까? 더욱이 자본주의적 토대의 발달에 따른 정치적 상부구조의 폭넓은 포용력을 차치한다 하더라도, 발달된 과학기술과 정보기제를 독점하고 있는 지배세력의 막강한 '무장력'을 전복시킬 수 있는 힘을 마르크스와 엥겔스는 도대체 어디에서 기대하였던가? 물론 프롤레타리아 계급의 국제적 연대 또한 위력적이긴 하겠지만, 자본주의를 수호하기 위한 자본가 계급의 예상 가능한 국제적 동맹, 예컨대 카우츠키가 말하는 "제국주의자들의 신성동맹"(Kautsky 1914, 922) 같은 것은 오직 무기력한 것이기만 할까?

이렇게 볼 때, 적잖은 의문과 의혹이 뒤따르는 것은 불가피해 보인다. 이를테면 마르크스와 엥겔스는 사회주의 혁명의 간고한 난관과 장애를 자신들의 역사적 낙관으로 지나치게 단순화시켜 버리는 실수를 범한 것은 아닐까? 그리고 그들은 마치 자본주의가 그래왔던 것처럼, 왜 사회주의 경제질서의 점진적 토착화나 확산을 기대하거나 기다리지는 못했을까?

우리는 일단 이런 의문들에 직면하여, 마르크스·엥겔스가 처해 있던 역사적 상황과 사회적 조건의 한계에 주목하지 않으면 안 되리라 여겨진다. 그들의 이론은 결국 극한상황에 처해 있는 것처럼 보였던 자본주의적 모순에 대한 지나친 비관적 확신이며, 그와 대치하고 있던 프롤레타리아트의 혁명적 역량에 대한 지나친 낙관적 전망이었던 셈이다.

어쨌든 사회주의 혁명은 마르크스·엥겔스의 기대 및 예측과는 정반대로 자본주의적 변방에서 터져 나왔다. 이 지역에서 건설된 사회주의 체제 또한 그들의 구상과는 거리가 먼 왜곡되고 굴절된 속성을 지닌 것들이었다. 뒷장에서 자세히 살펴보겠지만, 결국 그것은 붕괴되거나 동요를 면치 못하고 있는 실정이다.

그런데 우리가 유념해야 할 사실은 마르크스가 자본주의를 본격적으로 연구하고 비판하던 당시, 그 주요 대상은 19세기 중엽 자유무역적 산업자본주의하의 서유럽, 특히 세계시장을 독점하고 있던 영국이었다는 점이다. 그런 탓에, 특히 1870년대 말부터 전개하기 시작한 유럽 대륙의 보호무역 정책은 이미 병들고 거의 작업 불능 상태에 빠진 마르크스의 정치경제학적 연구대상에서 자연히 제외될 수밖에 없었으리라 짐작된다.

나아가 이러한 자유무역과 자유경쟁뿐만 아니라 당시의 지배적인 산업 분야 및 경제적 교류 형태 또한 그의 이론작업의 주요 배경으로 등장한다. 마르크스가 "목화의 시대"(das baumwolle Zeitalter)라고 명명했던 19세기 영국의 최대 수출품은 직물이었다. 섬유산업이 곧 지배적인 생산형태였던 것이다(Schröder 1968, 31f). 다른 한편 노동운동 역시 조직의 면에서나 역량의 차원에서, 아직은 저급하고 후진적인 발전 수준을 벗어나지는 못한 상태였다. 영국과 미국 정도를 제외하면, 정치체제 또한 비민주적 본성을 탈피하지 못한 채였다.

마르크스와 엥겔스는 이른바 '제국주의 시대' 그리고 '금융 및 독점자본주의 시대'는 전혀 겪어보지는 못하였다. 또한 20세기의 눈부신 자본주의적 발전 가능성 역시 전혀 예상치 못하였다. 과학과 기술의 획기적 발전을 통해 자본주의가 과연 어떠한 활력과 어떠한 적응력을 확보해나갈 것인가 하는 문제에 대해서도 거의 아무런 관심을 기울이지도 않았다. 그러나 그들이 목격하였던 뿌리 깊은 자본주의적 병폐와 계급적대는 20세기에 들어와서는 민주적 시민권의 확장, 국가의 개입 그리고 복지정책의 신장 등으로 인해, 물론 원천적으로 척결된 것은 아니지만, 상당히 완화되었음도 사실이다.[25]

따라서 그들은 19세기의 자본주의적 체험을 절대화하는 편향을 보여줄 수밖에 없었던 것처럼 비칠 정도다. 예컨대 엥겔스의 글, 「영국 노동자의 상황」(1844)에 나타나는 바와 같은, 서로 다른 종족으로 묘사될 정도로 극에 달한 자본가 계급과 노동자 계급 간의 상호적대감으로 팽만한 사회의 이미지가 언제나 그들의 뇌리를 지배하고 있었던 것처럼 여겨진다. 그리하여 그들은 부르주아적 생산의 즉흥성과 무정부성, 프롤레타리아 대중에 대한 부르주아 계급의 무차별적 착취와 그들의 절대적 궁핍화, 그로 인한 사회계급의 양극화, 경제위기의 악순환 등등이 오로지 사회주의 혁명에 의해서만 극복될 수 있으리라 단정 지었던 같아 보인다. 극한 상황에 돌입한 것처럼 비춰졌던 이러

25 이 문제에 대해서는, Turner(1986, 71)를 참고할 것.

한 자본주의적 모순과 병폐는 부르주아 계급의 양보나 프롤레타리아트의 경제투쟁이 아니라 오직 사회혁명, 즉 프롤레타리아 계급의 권력 장악을 통한 생산 및 분배의 조직화, 사적 소유의 철폐, 그리고 경쟁 및 시장의 전면적 폐지 등을 통해서만 비로소 근원적으로 척결될 수 있으리라 확신하였던 것이다.

이런 취지에서, 예컨대 영국의 맥카니(Joseph McCarney)도 마르크스를 "시대의 아들"로 규정한 바 있다. 나아가 그는 마르크스의 과학이 "미숙한 자본주의에 대한" 과학이었기 때문에, 성숙한 자본주의가 제기하는 문제들에 대해서는 "그의 통찰력이 아무리 심원하다 하더라도 기껏해야 그런 통찰력으로써 예감할 수 있을 정도였을 뿐"이라고 비판한다. 그러나 맥카니는 19세기의 자본주의에 대한 마르크스의 탁월한 비판적 성과를 변모한 20세기적 현실에 걸맞게 재해석해내는 작업이 중요한 역사적 의미를 지니리라 확신하고 있다. 이런 전제하에서 그는 마르크스가 "사안의 성격상 거의 또는 전적으로 알지 못한 문제들을 창조적으로 다룰 새로운 범주와 가설들을 고안"할 필요가 있음을 역설하기도 한다.[26]

그러나 이러한 상황에서 우리가 명심하지 않으면 안 될 것은, 자본주의 체제는 부정적 측면과 긍정적 요소를 동시에 함유하고 있다는 사실이다. 자본주의는 예컨대 낭비, 억압, 고통, 착취, 불평등 등으로

26 이에 대해서는, McCarney(1991)를 볼 것. 그는 여기서 "마르크스의 정신으로"를 제창하면서, 이러한 새로운 방법론적 전환이—비록 "마르크스주의적"으로 불리지 않고, 그 "어떤 딴 이름으로 불리든—마르크스 사상의 실질적 내용을 여기서 제안된 만큼 수렴하는 것이, 마르크스의 이름은 경건히 유지하면서 이러한 내용을 포기하는 아무리 많은 양의 이론작업보다, 마르크스의 정신에 더욱 부합할" 것이라 결론 짓고 있다(이 논문의 완역은 『창작과 비평』, 1992년 봄, 429-455, 인용은 447-448). 동시에 McCarney(1990, 165-194)도 참고할 것.

점철되어 있긴 하지만, 동시에 생산력의 고양, 개인적 자유의 신장, 인간적 자아실현 및 잠재력 증진 등의 괄목할 만한 성과를 쟁취해내기도 한 것이다. 한마디로 자본주의에도 빛과 그림자가 공존하고 있는 것이다.

따라서 우리에게는 긍정적인 업적은 보존하면서 부정적인 폐해는 극복해나가는 지혜로운 역사적 관점과 자세가 소망스러울 수밖에 없으리라 여겨진다. 이것이 그야말로 변증법적 '지양'(Aufheben)의 올바른 의미 아니랴 싶기도 하다. 그러나 이것은 과연 오직 혁명으로써만 가능할 것인가? 혹여나 혁명은 '부정성'을 제거하는 대가로 '긍정성'의 파괴까지 요구하지는 않을까? 이런 면에서, 볼셰비키 혁명은 우리에게 과연 무엇을 보여주고 있는가?

필자는 마르크스주의가 '과학'과 '이데올로기'라는 이중적 요소로 구성되어 있다고 믿는 바이다. 말하자면 마르크스주의는 혁명적 방법론이자 동시에 혁명의 절대성에 대한 신앙을 포괄하고 있다는 말이다. 그러나 이 방법론과 이 혁명적 신앙은 상호 충돌 가능성을 원천적으로 소지하고 있는 것처럼 여겨진다. 왜냐하면 그것은 보편적 논리체계와 특수한 혁명전략 간의 갈등요인을 숙명적으로 내장하고 있기 때문이다.

그런데 마르크스주의의 '보편적' 논리체계는 숙명적으로 '특수한' 개별적 혁명운동을 위해 동원되고 활용되지 않으면 안 되었다. 하지만 그 와중에 그것은 점차 계속적인 연구와 검증을 필요로 하는 하나의 대안적인 방법론이 아니라, 결코 오류가 있을 수 없는 일종의 완결된 종말론적 논리체계로 비약하고 신성시되기 일쑤였다.

특히 레닌과 스탈린은 마르크스주의를 끝내는 '과학적 세계관'으로 등극시키며, 그것을 레닌주의 정당과 공산국가들의 공식적 교리체계로 고착시키게 된다. 마르크스주의는 결국 지배집단의 일방적인 '정당화 이데올로기'로 전락하는 교조적인 '비운'을 겪지 않으면 안 되었던 것이다.

하지만 놀랍게도 엥겔스는 죽기 직전인 1895년 3월 11일, 다음과 같은 신념에 찬 소회를 소박하게 한 편지에 담아놓은 적이 있다. 마치 숙연한 신앙고백과도 같이, 자신의 힘겨웠던 삶을 정결하게 마무리 짓는 고결한 자기검증의 순간을 맞이하는 듯한 자세처럼 비칠 정도다.

> "마르크스의 전체 이해방식(Auffassungsweise)은 교의(Doktrin)가 아니라 방법론(Methode)이다. 그것은 완결된 신조(fertige Dogmen)가 아니라, 앞으로의 계속적인 연구(weitere Untersuchung)를 위한 준거틀(Anhaltspunkte)이며, 이 연구를 위한 방법론이다"(Engels, MEW 39, 428).

이와 같이 마르크스와 엥겔스는 적어도 나름대로의 방식으로 현실을 냉철하게 해부하는 현실적 이론을 창안하고자 했었지, 결코 이미 만들어진 이론의 틀에다 현실을 우격다짐으로 끼워넣는 이론적 현실을 고안하려 애쓰지는 않았다. 그들에게는 현실이 이론에 선행한다. 따라서 현실의 변화에 맞춰 이론 역시 따라서 변화하지 않으면 안 되리라는 것이 그들의 숨은 뜻이었으리라 짐작된다.

이렇게 볼 때 이데올로기 또는 세계관적으로 신성시되어 있는, 그리하여 "성부 마르크스, 성자 엥겔스, 성신 레닌"으로 절대화되고 화석화된 마르크스주의로부터 살아 꿈틀거리는 역동적인 방법론을 복원시켜내는 작업이 필수적으로 뒤따라야 할 것이다.

이런 의미에서, '역사발전의 자연법칙적 필연성' 같은 결정론적이고 기계론적인 고정관념에서 벗어나는 일이 급선무가 아닐까 한다. 그리하여 인류역사의 장구한 사상적 흐름의 지극히 중요한 한 부분이면서 타 사상과 마찬가지로 수정되고 극복될 수 있는 역사적·시대적 한계를 지닌 하나의 생동하는 사상체계로 마르크스주의를 재인식하려는 발상의 전환이 무엇보다 필요한 일이라 할 수 있으리라. 이런 취지에서, 우리는 콜라코프스키가 주장한 것처럼 이론적 토론조차 관료적 결정으로 대체하고 마는 모스크바 류의 "제도적 마르크스주의"를 배척하지 않으면 안 될 것임은 물론이다. 다시 말해, "과학적 태도를 견지하기 위해서는 비판이나 토론 그리고 수정을 필요로 하지 않는 주장은 존재하지 않는다"는 것을 확신하지 않으면 안 되리란 말이다. 이것이 바로 "과학과 신학의 본질적인 차이"이기 때문이다(Kolakowski 1967, 48).

이를테면 마르크스주의로부터 '이데올로기'를 제거하는 일이 급선무란 말이 되리라. 그런데 마르크스주의로부터 '이데올로기'를 제거한다는 것은 마르크스주의로부터 '신학화한 과학'을 도려낸다는 것을 의미한다. 다른 말로 하면, 혁명의 '과학적' 필연성 및 그와 불가분의 관계를 맺고 있는 이른바 '역사발전의 필연적 법칙성'을 마르크스주의 이론체계로부터 분리해내는 일이 시급하다는 말인 것이다.

우리는 이 시점에서 이미 지난 1970년대 이후 왜 수많은 서유럽의 마르크스주의자들이 이른바 '정체성의 위기'(identity crisis)에 휩싸이면서 마르크스주의와 결별하지 않으면 안 되었던가 하는 것을 다시 한 번 더 진지하게 반추해볼 필요가 있으리라 여겨진다. 그들은 이미 베른슈타인이 수정주의 논쟁 과정에서 제기한 것과 유사한 문제점들을 다시 끄집어내면서, 마르크스주의의 본질적 원리들에서 멀어져가기 시작했던 것이다.[27]

그리하여 그들은 다음과 같은 몇 개의 주요 문제성 경향들을 구체적으로 새로이 지적하고 나섰다.

1) 사회주의는 역사의 법칙적 발전 과정의 필연적 산물이라는 과학적 사회주의의 역사결정론, 2) 자본주의는 자체의 내부적 모순에 의해 스스로 몰락할 수밖에 없다는 자본주의 위기 및 붕괴 이론, 3) 노동자 계급의 필연적 궁핍화는 그들을 대대적으로 혁명적 계급의식의 길로 인도할 것이라는 궁핍화 이론, 4) 프롤레타리아트는 자연적 필연으로 사회적 변혁의 혁명적 주체가 되리라는 프롤레타리아 계급의 역사적 소명에 관한 확신, 5) 자본주의의 모든 사회적 문제점들은 단지 자본과 노동의 기본모순에 연유한다는 믿음, 6) 정치적 민주주의, 다원주의, 법치주의, 복지국가 체제 등에 대한 사회주의 운동세력의 불신과 과소평가.

대체로 그들은 이러한 동향에 극심한 회의를 느끼게 되었음을 숨기려 하지 않았다. 그리하여 그들은 급기야는 사회주의로부터 완전히 등을 돌리거나, 아니면 고르츠(A. Gorz)식의 '프롤레타리아트로부터의 작별'(Abschied vom Proletariat)을 결행하게 되었던 것이다.[28] 그러

27 예컨대 후크(Sidney Hook)는 바로 이러한 역사발전의 '필연성' 및 '불가피성'에 대한 마르크스/엥겔스의 "과장"으로 말미암아 이들로부터 많은 가르침을 받은 사람들로 하여금—예컨대 현대의 생물학자나 물리학자가 자신들을 '다윈주의자' 또는 '뉴턴주의자'로 즐겨 지칭하는 것과는 달리—스스로를 '마르크스주의자'로 부르는 것을 꺼려하도록 만들고 있다고 주장한다. 나아가 그는 마르크스주의는 오늘날 "마르크스의 본래적 의미에서의 이데올로기"를 의미한다고 말하면서, 그것은 "사회에 대한 엄격히 과학적이고 합리적인 전망이라기보다는 오히려 종교적인 전망에 더 가깝다"고 덧붙이고 있다. 이에 관해서는 Hook(1990, 225-234), 특히 p. 232를 볼 것.

28 이에 관해서는 Meyer u.a.(1986, 383) 참고. 물론 이들이 다는 아니다. 참고로 말하면, 예컨대 알튀세르처럼 '마르크스주의의 위기'를 절감하면서도 마르크스주의와 사회주의 이론을 계속 혁신하거나 발전시켜 나가고자 애쓴 사람들도 있었고, 동시에 녹색당처럼 이론적 혁명으로부터 실천적 개혁주의로 변신한 세력들도 있다.

나 이러한 '사태'는 이미 동유럽 공산권이 몰락하기 20여 년 전에 일어난 일이다.

이 기회에, 사회주의 이념논쟁 과정에서 출몰하였던 좌파 관념적 급진주의와 우파 개량주의를 둘러싼 갈등 양상을 간략히나마 잠시 환기해보는 것 또한 그리 무의미하지는 않으리라 짐작된다.

예컨대 러시아의 사회주의자 알렉산더 헤르첸(Alexander Herzen)은 1848년 혁명을 망명지에서 맞이하면서, "무한히 멀리 떨어져 있는 끝이란 끝이 아니라 덫(trap)이라 할 수 있다. 끝이란 보다 가까이 있지 않으면 안 된다"고 역설한 적이 있다. 그는 물론 자유주의의 허구성을 싸잡아 질타하기도 하면서, 중요한 것은 미래의 유토피아가 아니라 지금 당장 빵이 필요한 인민대중의 질곡이라고 절규한 것이다(Herzen 1979, 133, 136-137). 가령 자본주의는 어차피 필연적으로 몰락할 수밖에 없는 운명을 지니고 있는 것이기 때문에 그것이 자동적으로 붕괴할 때까지 마냥 기다리기만 하면 된다는 식의 예컨대 카우츠키(Karl Kautsky) 류의 '혁명적 대기주의'(Revolutionarer Attentismus)[29] 같은 것이 바로 헤르첸이 말한 "덫"에 빠진 유토피아라 이를 수 있는 것이리라.

이와 같이 추상적 관념과 비현실적인 목표가 아니라 무엇보다 그 구체적인 실현 가능성을 선제적으로 따지려드는 이러한 역사인식은 특히 오늘날과 같은 상황 속에서 보다 합리적인 호소력을 지닌다고 말할 수 있으리라 여겨진다.

29 카우츠키는 이른바 자본주의 자동붕괴론을 신봉하는, 당시 독일 사회민주주의 진영의 수뇌부에 속하는 인사였다. 간략히 말해, 자본주의는 필연적으로 몰락할 수밖에 없는 운명을 지닌 것이기 때문에, 그것이 붕괴할 때까지 혁명적 태도로 마냥 기다리기만 하면 된다는 입장을 역사적으로 '혁명적 대기주의'라 규정하기도 한다. 이에 대해서는 뒷장 〈유럽의 노동운동〉 또는 〈사민주의의 본질〉 편에서 보다 자세한 분석이 뒤따를 것이다.

이런 면에서, 1차 세계대전 전 독일 사회민주주의 우파의 대변자로 이름을 날리던 게오르그 폰 폴마(Georg von Vollmar)의 개량주의 정당화 논리도 적잖은 시사점을 던져주리라 짐작된다.

그는 다음과 같이 역설하였다.

> "우리는 학문적 이론의 대변자일 뿐만 아니라 동시에 고통당하는 민중의 대변자이기도 하다 … 만약 우리들이 종교적 종파나 학문적 학파가 되고자 한다면, 그렇다면 우리는 물론 불편한 현실을 걱정할 필요도 없이 공중누각 쌓는 일만 부지런히 해나가면 된다. 종파와 학파는 절대성과 함께 일하며, 그들의 요구를 실행 가능성과 상관없이 내세우기만 하면 된다. 그러나 현실 속에서 일하는 정당은 그렇게 할 수는 없다 … 우리를 고양시키고 강화시키는 미래에 대한 희망은 현재에 대한 기대를 질식시킬 것이 아니라, 오히려 그것을 본격적으로 활성화시키지 않으면 안 된다."[30]

요컨대 '자본주의 붕괴의 자연법칙적 필연성' 등과 같이 미래의 유토피아나 추상적 관념 또는 비현실적인 목표를 주어삼기는 행위는 "공중누각 쌓는 일"에 지나지 않는다는 단호한 비판인 것이다.

이런 맥락에서, 우리는 마르크스가 왜 "마지막 심급"(in letzter Instanz)이라는 어법을 사용하면서까지 역사발전에서의 경제적 결정성의 궁극성을 추단하였던가를 간접적으로 헤아려 볼 수 있지 않을까

30 Friedemann(1978, 84-85). 참고로 덧붙인다면, 개량주의는 마르크스주의와 무관할 뿐만 아니라 이론적 논쟁에도 등을 돌리고 있다는 점에서, 베른슈타인 류의 수정주의와는 이질적인 속성을 지니는 것이라 말할 수 있다. 그러나 유토피아적 목표보다는 현실의 운동논리에 집착하는 실용주의적 관점에서는 근사치를 보이고 있다.

한다. 말하자면 궁극적으로 경제적 요인에 의해 규정되는 것은 사회 발전의 매 순간과 매 계기가 아니라, 한마디로 사회적 생산양식의 거대한 교체기, 그 자체라는 말인 것이다.

하지만 그러한 결정적 단계에 이르기까지 역사는 다양한 발전형태, 요컨대 진화(evolution)와 퇴화(involution)와 혁명(revolution)을 반복하면서 전개된다. 이런 의미에서, 이른바 '혁명의 필연성'은 '지금 당장, 여기서'가 아니라 '마지막 심급에 가서는'이라는 장구한 역사적 전망으로 재해석되어야 하지 않을까 한다. 그러므로 자본주의의 혁명적 전복만이 유일한 당면 가능성이 될 수는 없게 되리라. 이를테면 마치 봉건주의의 태내에서 서서히 배태되어 나온 자본주의적 사적 소유 체제가 이윽고는 봉건주의적 종말이 혁명적으로 완결되기 이전에 이미 전 사회에 깊숙이 만연해 있었던 것과 마찬가지로, 자본주의의 품속에서도 그것의 모순을 지양하는 새로운 힘이 평화적으로 배양되고 점진적으로 확산되어나갈 충분한 기회가 우선적으로 필요하지는 않으랴 하는 말이 되겠다.

마르크스·엥겔스에게 사회주의 혁명이란 인간 사회 및 인간 자체의 동시적 변혁을 의미하는 것이었다. 마르크스도 그의 '포이에르바하 제3테제'에서 이를 명백히 표현하고 있다.[31] 그것은 단순히 "더 높은 단계의 사회적 존재 형태로의 도약"을 뜻하는 것이 아니라, 오히려 "더 높은 단계의 사회적 존재 형태" 그 자체이다. 이렇게 볼 때 혁명은 "역사에 있어서 특정적인 현상이 아니라, 인간의 창조적 본성이 가장 명료하게 전면에 부각되는 … 고도의 집중화된 (지속적 존재) 형태"

31 여기서 마르크스는 "상황과 인간활동 변화의 일치는 … 단지 혁명적 실천으로 파악될 수 … 있다"고 주장한다. Marx(MEW 3, 6).

이다(Petrovic 1974, 106). 말하자면 그것은 단순한 권력탈취 그 자체가 아니라, 인간해방의 장구한 과정에 나타나는 새로운 인간적 가능성의 창조적 폭발이라는 말이 되리라.

따라서 그것은 단순히 "존재의 보다 높은 형태로의 점프"를 뜻하는 것이 아니라, 오히려 "존재의 보다 높은 형태" 그 자체인 것이다. 이렇게 볼 때, "혁명이란 역사에서 특수한 현상이 아니라, 가장 농축된 인간의 집단적 창조형태, 요컨대 인간의 창조적 본성이 가장 명확하게 전면에 부각되는 형태인 것이다"(Petrovic 1974).

그러므로 완벽한 인간해방은 인간적 창의성 및 인간적 발전의 폐쇄와 중단을 뜻하는 것일 수 있다. 그러나 이러한 이상은 불가능할 뿐만 아니라 무의미하다. 이런 뜻에서 사회주의 혁명은 종말의 시작이 아니라 새로운 시작을 위한 종말인 것이다. 말하자면 그것은 반(反)인간주의의 끝이며, 진정한 인간해방의 첫걸음이란 말이다. 그러므로 그것은 인간존재의 정체나 소멸이 아니라 오히려 그 무한한 발전을 위해 끝없이 지속되어야 할 "인간해방의 영구한(never-ending) 과정"으로 이해되지 않으면 안 된다(Petrovic 1974).

바로 이런 의미에서, 마르크스와 엥겔스도 『독일 이데올로기』에서, "우리들에게 공산주의는 만들어져야 할 상황(Zustand)이 아니라 현실이 지향해야 할 이상(Ideal)이다. 우리는 공산주의를 현재의 상황을 척결하는 참다운(wirklich) 운동이라 부른다"고 말하지 않았던가(Marx-Engels, Collected Works 5, 49). 공산주의는 그들에게는 "참다운 운동", 즉 영속적인 사회주의 혁명을 통해 도달될 수 있는 영원한 "이상", 그 자체였던 것이다. 예컨대 스탈린은 바로 이러한 혁명의 영속성을 완결성으로 대체해버렸다. 즉 사회주의 혁명을 시작이 아니라 종말로 왜곡시키고 말았던 것이다. 그러한 자세가 결국은 사회주의 체제 자체의 종말을 야기한 주요인의 하나가 되었음이 분명하다.

줄여 말해, 사회주의 혁명을 이처럼 영속성 속에서 바라본다는 것은 곧 마르크스주의를 '혁명의 이데올로기'가 아니라 '혁명적 방법론'으로 이해한다는 것을 의미하는 것이기도 한 것이다.

마르크스주의란 절대성을 선포하는 고정불변의 종교적 진리가 아니라, 응당 역사적 한계를 멍에처럼 지닐 수밖에 없는, 수정 가능한 세속적인 이론체계의 하나에 지나지 않음은 물론이다. 그러나 그것은 인간해방의 영원한 이상에 이르는 하나의 독창적이고 획기적인 일련의 과학적 가설(a set of scientific hypotheses)을 우리에게 교시하고 있다. 마르크스주의는 혁명의 이데올로기가 아니라 혁명적 방법론이다.

제6장

사회민주주의의 실체

근대 이후 인류의 역사는 두말할 나위도 없이 독특한 궤적을 그리며 발전을 거듭해왔다. 사상과 철학 분야 역시 크게 다를 바 없다.

예컨대 T.H. 마샬(Marshall)은 특히 영국적 체험을 토대로 하여, 시민권(citizenship)의 성장을 잣대로 삼아 역사의 발전 과정을 명쾌히 분석한 바 있다. 그의 견해를 따르면, 18세기는 '인권'(civil rights)의 시대다. 요컨대 "개인적 자유"를 기본원칙으로 하여, 언론·결사의 자유, 사상과 신앙의 자유 등 인간의 기본권을 발전시켜나온 시기였던 것이다. 그리고 19세기는 "정치적 권리"(political rights)의 시대로서, '정치적 자유'를 기본원칙으로 하여 특히 보통선거권을 실현시켰다. 다른 한편 20세기는 "사회적 권리"(social rights)의 시대로서, '사회복지'를 기본원칙으로 하여 각종 사회보장 및 보험 등을 추구하는 복지국가를 출현시켜왔다(Marshall 1963, 70-74).

이러한 마샬의 분석은 프랑스 대혁명 이후의 역사가 개인적 자유에서 출발하여, 정치적 평등의 시대를 거쳐, 사회적 형평의 단계로 발전해 나가고 있다는 해석을 가능케 한다.

서양의 역사에서 근대는 한마디로 해방의 시대였다. 신분적 예속으로부터의 개체의 해방이야말로 가장 본원적인 해방의 지상명령이었다. 그리하여 보편적 이성을 소유한 존재로서 개인의 자유와 평등을 어떻게 확보할 수 있을 것인가 하는 것이 긴급을 요하는 시대적 대명제로 떠올랐다. "자유"와 "평등" 그리고 "박애"를 절규한 1789년의 프랑스 대혁명은 이러한 요구를 압축적으로 대변한 대사건이었고, 그것은 이미 사회 깊숙이 똬리를 틀고 앉은 자본주의적 경제질서를 정치적으로 공식화하고 완결시키는 마지막 미화작업 같은 것이기도 했다.

그러나 하나의 모순이 극복되면 또 하나의 다른 새로운 모순이 그 뒤를 잇는 모양새를 보여온 것이 우리 인류사의 일반적 발전 양태라 할 수 있으리라 여겨진다.

프랑스 대혁명 역시 역사발전을 한 단계 더 높은 수준으로 끌어올리긴 하였으나, 어쩔 수 없이 하나의 모순을 또 하나의 다른 모순으로 대체시킨 역사의 숙명적 한계를 극복하지는 못하였다. 결국 우리 인류는 신분과 종교의 속박에서 벗어나긴 하였으되, 또다시 자본과 개인주의의 새로운 쇠사슬에 얽매이는 모순의 악순환에 포박당하지 않으면 안 되었다. 이윽고 자본은 인간을 상품으로 전락시키고, 개인주의는 인간을 계급적 이기주의의 노예로 만들어나가는 기제로 작용하게 되었던 것이다.

신분질서에 뿌리를 둔 봉건주의적 불평등 체계에 대한 부르주아 계급의 정치적·법률적 대공습은 프랑스 대혁명으로 일단락되었다. 반면에 상품관계에 입각한 자본주의적 불평등 체계에 대한 프롤레타리아 계급의 사회·경제적 대반란은 결국 러시아의 볼셰비키 혁명으로 귀결하였다.

무릇 '평등'이 그야말로 근대 이후의 본질적 사회개념의 하나로 떠오르게 되었음은 의심의 여지가 없는 일이다. 그리하여 1848년 혁명에서 본격적으로 터져나오기 시작한 평등의 대대적인 반격은 역사의 흐름에 되돌릴 수 없는 깊은 골을 파놓았다. 자본주의 발전은 분배·복지·삶의 질 등, 평등과 관련된 제반 사회적 문제들에 대한 해법을 진지하게 모색하지 않고서는 스스로 정당화될 수 없는 단계를 오래 전에 거쳐왔던 것이다. 러시아 혁명은 그 결정적인 일격이었고, 복지국가체제는 그 신속한 대응이었다.

이윽고 20세기는 자유주의와 마르크스주의, 사회민주주의, 이 세 개의 주요 패러다임의 각축 속에서 닻을 들어올렸다. 그러나 역사의 흐름은 세기말에 와서는 자유주의의 '반명제'(Antithese)인 마르크스주의적 사회주의에 대해 '동유럽 공산권 붕괴'라는 이름으로 판정패를 선언하고 말았다. 다른 한편 사회민주주의는 여러 측면에서 '종합'(Synthese)의 면모를 보이며 연명해 나가고 있는 중이다.

현실정치적 차원에서 볼 때, 앞으로의 세계는 당분간 자유주의 또는 자유민주주의와 사회민주주의 양자 간의 화합과 충돌로 점철되리라 예측된다. 다시 말해 사회주의 혁명은 이제 새로운 시대의 촉망받는 대안으로서의 지위를 오랫동안 상실할 가능성이 지극히 높다는 말이 되겠다. 그러나 그것은 혁명적 목표의 유실이 아니라, 혁명적 방법론의 퇴각을 의미한다. 이러한 시대적 상황에서, 사회민주주의는 과연 어떠한 전망을 가지고 있는가?

한때 우리나라에서도 사회민주주의가 잠시 어느 정도 특별한 관심의 대상으로 떠올랐던 적이 있었던 같다. 그것은 아마도 소련 및 동유럽의 격변과 깊은 관련이 있는 것처럼 보인다. 한편으로는, 사회주의의 '붕괴'에 따른 또 하나의 다른 대안체계가 될 수 있으리라는 심정적 기대감에서, 그리고 다른 한편에서는, 동구권의 현실 사회체제가 결국 지향하고 있는 것이 바로 이러한 유형이 아니겠는가 하는 간헐적인 추론에서, 사회민주주의는 예전에 볼 수 없었던 '호황'을 누리는 듯했다. 그러다가 또 우리의 오랜 습속처럼, 이내 관심이 식어버린 듯 보인다.

오늘날 무엇보다 공산권의 몰락과 더불어, 자본주의 체제의 전일적 세계지배가 관철되었다. 그에 편승하여, '세계화'의 폭풍이 또한 이 세계를 휩쓸고 있는 중이다. 그리하여 자유경쟁의 미명하에, 빈부격차와 사회적 불평등까지 세계화되어 가고 있는 난황이 엄습하고 있는 것처럼 보인다. 이러한 신자유주의의 돌풍을 배경으로 하여, 한편에서는 자유민주주의의 궁극적 승리가 예찬되지만, 또 다른 한편에서는 민주주의의 위기를 소리 높이 절규하기도 한다.

이러한 상황에서 필자는 앞으로의 세계가 개인의 자유를 옹호하는 '개인주의'와 개인에 대한 개입을 慟해 공동체적 결속을 지향하는 '집단주의'의 대결로 점철되리라 전망하고 있다.

그런데 오늘날 자본주의적 개인주의의 실상은 과연 어떠한가. 현재 '자유경쟁'과 '기회의 균등'이라는 자유주의적 구호에도 불구하고 (아니, 사실은 바로 그 때문에), 빈부격차와 사회적 불평등이 더욱 부추겨지고 깊어지는 게 아닐까 한다.

그런데 바로 이러한 "심각한 불평등과 만인의 만인에 대한 투쟁"이 군림하고 있는 현실에서, "자유주의의 오류"야말로 특히 "인간적 연대"를 외면하고 사회적 불의와 부자유, 그리고 분열을 조장하는 데 있다고 외치며, 자유주의를 매섭게 질타하고 있는 존재가 근무 중이다. 그것이 바로 사회민주주의다.

이런 의미에서, 사회민주주의의 역사와 본질을 탐색해보는 것은 적잖은 시대적 의의가 있으리라 생각된다. 뿐만 아니라 그것은 오늘날 이른바 '세계화 시대'가 발산하고 있는 역사적 모순의 일단을 해부해보는 한 방편이 될 수도 있으리라 여겨진다. 우리나라의 현실 역시 과묵하지만은 않은 것 같다.

필자는 우리 한국에서는 이른바 '울타리 정치론'이 지배한다고 추정한다. 한마디로 모든 개인이 속해 있는 조직의 '울타리' 밖에서는 민주주의가 추앙받고 있지만, 반면에 그 '울타리' 안에서는, 비민주주의, 권위주의, 위계질서가 성행하고 있다는 말이 되겠다. '울타리' 안팎이 이를테면 표리부동, 즉 겉과 속이 다르다는 얘기다.

예컨대 노동자들은, 자신의 조직 울타리 '밖'에서는, '심지어' 최고 통수권자인 대통령까지 직접 뽑을 수 있는 장엄한 권리를 향유하지만, 자신이 일하고 있는 공장이나 기업체 안에서는 아무런 발언권도 없다. 자신의 임금결정이나 노동조건 개선 등등, 최소한의 기본적인 복지문제에 대해서도 거의 상명하복식 통제에 따라야 하기 일쑤다. 별반 자율권이 없다는 말이 되리라. 사무직원들도 크게 다를 바 없다. 대학생들도 마찬가지다. 국가수반인 대통령선거 문제에 대해서까지 당당히 한마디 할 수 있는 거창한 권한을 향유하지만, 그 비싼 등록금을 갖다 바치는 데도 대학 내의 일상생활을 통제하는 총장 선출이나 학교운영 문제에 대해서는, 별로 유의미한 발언권이 없다. 또한 개별 가정에서도 별반 큰 차이는 없으리라 짐작된다. 가정의 울타리 밖에서는 민주질서가 엄중히 존중받지만, 그 울타리 안에서는 가부장질서가 근엄하게 똬리를 틀고 앉아 있는 경우도 별반 예외적인 현상은 아니리라.

이를테면 노동자, 사무직원, 대학생, 공무원 등등 주요 사회조직 및 기구 구성원들은 자신의 조직 울타리 '밖'에서는 '심지어' 대통령까지 직접 뽑을 수 있는 막강한 권리를 향유하지만, 그 울타리 '안'에서는 자신의 운명을 직접 결정할 수 있는 권리를 변변히 갖추지 못하고 있는 실정이라는 말이 되겠다.

그런데 이러한 '울타리 정치론'과는 판이하게, "노동하지 않을 때는 시민으로서의 민주적 권리를 인정하고, 노동하는 현장에서는 그들을 민주적 미성년 상태로 내모는" 모순적 현실을 고발한다고 당당히 선언하는 존재가 있다. 그것이 바로 사회민주주의다.

이런 맥락에서 볼 때, 사회 모든 분야에서의 민주화를 지향한다고 선언하는 사회민주주의가 이른바 '울타리 정치론'의 폐해도 극복해나가야 할 우리의 관심을 끌기에 적잖은 포인트를 지니고 있지는 않을런지?

그렇다면 사회민주주의는 과연 어떠한 파란만장한 우여곡절을 겪으며 예까지 흘러오게 되었을까?

사회민주주의는 본질적으로 독일적 개념이라 할 수 있다. 무엇보다도 사회민주주의적 이론과 실제의 고전적 원형을 꾸준히 개발해온 것이 바로 독일이기 때문이다. 따라서 독일의 사례를 집중적으로 파헤치면서, 특히 사회민주주의에 전형적이었던 이론의 본질 및 실천 과정의 주요 쟁점들, 그리고 논쟁의 역사에 초점을 맞추어 분석해 나가는 것이 유의미하리라 판단된다.[1] 뿐만 아니라 한국적 현실을 이해하는 데도 그런대로 교훈적인 요소를 다분히 지니고 있으리라 추정되는, 계급·민족통일·민주화 문제에 대한 독일 사회민주주의의 역사적 대응논리에도 가능한 한 관심을 기울여보는 것 역시 나름 유의미한

1 이어지는 글은 대체로 박호성(2005)의 핵심 부분을 이 글의 전체 흐름에 맞게 적절히 수정해가며 축약·재정리한 것이다.

작업이 아닐까 여겨진다.

I. 사회민주주의의 역사적 전개 과정

이데올로기는 뜨겁다. 그리고 동시에 얼음처럼 차다. 이데올로기는 기존의 현실을 냉혹히 저주한다. 그러나 바로 그 순간에 새로운 이데올로기의 실현을 통해 건설될 복된 미래사회를 열렬히 칭송하는 버릇이 있다. 그렇기 때문에 전투상황 속에서는, 기존 질서를 수호하기 위해 동원되는 일체의 수단과 정당화 논리를 적대시한다. 이처럼 이데올로기는 야누스의 얼굴을 간직하고 있다. 그것은 한마디로 천국과 지옥의 형상을 동시에 지니고 있다. 게다가 자신은 천국이요, 적은 지옥이다. 그런데 지옥 속에서 올려다보는 천국의 모습은 과연 어떨 것이며, 천국의 눈으로 내려다보는 지옥의 정경은 대체 어떠한 것일까?

지옥과 천국은 대립을 의미한다. 그것은 단순한 대립이 아니라 선과 악의 처절한 대립이다. 따라서 타협이 있을 수 없다. 이데올로기적 대결은 총력전·전면전이다. 이것이 이데올로기의 원초적 본능이다. 천국이 전락할 수 있으며, 지옥이 승천할 수도 있다. 그러나 승천과 전락은 오직 혁명에 의해 판가름 날 뿐이다. 혁명적 수호와 혁명적 타파를 위한 격렬한 전투가 필연적으로 뒤따른다.

그러나 혁명은 집단과 조직을 필요로 한다. 이데올로기 투쟁은 대중을 반드시 자기편으로 끌어들이지 않으면 안 되기 때문이다. 동시에 국민과 대중의 이름으로 스스로를 정당화하는 미화작업을 필연적으로 수행하기도 해야 한다. 즉 대중 없는 이데올로기는 존립 불능이다. 따라서 국민과 대중을 가로채기 위한 독점경쟁이 치열하게 벌어질 수밖에 없다. 왜냐하면 조직된 대중에 의해 이끌리는 혁명을 통해 이데올로기는 궁극적으로 자신의 이상을 실현하고 자신의 정당성을 입증할 수 있다고 믿기 때문이다. 이처럼 이데올로기는 모순적이고, 허구적이고, 낙관적이고, 대중적이고, 전투적이고, 혁명적이다.

그런 탓에 정치사상이나 이데올로기는 대체로 모순적이고 격렬하고 혼란스러운 세상의 뱃속에서 태어날 수밖에 없다. 이를테면 그것은 혁명시대의 표지판이자 기념물인 것이다.

예컨대 17세기 사상의 요람지는 영국이었다. 이른바 청교도혁명과 명예혁명으로 시끌벅적했던 당시 영국은 결국 대사상가 토마스 홉스와 존 로크를 낳았다. 그리고 18세기의 사상은 프랑스에서 꽃피었다. 이 시기 몽테스키외, 볼테르, 루소 등을 배출한 프랑스는 그 유명한 프랑스 대혁명으로 막을 내렸다. 이곳에서 세계사적 혁명이 터져나올 수밖에 없었던 것은 프랑스가 바로 봉건주의적 모순과 폐해가 가장 극렬한 곳이었다는 말이 된다. 이윽고 역사적 '서세동점'이 일어나 19세기에는 자본주의가 뻗어나가기 시작하던 혼란스러운 독일로 자리를 옮겨, 마르크스와 엥겔스를 낳았다. 따라서 혁명사상이 그들의 본질일 수밖에 없었음은 물론이다.

어언 역사는 또 흘러 사상은 이번에는 봉건적 압제가 횡행하던 제정 러시아로 발길을 돌려, 기어이 '혁명의 마술사'라 불리는 레닌 및 트로츠키 등을 배출해낸다. 급기야는 인류 역사 최초의 반자본주의 대반란인 볼셰비키 혁명이 발발하게 된다. 내처 소련 및 동유럽 공산권이 수립되었다. 그러나 그것이 무너지는 와중에 새로운 과도체제가 들어서면서, 사회민주주의가 새삼스럽게 후딱 역사적 조명을 받는 것처럼 보이기도 했다. 하기야 사회민주주의 이념이 보여주는 정체성의 동요가 그리 예외적인 현상은 아닌 것처럼 보이기까지 한다.

사회민주주의는 때로는 자본주의와 사회주의 사이에 놓여 있는 독자적인 생산양식 개념처럼 여겨지기도 하고, 또 때로는 자본주의적 자유민주주의와 진배 없는 것으로 치부되기도 한다. 이를 통해 짐작할 수 있듯이, 사회민주주의에는 사회주의 또는 자유주의와의 관련성 속에서 적잖은 개념적 혼란을 발산하는 근성이 있어 보이기도 한다.

그러나 이러한 개념적 혼란이 대체로 사회민주주의의 생성 및 전개 과정과 연루된 것으로 보이기 때문에, 그 흘러온 역사를 면밀히 되돌아봄으로써 많은 부분을 제대로 추스를 수 있으리라 짐작된다. 그러나 나라마다 추구하는 사회민주주의적 노선에 차이가 있고, 또 그로 인해 사회민주주의의 기본가치에 대한 권위 있는 합의가 이루어져 있지도 못한 현실이기 때문에, 그마저도 그리 용이하게 보이지는 않는 것 같다. 그 역사의 흐름에 무엇보다 개별 국가들의 특수성이 배어 있는 까닭이다. 뿐만 아니라 사회민주주의와 민주사회주의가 개념적 상관관계 문제로 때때로 적잖은 혼선을 야기하는 경우가 비일비재함도 역시 염두에 두어야 할 것같아 보인다. 이처럼 여기저기에 도사리고 있는 이러저러한 걸림돌 탓에, 최소한의 합의를 끄집어내는 것으로 만족해야 할지 모를 일이다.

사회민주주의의 생성과 전개

대부분의 정치투쟁 및 사회운동과 관련된 용어들이 그러하듯이, 사회민주주의의 개념 역시 19세기 중엽 유럽의 정치적 소용돌이 속에서 태어났다. 그리고 그 역사적 무대는 응당 프랑스였다.

1848년 혁명이 일어나기 직전 루이 필립(Louis Philippe) 시대의 프랑스에는 민주주의의 이름을 내건 두 개의 당파가 서로 경합을 벌이고 있었다. 하나는 '부르주아적 공화주의자' 당파였고, 다른 하나는 가난한 인민대중에 뿌리를 내리고 있던 '공화주의적 민주주의자' 당파였다.[2] 이때만 해도 민주주의는 상당히 과격한 이념으로 낙인찍히는 처지였다.

당시 프랑스의 민주주의자들 사이에는 미래의 새로운 사회질서의 본질과 그것을 실현하는 방안을 놓고 서로 격렬한 논쟁을 벌이던 사회주의자와 공산주의자의 다양한 분파들이 공존하였다. 그 가운데 원칙적으로는 블랑끼(Blanqui)의 프롤레타리아적 지향을 전적으로 추구하기는 하지만, 수단선택의 면에서는 보다 신중하고 합법적인 방안을 선호하는 하나의 민주주의자 집단이 형성되었다. 그들의 지도자는 레드뤼-롤랭(Ledru-Rollin)이었다. 그는 블랑끼식의 무모한 무장봉기는 피하면서, 가능한 한 기존 법질서의 테두리 안에서 언론과 집회를 통하여 공격적인 선동을 강화하고 또 필요하다면 의회의 기반을 활용함으로써, 자신의 지지기반을 확장해 나가고자 하는 의도를 지니고 있었다. 이 "붉은 공화주의자"는 『레포름』(*Reform*)이라는 잡지를 창간하였는데, 한때 전 유럽 민주주의자들의 중앙기관지로 간주되기도 할 정도였다.

다른 한편 그의 가장 뛰어난 동지는 탁월한 사회주의 이론가였던 루이 블랑(Louis Blanc)이었다. 그는 보통선거권의 획득 및 민주공화국 건립을 당면 목표로 설정하면서, 적절한 기회가 포착되면 즉시 평화로운 선동에 의해 궁극적인 혁명의 길로 이행하는 것이야말로 가장 성공 가능성이 높은 현실적 전략이라고 판단하고 있었다.

2 이 부분은 아르투어 로젠베르크(1993(1990))의 4장 및 5장에 주로 의거했다. 본문의 괄호 안 페이지는 이 책의 것을 그대로 따온 것이다.

이 레드뤼-롤랭과 루이 블랑의 당은 정치적 민주주의 및 사회적 개혁의 동시적 추진을 위해 노력한다는 것을 드러내기 위해, 스스로를 '사회주의적-민주주의'(sozialistisch-demokratisch) 당파라 칭하게 되었다. 그리하여 역사상 최초로 사회주의와 민주주의 개념이 결합된 형태로 정치세계에 본격적으로 등장하기 시작한 것이다. 민주주의의 역사적 발달 과정에서 이들의 노선이 차지하는 역사적 의의가 있다면, 그것은 바로 이들이 '혁명적' 민주주의를 '합법적' 민주주의로 뒤바꾸어 놓음으로써 '개량적' 사회주의의 물줄기를 새롭게 터놓은 점이라 할 수 있을 것이다. 바로 여기서 '사회민주주의'의 큰 흐름이 발원하기 시작하는 것이다.

다른 한 분파인 '부르주아적 공화주의자' 당파는 자유주의적 좌파 집단이었다. 이들의 기관지는 마라(Marat)가 편집책임을 맡고 있던 파리의 『나시오날』(*National*)이었는데, 이들은 사유재산의 원칙을 고수하는 기본범주 속에서 선거권의 확대를 목표로 하였다.

그런데 1847년 바로 이 『나시오날』 진영과 『레포름』 당 사이에 바야흐로 격렬한 논쟁이 터져나왔다. 『나시오날』은 『레포름』 주위에는 오직 "선동꾼"과 "초민주주의자"만이 득실거리는 반면에, 자신들은 질서와 이성을 존중하는 진정한 민주주의자라 주장하였다. 『레포름』은 대체로 다양한 사회주의적 노력과 경향에 공감을 표하고 있었다. 반면에 『나시오날』은 무조건적으로 사유재산을 옹호하는 편이었다.

여기서 부르주아 자유주의적 민주주의와 가난한 인민대중의 민주주의 사이에 최초의 결별이 이루어지게 되는 것이다. 그러나 이들은 1848년 2월 혁명의 승리로 왕정이 붕괴되고 임시 공화정부가 수립되자, 서로 화해하게 된다. 양당의 지도자들, 말하자면 『레포름』의 레드뤼-롤랭 및 루이 블랑, 그리고 『나시오날』의 라마르띤(Lamartine),

마라, 가르니에-빠제(Garnier-Pages)(57쪽) 등이 임시정부에 함께 포진하였다.

저자 아르투어 로젠베르크가 날카롭게 파헤쳤듯이, 이들의 어깨 위에는 육중한 역사적 과제가 무겁게 얹혀 있었다.

우선 레드뤼-롤랭과 루이 블랑의 사회주의적-민주주의(sozialistisch-demokratisch) 당파는 무엇보다 사회적 민주주의가 공화국, 보통선거권, 정치적 자유의 새로운 토대 위에서 가난한 인민대중을 위해 과연 무엇을 할 수 있으며, 나아가 근대적 산업 프롤레타리아트의 계급적 이해관계를 어떻게 충족시킬 것인가 하는 문제를 해결하지 않으면 안 되었다.

다른 한편 부르주아적 공화주의자의 자유주의적 민주주의 당파는 정치적 자유와 보통선거권이 사회적 안정과 질서를 결코 해치지 않을 것이며, 가난한 인민대중 또한 자본주의적 사유재산을 결코 침해하는 일이 없을 것이라는 것, 요컨대 보통선거권이 부여된 공화국 체제야말로 자본주의와 유산 시민계층에게 가장 안전하고 바람직한 국가체제라는 것을 입증해내야 하는 과제를 해결해야 했다(88쪽).

그러나 이들 모두 다 이러한 역사적 시험에서 결국엔 고배를 마시지 않으면 안 되었다. 나폴레옹 3세와 보나파르티즘(Bonapartism)의 등장이 그 마지막 메아리였다.

1848년 12월 10일에 거행된 대통령 선거에서 '사회적 민주주의' 후보로 나선 레드뤼-롤랭은 37만 표, '평화로운 민주주의'를 대변한 라마르띤은 고작 8천 표를 얻는 데 그쳤으나, 나폴레옹 보나파르트는 무려 550만 표를 얻어 대통령에 당선되었다. 이것이 당시의 사회적 민주주의 및 자유주의적 민주주의에 대한 역사의 냉혹한 채점표였던 것이다(106쪽).

프랑스 대혁명 이래 전통적 의미의 사회적 민주주의는 노동자·농민 그리고 쁘띠부르주아지, 즉 '인민'(people, peuple, Volk)이라 불리는 사회집단의 세습귀족 및 화폐귀족에 대한 저항의 이념이었다(124쪽). 이와 같이 정치적 권리 쟁취와 사회적 지위 향상을 목표로 하는 인민의 민주주의적 노력이 1840년대 프랑스에서는 '사회적 민주주의'(Democratie sociale)로 이해되었던 것이다. 하지만 레드뤼-롤랭의 사회적 민주주의는 1848년 혁명 후 농민이나 노동자 등 기층민중의 지원조차 전혀 등에 업지도 못한, 그야말로 소외된 쁘띠부르주아지의 급진적 외침에 지나지 않았다. 그러므로 계급투쟁과도 연관이 있을 리 만무했다. 바로 이런 측면에서 마르크스는 이들에게 '사회민주주의자'라는 멸칭을 선사하였던 것이다. 그리고 마르크스는 이러한 호칭 자체가 이들의 비혁명적인 정치·사회적 속성을 잘 드러내 보여준다고 믿었다. 그는 다음과 같이 단정 지었다.

> 프롤레타리아트의 사회적 요구에서 혁명적 요체가 절단된 채 민주적 전환이 이루어졌다. 그리고 쁘띠부르주아지의 민주적 요구에서 순수히 정치적인 형태가 벗겨지고 그 사회적 요점이 강조되었다. 이렇게 '사회민주주의'(Sozial-Demokratie)는 생성되었다(Marx, MEW 8, 141).

이와 같이 마르크스에게는 사회민주주의가 한편으로는, 순수하게 정치적이고 합법적인 차원에 한정된 프롤레타리아트의 민주주의적 요구와, 다른 한편으로는, 단순한 정치적 범주를 넘어서는 쁘띠부르주아지의 사회적 요구가 상호 결합된 이념으로 비쳤던 것이다. 이처럼 그는 애초부터 사회민주주의를 비판적으로 인식하고 있었던 셈이다. 그는 분이 덜 풀렸던지, "사회민주주의의 본질적 특성은 민주공화적 제도들을 수단으로 요구하며 자본과 노동이라는 두 극단을 지향하는 것이 아니라, 그 적대감을 완화시키고 그것을 상호 화해로 이끌려는 데 있다"고 꼬집기도 했다(Marx, MEW 8, 141). 한마디로 마르크스는 사회민주주의를 처음부터 비혁명적이고 계급화해적인 쁘띠부르주아지의 정치·사회적 이념에 지나지 않는 것으로 냉소하였던 것이다.

II. 사회민주주의의 특성, 독일 사회민주주의를 중심으로

지금까지 간략히 훑어본 바와 같이, 1848년 혁명을 전후한 프랑스에서는 민주주의 좌파를 지칭하기 위해 이 '사회적 민주주의' 또는 '사회주의적 민주주의'라는 용어가 활용되었다. 그러나 사회민주주의는 본질적으로 독일적 개념이라 할 수 있다. 그에 걸맞게 독일에서는 사회민주주의의 생성 및 전개 양상이 다소 유별난 편이었다.

독일에서도 혁명이 한창 진행 중이던 1848년 8월 23일-9월 3일, 인쇄공인 슈테판 보른(Stephan Born)에 의해 32개 노동자협회의 대표자회의가 베를린에 소집되었고, 여기서 '전 독일 노동자 우애'(Allgemeine Deutsche Arbeiterverbrüderung)라는, 주로 전문직 숙련노동자 중심의 독자적인 정치적 협회가 결성되었다.

이 노동자 단체는 자체의 독자적인 조직을 통하여 정치적·도덕적 역량을 강화함과 아울러 민주적 국가체제 안에서 사회적 개혁을 관철시켜 나감으로써, 궁극적으로는 노동자 계급의 해방을 실현하리라는 의지에 불타 있었다. 아울러 같은 해 10월 슈테판 보른 및 수공업 장인 출신의 공산주의자 빌헬름 바이틀링(Wilhelm Weitling) 그리고 마르크스의 추종자 등이 대표로 모인 '민주주의자 총회'(Demokratischer Kongress)가 결성되면서, "오로지 민주적-사회적(demokratisch-sozial) 공화국 안에서만 사회문제의 해결이 가능하다"라는 강령을 채택하였다. 얼마 후 1860년대에 본격화하기 시작하는 독일의 사회민주주의적 노동운동은 이 강령을 자신의 기본노선으로 수용하게 된다(Miller und Potthoff 1983, 26-27, 28).

우리는 여기에 이미 사회개혁 및 민주공화국 건설이라는 사회민주주의의 기본 목표의식이 짙게 스며들어 있음을 목격할 수 있다. 또한 우리는 여기서 아직까지는 명확하게 체계화되지는 못하였지만, 사회민주주의가 진보적이고 반체제적인 성향을 드러내고 있던 좌파세력의 저항이데올로기로 서서히 자리 잡아가고 있는 현장과 마주할 수 있다. 그에 걸맞게 이미 1850-1860년대에 독일의 반동적 국가 관료체제는 사회민주주의를 한마디로 '혁명적 경향의 총 개념'으로 평가하고 있었다. 다시 말해 사회민주주의의 개념 자체가 저항세력의 사회적 자격박탈 또는 사회적 추방을 정당화하는 빌미로 활용되기 시작했다는 말인 것이다.

독일의 상황은 나름 기묘한 편이어서, 자본주의 발전이 상대적으로 후진적이었음에도 불구하고, 다른 서유럽 여러 나라들에 비해 이례적으로 상당히 일찍이 노동자정당 설립이 추진되었다.[3]

1860년부터 1870년에 이르는 10여 년 동안 서유럽 노동자들이 이전의 민주주의자들과는 반대로 자신의 독자적인 계급운동을 추진한 형태는 대략 크게 네 가지 나누어볼 수 있다. 요컨대 정치적인 노동

3 독일에서는 왜 다른 나라에 비해 독립적인 노동자정당이 상대적으로 일찍 출범하게 되었는가, 그리고 그에 따른 자유주의 및 민주주의 세력과의 전격적인 결별의 원인은 무엇인가에 대해서는, Mayer(1969) 및 Schieder(1974) 등을 참고할 것.

자정당, 정치적인 노동조합, 평화적 성향의 비정치적인 무정부주의, 그리고 마지막으로 혁명적 노선을 표방하는 비정치적 무정부주의가 그것이다. 독일의 라쌀레(Lassalle)의 당은 바로 첫 번째 형태를 대변했고, 영국의 노동조합 운동은 두 번째 형태를, 그리고 프루동(Proudhon)과 바쿠닌(Bakunin)의 추종자들은 나머지 두 무정부주의적 경향을 각각 대변하였다.[4]

예를 들어 영국이나 미국의 노동운동에서는 기존 국가와의 화해할 수 없는 적개심 같은 것은 거의 찾아보기 힘들다. 오히려 국가 스스로가 자발적인 제도적 개혁을 통해 노동운동의 여러 요구들을 점진적으로 수용해 나간 편이었다.

반면에 유럽대륙의 노동운동은 경찰국가적 억압과의 끊임없는 대립 속에서 발전의 기틀을 닦지 않으면 안 되었다. 그 전형적인 사례가 바로 독일이다. 결과적으로 사회민주주의적 노동운동은 국가기관의 정복을 도모하는 정치투쟁을 통해 사회개혁을 이루어내고자 노력하게 된 것이다. 따라서 노동조합운동에 비해 정당운동이 우선시 되었다. 아울러 강압적인 국가의 탄압에 맞서 이러한 정치투쟁을 효율적으로 이끌어나가기 위해 일사불란한 중앙집권적 조직형태에 강한 집착을 보이게도 되었다. 독일의 사회민주주의에는—영국의 경우에서와는 정반대로—노동조합을 단지 프롤레타리아트의 정치적 단합을 촉진하는 하나의 조직적 방편으로, 그리고 노동조합적 투쟁을 정치투쟁의 하위 봉사자로 간주하는 전통이 깊이 뿌리박혀 있다. 이러한 경향은 라쌀레나 마르크스 다 마찬가지였다.

4 유럽의 국가별 노동자 정당의 생성과 발전에 관해서는, Abendroth(1975, 51 이하) 참조.

1863년 라쌀레는 드디어 노동자정당인 독일노동자총연맹(Allgemeiner Deutscher Arbeiterverein: ADAV)을 창설하였다. 이것은 '군주적·절대주의적' 당파와 '부르주아적·자유주의적' 당파 사이에 병존하게 된 제3의 사회민주주의적 노동자 계급의 정당이었던 것이다. 라쌀레는 보통선거권에 바탕을 둔 인민의 자치와 근로대중의 이해관계에 입각한 사회변혁을 추구하였다.[5]

다른 한편 라쌀레의 뒤를 이은 요한 밥티스트 폰 슈바이처(Johann Baptist von Schweitzer)는 사회민주주의의 명칭을 노동운동에 본격적으로 적용하는 계기를 마련하였다. 그는 1864년에 창간된 당 기관지에 '사회민주주의자'(Social-Demokrat)라는 강령적 제호를 부여한 것이다. 뿐만 아니라 그 몇 년 후에는 사회민주주의의 명칭을 지닌 노동자정당이 최초로 설립되기도 하였다. 1869년 빌헬름 리프크네히트(Wilhelm Liebknecht)와 아우구스트 베벨(August Bebel)이 아이제나흐(Eisenach) 시(市)에서 독일사회민주노동당(Sozialdemokratische Arbeiterpartei Deutschlands)을 창당한 것이다.

그러나 라쌀레주의자와 '아이제나허'(Eisenacher)[6]로 분열되었던 독일 노동운동은 1875년 통합하여 '독일사회주의노동당'(Sozialistische Arbeiterpartei Deutschlands)을 고타(Gotha)에서 결성하게 된다.[7] 이 정당들의 명칭에서도 드러나듯이, 이 시기 독일에서는 사회주의와 사회민주주의가 개념적으로 거의 동일한 의미를 지니는 이념으로 통용되었던 것으로 보인다. 따라서 1891년에 이 당의 이름이 다시 '독일

5 라쌀레의 정치적 입장을 보기 위해서는 박호성(1989, 325-330)을 참고할 것.

6 리프크네히트와 베벨이 건설한 '독일사회민주노동당'의 당원 및 그 추종 세력을 독일 노동운동사 서술에서는 대체로 '아이제나허'로 지칭하는 경향이 있다.

7 마르크스의 유명한 「고타강령 비판」(Kritik des Gothaer Programms, MEW 19)이 바로 이때 결성된 '독일사회주의노동당'이 고타에서 채택한 당 강령에 대한 비판인 것이다.

사회민주당'(Sozialdemokratische Partei Deutschlands: SPD)으로 바뀌어 지금까지 100년 이상 전해 내려오는 당명으로 확고히 자리를 굳힌 것도 결코 우연한 일은 아니다.

앞서도 잠깐 언급하였듯이, 마르크스와 엥겔스는 원칙적으로 사회민주주의를 달가워하지 않는 입장이었다. 따라서 그들은 국제 노동운동권 내부에서 벌어진 여러 논쟁들에서 '공산주의'라는 명칭을 고수토록 촉구하기도 하였다. 그러나 다른 한편 이들은 이러한 이름의 정당들이 생겨나는 정치적 현실을 결코 무시할 수는 없게 되었고, 그로 인해 '사회민주주의'의 개념을 현실적으로 받아들이지 않으면 안 되게끔 되어갔다.

예컨대 1864년 슈바이처가 영국에 있는 마르크스와 엥겔스에게 '독일노동자총연맹'의 새 기관지를 '사회민주주의자'로 명명하겠노라고 통보하였을 때, 엥겔스는 분노에 차서 "사회민주주의자라니, 그 무슨 빌어먹을 제목인가! 이 친구들은 그것을 왜 직접 프롤레타리아트라고 부르지 않는가?"라고 투덜대는 편지를 마르크스에게 보내기도 했다. 이에 대해 마르크스는 "사회민주주의자란 좋지 않은 제목이네. 그러나 아마도 실패할지 모르는 것에다 가장 좋은 제목을 주어버리면 안 되지 않겠는가" 하고 외교적으로 대응하는 투를 보이기도 했다. 이 무렵 '사회민주주의자'라는 이름은 마르크스와 엥겔스에게 마치 레드뤼-롤랭과 루이 블랑의 "파산당한 회사"가 되살아나는 것 같은 느낌을 주었다. 그러나 그들은 이 "좋지 않은 이름이 라쌀레주의자에게는 충분할 정도로 좋다는" 확신 아래 결국은 이 명칭과 그럭저럭 타협해 나갔다.[8] 그럼에도 불구하고 그들은 사회민주주의에 대한 그

8 로젠베르크(1993(1990), 155). 마르크스와 엥겔스의 서신도 여기서 재인용함.

들의 원초적 불신을 결코 털어내버리지는 않았다.

엥겔스는 1894년 어느 팸플릿의 서문에서 다음과 같은 견해를 밝힌 적도 있었다. "이 모든 논문들에서 … 나는 나 자신을 결코 사회민주주의자라 부른 적이 없다. 나는 항상 공산주의자라 지칭하였다. 마르크스와 나에게는 우리의 특별한 입장을 드러내기 위해 그러한 막연한 표현을 선택한다는 것이 사실상 불가능했다." 나아가 엥겔스는 이 사회민주주의라는 개념은 "그 경제강령이 한마디로 일반 사회주의적일 뿐만 아니라, 직접적으로 공산주의적인 그리고 그 정치적 궁극 목표가 전체 국가 및 민주주의 자체의 극복에 있는 당에게는 … 부적합한" 것이라 단정 지었다(Engels, MEW 22, 417, 418).

그러나 특히 독일 사회민주주의 노동운동 세력이 스스로를 마르크스주의적 기본노선에 충실한 것으로 이해하였고 또 마르크스와 엥겔스가 그것을 그렇게 받아들임으로써, 이처럼 1880년대의 유럽 사회주의 운동권에서는 '사회민주주의'와 '마르크스주의'가 거의 동일한 의미를 지니는 이념으로 양해되기도 하였다. 더구나 1891년 독일 사회민주당이 최초의 마르크스주의적 당 강령인 「에어푸르트(Erfurt) 강령」을 채택함으로써, 독일 사회민주주의는 명실상부한 마르크스주의 정당으로 공인받기에 이르기도 하였다. 그러나 이 강령에 대한 이러한 해석 역시 적잖은 무리가 있다.[9]

하지만 이러저러한 우여곡절을 거치며, 어쨌든 독일 사민당은 재빨리 마르크스주의적 사회민주주의의 국제적 모범생으로 떠오르게

9 이 「에어푸르트 강령」을 어떻게 해석할 것인가에 대해서는 많은 논란이 있다. 이 강령은 카우츠키식으로 곡해된 마르크스주의적 이론 부분과 베른슈타인이 기초한 개량주의적 실천 부분, 두 부분으로 구성되어 있다. 필자는 이 강령이 과격한 소수 마르크스주의적 당 이론가들과 온건한 개량주의적 실무자들 간의 타협의 산물이라 생각한다. 이에 대해서는 박호성(1989, 331-334)을 참고할 것.

되었다.

한편 사회민주주의의 대중화와 더불어 마르크스주의도 급속히 퍼져 나갔다. 마르크스주의적 사회민주주의는 카우츠키(Kautsky), 로자 룩셈부르크(Rosa Luxemburg), 레닌(Lenin)에 의해 수용되고, 또한 시대적 상황에 걸맞게 체계화되기도 하였다.

독일의 사회민주주의가 제2 인터내셔널의 창건과 더불어 국제적 차원에서 이론적·실천적 명성을 명실상부하게 상징적으로 획득해 나가면서, 유럽의 많은 노동자 정당들이 이 독일의 사례를 열심히 뒤쫓게 되었다.

무엇보다 반동적인 관헌국가체제에 맞설 수밖에 없었던 탓에, 독일 사민당은 특히 사회민주적 조직형태를 탁월하게 창조해내기도 하였다.

이론적 권위를 거의 독점적으로 향유하고 있던 당 지도부, 전국에 걸친 당의 관료체제, 일반적 대중조직, 노동조합과의 긴밀한 협조체제, 언론매체 및 교육기관 등등이 그 전형이었다. 이러한 탄탄한 기간조직들을 통해 독일 사민당은 "프롤레타리아 계급의 사회주의적 과학"이라 규정되었던 마르크스주의를 적극적으로 퍼뜨리고 대중화시켜 나갔다. 한편으로 그들은 기존의 부르주아적 제도들을 최대한 활용하면서 각종 선거에서 거듭되는 개량적 승리를 쟁취해 나갔다. 그러나 다른 한편으로는, 기존 질서를 뿌리째 부정하는 혁명적 구호와 목표를 결코 포기하지 않았다. 이러한 의회주의적 실천과 혁명주의적 이론 간의 상호모순이 실은 독일 사회민주주의의 몰락을 재촉하는 병원균으로 잠복하고 있었다. 그것은 동시에 마르크스주의의 심각한 시험대이기도 하였다.

마침내 베른슈타인(Bernstein)이 등장한다. 그는 엥겔스가 세상을 떠난 직후인 1896년에서 1898년에 걸쳐 당시 국제 사회주의 운동권의 대표적 이론지였던 『신시대』(*Neue Zeit*)에 일련의 논문시리즈 「사회주의의 제 문제」를 게재한다. 이 글들은 사실상 마르크스주의의 기본원리에 대한 선전포고문과 다를 바 없었다. 베른슈타인의 '수정주의'(Revisionismus)는 한마디로 개량주의적 실천과 혁명주의적 당 강령 간에 내재하는 모순을 극복하기 의한 시도에서 제기되었고, 그것은 결국 독일 사회민주주의의 개량적 실천에 이론적 정당화 수단을 제공한 셈이 되었다.[10] 어쨌든 '수정주의 논쟁'은 제2 인터내셔널에서 처음으로 마르크스주의 진영 내부의 분열을 촉발시킨 도화선이 되었다.

그러나 그게 다가 아니었다. 1905년의 러시아 혁명은 여기에다 새로운 갈등의 소지를 덧붙여 놓았다. 한편으로, 그것은 인터내셔널의 혁명적 좌파세력으로 하여금 점점 심화해가는 국제 사회주의 운동의 의회주의적 경향에 대해 강력한 비판을 제기하도록 만들었다. 그에 따라 급진세력을 중심으로 정치투쟁의 필수적 수단으로서 대중파업의 필연성이 고창되었다. 이를 계기로 독일 사회민주주의는 1911년을 전후하여 로자 룩셈부르크를 중심으로 하는 급진 좌파, 베벨과 카우츠키를 핵으로 하는 '중도 통합적' 마르크스주의 정통파, 그리고 베른슈타인을 이론적 대부(代父)로 하는 개량주의적 우파로 분열하게 된다. 그러나 다른 한편으로, 그것은 개량주의자 및 수정주의자들과 이른바 마르크스주의적 정통파들 사이의 연대를 촉진하는 기회를 제공하기도 하였다. 독일 사회민주주의는 점차 개량적 속성을 노골화해

10 베른슈타인의 수정주의 및 그를 둘러싼 논쟁을 보기 위해서는, 박호성,『사회주의와 민족주의』, 앞의 책, 319-69쪽을 참고할 것. 나아가 베른슈타인의 생애와 그의 사상적 면모를 총괄하기 위해서는, Gay(1979〈1952〉); 한글번역본, 피터 게이(1994)도 참고할 것.

나갔던 것이다. 그리하여 그때까지 국제 사회주의 운동을 주도해 왔던 독일 사회민주주의는 결국 국제 노동운동의 대표적 보수세력으로 전락하는 변모를 보이기 시작한다. 어차피 1차 세계대전이 분화구가 된 셈이다.

마침내 국제 사회주의 운동권 내부의 긴장과 갈등은 국제주의자(레닌과 로자 룩셈부르크 등)과 '조국수호'의 옹호자(베벨과 플레하노프(Plechanov) 등) 간의 마지막 격돌로 치닫게 된다.

1차 세계대전이 발발하자 인터내셔널에 속해 있던 대부분의 사회민주주의 정당들은 자신들이 그토록 혐오하고 매도해 마지않았던 자신들의 자본주의적 '조국의 수호'를 위해 앞장설 것을 결의하면서, 제국주의 전쟁의 수행을 위해 필요한 예산을 압도적으로 승인해 주었다. 이들은 민족적 성향의 부르주아 정당들과 이른바 '성중(城中)평화'(Burgfriede)를 체결하며 계급화해를 시도하게 된 것이다. 사태가 이렇게 발전하자 러시아의 볼셰비키, 이탈리아의 사회주의자, 기타 정당들의 혁명적 소수는 마르크스주의적 원칙을 '배반하는' 모든 세력 및 경향들과 결별함으로써, 자신들의 혁명적 순수성을 새롭게 확인하고 고양하는 방안을 모색하게 된다.

마침내 레닌은 1915년부터 시작된 침머발트 및 킨탈에서 개최된 회의에서 명확해진 것처럼, '사회민주주의자'들과는 더 이상 화해 가능성이 없다는 것을 확신하게 되었다. 그리하여 그는 10월혁명 전야에 「4월 테제」를 발표하여 '사회민주주의'의 호칭을 포기할 것을 종용하면서, 자신들을 '공산주의자'로 개칭할 것을 제창하였다. 앞서 언급한 바 있는, 마르크스·엥겔스의 사회민주주의 비판에 기대어 레닌은 "사회민주주의라는 명칭은 '과학적으로' 볼 때 잘못이다"라고 선언한다. 나아가 그는 단지 "사회주의를 배반한" 자들만이 사회민주주의 용어에 집착하리라 주장하며, 그러한 부류들과는 명백히 선을 긋지 않으면 안 된다고 역설하고 나섰다(Lenin, LW 24, 70, 73). 이에 따라 1918년 '러시아사회민주노동당'의 명칭 또한 '공산당'으로 바뀌었다. 로자 룩셈부르크 역시 1918년 말 무렵 '독일 공산당'을 창당하면서, 동일한 견해를 표명하였다. 그녀는 특히 자본주의 사회의 운동원리와 야합하는 '계급투쟁'과 '사회주의론'의 전 체계가 사회민주주의의 좌절과 함께 붕괴하였다고 선포하기도 하였다(Rosa Luxemburg 1988, 490f). 로자 룩셈부르크는 바야흐로 사회민주주의란 사회주의의 외피를 둘러쓴 자본주의 옹호 내지 지향 세력에 지나지 않는다고 규탄한 것이다.

이러한 과정을 밟으면서 레닌주의적이고 평의회 민주주의적인(rätedemokratisch) 사회주의 세력들은 궁극적으로 사회민주주의와 결별을 고하게 된다. 그들은 한때 사회민주주의자임을 자랑스럽게까지 여긴 적도 있었으나, 이제는 사회민주주의를 적진으로 투항한 적대세력의 일원으로 낙인찍게 되었다. 이윽고 그들은 '제3 인터내셔널'의 건설을 추진하게 되는 것이다.

드디어 1919년 3월, 「공산주의 인터내셔널」(Communist International: 코민테른)이 창건되었다.[11] 반면에 이들과 결정적으로 갈라선 1914년 이전의 개량주의적이고 정통파적인 입장을 고수하던 세력들

11 레닌은 제2차 코민테른 총회(1920년 7월 19일-8월 7일)에서 코민테른에 가입하고자 하는 정당들의 '자격기준'으로 19개 항목을 선정, 발표하였다. 이를 따르게 되면, 사회민주주의 또는 노동정당들의 가입은 사실상 원천 봉쇄되게 된다. 그 가운데 흥미로운 것은 6항, "사회 애국주의자 및 사회 평화주의자"와의 과격한 단절; 7항, 모든 "개량주의자" 및 "중앙파"(Zentrist)의 제거; 8항, 단호한 반식민주의적 정책; 13항, "민주적 집중주의" 조직원리의 수용; 15항, "반혁명 세력에 대한 소련의 투쟁 지원"; 17항, 코민테른 총회 및 모든 산하 집행위원회의 결의에 대한 모든 개별 국가 정당들의 종속; 18항, 모든 정당의 "공산당"으로의 개칭 등이 있다. 이에 대해서는 Fetscher(1982, 15-16)를 볼 것.

은 상호 결집하여 1923년 5월 「사회주의 노동자 인터내셔널」을 출범시킨다.[12] 그러나 후자는 적지 않은 노동자들의 외면을 감내하지 않으면 안 되었다. 또한 10월혁명의 후광으로 둘러싸인 러시아 공산당과 긴밀한 결속관계를 유지하던(특히 독일, 프랑스, 이탈리아 등지의) 강력한 공산당들과 경합을 벌여나가지 않으면 안 되었다. 따라서 「사회주의 노동자 인터내셔널」의 무게중심은 온건한 비마르크스주의적 정당들에 쏠릴 수밖에 없게 되었다. 예컨대 영국의 노동당, 스칸디나비아의 사회민주당 등이 그들이었다.

이러한 상황에서, 사회민주주의 개념은 극심한 평가절하를 겪지 않으면 안 되었다. 사회민주주의는 '기회주의', '배반', '부르주아지와의 야합'과 동일시되었고, 사회민주주의자는 '사회적 애국주의자', '사회적 배반자', '사회적 파시스트'라는 경멸스러운 호칭으로 불리게끔 되었다. 이러한 사회민주주의의 부정적 이미지 구축에 결정적으로 공헌한 것은 다름 아닌 공산주의자들의 대량 비판이었음은 물론이다.

그러나 다른 한편 스스로를 사회민주주의로 지칭하는 세력들 내부의 이론적 경향도—예컨대 '오스트리아 마르크스주의'(Austromarxismus)로부터 수정주의에 이르기까지—역시 다양하였다. 구체적 실천 과정에서도 자유주의자들과의 제휴를 모색하는 축들도 있었고, 가톨릭과의 연립정부를 추진하는 부류도 존재하였다. 조직적인 차원에서도 대단히 이질적이고 다양한 속성들이 유감없이 드러났다. 이처럼 사회민주주의 모델은 자신만의 고유한 특성을 점차 상실해가는 역경

12 래디스(G. Radice)는 이것이 '민주사회주의'가 "아직은 실행 가능한 것은 아니지만 분리되고, 독립적인 정치철학"으로 "최초로" 등장하는 시기였다고 주장한 적이 있다(Radice 1965, 19). 그러나 과연 이 시기에 민주사회주의의 "독립적인 정치철학"이 정립해 있었는지 하는 것은 대단히 의문스럽기 짝이 없는 단정으로 여겨진다.

을 겪게 된다. 사회민주주의는 차차 '사회주의'라는 표현으로 대체되기도 하였다. '민주사회주의' 개념의 생성도 이러한 역사적 배경과 맞물려 있다고 말할 수 있다.

그러나 2차 세계대전의 종결과 더불어 이러한 사회민주주의를 둘러싼 혼란에도 마침내 마침표가 찍히게 된다. 민주사회주의의 개념에 관한 새로운 논쟁이 서유럽 사회주의 및 사회민주주의 정당들에 의해 활발히 전개되었고, 이 개념은 즉시 사회민주주의적 정책의 특징으로서 여러 강령과 선언에 뿌리내리기 시작하였다. 이러한 과정을 국제적 차원에서 일단락시킨 것이 바로 1951년 7월 3일 반공주의적이고 개량주의적인 기본 토대에 입각해 영국 노동당의 주도로 재결성된 '사회주의 인터내셔널'(Socialist International: SI)의 「프랑크푸르트 선언」이었다. 이를 통해 사회민주주의와 민주사회주의는 동일한 개념으로 굳어지게 된다. 요컨대 민주사회주의는 사회민주주의적 정당이 추구하는 목표요 동시에 수단이라 규정할 수 있는 것이다.

이제부터는 개량주의가 어떠한 역사적인 과정을 거쳐 사회민주주의의 본질로 정착하게 되었는가 하는 것을 독일 사회민주주의의 경우를 중심으로 살펴볼까 한다.

정치적 저항의 '독점'

앞서도 지적했듯이, 독일은 자본주의 발전이 후진적이었음에도 불구하고 다른 서유럽 여러 나라들에 비해 상대적으로 상당히 일찍이 노동자정당 창건을 추진한 기묘한 양상을 드러내 보여준다. 특히 1차 세계대전 무렵까지 독일 노동운동의 이념적 특성이나 문제점 또한 유별난 편이었다.

1863년 5월 라쌀레는 시민민주적인 운동세력들로부터 조직적·강령적으로 완전히 독립한 최초의 순수한 독일 노동자정당을 창설하였다. 그러면 이 노동자정당은 도대체 어떠한 사회경제적 배경 속에서 그리고 어떠한 정치적 동기에 의해서 출현하게 되었는가?

1860년대 독일사회는 통일문제로 대변되는 민족문제 및 계급문제가 '동시적' 해결을 촉구하며 날카롭게 표출되었던 역사적 특성을 보여준다.[13] 바야흐로 자본주의적 산업화에 발맞추어 노동운동이 본격적으로 조직되면서 그 발전의 기틀이 닦이기 시작하였으나, 자본주의적 경제질서와 봉건적·전통적 지배질서가 혼재되어 있는 실정이었다. '산업적 봉건사회'라는 지칭이 관습적으로 통용될 정도로, 독일의 사회상은 특유한 속성을 지니고 있었다. 하지만 이러한 봉건적 국가질서에 대해 자유주의적 부르주아 계급이 굴복함으로써, 서유럽의 여타 다른 국가들에서와는 달리, 독일에서의 시민혁명은 지연되거나 왜곡되는 결과가 초래되기도 하였다.

이와 같이 서유럽 타 국가들에 비해 상당히 일찍 수행된 독립적인 노동자정당의 출현[14]과 그에 따른 자유주의 및 민주주의 세력들과의 전격적인 결별에 대해서는 다음과 같은 원인과 영향을 지적할 수 있다.[15]

여기에는 부르주아 계급과 프롤레타리아 계급 사이에 필연적으로 내재하는 사회경제적 이해관계의 충돌이라는 보편적 원인 이외에도, 몇 가지 독일적 상황의 특수성이 연루되어 있다. 예컨대 보통·평

13 이 시기의 독일의 사회경제사적 특성을 이해하기 위해서는, *Gebhardt Handbuch der deutschen Geschichte* Bd. 17 및 Treue(1981-dtv 4217)를 참조할 것.

14 유럽의 국가별 노동자정당의 생성 및 발전에 관해서는 Abendroth(1975, 51ff) 참조.

15 Gerhard A. Ritter, *Die deutsche Sozialdemokratie 1875-1914*(미발표 원고), S.1 ff 참조.

등 선거권 요구에 대한 자유주의자들의 이중적 태도, 노동자들과의 연대조직에서 이들의 주도적 동참을 거부하는 부르주아적 명망가들의 완고성, 노동자의 사회적 요구에 대한 자유주의자들의 미온적 관심, 그리고 무엇보다도 프러시아에서의 자유주의 세력의 정치적 굴복과 분열 등이 노동자 계급으로 하여금 '범국민운동'에 동참하는 대신 계급운동으로 탈피하도록 조장한 것이다. 이러한 분열을 통해, 결국 민주화운동 세력의 개혁역량이 약화하는 결과가 초래될 수밖에 없게 되었다. 뿐만 아니라 그때까지만 해도 여러모로 허약한 처지에 놓일 수밖에 없는 노동운동이 독자적·자립적 조직으로 발전해 나가게 됨으로써, 점차 사회주의적 노동운동이 사회의 변방으로 유폐당하는 계기가 만들어지게 되었다. 이처럼 노동운동세력이 사회적으로 소외와 고립을 면치 못하게 됨으로써 정치적 영향력 행사까지 철저히 차단당할 수밖에 없게 된다. 나아가서는 공개적으로 반자본주의 혁명을 선언하는 프롤레타리아 계급의 조직화된 집단의 존재는 부르주아 계급으로 하여금 기존 관헌국가체제와 봉건적 지배엘리트에 더욱더 강력히 접근하고 밀착하도록 유도하는 결과를 야기하기도 하였다.

반면에 라쌀레는 이러한 독립적인 노동조직의 결성을 통하여, 엥겔스의 지적처럼, "새롭게 사회주의의 깃발"(Engles, MEW 22, 248)을 고양하고, 그와 함께 노동자의 계급의식 고취에 적극 공헌하였다. 또한 결과적으로 노동자의 정치투쟁을 심화하고 확산하는 데 적지 않게 기여하기도 하였다. 이러한 관점에서, 시민운동으로부터의 노동운동의 분리를 마르크스 역시 라쌀레의 "불후의 업적"으로[16] 평가하기도 한 것이다.

16 슈바이처에게 보낸 마르크스의 1868년 10월 13일자 서신, MEW 22, 248.

하지만 1862-1863년 정치적 자유주의를 표방하는 프러시아의 '진보당(Fortschristtspartei)'이 비스마르크(Bismark)의 관헌적이고 반(半)봉건적인 지배질서에 무릎을 꿇은 이래, 진정으로 민주적 요구를 대변하는 영향력 있는 정치집단이 부재하는 실정이었다. 그리하여 이미 1860년대에 독일 노동운동은 민주주의적 과격파의 정치적 유산까지 홀로 떠맡을 수밖에 없는 처지였다. 독일적 상황의 특수성이라 할 수밖에 없는 이러한 사회민주주의에 의한 정치적 저항의 "독점"[17]은 그들이 결국 "조국 없는 무리"(vaterandslose Gesellen)라는 굴레를 쓰고 사회의 변방으로 추방당하는 빌미로 작용하였다. 독일 노동운동의 이런 소외와 고립은 훗날 비록 아우구스트 베벨(August Bebel)이라는 "반(反)제국적" 지도자의 뛰어난 정치력으로 연결되긴 했지만, 정치적 행동이 아니라 조직 속으로의 도피를 촉진하는 요인으로 기능하기도 하였다. 후일 등장하는 이른바 "조직애국심"(Organisationspatriotismus)은 바로 이러한 노동운동의 소외와 고립에 그 연원이 있는 것이다.

이론과 실천의 괴리

다음으로 지적할 수 있는 독일 사회민주주의의 심각한 특성과 문제점은 바로 제1차 세계대전 때까지 독일 노동운동의 치명적인 병폐로 작용하였던 이론과 실천의 괴리라는 이중적 면모다. 그것은 첫째, 라쌀레주의(Lassalleanismus)와 마르크스주의 사이에 상존하고 있던 이론적 갈등과 둘째, 라쌀레주의에 본원적으로 내재하는 이중성에 기

17 Mommsen(1978, 12); Schieder(1974, 17ff) 참조.

인한다고 말할 수 있다.

독일 사회민주주의가 반복적으로 체험하지 않으면 안 되었던 라쌀레주의와 마르크스주의 간의 잦은 충돌은 무엇보다도 상호 대립적인 국가관에서 비롯한다.

라쌀레의 국가이념은 근본적으로 헤겔적 전통에 입각해 있다. 그에 의하면 국가란 일시적·역사적 현상이 아니라, 그 존재 가치가 영구불변한, 따라서 인간의 정치 영역에서 필수불가결한 기구일 수밖에 없다. 국가의 목적이 무엇보다 "자유를 향한 인류의 계발과 교육"(Lassalle 1970a, 57)에 있기 때문이다. 세계사의 목표가 이처럼 자유의 완벽한 실현에 있다고 간주되는 한, 국가는 라쌀레에게 인륜적인 보편정신의 구현을 위한 절대적인 수단으로 인식될 수밖에 없었다. 이런 면에서, 라쌀레는 노동운동의 역사적 당위성과 국가의 절대적 목표 간의 불가분의 상호 관련성에 대해 강조하고 또 역설했던 것이다.

이러한 국가관에 입각하여 라쌀레는 "숫자와 역량 면에서 무한히 압도적인 무산계급의 이해"[18]를 하나의 강력한 의회세력의 힘으로 관철시킬 수 있도록 만들기 위해, 보통선거권 확보에 정치적 선전활동을 집중시켜야 한다고 제창하고 나선 것이다. 뿐만 아니라 그는 노동자 계급의 물질적 상황이 국가의 지원에 의한 생산조합의 건설로 개조될 수 있다고 확신하기도 하였다. 이처럼 그는 노동문제 해결의 직접적 책임이 무엇보다 바로 국가 자체의 책임이라는 소신을 견지하고 있었던 것이다.[19]

이러한 라쌀레의 실천방략이 근본적으로 개량주의의 틀을 벗어

18 Miller(1977, 41)에서 재인용.

19 Miller(1977, 47) 참조.

나긴 힘들었다.

어쨌든 그의 정치선전의 기본골격은 보통·평등·비밀 선거권의 확보 및 국가의 재정지원에 의한 생산조합의 건설로 집약된다.

반면에 마르크스와 엥겔스는 이러한 라쌀레와는 정반대였다. 그들은, 익히 알려져 있다시피, 국가를 한마디로 계급지배의 도구며 착취기구라 단정 짓는다. 그들은 헤겔식의 국가관념에 대한 철저한 부정에서 출발하여, 자본주의적 생산관계가 지배하고 있고 그리하여 자본과 노동의 모순이 창출·축적되고 있는 '사회'와, 사회 내부의 착취·억압·불평등을 제반 제도 및 이데올로기 장치로 위장하고 있는 '국가' 사이에 존재하는 적대적 모순을 파헤치고 있다. 요컨대 그들은 자본주의 사회에서의 국가는 부르주아 사회 내부에 구체적으로 엄존하는 불평등과 부자유를 마치 그것이 존재하지 않기라도 하는 것처럼 위장시켜주는 형식적 환각장치로 군림한다고 역설하는 것이다. 말하자면 사회 속에 실질적으로 존재하는 계급착취, 억압, 적대감 등을 국가 내부에 형식적으로 존재한다고 가상되는 모든 인간의 자유와 평등의 선언을 통해 눈가림하는 기능을 국가가 지니고 있다고 보았다는 말이 되겠다.

어쨌든 마르크스와 엥겔스는 자본주의 사회에서의 국가란 철저히 '총자본가 집단'(Gesamtkapitalist)의 이해관계를 수용·유지·관철시키기 위한, 아울러 그에 저항하는 노동자 계급의 투쟁을 효율적으로 저지·탄압하기 위한 부르주아 계급의 계급지배 도구에 지나지 않는 것으로 인식했던 것이다. 따라서 프롤레타리아 혁명에 의해 계급적 착취관계가 더 이상 존재하지 않을 사회주의 사회에서는 국가의 존재 자체가 불필요하게 될 것이고, 그리하여 그것은 점차 "소멸"의 길을 밟을 수밖에 없게 된다.

무엇보다 마르크스와 엥겔스는 생산관계와 더불어 유물사관의 핵심적 범주를 형성하는 물질적 생산력이 바로 역사발전의 원동력이라 판단한다. 그러나 역사발전의 일정 단계에서는 사회의 물질적 생산력은 그것이 그 속에서 운동하던 기존의 생산관계, 혹은 그 법률적 표현인 소유관계와 상호모순에 빠지게 된다. 따라서 이러한 생산관계와 생산력의 충돌과 모순을 해소하기 위해 사회혁명이 필연적으로 요구되는 것이다(Marx, MEW 13, 8-9). 그리하여 역사발전 단계들은 이러한 충돌과 모순의 척결을 지향하는 계급투쟁의 속성에 의해 규정되고 구별되게끔 된다. 자본주의 사회에서도 마찬가지로 "근대적 생산력과 시민적 생산형태의 모순"(Marx, MEW 7, 98), 다시 말해 "생산수단의 집중화와 노동의 사회화" 간의 모순이 더 이상 지탱될 수 없는 상황이 도래하면, 사회주의 혁명이 필연적으로 등장할 수밖에 없게 되는 것이다. 그리하여 "자본주의의 임종"의 종이 울리고, "착취자가 착취당하는" 새로운 사회가 찾아오게 된다(Marx, MEW 23, 791).

지금까지 살펴본 바와 같이, 라쌀레주의와 마르크스주의는 본질적으로 지극히 이질적일 수밖에 없다. 그러나 이러한 상호 대립적인 두 개의 이론구조, 말하자면 민족국가 지향적인 라쌀레의 사회민주적 개량주의와 국제주의적인 마르크스·엥겔스의 혁명적 사회주의가 (Grebing 1979, 57) 독일 노동운동의 진로와 목표를 혼란스럽게 규정짓는 갈등요인으로 잠복해 있었던 것이다. 그러나 바로 이러한 두 개의 상극적인 모순이 단 한 번도 충분히 이론적으로 검토되거나 해부되지 못한 채, 단지 상이한 사회주의 사상들의 잡동사니 속으로 뒤섞여 들어가버리고 만 것이 지극히 불행한 독일 사회민주주의의 딜레마였다. 이러한 "절충주의"(Eklektizismus)는 훗날 독일 노동운동 내부에 엄청난 긴장 및 갈등상태를 유발하는 원인으로 작용한다.

뿐만 아니라 독일 노동운동권의 모순적 특성의 하나로 지적된 이론과 실천의 괴리가 다름 아닌 라쌀레주의의 이중성에도 그 뿌리의 하나가 엄존하고 있음을 주목하지 않을 수 없다. 라쌀레는 한편으로는, 자본주의적 착취와 억압으로부터의 노동자 계급의 해방이라는 혁명적 목표를 제시하고는 있었지만, 다른 한편으로는, 유일한 정치적 실천수단으로서 보통선거권 확보 및 국가의 재정지원을 통한 생산조합 건설이라는 개량적 요구에만 집착하고 있었을 따름이었던 것이다.[20]

어쨌든 독일 노동운동권은 라쌀레주의에 의해 유아영세를 받음으로써 부르주아 계급과의 연대가 차단되고, 그를 통해 사회 변방으로 스스로를 유폐시키는 주요한 계기를 만들어 놓기도 하였다. 동시에 라쌀레주의 자체에 웅크리고 있던 이론과 실천 간의 모순은 훗날 독일 노동운동의 불구적인 발전에 잠재적인 영향을 미친 주요 요인의 하나로 작용하기도 한 것이다.

개량주의의 점진적 관철

독일 자본주의의 급속한 발전에 힘입어 노동시간의 단축, 실질임금의 인상, 각종 사회보험의 확대 적용 등등 독일 노동자의 생활수준 역시 현저히 발전하게 되었다.

이러한 물질생활의 점진적인 향상으로 말미암아, 아직 이데올로기적으로 철저히 단련되지 못한 독일 노동자들의 정신자세에는 적잖은 변화가 일어났다. 한마디로 말해 개선된 경제상황은 개량주의에

20 Schieder(1974, 24) 참조.

대해 우호적인 그들의 현실인식을 더욱 고양시키게 되었던 것이다. 비록 사회민주주의에 의해 조직된 독일 노동자 대부분은 대체로 사회주의 이론에 대해 별반 관심이 없었을 뿐만 아니라 강력한 권력쟁취 욕구 역시 특별하지도 않았지만, 독일 사회민주주의는 제국의회 선거에서 계속 꾸준한 성장세를 보여주었다.

예컨대 1893년의 제국의회 선거에서는 사민당이 전 투표자의 23.3%, 1898년에는 27.2%, 1903년에는 31.7%, 1912년에는 34.8%를 각각 확보하면서, 의원수가 44명에서 110명으로 늘어나기도 하였다(Fricke 1962, 110). 따라서 사회민주주의 내부에서는 특히 사민당의 대중정당으로의 발전이라는 변모한 정치상황에 부응하기 위해 다양한 전술적 대안이 제시되었다.

첫 번째의 직접적인 반응은 게오르그 폰 폴마(Georg von Vollmar)의 개량주의였다. 이윽고 1891년 6월과 7월, 사민당의 에어푸르트 전당대회 직전 뮌헨에서 행한 그의 유명한 '엘도라도 연설'에서 그는 가히 개량주의의 권리장전이라 부를 만한 내용의 개량주의 예찬론을 남기기도 하였다.[21]

이 연설에서 폴마는 사회주의가 과거에는 하나의 학파요 종파였지만, 특히 1890년의 제국의회 선거 이래 사민당은 현실 속에서 일하는 책임 있는 대정당으로서, 기존 체제에 순응해가며 일상생활에 준거하여 실용적인 정책을 추진해 나가지 않으면 안 된다고 역설한 것이다(Friedemann 1979, 84-85).

그러나 그는 기본적으로 이론의 수정에는 아예 관심이 없었다. 다만 기존의 사회질서를 인정하고 수용하는 차원에서, 변화된 상황에

21 이에 대해서는 5장의 290쪽을 볼 것.

부합하게끔 실제적으로 활용할 수 있는 전술의 운용에만 관심을 집중시켰던 것이다. 그러나 바로 그러한 입장을 피력함으로써 '혁명적인' 당 공식이데올로기에 배치되는, 설득력 있는 하나의 새로운 대안이 제시된 셈이었다. 게다가 사회민주주의 내부에서 계속 영향력을 신장시키며 부상하고 있던 노동조합의 개량주의적 기본정향과도 합치하는 것이기도 하였다.

반면에 두 번째의 새로운 전술적 대응책은 다름 아닌 엥겔스에 의해 제시되었다. 그는 사민당이 140만 표 이상을 획득한 1890년의 제국의회 선거일을 마치 '자축'이라도 하는 듯이 "독일 혁명의 개시일"[22]이라 외치기까지 하였다.

마르크스 사후(1883) 엥겔스는 독일 사민당의 계속적인 선거 승리를 목격하면서 "합법성", 다시 말하면 "보통 선거권의 성공적인 활용"이야말로 프롤레타리아트의 새로운 투쟁양식이 되었음을 진지하게 선포하기도 하였다. 나아가 그는 독일 노동운동이 이 합법성 속에서 바야흐로 "탄력 있는 근육과 (영양 좋은) 불그스레한 뺨"(Engels, MEW 22, 513, 525)을 얻을 수 있게 되리라 확신하였던 것이다. 이런 관점에서 출발하여 엥겔스는 "낡은 형식의 폭동, 1848년까지 도처에서 최후의 결정타를 가했던 바리케이드 투쟁은 이제 대단히 낡은 것이 되었다"고까지 술회하기에 이르렀다(Engels, MEW 22, 519).

하지만 이러한 평화적이고 합법적인 방식을 통한 권력쟁취 가능성을 설파한 엥겔스의 새로운 전술은 결코 혁명적 신념으로부터의 도피를 의미하는 것은 아니었다. 그것은 오히려 '혁명적 의회전술'로 간주되어야 마땅할 것이다.[23] 그는 무엇보다 "사회주의 정당이 (의회에

22 Steinberg(1974). Mommsen(1974, S.55)에서 재인용.

서) 과반수를 획득하면 곧장 권력을 장악하게 되리라는 가능성"[24]을 철저히 배제하고 있기 때문이다. 엥겔스는 이러한 방식으로 정치적 혁명의 가능성을 냉철하게 탐색하며, 지극히 현실주의적인 수지타산에 몰두하고 있다고 보는 편이 보다 타당할 것이다.

하지만 1900년대에 들어서게 되면, 독일 노동운동권 내부의 노선 갈등과 모순은 더욱 급격히 심화해 나간다. 급기야 그것은 제1차 세계대전을 기화로 독일 사회민주주의의 조직적 분열까지 초래하기에 이르게 된다.

앞서 살펴본 바와 같이, 독일 노동자들의 물질상황이 대폭 개선되면서, 이전까지 특히 개량주의적 특성을 견지해 왔던 노동조합의 영향력이 지속적으로 증대하는 결과가 초래되었다.[25] 1900년에서 1913년 사이 노조 가입자 수는 네 배로 급증한다(1900년 68만, 1905년 134만, 1910년 200만, 1913년 255만). 뿐만 아니라 노조 소유 자산 역시 1900년의 77만 마르크에서 1914년의 814만 마르크로 열 배 이상 격증하기도 한다(Fricke 1962, 212). 이러한 노조의 급성장이 응당 당에 대한 발언권 강화로 이어졌음은 물론이다. 노조는 당으로부터의 독립성을 꾸준히 확보해 나갔으며, 노조 지도자들은 당에 대해, 특히 의회 대표 선출문제 등에 대해 상당한 영향력을 행사했던 것이다. 이런 식으로 노조는 결국 당의 체질 개량화에 적극 기여하게끔 되었다.

23 이에 관해서는, Steinberg(1971, 115-126).

24 Engels(MEW 22, 280). 이어서 엥겔스는 계속해서 다음과 같이 쓰고 있다. "집권자가 이 시기(사회주의 정당이 의회 과반수에 기초하여 권력을 장악하게 될 때/필자 주) 훨씬 이전에 이미 우리들에게 폭력을 행사하게 되리라는 것은 명약관화한 일이다. 그러나 그러한 조치는 우리로 하여금 표의 다수라는 토대로부터 혁명의 토대로 나아가게 만들 것이다"라고 쓰고 있다.

25 Fülberth(1971, 3 이후) 참조

그러나 당의 성장 역시 괄목할 만한 것이었다. 제국의회 선거에서의 착실한 승리는 이미 지적한 바와 같다. 사민당의 당원수도 1905년에서 1914년까지 불과 10년이 채 되지 않는 기간 중에 약 세 배 정도나 증가하였다. 여성당원 수의 증가는 그보다 더욱 신속하여, 1907년에서 1914년까지 대략 여섯 배 정도가 된다(Fricke 1962, 65).

뿐만 아니라 독일 사민당의 조직규모 또한 경탄할 만한 수준이다. 제1차 세계대전 무렵까지 구체적으로 어느 정도의 조직적 용량을 수용하고 있었던가 하는 것은 다음의 수치가 적나라하게 보여준다. 세계대전 발발 이전, 사민당은 4,100여 명의 유급 당 관료 및 11,000명의 당 사무직원을 거느리고 있었다. 거기다가 대략 1,300명 정도의 사민당 의원들이 이 시기에 제국의회에서부터 시, 읍, 면의 참사회에 이르기까지 당을 대표하고 있었다. 1914년에 사민당은 약 80개의 일간지 및 대규모 출판사를 소유하기도 하였다. 노동자 체조 및 스포츠 연맹은 1913년 거의 19만 명, 노동자 자전거 동맹인 '단결'은 16만 명, 노동자 가요클럽은 약 10만여 명의 조직원을 각각 거느렸다. 그 외에도 사회민주주의와 연계해 있는, 예컨대 '노동자청년동맹' 같은 외곽 조직들도 존재했다. 그 정치적 독립성을 차치한다면, 노조 및 또 그에 밀착된 소비조합(당시 약 140만 조합원)도 당시 사회민주주의의 '특수문화'(Sonderkultur)권에 포함시킬 수 있는 것이기도 하였다(Fricke 1962). 독일 사회민주주의는 이미 제2차 세계대전 이전에, 사실상 '국가 속의 국가'를 형성하고 있었던 셈이다.

하지만 독일 자본주의가 유례없이 급성장하고 게다가 사민당이 대중정당으로 탈바꿈하게 됨에 따라, 이미 「에어푸르트 강령」 채택 이전부터 당내에 존재하고 있던 이론과 실천 간의 괴리가 더욱더 깊어지게 되었다. 노선 갈등이 급기야 위험수위에 육박할 정도에 다다르게 된 것이다.

그 조짐은 이미 1890년대 말부터 불붙기 시작한 베른슈타인의 수정주의 논쟁에서 싹트기 시작했다. 그러다가 대략 1910년을 전후한 프러시아에서의 선거권 투쟁과 결부된 '대중파업 논쟁'에 직면하여, 급격히 불타오르게 되었다. 독일 사회민주주의는 근본적으로 상호 이질적인 세 개의 노선으로 분열해 찢어지게 된다. 다양한 굴곡과 뒤섞임이 수시로 반복되기도 하였음은 물론이다.

게다가 그 와중에 날아든 1905년 5월의 러시아 혁명에 관한 충격적인 뉴스는 독일 사회주의 세계를 심각하게 격동시켰다. 그에 자극받은 급진세력들은 도처에서 정치적 대중파업의 필요성을 역설하고 나섰다. 반면에 급작스럽게 터져 나온 이 대중파업 소란은 흔히 기업가들이 주도권을 장악하곤 하는 경제투쟁 노선에 집착하고 있던 노조지도자들에게는 대체로 두 가지 측면에서 위협적인 요소로 작용하였다.[26] 첫째, 당이 대중파업 전략을 채택하게 되면, 파업을 중앙에서 통제하기는 하나 지역적으로 그것을 한정시키겠다는 노조의 기본원칙이 위험에 빠지게 된다는 점, 둘째, 노조지도자들의 눈에 거의 무의미하게 비치기 일쑤인 정치적 목적으로 인해 노조의 모든 조직과 재정적 원천이 혁명적 모험 속에서 파탄 날지도 모른다는 두려움이 그것이었다.

반면에 이 대중파업 논쟁을 기점으로 해서, 특히 마르크스주의적 좌파는 노동자 계급의 경제 및 정치 투쟁을 적절히 배합함으로써 국가와 자본에 의한 계급지배를 타도할 뿐만 아니라 나아가서는 이론과 실천에 관한 마르크스주의적 입장을 재정립해야 한다는 '필연적'

26 Schorske(1981, S.63) 참조.

요청을 강력히 개진하였다. 하지만 대부분의 사회주의적 노동자들은 대체로 이러한 '필연성'을 정당히 인식하지 못하는 편이었다. 왜냐하면 노동자 대중들은 이미 막강한 노동조합 및 국가적 사회정책의 제반 제도장치들을 통해 개량주의적인 당면 노력들과 너무나 견고히 밀착해 있었기 때문이다.[27] 개량주의는 당의 주도적인 실천전술로서, 이미 확고히 그 기반을 닦아놓았던 것이다. 베벨과 카우츠키를 핵심으로 하는 전통적인 당 지도부 역시 당내 좌파에 대한 견제를 더욱 노골적으로 심화해 나갔음은 물론이다.

이러한 대중파업 논쟁은 급기야 로자 룩셈부르크(Rosa Luxemburg)를 중심으로 하는 당내 좌파와 카우츠키를 핵으로 하는 당 '중앙파'(Zentrist) 간의 분열도 야기했다. 그리하여 당시 로자 룩셈부르크와 카우츠키 사이의 개인적인 우정 역시 금이 갔을 뿐만 아니라, 당내 다수를 점하고 있던 '과격파'의 통합까지도 파괴되었다.

이윽고 독일 사회민주주의는 대략 세 개의 상호 이질적인 노선으로 분열하기에 이른다.

첫째는 점차 당 주도세력으로 부상하고 있던 개량주의자 부류, 둘째는 이론적으로는 전통적인 급진 이데올로기를 고수하고 있긴 했지만, 실천적인 측면에서는 사실상 개량파의 입장으로 선회해가고 있던, 이른바 "천박한 마르크스주의"(Vulgärmarximus)를 대변하고 있던 베벨과 카우츠키 중심의 당 '중앙파', 그리고 마지막으로 로자 룩셈부르크 이외에 클라라 체트킨(Klara Zetkin), 프란츠 메링(Franz Mehring), 카르스키(Karski), 판네코에크(Pannenkoek) 등이 이끌던, 이른바 '급진좌파'(Linksradikale)로 불리는 혁명세력들이 그것이다.[28]

27 Steinberg(1976, 146) 참조.

하기야 독일 사회민주주의는 이미 카우츠키에 의해 '수정된' 형태로 마르크스주의를 수용하지 않았던가. 다시 말해 독일 사회민주주의에 '카우츠키주의'(Kautskyaniwmus)로 변질된 마르크스주의가 숙명론적이고 자연법칙적인 진화론의 전락한 형태로 접목되게 된 셈인 것이다.

주지하다시피, 본래의 마르크스주의는 이론과 실천, 주관적 요소와 객관적 요소 간의 혁명적 상호 관련성에 기초하여 역동적인 혁명을 통해 자본주의의 철폐를 도모하는 이념체계라 할 수 있다. 반면에 카우츠키는 자본주의 사회의 붕괴가 이미 자연법칙적으로 예정되어 있는 것처럼 오인했기 때문에, 결과적으로 사적 유물론의 역동성을 실질적인 정적주의(靜寂主意, quietism)로 변질시키게 되고, 결과적으로 역사발전을 '자동주의'(Automatismus)로 환원시키는 결정적인 우를 범하게 된다.[29]

하지만 보다 더 비극적인 것은, 기존의 자본주의적 사회질서의 '자동' 붕괴를 단순히 마냥 기다리기만 해도 좋은 이러한 카우츠키 스타일의 정적주의와 무행동주의가 바야흐로 카우츠키를 그 이론적 대부로 모시고 있던 사민당 당 지도부의 공식적인 입장으로 정착했다는 점이다. 그 기본내용을 한마디로 "혁명적 대기주의"(revolutionärer Attentismus)라 부를 수 있다.[30]

특히 1890년 말 이래 급격한 경제발전이 이루어지면서, 거의 모든 단기적 혁명 전망이나 자본주의 체제의 파탄 가능성이 점차 희박해져갔다. 그럼에도 불구하고, 게다가 베른슈타인의 수정주의가 치열

28 Frölich(1967, 210); Conert(1973, 23 이하) 참조.

29 이에 대해서는 Lenk(1972, 175)를 볼 것.

30 Groh(1974, 36), 특히 주 38 참조.

한 공격의 화살을 퍼붓는 와중에도, 당 지도부는 오로지 '혁명적 대기주의' 노선에만 집착할 따름이었다. 그것은 겉으로는 과격한 이데올로기로 외피를 그럴듯하게 감싸면서도, 실제로는 개량주의적 의회 활동에만 안주하는 야누스적 속성을 내장하는 것이었다. 말하자면 당 지도부는 이론적으로는 '과격한' 구호만 남발하면서, 실천에서는 스스로가 이론적 차원에서 거부하는 '개량주의' 정책만 뒤쫓았다는 말이 되겠다. 요컨대 '혁명적인 수사를 고수하면서, 개량적인 실천만 추구'한 것이다. 그럼에도 그들은 한 치의 모멸감이나 갈등도 느끼지 않았던 것처럼 보일 정도다. 예컨대 다름 아닌 카우츠키 스스로가 이러한 이중성을 자신만만하게 폭로하기까지 한 것이다. 그는 이론가답게 해괴한 언명을 내놓았는데, 그것은 바로 "사회민주주의는 하나의 혁명적인 정당이지만, 혁명을 일으키는 정당은 결코 아니다"라는 선언이었다(Fülberth 1972a, 152).

다른 한편 이 '혁명적 대기주의'는 기존 질서의 심대한 정치경제적 위압에 대한 독일 사회민주주의의 무기력을 반영하는 것이라 할 수 있다. 당 지도부는 한편으로는, 현재의 노동자조직은 권력탈취 투쟁을 전개할 만큼 강력하지 않다는 이유를 들어, 다른 한편으로는, 자본주의적 사회질서가 '자동' 붕괴한 후 결국 유일한 권력인수 실체가 될 노동자조직은 스스로를 근본적으로 파괴시킬지도 모를 모험으로부터 자신을 지켜내지 않으면 안 되리라는 논리를 내세워, 그들의 정숙주의적 '기다림'을 정당화했다.

요컨대 독일 사회민주주의자의 대다수는 제2 인터내셔널 초유의 자신들의 거대조직을 위험에 빠뜨릴지도 모르는 '도박'에 운명을 걸 각오가 전혀 되어 있지는 않았던 것이다. 그들은 기존 체제 붕괴의 안전한 '상속자'가 되고자 했을 뿐, 결코 그것의 불안한 '추동자'가 되고

자 하지는 않았던 것이다. 이러한 '조직애국심'(Organisationspatriotismus)에 대한 카우츠키적 정당화 논리는, 조직의 강화야말로 혁명과업 그 자체라고 선포되면서, 당의 공식적인 노선으로 군림하게 되었다.[31] 그리하여 "조직은 정치적 행동의 대체물"이 되었고(Grebin 1979, 112), 조직은 또한 "정치적 무기력증의 한 표현"(Steinberg 1976, 58)에 지나지 않게 되었던 것이다.

조직을 온전히 보호·유지하기 위해 정치적 투쟁을 포기하도록 강요한 이러한 '조직애국심'은, 독일 사회민주주의가 대중정당으로 발전하고 당의 득표수 및 의원수가 꾸준히 증대함에도 불구하고, 당이 빠져들어가고 있던 정치적 무력증과 불가분의 관련을 맺고 있었다. 그렇다면 이 정치적 불능증은 도대체 어디서 비롯하는 것이었는가? 우선 다음과 같은 몇몇 원인들이 지적될 수 있으리라 추정된다.[32]

첫째, 사민당과 여타 진보적 부르주아 정당들을 연계시켜줄 수 있는 연결고리가 부재함으로써, 공동의 개혁정책을 관철시킬 수 있는 통일전선의 형성이 불가능했다는 점, 둘째, 제국수상이 제국의회에 책임을 질 필요가 없는 관헌국가적 헌법체계의 속성상 의회활동의 정치적 공간이 기본적으로 제한적일 수밖에 없었다는 점, 셋째, 당과 노동조합에 대한 정부의 끊임없는 탄압조치와 위협, 넷째, 노동자들의 비혁명적 정신자세 및 계급의식의 결여, 다섯째, 사회민주주의적 제반 조직들의 관료화 등이 그것이다.

그러나 독일 사회민주주의가 이러한 정치적 임포텐츠에 포박되어 있음에도 불구하고, 당 지도부의 '혁명적 대기주의'는 계속 당의

31 Matthias(1957, 183) 참조.

32 이에 대해서는, Steinberg(1976, 146 이후); Grebing(1979, 114); Abendroth(1964, 39 이후)를 참조할 것.

공식적 이데올로기로서의 독점적 지위를 향유할 수 있었다. 어떻게 그게 가능했을까?

왜냐하면 이 '혁명적' 이데올로기는 독일 노동자로 하여금 기존 자본주의 질서의 자연법칙적 붕괴를 확신토록 만들어주는 집단적 자의식을 제공해줄 뿐만 아니라, 부르주아지로부터 사회민주주의를 명확히 구분시켜주며, 나아가서는 당내 모든 경향들을 하나로 통합시켜주는 나름대로의 기능을 소유하고 있었기 때문이다.[33]

무엇보다도 이 노선이 지니고 있는 "통합 이데올로기"[34]로서의 기능은 특기할 만한 것이라 할 수 있다. 혁명적 이론과 수사에 집착함으로써 좌파를 끌어들이고, 또 동시에 개량적 실천을 추구함으로써 우파를 포용해나가는 일종의 '중도통합적' 이데올로기로서의 속성은 독일 사회민주주의 결속에 적잖이 기여한 것으로 비친다. 그러나 이러한 당 '중앙파'(Zentrist)의 이중적 입장은 로자 룩셈부르크를 중심으로 한 급진좌파와 베른슈타인을 핵으로 하는 수정주의자들에 의해 양면으로 협공당하기 시작한다.

그렇다면 이러한 당내 개별분파들의 존립 양상은 과연 어떠했을까? 당내의 급진좌파는 한마디로 말해 모든 이론과 모든 실천을 자본주의 사회의 혁명에 정조준하고 있었다. 즉 그들은 기존 질서의 근본적인 변혁을 당연시하고 정당화하는 이론체계를 구체적 현실로 만들어나가기 위해 과격한 투쟁을 전개하고자 하였던 것이다. 따라서 의회활동을 단지 혁명적 목표를 달성하기 위한 과정상의 한 수단으로만 간주했을 뿐이며, 특히 제국주의 단계에서는 대중시위, 총파업 등 대

33 Grebing(1979, 111) 참조.

34 특히 이 측면을 중점적으로 강조하고 있는 것은 위에 언급한 Erich Matthias의 Kautsky 논문(Matthias 1957)이다.

중의 집단적 정치투쟁만이 모순 척결의 유일하게 가능한 방안이라 확신하고 있었다. 그러나 그들은 이미 기존 질서에 '부정적으로 통합'되어가는 대다수 노동자들의 개량주의적 의식구조로부터 대체로 거부당하고 외면당하는 실정이었다. 개량주의의 만연과 대중성 확보의 실패로 말미암아 이 급진좌파는 결국 소수파의 지위를 감내하지 않으면 안 되게끔 되었다.

이와 같이 혁명적 과격파의 영향력이 당내에서 위축해가는 동안, 개량주의적 우파는 꾸준히 실세를 장악하기 시작한다. 제1차 세계대전 이전 이렇게 개량주의가 득세하게 된 것은 주로 당과 노조의 급성장 및 독일 자본주의의 비약적 발전으로 인한 노동자 의식구조의 변화에 기인한다고 말할 수 있을 것이다.[35]

독일 사회민주주의의 대중정당으로의 발전은 당으로 하여금 프롤레타리아 계급 이외의 일반대중의 이해관계까지도 일정하게 배려하지 않으면 안 되도록 만드는 압박요인으로 작용하였다. '투표용지로 세계를 정복하려' 할 정도로 선거투쟁과 의회활동에만 전심전력하고 있던 당 지도부의 입장에서는 계급성의 고취에만 집착한다는 것이 대단히 어리석은 선거전략으로 인식될 수밖에 없었으리라. 그리하여 비프롤레타리아적 요소가 사회민주주의 품 안으로 자연스레 침투할 수 있는 통로가 제도적으로 스스럼없이 개방되게끔 되었다. 뿐만 아니라 제국의 거의 모든 구석구석까지 빠짐없이 빼곡히 파고들어 있던 사회민주주의적 제반 조직들 속에는 대단히 잘 훈련된 사무직원들이 활동하고 있었고, 바로 이들이 사회민주주의의 관료화 및 개량화에 적극 이바지하게 된다. 기업의 집중 현상은 산업노동자의 수적 증가

35 Maehl(1952, 22-28); Marks(1939, 334-356) 참조.

뿐만 아니라, 사무직원의 수요 증대까지도 초래할 수밖에 없었다. 예컨대 1882년에서 1907년까지 대략 세 배 정도 늘어난 셈이었다. 대부분 비프롤레타리아적 배경을 지니고 있었던 이 사무직원들이 독일 사회민주주의의 관료화 및 개량화에 적극 공헌하게 된 것은 어찌 보면 지극히 자연스러운 현상이기도 했다.[36]

뿐만 아니라 독일의 경제호황은 자본주의 붕괴에 대한 기대를 점점 더 비현실적인 것으로 만들어나갔다. 게다가 자본주의 발전으로 인한 독일 노동자 계급의 향상된 물질생활은 이들에게 현실에 대한 일정한 만족감을 부여했을 뿐만 아니라, 계속적인 생활개선을 보장받을 수 있으리라는 미래에 대한 희망까지도 동시에 불러일으켜주었다. 이와 같은 경제상황의 호전을 통하여 독일 노동자들은 어느 정도 국민적 문화생활에 동참할 기회를 얻을 수 있었고, 그것은 또한 민족 내부의 여타 다른 사회계급들과의 "문화적 유대"라고 불릴 수 있는 하나의 강력한 "정서 및 이념공동체" 형성을 촉진하기도 하였다(Mandelbaum 1974, 19). 독일 노동자들은 대체로 사회주의 이론에는 관심이 적었고, 왜 그리고 어떻게 사회주의 사회를 건설할 수 있고 또 건설해야 하는지에 대한 심오한 미래 구상에 관해 별반 투철한 형편도 아니었다. 따라서 권력에의 의지 또한 자연스레 미약할 수밖에 없었다. 그럼에도 사회민주주의에 대해 독일 노동자들이 보여준 헌신과 신앙은 지극했다. 어쨌든 그를 통해 그들은 자신들을 억압하는 자본주의적 국가권력과 스스로를 명백히 구분지음으로써 결과적으로는 계급 소속감을 증진시키고, 나아가서는 자신들의 불행한 정치적 운명을 자위할 수 있도록 이끌어주는 집단노력을 함께 수행함으로써 상호 공속

36 Fülberth(1971) 참조.

감을 심화시킬 수도 있었던 것이다.[37]

물론 이러한 연대의식은 앞서도 지적한 '조직애국심'과도 직접적인 관련성을 맺고 있음이 분명하다. 그러나 다양한 사회민주주의적 조직들은 이미 기존 질서 및 사회제도 등과 다각적으로 연결을 맺고 있었던 탓으로, 점차 이른바 '부정적 통합'의 길로 빠져들게 된다.[38] 이것이 바로 개량화의 길이었던 것이다.

사실 독일 사회민주주의는 전통적으로 그 "지도부나 구성원 모두를 가리지 않고 한 번도 폭력혁명의 의지를 지녀본 적이" 없었다.[39] 그러므로 독일 사회민주주의가 점진적으로 이러한 개량주의의 길로 빠져들게 된 것은 너무나 자연스러운 논리적 귀결이라고 할 수 있을 정도다. 따라서 사회민주주의가 곧이어 기존의 자본주의적 사회질서에 순응하고, 나아가 민족적 이해를 관철시키기 위해 기존 체제와 상호협력을 본격화하게 되는 것 역시 지극히 자연스러운 귀착이었던 셈이다. 제1차 세계대전은 그 극적인 폭발이었다.

그런데 사회민주주의의 이러한 개량화가 민족통일 문제 및 민주화운동과는 어떠한 상관성이 있을까? 구체적으로는 우선 1860년대를 전후한 독일의 사회경제사적 배경을 간략히 살펴봄으로써, 독일 노동운동이 기능하던 입지조건과 토양을 간단히 점검해볼 필요가 있으리라 여겨진다. 그 다음 독일 통일의 직접적 도정(道程)이었던 1866년의 보·오 전쟁 그리고 1870-1871년의 보·불 전쟁에 대한, 다시 말해 역사적인 민족문제에 대한 독일 노동운동권의 정책적 대응을 분석해볼

37 이에 대해서는, Grebing(1979, 98); Steinberg(1976, 141); Rosenberg, Entstehung, 앞의 책, S.46을 각각 참조할 것.

38 이에 대해서는, Groh(1974, 59); Roth(1963)을 참조할 것.

39 이에 대해서는, Scharrer(1976, 44)를 볼 것.

여지가 있으리라. 그 토대 위에 결론적으로 독일에서의 노동운동과 민족운동 그리고 민주화운동 상호 간의 상관관계를 추출해냄으로써, 그 속에 내재하는 화해와 갈등의 역사적 구조 및 교훈 등을 살펴보고자 한다.

1860년대, 독일 민족통일의 사회경제사적 배경

1871년 1월 18일 파리의 베르사유 궁전에서 통일 독일제국의 수립이 화려하게 선포되는 역사적인 순간에, 아우구스트 베벨(August bebel), 빌헬름 리프크네히트(Wilhelm Liebknecht) 등 독일 사회민주주의 노동운동권의 핵심적인 지도인사들은 감금 상태에 처해 있었다. 바로 이러한 사실이야말로 새롭게 건설된 통일 민족국가와 사회민주주의 사이에 대저 어떠한 적대감이 원천적으로 내재했던가 하는 것을 상징적으로 웅변해주고 있다.

독일민족이 민족통일에 대한 최초의 본격적인 민족적 열망을 폭발시켰던 것은 무엇보다도 1848년 혁명에 즈음하여서였다. 이 혁명의 목표는 바로 봉건적 분할의 극복 및 민주적 민족국가 건설이라는 역사적 과업의 달성에 있었다.

하지만 바로 이 1848년 혁명에 이르러서야 비로소 독일 노동자들, 보다 정확히 말해서 거의 대부분 수공업 장인들이 처음으로 민족적 규모의 정치운동에 동참할 수 있게 되었다. 이 사실은 이미 기이한 동맹의 불가피성을 암시해주는 것이라 할 수 있다. 요컨대 그들의 계급적 연대가 어떠한 특성을 지닐 수밖에 없었던가 하는 것을 잘 드러내 보여주는 계기이기도 한 것이다. 이를테면 독일 노동자들은 마지막에 가서는 적대적 이해관계로 말미암아 끝내 숙명적으로 결별할 수밖에 없는 부르주아 계급, 주로 대상인, 기업주 및 은행가 등과의 연대를 통해 비로소 이 혁명 대열에 동참할 수 있었던 셈이었다(Werner und Groh 1966, 32).

계급연합의 관점에서 볼 때, 당시 독일 부르주아 계급에게는 양자택일의 노선이 주어져 있었노라고 말할 수 있을 것 같다. 즉 자신의 역사적 과제인 봉건세력의 타도를 위해 궁극적으로는 사회경제적 이해관계를 달리할 수밖에 없는 노동자 계급과 연대하느냐, 그렇지 아니면 결국에 가서는 적대적 이해관계로 인해 대립할 수밖에 없는 노동자 계급과 결별함으로써 소위 '질서와 안정' 속에서 자신의 경제적 이해를 보호·보장받기 위해 전통적 봉건지배 세력의 품속에 안주할 것인가 하는 문제였다. 왜냐하면 당시 독일 부르주아 계급은 독자적인 힘으로 혁명적 과업을 완수할 수 있을 정도로는 충분히 성숙해 있지 못하였기 때문이다.

마침내 독일의 자유주의적 부르주아 계급의 대다수는—여타 다른 서유럽의 부르주아 계급들과는 반대로—그들의 경제적 특권의 보호와 소위 "붉은 공화국"(Red Republic)에 대한 공포로 말미암아, 엥겔스가 표현했듯이, "노동자에 대한 신성한 공포" 때문에, 실은 투쟁을 통해 정치권력을 탈취하고자 시도하는 대신 전통적이고 보수적인 지배 엘리트들과 영합하는 길을 선택하고 말았던 것이다(Werner und Groh 1966, 32).

이처럼 부르주아 계급이 혁명적 정치목표를 포기함으로써 단순히 경제적 이해관계에 집착했다는 사실, 그리고 그에 반해 노동자들이 1848년 혁명의 좌절 체험을 통하여 점차 자신의 계급적 이해를 자각하기 시작했다는 사실은, 실로 "혁명기의 패러독스"에 속하는 일이었다.[40] 어쨌든 이 혁명의 체험이 자유주의적 부르주아 계급에게는

"청춘시절의 죄악"이었으며, 전통적 보수주의자들에게는 "세계붕괴에 대한 기억", 그 자체를 의미하는 것이었다(Stürmer 1974, 228). 1848년 혁명은 결국 군부의 탄압으로 막을 내렸고, 군부세력은 이때부터 민족문제 해결의 실질적인 힘을 독점하기 시작한다.

이러한 현상과 더불어 1860년대 독일사회는 대략 다음과 같은 몇 개의 역사적 특성을 지니고 있었다.

첫째, 통일문제로 대변되는 민족문제와 노동문제로 대변되는 계급문제가 '동시에' 날카롭게 표출되었다. 둘째, 자본주의적 산업화에 발맞추어 노동운동이 본격적으로 조직되면서 그 발전의 기틀이 닦이기 시작하였다. 셋째, 자본주의적 경제질서와 봉건적·전통적 지배질서가 뒤섞여 공존하고 있었다. 요컨대 "산업적 봉건사회"라는 일반적 통념은 이러한 독일 특유의 사회상을 잘 반영하고 있는 것이라 할 수 있다. 넷째, 자유주의적 부르주아 계급이 결국 이러한 봉건적 국가질서에 굴복함으로써—서유럽의 여타 다른 국가들에서와는 달리—독일에서는 시민혁명의 수행이 지연 내지 왜곡되는 결과가 초래되었다.

그렇다면 경제적 양상은 어떠했던가.

오늘날의 척도로 보면, 1870년까지의 독일은 아직도 농업국가였다. 예컨대 1871년 전 주민의 63.9%는 인구 2천 명 이하의 지방 읍·면 등지에 거주하고 있었고, 단지 4.8%만이 대도시에 살고 있었다. 반면에 예컨대 1910년에는 농촌주민은 40%, 도시주민은 60%를 각각 기록하고 있다.[41] 그러나 이미 고도산업화의 싹은 상당할 정도로 활발히 움트고 있었다.

40 Stürmer(1974, 235 이후) 참조.

41 이에 대해서는, Kuczynski(1962, 253)를 볼 것.

당시 경제발전의 지표로 간주되던 철도망은 1840년의 500km에 비해, 1850년의 5,800km, 1860년의 11,600km, 1870년의 19,600km로 급속히 확장되었다(Grebing 1979, 71). 석탄 생산도 1870년에 이미 3,400만 톤을 초과하였고(영국 1억 1,000만 톤/프랑스 1,300만 톤/미국 3,600만 톤), 철광 생산은 20만 톤으로 영국과 더불어(영국도 대략 20만 톤, 미국과 프랑스는 각각 10만 톤 정도) 세계 정상을 차지하고 있었다(Kuczynski 1962, 제4권, 389).

해외무역 또한 이 시기에 두 배가량 증가한다. 그리고 이러한 산업발전과 더불어 내부의 인구이동, 인구증가 및 산업지역으로의 노동자의 집결 현상 역시 두드러지게 나타났다. 정착할 수 없는 도제, 경쟁력이 약한 장인, 그리고 이전의 1일 노동자들이 대도시의 공장으로 집결하고, 엘베강 동부 농업노동자들의 서부 공업지대로의 동·서 이동 현상 역시 현저해졌다.

이 시기 독일의 산업발전은 특히 새로운 생산기술의 발전과 직결되었다. 영국과 프랑스보다도 뒤늦은 1850년대에 이르러서야 비로소 독일에서는 소위 기계화 시대가 도래하였다. 이 시기 독일의 증기기관은 1850년의 26만 마력에서 1860년의 85만 마력으로 급증한다. 중공업은 이미 경제발전의 중추로 작용하고 있었다. 무엇보다도 철도망의 확장은 한편으로는 중공업 생산물에 대한 소비를 급증시켰고, 다른 한편으로는 더욱 넓고, 더욱 신속히 연결될 수 있는 산업생산물의 시장 확대를 필연적으로 초래할 수밖에 없었다. 또한 이 철도건설은 기업형태로서 주식회사 설립의 동력이 되었고, 그와 연결되어 은행 및 신용제도 역시 확장되었다.

특히 루르 지방, 오버 슐레지엔 지역, 자르 지방 등을 발판으로 하는 프러시아는 이미 19세기 초 중공업 발전에서 낙후된 오스트리아를 훨씬 능가하고 있었고, 독일 내부의 무역에서도 오스트리아의 경쟁을 어렵지 않게 물리칠 수 있게 되었다. 특히 1833년 독일 자본주의 발전의 중요한 기폭제가 되었던 "독일 관세동맹"(Deutscher Zollverein)을 결성함으로써, 프러시아는 오스트리아를 축출하고 독일 내부 경제의 주도권을 장악하게 된다. 2300만 주민을 포괄하는 18개의 독일 소국가들이 이 동맹에 동참하였으며, 결과적으로 남부 독일의 여러 소국가들이 프러시아에 종속해 들어오는 계기가 만들어지게 된 것이다.

어쨌든 1850-1870년간의 독일은 아직까지는 농업국가로 존속하긴 하였으나, 본격적인 산업화와 더불어 하루 18시간의 장시간 노동, 유아노동의 성행, 생존비에도 미달하는 임금수준, 대도시의 조악한 주거환경 등, 노동자들의 생활이 궁핍과 비참에서 벗어나지 못하는 열악한 현실이 신속히 조성되었다.

그리하여 이러한 계급문제의 해결과 함께 독일 자본주의발전의 심각한 장애요인이었던 민족분열의 극복, 요컨대 계급문제와 민족문제의 동시적 해결이야말로 당대의 본질적인 시대적 과제로 떠오를 수밖에 없었던 것이다. 그리하여 민주적 민족국가 수립 문제가 당대의 핵심적인 역사적 과제였던 셈이다.

하지만 마침내 민족문제 해결의 독점권을 장악한 것은 다름 아닌 군부였다. 급기야 '아래로부터의 혁명'은 좌절당하게 되고, 역사는 결국 '자유 없는 통일'의 길로 자연스레 치달을 수밖에 없게 되었다.

이윽고 독일통일은 비스마르크(Bismarck)가 이미 1848년 혁명 당시 예측했던 바와 같이, 민족혁명 노선이 아니라 프러시아의 군사력, 말하자면 수차례에 걸친 전쟁을 통한 '위로부터의 혁명'으로 완결되었다.[42] 훗날 비스마르크는 1848혁명을 회상하면서, 다시 한 번 더 독일통일을 위한 폭력 사용의 불가피성을 강조하기도 하였다. 그는 "이 시대의 중대한 문제들이 연설이나 다수의 결의로써가 아니라 오로지 철(Eisen)과 피(Blut)로써만" 결정될 따름이라고 웅변한 것이다.[43] 이러한 연설을 계기로 하여, 비스마르크는 결국 '철혈재상'으로 불리게 되기도 한다.

하기야 비스마르크는 거의 '통일 마니아'와 다를 바 없지 않았을까. 통일을 달성한 후, 그는 다시 한 번 더 지난날을 회상하며 다음과 같은 연설을 남겼다.

> "나는 내 삶의 이력이 시작된 이래 줄곧 단 하나의 별에 이끌렸다. 요컨대 어떠한 수단과 어떠한 방법으로 독일을 통일시킬 수 있을까, 그리고 통일이 이루어진다면 어떻게 이 통일을 고착하고 촉진하며 모든 독일인의 자유로운 의사로 이 통일을 지속적으로 유지할 수 있을 것인가 하는 것만을 골똘히 생각했다."[44]

이것이 비스마르크가 아니라 예컨대 문익환 목사의 언명이라 해도, 그걸 의아하게 생각할 한국인이 한 사람이라도 있을까 하는 생각이 들 정도다. 비스마르크는 거의 독일의 문익환 목사였던 셈이다.

그러나 이러한 독일통일은 오스트리아를 전 독일동맹에서 축출함으로써 이룩한 소위 '소(小) 독일적(kleindeutsch)'[45] 해결방식이었

42 비스마르크는 그의 부인에게 보낸 1849년 8월 27일 자 서신 속에서 다음과 같이 쓰고 있다. "독일문제는 결코 우리의 의회에서가 아니라, 외교와 전장(戰場)에서 결정될 것이오. 그리고 우리가 그에 관해 지껄이고 결의하는 모든 것은, 공중누각을 쌓고 어떤 뜻밖의 사건이 그를 위대한 인물로 만들어주리라 상상하는 한 센티멘털한 소년이 달빛을 바라보는 것 이상의 가치를 지니지 못하는 것이오…"(Windelwand und Frauendienst 1933, 136).

43 1862년 9월 30일. 프러시아 의회 예산위원회에서의 연설.

44 1879년 7월 9일. 제국의회에서의 연설.

다. 그것은 즉 "내부적 통일이 아니라, 외향적 통일"이었다. 말하자면 비스마르크는 역사가 골로 만(Golo Mann)이 단언하듯이, "민족이 아니라 국가"만을 통일시켰던 것이다(Mann 1928, 390, 484).

뿐만 아니라 이러한 통일 과정은 결과적으로 독일 사회민주주의 노동운동권의 내부 갈등을 심화하고, 노동운동권으로 하여금 통일 독일제국에 대해 적대감을 품도록 만드는 데에도 결정적으로 기여하였다.

1866년 보·오 전쟁과 노동운동: "선민주, 후통일"과 "선통일, 후민주" 전략 간의 갈등

앞서도 언급한 바와 같이, 1863년 라쌀레는 부르주아 민주화운동 세력들로부터 조직적·강령적으로 완전히 독립한 최초의 순수한 노동자정당(ADAV)을 창설하였다. 그러나 역시 같은 해 6월, 이 「독일노동자총연맹」과는 반대로 계속 부르주아 민주화운동 세력의 직접적인 영향권하에서 활동하는 「독일노동자연맹연합」(VDAV: Verband Deutscher Arbeitervereine)이 창건되었다. 사실 이 두 조직이 당시 독일 노동운동권의 핵심세력이긴 했지만, 다방면에서 상호 이질적이었다.

그러나 이 노동운동조직 둘 다 실은 민족문제와 직접적으로 깊이 관련되었다. VDAV, 즉 「독일노동자연맹연합」에서 발전해나온 「독일인민당」(Deutsche Volkspartei)이 1865년 창설된 것도 실은 프러시아 주도하의 '소 독일적' 민족문제 해결방식을 받아들이는 우파 시민

45 이 '소(小) 독일적' 방식이란 원래 오스트리아를 배제한 상태에서 독일통일을 추구하고자 한 입장을 가리킨다.

계급 주도하의 「국민연합」(Nationalverein)에 대한 불만 때문이었다. 뿐만 아니라 1866년 베벨과 리프크네히트는 소위 "프러시아 주도"에 대한 근본적인 적대감으로 말미암아 「작센인민당」(Sächsische Volkspartei)을 창당하기도 하였다.

1864년 라쌀레 사후, 슈바이처(Johann Baptist von Schweizer)가 그를 계승하였다. 민족문제가 슈바이처에게도 역시 핵심적인 관심사였다. 그는 애초에는 오스트리아 제국의 축출로 인해 야기될 수도 있는 독일 영토의 축소를 꺼려하여, "오스트리아 주도"를 통해 오히려 영토를 확장할 수 있으리라 여겨지는 통일방안을 구상하고 있었다. 그리고 그 유일한 방책으로 '급진혁명'을 주창한 적도 있었다. 그러나 라쌀레에 연결된 이후에는, 그의 영향으로 말미암아 점차 '프러시아 주도'하의 독일통일이라는 방향으로 입장을 선회하게 되었다. 그러나 그럼에도 불구하고 민족문제 해결을 위한 민족혁명의 필연성에 대한 집념은 계속 고수하고 있었다.

그러나 1866년 보·오 전쟁 발발과 더불어, 그의 입장은 명백히 현실주의적으로 뒤바뀌게 된다. 그는 프러시아 정권을 지원하게 되면 자기 당의 기본적인 정치목표 중의 하나인 보통선거권 확보를 그 반대급부로 얻어낼 수 있으리라 계산하게 된 것이다. 요컨대 그는 노동자정당이 원칙적으로 결코 지지를 보낼 수 없는 보수 반동세력을 지원한다는 정치적인 딜레마에서 벗어나기 위해, 그러한 지원 자체를 통해 사실은 바로 자기 당의 기본적인 목표수행에 결정적인 도움을 확보할 수 있지 않겠는가 하는 현실정치적 정당화 논리까지 예비한 셈이었다.

하지만 이러한 타산적인 입장은 괄목할 만한 중대한 역사적 의미를 지닌다고 말할 수 있으리라 여겨진다. 무엇보다 독일 노동운동권의 한 핵심부류인 라쌀레주의자들이 기존 지배질서에 점진적으로 순응해나가겠다는 결의를 시사한다는 점에서, 뿐만 아니라 민족문제 해결의 주도권을 노동운동권이 장악해야 한다는 기존 노선을 사실상 포기해도 좋다는 실천적 무력감을 동시에 드러내고 있다는 점 때문에도, 이러한 입장 변화는 실로 심각한 그림자를 드리우는 것이라 할 수 있는 것이다. 한마디로 그것은 '아래로부터의 혁명'에 의한 민주공화국 건설 및 그를 통한 민족통일의 실현이라는 그들의 종래 소신을 자발적으로 일거에 내팽개쳐 버렸다는 것을 의미하는 것이었다.

게다가 슈바이처는 독일통일을 저해하던 프러시아/오스트리아 이원주의의 극복이야말로 바로 1866년 전쟁의 의의라 역설하기도 하였다. 말하자면 그는 전쟁 승리를 통해 프러시아가 이미 독일 민족통일의 확고한 주도자로 등장했다는 사실을 인정할 수밖에 없고, 따라서 프러시아 정부를 확고히 지원함으로써, 민족통일을 저해하는 분리주의자의 책동 및 외세 간섭을 단호히 배척하리라는 저의를 만천하에 공표한 것이었다. 그러나 그는 동시에 프러시아로 대변되는 반동성은 개량주의적인 민주화투쟁을 통해 점진적으로 극복될 수 있으리라는 낙관을 덧붙여 표명하기도 하였다.

1870-1871년 보·불 전쟁에 대한 사회민주주의 노동운동의 입장

1866년의 보·오 전쟁이 자유주의적 부르주아 계급을 프러시아에 굴복시켰다 한다면, 1870년의 보·불 전쟁은 남부독일 국가군을 결국 프러시아에 무릎 꿇게 만들었다. 이 전쟁은 한마디로 "민족의 통일전쟁으로서, 1866년 프러시아의 분할전쟁을 완결짓는 데" 이바지했던 것이다.[46] 한 사학자는 한편으로는 라쌀레주의자 그리고 다른 한편으로는 베벨·리프크네히트가 이끄는 노동조직 간의 상호 관련성을 염두에 두면서, 독일 노동운동권의 "불화의 탄생지는 (오스트리아의) 쾨니히그레쯔의 전쟁터였고, 그 매장지는 (프랑스) 세당의 전쟁터였다"고 날카롭게 꼬집은 적이 있었다.[47]

어쨌든 보·오 전쟁에 비해 보·불 전쟁은 민족문제에 대한 독일 노동운동권의 입장을 근본적으로 변화시키는 계기를 만들어주지는 않았다. 그러나 이 전쟁과 민족통일을 기점으로 하여 노동운동 조직은 서서히 통합의 길로 들어서기 시작한다.

보·불 전쟁이 발발하자, 이미 프러시아의 주도권을 인정하고 지지했던 라쌀레주의자들은 이 전쟁을 조건 없이 "조국수호 전쟁"이라 선언한다. 그리하여 나폴레옹 3세가 즉각 평화파괴자로 선포되었다. 하기야 그들이 모든 독일 노동자를 향하여 프러시아 정부를 지원함으로써 이 "사회주의를 위한 전쟁"에 동참할 것을 호소한 것은 당연한 정치적 귀결 아니었을까. 마찬가지 입장에서 의회대표들 역시 전쟁예산에 동의하였다.

하지만 1869년 8월 베벨과 리프크네히트 주도로 새로이 창설된 「사회민주노동당」(SDAP)은 이 전쟁에 관하여 입장의 통일을 보지 못하였다. 그들은 이 전쟁의 책임이 "전제주의적" 프랑스와 프러시아 양측에 공동으로 있다고 주장하며, 의회에서 전쟁예산에 찬동함으로써 이러한 전제적 프러시아를 지원하는 것이나, 또는 거꾸로 그것을 거부함으로써 프랑스를 돕는 것 또한 모두 다 그들의 원칙적인 입장

46 Wehler(1980, 36 이하) 참조.

47 Miller(1977, 128)에서 인용.

에 배치되는 것으로 판단하여, 종내 기권을 행사하였다. 그러나 베벨과 리프크네히트의 이러한 원칙 고수적인 행위양식은 국민 대다수뿐만 아니라 노동자 전반에 걸친 민족적 열기를 무시하고 외면하는 악영향을 불러오게 되어, 결국엔 자신들의 당내 고립뿐만 아니라 당의 분열 위기까지도 초래하게끔 되었다. 반면에 빌헬름 브라케(Wilhelm Bracke)를 중심으로 하는 당 지도부는 이 전쟁을 "조국수호 전쟁"이라 선언하며, 국민들 사이에 번지고 있는 민족적 열광에 동참함으로써, 자당의 영향력 확대를 꾀하는 전략적인 고려에 몸을 싣게 되었다. 이런 입장에서 그들은 한편으로는 베벨과 리프크네히트의 원칙론을 전략적 실수라 비난하는 동시에, 다른 한편으로는 민족적 열기에 휩싸인 노동자들이 경쟁 세력인 라쌀레주의자들의 「독일노동자총연맹」 쪽으로 이탈해가는 것을 저지하고자 노력한 것이다.

다른 한편 마르크스와 엥겔스는 유럽 노동운동의 총체적 발전 전망과 관련지어, 이 전쟁의 의미를 신중히 분석하였다. 그들은 한편으로는 베벨과 리프크네히트처럼 이 전쟁이 "전제군주적" 속성에서 비롯하였다는 것을 부인하지는 않으면서도, 다른 한편으로는 「독일노동자총연맹」이나 브라케의 「사회민주노동당」 지도부의 견해와 마찬가지로, 독일 쪽의 입장에서는 "민족적 방어전쟁"(nationaler Verteidigungskrieg)이라는 측면을 특히 강조하는 입장을 보였다. 마르크스는 엥겔스에게 보낸 한 서한에서 독일의 전쟁 승리를 대국적인 입장에서 환영하고 있음을 숨기지 않았다(Marx/Engels, MEW 33, 5). 왜냐하면 이 전쟁 승리가 독일의 민족통일을 가능케 할 것이고, 나아가 독일의 통일 민족국가 수립은 결과적으로 노동운동의 민족적 차원과 규모에서의 대대적인 단합과 조직을 가능케 할 것이므로, 결국엔 전 유럽 노동운동의 총체적인 발전에 결정적으로 공헌하게 되리라 예상하였기 때문이다. 그리하여 그들은 장차 유럽 노동운동의 중심이 프랑스에서 독일로 이동하리라 확신하였고, 이러한 현상을 한마디로 프루동(Proudhon)의 이론체계에 대한 그들 자신의 이론적 승리와 동일한 것으로 받아들일 준비가 되어 있었다. 뿐만 아니라 마르크스와 엥겔스는 동시에 프랑스의 전쟁 패배로 인해 야기될 수 있는 프랑스 내의 혁명 가능성까지도 날카롭게 예견하기도 하였다.

그러나 그들은 독일 노동자들에게, 이 전쟁이 "엄격히 방어적인 속성을 잃는 것"과 "프랑스 인민에 대한 전쟁으로 전락하는 것"을 "용납치" 않도록 주의를 환기시키는 것을 잊지 않았다.[48] 이런 관점에서 그들은 "① 독일의 방어에 국한되는 한 민족운동에 가담해도 좋으며, ② 이 와중에도 독일의 민족적 이해와 프러시아의 군주적 이해 간의 차이를 강조하고, ③ 알사스-로렌의 모든 병합 시도를 분쇄하며, ④ 파리에 국수주의적이 아닌 공화정부가 정권을 잡는 즉시, 그와의 명예로운 평화체결을 위해 노력하고, ⑤ 독일과 프랑스 노동자들의 이해관계의 일치를 … 계속 역설해야 한다"고 주장하였다(Engels, MEW 33).

1870년 9월 2일, 프러시아는 세당 전투에서 마침내 획기적인 승리를 거두고, 나폴레옹 3세까지 포획하기에 이른다. 이어서 9월 4일 프랑스에서는 공화국이 선포된다.

그럼에도 불구하고 지속되는 전쟁에 즈음하여, 독일 노동운동의 두 세력은 동시적으로 이 전쟁을 "정복전쟁"(Eroberungskrieg)이라 규탄하게 된다. 「독일노동자총연맹」은 이 정복전쟁의 계속적인 수행에 반대하여 전쟁예산을 거부하고, 나아가서는 알사스-로렌의 병

48 Marx(MEW 17, 506). 또한 엥겔스 역시 마르크스에게 보낸 한 서한에서 독일 측 전쟁의 방어적 성격을 분명히 지적한 바 있다(Engels, MEW 33, 39).

합 기도를 철저히 탄핵하였다. 이윽고 전쟁문제를 둘러싼 '아이제나허'(Eisenacher) 내부의 분열도 이 시점에서 화합의 길을 찾게 된다. 이 두 노동운동 세력은 결국 동일한 입장을 견지하게끔 되었다.

어쨌든 이 전쟁의 속성이 '정복'에 있음이 노골적으로 드러나기 시작함에 따라, 이에 저항하는 노동운동 세력의 투쟁 또한 가열하게 되고, 이들에 대한 정부의 탄압 또한 극심해졌다. 그리하여 통일 독일제국이 선포되던 1871년 1월 18일, 노동운동의 주요 지도자들은 감옥 속에 감금된 운명을 맞게 되었고, 이것은 결국 독일의 민족통일이 노동운동권 내부의 전략과 얼마나 판이한 경로를 밟아오게 되었던가를 상징적으로 보여주는 역사적 사실이기도 한 것이다. 그러나 민족통일과 더불어, 요컨대 민족문제의 해결과 맞물려서, 독일 노동운동의 양대 진영은 상극적 입장을 해소하고 점차 통합의 길로 들어서는 계기를 맞게 된다. 그러나 이들이 걸어가야 할 길이 그리 평탄해 보이지만은 않아 보였다.

'사회주의자 탄압법'과 노선갈등

1878년 10월 21일, '독일판 반공법'이라 부를 수도 있을 「사회주의자 탄압법」이 발효되었다. 이 법은 선거운동 참여 및 의회활동을 제외한 일체의 사회민주주의적 조직활동과 공개적 정치운동을 금압한 악법으로서, 실제로는 장차 격화하리라 예상되는 사회주의적 대중운동에 철저히 쐐기를 박겠다는 결의를 내장한 일종의 예방조치라 할 수 있다.

그 무렵 사실 사회경제적 상황도 악화일로를 걷고 있는 실정이었다. 1870년대 중반 미국과 러시아로부터 염가의 곡물이 대량으로 도입됨으로써 심각한 농업위기가 발생하였고, 그에 맞서 융커계급은 즉각 급격한 관세인상을 집단적으로 촉구하고 나섰다. 보호무역정책에 대한 지주 및 중공업·섬유기업가들의 공통된 이해관계는 결국 1879년 곡물·철광·철제품에 대한 보호관세를 관철시킨 계급카르텔 형성으로 귀착하기도 하였다. 이러한 사태진전으로 말미암아 예상되는 생활비등귀는 당연히 1875년 통합 이후 역량을 계속적으로 축적해가고 있던 「사회주의 노동당」과 노동조합의 집단적 저항을 야기케 되리라는 것은 충분히 예견 가능한 일이었다. 그리고 바로 이러한 위기상황을 미연에 예방하고자 하는 지배세력의 안간힘이 바로 이러한 「사회주의자 탄압법」 제정으로 나타난 것이다.[49] 그런데 아우구스트 베벨의 회상에 따르면, 이 탄압법이 발효된 1890년까지의 12년 동안 전체적으로 1,500명 정도가 감옥에 수감되었고, 이들 모두의 형량을 다 합치면 대략 1,000년 정도에 이르는 것으로 예측되기도 한다.[50]

하지만 이러한 비상조치법하에서의 박해에도 불구하고, 독일 사회민주주의는 지속적으로 정치적 영향력을 증대시켜나갈 수 있었다. 예컨대 이 사회주의자 탄압법하 최초의 선거에서 사회민주주의 세력은 전체 유권자의 6.1%(311,961표)를 확보하는 데 그쳤지만, 이 법이 폐기되기 직전인 1890년의 경우 이미 19.7%(1,427,298표)에 이르는 급성장을 보여주고 있다(Fülberth 1975, 32).

그러나 박해에도 불구한 이러한 사회민주주의의 성공적인 성장은 결과적으로 그 탄압법하에서 유일하게 허용된 합법적인 의회활동의 가치를 과신하게 만드는 노선상의 변화를 예고케 하는 것이기도 하였

49 Fülberth(1975, 29) 참조.

50 이에 대해서는, Miller(1977, 181) 참조.

다. 그리하여 "우리들의 합법성에 의해 우리의 적은 파멸의 길을 걸을 수밖에 없다"[51]라는 그들의 구호가 얼마나 정당한 것인가 하는 주장이 광범위한 대중의 지지를 받게 되기도 하였다. 나아가 사회민주주의의 꾸준한 선거승리는 바로 이러한 합법적인 노선에 의해 앞으로도 점점 더 많은 인민의 지지를 획득해 나갈 수 있게 될 뿐만 아니라, 또 그를 통해 결국엔 권력인수까지도 가능해지리라는 천진난만한 확신까지 심어주기도 하였다.

하지만 이러한 변화는 의회주의적 개혁정당으로서의 독일 사회민주주의 전래의 고유한 전통을 재확인해준 것 이상도 이하도 결코 아니었다. 어쨌든 「사회주의자 탄압법」이 결과적으로 제국의회 및 지방의회를 사회민주주의의 유일한 합법적 활동공간으로 만들어주었음은 틀림없는 사실이다. 그리고 온건파가 득세하고 있던 제국의회 원내(Fraktion)가 사실상 당의 주도기관으로 부상하기도 하였다.

사회민주주의 진영에 던져지는 지지표가 증대함에 따라 지배세력의 탄압조치가 실효를 거두지 못하고 있음이 반증되었고, 결국 1890년 이후 이 「사회주의자 탄압법」은 더 이상 연장될 명분을 찾지 못하게 되었다. 1890년의 제국의회 선거결과가 명확히 보여주듯이, 독일 사회민주주의는 1880년대 마침내 대중정당으로 변모·발전하게 된 것이다. 다른 한편 「자유노조」(Freie Gewerkschaften)의 발전은 당의 그것보다 더욱 신속하였다.[52] 하지만 이 비상조치법하에서 겪은 탄

51 Miller(1977, 179)에서 재인용.

52 「자유노조」 가입자 수는 예컨대 1877년, 49,055명, 1886년 81,000명, 1888년 89,706명, 1889년 121,647명, 1890년 301,200명 … 1914년 2,483,661명으로 급증한다. 이를 통해, 가령 1888-1890년 사이 가입자 수가 3배 이상 증가한 것을 알 수 있다. 1890-1914년까지는 열 배 가까이 급증한다. 뿐만 아니라 자유노조 소유의 재산총액은 예컨대 1891년의 425,845마르크에서 1914년의 81,415,535마르크로 약 190배 이상 격증한다. 이에 대

압체험은 – 혹시나 앞으로도 있을지 모를 당국의 새로운 불법화 조치에 대한 공포로 변하기도 하여 – 당 지도부 및 제국의회 원내의 온건 정책 고수의지에 계속적으로 영향을 끼치기도 하였다.[53]

결국 「사회주의자 탄압법」과 그로 인한 극심한 박해는 독일 사회민주주의로 하여금 상호 모순적인 형태의 정치적 대응방안으로 귀착토록 만들었다. 즉 한편으로는, 합법성을 확보하고자 하는 그들의 소극적이고 수동적인 전략은 실용적이고 온건한 의회주의 노선에의 경도로 나타나고, 다른 한편으로는, 탄압에 대한 그들의 격렬한 분노는 이어서 살펴보게 되듯이 이데올로기적 과격주의로 표출되게 되는 것이다. 이를테면 온건주의와 과격주의가 나란히 공생하게 된 셈이었다.

그 와중에 이변이 일어났다. 독일 사회민주주의는 급기야 마르크스주의를 수용하게 되고, 그에 따라 1891년 「에어푸르트 강령」을 새로이 채택하게 되는 것이다. 사실상 마르크스주의의 수용은 「사회주의자 탄압법」 발효기간 동안 이루어지게 된 셈이다.

그러면 이처럼 독일 사회민주주의가 마르크스주의를 급속히 수용할 수 있었던 요인은 과연 무엇이었던가?

다음과 같은 네 개의 상이한 환경적 배경들을 지적할 수 있으리라 여겨진다.[54]

첫째, 마르크스·엥겔스의 사상체계를 옹호하는 자들의 소명의식과 정열 그리고 강인한 추진력, 둘째, 늦어도 1880년대 초에는 마르크스주의자들이 당내 핵심요직을 장악할 수 있었다는 사실,[55] 셋째, 「사

해서는, Fricke(1962, 208-212)를 볼 것.

53 이에 대해서는 이에 대해서는, Fülberth(1971, H1/2, 8) 참조.

54 이에 관해서는, Fülberth(1971, 271); Matthias(1957, 156) 참조.

55 예컨대 베른슈타인은 1881년 망명 당 기관지인 『사회민주주의자(*Social Democrat*)』의 편집인이 되었고, 카우츠키는 1883년 마르크스주의 이론지인 『신시대(*Neue Zeit*)』의

회주의자 탄압법」에 의해 고조된 열혈 당조직원의 과격주의, 넷째, 이 법이 폐지될 무렵 마르크스주의를 대체할만한 여타 다른 체계적인 이론적 대안이 부재했었다는 점.

이러한 배경하에서 마르크스주의는 카우츠키에 의해 결국 수정된 형태로 독일 사회민주주의에 이식되게끔 되었다. 무릇 역사발전에 관한 카우츠키의 해석은 단순히 외부적인 모순들을 지적해내는 것으로 그쳐버리고 만, 피상적이고 의사(擬似) 변증법적인 속성만을 지니고 있을 따름이었다.[56] 카우츠키의 개념들과 이론적 발전과정을 이해하는 데 주목할 만한 측면은, 그 당시 대부분의 사회주의 이론가들처럼 그 역시, 헤겔의 변증법을 통해서가 아니라 주로 유물론 및 다윈의 진화론에 대한 연구를 통해 마르크스주의에 근접했다는 사실이다. 마르크스주의를 수용하던 1880년대 초나 그 후에까지도 카우츠키는 계속 역사발전의 단순화나 피상적 해석을 극복하지는 못하였다. 어쨌든 변증법에 대한 몰이해와 무지는 그의 이론적 불충분성과 이중성의 중요한 요인으로 작용하였으며, 훗날 그가 혁명적 마르크스주의로부터 이탈하게 된 것도 사실은 이미 초기 단계의 이러한 그의 이론적 편향이나 부실함에 그 원인이 있으리라 여겨진다.[57]

앞서도 간략히 언급했지만, 이미 엥겔스 스스로도 그의 「반뒤링론」에서 변증법적 역사관을 자연과학적 진화론에 연결시키려 시도한 적이 있을 정도였다. 그리하여 변증법이란 그에게는 모든 범주를 포괄하는 보편적 자연법칙, 즉 그가 개념화한 것처럼, "극단적으로 보편적이고, 바로 그 때문에 극단적으로 광범위하게 작용하는 자연과 역

편집인이 된다.

56 Steinberg(1976, 48-53); Matthias(1957, 168) 참조.

57 Vranicki(1972b, 168) 참조.

사와 사상의 중요한 발전법칙"으로 비칠 수밖에 없었던 것이다(Engels, MEW 20, 131). 엥겔스는 변증법을 이처럼 마치 '만병통치약'인양 승화시켜버리고 만 셈이다. 그리하여 자연세계까지도 포괄하는 보편적 변증법을 형상화해냄으로써, 결국엔 역사의 변증법적 진행 및 사적 유물론의 정당성을 입증해내고자 했던 것처럼 보이기까지 하는 것이다.

그는 요컨대 보리알의 성장 과정을 예로 들면서까지 변증법의 정당성을 증명해내고자 애쓴 적도 있었다. 보리알이 땅에 떨어져 열과 습기의 화합작용으로 변화가 유발되고 이윽고 싹이 튼다. 이 싹은 보리알의 부정(Negation)이다. 그러나 이 식물은 자라서 꽃을 피우고 열매를 맺어, 또 다시 보리알을 생산하게 된다. 이것이 충분히 익으면 보릿대는 소멸한다. 즉 부정된다. 이 부정의 부정(Negation der Negation)의 결과로 우리는 처음과는 다른, 양적으로 엄청나게 늘어난 보리알을 획득하게 되는 것이다(Engels, MEW 20, 126, 131). 이와 같이 엥겔스는 자연현상마저도 변증법적으로 해석하고자 시도함으로써, 결국엔 변증법 자체를 필연적으로 천박화시키는 데 조력한 것처럼 보이기까지 할 정도다.

마침내 마르크스의 변증법으로부터 혁명적이고 역동적인 본성이 점차 박탈되게끔 되어버렸다. 무엇보다 독일 사회민주주의 스스로가 마르크스주의를 다윈(Darwin)주의적으로 해석하는 오류를 확산하는 계기를 손수 만들어나가기까지 한 것이다. 그러나 이 문제는 사회민주주의를 양면으로 교란시키게 된다. 하나는 역동적인 행동주의로부터의 이탈이고, 다른 하나는 변증법을 회피함으로써 마침내 수정주의에 의해 야기되는 마르크스주의적 일원론의 해체가 바로 그것이다(Steinberg 1976, 43ff).

이윽고 당내에서는 이러저러한 연유로 「사회주의자 탄압법」 철폐 등과 결부된 새로운 상황변화에 새로이 적응할 필요성이 제기되었다. 마침내 이러한 혼란스러운 당내의 제반 분위기를 직접적으로 수용하고 반추키 위해, 독일 사회민주주의는 마침내 1891년 10월 새로운 당 강령을 채택하기에 이르게 된다. 그것이 바로 역사적인 「에어푸르트 강령」(Erfurter Programm)[58]이다. 이 와중에 독일 사회민주주의의 새롭고도 굳건한 결의를 감지케 하는 특기할 만한 측면 하나는, 이 강령의 채택과 더불어 당 명칭까지도 새로이 바꾸었다는 점이다. 독일 사회민주주의는 「독일 사회주의 노동당」에서 바야흐로 100여 년이 훨씬 흐른 오늘날까지도 통용되는 「독일 사회민주당」(SPD)으로 개칭되기에 이른 것이다.

어쨌든 이 「에어푸르트 강령」은 결정적으로 마르크스·엥겔스의 사상과 학설을 추종하게끔 되었는데, 이론과 실천 두 분야로 나누어져 있다.

그 첫 번째에 해당되는 이론적 부분을 기초한 인물이 바로 카우츠키인데, 그것은 자본주의의 필연적 붕괴에 대한 기대와 확신으로 충만해 있다. 이 첫 부분은 그 이전의 당 강령을 지배해왔던 라쌀레주의적 기본경향에서 완전히 탈피하여, 생산수단의 집중 및 독점, 중소기업 및 중간계급의 몰락, 계급의 양극화, 노동자 계급 및 '인터내셔널'의 혁명적 역할, 계급투쟁의 필연성 문제 등을 집중적으로 분석하고 있다. 하지만 어떤 방식으로 사회주의 혁명을 성공시킬 수 있으며, 혁명에 의해 건설될 새로운 사회는 도대체 어떠한 특성을 지닐 것인가

58 독일 사회민주당의 창당으로부터 오늘날에 이르기까지의 여러 당의 강령들을 참고하기 위해서는, Miller und Potthoff(1983, 301 이후)를 참조할 것. '에어푸르트 강령'은 S.312를 볼 것.

하는 결정적인 문제에 대해서는 종내 침묵으로 일관하여 심각한 아쉬움을 남겨놓고 말았다.

이 이론적 선언에 이어 베른슈타인에 의해 기초된 두 번째 부분이 뒤따르는데, 구체적인 실천방안들이 열거되어 있다. 요컨대 프롤레타리아트에 의해 직접적으로 획득될 수 있는 요구사항들로 채워져 있는 것이다. 즉 여성에게도 확대 적용되는 보통·평등 선거권 확보, 교회와 국가의 분리, 학교의 세속화, 누진적 소득세 부과, 1일 8시간 노동을 보장하는 사회법 제정, 15세 미만의 아동노동의 금지, 국가부담에 의한 노동자보험, 노동자 단결권 존중 등이 그것이다. 사실 이 실천적 부분은 순수한 의미에서의 마르크스주의적 요구를 담고 있다고 보기에는 힘든 것들로 가득 차있는데, 오히려 진보적인 부르주아 정당 정도라도 충분히 개진하고도 남을만한 내용들이라 할 수 있을 정도다.

하지만 「사회주의자 탄압법」하에서의 박해에 대한 과격한 이데올로기적 반발에도 불구하고, 독일 사회민주주의의 기저를 형성하고 있던 결정적인 흐름은 사실상 이 비상조치법에 의해 촉진된 의회주의적 실천이었다. 바로 이러한 이론적 과격성과 실천적 개량성이라는, 전통적인 독일 사회민주주의 모순적 발전구조를 그대로 담아내고 있는 것이 바로 이 「에어푸르트 강령」인 것이다.

예컨대 히틀러 치하의 강제수용소에서 오랜 세월 동안 뼈 빠지게 복역한 후 제2차 세계대전이 끝나자 독일 사민당의 당의장으로 활약하기도 한 슈마허(Schumacher)는 이 강령의 첫 번째 이론적 부분을 마르크스·엥겔스의 「공산당 선언」에, 그리고 두 번째 실천적 부분을 라쌀레의 「노동자 강령」(Arbeiter Programm)"[59]에 각각 참으로 적절

59 「노동자 강령」은 1863년 3월 ADAV가 결성되기 직전 독일 노동자에게 보낸 라쌀레의

하게 대비한 적이 있을 정도였다(Schumacher 1973, 57). 독일 사회민주주의에서는 마르크스·엥겔스와 라쌀레가 계속 이처럼 정답게 공생하고 있었던 것이다. 하지만 이들의 이질적인 정신세계가 혼란스럽게 뒤섞여 있는 이 「에어푸르트 강령」의 이론과 실천 양면은 서로 아무런 내적인 연관성 없이 개별적으로 서로 독립해 있을 뿐만 아니라, 이론과 실천 간의 변증법적 통일 역시 전혀 이루어내지 못하고 있다고 단정해도 무방하리라 여겨진다.[60] 오히려 이 강령은 단지 당내의 두 파벌, 즉 과격한 마르크스주의적 당 이론가와 온건한 개량주의적 실무자 간의 묵시적 타협의 산물에 불과한 것으로 간주될 뿐이다. 그러나 이 모순은 오랫동안 극복되기 힘든 성질의 것이었다. 왜냐하면 그것이 이젠 바야흐로 당 강령 자체에 굳건히 뿌리내리고 있었기 때문이다.

지금까지 살펴본 바와 같이, 독일의 초기 노동운동은 통일지향적인 민족운동과의 직접적인 상관관계 속에서 분열과 화합의 소용돌이에 휩싸이곤 하며 발전해온 셈이다. 뿐만 아니라 거기에 민주화운동까지 가세했다. 더구나 사회민주주의 세력 분쇄에 광분해온 반(半)봉건 보수의 화신인 비스마르크 치하 아니었던가. 그런 탓에 민주화운동에 대한 전망과 전략의 차이에 따라, 노동운동은 기본구조를 서로 달리하며 상호 알력 속에 전개되기도 하였다. 이런 의미에서, 민족통일과 민주화 문제는 노동운동의 기본성격을 핵심적으로 규정짓는 근

공식서한으로 이루어져 있는데. 여기에 사실상 ADAV의 강령적 노선이 그대로 축약되어 있다.

60 이에 대해서는 Matthias(1957, 160); Miller(1977, 217) 등을 참조할 것. 반면에 예컨대 아벤트로트는 이 강령의 두 부분이 내면적으로 전혀 모순관계에 있지 않고 전적으로 변증법적 통일을 이루어내고 있는 것으로 그릇 평가하기도 한다. Abendroth(1964, 32) 참고.

본요인이었다고 말할 수 있을 정도다. 이를테면 노동운동·민족운동·민주화운동이 떼려야 뗄 수 없이 마치 삼각형의 세 변과 흡사하게 서로 굳게 얽혀 있었던 것이다.

비스마르크 시대, 노동운동·민족운동·민주화운동의 상호관계, 그리고 한국

일반적으로 민족국가 수립 및 민주체제 건설은 대체로 부르주아 계급의 고유한 역사적 사명으로 통한다. 그러나 독일은 상황이 달라도, 너무 달랐다. 무엇보다 노동운동권이 홀로 이 두 개의 막중한 역사적 과제를 송두리째 떠안을 수밖에 없었기 때문이다. 이러한 현상이 비록 독일역사의 특수성에 기인한다고 말할 수 있겠지만, 어쨌든 부르주아 계급이 제대로 성숙치 못한 탓에, 이제 겨우 막 걸음마를 떼기 시작한 노동운동권이 이처럼 힘겨운 짐을 한 몸에 짊어질 수밖에 없게 된 것이다.

프러시아의 경우, 1860년대 초 순수한 산업노동자의 비율이 전체 남성노동자의 14% 정도에 불과했다. 이것은 노동자의 계급의식 수준이나 수적 역량 면에서 노동운동의 허약한 존립기반을 단적으로 드러내 보여주는 수치라 할 수 있을 것이다. 라쌀레 스스로도 "노동대중의 이 무관심이야말로 절망적인 것이 아닌가! 순수하게 그들을 위한 것이고, 순수하게 그들의 정치적 이해를 위해 행해지는 운동에서의 이러한 무관심이란…. 이 둔감한 인민은 언제쯤이면 기면(嗜眠)상태에서 깨어날 수 있단 말인가!" 하고 통탄을 금치 못할 정도의 수준이었던 것이다.[61]

거칠게 말해서, 이러한 상황에서 독일 노동운동권이 선택할 수 있는 운동전략은 대략 두 개 정도 아니었을까 추정해볼 수 있을 듯하다.

하나는, 일부 진보적 부르주아운동과 일시적인 연대관계를 형성함으로써 일차적으로 반봉건민주화운동에 화력을 집중하되, 훗날 부르주아 계급과의 이른바 '결정적인' 계급투쟁에 대비키 위해 스스로의 독자적인 정치활동의 장을 서서히 마련해나가는 방안이 있을 수 있다. 그리고 다른 하나는, 기존의 전통적인 국가체제와 일시적으로 동맹을 체결함으로써, 근본적으로 이해관계가 적대적일 수밖에 없는 부르주아 계급에 대항하여, 노동자 자신의 사회적 요구를 '위로부터의 압력'을 통해 관철해나가는 전략이다.

이런 관점에서 볼 때, 라쌀레주의자들은 둘째 전략을, 반면에 베벨·리프크네히트 노선은 첫째 방안을 각각 선택했다고 말할 수 있을 것이다. 이처럼 이질적인 노선 차이로 말미암아 응당 기존체제에 대한 인식, 운동방향 및 전략선택 등의 면에서 심각한 간극이 드러날 수밖에 없었다. 이러한 배경을 염두에 두면서, 무엇보다 노동운동 및 민주화운동의 상관관계 속에서 민족운동 전략을 둘러싼 독일 사회민주주의 내부의 노선갈등 문제를 하나씩 짚어 나가보도록 하자.

한때 우리 한국인에겐 지극히 자연스러운 현상의 하나로 여겨지기도 했으리라 짐작되지만, 서독은 간호사나 광부 문제를 제쳐 두고라도 특히 한반도 분단 및 통일문제를 기반으로 하여, 오랫동안 동병상련하는 우리의 친근한 동료로 대접받아온 전통을 지니고 있다. 그런 탓에 우리의 통일문제를 거론할 때마다 동·서독 상황을 전면에 내세워야 비로소 권위가 서는 듯한 착각마저 종종 불러일으키곤 했던 것 같다. 무엇보다 독일이 제2차 세계대전 패배와 더불어 공산주의 동

61 Grebing(1979, 66)에서 인용.

독과 자본주의 서독으로 나뉘는 통에, 우리와 같은 분단국가의 운명에 처해 있었기 때문이다.

하지만 독일은 복 받은 나라라서 그런지, 역사적으로 사실상 '통일'의 기쁨을 두 번씩이나 맛본 나라다. 한 번은 1871년 처음으로 민족통일을 달성하여 독일제국의 이름으로 최초의 민족국가 명패를 달았을 때이고, 다른 한 번은 동유럽 공산권 붕괴와 맞물려 1990년 동·서독 분단을 극복하고 다시 독일연방공화국으로 재통일되었을 때다. 이런 면에서 독일민족의 통일역사는 '겨우' 100년 정도에 불과한 수준이다. 우리와 비교하면, 걸음마 레벨에 지나지 않는다.

여러모로 필자는 동·서독 분단이라는 최근세사적 국제정치 환경에서 일단 벗어나는 것이 보다 바람직하리라 믿는다. 그 대신 대략 150여 년 전인 1860년대, 독일 노동운동권이 막 걸음마를 배우기 시작할 무렵의 투쟁현장으로 발길을 돌리는 게 보다 현명하리라 여기는 쪽이다. 특히 민족통일 및 민주화를 갈구하던 당시 독일 쪽의 내부 상황이 오히려 오늘날의 우리와 매우 닮아 있다고 추정되기 때문이다. 어떻게 보면 추운 겨울에 에어컨 찾는 것 같은 엉뚱한 느낌을 주지 않는 건 아닐 테지만, 일단 떠나보면 그래도 따스한 물 한잔 정도는 얻어 마실 수 있지 않을까 싶다.

바로 앞서도 잠깐 일별했지만, 우리는 독일을 오래전부터 특히 한반도 분단 및 통일문제 등과 관련지어, 상당히 '유효적절한' 비교대상으로 대단히 친숙한 단골손님과도 같이 융숭하게 대접해왔던 것 같다. 그러나 필자는 이러한 태도가 차라리 그릇된 것이었노라 우기고 싶은 심정이다.

동-서독과 남-북한은 무엇보다도 제2차 세계대전 후 냉전체제의 직접적 부산물로서 특히 그 이데올로기적 대치 상황이야말로 국내 및 국제정치의 핵심변수로 기능한다는 점에서, 강력한 유사성을 과시해도 무방할 듯이 보인다. 이런 관점에서 볼 때, 그동안 한반도 처지와 동-서독 상황을 애써 절친한 동류항으로 함께 묶어 관찰하고자 해온 우리의 학술적 동향은, 어찌 보면 지극히 자연스러운 취향이었을지도 모른다.

그러나 필자는 입장을 전혀 달리한다. 하필이면 지금부터 백 수십여 년 전의 민족통일 및 민주화 과업에 임하는 독일 사회민주주의 노동운동권의 입장을 점검해보려는 필자의 시도는 특히 다음과 같은 두 개의 이론적·실천적 고려 때문이다.

첫째로, 필자는 초기 단계의 독일 노동운동이 민족운동의 일부로 발전해왔다는 기본관점에 입각해 있다. 나아가 둘째로, 필자는 한반도의 분단 및 통일문제와 서독의 그것과를 획일적으로 비교·검토해온 타성적인 연구자세를 별반 긍정적으로 평가하지는 않는 편이다.

우선 필자는 한국과 독일 사이에 내재하는 다음과 같은 괄목할 만한 실질적인 역사적 차이점을 결코 외면해서는 안 되리라 생각한다.

1) 독일은 한국과는 결코 비교할 수 없을 정도로, 민족통일의 역사가 지극히 일천하다. 이 사실은 우리 한국인에 비해 독일인의 민족의식 및 통일에 대한 민족적 관심이 상대적으로 대단히 박약할 수밖에 없는 한 역사적 배경을 이룬다. 더구나 히틀러의 나치즘으로 곤욕을 치른 바 있는 독일에서는 '민족'이란 개념과 어휘조차 거의 금기시될 정도였음도 주목을 요하는 단면이다.

2) 독일의 분단은 제2차 세계대전의 '전쟁책임 국가'에 대한 일종의 국제정치적 응징의 결과였다. 그에 반해 한국은 제국주의적 국제질서의 가혹한 피해자임에도 불구하고 오히려 강제 분할당하고만 국제정치적 속죄양이었다.

3) 통일된 독일은, 그 역사적 전통으로 보아, 주변 국가들에 대한 심각한 위협으로 등장할 소지가 농후한 것으로 인식되어 왔다. 예컨대 1, 2차 세계대전은 독일이 첫 번째 통일을 달성한 이후에 발발한 것이었다. 그러나 우리 한국의 경우, 물론 주위에 우리의 통일을 꺼려하는 세력이 전혀 없는 건 아니지만, 통일된 우리 한국이 주변국가에 과연 얼마나 큰 위협을 주는 세력으로 여겨질까?

4) 동-서독 간에는 동족상잔의 비극적 체험이 없다. 따라서 양 진영 간의 접근과 교류가 상대적으로 훨씬 용이한 편이었다. 특히 서베를린은 양국 접근의 교두보로 충실히 활용되어 왔다. 반면에 우리 한반도는—무엇보다 동족 간의 비극적인 남북전쟁으로 말미암아—서로에 대한 피끓는 증오심으로 철저히 중무장한, 서로 간의 상호 유통이 지극히 난망한 일촉즉발의 두 개의 적대진영으로 철저히 양분된 채 힘겨운 삶을 이어오고 있지 않은가. 말하자면 남-북한은 서로에 대하여 민족 내부의 민족적 적으로 군림하고 있는 것이다.

그런데 독일의 1860년대는, 요컨대 비스마르크 시대는—오늘날의 한국적 현실과 속사정이 유사하게—계급문제 및 민족통일문제의 동시적 해결이라는 엄중한 역사적 과제가 민주화에 대한 사회적 요구와 긴밀히 결합하여 날카롭게 표출되어 나온 시대였다. 요컨대 노동운동과 민족운동과 민주화운동이 서로 약속이나 한 듯이, 한꺼번에 봇물 터지듯 거세게 터져 나온 시기였던 것이다.

이런 의미에서 필자는 독일의 1860년대가—바로 민주화와 민족통일과 계급갈등 해소라는 당면한 역사적 과제를 해결하기 위해, 민주화운동·민족운동·노동운동이 상호 화합과 충돌을 반복하던 시대적 특성을 지니고 있던 시기임으로 해서—오늘날 한국적 상황에 대한 인식의 폭을 확대·심화하는 의미 있는 비교분석의 대상으로 유용하게 검토될 수 있는 소재가 될 자격이 충분하다고 믿는 편이다. 이런 취지에서 필자는—응당 기본적인 제약과 한계를 반드시 감안해야 할 것임은 물론이지만—그러한 독일의 사례에서 혹여나 눈곱만하게라도 진지한 역사적 교훈 하나쯤은 얻어낼 수 있을는지, 나름 조심스레 살펴보고자 하는 것이다. 자, 시작하자.

한마디로 라쌀레주의자들은 "선통일, 후민주"(Durch Einheit zur Freiheit)의 통일방안을 내놓았고,[62] 반면에 베벨·리프크네히트 노선은 "선민주, 후통일"(Zur Einheit durch Freiheit) 전략을 제시하였다.[63]

어디서 많이 듣던 말 아닌가? 다름 아닌 우리 한국에서도 지난 세기 말 무렵 '선통일, 후민주'론과 '선민주, 후통일'론이 서로 맞붙어 치열하게 각축전을 벌인 적이 있지 않았던가.[64]

어찌하여 150여 년의 시차를 두고 있음에도, 전화나 인터넷도 없는 시절에 이처럼 서로 유사한 안목을 내비칠 수 있었을까? 혹시나 지난날 우리 한국에 독일 노동운동의 역사에 정통한 한 위대한 선각자가 있어, 이 구호를 그대로 우리 한국 사회에 넌지시 이식시켜주었을까? 추호도 믿기지 않는 예측이다. 오히려 비록 시대와 지역은 다르지만, 다만 험난하게 들이닥친 비슷한 유형의 무시무시한 고통을 더 이상 참을 길이 막막하여 마지막 생명줄이라 여기고 참다못해 토해낸 것이 이렇게 엇비슷한 절규로 나타난 것은 아니었을까?

62 Social-Demokrat, Nr.192(1866.12.30.).

63 Demokratisches Wochenblatt, Nr.50(1866.12.12.) 부록.

64 손호철은 "소련·동구의 몰락에 따른 '탈냉전' 질서 속에서 … 그 어느 때보다도 핵심적인 쟁점으로" 떠오른 통일문제를 마주하며, 1980년대 민중운동의 성장이라는 측면을 배려하여 특히 '분단체제론'을 비판적으로 평가하는 와중에, '선민주 후통일' 및 '선통일 후민주' 문제를 간략히 분석하고 있다. 이에 대해서는, 손호철(1995, 287-331, 특히 293, 294 및 310-311)을 볼 것.

그저 공상만 되풀이해볼 따름이다. 집단지성의 산물일 수도 있고, 아니면 동등한 인간적 지혜의 소산일 수도 있으리라 여겨지긴 하지만, 이렇게 장구한 시차를 두고 있음에도 유사한 사태에 이처럼 서로 유사한 안목으로 대응할 수도 있구나 싶어, 그저 신묘한 느낌뿐이다. 정당한 저항정신이 가닿는 길이 오직 하나뿐이라 그럴는지?

어쨌든 독일 사회민주주의 운동권 내부의 이러한 대립양상이 구체적으로 왜, 어떻게 생성·전개해 나갔는지, 그 배경과 우여곡절부터 살펴보는 것이 필요하리라 생각된다.

마침내 1866년 12월, 슈바이처의 「독일노동자총연맹」이 확정된 통일전략을 새로이 천명하게 되었는데, 그것이 바로 "선통일, 후민주"였다. 그에 덧붙여, 모든 독일영토를 프러시아가 전면적으로 "합병"할 것을 촉구하기도 하였다. 친프러시아 노선의 자연스러운 귀결이었던 셈이다.

반면에 베벨과 리프크네히트로 대표되는 독일 노동운동권의 또 하나의 다른 핵심 축은 민족문제에 대해 이러한 「독일노동자총연맹」과는 상극적인 입장을 표명하게 된다. 그들이 내세운 이상적인 통일전략은 한마디로 "선민주, 후통일"로 집약된다. 그들은 통일 민주공화국 수립이 오로지 프러시아 및 오스트리아의 전제주의를 동시에 파괴함으로써만이 비로소 가능해지리라 단언한다. 그들은 무엇보다도 프러시아 체제에 의해 대변되는 군국주의, 전체주의 그리고 대지주제에 대해 화해할 수 없는 적대감을 지니고 있었던 것이다.

베벨과 리프크네히트는 특히 1848년 혁명이 프러시아 군사력에 의해 폭력적으로 탄압당하고 저지당하게 됨으로써 프러시아에 대해 원천적인 적개심을 품을 수밖에 없었고, 이윽고 1866년 오스트리아와의 동족 간 전쟁 책임이 거의 전적으로 프러시아에 있다는 주장으로 나아가게 되었다. 결국 그들은 프러시아의 전쟁 승리 및 그에서 비롯한 새로운 체제의 출범 또한 근본적으로 철저히 거부할 수밖에 없었다. 그들은 전쟁 후에까지도 독일 민족통일의 실질적인 적은 바로 프러시아 그 자체라 역설하기를 멈추지 않았다. 이런 취지에서, 그들은 모든 노동자가 총궐기하여 전쟁 후 프러시아에 의해 새롭게 구축된 민족체제를 붕괴시키기 위해 최대한의 노력을 경주해야 하리라 촉구해 마지않았던 것이다.

이런 관점에 입각하여, 베벨과 리프크네히트가 이끌던 노동조직 「독일노동자연맹연합」은 프러시아 주도에 의한 소(小)독일주의나 프러시아 또는 오스트리아 주도하의 대(大)독일주의적 통일방안 일체를 모두 완강히 거부하며, 다음과 같은 주요 투쟁목표를 대안으로 제시하기에 이르렀다. 1) 민주적 국가형태 속에서의 대독일통일, 2) 아래로부터의 민주혁명을 통한 민족통일 달성, 그리고 3) 프러시아에 의해 새로이 구축된 신질서의 분쇄가 바로 그것이었다.

다른 한편, 마르크스와 엥겔스의 속사정은 과연 어떠했을까.

이미 1845년 엥겔스는 독일의 정치경제적 미래가 오스트리아가 아니라 오직 프러시아 쪽에 달려 있음을 수긍한 적이 있었다. 왜냐하면 "오스트리아 국민이 문명세계에 속한다고 말하기는 어렵기 때문이며, 또한 그 때문에, 그들은 가부장적 전제정에 조용히 예속되기 때문이다. 반면에 프러시아는 현대 독일역사의 중심지로, 여론의 동향에 대한 바로미터로 간주될 수 있는 국가이다". 그렇기 때문에 엥겔스는 독일통일이 오직 프러시아의 결정적인 지원을 통해서만이 달성될 수 있으리라는 것을 믿어 의심치 않았던 것이다. 그는 무엇보다 프러시아야말로 "독일의 미래운명이 그 위에서 결정될 전쟁터"라 확신하고 있었던 것이다(Engels, MEW 2, 576, 578). 나아가 엥겔스는 이 1866년 전쟁에서 프러시아가 승리를 거둔 이후에는 독일 프롤레타리아트를 거족적으로 조직하고 통합해낼 가능성이 더욱 커질 것이고, 그것이 결국엔 혁명에 유리한 조건을 조성할 수밖에 없으리라 간주했기 때문에, 프러시아의 승리를 긍정적으로 평가하기도 했다. 마르크스 역시 똑같은 생각이었다.[65]

이처럼 마르크스와 엥겔스는 슈바이처와 마찬가지로, 프러시아의 전쟁 승리 후 기정사실화된 상황변화에 대해 긍정적인 평가를 내렸던 것이다. 물론 그들은 프러시아의 승리에 따른 프러시아적 국가체제의 확산 및 오스트리아의 '일시적' 축출이라는 '주된 손실'을 잘 인식하고는 있었지만, 혁명에 유리하리라는 판단하에 민족통일에 따른 전 민족적 규모와 차원에서의 독일 프롤레타리아 계급의 대대적인 조직 및 단합 가능성을 적극적으로 수용하고자 했던 것이다. 그들은 말하자면 "사실을 인정하지 않으면서 단지 그대로 받아들일 수밖에 없음"을 잘 깨닫고 있었던 셈이다. 이런 관점에서 마르크스와 엥겔스는 원칙고수적인 베벨과 리프크네히트보다는 오히려 슈바이처의 현실정치적 판단과 인식에 더욱 근접해 있었던 것으로 판단된다.

그런데 왜 독일 사회민주주의 노동운동권은 이처럼 민족통일 전략의 통일을 이루어내지 못하게 되었을까? 이 문제는 노동운동의 전략과 민족문제 상호 간의 상관관계를 명확히 해명함으로써 분명해지리라 짐작된다.

첫째, 흔히 지적되듯이, 통일문제와 관련된 이러한 대립적 입장의 원인으로서 단지 베벨과 리프크네히트의 '프러시아에 대한 증오심'이

65 마르크스에 대한 엥겔스의 편지(MEW 31, 241) 및 엥겔스에 대한 마르크스의 답신(27. Juli 1866), 같은 책, S.242. 이 서신에서 마르크스는 "나도 이 어려운 처지를 있는 그대로 받아들이지 않으면 안 된다는 자네 견해에 전적으로 동감하네"라 쓰고 있다.

라든가 '원칙 충성심' 등 사회심리적 요인에만 주목한다면, 우리는 충분하고 적절한 해답을 발견할 수 없으리라 여겨진다.

이들의 프러시아에 대한 적개심은 특히 1848년 혁명이 프러시아의 군사력에 의해 무참히 압살당하고만 시점에 터져나오긴 했지만, 대체로 남부독일의 전통을 반영하는 현상이라 할 수 있는 것이다. 그러나 프러시아가 그들에게는 무조건 제거되지 않으면 안 될 군국주의적이고 전제적인 국가로 비쳤음은 부인할 수 없는 사실이다. 하지만 그들의 이러한 '원칙 고수주의'는 거의 무조건적·비타협적인 것이었다. 그들은 스스로 고백하듯이, "최소한의 원칙적 양보"조차 "원칙 자체의 포기"로 간주하는 인물이었다. 따라서 그들에게는 원칙 고수주의야말로 '최선의 정책'이었던 셈이다. 그러나 두 노동운동 세력 간의 이질성을 이러한 '원칙'에의 편향으로만 관찰한다는 것 역시 지극히 제한적인 의미밖에 지니지 못하리라 여겨진다.

둘째, 민족문제에 대한 이러한 대립적 입장에는 훨씬 더 신중히 고려되어야 할 또 하나의 다른 주요요인이 개재해 있음에 주목할 필요가 있다.

독일에서의 민족운동은, 1848년 혁명에서 보듯이, 민주화운동과 노동운동을 상호 통합시켜주는 요소로 작용해온 전통을 지니고 있다. 하지만 라쌀레에 의해 주체적이고 독립적인 노동자 정당이 창설됨으로써, 이미 그러한 통합요인으로서의 민족운동의 정체성이 기본적으로 부인당한 상태가 된 셈이었다. 결과적으로 정치적 독립을 기반으로 하는 라쌀레주의자들은—베벨과 리프크네히트의 노동조직과는 반대로—노동운동과 시민운동이 서로 뭉쳐야 한다는 강박감에서 탈피할 수 있었던 것이다. 이러한 정치적 유연성에 힘입어, 그들은 민족정책을 수행하는 과정에서도 보다 폭넓은 자율성과 융통성을 보장받을 수 있게 되었고, 나아가서는 변화하는 상황에 보다 유연하게 순응해 나갈 수 있는 역량 역시 더욱 증진시켜나갈 수도 있었다. 따라서 그들 본래의 통일전략, 즉 아래로부터의 혁명을 통한 대(大)독일 통일방안은 프러시아의 전쟁 승리라는 변화된 상황에 맞게끔 용이하게 수정될 수 있는 그런 종류의 원칙이었던 셈이다.

반면에 베벨과 리프크네히트는 독일 노동자 계급이 "수와 지적인 면에서" 사실상 아직은 지배능력이 없다고 판단하고 있었다. 따라서 프러시아 노동자의 허약성과 비자립성으로 말미암아 줄곧 자유주의적 부르주아 계급과의 동반자적 협력 이외의 다른 선택의 여지는 있을 수 없다고 간주해왔다. 따라서 그들은 모든 민주화세력의 단합이야말로 유일하고도 절실한 시대적 대안이라 확신하고 있었던 것이다. 그러므로 시민계급과 노동자 계급 간의 사회적 갈등이나 모순을 예리하게 강조하거나 파헤치는 것은 실재하는 상호 연대를 뒤흔드는 행위로 비칠 수밖에 없었다. 바로 이러한 관점에서, 민족문제야말로 부르주아 민주주의와 사회민주주의를 자연스럽게 결속시켜주는 필수적인 연결고리로 이해될 수밖에 없었던 것이다.

그러므로 민족문제가 해결된다는 것은, 달리 말하면, 부르주아 민주세력과 사회주의 세력 간의 연대를 가능케 하던 접합요소의 소실을 의미하는 것으로 여겨질 수밖에 없었다. 보다 구체적으로 말해 어떤 형식으로든지 독일통일이 실현된다면, 그것은 정치에 대한 대중의 관심을 냉각시키게 될 것이고 따라서 혁명정신으로부터 대중의 이탈을 자초하게 되리라는 우려가 베벨과 리프크네히트의 내면에 도사리고 있었던 것이다. 그러므로 그들은 내심으로는—역설적으로—민주적이고 사회주의적인 이상을 성공적으로 실현할 수 있기 위해, 민족문제가 오히려 계속 미해결 과제로 남아 있어주길 기대하고 있었던 것처럼 비치기도 한다.

셋째, 바로 이러한 판단에 입각하여, 베벨과 리프크네히트는 1866년 전쟁 후 프러시아에 의해 새로이 구축된 민족적 현실을 결코 인정하려들지 않았던 것이다. 무엇보다 프러시아 체제의 공고화를 저지하기 위한 자신들의 투쟁정신이 실은 독일혁명에 대한 그들의 깊은 열망에 뿌리박고 있었기 때문이었다. 그들은 '프러시아의 몰락'이 곧 '독일혁명의 승리'와 동의어라 간주했으리라 유추된다. 그러므로 그들은 프러시아가 주축이 된 '북독 동맹'을 결코 용인할 수 없었던 것이다. 그들에게는 이 '북독 동맹'이 "마지막 남은 조그만 자유와 민권마저도 압살하기 위해 독일을 하나의 거대한 병영으로" 만들 체제와 다를 바 없는 것으로 비칠 수밖에 없었다.[66]

반면에 라쌀레주의자들의 입장은 사뭇 달랐다. 그들은 무엇보다 1866년 전쟁으로 민족문제 해결의 주도권 문제가 원칙적으로 이미 해결되었다는 판단을 내리고 있었을 뿐만 아니라, 물론 비록 완전한 것은 아니었지만 그 와중에 그들의 주요한 정치목표 중 하나였던 보통선거권도 이미 획득되었기 때문이었다. 그러므로 슈바이처는 "프러시아의 권력중추는 우리 독일 조국으로 하여금 … 마침내 외국으로부터 인정과 명망을 얻게 하였으며, 미래에도 그렇게 할 것"이라 단호히 선언할 수 있었던 것이다.[67]

넷째, 프러시아가 전쟁에 승리한 이래 라쌀레주의자들은 특히 민족문제의 중요성이 점차 줄어들고 있다는 판단하에서, 노동문제 해결을 위한 투쟁에 더욱더 박차를 가하기 시작하였다. 반면에 베벨과 리

66 Werner und Groh(1966, 70)에서 인용.

67 Bebel(1978, 221)에서 인용.

프크네히트가 이끄는 노동운동 세력은 반(反)비스마르크 성향의 시민계급 및 노동자들 사이의 연대관계를 저해하지 않도록 하기 위해, 계급문제에 대한 집착을 민족문제의 뒷전으로 밀어놓았다. 하지만 민족의 장래에 관한 노동자 계급 내부에서의 줄기찬 관심과 논쟁은 자유주의적 부르주아 계급의 기대와는 반대로, 점차 '노동자 계급의 정치화'를 자초하게끔 되어버렸다. 그리하여 베벨과 리프크네히트 역시 계급문제 해결을 위한 정치투쟁에 더욱 더 가열한 관심을 표명할 수밖에 없게 되었고, 이는 결국 머지않아(1869년) 부르주아 계급과의 결별로 연결되는 교량 구실을 하게 된다.

지금까지의 다소 방만한 논의를 간략히 축약하고 정리하면 다음과 같다.

첫째, 라쌀레주의자들은 본질적으로 기존 체제 수용적이고 개량주의적인 속성을 지니고 있었다. 따라서 그들은 대체로 프러시아 체제에 의존하는 편이었을 뿐만 아니라, 프러시아의 민족통일 역량 역시 신뢰하는 편이었다. 이런 상황에서 '선통일' 전략이 자연스레 제기될 수 있지 않았을까 예측된다.

반면에 베벨·리프크네히트 노선은 관헌적이고 군국주의적인 현존 프러시아 국가체제에 대해 하등의 관심이나 기대를 추호도 지니고 있지 않았다. 따라서 그들에게는 체제변혁적인 민주화만이 무엇보다 노동문제 해결의 관건으로 비칠 수밖에 없었다. 이런 면에서 '선민주'로 기울기가 보다 용이했으리라.

둘째, 라쌀레주의자들은 부르주아 계급을 철저히 배척함으로써, 민족통일 또한 순수히 프롤레타리아 계급 자체의 힘으로 달성해야만 하고 또 그럴 수도 있다고 확신하고 있었던 것 같아 보인다. 따라서 그들이 계속 계급투쟁적 속성을 견지할 수밖에 없었음은 자명한 일이었다. 사실 그들은 실질적 권능을 독점하고 있는 기존 프러시아 체제를 통해 실질적으로 미약한 노동자 계급의 기존 역량을 보완받고자 했던 것으로 판단된다.

반면에 베벨·리프크네히트 노선은 기존 노동운동 세력의 힘의 한계를 잘 깨닫고 있긴 했지만, 그것을 메우기 위해 무엇보다 부르주아 계급과의 연대를 옹호하는 쪽이었다. 자유주의적 부르주아 계급 역시 자신들의 기반 확장을 위해, 노동자들을 자기 쪽으로 끌어들이고자 노력하는 쪽이었다. 하지만 그들은 무엇보다 노동자들의 정치화·의식화를 저지하기 위해, 교육과 계몽을 통해 어찌 해서라도 노동자들을 자신의 영향권하에 묶어두고자 공들이는 편이었다. 양대 세력 간의 이러한 일시적인 이해관계의 합치가 바로 베벨과 리프크네히트의 운동전략을 생성시킨 토대로 작용한 것이었다. 어쨌든 이들의 성향은 부르주아 계급과의 연대를 기반으로 한 아래로부터의 민주적 혁명 가능성을 우선적으로 신봉하는 쪽이었던 것이다.

셋째, 라쌀레주의자들의 지지기반은 주로 프러시아나 프러시아의 직접 통치하에 놓여 있는 지역에 국한되어 있었다. 하지만 이 지역은 민주화의 체험이 지극히 빈약한, 대체로 전제적 통치형태가 지배적인 곳이기도 하였다. 따라서 이곳은 진보적 민주화운동을 추진하는 부르주아 계급 내의 괄목할 만한 세력이 거의 존재하지 않는, 보수·반동적 전통이 지배적으로 짙게 깔려 있는 지역이었던 것이다. 구체적으로 말해, 통일 주도세력은 존재하나 민주화 추진세력이 실질적으로 허약한 곳이었던 탓에, 라쌀레주의자들은 민족통일보다는 민주화 과정이 보다 더 장구한 시일을 요할지 모른다는 현실정치적인 판단을 내리게 되었고, 결국엔 '선통일'을 주창했던 것으로 추정된다.

반면에 베벨·리프크네히트 노선의 지지기반은 대체로 프랑스 혁명과 나폴레옹의 직접적인 영향을 받은 덕에 자유와 민주화의 체험 그리고 그에 따른 부르주아 계급의 정치적 성장 및 영향력 행사가 비교적 용이했던 중·남서부 독일 쪽에 편중해 있었다. 그리하여 이들에게는 프러시아에 대한 전통적인 적개심과 더불어 민주화가 그렇게 요원한 목표처럼 보이지는 않았던 것처럼 여겨진다. 이런 상황에서 그들은 '선민주'를 내세운 것이다.

하지만 이러한 사회민주주의 노동운동권의 누적된 기대와 소신은 결국엔 물거품이 되고 말았다. 독일은 기어코 '위로부터의 혁명'을 통해 민족통일을 달성하게 된 것이다.

독일의 장구한 민족적 전통이나 역사적 특수성을 고려할 때, 이러한 방식의 민족국가 건설 방식이 그리 놀라운 일이 되지는 못하리라 짐작된다. 하기야 독일은 '아래로부터의 혁명'을 한 번도 성공시켜 본 적이 없지 않은가.

1840년대 말 젊은 엥겔스는, "독일인들이 민족의 이해관계와 진보의 이해가 마주치는 곳에서는 결코 민족적이지 않았다. 하지만 민족이 진보를 거역했던 곳에서는 언제나 민족적이었다"고 갈파하며, 독일민족의 내면적 모순구조를 예리하게 도려내 보여주기도 한 적이 있을 정도였다(Engels, MEW 4, 516f). 독일민족의 민족적 각성과 결속이 항상 진보를 거역하는 역사적 반동으로 기능해왔다는 엥겔스의 이러한 날카로운 지적은 사실 그가 죽고 난 후 오히려 더욱더 찬연하게 입증된 셈이다. 두말할 나위도 없이 나치즘이 그 대표적인 사례 아니겠는가.

이렇게 보면 독일 민족주의의 반동의 역사적 근원은 어쩌면 그 생성기로까지 가닿게 될지 모를 일이다. 그 기형적 난산 및 그것을 가능케 했던 독일적 상황의 특수성은 과연 어떠한 것이었으며, 나아가 그것은 여타 다른 서유럽의 '선진적' 민족주의와 어떠한 차이를 보여주고 있는가?

예컨대 영국과 프랑스 등이 단일 통일국가를 수립하고 수차례에 걸친 부르주아혁명을 정력적으로 수행해나감으로써 봉건적 질곡과 장벽을 해체시켜나가는 동안, 독일은 현실의 모순을 외면한 채 현실과 유리된 '낭만적 꿈' 속에 안주하고 있기만 한 편이었다. 예컨대 '대표적인 서정시인'으로 알려진 하인리히 하이네(Heinrich Heine)[68]조차 이러한 독일적 상황을 통탄하며, "영국은 바다를 지배하고, 프랑스는 육지를 지배하고 있다. 그러나 독일은 하늘을 지배한다"고 일갈한 적이 있을 정도였다. 물론 비행기가 있을 리 만무했던 시절 이미 '하늘'을 지배하고 있던 독일 민족의 치명적인 관념성은, 실질적인 투쟁을 통하여 민족적 단합과 자본주의적 생산관계의 확대를 굳세게 추진해나가던 영국과 프랑스의 현실적 진취성을 도외시하도록 만드는 결과를 자초하게끔 되었다. 그런 탓에 마르크스까지 나서서 심지어 "독일적 상황에 전쟁을!" 선포하면서, "독일인은 다른 민족이 '실행한' 것을 정치학 속에서 '사색하기만' 한다"고 개탄하기까지 하였다(Marx, MEW 1, 380-385).

그런데 독일의 실상은 과연 어떠했을까?

민족적 통일국가가 부재함으로써 독일은 자본주의적 발전을 심각히 저해당하였다. 따라서 부르주아 계급이 제대로 성장하기 힘들었

68 그는 법학박사 학위까지 취득하였으며, 우리에게도 잘 알려진 「로렐라이」니 「노래의 날개 위에」 등이 수록된 시집 『노래의 책』을 발표하기도 하였다. 그러나 사실 그가 일생에 걸친 저술활동의 소재로 삼았던 것은 민중의 해방 같은 시대의 문제들이었다. 한편 하이네는 자신을 포함한 진보적 지식인들에 대한 탄압이 거세지자 1831년 파리로 망명을 감행하기도 한다. 그 이후 1840년대에는 마르크스와 친교를 맺기도 한 적이 있을 정도였다.

고, 이는 다시 민족국가 형성을 지연시켰으며, 이는 또다시 부르주아 계급의 성장을 방해하였다. 그야말로 악순환의 순환이었던 것이다.

결과적으로 봉건적 유습의 철폐는 지연될 수밖에 없었다. 그러나 프랑스 대혁명과 나폴레옹 전쟁의 여파는 독일민족의 민족적 각성을 혁명적으로 촉발시켰다. 결과적으로 개인주의적 자유주의 정신에 기초한 세계동포주의적 민족자결 이념 및 나폴레옹에 의한 민족적 군주의식은 아직도 후진적인 독일민족의 민족의식 고양에 지대한 충격을 가하게 되었다.

그때까지 수십 개의 소국가로 분열되었던 독일민족은 19세기 초부터 민족의식에 눈뜨기 시작하며, 민족통일을 강력하게 추진하기 시작한다. 자본주의 발전에 결정적인 장애요인이 되었던 관세·화폐·도량형·조세제도 등의 소국가별 차이, 통일된 단일시장의 부재, 대단위 교통망 형성의 난관, 지역별 노동분업 및 통합된 교육정책의 불비 등등은, 다시 말해 부르주아 계급의 강력한 국내적 경제기반 조성과 해외진출을 지원할 수 있는 통일된 민족국가의 부재는, 독일 후진성의 근본원인으로 작용하였다.

이런 면에서, 독일에서 성립한 민족관념은 영·불의 그것과 상이할 수밖에 없었다. 결국 합리적이고 주관적인 제반 원칙들에서 이탈한, 신비적이고 관념적인 '민족정신'에 대한 호소로 귀착하게 되었다. 다른 말로 하면, 소국가로 분열해 있는 전체 민족을 그래도 하나로 통합시킬 수 있는, 객관적이고 공통적인 요소에 대한 강조에 그 역점이 놓일 수밖에 없었다는 말이다. 이는 자연히 문화·언어·혈연·풍습·전통 등, 복고적 공통성에 집착하는 쪽으로 흘러가게 된 것이다. 왜냐하면 객관적으로 합의될 수 있는 바로 이러한 공통요소를 고양함으로써만이, 소국가적 분열을 관념적으로나마 극복하는 통일적인 힘을 확보할 수 있었기 때문이다.

하지만 이러한 민족관념에 기초한 독일의 민족주의는 자연스럽게 복고적·정서적·비합리적·낭만적·집단주의적 성향을 띠게 되었다. 동시에 자민족의 역사적 소명의식 및 문화적 우월감에 심취함으로써, 문화적으로 후진적이라 인식되는 주위 약소민족의 민족적 자결권과 존엄성을 무시·억압하는 팽창주의적 문화 제국주의로 발전할 위험성 또한 외면하기 힘든 수준이었다. 바로 19세기 이후의 독일민족사는 바로 이러한 부정적 측면이 적잖게 표출되었던 역사적 체험을 보여준다고 말할 수 있을 것 같다.

하지만 무엇보다 경제적 후진성을 극복하기 위해 민족국가적 통일과 민족적 내부 결속이 필수적으로 요망되는 시기에, 그를 구현할 수 있는 유일한 세력으로 부상한 것은 안타깝게도 구시대적 귀족계급과 군부였다. 그러나 민족문제 해결을 독점하게 된 이 집단은 자연스럽게 강권국가 체제를 지향하였다. 하지만 이 강권국가 이념은 이미 19세기 중반 이래로 정의롭고 민주적인 사회질서 및 그 정치적 실현에 대한 기대와 희망을 압살하기 시작한다. 그것은 바야흐로 비스마르크에 의해 현실정치적으로 집대성되게 되었던 것이다. 이러한 강권국가적 정치체제는 대체로 준군사적이고 위계적인 사회규범 및 사회적 명령·복종 원칙에 기초할 수밖에 없었던 탓에, 결국엔 사회정의나 자유의 원칙을 필연적으로 억누르게 되는 치명적인 사회구조를 야기할 수밖에 없게 되었다.

이처럼 결핍된 민주주의의 필연적인 소산인 문화적 민족관념과 강권국가 이념은 줄곧 사회의 민주화에 역행해왔다. 그럼에도 그것은 완강하게 독일민족사의 기본 추동력으로 기능해온 것이다. 하지만 이 두 이념이 결과적으로 민주적 시민혁명의 부재로 말미암아 배태된 것임에도 불구하고, 역설적이게도 지속적으로 시민혁명을 왜곡하고 지연시키는 왜곡된 억제력으로 성장해간 불구적인 특성을 내장하고 있었던 것이다. 히틀러의 나치즘이 그 자연스러운 유산이었던 셈이다.

이러한 독일의 민족사적 특수성을 염두에 둔다면, 우리는 독일의 민족주의가 민족을 주로 '합리적인 의지 통일체'로 간주해온 서유럽식 민족주의와는 대립적인 속성을 지니고 있음을 손쉽게 간파할 수 있게 되리라 짐작된다. 뿐만 아니라 독일민족이 민족적 '자결'을 민족 내부의 자결, 즉 사회의 민주화로 인식하기는커녕, 주로 '대외정치적 자립과 독립'으로 이해하는 경향을 지니고 있음도 쉽게 간파할 수 있을 터이다. 바로 이 지점에서, 독일에서는 왜 "민족주의와 민주주의의 서유럽적 합일"이 이루어지지 못했던가 하는 의문의 한 가닥이 어렵지 않게 풀릴 수 있으리라 여겨진다(Sauer 1970, 408-409).

이런 면에서, "독일제국이 건설되었을 때, 독일인민은 '민족'이 될 수 없었다"는 주장에 설득력이 생긴다. 다른 말로 하면, 독일통일은 "민족의 산물"이 아니라, "민족 자체가 폭력적인 국가적 팽창의 산물"이었다는 말이 된다. 그에 따라 독일에서는 전통적 보수세력 및 '민족적' 자유주의 세력의 민족국가 개념, 요컨대 "독일제국의 권력정치적 보전 및 팽창 수행에 적합한, 그리하여 군주적 원칙을 국가적 권력 및 팽창 이념과 결합시키며 외부를 향해 정조준되어 있는 민족사상"이 지배적일 수밖에 없게 된 것이다(Schieder 1961, 12).

어쨌든 부르주아 계급이 보수적 융커 계급과 야합함으로써 반(半)봉건적 지배구조의 타파 희망을 오랫동안 짓눌러버리는 동안, 카이저와 군부는 항상 민족의 상징으로 각인되어 왔다. 종내 '국가 유지적', 그리고 '국가 거부적' 계급 및 당파로의 '민족의 분열'은 바로 이러한 부르주아 계급과 융커 계급의 동맹의 필연적 '대가'였던 것이다.

결과적으로 '융커의 자유화' 대신에 '부르주아 계급의 봉건화', 그리고 '국가의 사회화' 대신에 '사회의 국가화'가 촉진되는 흑역사가 만들어지게끔 되어버린 것이다.

그리하여 새롭게 건설된 독일제국의 반동적 지배구조에 저항하는 집단들, 특히 사회민주주의 노동운동권은 '국가 적대적·반민족적 적'(敵)으로 낙인찍힐 수밖에 없었다. 이와 같이 독일민족은 바야흐로 이들 사회주의적 "조국 없는 무리"(vaterlandslose Gesellen)와 민족정서를 '독점'해버린 상층 보수계급으로 분열되어 갔다. 바로 이러한 '조국 없는 무리'에 의한 정치적 '저항의 독점'과 상층 보수계급에 의한 '민족정서의 독점', 이것이이야말로 독일 상황의 비극적인 특수성, 그 자체였던 것이다.

이러한 굴곡진 역사적 현실을 마주하며, 어찌 독일 사회민주주의 노동운동권이 무응답으로 일관할 수 있었을까.

민족감정에 대한 호소가 권력유지를 위한 지극히 효율적인 이데올로기 수단임이 입증되었을 뿐만 아니라, 특히 군사력에 의거하는 새 통일제국이 단지 융커 및 부르주아 계급의 이해관계만을 대변하고 있음이 명백해지자, 독일 노동운동권이 이 새로운 민족국가와 스스로를 결코 일체화시킬 수 없었음은 자명한 이치였다. 결국 현존 자본주의적 지배질서에 대한 철저하고도 완강한 투쟁만이 정책적 지상명령으로 부각될 수밖에 없었던 것이다.

그러나 이러한 투쟁 자세는 독일 노동운동의 역사적 발전 과정에서 볼 때 그리 호의적으로 작용하지만은 않았던 것처럼 보인다. 결국엔 모순적인 결과를 초래하게 된 것이다. 한편으로는, 과격하고 혁명적인 구호 및 온건하고 개량적인 실천이 공생하는 이론과 실천의 심각한 괴리를, 반면에 다른 한편으로는, 사회 속에서의 노동운동의 철저한 소외 및 자기소외를 야기하고 말았던 것이다.

하지만 이 두 개의 모순이 실은 독일 사회민주주의 노동운동권이 기형적으로 발전해나가도록 이끄는 데 결정적으로 작용하게 되었다. 전통적인 보수반동계급의 주도로 이루어진 민족통일은 결과적으로 사회민주주의 노동운동권의 모순적인 전개를 친절히 배려하는 음습한 터전을 마련해준 셈이 된 것이다.

그런데 여기서 우리가 주목해야 할 것은 이 와중에 '사회민주주의'와 '민주사회주의' 개념이 병행적으로 통용된 탓에 부분적으로 혼란이 초래되기도 했다는 점이다. 이런 면에서 양자 간의 적절한 비교·분석이 필요해 보인다. 나아가서는 오늘날, 특히 동유럽 공산권 몰락 이후, 이 세계를 주도하고 있는 지배적인 정치이념이 이러한 사회민주주의 그리고 자유민주주의 둘이라 할 수 있을 터이다. 이 측면에도 역시 주목할 필요가 있으리라 여겨진다. 양자 간의 간략한 비교·분석 또한 현 세계질서의 균형 잡인 이해를 위해 나름 유의미한 길잡이 노릇을 해주지 않을까 짐작되기도 한다. 이런 취지에서, 지금부터는 이 두 부분에 대한 간략한 정리를 덧붙여볼까 한다.

III. 사회민주주의와 민주사회주의

지금까지 살펴본 바와 같이, 사회민주주의는 프랑스에서 처음으로 정치적 민주주의와 사회적 개혁을 촉구하는 쁘띠부르주아적 민주주의 좌파의 저항이념으로 닻을 올렸다. 독일로 전파되어서는, 인민 자치를 위한 보통선거권 쟁취 및 노동자 계급의 사회적 해방을 목표로 하는 개량주의적 노동운동권의 사회주의 이념으로 정착하게 된다. 그 와중에 숙명적으로 마르크스·엥겔스의 직접적인 세례를 받으며, 심화 또는 변이 과정을 겪으며 일정한 난맥상을 드러내 보여주기도 한다. 하지만 사회민주주의는 독일 역사의 특성을 반영해가며 독일 특유의 이념체계로 뿌리내리기 시작한다. 그 와중에 일정한 분란과 소요를 겪으며 다양한 속성을 드러내면서 발전해나가게 된다.

독일 사회민주주의는 예컨대 마르크스주의를 본격적으로 수용하기 시작하는 1890년대를 전후해서는, 한편으로는 혁명적 마르크스주의와 동일시되기도 하였고, 또 다른 한편으로는, 줄곧 전통적인 개량적 사회주의로 인식되기도 하였다. 이러한 현상은 물론 상이한 두 조류가 한 울타리 안에 나란히 공존할 수밖에 없었던 독일 사회민주주의 발전 과정의 특수성에 기인하는 것이라 할 수 있을 것이다.

이렇게 볼 때, 1차 세계대전은 독일 사회민주주의로 하여금 마르크스주의에 대한 라쌀레주의의 궁극적인 승리를 공인토록 압박하는 결정적인 계기로 작용하였다고 말할 수 있으리라 여겨진다. 결과적으로 혁명적 마르크스주의자는 사회민주주의와 결별하면서 공산주의자로 이름을 뜯어고치고, 반면에 사회민주주의자는 그 본래의 정신으로 되돌아가 사회적 개량주의자로 직함을 굳히게 된다.

그렇다면 2차 세계대전 이후 본격적으로 발전하기 시작한 '새로운' 사회민주주의는 자신의 이론적 토대를 과연 어디에 구축하게 되었을까.

'민주사회주의' 개념이 대체 언제, 어떻게 유래하게 되었는가 하는 것을 명확히 밝혀내는 것은 지극히 힘든 일인 듯하다. 예컨대 토마스 마이어에 의할 것 같으면, 2차 세계대전, 심지어는 이미 1914년 이전에도 여기저기서 이 개념이 활용된 흔적을 발견할 수는 있다. 하지만 오늘날의 민주사회주의 이념과의 역사적 연관성 속에서가 아니라,

단지 '사회주의'의 '민주적' 특성을 강조하기 위한 필요성에서 이 개념을 활용한 경우가 대부분이었다 한다.[69]

그러나 역사적으로 볼 때, 민주사회주의에 대한 개념화 작업은 대체로 독일 사회민주주의 내부에서 꾸준히 이루어져왔고,[70] 그것은 대략 라쌀레(Lassalle), 베른슈타인(Bernstein), 카우츠키(Kautsky) 등의 이름과 결부되어 있다. 대저 이들은 오늘날 일반적으로 논의되는 민주사회주의 개념 형성에 중요한 이론적 틀을 제공한 인물들로 간주되고 있는 편이기도 하다.

다시 한 번 더 간략히 되풀이한다면, 라쌀레는 보통선거권 및 국가의 재정 지원에 의한 생산조합 건설을 통해 노동운동이 평화적으로 사회주의에 도달할 수 있으리라 믿었다. 그는 헤겔(Hegel)과 마찬가지로, 국가를 절대적·초계급적 존재로 인식하였다. 따라서 오직 부르주아지의 특수한 계급적 이해관계만을 위해 봉사한다고 인식되는 자유주의적 "야경국가"(Nachtwächterstaat)[71]를 신랄한 비판의 표적으로

69 마이어(Meyer)는 이 '민주사회주의' 개념이 이미 1888년 영국의 버나드 쇼(G.B. Shaw)에 의해 "민주·사회주의적 개량주의"라는 의미로 사용된 적이 있었고, 1890년대에는 또 다른 맥락에서 베른슈타인이 여러 차례 이 민주사회주의에 대해 언급하였다고 한다. 그리고 1차 대전 이후에는 "의도적으로 이 개념을 활용함으로써 이 개념의 정착"에 기여한 인물로 힐퍼딩(R. Hilferding)을 꼽기도 하였다. 이에 대해서는, Meyer(1977, 133, 각주 17)을 참고할 것.

70 오이히너(W. Euchner)는 무엇보다 독일 사회민주주의 내부의 논쟁에서 이 '민주사회주의' 개념이 관철될 수 있는 최대의 기회가 주어져 있었다고 주장한다. 그에 따르면, 이미 1차 대전 전 특히 개량주의적이고 수정주의적인 경향의 이론가들이 포진하고 있던 잡지인 『사회주의 월보』(*Sozialistische Monatshefte*)를 중심으로 다양한 민주사회주의의 개념화 작업들이, 예컨대 '국가사회주의'(Staatssozialismus), '공동체 사회주의'(Gemeindesozialismus), 조합운동, 임금협상을 비롯한 다양한 노동관계(Arbeitsbeziehungen) 규제 등과의 관련성 속에서 이루어졌던 것 같다. 그리고 오이히너는 이러한 노력들이 실은 민주사회주의 개념 구축의 초석이 되었다고 밝히고 있다. 이에 대해서는, Euchner(1992), 특히 pp. 58-64를 볼 것.

삼을 수밖에 없었음은 지당한 이치였다. 그는 국가가 "자유를 위해 인류의 발전을 완성시키는" 기능을 가지고 있기 때문에, 그것이 "빈곤한 계급의 대결사체"가 될 때라야만 비로소 그 본래의 사명을 다할 수 있다고 보았다. 나아가 라쌀레는 "국가의 도움 어린 손길을 통하여 자유로운 개개 노동자 조합체를 장려하고 발전시키는 것"만이 노동자들의 생활수준을 최저생활로 떨어뜨리는 무자비한 "임금철칙"(ehernes Lohngesetz)을 극복할 수 있는 유일한 길이라 역설하였다.[72] 그리고 무엇보다 보통선거권은 "노동자 계급의 물질적 상태를 개선시켜줄 수 있는 유일한 수단"으로서, 노동자 계급에게는 "생존문제"와 다를 바 없는 것이라 강조하기도 하였다(Lassalle 1970b, 188-194). 바로 이러한 보통선거권을 토대로 하여 기존의 부르주아 국가를 노동자의 국가로 환원시킬 수 있으리라 믿어 의심치 않았던 것이다.

한마디로 라쌀레의 기본목표는 국가를 통한 사회문제 해결이었다. 이러한 입장은 노동운동권으로 하여금 큰 무리 없이 기존의 국가체제 및 사회질서와 화합할 수 있도록 조장하는 통로 구실을 하기도 한 것이라 평가할 수 있을 것이다. 그러므로 라쌀레주의자들이 의회주의적이고 개량주의적인 경향을 굳혀 나간 것 역시 어찌 보면 지극히 자연스러운 사태 진전이라 할 수 있을 정도다. 이런 의미에서, 그보다 거의 반세기 후에 맹활약했던 베른슈타인을 독점자본주의 시대의 라쌀레라 불러도 무방하리라 판단된다. 그렇다면 사회민주주의에 대해 베른슈타인은 어느 정도나 이념적으로 영향을 끼쳤을까?

71 Lassalle(1970a, 55). 라쌀레는 여기서 처음으로 "야경국가" 개념을 창안하여 활용한 것으로 알려져 있다.

72 Lassalle(1970a, 56-57); Lassalle(1970b, 194, 199-201). "임금철칙설"에 대해서는 Lassalle(1970b, 181)를 볼 것.

오늘날 사회민주주의 또는 민주사회주의는 본질적으로 민주주의를 수단이자 동시에 목표로 간주하면서, 사회주의와 민주주의 간의 불가분의 상호관계를 역설하는 이념체계라 할 수 있다.

이러한 본질의 밑바탕에는 명백히 베른슈타인의 수정주의적 신념이 짙게 배어 있다고 말할 수 있을 것이다. 그는 민주주의를 "사회주의를 쟁취하기 위한 투쟁에서 수단이며, 동시에 사회주의가 일단 실현되면 그것이 수용할 형태"라 주장한다. 요컨대 민주주의는 그에게 사회주의의 "수단이자, 동시에 최종목표"였던 것이다(Bernstein 1977, 178).

민주주의에 대한 베른슈타인의 이러한 집념은 사회주의를 바라보는 그의 독특한 시각과 불가분의 상호관계를 맺고 있다. 그는 사회주의를 "세계사적 운동"으로서 자유주의의 역사적·정신적 "정통 계승자"라 단언한다(Bernstein 1977, 184). 말하자면 사회주의란 자유주의가 이룩해 놓은 바람직한 가치들을 이어받아, 그것을 새로운 시대에 걸맞게 승화시켜나가야 할 역사적 사명을 지니고 있는 이념이란 말이 되겠다. 따라서 사회주의의 개념 역시 새롭게 규명되지 않으면 안 되게끔 되었다.

베른슈타인은 사회주의의 어원을 '사회'(Gesellschaft)를 의미하는 불분명한 소시에타스(societas)의 개념으로부터가 아니라, 보다 명백한 '동아리'(Genosse) 또는 '동아리관계'(Genossenschaft)를 뜻하는 "소시우스"(socius)로부터 이끌어내야 마땅하다고 주장한다. 이런 취지에서, 사회주의는 "동아리의식 및 동아리관계성을 쟁취하기 위한 운동"(Bewegung zur Genossenschaftlichkeit)이라 규정되어지는 것이다(Bernstein 1976b, 65).

여기서 '소시우스'(socius)는 "동등한 권리를 지닌 소속원 또는 조합원"(gleichberechtigter Teilhaber)을 일컬으며, 게노쎈샤프트(Genossenschaft)는 '동아리적 관계 또는 연대성'을 뜻하는 사회주의와 관련된 "법원칙"(Rechtsprinzip), 즉 민주주의를 가리킨다(Bernstein 1976b, 83). 이를 통해 우리는 베른슈타인이 사회주의를 특정 사회의 구성원 모두로 하여금 동등한 법률적 권리와 동아리적 연대감을 향유토록 만드는 민주주의 실현운동, 그리고 민주주의 이론 및 체제를 의미하는 것으로 이해하고 있었다는 것을 미루어 짐작할 수 있다. 요컨대 "공속감 또는 동류의식"(Gemeinsamkeitsgefühl) 및 "인간 상호 간의 사회적 결속성"(Verbundenheit der Menschen als Gesellschaft)이야말로 사회주의 이념의 본질에 속하는 것으로 인식되어진 것이다(Bernstein 1976a, 157). 한마디로 베른슈타인에게는 사회구성원 상호 간의 "연대"(Solidarität)를 어떻게 확보할 것인가 하는 문제가 사회주의적 문제의식의 초점으로 떠오른 셈이었다.

이런 취지에서, 베른슈타인의 사회주의관을 대략 다음과 같이 요약할 수 있으리라 여겨진다.

사회주의는 여러 개인 및 집단들의 특수 이해관계를 제거하고 보편적 이해관계를 확립하기 위한 이념이다. 따라서 사회주의는 전 계급의 공통 이해관계로부터 출발한다.

노동자는 계급의 총체성 속에서는 진보에 거스르는 이해관계를 가질 수 없다. 나아가 노동자 계급은 생산과 교류, 모든 분야에 걸쳐 사회적 진보에 최대의 관심을 기울일 수밖에 없는 존재다. 따라서 그들은 소유에 대한 특수 이해관계에 적대적이다. 그러므로 노동자 계급은 사회주의 이념의 필연적 담지자일 수밖에 없는 것이다.

라쌀레와 마찬가지로 베른슈타인 역시 "보편성에 대한 헌신" 속에서 노동자 계급의 사회적 윤리를 찾아낸다. 그러나 주목할 만한 측면은 베른슈타인이 노동자들에 대해 무조건적인 환상을 지니고 있지는 않았다는 점이다. 노동자들은 여러 공장과 기업체 등에 흩어져서 노동을 영위해나가기 때문에, 때때로 그들의 이해가 충돌할 수밖에 없음은 불가피한 일이다. 이러한 관점에 입각해서 베른슈타인은 보편적 이해관계를 결속시키는 '연대'가 필수적으로 뒤따르지 않으면 안 되리라 역설한 것이다. 그러나 연대는 "정치투쟁을 통해 국가 속에서"(강조는 필자) 비로소 구현될 수 있고, 그리고 이러한 정치투쟁은 민주주의를 통해서만 최대의 성공 가능성을 보장받을 수 있다고 강조한다. 나아가 그는 "일체의 계급적 특권을 제거하는 것"이야말로 한마디로 노동자 계급의 "정치적 기본권"이라 단언한다. 그렇기 때문에 모든 사회계급 가운데 유일하게 노동자 계급만이 가장 단호한 민주주의 지지자로 등장할 수밖에 없게 된다. 이런 의미에서 민주주의야말로 노동자 계급의 가장 자연스러운 정치적 수단이자 목표일 수밖에 없게 되는 것이다(Bernstein 1976a, 155-158).

여기서도 명백히 드러나듯이, 베른슈타인은 노동자 계급·사회주의·민주주의·국가를 끊으려야 결코 끊어낼 수 없는 하나의 견고한 고리로 상호 밀착된 단위로 이해하고 있다.

기본적으로 그는 '강제적 공동체'(Zwangsgenossenschaft)라 부를 수 있는 국가의 역할을 줄곧 긍정적으로 평가한다. 그러므로 그는 노동자가 "국가 일반"에 대해 반대하는 것이 아니라, "특정한 형태"의 국가만을 거부한다고 줄기차게 주장하는 것이다. 라쌀레와 마찬가지로 베른슈타인 역시, 민족구성원 대다수를 포괄할 뿐만 아니라 광범위한 공통적 이해관계를 수호하도록 소명 지어진 노동자 계급 및 국가가 공동의 토대 위에 설 수밖에 없음은 너무나 자명한 이치라 확신하고 있다(Bernstein 1976a, 157). 따라서 노동자의 정치투쟁은 '국가를 거부함으로써'가 아니라 '국가 속에서', 즉 기존 사회질서의 울타리 안에서 전개되지 않으면 안 되는 것으로 인식될 수밖에 없게 되는 것이다.

다른 한편 베른슈타인은 민주주의를 "모든 계급적 특권의 지양"으로 간주한다. 그리고 동시에 노동대중의 투쟁 영역을 기존 국가 내로 한정하고 있다. 따라서 그는 민주주의가 관철되어야 할 기본 범주와 영역을 대단히 광범위하게 설정하게끔 되었다. 그리하여 민주주의를 정치·법률적 차원뿐만 아니라, 기업·교육·예술 분야 등등 그야말로 모든 사회제도와 사회조직들에까지 속속들이 파고들지 않으면 안 되는 가치로 이해하게 된 것이다. 이런 취지에서, 노동대중은 당과 계급으로서의 모든 노동자 조직을 총동원하여 경제투쟁을 전개해나감은 물론, 전면적인 반자본주의 투쟁으로 나아가지 않으면 안 되도록 각인되는 것이다. 이를테면 베른슈타인은 한편으로는, 사회주의 투쟁 공간을 국가의 기본 틀 안에 국한시키는 체제 수용적 자세를 견지하면서, 다른 한편으로는, 노동자 계급의 보편적 이해관계에 입각하여 국가의 모든 영역과 범주에 걸쳐 근원적이고도 철저한 민주화를 강력히 도모하는 체제 저항적 태세를 동시에 고수하고 있다고 말할 수 있는 것이다.

이런 의미에서, 베른슈타인은 사회주의를 "모든 계급적 차이의 제거와 사회에 의한 모든 경제생활의 계획적 통제"를 목표로 하여, "모든 영역에서의 사회적 개혁"을 추구하는 "노동자의 계급운동"으로 인식하고 있다. 그러나 사회주의는 결코 "거대한 결전(決戰)의 결과"로서, 다시 말해 일회성 혁명적 폭발을 통해서가 아니라, 노동자 계급의 끈기 있는 "사회적 영향력 증대" 및 그들에 의해 꾸준히 쟁취된 모든 부문에서의 "상대적인 개선"을 통해 비로소 실현될 수 있는 가치라 역설하는 것이다(Bernstein 1976a, 164, 166).

이러한 관점에 입각하여 베른슈타인은 혁명을 통한 기존 사회질서의 돌발적인 변혁 대신에, "파국으로부터 자유로운" 사회주의 사회로의 평화적이고 점진적인 이행을 선호할 수밖에 없었다. 따라서 그는 "사회주의에로의 사회의 성장 진입"(Hineinwachsen der Gesellschaft in den Sozialismus), 다시 말해 사회의 각 부문 및 조직의 꾸준한 민주적 성장을 통한 사회주의의 점진적 구현을 꿈꾸게 되었던 것이다. 이른바 "최종목표"(Endziel)와 "운동"(Bewegung) 간의 상호 관련성에 관한 그의 유명한 진술도 바로 이러한 기본신념에서 비롯하는 것이라 할 수 있다. 그는 이렇게 외친다.

> 나는 흔히 말하는 "사회주의의 최종목표"에 대해 전혀 의미를 부여하지 않으며, 아무런 관심도 갖고 있지 않음을 솔직히 고백한다. 이 목표는, 그것이 무엇이든지간에, 무(無)다. 그리고 운동만이 전부다. 운동은 사회의 일반적인 운동, 즉 사회적 진보와 이 진보를 기약하는 정치·경제적 선전과 조직을 의미하는 것이다(Bernstein 1978, 389).

베른슈타인이 특히 '최종목표'와 '운동'을 이처럼 극단적으로 대비하는 이유는 무엇보다 필연적인 자본주의의 붕괴 및 사회주의의 도래, 즉 최종목표만을 주문처럼 읊조리며 그날이 오기만을 하염없이 무작정 기다리기만 하면서, 실제로는 그것을 실현시키기 위해 어떠한 노력도 기울이지 않는 또는 못하는 카우츠키를 중심으로 하는 독일 사민당 지도부의 무기력과 무능함을 매섭게 공격하기 위해서였던 것이라 할 수 있다. 물론 이 경우 베른슈타인이 말하는 '운동'이란 것은 기본적으로 개량적이고 점진적이고 평화적인 사회적 민주화 노력, 그 자체를 말한다. 그러나 바로 이 지점에서, 그의 수정주의가 지니는 문제점 역시 자연스레 드러나게 되는 것이다.

베른슈타인은 한편으로는, 자본주의의 탄력성과 적응력을 근본적으로 신봉한다. 그의 사회주의 투쟁전략은 바로 이러한 기본 판단에서 비롯하는 것이다. 그러나 그는 다른 한편으로는, 사회주의의 구현 또한 철저히 확신하고 있다.

하지만 자본주의의 강인한 저력이 강력히 관철되고 있다고 믿는 사회에서 기대하는 사회주의의 실현 가능성에 대한 전망은 과연 얼마나 호소력이 있는 것일까? 이 딜레마는 결국 사회주의의 도래를 무한한 미래 속으로 미루어버림으로써 겨우 해결의 실마리를 찾을 수밖에 없는 것은 아닐까? 이렇게 볼 때, 독일 사민당의 「고데스베르크 강령」이 역설하는 "사회주의는 지속적 과제"(dauernde Aufgabe)라는 선언이 결코 우연히 등장하게 된 것이 아님을 짐작하게 한다. 또한 사회민주주의 투쟁을 원칙적으로 점진적 수단과 방법에 한정시켰다는 것 역시 그 자연스러운 논리적 귀결이라 하지 않을 수 없을 듯하다.

뿐만 아니라 이 딜레마는 곧장 민주주의에 대한 인식에도 그대로 드러날 수밖에 없다. 왜냐하면 민주주의가 수단이자 곧 목표라 선언되었기 때문이다. '수단'으로서의 민주주의는 의회주의·개량주의·점진주의 등과 동의어이다. 다른 한편 '목표'로서의 민주주의는 계급특권의 제거, 모든 사회구성원의 동질성 확보 및 그에 기초한 인간적 결속의 성취와 직결된다. 가히 혁명적 목표에 평화적 수단이라 이를 만한 것이다. 선거의 무의미함뿐만이 아니라 그 무기력함까지도 훨씬 오래전 이미 나폴레옹 3세에 의해 입증되었음에도 불구하고, 베른슈타인이 제시할 수 있었던 거의 유일한 현실적 대안이 반(半)봉건적 관헌국가에서의 보통선거권 쟁취였다는 사실은 이러한 딜레마에 대한 지나치게 무기력한 대응이거나 낙관적인 체념 같은 것은 아니었을까?

원래 베른슈타인은 근본적으로 사회주의 '혁명'이 불필요할 뿐만 아니라 불가능하다는 소신을 지니고 있었다. '사회주의야말로 끊임없이 추구해야 할 영속적인 과제'라는 그의 기본인식으로부터, 그가 결국엔 부르주아 민주주의의 점진적 관철 및 그에 기초한 사회적 개혁을 통한 노동자 계급의 사회적 지위의 점진적인 향상을 마냥 기대하고만 있지 않았으랴 하는 추론을 손쉽게 도출할 수 있지는 않을까. 말하자면 그는 본질적으로 노동자 계급의 시민계급에로의 사회적 상승을 기대하였고, 나아가서는 모든 사회계급의 철폐가 아니라 내심으로는 사회계급 상호 간의 동등권 쟁취 정도를 지향했을 뿐이리라 추정할 수 있다는 말이다. 따라서 자본주의의 종식과 사회주의 혁명의 필연성 그리고 그를 통한 프롤레타리아 계급의 궁극적 승리를 선포하는 마르크스주의와 원천적으로 대립할 수밖에 없었음은 정해진 이치였다.

하지만(아니, 사실은 그렇기 때문에) 우리는 베른슈타인의 이런 이론적 구상들 속에는 훗날 국제적으로 틀이 잡혀가는 사회민주주의의 여러 이념적 기초들이 이미 튼튼히 똬리를 틀고 앉아 있음을 손쉽게 발견할 수 있게 된다. 사회주의와 민주주의의 일체성 강조, 자유주의적 유산의 적극적 수용, 사회 각 분야의 민주화 및 사회구성원 상호 간의 인간적 연대 촉진, 의회주의 및 개량주의 수호 등등의 사상적 편린들은 바로 오늘날 민주사회주의의 주춧돌로 기능하고 있는 것들이 아닌가.

카우츠키의 후기 저작에 나타나는 여러 수정주의적 경향 또한 민주사회주의 개념 형성에 일정하게 기여한 것으로 평가할 수 있으리라 여겨진다.

실천적 개량성과 이론적 혁명성이라는 카우츠키의 내면적 이중성은 한편으로는 독일 사회민주주의의 통합에 기여한 측면도 있긴 하였지만,[73] 다른 한편으로는 스스로의 정치적 불능증의 근본원인으로 작용하기도 하였다.[74] 그러나 1차 세계대전을 경과하며 바야흐로 '이론과 실천의 합일'이 획기적으로 이루어지게 되면서 가까스로 이러한 이중성에서 벗어나는 기록적인 계기를 맞게 된다.

한때 카우츠키는 유럽의 프롤레타리아트를 향하여 혁명적 권력 탈취를 위한 결정적 시기가 임박했음을 숨 가쁘게 외쳐대기도 하였다(Fülberth 1972, 111).

반면에 볼셰비키 혁명으로 말미암아 바야흐로 전 유럽의 프롤레타리아트가 사회주의 혁명의 열기에 휩싸여 있던 1918년에는, 사실상 그것을 냉각시키는 과업을 자진해서 떠맡기도 하였다. 이제는 민주주의를 평소와 달리 부르주아적 관행대로 "다수의 지배"와 동일시하며, "보통, 평등, 직접, 비밀 선거권"과 직결시키기도 하였다(Kautsky 1919b, 15; 1919a, 46). 뿐만 아니라 급기야는 이렇게 이해된 민주주의를 또다시 사회주의와 불가분의 상호관계로 결속시키는 게 아닌가. 그는 이렇게 쓰고 있다. "민주주의 없는 사회주의는 상상할 수 없다. 현대적 사회주의란 생산의 사회적 조직뿐만 아니라 사회의 민주적 조직 또한 함께 포괄한다"(Kautsky 1919b, 5). 카우츠키는 이런 식으로 계급적 관점에서 이탈하면서, 전통적인 자유민주주의적 기본정신으로 회귀한 것이다. 이러한 논리에까지 이르게 되면, 이제 그와 베른슈타인의 이론적 차이는 거의 완전히 사라지게 되는 셈이다.

이와 같이 마르크스주의의 본질과 마르크스주의적 전술을 포기

73 이에 대해서는, Matthias(1957)를 참고할 것.

74 박호성(1989, 339-341) 참고.

한 카우츠키가 자연스레 가닿을 곳은 개량주의와 의회주의뿐이었다. 왜냐하면 '다수의 지배', 즉 민주주의는 선거를 통해서만 도달 가능한 것이었기 때문이다. 이러한 관점에서, '독재'란 바로 선거권의 박탈, 반대세력의 불법화, 언론 및 결사의 자유의 거부 등을 의미하는, 다시 말해 자유민주주의의 기본원칙을 결정적으로 저해하는 독소적이고, 반민주적인 통치형태로 부각되게 된 것이다. 이런 의미에서, 볼셰비키의 주된 죄악은 다름 아닌 바로 이러한 독재를 도입하고 수용한 것으로 나타날 수밖에 없게 되었다. 급기야 카우츠키는 "국가 노예제—이것이야말로 볼셰비키 공산주의의 최고정점"이라는 악의에 찬 결론에 다다르게 되었던 것이다(Kautsky 1921, 122).

러시아에서 마르크스주의자들이 그렇게 오랫동안 꿈꾸어오던 프롤레타리아트의 권력 장악이 극심한 난관 속에서나마 가까스로 힘겹게 이루어지던 숨 막히는 역사적 순간에, 카우츠키는 바로 이렇게 이해되어진 민주주의와 독재를 설파한 것이다. 바야흐로 이러한 몰골이 한때 '마르크스주의의 황제'로 추앙받으며 일세를 풍미하던 한 불세출의 급진적 사상가가 맞이한 임종이었다. 레닌은 이러한 카우츠키를 결코 용서할 수 없었다. 가차 없이 한마디로 "변절자"로 단죄해버렸던 것이다(Lenin, 1918, LW 28).

그러나 카우츠키의 이러한 입장이야말로 후일 스탈린식 사회주의 모델을 전체주의 시각으로 공격해댄 수많은 냉전적 이론경향의 원조라 할 수 있으리라. 이런 의미에서, 카우츠키는 러시아 혁명 이래 사회민주주의의 관행으로 고착화하기 시작한 반공주의에 이론적 기초를 제공한 인물로 평가될 수 있으리라 여겨진다.

지금까지 살펴본 사회민주주의의 이론적 기초를 통해 우리는 어느 정도 민주사회주의의 기본경향에 대해 가닥을 잡은 셈이라 할 수 있을 것 같다. 2차 대전 후 민주사회주의가 본격적인 정치이념으로 등장하면서 국제적으로나 개별 국가적 차원의 여러 강령들을 둘러싼 논쟁 과정에서, 민주사회주의의 기본노선과 목표 등에 대한 활발한 논의들이 꾸준히 이루어져왔음은 물론이다.

예컨대 무엇보다 자유주의 성향이 강한 사회주의를 선호했던 영국의 크로스랜드(Anthony Crosland)는 특히 1950-1960년대 민주사회주의자들에게 적잖은 영향을 끼친 바 있는 저술 『사회주의의 미래』를 통해, 민주사회주의의 본질을 "정치적 자유주의", "혼합경제", "복지국가", "케인즈식 경제운용", 그리고 "평등에 대한 신념" 등 다섯 가지로 정리한 적이 있긴 했다.[75] 하지만 민주사회주의는 무엇보다 수정주의 및 개량주의 등과도 깊은 연관성을 지닌 복합적인 속성의 이념유형인 탓에, 여기서는 무엇보다 그와 관련된 심오한 논쟁과 역사적 상흔을 오랫동안 체험하기도 한 독일의 사례를 현장검증해보는 것이 보다 유익하지 않을까 생각된다.

이런 취지에서, 일단 국제 사회민주주의 진영의 '전형'으로 오랫동안 군림하기도 해온 독일 사민당(SPD)의 1959년 「고데스베르크 강령」(Godesberger Programm)을 주된 본보기로 삼아, 사회주의의 실현수단, 국가 및 민주주의에 대한 입장, 대안적 경제체제 등의 주제에 초점을 맞추어 민주사회주의의 특성과 본질을 간추려보도록 하자.

민주사회주의는 무엇보다 결정론적 사고 및 세계관적 동질성을 요구하지 않는다. 사회주의 인터내셔널의 「프랑크푸르트 선언」도(1951년) 민주사회주의는 "사고의 경직된 획일성"을 거부하며, 동일한 목적을 위해 노력한다면 그것이 마르크스주의든, 인도주의든, 또

75 이에 대해서는, Crosland[1964(1956)]를 볼 것.

는 종교적 원리든지를 가리지 않고, 어떠한 신념도 골고루 다 수용한다고 밝힌 바 있다(Miller und Potthoff 1983, 366). 말하자면 민주사회주의는 "다원주의" 및 "세계관적 중립성" 원칙을 표방함으로써, 부르주아 이데올로기의 모든 범주까지를 다 자신의 철학적·이념적 기초로 받아들일 준비가 되어 있다고 선언하고 있는 것이다. 이를 통해, 마르크스·레닌주의만을 유일한 당 공식이데올로기로 인정하는 기존의 공산권과 명백히 선을 긋기도 하였다.

이런 맥락에서, 민주사회주의는 사회주의의 건설이라는 것이 획일적인 수단이나 독단적인 방법에 의해 달성될 수 있는 필연적인 역사 과정이라고는 믿지 않는다. 이미 베른슈타인에게서도 분명히 드러난 바 있긴 하지만, 사회주의는 "한판의 결정적 싸움"이 아니라 장기간에 걸친 자본주의의 진화론적 변형을 통해 서서히 구현될 수 있는 점진적인 역사적 과제로 인식되는 것이다. 여기서 사회민주주의적 개량주의의 필연성이 대두되게 된다.

그간 필요에 따라 앞 장의 여기저기서 간헐적으로 언급해오긴 했지만, 이 기회에 일단 '개량'의 속성 및 개량주의와 수정주의의 차이에 대해 간략히 정리해둘 필요가 있을 듯하다. 여기서는 이 주제를 명쾌하게 분석·정리하고 있는 한 출중한 사회운동사 저술을 간단하게 소개하는 것이 보다 유익하리라 여겨진다(Hofman 1979, 174ff).

'개량'(Reform)은 일반적으로 '혁명'과의 대립성 속에서 쓰이는 용어다. 그리고 그것은 특히 마르크스주의적 논쟁사에서 자신과 이질적이거나 대립적이라고 판단되는 일체의 여타 다른 노선을 경멸적으로 지칭하기 위해 활용된 이데올로기적 개념이기도 하다. 이 경우 개량주의는 수정주의와 한통속으로 취급당하는 게 일반적이지만, 이 둘 사이에 근원적인 차이가 있음에 유념할 필요가 있다.

'개량주의' 개념은 이론적이라기보다는 오히려 실천적인 입장을 가리킨다…. 개량주의는 사회질서 내부에 존재하는 여러 문제점들을 이 질서 안에서 해결하고자 한다…. 따라서 개량주의는 기존 사회의 개량에 스스로를 한정시킨다. 이 개량주의 내부로부터, 마르크스에 대해 비판적인 입장을 취하긴 하지만 그 기초 위에서 계속 사고한다고 주장하는 또 하나의 다른 노선으로서 '수정주의'가 등장한다. 모든 개량주의가 동시에 수정주의는 아니다. 이 수정주의는 오히려 그가 수정하고자 하는 것과의 관련성 속에서만 이해되어질 수 있다. 예컨대 영국의 페이비언 사회주의는 애초부터 마르크스의 이론에 기초하지 않았기 때문에, 수정주의로 간주될 수는 없다…. '개량주의'란 말하자면 수정주의보다 포괄적이고 상위적인 개념인 것이다.

그러나 마르크스주의와의 직접적인 상관성 여부를 제쳐놓는다면, 혁명을 본질적으로 거부한다는 점에서 개량주의와 수정주의는 동질적인 속성을 지니고 있다고 말할 수 있다. 바로 이런 점에서도 개량주의와 민주사회주의는 불가분의 상관관계를 맺고 있는 것이다. 페터 폰 외르첸(Peter von Örtzen)에 의하면, 개량주의는 한마디로 "사회주의의 목표를 사회의 민주적·합법적·평화적 그리고 점진적 변화를 통해 달성하고자 하는 하나의 사회주의 운동형태"라 할 수 있다(Örtzen 1980, 96).

하지만 개량주의 안에도 상호 구분이 가능한 몇 개의 상호 이질적인 유형이 있다.[76]

첫째, 사회적이고 민주적인 복지국가 건설만을 지향하는 개량주의가 있다. 이 유형의 개량주의는 자본주의 경제질서의 본격적인 개

76 Örtzen(1980, 97-99) 참고.

혁을 목표로 하지는 않는다. 그러므로 생산수단에 대한 사적 소유 및 시장경제, 의회민주주의와 관료적 국가체제, 그리고 문화·교육·사회생활 등에서의 부르주아적 가치 등을 문제 삼지 않는다.

이러한 사회질서의 범주 안에서 개량주의적 노동운동 및 사회주의 운동이 지향하는 목표는, 완전고용, 경제성장, 화폐가치의 안정, 사회적 생산물에 대한 노동자 계급의 "적절한 몫" 확보, 사회보장, 정치적 민주주의 및 법치국가의 유지와 건설, 그리고 교육제도 및 문화생활에서 모든 시민의 기회균등 보장 등이다. 따라서 이러한 유형의 개량주의는 사회주의의 부르주아적 지향에 치중한다고 말할 수 있을 것이다.

둘째, "사회적 민주주의"(soziale Demokratie)를 목표로 하는 개량주의로서, 첫 번째 유형과는 달리 일정한 범주 내에서 자본주의의 구조적 개혁을 시도한다. 이 유형의 개량주의도 생산수단의 사유 및 시장경제 등, 자본주의의 기본구조를 문제 삼지는 않는다. 하지만 기간산업의 사회화를 포함하는 여러 공공적 경제통제 및 경제·사회적 계획을 통하여 자본주의의 근본모순 확산을 적극적으로 차단하고자 노력한다. 경영 분야에서의 노동자의 동등한 정책결정권 확보, 재산과 소득의 균등한 분배, 모든 사회집단을 위한 평등한 삶의 기회 창출, 사회구성원 상호 간의 보다 돈독한 연대 쟁취 등이 이러한 "사회적 민주주의"의 주요 목표들이다. 그러나 이 유형의 개량주의는 첫 번째 형태의 자본주의적 복지국가의 범주로 퇴행하거나 또는 민주사회주의 그 자체의 한계를 뛰어넘을 수도 있는 이중적 가능성을 지니고 있다. 이런 의미에서 그것은 중도적 입장을 표방한다고 말할 수 있을 것이다.

셋째, 마르크스주의를 근간으로 하여 설정된 사회주의의 목표를 앞서 언급한 '개량주의적'인 방법으로 추구하고자 하는 좌파 사회민주주의적 또는 유로코뮤니즘적 개량주의 유형이 있다. 요컨대 사회주의의 마르크스주의적 정향에 중점을 두는 형태라 할 수 있을 것이다. 그러나 수단과 목표, 다시 말해 개량과 혁명 사이의 변증법적 상호관계를 중시하는 마르크스주의적 입장에서 볼 때, 이러한 유형의 개량주의는 그 실체를 명확히 규명하기가 그리 쉬워보이지는 않는다. 그러므로 예컨대 '프랑스 사회당'(CERES)의 좌파나 1943년부터 1991년까지 이탈리아에 존재했던 '이탈리아 공산당'(PCI)은 자신들을 순수히 "마르크스주의적"이라 규정하긴 했지만, 이른바 "혁명적" 공산주의자는 그들을 "개량주의자"라 단정 짓기도 하였다. 특히 소련 및 동유럽 공산권 붕괴 이후의 행적을 고려할 때, 이러한 개량주의는 앞의 두 번째 유형의 좌파 계열에 포함시키는 것이 보다 타당하리라 여겨진다.

하지만 이와 같은 이중적 편향성은, 무엇보다 혁명과의 역사적인 연관성으로 말미암아, 개량주의에 상습적으로 나타나는 본질적인 현상의 하나로 추정할 수 있으리라 판단되기도 한다. 말하자면 개량주의는 '안정'과 '개혁' 사이에서 끝없는 방황을 되풀이하는, 아니면 되풀이해야만 하는 숙명을 짊어지고 있을지도 모른다는 말이 되겠다.

이런 면에서, 예컨대 독일 사회민주당(SPD)이 추구하는 개량주의의 성격에 대한 페터 폰 외르첸의 다음과 같은 지적은 시사하는 바가 적잖으리라 여겨진다.

> 독일 사민당(SPD)은 '개량주의적' 정당이고자 한다. 말하자면 그것은 민주사회주의의 목표를 점진적이고 합법적이고 평화적인 변화를 통하여 달성하고자 한다. 그것은 법치국가와 정치적 민주주의의 유산을 전폭적으로 수용한다. 그것은 … 존속하는 자본주의적 경제체

제의 범주 내에서도 지속적인 진보가 가능하다고 믿는다. 따라서 그것은 기존체제와의 전면적인 대결, 그리고—비록 말로써 만이라도—모든 '혁명' 이념과의 동행을 포기한다. 그러므로 사회민주적 정책은 필연적으로 '체제 안정적'(systemstabilisierend)이면서 동시에 '체제 변혁적'(systemverändernd)이다(Örtzen 1974, 48).

여기서도 드러나듯이, 민주사회주의의 지배적인 특성은 일단 부르주아적 지배질서의 한계 안에서 또 그를 통하여, 자신의 여러 기본 가치들을 구현하고자 노력한다는 데 있다. 그러므로 민주사회주의는 부르주아 정당과의 상호 협조를 필연적으로 전제할 수밖에 없게 된다.

따라서 자본주의의 기본범주 안에서, 다시 말해 자본주의적인 방법으로 자본주의적 모순을 극복하고자 하는 민주사회주의의 개량주의가 과연 얼마나 눈에 띄게 관철될 수 있을 것인가 하는 것이 실은 민주사회주의의 딜레마일 수밖에 없으리라 여겨진다. 앞서도 말했듯이, 이러한 민주사회주의의 개량주의는 기존 질서의 수호와 그 극복—폰 외르첸의 말을 빌리면, "체제 안정적" 시도와 "체제 변혁적" 노력—사이에서 적잖은 변신과 불안한 방황을 반복하지 않으면 안 되도록 되어 있다.

하지만 역설적으로 이러한 동요 현상이 다름 아닌 민주사회주의 자신의 자본주의 자체에 대한 신뢰에서 비롯한다고 말할 수 있다. 무엇보다 자본주의 체제가 일상적인 '위기'와 직결해 있으면서도 꾸준한 '생명력'을 과시한다고 스스로 믿고 있기 때문이다. 바로 '그러하기 때문에', 아니면 '그럼에도 불구하고', 민주사회주의는 결코 성급하지도 않고 성급할 필요도 없다. 자본주의 생명력의 강고(強固)함을 믿고 있기 때문이다. 따라서 앞서도 지적한 바 있듯이, 사회주의 실현의 구호를 눈부시게 휘날리면서도, 그것을 장구하고 영속적인 과업으로 치부할 수밖에 없는 건 아닐까?

하지만 이 하염없는 개량의 고달픈 역정에서도 무엇보다 의회주의 및 사회적 법치국가에 대한 신봉은 민주사회주의의 포기할 수 없는 기본원리로 부각된다. 베른슈타인의 경우에서도 명백히 드러났듯이, 민주사회주의는 민주주의와의 불가분성을 특별히 강조하는 편이다. 1951년의 「프랑크푸르트 선언」도 "사회주의자는 민주적 수단으로 자유 속의 새로운 사회를 건설하고자 한다. 자유 없는 사회주의란 있을 수 없다. 사회주의는 민주주의를 통해서만 비로소 실현될 수 있으며, 민주주의는 사회주의를 통해서만 완성될 수 있다"고 분명히 못박고 있다(Miller und Potthoff 1983, 368). 이때 민주주의는 국가조직의 방법뿐만 아니라 사회 모든 분야의 조직원리에도 그대로 적용되는 것으로 이해되고 있다. 다시 말해 인민주권론, 법치국가, 의회주의, 책임정부론, 권력분립, 소수의 보호, 다당제도, 지방자치 등 자유민주주의의 기본원칙을 준수할 뿐만 아니라, 나아가서는 사회의 모든 분야, 예컨대 기업체, 교육제도, 문화예술계 등등에서의 민주적 공동결정권 또한 동시에 옹호하는 것이다.

여기서 독특한 민주사회주의적 '민주화' 개념이 등장한다. 요컨대 '민주화'(Demokratisierung)란 첫째, 사회 각 분야의 "자율화", 즉 "중앙집권적 결정 기구에 대한 종속의 제한 및 위계질서의 철폐", 그리고 둘째로는, "자율화된 사회 각 분야 내부에서 모든 구성원 및 당사자들의 결정권의 균등화"를 뜻한다고 할 수 있다(Schwan 1982, 127). 민주주의는 이런 방식으로 "보편적 생활형태"(allgemeine Lebensform)로 인식되는 것이다.[77]

한마디로 민주사회주의의 주된 관심사는 민주주의 원칙을 국가

(Staat)의 울타리를 뛰어넘어 사회(Gesellschaft)의 모든 영역으로까지 확산시키는 데 있다고 말할 수 있다. 이런 면에서 사회적 다원주의는 민주사회주의의 본질이면서, 민주사회주의를 마르크스·레닌주의와 갈라놓는 주요한 차이점 중의 하나이기도 한 것이다. 나아가 이러한 다원주의는 특히 다양한 사회적 이해관계 및 세계관적 입장을 골고루 수용해야 하는 당 자체의 조직원칙으로 채택되고 있기도 하다 (Kremendahl 1978, 623).

달리 말하면, 독일 사민당은 자신을 한마디로 "좌파 국민정당"(linke Volkspartei)이라 분명히 못 박음으로써, 기존의 일원적 '계급'정당(Klassenpartei)의 범주를 탈피해 '국민'정당(Volkspartei)으로 새로이 태어나고자 용트림했다는 말인 것이다(「베를린 강령」, Vorstand der SPD 1989, 6).

두말할 나위도 없이 국가에 대한 입장은 무엇보다 사회주의 운동 과정에서 언제나 중대한 의미를 지니는 품목이었다. 사회주의적 목표를 달성키 위해, 기존의 국가체제를 어떤 식으로든지 변경하는 것이 필연적일 수밖에 없다고 믿어왔기 때문이다. 무정부주의자들처럼 국가의 존재 자체를 근본적으로 부인하는 세력도 있었고, 마르크스주의자들처럼 부르주아 국가의 계급성을 이론적·실천적으로 발가벗기면서, 그것을 혁명을 통해 프롤레타리아 국가로 변질시키고자 노력한 집단도 있었다.

그러나 전통적인 사회민주주의는 국가와 관련된 문제에서도 일

77 1959년 SPD의 「고데스베르크 강령」에서는 민주주의를 "보편적 국가 및 생활질서"(allgemeine Staats- und Lebensordnung)라 규정하고 있으나(Miller und Potthoff 1983, 386), 1989년에 채택된 「베를린 강령」에서는 그것이 "보편적 생활형태"로 바뀌기도 한 바 있다(Vorstand der SPD 1989, 45).

상화한 이중성을 숨김없이 드러내 보여준다. 이론적으로는 부르주아적 계급국가와의 철저한 결별을 촉구하면서도, 실천적으로는 바로 그러한 부르주아 국가와 화해하는 가운데 자신의 사회주의적 목표를 추구하고자 애써왔기 때문이다. 하지만 베른슈타인의 경우에서도 명백히 드러나듯이, 특히 1차 대전을 전후해서는 국가 속에서, 그리고 국가를 통하여 사회주의적 개혁 작업을 수행해 나가는 쪽으로 방향을 완전히 틀어버리게 된다.

결과적으로 국가는 더 이상 특수한 계급적 이해관계가 아니라 공통적·보편적 이해관계의 담지자로 인식되게끔 되었다. 말하자면 사회민주주의적 의미에서 국가는 사회로부터 초탈한 중립적 기구도 아니요, 동시에 특정적인 사회세력 또는 계급(예컨대 자본가)의 도구도 아니라는 말이 된다. 결국 국가가 자본주의적 생산양식의 운동법칙에 일방적으로 종속된 존재가 아니라는 판정이 뒤따랐음은 물론이다.[78] 이와 같이 국가가 다양한 사회세력의 갖가지 영향력에 골고루 종속해 있는 사회의 총체적 기구로 인식됨으로 해서, 소수의 특수한 이해관계에 맞서 자신의 의지를 관철시키기 위해서는, 정치적 다수에 입각하여 민주적 정통성을 확보해야 한다는 원칙에 상호 합의할 수밖에 없는 환경이 자연스레 조성되기에 이르렀다. 그리하여 사회민주주의는 결국 '계급'이라는 좁은 틀을 깨고, 이윽고 '국민'이라는 큰 바다로 나아가게 된 것이다.

마지막으로 지금까지의 논의를 토대로 하여, '사회민주주의'(Social Democracy)와 '민주사회주의'(Democratic Socialism)의 상관성을 간략히 축약하면서 이 장을 마감하는 것이 보다 유의미하리라 여겨

78 Kremendahl(1978, 112-113) 참고.

진다.

어느 독일 학자는 이 둘의 상관관계에 대해 다음과 같이 매우 호소력 있는 견해를 피력한 적이 있다. 이 둘은 정치적 자유와 사회적 정의를 추구한다. 그러나 이 두 가치가 서로 경쟁관계에 놓이게 되면, '민주사회주의자'는 사회적 평등을 위해 오히려 대의민주주의 원칙을 상대화하려 할 것인 데 반해, 사회민주주의자는 그보다는 대의민주주의에 명백한 우선권을 부여할 것이다(Schwan 1982, 41-42). 한마디로 '민주사회주의'는 정치적 자유보다는 사회적 평등을, 반면에 '사회민주주의'는 사회적 평등보다는 오히려 정치적 자유를 우선적으로 옹호하게 되리라는 말이다.

그러나 필자는 이러한 구분이 개인적인 성향이나 당파적 이해관계의 반영에 지나지 않는 것이라 여기는 쪽이다.[79] 왜냐하면 이러한 문제에 대해 이론적 합의가 이루어진 적도 전혀 없을 뿐만 아니라, 가정컨대 '사회민주주의자'의 좌파는 위에서 말한 민주사회주의자의 입장을 충분히 지지할 것이기도 하기 때문이다. 이런 취지에서, 필자는 사회민주주의라는 용어가 오래된 이 이데올로기의 역사적 전통에 대한 집착으로 인해 단지 현대식으로 재해석된 상태로 당의 명칭 등에서 계속 활용되고 있을 뿐, 그 기본정신에서는 민주사회주의와 본질

79 독일 사회민주당은 1959년 새로운 당 강령(「고데스베르크 강령」)을 채택한 이후, 본격적으로 실용적이고 개량주의적인 지도부에 의해 이끌리기 시작하였다. 그리하여 그들은 이데올로기 문제를 실천의 기초로 간주하는 태도를 배척하였다. 이런 맥락에서, '사회주의', 심지어 '민주사회주의'라는 용어조차도 선거에 도움이 되지 않는 지나치게 과격한 용어라 하여 백안시한 바 있기도 할 정도였다. 1961년, 1965년 선거에서는 당 지도부가 경쟁세력인 보수적 '기독교연합'과의 차이를 애써 극소화하려 의도적으로 노력하기까지 하였다. 본문의 주장을 피력한 슈반(Schwan)은 당내 우파이론가로서, 이런 우경화한 독일 사민당 지도부의 분위기를 새삼 그대로 반영하고 있다고 보는 편이 옳으리라 판단된다. 이 문제를 참고하기 위해서는, Braunthal(1983, 141)을 볼 것.

적인 차이가 없다고 간주하는 바이다.[80] 따라서 필자는 이 글에서 이 둘을 거의 동일한 개념으로 혼용하는 입장을 취한다.

이런 의미에서, 여기서는 일단 사회민주주의의 일반적 특성에 관한 다음과 같은 케설만(Mark Kesselman)의 간결한 규정 정도를 음미하는 수준이 적절치 않을까 판단된다.

> 첫째, 자본주의 경제의 수용은 불균형한 발전을 저지하기 위한 국가의 개입과 연결되어 있다.
> 둘째, 케인즈주의적 메커니즘은 경제성장, 고임금, 가격안정 그리고 완전고용을 달성하기 위해 이용된다.
> 셋째, 국가정책은 경제적 잉여를 복지계획, 사회보장 그리고 조세법을 통해 재분배하는데, 누진적인 방식이 통용된다.
> 넷째, 사회민주당은 강력하고 잘 훈련된, 중앙집중적인 노동조합 운동과 긴밀히 연계하여, 노동자 계급을 조직한다(Kesselman 1992, 402).

말하자면 사회민주주의란,

1) 불균형 발전을 저지하기 위해, 자본주의 체제에 대한 국가의 개입을 옹호하고,

80 하지만 당의 명칭과의 관련성 속에서 사회민주주의를 정의한다는 것 역시 지극히 어려운 일이다. 왜냐하면 사회민주주의 진영 내부에서도 당의 명칭이, 예를 들어 '노동자'(labour 또는 worker), '사회민주주의', '사회주의' 등으로 제각각이기 때문이다. 일반적으로 북유럽 정당들은 '사회민주주의'라는 용어를 기꺼워하고, 반면에 남유럽 정당들은 이 명칭에 적대적이거나 또는 그것을 거북하게 생각하고 '사회주의'라는 이름을 선호하는 쪽이다. 그러나 근래에는 '사회당'의 "사회민주주의화"가 이루어지고 있다고 말할 수 있을 정도다. 이 문제에 관해서는, Padgett and Paterson(1991, 2-3)을 볼 것.

2) 경제성장, 고임금체제, 물가안정, 완전고용을 지향하며,

3) 복지계획과 사회보장 및 조세법을 통해, 경제적 잉여를 누진적으로 재분배하고자 노력하고,

4) 강력하고 중앙집중적인 노동조합 운동과 조직적으로 긴밀히 연대하는 이념체계라는 말이 되리라.

여기서도 드러나듯이, 사회민주주의가 추구하는 국가는 한마디로 "사회적 국가"(Sozialstaat)인 것이다. 이 '사회적 국가'는 고전적 자유주의식 '야경국가'와는 전혀 다르게, 보다 많은 자유와 보다 많은 사회정의를 확보하기 위해, 사적 영역에 대한 개입도 주저치 않는다고 선언한다. 특히 사회적으로 보다 불리한 환경에 처할 수밖에 없는 노동자들의 사회적 지위 향상을 위해, 여러 경제적 단위에서의 노동자 스스로의 공동결정권 증진을 도모한다. 국가가 통상 자본주의의 점진적 변형, 요컨대 민주사회주의적 개혁을 위한 결정적 도구로 인식되는 것이다. 말하자면 국가야말로 무정부주의적인 자본주의의 본성을 타개하기 위한 통제와 계획의 필수적인 수단으로 자리매김되고 있다는 말이 되겠다. 구체적으로는 사회적 기본권, 특히 노동할 권리, 교육받을 권리, 충분한 의료혜택을 받을 권리, 사회보장을 받을 권리 등을 옹호하고, 나아가서는 완전고용의 실현, 그리고 공정한 소득분배 및 시민권의 확대를 위해 노력하는 존재가 바로 국가로 인식되고 있는 것이다. 그런데 이러한 측면은 무엇보다 민주사회주의가 지향하는 새로운 경제체제 구상과 직결해 있다.

생산수단의 사회화는 사회주의의 요체로 알려져 왔다. 그러나 민주사회주의는 "공정한 사회질서의 건설을 방해하지 않는 한 생산수단에 대한 사적 소유는 보호받고 장려받아야 한다"고 선언한다. 사유재산권을 원칙적으로 인정하지만, "다른 수단으로 경제적 역학관계의

건전한 질서를 보장할 수 없는" 경우, 공유재산(Gemeineigentum)이 "합목적적이고 필수적"이라는 것 역시 부인하지는 않는다(「고데스베르크 강령」, Miller und Potthoff 1983, 390-391). 물론 이러한 구상도 민주사회주의가 설정하고 있는 경제적 목표와 직결된다.

민주사회주의적 경제정책의 목표는 한마디로 "꾸준히 증대하는 복지 및 국민경제의 소득에 대한 모든 사람의 공정한 참여, 즉 비인간적 예속과 착취가 없는 자유 속에서의 삶"이다. 그리고 이러한 목표를 달성하기 위해, 민주사회주의는 현대의 "핵심문제"라 할 재벌과도 같은 "경제세력"(wirtschaftliche Macht)에 대한 민주적 통제를 촉구한다(Miller und Potthoff 1983, 389-391). 왜냐하면 경제력의 집중은 그것이 사적 개인의 손에 놓일 경우 국가의 통제를 무색하게 할 수 있을 정도로 거대한 사적 기업의 정치적 힘을 증대시킬 있으며, 반면에 만일 그것이 국가의 수중에 있을 경우 통제가 용이치 않은 국가 관료체제의 횡포를 야기할 수도 있기 때문이다. 무엇보다 엄청난 부와 수많은 노동자를 거느리고 있는 대기업은 단순한 경제행위를 넘어서 인간을 지배하고 인간을 예속시킬 힘까지 장악하게 된다. 뿐만 아니라 이러한 대기업이 존재하는 곳에는, 자유경쟁이 발붙일 여지를 찾지 못한다. 나아가 연합된 대기업의 힘은 급기야는 국가권력의 탈취로까지 이어진다. 이것은 곧 민주주의 원칙 자체의 훼손을 의미한다. 민주사회주의는 이러한 자본주의적 발전경향의 모순을 잘 인지하고 있다. 그러므로 「고데스베르크 강령」도 "대기업의 힘을 억제하는 것은 자유경제 정책의 중심과제다. 국가와 사회는 강력한 이익단체의 제물이 될 수 없다"고 선언하는 것이다(Miller und Potthoff 1983, 390).

나아가 「고데스베르크 강령」은 이러한 '경제세력'을 저지하고 통제하는 수단을 다각도로 강구하고 있다. 그 주요 품목들은 보다 강화되고 보다 능률적인 국가의 개입(조세정책 등), 노동자의 공동결정권 확립, 보다 공정한 소득 및 재산분배, 필요한 경우 생산수단의 공유화 등이다. 비록 국가의 개입을 이처럼 당연한 것으로 정당화하고 있긴 하지만, 민주사회주의는 "진정한 경쟁이 이루어지는" 자유 시장경제를 원칙적으로 옹호하는 쪽이다. 그러나 시장이 개인이나 집단의 독점적 지배하에 놓이는 경우, 외부로부터의 적절한 개입 역시 거부하지는 않는다. 그러므로 "가능하다면 경쟁을, 필요한 경우 계획을!", 이 한마디야말로 민주사회주의적 구호의 요체인 것이다(Miller und Potthoff 1983, 390).

이런 의미에서, 민주사회주의는 시장경제나 계획경제 어느 한편도 절대화하지 않는 혼합경제체제를 지향한다고 말할 수 있다. 민주사회주의는 한편으로는, 전면적인 국유화 정책을 거부하기는 하지만, 사적 소유의 원칙에 입각한 부분적인 공유화 또는 국유화는 지지한다. 그리고 다른 한편으로는, 통제적 계획경제는 거부하지만, 간접적 계획 및 통제에 기초하는 자유경쟁체제는 채택하고 있다. 이와 같이 민주사회주의는 이러한 '혼합성' 또는 '이중성'을 숙명적으로 태내에 내장하고 있는 것처럼 보인다.

다른 한편 이러한 민주사회주의의 '이중성'은 특히 자본주의 및 공산주의에 대한 비판 과정에서 다시 한 번 더 두드러지게 자신의 모습을 드러내기도 한다.[81]

우선 민주사회주의는 다음과 같은 점들을 들어 자본주의를 공박하고 있다.

첫째, 자본주의는 자신에 잠재하고 있는 비합리적 성장에 대한 강

81 Autorenteam des HDS(1977, 53 이하 및 15) 참조.

압적 충동으로 인해, 그렇지 않아도 빠듯한 자연자원을 수탈하고, 그로 말미암아 환경의 균형을 파괴한다.

둘째, 자본주의는 '위기로부터 자유로운' 국민경제적 발전을 성취해내지 못하며, 항상 실업, 조업단축, 인플레이션, 사회적 불안 등 근본적인 생존위기를 양산한다.

셋째, 자본주의는 빈부의 격차를 더욱 심화시키고, 정치적 민주주의가 엄존함에도 불구하고 현존하는 계급갈등을 해소하지 못하고 있다.

넷째, 자본주의는 생산수단의 사유로 인하여, 인간의 인간에 대한 지배의 골을 더욱 깊게 하며, 비인간적인 노동분화로 말미암아 노동자의 육체적·정신적 고통과 소외를 더욱 부추긴다.

다섯째, 자본주의는 인간의 욕구를 자신의 이윤추구 논리에 종속시키며, 그것을 시장 지배력과 최면적인 광고로 오히려 더욱 조장한다.

여섯째, 자본주의는 시장집중과 국제적 결합(다국적 기업 등)을 통하여, 민주적으로 선출된 정부의 권능을 원천적으로 제한한다.

일곱째, 자본주의는 군수산업에 대한 무분별한 투자를 통해, 대량학살의 잠재력을 증진시키며 세계평화를 심각하게 저해한다.

민주사회주의는 동시에 과거 소련 및 동유럽의 이른바 '현존 사회주의'에 대해서도 맹렬한 비판을 퍼부었다.

첫째, 공산주의 사회는 프롤레타리아트의 독재가 아니라 "노동자 계급의 당", 즉 "스스로 지명한 전위"의 노동자에 대한 독재체제다.

둘째, 공산주의는 모든 생활의 요소마다 새로운 계급지배를 창출하고 있다. 노동자 계급이 1세기 동안이나 투쟁한 끝에 마침내 얻어낸 여러 자유민주주의적인 원칙들, 말하자면 자유·보통·평등 선거권, 저항권, 소수의 보호, 사상 및 양심의 자유, 거주이전의 자유, 집회 및 결사의 자유 등등을 새롭게 박탈하였다.

셋째, 생산수단의 국유화는 노동자 계급의 자결권을 송두리째 제거하고 있다. 즉 민주적 통제가 불가능한 "관료적 과두체제"에 의해 직접생산자의 파업권, 단결권, 저항권 등이 훼손되고 있는 것이다.

넷째, 기존 "관료적 사회주의" 체제의 비판세력에 대해 극심한 탄압이 자행되고 있다. 말하자면 비판과 대안을 용납하지 않는 당과 국가의 공식적 이데올로기가 배타독점적인 지배권을 행사하고 있는 것이다.

이처럼 민주사회주의는 자본주의와 공산주의를 다 같이 공략함으로써, 마치 이른바 '제3의 길'을 걷고 있는 듯한 인상을 풍기고 있는 것처럼 보인다. 그러나 실제로는 자본주의의 기본구조와 논리를 원칙적으로 다 수용하고 있다. 비록 우파 사회민주주의 이론가의 주장이긴 하지만, "자본주의의 제거 또는 극복"이라는 민주사회주의의 목표는, "그것이 비록 도발적으로 들릴지 모르지만, 지켜질 수 없다(nicht haltbar)"라는 단언은, 민주사회주의 진영 내부의 고뇌의 한 단면을 솔직히 드러내 보인 것으로 평가할 수 있으리라 여겨진다(Schwan 1982, 26).

이런 면에서 코헨(Cohen)의 지적은 사태의 본질을 날카롭게 꿰뚫고 있는 것으로 여겨진다. 그는 "지나치게 단순화시키고 과장해도 좋다면" 하고 겸손히 토를 달면서 입을 열기는 한다. 하지만 "사회민주주의자는 비록 민중에 대한 착취의 결과에 대해서는 민감하지만, 착취의 사실 그 자체에 대해서는 그렇지 않다"라는 그의 예리한 언급 역시 바로 이러한 '제3의 길'이 지니고 있는 진정한 실체를 간파한 것이라 할 수 있으리라. "착취하는 자들과의 대결을 최소화하면서 착취당하는 자를 구제하려는"(Cohen 1988, 301) 사회민주주의자의 안간힘은

'자본주의와의 대결을 최소화하면서, 자본주의적 모순의 극복을 지향하고자 하는' 민주사회주의의 고뇌에 찬 행로를 우리에게 귀띔해주는 것처럼 보인다. 이런 의미에서, 사회주의를 스스로 "지속적인 과제"라 선언했던 것과 마찬가지로, 앞으로 이 '제3의 길' 노선 또한 하나의 '끝없는 길'이라 선포하게 될지도 모를 일이다.

그러나 이 기회에 오늘날 사실상 국제적으로 가장 강력히 관철되고 있는 주류 이념체계인 자유민주주의와 사회민주주의를 간략히 비교·검토함으로써,[82] 사회민주주의의 특성을 다시 한 번 더 부각시키면서 양 체제를 중심으로 돌아가는 현대사회의 이념적 지형을 부수적으로나마 일별해보는 것 또한 그리 무의미하지만은 않으리라 짐작된다.

IV. 자유민주주의와 사회민주주의

한마디로 민주주의란 인민의 직접지배를 의미한다. 그러나 자유민주주의[83]는 스스로가 이론적으로 표방하는 '인민주권론'에 과연 얼마나 충실한가?

자유민주주의는 오직 대의정부(representative government) 원칙에만 집착한다. 하지만 본질적으로 대의정부론 자체에 내재할 수밖에 없는 근본적인 한계에 주목할 필요가 있다. 모리스 뒤베르제의 적절한 지적처럼, 무엇보다 "인민에 의한 인민의 통치"란 것이 실질적으

82 이에 대해서는 박호성(2005, 제6장)을 참고할 것.

83 자유민주주의의 본질 및 그 장·단점에 대해서는, 박호성(1994), 특히 제2장 1절, 「자유주의와 자유민주주의」 편을 참고할 것.

로는 "인민으로부터 나온 엘리트에 의한 인민의 통치"에 지나지 않는 것이기[84] 때문이다. 이러한 엘리트, 즉 국민의 대표는 입법 활동 등에서 단지 간접적으로만 유권자, 즉 국민의 통제를 받는다. 요컨대 직접적으로 국민 자신이 아니라, 이미 만들어져 있는, 그리고 그것도 선택의 범위가 대단히 협소한 몇 개의 정당들이 이러한 국민의 대표자들을 미리 선발하고 이들의 활동을 통제할 따름인 것이다. 그런데도 자유민주주의는 왜 이런 대의제도를 고수하고 있는가?

대의제도를 정당화하는 자유민주주의의 전통적인 합리화 논리는, 핵심적으로 보아 대략 두 개 정도 아닐까 한다.

첫째, 자유민주주의는 언제나 직접민주주의를 결코 원칙적으로 거부하지는 않는다고 선언한다. 그러나 직접민주주의는—무엇보다 현재 민족국가의 규모가 워낙 방대하기 때문에—그 실행이 거의 불가능한 실정이다. 그러므로 직접민주주의의 이상을 충실히 살려내면서 현실적으로 실행 가능한 제도는, 이 대의제도밖에 없다고 주장하는 것이다.

둘째, 대의제도는 직접민주주의 제도들보다 오히려 자유의 가치를 더 잘 지키고 더 잘 관철시켜 내리라 역설한다. 왜냐하면 일반 민중은, 즉흥적이고 변덕스러울 뿐만 아니라 국가사업의 수행에 필요한 충분한 지식을 가지고 있지 못한 탓에, 이러한 대중들에게 결정권을 위임한다는 것은 지극히 위험한 처사이기 때문이다. 따라서 그러한 일에 필요한 전문적인 자질과 능력을 갖춘 사람들이 앞에 나서서, 일반 민중을 대신해, 그것을 떠맡지 않으면 안 된다고 강조하는 것이다.

대체로 이러한 논리들이 대의제도를 옹호하는 전형적인 논거로

84 Arblaster[1987(1984), 328]에서 재인용.

활용된다.

그러나 우리는 자유민주주의가 대의제를 채택할 수밖에 없는 참된 이유가 사실은 자유민주주의 자체의 본성에 기인한다는 점에 특별히 주목하지 않으면 안 되리라 여겨진다. 무엇보다 자유민주주의의 기본 근간이 자유주의인데, 바로 이 자유주의가 본질적으로 지향하는 사적 영역, 곧 시민사회가 동시에 자유민주주의의 고유 영역이기도 하다는 측면이 우리의 특별한 관심을 불러일으키기 때문이다. 이를테면 자유민주주의의 대의제 수호 원리가 곧 자유민주주의의 운명적인 본성에 기인할 수밖에 없게 된다는 말이 되리라. 왜 그런가?

이러한 시민사회에서 자유로운 개인이 자신의 행동 영역 및 자기 성취 가능성을 넓혀나가기 위해서는 우선 무엇을 필요로 하게 될까? 무엇보다 공적 영역, 곧 국가의 간섭과 개입을 가능한 한 최대 한도로 물리치는 것이 필요해질 수밖에 없게 되리라. 요컨대 개인의 자유를 충실히 신장해나가기 위해서는, 우선 국가를 위해 소모될 시민사회의 역량을 최소화할 필요가 제기될 수밖에 없을 것이다. 더욱이 이러한 필요성을 충족키 위해서는, 무엇보다 자유민주주의의 본 바탕이기도 한 정치적 통치 과정에 대한 국민 참여의 극소화가 필연적으로 요구될 수밖에 없게 되리라. 왜냐하면 국민의 직접통치가 확대된다면 국가는 불필요하게 팽창할 것이고, 그에 따라 국가에 의한 간섭이 증대함으로써 개인의 사적 목표 추구가 그만큼 힘들어지리라 추정되기 때문이다. 그렇다면 이러한 난제를 과연 어떻게 헤쳐 나갈 수 있을까?

이러한 난관의 돌파가 절실히 요구되는 바로 그 시점에 환상적인 해결사가 출현하게 된다. 그것이 바로 대의제도인 것이다.

무엇보다 대의제도야말로 한편으로는, 국민의 직접 참여를 최소화하면서 다른 한편으로는, 자신들이 직접 선출한 사람들에게 통치를 내맡김으로써 민주적 통제의 취지도 살릴 수 있는, '두 개의 긴급을 요하는 문제에 대한 최선의 해결책'이 되리라는 믿음을 굳게 심어줄 수 있었기 때문이다.

요컨대 대의제도는 자유민주주의의 두 개의 요청, 즉 시민적 정치 참여의 최소화 및 그럼에도 불구하고 한 민주적 통제의 필요성을 동시에 충족시켜주는 효율적 방안으로 떠오른 것이다. 그러므로 이 대의제도는 자유주의와 민주주의 사이의 이론적 긴장을 실천적으로 해소하는 데 크게 기여하게 된다. 무엇보다 인민주권과 인민의 직접 통치라는 민주주의의 추상적인 '이론적' 요청이, 대의제도라는 자유주의의 '실천적' 응답 속에, 다시 말해 통치제도의 속성과 기능에 관한 실용적 문제 속에, 파묻히기 때문이다. 결과적으로 민주주의는—바로 이러한 대의제도에 의해—고작 정부 선출의 메커니즘 정도로만 인식되게끔 되어버린 것이다. 대의제는 곧 민주주의에 대한 자유주의의 승리라 할 수 있다. 한마디로 말해, 민주주의가 자유민주주의의 목적이 아니라 수단 정도에 지나지 않게 되어버렸다는 말이 되리라.

물론 자유민주주의의 자본주의적 속성으로 말미암아 불가피한 것이기도 하겠지만, 이러한 대의제도는 다름 아닌 부를 장악하고 있는 사회적 특권계층으로 하여금 실질적으로 권력을 행사하고 권력을 통제하도록 조장하기도 한다. 예컨대 미국의 정치학자 린드브롬(Charles Lindblom)은—물론 마르크스주의자가 아님에도 불구하고—자본가가 어떻게 자유민주주의 체제하에서 "특권"을 누릴 수 있게 되는가 하는 문제를, 대단히 설득력 있게 파헤치고 있다.

우선 그는 자본가(또는 기업가)가, 전체 사회의 공공복지에 중대한 의미를 지니고 있는 사회적 생산과 분배의 주요 부분—예컨대 일자리, 물가, 생산, 성장, 생활수준, 경제적 안정 등등—에 대한 결정권을 장악하고 있다고 본다. 그러므로 정부의 주 임무는 응당 이 자본가들이 그들의 업무를 효율적으로 수행할 수 있도록 빈틈없이 지원하는 데 있다. 린드브롬은 이렇게 주장한다.

> 인플레이션과 실업문제의 극복에 대한 정부의 책임은 선거의 주요 쟁점이 된다. (…) 그래서 정부 관리의 눈에는, 기업가가 마치 이익집단의 대표자가 그러한 것처럼, 단순히 특수이해의 대변자처럼 보이지는 않는다. 그들은 정부 관리가 필수불가결하다고 간주하는 기능을 수행하는 기능인으로 나타난다. 가령 정부 관리가 기업이 지금 조세감면을 필요로 할지 아닐지를 자기 스스로에게 자문해볼 때, 그는 주민의 소소한 한 부분에 대한 호의가 아니라, 전체 사회의 복지에 관한 물음을 던지고 있는 것이다. (…) 만일 자신의 직책이 제기하는 (실무적) 요구와 시장경제체제에 대한 기업가의 막중한 책임을 제대로 이해하고 있는 정부 관리라면, 당연히 기업가들에게 특권적 지위를 인정하게 될 것이다. (…) 요컨대 그 관리는 서로 협력을 아끼지 말아야 할 정부와 기업, 두 지도그룹이 시장경제체제 및 공공업무를 좌지우지한다는 것, 그리고 이 체제를 제대로 돌아가게 만들기 위해서는 정부의 지도력이 응당 기업의 리더십에 자주 양보하지 않으면 안 된다는 사실을 명확히 이해하고 있는 것이다.[85]

85 Lindblom(1977, 173, 175). 참고로 말해 린드브롬은 '특권'(privilege)을 일반 민주주의론에서와는 달리 부당한 것으로 간주하지는 않는다. 그는 특권을 대략 "특별한 이익, 이득, 혹은 호의로 승인된 권리 또는 면책", 그리고 "특수한 상황으로 인해 일반적 규칙과 벌책에 종속되지 않는", 그러한 수준으로 이해한다Lindblom(1977, 172). 나아가 국가가 주로 사회의 부유층이나 권력층의 이해관계만을 위해 봉사한다는 관점을 보기 위해서는, Edwards et al.(1978, 216-262) 및 Miliband(1969) 등도 참고할 것.

이와 같이 기업가는 정부의 필수적인 협력자일 뿐 아니라, 경우에 따라서는 정부의 권위를 뛰어넘는 권력행사의 실질적인 주체로까지 등장한다(예컨대 1998년 6월, 소 떼 500마리를 몰고 휴전선을 돌파하여 북상한 정주영 현대그룹 회장의 경우가, 그 조그만 사례가 될 수도 있을 것이다). 그뿐 아니다. 사회의 여론 형성에 결정적인 의미를 지니는 언론방송 매체 역시, 바로 이들 기업가들의 수중에 놓여 있다. 그를 통해 자신들의 이해관계와 또 이를 지원하는 세력들의 입장이, 대대적으로 또 교묘하게 홍보·선전되는 것이다.

이처럼 기업가가 막중한 사회적 특권과 영향력을 걸머지고 있기 때문에, 정치인이나 정당은 이들을 결코 소홀히 할 수 없다. 그들 또한 기업가의 충실한 대변자로 움직인다. 이러한 상황에서는, 자본주의나 시장경제체제 또는 정치와 경제의 유착 등에 대한 비판이 저지당하거나 실효를 거둘 수 없게 되기 일쑤다. 왜냐하면 그들은 자신들의 이해관계를 보호하기 위해 훨씬 손쉽게 뭉칠 수 있을 뿐만 아니라, 대부분의 강제적·규범적 사회통제 수단 역시 거의 독점하고 있기 때문이다. 이미 오래전 예컨대 J.S. 밀조차 『자유론』에서 "우월한 계급(ascendant class)이 존재하는 곳이라면 어디에서건, 그 나라의 도덕의 많은 부분이, 그 계급 이익과 계급 우월성의 정서로부터 도출"될 수밖에 없다고 역설하지 않았던가(존 슈튜어트 밀 1992, 19).

여기서도 드러나듯이, 시장경제체제는 다원주의적 정치체제의 기본 틀 안에서 움직이고, 다원주의에 뿌리를 두는 자유민주주의적 정치구조는 결국 지배계급의 이해를 충실히 반영할 수밖에 없게 된다. 이런 의미에서, 자유민주주의하에서는 계급적 불평등이 선천적인 것이라 할 수 있으리라 짐작된다.

어쨌든 '자유경쟁' 및 '기회의 균등'이라는 자유민주주의적 구호에도 불구하고(또한 그 때문에), 빈부격차와 사회적 불평등이 사실상 부추겨지고 깊어지게 된다. 하지만 이러한 부정적인 현상을 극복하기 위한 국가의 개입은 '개인의 자유'를 보호한다는 명분으로 억제되기 일쑤다. 왜냐하면 국가 자체가 자유주의적 국가이기 때문이다.

마찬가지로 정치·제도적 영역을 벗어난 사회의 다른 분야, 예컨대 산업조직이나 경제구조에서의 민주화 역시 기꺼이 받아들여지지 않는다. 예를 들어 기업이나 작업장에서의 의사결정에 근로대중이 동참한다는 것은 자유주의 및 시장경제 원리와 어긋나는 것으로 원천적으로 거부당할 수밖에 없게 된다. 뿐만 아니라 복잡한 사회관계와 방대한 관료조직은 국민 개개인의 합리적이고 적극적인 정치참여의 길을 막아버리기 일쑤다. 개인은 무기력하다. 결과적으로 자유민주주의적 개인은 오히려 자유주의가 그처럼 높이 기려 마지않는 개인주의의 희생물로 굴러떨어지기 쉽다. 왜냐하면 자유민주주의의 깃발 아래서는, '거인'만이 진정한 개인이기 때문이다. 그리하여 구가되는 경제번영의 뒤안길에는, '개인 없는 개인주의'가 음습하게 번져나간다. 이처럼 자유민주주의의 수사학과 자유민주주의의 경험적 현실은 엄청난 괴리를 보여줄 수밖에 없는 것이다.[86]

이러한 자유민주주의는 기본적으로 자유주의와 민주주의의 물리적 결합이다. 한마디로 그것은 민주주의를 흡수한 자유주의다. 그렇기 때문에 자유주의의 구미와 취향에 어울리는 민주주의적 요소만이 간택의 대상이 되었던 것이다. 즉, 자유의 숭고한 목표에 충실한 수단으로서의 민주주의, 무엇보다 사유재산의 철칙과 권위를 결코 무엄하게 넘보지 않는, 잘 길들여진 러닝메이트로서의 민주주의가 사실상

86 이에 대해서는, 박호성(1994, 71-105) 참조.

자유민주주의의 참다운 본새인 것이다. 그렇다면 그것은 왜 '민주적 자유주의'라 불리지 않고 '자유민주주의'라는 이름을 얻게 되었는가?

싸르토리의 주장[87]과는 정반대로, 자유주의가 희생을 감행한 것이 아니라, 오히려 자유주의가 민주주의를 완전히 무혈 점령해버림으로써, 일체의 민주주의가 오직 자유민주주의 하나로, 다시 말해 '자유민주주의 유일사상'으로 간주되게끔 각인되어버린 것이다.

사정이 바로 그러했기 때문에, 예를 들어 한때 박정희 군사통치 시절의 우리나라에서도, 자유민주주의가 '국시'의 차원으로까지 승화하여 신성시되기까지 하지 않았을까.

결국 자유주의화한 민주주의가 민주주의의 대명사처럼 군림하게 됨으로써, 자유주의는 구태여 자신의 이름을 전면에 내세우지 않고도, 훌륭히 본연의 임무에 충실할 수 있게 된 것이다. 이렇게 보면 희생당한 쪽은 자유주의가 아니라, 오히려 민주주의라 해야 마땅할 것이다. 자유주의는 자유민주주의 쪽으로 자신을 넓혀 나감으로써, 다시 말해 민주주의의 보편적·포괄적·대중적 이미지를 기꺼이 받아들임으로써, 결과적으로 시민적·계급적 속성을 내장하고 있는 자신의 본질을 감출 수 있게 되었을 뿐만 아니라, 동시에 스스로를 보편적 가

87 싸르토리는 또 순진하리만치, 그렇지 않으면 섬뜩할 만큼 자유주의적이다. 그는 자유민주주의로 불리게 된 이유를 다음과 같이 대략 세 개의 논거를 들이대어 해명한다. 첫째는 민주주의 레테르 자체가 역사적으로 참신한 향취를 풍긴다는 것, 둘째, 말뜻으로 볼 때 '민주주의'라는 것이 '자유주의'보다 훨씬 "실감이 나고"(tangible) "입맛에 맞는"(palatable) 용어라는 점, 셋째, 자유주의자가 자신의 아이덴티티를 포기하고 민주주의자로 자처함으로써, 양자 간의 균열을 드러내 보이는 것을 피해보고자 했다는 사실 등이 그것이다. 이에 대해서는, Sartori(1962, 361)를 참고할 것. 처음 두 이유는 민주주의의 장점을, 맨 마지막 것은 자유주의의 '희생'을 강조한 셈이지만, 내가 보기에 이 자유민주주의 용어가 일반화된 데에는 다른 배경이 있지 않나 하는 느낌이 든다. 그것은 싸르토리의 말과는 달리, 단순한 "정치적 편의"의 산물이 아니라, 높은 수준의 정치적 고려, 의식적인 이데올로기화의 결과물이라는 것이다.

치체계로 승격시킬 수도 있게 되지 않았을까. 이러한 측면들을 고려할 때, 필자는 자유민주주의 용어보다는, '민주적 자유주의'(democratic Liberalism)라는 호칭이 진실에 훨씬 더 가깝다고 생각한다.

어쨌든 자유민주주의는, 물론 나라마다 조금씩 차이가 나긴 하지만, 자유주의적 속성을 지배적으로 지니고 있기 때문에 생기는 여러 문제점들을 덩달아 지닐 수밖에 없게 되었다.

자유민주주의는 국민적 지배의 측면보다는 권력의 제한과 통제 문제에 보다 많은 관심을 기울이고 있다. 국민의 정치참여는 주로 선거를 통해서만 이루어진다. 국민은 오직 선거기간 동안만 최고 주권자 대접을 받을 뿐, 그 이후는 다시 무기력한 피지배자의 신세로 전락하게 된다. 무엇보다 심각한 문제는 "국민이 그의 어휘가 '예' 또는 '아니오', 이 두 마디에 한정되어 있는 주권자"라는 사실이다(Schattschneider 1942, 52). 만약 우리가 진정으로 내실 있는 민주주의를 수립하고자 한다면, 가능한 한 인민의 직접지배를 국가적으로 확립하거나 확대해 나가고자 시도하는 것이 마땅치 않으랴 여겨진다.

하지만 국민들은—정치를 자신들과 상관없는 정치전문가의 영역으로 간주하게 되면—정치에 대한 무력감, 소외감, 무관심, 냉소주의를 심화시켜나갈 도리밖에 없게 된다. 따라서 주권자로서의 국민은 빈껍데기로만 남고, 정치전문가, 정치인, 선거전문가, 여론조사전문가, 특수 이익집단, 특권화한 언론집단 등이 오히려 주권자의 자리를 대체하는 허황한 난맥상이 만들어지게 되는 것이다.

그러나 예컨대 시민은 시민으로서, 공무원은 공무원으로서, 대학생은 대학생으로서, 노동자는 노동자로서, 사무직원은 또 사무직원으로서, 각자가 몸담고 있는 학원, 공장, 기업체, 단체나 기관, 지역 등지에서, 사소한 생활주변의 문제로부터 크게는 그 조직의 진로, 조건, 운영 또는 경영, 장(長)의 선출 문제 등에 이르기까지를 공평하게 다 함께 결정할 수 있는, 전 사회구성원의 직접적인 동참권이 확대되어진다면 어떻게 될까? 말하자면 모든 사회구성원들이, 사회의 모든 부문에서, 자신들의 모든 민주적 통제권과 의사결정권을 꾸준히 넓혀나간다면 어찌 될까 하는 말이다. 이를 위해서는, 요컨대 '아랫것'들의 목소리가 보다 커져야 하리라 짐작된다. 이를테면 위로부터의 국가의 개입과 아래로부터의 국민적 사회참여를 동시에 전개·확대해나가는 것이 보다 바람직하지 않으랴 하는 말이 되겠다. 사회민주주의는 이러한 함의를 스스로 지향하고 있노라고 주저 없이 대내외적으로 선포하는 데 익숙해 있다.

이와 같이 사회민주주의는 국가와 사회 간의 상호관계를 새로운 눈으로 관찰하기에 이르렀다. 대체로 사회민주주의자들은 현대사회가 국가권력의 축소를 통해서만 자유의 극대화를 기약할 수 있는 속성을 더 이상 지니지 못하게 되었다고 주장한다. 아울러 국가 자체도 그를 둘러싸고 있는 여러 다양한 사회·경제적 집단들과 끊임없이 영향을 주고받지 않으면 안 될 정도로, 국가와 사회의 역학관계 역시 일상적으로 변하고 있다고 믿는다. 말하자면 국가와 사회가 상호 규정적이 되었다는 말인 것이다.

사회민주주의는 이러한 인식을 토대로 하여, 사회의 각 분야 속속들이에 적절한 민주적 통제가 이루어지지 못한다면 자유가 온전해질 수 없다고 판단한다. 그러므로 무엇보다 가장 강력한 사회적 영향력을 지니고 있는 집단의 하나인 경제조직 및 단위, 특히 대기업의 민주화는 더할 나위 없이 절실할 수밖에 없는 것으로 여겨진다. 이러한 대기업의 민주화는 무엇보다 그 집단 구성원들의 '공동결정권' 확보 및 확대를 통해 비로소 가능해질 수 있으리라 역설한다. 요컨대 국가권력의 축소보다는 오히려 사회의 민주화가 개인적 자유의 신장을 위한 보다 유효한 수단이 되리라 믿고 있는 것이다.

앞서도 잠시 훑어보았듯이, 사회민주주의는 가치의 다원주의에 기초한다. 이것은 명백히 자유주의적 전통의 유산이다. 사회민주주의는 '최종 진리'를 거부하는 것과 마찬가지로, 특정 가치의 절대성 역시 물리친다. 말하자면 '절대적' 자유니 '절대적' 정의니 하는 것들을 인정치 않는다는 말인 것이다. 단지 상대적 자유와, 상대적 정의만을 받아들일 뿐이다. 이것은 구체적인 정치적 실천 과정에서는 곧, "보다 많은" 자유, "보다 많은" 정의, "보다 많은" 연대로 나타나게끔 된 것이다.

뿐만 아니라 이러한 사회민주주의 기본가치의 "보다 많은" 구현이라는 상대주의적 기본입장은 사회주의가 "지속적인 과제"라는, 사회민주주의의 개량주의적 자기규정과 직결해 있기도 하다. 말하자면 이러한 소신의 밑바닥에는, '사회주의가 유일한 최후의 대안'일 수 없으며, 마르크스주의와는 반대로, '종말론적 유토피아'를 결코 좇지 않으리라는 인식과 다짐이 짙게 깔려 있는 것이다. 그러므로 '자유', '정의', '연대' 등, 사회민주당의 당 강령들에 붙박여 있는 기본가치는 그 개념과 본질이 미리 확정되어 있는 절대적·필연적·궁극적 범주가 아니라, 역사의 흐름에 발맞춰 일상적으로 채워나가고 꾸준히 고쳐나가야 할, 하나의 규범적 방향타로서의 의미를 지닐 뿐인 것이다.

나아가 사회민주주의는 이러한 자신의 소신을 다시 한 번 더 명확히 드러내기 위해, 이 주제를 둘러싸고 빚어내는 다른 이념체계들의 오류를 질타하기에 주저함이 없다. 대략 다음과 같다.

'자유주의'의 오류는 심각한 불평등 및 만인의 만인에 대한 투쟁이 일상화해 있는 사회에서 전체 사회를 포괄하는 인간적 연대 없이 자유와 정의를 만들어내고 보존할 수 있다고 믿는 데 있다. 더불어 '보수주의'의 오류는 부자와 가난한 자, 권력이 있는 자와 없는 자, 유식한 자와 부족한 자 사이에 진정한 연대가 있을 수 있고, 소수의 경제적·사회적·문화적 자유를 유보시킨다면 만인을 위한 법적·정치적 자유가 보존될 수 있다고 믿는 데 있다.

그리고 반권위주의적 '낭만주의자'의 오류는 자유롭고 정의로운 사회질서가 사회적 의무와 결속력 있는 공속감 없이도 가능하며, 그것은 단지 무제한적인 개인적 자유의 필연적 결과라 믿는 데 있다.

나아가 '마르크스·레닌주의적 공산주의' 운동의 오류는 자유 없이도 동등한 권리가 있을 수 있으며, 연대는 강제될 수 있다고 믿는 데 있다. 마지막으로 '파시즘'의 오류는 결속력 있는 인민공동체를 인간의 원칙적 불평등의 토대 위에서, 그리고 개인적 자유 없이도 건설할 수 있다고 믿는 데 있다(Miller und Potthoff 1983, 419).

그러나 여기에도 자본주의적 가치질서에서 벗어나려 발버둥치긴 하면서도 다시 거기에 그대로 주저앉을 수밖에 없는, 사회민주주의의 곤혹스러움 또는 이중성이 다시 한 번 그대로 드러나고 있다.

하지만 기독교 윤리 및 인도주의와 고전철학에 뿌리를 두고 있는 사회민주주의는 '최종진리'(letzte Wahrheiten)를 선포하려 하지 않는다. 세계관이나 종교적 진리에 대한 몰이해와 무관심 때문이 아니라, 정당이나 국가가 그 내용을 규정할 수 없는, 신념에 입각한 인간의 개별적 판단을 존중하기 때문이다(Miller und Potthoff 1983, 386).

그리하여 지향해야 할 공통의 신념이나 세계관이 사라진 자리에, 바로 다원주의에 입각한 기본가치의 체계가 들어서게 된 것이다. 그리고 이러한 기본가치야말로 각 개인의 세계관이나 종교 또는 도덕적 관점에 따라, 다양하게 풀이되고 해명될 수 있는 속성의 것이라 주장한다.

하지만 사회민주주의 자체가—자본주의적 굴레 속에서 운동하는 실천 및 이념체계이기 때문에—사회민주주의의 기본가치도 어쩔 수 없이 자유주의 또는 자유민주주의적 정향을 강하게 띨 수밖에 없다는 것은 자연스러우면서도 모순적인 이치라 할 수 있을 것 같다. 그럼에도 사회주의 인터내셔널에 속해 있는 각국의 사회민주당은 자신들이 추구하는 규범적인 원칙 또는 이념들을 당 강령에 명기하고 있다. 그런데 그러한 '기본가치'들은, 당의 일상적인 정책이나 실천 반경뿐만 아니라, 동시에 당의 진로와 목표까지도 규정하는 당의 근본지침이자 정신으로 작용하는 것이다. 그러므로 그 당의 기본가치는 그 당의 존재이유(raison d'etre)라 할 수 있다. 특히 독일 사회민주주의의 경우, 기본가치에 대한 철학적·이데올로기적 논쟁의 전통은 상당히 장구한 편이다. 그리고 그들은 바로 이 기본가치에 의거해, 비로소 그들의 구체적인 사회·경제적 프로그램을 설정할 수 있다고 믿는다.

마찬가지로 서유럽의 여타 다른 사회민주당이나 사회당 역시, 반드시 '기본가치'라는 규정이 아니라 하더라도 예를 들어 '기본 지주(支柱)', '이상', 또는 '이념' 등등의 이름으로 자신들의 이러한 규범적 지향을 밝히고 있다. 예컨대 독일 사민당은 「고데스베르크 강령」(1959)에서 '자유'(Freiheit), '정의'(Gerechtigkeit), '연대'(Solidarität)를, 오스트리아 사민당(1958)은 '사회적 정의', '보다 높은 복지', '자유', '세계평화'를, 영국 노동당(1973)은 '민주주의', '경제적·사회적 평등'을, 이탈리아 사회당(1973)은 '정의', '평등', '평화'를, 그리고 스웨덴 사회민주 노동당(1975)은 '자유', '평등', '민주주의', '연대', '노동'을 각 각 자신들의 기본가치로 삼고 있다.

이런 맥락에서, 사회민주주의자들은 대체로 "삶의 기회균등"이라는 논법을 즐겨 사용한다. 그 구체적인 내용은 결국, 단순한 자유주의적 '기회균등'의 차원을 넘어서서, '조건의 평등'의 실현을 실질적인 목표로 삼고 있는 셈이다. 요컨대 그것은 한편으로는, 자유경쟁과 업적주의가 망가뜨린 주요한 인간적 가치를 새롭게 복원해내고, 다른 한편으로는, 또 그로 인해 절망적인 타격을 받고 있는, 무엇보다 사회적으로 가장 혜택을 받지 못하는 불우한 개인 및 집단의 생존권 보장 및 인간적 존엄성 회복에 필요한 사회적 조건을 만들어내기 위해 분투 노력한다. 이 경우 국가의 개입을 통한 소득의 재분배가 특히 중요한 수단으로 부각되고 있다.

그러나 사회민주주의자들은 "삶의 기회균등"을 온전히 구현하기 위해서는, 위로부터의 국가적 통제만으로써는 미흡하다고 생각한다. 그를 위해서는 아래로부터의 사회적 참여가 함께 자리하지 않으면 안 된다고 믿는다.

이들의 판단으로는, 사회의 거의 모든 부문에서 기승을 부리고 있는 위계적 지배질서로 인해 사회 구성원 간의 결속력 있는 교류가 차단되고, 그들 사이의 불평등이 심화할 수밖에 없게 된다. 이것은 결과적으로 사회적 적대감을 확산시키는 원인으로 작용한다. 그러므로 보다 많은 인간화와 보다 많은 민주화를 위해, 다시 말해 보다 많은 사회적 형평과 보다 많은 '조건의 평등'을 위해, 특히 사회적 평등의 지표가 되는 기업에서의 노동자 공동결정권의 확장은, 무엇보다 의미 있는 사회민주주의적 기본가치의 실현수단이 될 수 있다고 확신한다. 요컨대 그것은 사회적 종속과 전통적인 관료주의적 위계질서를 극복케 하고, 궁극적으로는 사회 구성원들의 동등권 확립을 가능케 할 수 있는 효율적인 방책으로서, 사회민주주의의 오래된 대안으로 자리를 굳혀 왔다고 말할 수 있을 정도인 것이다.

물론 개별 국가에 따라 다소간의 차이는 있지만, 대체로 사회민주주의는 오늘날 비록 번영은 늘어났으나, 그것이 아직도 불평등하고 불공정하게 분배되고 있다는 사실에 대해서는 대체로 엄중한 자세를 견지한다.

산업화된 국가들에서 생활수준이 꾸준히 나아지고 있음에도 불구하고, 사회체제가 어떠한 것이든지 간에 대부분의 나라들은 개인과 집단 사이의 불평등을 특징적으로 공유하고 있다. 일반적으로 사회민주주의는 생활조건의 다양한 차이에도 불구하고, 그 어떠한 산업국가도 여태껏 시민들이 서로서로 평등한 존재로 행위하고 간주되는 사회를 만들어내지 못하였다고 비판하고 있는 것이다. 물론 부유한 나라들과 제3세계의 가난한 인민들이 도달한 평등사회의 수준이 엄청난 격차를 보일 수밖에 없다는 측면 역시 결코 도외시하지 않고 있음은 물론이다. 요컨대 사회민주주의는 경제성장 및 기술발전에도 불구하고 복리와 행복한 삶을 최대한 보장하는 기회의 평등한 분배가 자동적으로 증진되지는 못하고 있는 현실을 강력히 비판하고 있는 것이다.[88]

예컨대 사회민주주의의 장미꽃이라 불리기도 하는 스웨덴 사민당은 이러한 '번영 속의 불평등', 또는 '풍요 속의 빈곤'이라는 현실인식에서 출발하여, 어떻게 하면 "보다 많은 평등"(greater equality)를 실현시켜나갈 것인가 하는 문제를 스웨덴 노동운동의 근본과제로 설정하고 있기도 하다. 독일 사민당이 '삶에서의 기회균등' 원칙을 표방하는 것과 마찬가지로, 스웨덴 사민당은 "모든 인간은 충실하고 만족

88 Myrdal(1971, 13). 이에 대한 해설을 참고하기 위해서는 Tilton(1990, 215-247)을 볼 것.

스러운 삶을 영위할 동일한 권리를 가진다"는 대전제하에 '충실한 삶을 누릴 평등한 권리'를 역설한다.

이러한 사례에서도 엿볼 수 있듯이, 사회민주주의는 모든 시민이 자신의 미래를 꾸려나갈 평등한 선택의 자유를 가져야 한다는 신념에 뿌리내리고 있다. 이런 취지에서, '선택의 자유에 대한 열망'과 '평등을 쟁취하기 위한 투쟁'이 명백한 상관성을 지니고 있음을 강조해 마지않는다. 따라서 이러한 평등의 권리가 개인적 자유와 결코 대립하는 것이 아니라, 오히려 선택의 자유를 보장하는 사회의 필수적 전제조건으로 기능한다고 믿어 의심치 않는다. 평등은 곧 자유의 전제가 되는 것이다. 이런 의미에서, 사회민주주의가 인식하는 사회주의를 "자유운동"(freedom movement)이라 이해해도 결코 지나침이 없으리라 역설하기도 하는 것이다(Myrdal 1971, 13).

따라서 사회민주주의는 경제·사회·문화 분야에서의 '보다 많은 평등'이 개성이라든가, 개인적 이해관계, 또는 사회적 다양성 등의 추구를 결코 저해하지 않는다고 확신하고 있다. 오히려 삶의 자유로운 형성 기회를 차단하고 인간을 정형화시키는 것은 다름 아닌 자본주의적 불평등과 계급차별이라는 것이다. 그러므로 자연적 불평등을 무기력하게 체념하거나 방관하는 것이 아니라, 주어진 기본한계 내에서나마 그것을 극복하기 위한 인위적 노력을 적극적으로 전개해나감으로써 결과적으로 보다 풍부한 개인적 자유와 인간적 다양성을 쟁취해나가는 것, 그것이 바로 사회민주주의적 평등관의 주요 골자라 역설하는 것이다.

그렇다면 사회민주주의는 거꾸로 예컨대 미국으로 대변되는 자유주의 및 보수주의의 평등관을 어떻게 바라보고 있을까? 그 핵심을 개인에 대한 "평등한 최초의 기회"(equal initial opportunities) 부여 또는 '출발에서의 기회균등'으로 요약한다.

이런 면에서 우리는 다음과 같은 비유를 적절히 활용할 수 있을 것이다. 예컨대 모든 사람을—그들이 지체부자유자든 건강한 청년이든, 부잣집 자식이든 달동네 아이든지 가리지 않고—100m 출발선 위에 똑같이 세워 놓고 자유롭게 달리기 경주를 시키는 경우와 흡사하다. 채프맨의 말을 빌리면 이 기회의 균등은 "가장 무능한 자와 가장 유능한 자에게 성공을 위한 경주의 평등한 출발을 부여"하는 것과 다를 바 없는 것이 된다.[89]

반면에 두 번째 '조건의 평등'은 사회적 기회를 획득하려는 자유경쟁의 출발조건을 평등하게 정비하고자 노력한다. 따라서 순수하게 개인의 능력에 모든 것을 내맡기는 것이 아니라, 개인적 능력의 부족을 사회적으로 메워주는 작업이 필수적이라 인식하는 것이다. 예컨대 100m 달리기에서 다리 하나가 불편한 사람은 얼마쯤 앞에서 출발하도록 배려하는 경우라 할 수 있다. 이러한 것이 바로 사회민주주의적 평등 이해인 것이다.

그리고 마지막으로 '결과의 평등' 하나를 더 추가할 수 있을 것이다. 이것은 출발점이나 자연적 능력은 고려하지 않은 채, 법적 조처나 정치적 수단 등을 이용하여 마지막 결과의 평등만을 얻고자 애쓰는 것이다. 말하자면 출발 단계의 불평등을 마지막 단계의 사회적 평등으로 뒤바꾸어 놓으려 한다는 말이다. 따라서 이 경우 자유로운 경쟁이나 개인적 역량의 발휘가 억제되거나 무시된다. 100m 달리기에서 모든 사람을 똑같이 골인시키려는 것과 같은 이치라 할 수 있다. 이는 지금은 몰락한 과거 소련 및 동유럽 공산권의 평등 인식이라 할 수 있

89 Friedrich(1967, 219)에서 재인용.

을 것이다.

어쨌든 첫 번째 유형의 자유주의적 평등 개념은 단지 대등하게 경쟁할 권리를 보장하는 것, 그 이상도 이하도 아니다. 그러므로 그것은 무한경쟁을 부추기고, 오직 경쟁력 있는 개인 및 집단에게만 생존권을 허용할 따름이다. 이런 관점에서 자유주의자와 보수주의자는 계급적 차이와 불평등을—불평등한 분배 문제에는 전혀 아랑곳하지 않고—생산에서의 높은 수준의 능률 및 번영의 급속한 증대를 위해 지불하지 않으면 안 되는 필연적인 대가로 이해할 뿐이다.

반면에 사회민주주의자들은 이러한 무책임한 몰이해로 인해, 오히려 능률이 파괴되고 사회적 정체가 초래되었다고 단언한다. 서로 다른 사회계급 간의 접촉과 교류는 줄어들고, 그 관계가 심지어 적대적인 속성마저 띠게 될 정도까지 되었다는 것이다. 그리하여 광범위한 사회계층의 구성원들은 인간적 생존을 위한 최소한의 요구조차 받아들이지 않는 기존 사회체제와 경제세력들에 대해, '왜 충성을 바쳐야 하는지'를 되묻고 있다. 사회는 분열하고, 사회집단들은 서로서로 높은 담을 쌓고 있다. 이로 말미암아 사회는 바야흐로 "막다른 골"(stalemate)에 몰리고 말았다. 결과적으로 경제적 효율성조차 증진시키지 못하게 되었다. 뿐만 아니라 사회적 다수가 그들의 능력을 개발하거나 사회적으로 기여할 수 있는 길조차 찾을 수 없게끔 되어버리게 된다는 것이다.

따라서 사회민주주의는 '최초의 기회균등' 논리를 당연히 배척한다. 그 대신 "일생을 통한"(throughout one's life) 기회균등을 보장하는 사회의 책임을 강조한다. 이를 위해 '노동운동의 근간'이기도 한 연대(solidarity)가 절실히 필요함을 역설하는 것이다.

이와 관련하여, 사회민주주의가 추구하는 국가인 '사회적 국가'

는, 특히 사회적으로 보다 불리한 환경에 처할 수밖에 없는 노동자들의 사회적 지위 향상을 위해, 여러 경제적 단위에서의 공동결정권의 증진을 도모한다. 어쨌든 국가를 자본주의의 점진적 변형, 곧 사회민주주의적 개혁을 위한 결정적 도구로 이해하는 것이다. 말하자면 국가는 무정부주의적인 자본주의적 본성을 극복하기 위한 통제와 계획의 수단으로 굳건히 자리 잡게 되리란 말이 된다. 이러한 측면은 무엇보다, 사회민주주의가 지향하는 새로운 경제질서에 대한 구상과 깊은 관련을 맺고 있다.

생산수단의 사회화는 사회주의의 요체로 알려져 왔다. 그러나 사회민주주의는, "공정한 사회질서의 건설을 방해하지 않는 한, 생산수단에 대한 사적 소유는 보호받고 장려받아야 한다"고 선언한다. 사유재산권을 원칙적으로 인정하지만, "다른 수단으로 경제적 역학관계의 건전한 질서를 보장할 수 없는" 경우, 공유재산이 "합목적적이고 필수적"이라는 것 역시 부인하지는 않는다.

이러한 구상도 사회민주주의가 설정하고 있는 경제적 목표와 직결된다. 사회민주주의적 경제정책의 목표는, "꾸준히 증대하는 복지와 국민경제의 소득에 대한 모든 사람의 공정한 참여, 즉 비인간적 예속과 착취가 없는 자유 속에서의 삶"이다. 그리고 이러한 목표를 달성하기 위해, 사회민주주의는 현대의 "중심 문제"인 "경제세력"(예컨대 재벌)에 대한 민주적 통제를 촉구하는 것이다(「고데스베르크 강령」, Miller und Potthoff 1983, 390-391). 비록 국가 개입을 당연한 것으로 정당화하고 있긴 하지만, 사회민주주의는 "진정한 경쟁이 이루어지는" 자유 시장경제를 원칙적으로 옹호한다. 그러나 시장이 개인이나 집단의 독점적 지배하에 놓이는 경우, 외부로부터의 적절한 개입 역시 거부하지 않는다. 그러므로 "가능하다면 경쟁을, 필요한 경우 계획을!",

이것을 전형적인 사회민주주의적 구호라 할 수 있을 것이다. 이런 뜻에서 사회민주주의는 시장경제나 계획경제 어느 것도 절대화하지 않는, 혼합경제체제를 지향한다고 말할 수 있다. 사회민주주의는 한편으로는 전면적 국유화 정책을 거부하지만, 사적 소유의 원칙에 입각한 부분적인 공유화 또는 국유화를 지지하며, 다른 한편으로는 통제적 계획경제를 포기하고 간접적 계획 및 조절에 기초하는 자유경쟁체제를 채택한다.

비록 사회민주주의가 자본주의와 공산주의를 다 같이 공략함으로써 자신이 마치 '제3의 길'을 지향하는 듯한 인상을 주고 있기는 하지만, 실제로는 자본주의의 기본구조와 논리를 원칙적으로 다 수용하고 있는 편이다.

어쨌든 사회민주주의는 민주주의를 목표로 하되, 그 실현을 위한 도구로서, '사회주의'를 채용하고 있는 것이다. 바로 이러한 측면이 자유민주주의와 근본적인 차이점이기도 하다. 그러나 사회민주주의는 계획경제를 포기하고 주요산업을 사회화함으로써, 노동자의 기업경영에 대한 동참권을 확장하고자 시도하기도 한다. 또한 시장경제체제를 준수하나, 동시에 분배의 공정을 기하기 위해, 국가의 개입을 중요시한다. 그리하여 국가의 소득재분배를 통한 사회보장 및 완전고용의 실현을 지향한다.

그러나 무엇보다 두드러지는 사회민주주의의 특성 중 하나는, "노동하지 않을 때는 시민으로서의 민주적 권리를 인정하고, 노동하는 현장에서는 그들을 민주적 미성년 상태로 내모는" 모순적 현실을 타개해나가야 하리라는 선언이라 할 수 있을 것이다.[90]

90 Schlei und Wagner(1976, 132-133)를 볼 것.

이런 맥락에서 볼 때, 모든 각개 사회 분야에서의 민주화를 총체적으로 지향한다고 선언하는 사회민주주의는 나름 자유민주주의의 특정한 결함들을 극복해낼 수 있는 유효하고 긍정적인 속성을 적잖이 지니고 있다고 판단된다.

무엇보다 사회민주주의가 집단적인 노동권 및 노동자의 공동결정권 쟁취를 추진할 뿐만 아니라, 국가를 통하여 사회보장 및 사회정책에 입각한 사회적 안전망 구축에 열중하고, 나아가서는 하층계층으로 하여금 적절한 사회적 몫을 쟁취해나갈 수 있도록 지원하기 위해, 교육개혁과 문화정책 등을 통해 사회적·경제적 구속과 제한을 완화하고자 추구하는 체제이기 때문에, 자유민주주의의 대안기능 수행이 그다지 불가능해 보이지만은 않으리라 예측된다.

사회민주주의의 역사와 본질로부터 이러한 목적 달성을 위한 효율적인 동력을 넉넉히 제공받을 수 있으리라는 기대감 역시 위축되지 않는 양상을 보이기도 한다.

하지만 앞서도 자주 언급하긴 했지만, 사회민주주의는 자신의 목표를 실현하기 위해 자본주의적 방안에 호소할 수밖에 없는 근본적인 한계를 지닌다. 말하자면 사회민주주의적 정신에 입각하여 사회적 형평을 달성하기 위해서는, 사회적 부를 거의 독점하고 있는 자본주의적 소수의 불평등한 특권을 제거하지 않으면 안 될 것이다. 그러나 동일한 사회민주주의적 정신은 그를 위해, 다름 아닌 바로 이 동일한 자본주의적 소수의 도움에 호소하는 방안 이외의 것을 찾아내지 못하는 실정이다. 이처럼 사회민주주의는 이러한 모순적인 딜레마에서 벗어날 수 없는 것처럼 여겨진다.

이렇게 보면, 사회주의의 구현이 "지속적인 과제"라 규정된 것과 마찬가지로, "삶의 기회균등"을 실현하고자 하는 사회민주주의적 이상 역시 '지속적인 과제'로 여겨질 수밖에 없는 것은 아닐까. 이러한 속수무책이 그야말로 사회민주주의의 불길한 행로를 우리에게 귀띔해주는 것처럼 보이기까지 할 정도다.

한마디로 말해 플라톤과 근대적 사회주의자는 사회적 '연대'(solidarity) 확립이라는 본질적으로 동일한 목표를 지니고 있었다. 근대적 사회주의 역시 무엇보다 무분별한 개인의 사회적 경쟁을 지양함으로써 집단적 이해를 관철시키고자 노력하는 것이다.

그러나 지배계급인 철인의 특권을 적극적으로 옹호하는 플라톤과는 달리, 근대적 사회주의자들은 지배계급의 특권을 제거함으로써 만인에게 자유와 정의와 번영을 가져다주기 위해 투쟁해왔노라 말할 수 있을 것이다. 그러한 가치를 구현하기 위해, 공산권이 몰락한 오늘날까지 거의 유일한 사회주의 지향세력으로 고군분투하고 있는 이념체계가 곧 사회민주주의인 것이다. 그리고 만국의 사회민주주의 역시 '연대'를 자신의 핵심적인 기본가치의 하나라 선언하고 있다.

제7장

소련 및 동유럽 공산권의 붕괴

블라디미르 레닌의 지도 아래 볼셰비키들이 이룩한 1917년의 러시아 혁명은 한마디로 마르크스 사상에 의거한 20세기 최초이자 세계 최초의 공산주의 혁명이었다. 이 혁명은 「러시아 사회민주노동당」이 분열한 이후 형성된 극좌파, 볼셰비키가 폭발시킨 것으로서, 일련의 주요 과정을 거치며 전개되었다.

먼저 '2월 혁명'은 로마노프 왕조의 제정을 무너뜨리며 공화국을 탄생시키게 되는데, 이 과정에서 「입헌민주당(카데트)」이 주도하는 임시정부가 출범하게 된다. 이 혁명에 뒤이은 '10월 혁명'에서는 임시정부와 병존하고 있던 볼셰비키 중심의 노동자·농민 인민위원회, 즉 '소비에트'로 권력이 집중되긴 하였으나, 결국엔 1917-1922년간의 내전 폭발로 이어지게 되었다.

이와 같이 여러 난관과 우여곡절을 거치며, 이윽고 1922년 12월 30일 사상 최초의 공산주의 국가, '소비에트사회주의공화국연방'(약칭, 소련, 蘇聯)이 탄생하게 되는 것이다. 하지만 건국 69주년을 맞이하기 나흘 전인 1991년 12월 26일 결국 붕괴하게 된다. 세계에서 가장 넓은 영토와 세 번째로 많은 인구를 가진 대국가의 임종이었던 것이다. 그렇다면 이러한 러시아 혁명은 마르크스주의와 도대체 어떠한 상관성이 있으며, 나아가 소련 및 동유럽 공산권 붕괴에 과연 어떠한 책임이 있는 것일까?

I. 마르크스·엥겔스와 러시아 혁명, 그리고 레닌 및 스탈린

5장 '마르크스주의의 본질' 편에서 이미 구체적으로 살펴보았듯이, 초기부터 말기에 이르기까지 마르크스·엥겔스의 혁명관을 일관되게 관통하고 있는 것은 사회주의 혁명이 의당 선진 자본주의 국가에서 동시에 터져 나올 보편혁명이 되리라는 점이었다. 따라서 세계 여타 다른 지역에서 혁명적 분규가 일어난다 하더라도, 그 최후의 심판자, 최후의 주재자는 곧 이 서유럽의 프롤레타리아트로 인식될 수밖에 없었다.

예컨대 러시아에서의 혁명 가능성을 개진할 때도, 마르크스와 엥겔스는 항상 이러한 관점에서 출발하여 이러한 시각으로 회귀하였다. 심지어 그들은 특정적인 상황하에서는 노동자 계급이 부르주아지를 대신하여 출판·집회·결사의 자유 등, 제반 시민적 자유를 쟁취하기 위해 투쟁하지 않으면 안 되리라 역설하기까지 하였다. 왜냐하면 이 투쟁은 노동자 자신의 "생존요소를 위한 투쟁이며, 호흡에 필수 불가결한 공기를 확보하기 위한 투쟁"이기 때문이다(Engels, MEW 16, 76-77). 이렇게 볼 때, '생존요소와 호흡에 필수 불가결한 공기', 요컨대 사회주의 운동에 필수적인 최소한의 전제조건도 확보하지 못한 차르

러시아에서, 마르크스·엥겔스는 대체 프롤레타리아 혁명을 기대할 수 있었으랴?

그들이 자본주의의 성숙 및 부르주아지의 정치적 지배를 프롤레타리아 혁명의 근본 전제로 간주하였다는 것은 더 이상 강조할 필요조차 없는 일이다. 이런 취지에서 그들은 러시아에서 오히려 부르주아 혁명의 도래를 필연적으로 기대하고 있었노라고 추정할 수 있으리라 여겨진다. 예컨대 마르크스는 1860년에 발표한 한 글에서 다음과 같이 역설한 적이 있다.

> "부르주아지의 정치적 지배는 근대적 프롤레타리아트의 존재뿐만 아니라 그의 해방을 위한 물질적 전제의 창출을 위한 근본조건이다. … 영국이 동참하지 않는 어떠한 프롤레타리아 운동도 물잔 속의 폭풍에 지나지 않는다. … 대륙적 의미에서의 귀족이 그 지배자 지위로부터 축출당해야만 하는 나라들에서는(예를 들어 러시아 같은 곳, 필자 주), 내 생각으로는, 프롤레타리아 혁명의 첫 전제, 즉 전국적 규모의 산업 프롤레타리아트의 존재가 결여되어 있다"(Marx, MEW 14, 449ff).

엥겔스 역시 훗날, 예컨대 러시아의 사회주의 혁명가였던 자술리치(Sassulitsch)에게 보낸 한 서신에서, "러시아 상황에 대해 내가 아는 것 또는 안다고 믿는 것은 나로 하여금 그곳에서는 그의 1789년에 접근하고 있다는 사실을 받아들이도록 만들었다. … 그러한 곳에서 1789년이 일단 시작되면, 1793년의 도래는 잠시다"라 쓰고 있다 (Engels, MEW 36, 303ff).

어쨌든 사회주의 혁명은 이러한 마르크스·엥겔스의 기대나 예측과는 정반대로, 자본주의적 변방에서 터져 나왔다. 아울러 이 지역에서 건설된 사회주의 체제 또한 그들의 구상과는 거리가 먼 왜곡되고 굴절된 속성을 지닌 것들이었다. 결국 그것은 이미 붕괴되었거나, 동요를 면치 못하고 있는 실정이다.

그런데 러시아 혁명은 대체 어떠한 유형의 혁명이었던가? 한마디로 그것은 일종의 사회주의적 돌연변이였다.

자본주의적 생산력이 풍부하게 발전하지도 못한 상태였기에 시민적 자유의 세례도 전혀 받지 못한 반(半)봉건적 불모지, 세계대전의 포연에 피폐할 대로 피폐해진 경제적 황무지, 그러한 곳에 사회주의가 강제 이식된 셈이었다. 뿐만 아니라 혁명정권은 내부적으로는 반혁명 세력의 완강한 저항, 그리고 외부적으로는 제국주의 국가들의 강력한 집중포화에 알몸을 그대로 드러낸 실정이었다.

이런 상황에서 대체 '프롤레타리아트의, 프롤레타리아트에 의한, 프롤레타리아트를 위한' 사회체제가 과연 성립할 수 있을까? 결국 당과 국가에 의한 사회의 전면적이고 일사불란한 강압적 통제가 유일한 대안으로 고착하였다. 결과적으로 마치 프랑스 혁명에 의해 특권계급의 국가가 국민의 이름을 빈 자본가 계급의 국가로 변모한 것과 마찬가지로, 이번에는 러시아 혁명에 의해 프롤레타리아트의 이름을 빈 당(관료)의 국가로 변질되었다. 레닌은 비록 그 혁명을 성공시키긴 했으나, 거꾸로 바로 그 혁명에 의해 포박당하는 신세가 되고 말았다. 왜 그랬을까?

레닌주의는 한마디로 혁명 이데올로기다. 그러나 그것은 저급한 자본주의적 요소와 압도적인 봉건적 체질이 공존하는 다민족적 전제국가를 겨냥한, 제국주의 시대의 혁명 이데올로기다. 바로 이런 의미에서 레닌주의는 이러한 상황적 특수성을 직접적으로 반영하면서, 반

(反)봉건적 혁명강령, 강압적·권위주의적 산업화전략의 정당화 논리체계, 그리고 사회주의적 근본구상을 '몽땅, 한꺼번에' 다 끌어안지 않으면 안 되는 모순투성이 이데올로기였다. 게다가 그것은 저항이데올로기이면서 동시에 지배이데올로기로 군림할 수밖에 없기도 했던 것이다.[1] 따라서 본질적으로 시민혁명을 완료한 선진 자본주의 지역을 조준하였던 마르크스·엥겔스의 혁명이론은 심각하게 수정되지 않으면 안 되게끔 되었다.[2]

물론 레닌은 자본주의의 필연적 붕괴, 프롤레타리아트의 혁명적 계급투쟁을 통한 사회주의 건설, 무계급사회 실현 등등, 마르크스주의의 본질적 핵심은 그대로 답습하고는 있었다. 그러나 마르크스·엥겔스에 의해 소홀히 취급당하거나 거의 무시당한 채 방기되어 있던, 당이론, 농민문제, 민족문제, 국가이론, 제국주의론 등을 새로운 각도, 새로운 차원에서 새롭게 수정하거나 재조명하지 않으면 안 되었던 것이다.

하지만 레닌주의는 본질적으로는 혁명 이데올로기이긴 했지만, 동시에 혁명에 의해 쟁탈된 권력질서를 완비하기 위한 체제유지의 '보수' 이데올로기로 변질될 수밖에 없는 숙명적 과정을 겪을 수밖에 없게 된다. 이런 맥락에서, 지배 이데올로기로서의 레닌주의는 사실상 프롤레타리아트를 단순히 피동적 통치대상으로 전락시키는 비민주적 1당 독재체제의 이론적·실천적 토대를 제공하지 않으면 안 되게끔 되었던 것이다. 특히 볼셰비키 당이론이 그 전형적인 사례이리라. 응당 그러한 현실적인 이론적 수정 과정이 레닌으로 하여금 마르크스

1 Örtzen(1980, 88) 참조.

2 레닌주의의 본질 및 마르크스주의와의 상호 관련성을 보기 위해서는, 박호성(1992)을 볼 것.

주의를 러시아화하도록 강요한 러시아적 상황의 특수성에 기인하는 바가 적지 않았을 것임은 물론이다. 무엇보다 레닌이, 마르크스·엥겔스와는 달리, '실천적인' 혁명가였기 때문이다. 사회주의 식목의 전제가 주어져 있지 못한 토양에서 사회주의의 열매를 맺게 하려는 강압적 노력들이 결과적으로 이러한 기형적인 역사현실을 창조해내고 말았으리라 여겨진다.

한편 엥겔스는 그의「독일 농민전쟁」에서 이 문제와 연관되는 대단히 흥미로운 언급을 한 적이 있다.

> 한 극단적 당파(extreme Partei)의 지도자가 봉착할 수 있는 최악의 상태는, 운동(Bewegung)이 아직, 그가 대변하는 계급의 지배와 이 계급의 지배가 요구하는 조처들의 수행에 필요할 만큼 성숙치 못한 시기에 통치(Regierung)를 떠맡도록 강요당할 때이다.
> 그가 의당 해야만 하는 것은 그의 의지에 달려 있는 것이 아니라, 오히려 다양한 계급들의 모순의 심도에, 그리고 계급모순의 일상적 수준이 뿌리내리고 있는 제반 물질적 생존조건 및 생산 및 교류관계의 발전 정도에 달려 있다. 그러나 그가 할 수밖에 없는 것은, 그리고 그의 당파가 그에게 요구하는 것은, 그에게도 또한 계급투쟁 및 그 조건들의 발전 정도에도 달려 있지는 않다; 그는 사실상, 적대적 사회계급의 일시적 위상이나 생산 및 교류관계의 일시적이고 다소 우연적인 수준이 아니라, 사회·정치적 운동의 일반적 결과들에 대한 그의 다소간의 통찰력에서 비롯하는, 그 자신 지금까지 주장해왔던 교리와 요구들에 묶여 있다. 그래서 그는 필연적으로 풀 수 없는 딜레마에 봉착하게 된다: 그가 의당 해야만 하는 것은 자신의 지금까지의 모든 노력, 그의 제반 원칙 및 자신이 속해 있는 당파의 직접적 이해관

계에 배치되는 것이다; 반면에 그가 할 수밖에 없는 것은 이행되어져 서는 안 될 것이다. 한마디로 그는 자기 당파나 자신의 계급이 아니라, 당면 운동의 지배를 가능케 할 수 있을 정도로 성숙해 있는 바로 그러한 계급을 대변하도록 강요당하는 것이다. 그는 운동의 이해관계 자체 속에서 그에게 이질적인 한 계급의 이해관계를 수행해야 하는 반면에, 자신의 계급에게는 그 이질적인 계급의 이해관계야말로 바로 우리 자신의 이해관계라는 구호와 약속과 격려를 보냄으로써, 그들의 입을 막지 않으면 안 된다. 이러한 왜곡된 상황에 빠지는 자는 구제할 수 없을 정도로 패배한다(강조는 필자). 최근에도 우리는 이러한 사례를 체험하였다; 우리는 단지, 비록 그들이 프롤레타리아트의 대단히 저급한 발전단계를 대표하긴 했지만, 프랑스 마지막 임시정부 시기의 프롤레타리아트 대변자들[Louis Blanc과 Albert(Alexandre Martin), 필자 주]의 상황을 회상하는 것으로 족하다"(Engels, MEW 7, 400-401).

여기서 엥겔스는 사실상 물질적 전제조건의 충족 및 객관적 상황의 성숙이 사회혁명에 얼마나 필수적인가 하는 것을 재차 역설하고 있다. 이처럼 '물질적 상황의 미성숙'과 같은 "이러한 왜곡된 상황에 빠지는 자는 구제할 수 없을 정도로 패배"하리라는 엥겔스의 관점에서 본다면, 레닌은 패배를 자초하는 혁명가로 판정받기에 부족함이 없을 정도로 비친다.

우리는 이 기회에 국가문제를 두고 마르크스와 무정부주의자 바쿠닌(Bakunin) 사이에 벌어졌던, 대단히 교훈적인 논쟁을 회상해 볼 필요가 있다.

널리 알려져 있다시피, 마르크스에게 프롤레타리아 혁명 이후의 국가는 단지 공산주의사회 건설을 위한 과도기적 수단에 불과한 것이었다. 레닌 역시 이 원리를 충실히 따랐다. 반면에 바쿠닌은 이러한 논리를 근본적으로 배척한다. 그는 프롤레타리아 독재라는 것은 단지 "소규모 특권적 소수에 의한 인민대중의 지배"에 지나지 않을 것이며, 일단 그것이 수립되면 "인민을 대표하는 것이 아니라 스스로를 대표" 하게 되리라 단언한다. 말하자면 프롤레타리아 국가라는 것은 전체 프롤레타리아 계급의 이해관계를 떠나, 오직 일부 소수 특권계급의 이해관계 수호에만 집착하게 될 기구라는 것이 바쿠닌의 주장이었던 것이다. 나아가 그는 이렇게 될 가능성조차 내다보지 못한다면, 그는 "인간본성에 대해 지독히도 아는 게 없는" 사람에 지나지 않으리라고 단정 짓기까지 한다.[3]

이와 같이 바쿠닌은 몰락한 소련 및 동유럽 공산권을 지배했던 이른바 프롤레타리아 국가와 관련된 사회적 모순을 실감케 하는 예리한 예언적 통찰력을 이미 1872년 우리에게 보여준 것이다. 그는 여기서 그치지 않고, 이러한 국가 안에서 벌어질 일들을 마치 공상소설처럼 보다 구체적이고 적나라하게 예단한다.

> 더 이상 특권 계급은 존재하지 않을 것이다. 그러나 정부는, 극단적으로 복잡한 정부는 존재할 것이다. 그러나 그 정부는 대중을 정치적으로 통치하고 관리하는 일에만 만족하지 않을 것이다. 그것은 생산과 부의 정당한 분배, 토지의 경작, 그리고 공장의 건설과 유지 및 상업의 조직과 지도, 마지막으로 유일한 은행가인 국가에 의한 생산자본

3 Maximoff(1953), 특히 pp. 283-289. 인용은 p. 287. 아울러 Hudelson(1993, 44-47)도 참조할 것.

의 활용을 자신의 수중에 집중시킬 것이다.

이 모든 것을 위해 이 정부는 엄청난 지식과 '넘칠 정도의 지력을 소유한 두뇌들'을 요구하게 될 것이다. 그것은 과학적 지성(scientific intelligence)의 지배, 요컨대 가장 귀족적이고 전제적이고 오만하고 방약무인한 지배를 생성시킬 것이다. 새로운 계급, 진짜든 가짜든 과학자와 학자의 새로운 위계질서가 생길 것이다. 그리고 세계는 지식의 이름으로 지배하는 소수와 무지한 다수로 분리될 것이다. 그렇게 되면 무지한 다수 대중은 고통 속에 빠질 것이다(강조는 필자).[4]

그런데 이 인용문에 등장하는 '과학적 지성의 지배', '지식의 이름으로 지배하는 소수' 등의 표현을 구공산권을 지배했던 '전위당'으로 바꾸어 놓으면, 곧 바로 현실감이 회복될 수 있지 않을까 여겨진다.

물론 바쿠닌의 이러한 비판이 국가 일반에 대한 그의 원천적인 부정에서 비롯한 것이긴 하지만, 이처럼 훗날 소련 및 동유럽 공산권의 역사적 체험에 그대로 적용할 수도 있다는 점에서 일반론 이상의 설득력을 지니고 있는 것처럼 비칠 정도다.

뿐만 아니라 1880년대의 부르주아 경제학자들 사이에서도 이미 사회주의적 생산양식이 초래할 치명적인 문제점들에 대한 논의가 널리 행해지고 있었다. 사실 이 사례 역시 주목을 요하는 측면이 아닐까 한다. 예컨대 알베르트 샤플레(Albert Schaffle)와 아돌프 바그너(Adolph Wagner) 등은 사회주의 경제가 경제적 동기로서의 이윤추구를 무시하고, 권위주의적 통제 및 노동세계에서의 제반 자유권의 제거, 그리고 개인적 욕구의 억압 등 위험한 집단주의적 중앙화 경향을

4 Kenafick(1984, 38). Femia(1993, 146-147)에서 재인용.

지니게 되리라 경고한 바 있다.[5]

다른 한편 마르크스·엥겔스가 주창한 프롤레타리아 독재란 과연 어떠한 것이었던가? 그것은 한마디로 프롤레타리아트 다수에 의한 비(非) 또는 반(反) 프롤레타리아트 소수에 대한 독재를 의미하는 것이었다. 하지만 레닌뿐만 아니라 마르크스·엥겔스 역시 보편적 계급으로서의 프롤레타리아트에 의한 독재에 대해 지나친 낙관적 환상을 지니고 있었던 것처럼 보인다. 프롤레타리아 독재 그 자체가 의심할 여지없이 민주주의적이 될 수밖에 없으리라는 확고한 신앙을 품고 있었기 때문에, 인권·법치주의·권력분립·대의제도·보통선거 등, 제반 민주주의적 절차 및 제도를 어떻게 사회주의적 목적에 부합하도록 개혁할 것인가 하는 문제에 대해서는 지나친 무관심으로 일관했던 것 같다. 따라서 프롤레타리아 독재는—어떤 식으로든지 다수의 명분만 확보하기만 하면 항상 외형적 정통성을 손쉽게 획득하곤 하는 급진적 또는 전체주의적 민주주의의 여러 사례들에서 익히 보듯이—항상 소수지배의 정당화 근거로 악용될 소지를 지니고 있는 체제였다. 그것은 이미 소련 및 동유럽 공산권에서 여지없이 입증된 바 있지 않은가. 바로 이런 의미에서, 바쿠닌의 주장이 예언적 탁월성을 지니고 있는 것이라 할 수 있다는 말인 것이다.

하지만 특히 스탈린은 역시 특출했다. 바야흐로 그의 치하에서 프롤레타리아 독재는 아이러니컬하게도 자신의 원천적 성립을 위해 필연적으로 요구되는 전제조건, 즉 프롤레타리아트의 창출에 필요한 여러 조건들을 가까스로 마련하기 시작한 것이다.[6]

5 이에 대해서는, Schaffle(1885, 7, 24f); Wagner(1892, 58 이하)를 참고할 것.

6 Lane(1982, 24) 참조.

다시 말해 프롤레타리아트가 프롤레타리아 독재를 만든 것이 아니라, 프롤레타리아 독재가 프롤레타리아트를 만들어내게 되었다는 말이 되겠다. 이러한 것이 사실상 스탈린 시대의 환상적인 업적인 것이다.

필자는 앞서 마르크스주의가 지니고 있는 '과학'과 '이데올로기'의 복합성 또는 이중성을 지적한 바 있다. 말하자면 마르크스주의는 과학적 방법론이자 동시에 혁명의 필연성에 대한 신앙을 포괄하고 있다는 말이다. 그러나 이 과학성과 이 혁명적 신앙은, 마치 이성과 감성처럼, 서로 충돌할 가능성 내지 위험성을 항상 소지하고 있는 것이다. 왜냐하면 그것은 보편적 논리체계와 특수한 혁명전략 간의 갈등요인을 내장하고 있기 때문이다. 그런데 이러한 보편성과 특수성 사이에 갈등이 터져 나오면 어찌 될 것인가.

이미 1960년대 소련에서는 게프터(M. Gefter)가 바로 이러한 측면에 처음으로 조명을 가하기 시작한 바 있다. 그는 한편으로는, 마르크스주의 이론의 본질적 구성부분인 "우주에서 가장 역동적인 대상", 즉 인간사회의 "모든 관계 및 연관성을 포괄할 필요성", 그리고 다른 한편으로는 정반대로, "일체를, 대중이 받아들일 수 있고 수백만을 투쟁으로 이끌 수 있는 명백하고 단호한 전술적 계획·지령·구호로 환원시킬 수 있는 단순화의 필요성", 요컨대 다름 아닌 '포괄성'과 '단순화'라는 두 상극적 요소 속에서 마르크스주의의 생존과 발전에 필수적인 역설적 조건을 찾고 있는 것이다. 그러나 게프터는 바로 이러한 모순이 마르크스와 엥겔스 자신의 이론적·방법론적 구조의 '불완전성'에 결과적으로 이데올로기적 '완결성'을 덮어씌우는 하나의 "드라마"로 귀결하게 되었다고 주장한 것이다.[7] 말하자면 마르크스주의 이론의 보편적 체계가 숙명적으로 매번 특수한 개별적 혁명운동을 위해 일일이 동원되지 않으면 안 되게끔 되었고, 그 와중에 그것은 점차 계속적인 연구와 검증을 필요로 하는 하나의 대안적 방법론이 아니라, 결코 오류가 있을 수 없는 일종의 완결된 종말론적 논리체계로 변질되었다는 말이 되겠다.

이윽고 마르크스주의는, 특히 레닌과 스탈린 등에 의해, 끝내는 '과학적 세계관'으로 탈색하게 되었고, 그러한 상태로 바야흐로 레닌주의적 정당 및 공산국가들의 공식적 교리체계로 고착해버리고 만다. 마르크스주의는 급기야는 마르크스·엥겔스 자체를 왜곡해버리고 마는, 지배집단의 단순한 '정당화 이데올로기'로 전락하는 '비운'을 겪게 되었던 것이다.

II. 마르크스주의·레닌주의·스탈린주의

레닌을 "혁명의 마술사" 또는 "혁명적 기회주의자"라 일컫기도 한다. 이를테면 혁명을 위해서라면 어떠한 사소한 '기회'조차 결코 마다하거나 방관하지 않았던 인물이라는 말이 되리라. 응당 레닌은 볼셰비키 혁명을 성공시키기 위해, 온갖 가능한 방안을 샅샅이 강구하였음은 물론이다. '심지어는' 러시아에까지 드리워진 제국주의의 사슬을 국제적으로 분쇄하기 위해, 억압받는 식민지 대중의 반제투쟁을 고취하기도 하였다. 이윽고 "만국의 노동자여 단결하라!"는 마르크스의 구호가 "만국의 노동자와 억압받는 식민지 민중이여 단결하라!"로 바뀌기도 한 것이다.

7 Pantin and Plimak(1991, 50)에서 재인용.

바로 앞서도 언급하였지만, 레닌주의는 본질적으로는 혁명 이데올로기이지만 동시에, 혁명을 통해 쟁탈한 권력을 완결 짓기 위한 체제유지의 '보수적' 지배 이데올로기로 변질될 수밖에 없는 숙명적 과정을 겪게 된다.

그러나 지배 이데올로기로서의 레닌주의는 실제로는 프롤레타리아트를 단순히 피동적 통치대상으로 전락시키는 비민주적 1당 독재 체제에 이론적·실천적 정당화 논리를 제공할 수밖에 없었다. 특히 볼셰비키 당 이론은 그 전형적인 사례다. 물론 이러한 현실은 무엇보다 레닌으로 하여금 마르크스주의를 '러시아화'하도록 강요한 러시아적 상황의 특수성에 기인하는 바가 적지 않음을 방관해서는 안 될 것이다. 요컨대 사회주의의 전제가 주어져 있지 못한 곳에서 사회주의를 창출하려는 강압적 노력들이 결과적으로 이러한 기형적인 역사현실을 창조해내고 말았던 것이다.

어쨌든 혁명은 성공하고 소련은 출범하였다. 그러나 혁명 성공 후 레닌의 약속이 거의 대부분 지켜지지 않았음은 물론이다. 하지만 1917년 볼셰비키 혁명을 기점으로 하여, 인간에 대한 인간의 착취에 기초하는 인류의 전사(前史)는 종결되었노라고 장중히 선포되었다. 그러나 이러한 '프롤레타리아트의 조국' 소련은 결국 무너져 내렸고, 현재 러시아에서는 새로운 착취의 시대가 서서히 열리기 시작하고 있는 것처럼 보인다.

어쨌든 레닌주의는 이처럼 특정적인 사회상황을 기반으로 하여 태어나게 되었다. 레닌은 한편으로는, 특히 수정주의로 인한 국제 사회주의 진영의 이념적 동요와, 다른 한편으로는, 러시아적 현실의 특수성을 동시에 예리하게 포착하고 있었다. 바로 이러한 대내외적 요인들이 레닌의 마르크스주의 해석에 직접적인 영향을 끼쳤으리라 짐작된다.

유럽은 1880년대에 이르러 반복되는 경제위기를 겪고 있었다. 그리하여 몰아닥친 경기침체와 실업고조 등은 사회주의 운동권으로 하여금 자본주의의 조속한 붕괴를 확신토록 만드는 데 충실히 기여하였다. 반면에 1895년 무렵부터 새로이 전개하기 시작하는 경제호황은 한편으로는, 자본주의의 필연적 붕괴를 역설하는 혁명적 구호의 허구성을 폭로함으로써 프롤레타리아 계급의 혁명의지와 계급의식을 잠식해 들어갔고, 다른 한편으로는, 마르크스의 기본적 이론체계에 대한 강렬한 회의를 불러일으키기도 하였다.

이러한 상황에서, 사회주의 노동운동권은 상이한 전략적 대응논리를 좇으며 이질적인 진영으로 상호 분열하기 시작한다. 요컨대 마르크스의 근본강령으로부터 공식적으로 이탈함으로써 수정주의를 표방하는 세력과, 실천적으로는 개량주의에 집착하면서도 이론적으로는 혁명적 마르크스주의를 포기하려 들지 않는 카우츠키 류의 '기회주의' 진영이 생성되었다. 다른 한편, 객관적 사회상황이 불리함에도 불구하고 마르크스의 혁명이론과 실천전략을 재복구하고자 시도했던 로자 룩셈부르크 등을 중심으로 한 급진 좌파세력은 노동운동권의 주류에서 외곽으로 내몰림당하는 실정이었다.[8]

레닌은 수정주의 논쟁을 열심히 추적하였고, 카우츠키의 정체를 온전히 파악하기 위해서도 적잖은 시간을 소비하지 않으면 안 되었다. 어쨌든 수정주의의 번창과 혁명적 마르크스주의의 퇴조는 레닌으로 하여금 보다 신중하고 현실적인 전략적 대안을 탐색하도록 만들었다.

의당 러시아가 처해 있던 당시의 역사적 상황[9] 또한 결정적으로

8 Conert(1973, 23 이하) 참조.

레닌의 마르크스주의 수용에 지대한 영향을 미쳤음은 물론이다. 당시 러시아의 국민생산에서 농업이 차지하는 비중은 산업의 그것보다 압도적으로 높았다. 수출은 90% 정도가 대부분이 농업생산물로 이루어진 원료로 충당되었다. 예컨대 1914년 전체 러시아 인구 1억 7천만 중 18.3%가 도시에, 그리고 81.7%가 농촌에 거주하고 있었다. 자본주의적 산업화를 위한 객관적 조건도 결코 유리한 편이 되지 못하여, 자본부족과 인민대중의 절대궁핍이 자본주의적 시장 형성을 심각하게 저해하였다. 1914년을 전후한 러시아 주민의 구성분포는 1.4%가 귀족, 15.9%가 대단히 다양한 계층으로 이루어진 중·상류층(기업가, 상인, 관리, 부농, 지식인 등), 16.7%가 노동자 및 사무직원, 그리고 65.1%가 소농 및 농업노동자로 이루어져 있었다. 이러한 농업 주민의 수적 우세와 부르주아지 및 산업 프롤레타리아트의 상대적인 허약성이 혁명 전야 러시아 사회의 후진성을 그대로 반증한다.

정치적으로도 러시아 인민은 거의 부르주아 민주주의적 시민권을 보장받지 못한 채, 차르에 의한 전제적 폭압통치의 제물로 마냥 방치되어 있을 따름이었다. 이러한 상황에서 특히 수적으로 우세했던 소농의 극심한 궁핍은 차르체제를 폭파시켜버릴 수도 있는 가장 위험한 시한폭탄으로 잠복하고 있었다. 그리하여 폭력적인 농민봉기가 거듭됨으로써 차르체제는 점차 막다른 길로 내몰리기 시작하였다. 레닌주의는 사실상 이러한 대내외적 시대상황을 여실히 반영하고 있다.

레닌은 물론 근원적으로는 마르크스주의의 근본토대에 튼튼히 뿌리를 내리고 있다. 그는 마르크스 및 엥겔스와 마찬가지로 무계급

9 당시 러시아사회의 사회경제적 배경을 개관하기 위해서는, Rosenberg(1969, 66-84); Geyer(1985, 9-43); Von Laue(1971, 21-69) 등 참조.

사회를 지향하였다. 자본주의는 혁명에 의해 사회주의로 대체될 수밖에 없다는 것 역시 확신하고 있었으며, 나아가 억압당하는 사회계급의 해방을 위한 계급투쟁이 역사의 추동력임을 또한 믿어 의심치 않았다. 그는 또한 그의 스승들과 더불어 특정 역사단계의 생산관계는 이데올로기적 상부구조의 물질적 토대를 형성한다는 신념을 공유하기도 하였다.[10]

그러나 이러한 원칙적·강령적 공통성에도 불구하고, 레닌주의와 마르크스주의는 대략 다음과 같은 네 개의 범주에서 특징적인 차이를 보여주고 있다.

첫째, 레닌은 마르크스주의를 러시아적 특수상황에 맞게 변형시켰다.[11]

레닌은 분명 서유럽에서 개화하고 발전했던 마르크스주의 형태를 수용하고 있긴 하지만, 당시 그곳에서 통용되었던 것과는 구별되는 독특한 해석방식을 제시하고 있다. 그것은 무엇보다도 사적 유물론에 대한 해석과 관련된다.

레닌은 인간의 사회에는 특정한 발전법칙이 존재한다는 것을 확신하고 있었으며, 사회주의의 도래 역시 역사적 필연임을 신봉하였다. 그러나 그는 이 법칙들이 작동하는 방식 및 사회적 발전과정 속에서 인간의 집단·계급·개체가 떠맡는 역할이 서로 상이함을 특별히 강조하기에 이른다. 요컨대 레닌은 '보편적인' 마르크스주의가 아니라, 단지 하나의 '구체적인' 사회, 하나의 '특정한' 역사상황에 관련되

10 마르크스, 엥겔스와 레닌의 사상적 상관관계를 보기 위해서는, Corrigun et al.(1978); Rabehl(1973) 등을 참고할 것.

11 이런 측면은 특히 Weber(1969, 22 이하); Jaroslawski(Hamburg 1973, 97) 등에서 강조되고 있다.

고 적용되는 마르크스주의만을 염두에 두고 있었던 것이다. 다시 말해 마르크스의 이론이 러시아 사회에 어느 정도의 가치와 정당성을 지니고 있는가 하는 것을 살펴보는 것은, 레닌에게는, 보편적·추상적인 역사발전과정을 연구하기 위한 것이 아니라, 무엇보다도 '러시아 사회의 구체적 실상'을 탐구하기 위해 마르크스의 방법론을 어떻게 적용할 것인가 하는 것을 따져보는 일을 가리킨다는 말인 것이다.

레닌은 「우리의 강령」이라는 글 속에서, "러시아 사회주의자들에게 특별히 필요한 것은 마르크스의 이론을 자주적으로 계속 발전시켜 나가는 일이라고 우리는 생각한다. 왜냐하면 개별적으로는 마르크스의 이론이 영국에 대해서는 프랑스와는 달리, 그리고 프랑스에 대해서는 독일과는 달리, 또 독일에 대해서는 러시아와는 달리 적용되어지는 보편적 기본강령을 제공하기 때문"이라고 역설한 바 있다(강조는 원문에서)(Lenin, LW 4, 206).

하지만 이러한 시각은 사회의 보편적인 발전 과정을 여러 단계의 고정적이고 연속적인 전개로 간주하는 그러한 유형의 사적 유물론 해석 방식을 거부하도록 만들었다. 러시아의 특수한 역사현실은, 레닌으로 하여금, 그러한 해석 방식을 허용치 않았던 것이다. 동일한 이유로 레닌은, 소위 '자동붕괴론자'나 '통속적 마르크스주의자'들이 흔히 그러했던 것처럼, 인간행위의 중요성을 몰각하는 역사 과정의 결정론적·자연법칙적인 해석 역시 배척하였다. 레닌은 물론 완벽한 '의지의 자유'를 구가하지는 않았지만, 그렇다고 해서 인간행위의 결정적 중요성 역시 결코 간과하지는 않았던 것이다.

레닌은 이러한 역사인식과 러시아적 특수현실에 기초하여, 마르크스와 엥겔스가 등한히 했던 여러 중요한 주제들에 특별한 관심을 기울였다. 그리하여 사회주의 혁명 과정에서 농민이 어떠한 역사적 역할을 떠맡아야 하는지를 구체적으로 분석해내었다. 또한 차르체제와 같은 정치적 질곡 속에서 어떠한 유형의 정치적 투쟁이 궁극적인 승리를 보장할 수 있을 것인가 하는 것을 골똘히 탐색하면서, 무엇보다도 '전위당'의 역사적 기능을 예리하게 파헤치기도 한 것이다. 나아가 민족 및 제국주의 이론, 그리고 그와 직결된 식민지 피억압 인민대중의 혁명적 역할에 대한 레닌의 진지한 탐구는 마르크스주의의 외연을 보다 풍부하게 확장하는 데 폭넓게 기여하기도 한 것으로 평가할 수 있을 것이다.

1차 대전 중 레닌은 특히 제국주의론을 정립하고 국가 및 혁명 이론을 완성함으로써, 러시아의 범주를 뛰어넘는 세계적 차원의 혁명 전략을 수립해 나갔다. 요컨대 그는 국제 사회주의 혁명 과정에서 후진 러시아가 갖게 될 역할과 지위를 새롭게 규명해냄으로써, 마르크스주의 이론에 중요한 전기를 마련하기도 한 것이다.

이처럼 레닌은 러시아적 특수현실 속에서의 체험, 그리고 20세기의 새로운 상황 전개를 마르크스주의와 새롭게 결합시키고자 노력하였다. 그는 말하자면 특수성과 보편성의 조화를 추구하였던 것이다. 마르크스주의는 레닌에 의해 이렇게 '러시아화'되었던 것이다.

둘째, 레닌의 마르크스주의 이해에서 결정적인 것은, 마르크스주의가 레닌에게는 무엇보다도 혁명이론이었다는 점이다. 따라서 그에게는 마르크스주의자와 혁명가는 응당 동의어였던 것이다. 레닌은 물론 사회주의 혁명의 필연성을 신봉하였다. 그러나 그는 그 필연성을 생산력의 지속적 발전을 저해하는 생산관계와 생산력 간의 충돌이라는 추상적 논리구조로 설명하려들지는 않았다. 반대로 레닌은 그것을 고도로 발전한 부르주아 사회의 특징인, 생산의 사회적 성격과 착취의 사적 특성 간의 모순으로 해석한 것이다(Jaroslawski 1073, 100 이하).

그런데 이 사실은 대단히 중요한 의미를 지닌다. 무엇보다 논의의 전체적 무게가 결국 '자동붕괴론'으로 귀착하곤 했던 추상적 영역으로부터 역사적으로 주어진 사회의 구체적인 계급모순과 갈등의 차원으로 이전되기 때문이다. 이러한 레닌식 접근법은, 사회주의의 운명을 결정짓는 것은 인간의 의지 및 사회계급의 운동으로부터 독립한 그 어떤 추상적인 발전법칙이 아니라, 바로 계급의 구체적인 역학관계라는 기본 관점에 기초하는 것이다.

그러나 생산과 착취의 성격 사이에 모순이 존재한다는 사실 그 자체가 항상 체제 붕괴의 필연성을 입증하지는 않는다. 왜냐하면 만일 이러한 모순과 적대적 갈등에 희생당하는 쪽이 타협과 양보를 통해 기존체제를 수용하고자 한다면(예컨대 수정주의자들처럼), 자본주의 체제를 타도하거나 그것을 사회주의로 대체해야 할 하등의 이유가 존재하지 않기 때문이다. 레닌은 바로 이러한 측면을 예리하게 간파하고 있었던 것이다.

레닌은 이미 그의 초기 작품인 「나로드니키 노선의 경제적 내용」에서 다음과 같이 선언한 적이 있었다.

> 객관주의자(예컨대 슈트루베: 역자)는 주어진 역사 과정의 필연성을 이야기한다. (반면에) 유물론자(예컨대 레닌 자신: 역자)는 주어진 사회경제적 구성체와 그에 의해 생성된 제반 모순적 상황에 대해 엄밀한 판단을 내린다. 객관주의자가 일련의 사실들의 필연성을 증명하고자 할 때, 그는 항상 이 사실들을 변호하는 사람의 입장으로 전락할 위험성을 지닌다. (반면에) 유물론자는 계급적대를 폭로하고 그와 더불어 자신의 입장을 확고히 구축한다. 객관주의자는 '극복할 수 없는

> 역사적 경향'에 대해 이야기한다. (반면에) 유물론자는 주어진 경제 질서를 '지휘'하고, 그 경우 이러저러한 형태 속에서 타 계급들의 반발을 야기하는 계급에 관해 말한다. 이러한 방식으로 유물론자는 한편으로는 객관주의자보다 더욱 일관되게, 또 자신의 객관주의를 더욱 철저하고 완벽하게 관철시킨다. 유물론자는 과정의 필연성에 대한 언급에 만족하지 않고, '어떠한 계급'이 이 필연성을 완성시키는가 하는 것을 해명하는 쪽으로 나아가는 것이다(Lenin, LW 1, 414).

바로 이런 측면에서, 마르크스주의에 대한 '전통적인' 해석과 레닌의 그것 사이에 뚜렷한 차이가 드러난다. 레닌에 의하면 사회주의란 단순한 역사적 필연이 아니다. 그리고 어떠한 경제발전도 '피할 수 없는 경향'으로서의 사회주의와 직결되는 것은 아니다. 물론 레닌은 마르크스주의적 전통에 입각해 있다. 그렇기 때문에 그는 자본주의가 수적으로 거대한 노동자 계급을 생성시킬 뿐만 아니라 나아가서는 생산력의 강력한 발전을 통해 생산과정의 전면적인 사회화까지 초래한다는 사실을 익히 알고 있었다. 또한 그것이 사회주의 사회의 필수적인 물질적 전제가 된다는 것 또한 확신하고 있었다. 하지만 '피할 수 없는 발전법칙'으로서의 사회주의의 필연적 도래라는 식의 도식 같은 것을 결코 신봉하지는 않았던 것이다.

한마디로 레닌은 '사회주의의 역사적 필연성' 도식을 '사회주의의 역사적 가능성' 도식으로 변화시켰다고 말할 수 있다. 그리고 이것은 레닌의 이론 및 실천의 발전 과정에서 결정적인 요체로 작용한다. 레닌은 역사발전의 숙명론적·기계론적 해석을 단호히 거부하고, 그 대신 인간적·주체적 요소의 우위를 확고히 설파하는 것이다.

그러나 이것은 물론 유물사관에 의해 폐기된 맹목적 '행동주의'(voluntarism)의 추종을 의미하지는 않는다. 단지 그는 사회주의의 실현을 위한 객관적 전제들이 충족되어 있다는 가정에서 출발하여, 바로 그 전제를 활용함으로써 사회주의의 잠재적 가능성을 현실화시킬 수 있는 사회적 주체, 즉 프롤레타리아 계급의 계몽과 조직적 결속이 필요함을 역설하고 있을 따름이다. 그리하여 레닌은 마르크스주의 이론에 새로운 역사적 필연성의 개념, 말하자면 주관적·의지적 필연성의 개념을 새롭게 끌어들이고 있는 것이다. 이처럼 레닌은 주관적 요소, 즉 행동에의 의지를 전면에 부각시킴으로써, 혁명적 사회주의의 구현에 매진할 따름이었다.

셋째, 앞서도 언급했듯이 레닌주의는, 마르크스주의와는 달리, '운동의 논리'이면서 동시에 '제도권의 논리'라는 이중성을 갖는다. 그것은 본질적으로 파괴와 혁명의 이론이긴 하지만, 그럼에도 10월혁명 이후에는 통치의 이데올로기로 부상하면서 권력의 유지·존속이라는 현실정치적 요구에 사로잡힐 수밖에 없게 된다. 더욱이 사회주의 건설을 교란하는 대내외적 적대세력이 강고하면 할수록 혁명세력은 권력의 공고화에 더욱더 강력히 박차를 가할 수밖에 없었고, 또 레닌은 그러한 상황을 이론적으로 정당화하고 합리화하지 않으면 안 되었다. 요컨대 혁명 이후에는 실천적인 필요성이 레닌주의의 행로와 양상을 규정지었던 것이다.

1917년 말 레닌은 소비에트 체제를 찬양하면서, "부르주아적 의회주의와 비교할 때 … 민주주의 발전 과정에서 세계사적 의미를 지니는 진보"의 담지자라 추켜세운 적이 있었다(Lenin, LW 26, 87). 이러한 관점에 힘입어 소비에트는 1918년 7월 헌법에 의해, 최고 권력기관으로 규정받기도 한다. 그러나 그 이후 볼셰비키에 의해 그 권력과 기능을 점차 박탈당하지 않으면 안 되었음은 물론이다. 그리고 그 자리에 권력을 독점하는 공산당이 대신 들어서게 된다. 내전은 결과적으로 볼셰비키의 '유일지배'와 모든 적대세력에 대한 냉혹한 탄압을 불러일으켰던 것이다.

레닌주의의 실천은 특히 1921년에 결정적인 전환을 맞게 된다. 그 해 3월의 10차 당 대회는 당내 비판세력을 궁극적으로 축출하고 당내의 파벌 형성 및 존속을 억누름으로써, 당내 민주주의를 철저히 금압하였다. 그리고 그를 통해 엄격한 당의 통일성을 확립하는 계기를 만들었다. 그와 더불어 정치적 민주주의의 마지막 잔여 부분까지 소진당하게 되었고, 그에 대한 인민대중의 불만이 결국 크론슈타트 봉기로 터져 나오기도 하였다.

물론 말년의 레닌은 당 기관의 점증하는 독점력, 관료주의의 번창, 혁명의 퇴행 현상 등을 잘 인지하고 있는 흔적들을 여기저기 남겨 놓고는 있었다. 그는 "공산당이라 불리는 바다 위의 물방울"에 대해 분노를 터뜨리기도 하고, 스탈린에 대해 경고를 발하기도 하며, "관료적 폐해로 휩싸인" 러시아를 질타하기도 한다. 나아가 레닌은 1923년, 전시 공산주의 체험을 회상하면서, "사회주의에 대한 우리의 모든 관념은 근본적으로 변화하였다"는 점을 솔직히 고백하고 있기도 하다. 그는 1918년 「위협적 파국과 그를 어떻게 퇴치할 것인가」라는 글 속에서, 사회주의를 "전 인민의 이익을 위해 활용되는 국가 자본주의적 독점"으로 규정하였다(Lenin, LW 25, 369). 반면에 5년간의 혁명건설을 체험한 후에는 「조합제도에 관하여」라는 글 속에서, 사회주의를 "생산수단의 사회적 소유에 기초한 계몽된 조합원의 체제"로 정의하기도 하였다(Lenin, LW 33, 460). 레닌은 물론 이러한 발상의 전환을 체계적으로 논구하고 정리할 여유를 지니지는 못하였다. 그러나 그러한 구상이 스탈린적 국가사회주의와 얼마나 동떨어져 있는 것인가 하는 것을 예단키는 그리 어렵지 않다.

레닌은 형식적(법률적) 사회화, 즉 국유화와, '실질적 사회화'를 동일시하는 견해를 날카롭게 비판하기도 하였다. 그의 견해에 의하면, 이러한 입장은 "공산주의적 명령"(오늘날의 용어로 전환시키면 '명령사회주의'), 다시 말해 정치를 과대평가하는 경향으로 흐르기 쉽다는 것이다. 이어서 레닌은 이러한 "정치적 명령체제"는 "몰수 및 국유화로부터 사회화로의 이행"을 추진하는 데 충분치 못하다고 단언한다. 그러나 1920년대 말의 '신경제정책'(NEP)의 중단과 급격한 집산화 및 관료적 통제체제의 수용은, 한마디로 생산수단의 국가소유에 기초한 스탈린적 "명령사회주의"(Command Socialism) 체제의 확립은, 바로 이러한 말년의 레닌이 지니고 있던 우려를 급격히 현실화시켜 놓은 것이라 할 수 있을 것이다.

넷째, 마르크스가 포괄적인 세계관을 거대한 체계 속에 담아내는 일에 주로 몰두했다면, 레닌은 이러한 세계관의 도움을 빌려 구체적 현실에 대한 연구 및 적용에 매진하였고, 그를 통해 이 세계를 직접적으로 변혁시키고 혁명을 승리로 이끌어가는 과업수행에 전념했다고 말할 수 있다(Heuer 1989, 155). 레닌은 사회혁명을 멀리 떨어져 있는 목표가 아니라, 지극히 일상적인 과업이라 생각했던 것이다. 따라서 이러한 혁명적 목표에 도달하는 구체적인 방법과 수단의 문제가 항상 최우선의 고려대상으로 떠오를 수밖에 없었다. 이와 더불어 그의 주된 관심사는 사회주의로의 현실적 이행 형태(예컨대 프롤레타리아 독재)를 면밀히 해부하는 일이었다. 반면에 목적관념 그 자체는 부차적인 지위로 밀려날 수밖에 없었다.

이처럼 레닌에게는 혁명적 실천만이 전부였다. 따라서 이러한 당면목표 추구와 직접적인 관련이 희박한 마르크스의 이론들은 흔히 고려의 대상에서 제외되곤 했다.

말하자면 마르크스의 이론 중에서 오직 실천적인 정책으로 활용할 수 있는 부분만이 레닌에게는 '혁명적 마르크스주의'로 부각되었던 것이다. 이러한 마르크스주의의 재구성 과정에서 마르크스의 주요한 초기 저작들, 예컨대 「독일 이데올로기」의 대부분, 「경제철학 수고」 등등이 레닌에게는 전혀 알려져 있지 않았다는 사실은 적잖은 의미를 지닌다고 말할 수 있다. 어쨌든 마르크스의 모든 인간주의적 관점들은 레닌에 의해 사상(捨象)되거나 물화(物化)되고 만 것이다.

앞서도 지적하였듯이, 레닌주의는 한마디로 자본주의적 요소와 봉건적 요소가 뒤섞여 있는 다민족적 전제국가를 겨냥한 제국주의 시대의 혁명 이데올로기였다. 바로 이런 의미에서 레닌주의는 러시아를 둘러싼 상황적 특수성을 직접적으로 반영하면서, 반(反)봉건적 혁명강령, 강압적·권위주의적 산업화 전략의 정당화 논리체계, 그리고 사회주의적 근본 구상을 '한꺼번에' 포괄하지 않으면 안 되었던, 모순적인 저항 및 지배이데올로기로 군림했던 것이다.[12]

1. 레닌의 '전위당' 이론

앞서도 언급했듯이, 레닌은 이른바 '객관주의자'들이 신봉했던 '사회주의의 역사적 필연성' 도식을 거부했다. 그에게 사회주의 혁명을 예측한다는 것은 곧 혁명을 폭발시키고 그것을 끝까지 승리로 이끌어 나갈 투쟁역량을 조직한다는 것을 의미하는 것이었다. 바로 이러한 측면이 레닌의 유물사관 및 프롤레타리아 혁명론의 가장 일반적

12 Örtzen(1980, 88) 참조.

인 특성이라 할 수 있다.

레닌에 의하면, 역사는 실제로 계급투쟁의 토대 위에서 결정되어지는 것이고, 이러한 계급투쟁은 바로 정치투쟁 그 자체이며, 그리고 그 투쟁의 본질적 대상은 국가권력, 그 이상도 이하도 아니다. 한마디로 레닌은 요컨대 정치권력, 즉 국가 속에, 착취하고 착취당하는 계급으로 분화된 사회의 가장 결정적인 갈등과 모순이 결집해 있다고 본 것이다.

오로지 이러한 국가를 수단으로 하여, 기존의 계급분화 및 그와 결합된 임금노동에 대한 착취의 유지·존속이 가능해질 수 있을 따름이다. 따라서 레닌은 모든 전략전술, 당, 기타 여러 다른 조직에 관한 제반 문제를 정치권력의 정복이라는 관점에서 근본적으로 재검토할 수밖에 없었다. 이 정치권력의 혁명적 장악이야말로 그에게는 곧 프롤레타리아 혁명의 절대적 전제이자 출발점이었던 것이다. 레닌의 당 이론[13] 역시 바로 이러한 관점에서 비롯한 것이었다.

레닌은 혁명의 촉발 및 전개를 의도적·계획적으로 준비하고 조직화하지 않으면 안 될 일사불란한 투쟁 과정으로 파악한다. 그리고 '프롤레타리아트의 전위'로서의 당 개념 또한 바로 이러한 관점에서 비롯한 것이었다.

이 '전위당'은 하나의 통일된 이론, 즉 역사의 발전방향 및 계급적 역학관계에 대한 명확한 통찰을 통해 결속되고 활성화되지 않으면 안 된다. 따라서 전위당은 당의 역사적 역할에 대한 확고한 인식을 토대로 하여, 스스로 특히 '역사적 선도성'을 체현할 수밖에 없게 되는 것이다.

13 이에 관해서는 Molyneux(1976)를 참조할 것.

레닌은 기본적으로 당과 계급 간에 명백히 그어진 경계선을 바탕으로 하여 조직원리를 추출해내고 있다. 일단 그는 계급의 독자적인 존립성을 원천적으로 불신한다. 레닌에 의하면, 계급이란 직업·계층·지역·성별 등등에 따라 상이한 성향과 지향성들을 두루 포괄하는 존재다. 따라서 구체적인 실천 과정 속에서는 항상 부분이해 또는 특수이해를 전체계급의 보편이해 또는 전체이해의 희생 위에서 추구하고자 하는 즉흥적·자생적 경향(spontaneity)을 드러내게 된다. 그러나 그러한 현상은 노동력의 판매자로서 노동자 계급이 필연적으로 억매일 수밖에 없는 자본주의적 경쟁원칙의 불가피한 산물이다. 따라서 이러한 폐해는 노동자가 속한 당 내부에서의 조직적인 분리작업을 통해 특수요소· 특수이해를 제거함으로써 비로소 극복될 수 있다. 무엇보다 당이야말로 매 계기, 모든 국면에서 전체이해·보편이해를 대변할 수 있는 존재이기 때문이다. 뿐만 아니라 궁극적으로는 자본과 노동의 모순척결을 목표로 하는 투쟁적 이데올로기 역시 바로 당의 제반 조직을 통해 생성되고 심화될 수 있다. 그리고 보다 본질적인 것은 오직 당만이 그러한 의식과 이념을 계급 속에 인입(引入)시킬 수 있다는 사실이다.

이런 의미에서, 레닌이 추구하는 당의 본질은 결코 운동의 주어진 순간의 표현이 될 수는 없다. 오히려 당은 지속적인 역사적 발전 경향의 일반적인 지표를 제시하는 의식의 추상적 형태, 즉 이론적 기초를 제공하는 존재라야 하는 것이다. 반면에 계급은 구체적인 상황과 운동의 주어진 계기에서 직접적인 체험과 인상·정서에 따라 행위하고 사고한다. 다시 말하면 당은 의식적 '기획'으로서의 전략을 지니고 있고, 계급은 감각적·즉흥적 자생운동에 익숙해 있는 존재란 말이 되겠다. 바로 이런 점 때문에 핵심적인 중요성을 띠는 또 하나의 다른 요소, 즉 규율(discipline)이 필수적으로 요청될 수밖에 없다. 따라서 모든 조직 중에서 유일하게 당만이 매 운동의 순간적·부분적 측면이 아니라 운동의 총체성을 대변할 수 있기 때문에, 당은 이데올로기(의식)와 동시에 규율을 지닌, 노동자 계급이 생명을 불어넣는 최고의 조직형태로 부각될 수밖에 없는 것이다.

그러나 이처럼 돈독한 레닌의 '전위당' 이론은 양면성을 지니게 된다. 요컨대 러시아적 역사현실의 직접적인 반영이라는 특수한 측면과, 사회주의적 계급투쟁의 일반적 논리라는 보편적 속성, 양면을 두루 다 포괄하게 되는 것이다. 이를테면 레닌의 전위당은 한편으로는, 우선 러시아의 전제적·헌병적 지배질서의 폭압으로부터 활로를 개척해 나가기 위해서는, 일단 음모적·지하 조직적 속성을 지닐 수밖에 없음을 전제하게 된다는 말이다. 동시에 다른 한편으로는, 사회주의의 목표를 과학적으로 해명하고 또 그것을 조직적으로 선전·선동할 의무를 떠맡지 않으면 안 되리라는 역사적 소명의식에 굳건히 뿌리를 둘 수밖에 없게 된다는 말이 되겠다.

이러한 당의 보편적 성격은 혁명적 계급의식을 외부로부터 노동자 계급 내부로 인입시키는 과학적 사회주의 및 사회주의적 인텔리겐치아(직업혁명가)의 기능과 불가분의 관계를 맺게 된다. 그리고 이러한 기능이 자본주의적 시민사회의 모든 발전단계에 골고루 다 해당됨은 물론이다. 레닌 또한 제2 인터내셔널의 다른 이론가들, 특히 카우츠키와 마찬가지로, 이러한 사회주의적 인텔리겐치아의 이론적 지식이 어쩔 수 없이 노동자의 그것보다 본질적으로 더 우월할 수밖에 없다는 사실을 받아들이지 않으면 안 되었다.

레닌은 이러한 당 및 조직의 일반원리를 주로 초기 저작이라 할 수 있는 「무엇을 할 것인가?」(1902)와 「한 걸음 앞으로, 두 걸음 뒤로」

(1904)에서 체계화하고 있다.

그런데 이 글들은 격렬한 당내 권력투쟁을 적나라하게 드러내 보이는, 대단히 극단적이고도 전투적인 표현과 주장으로 일관하고 있다. 레닌은 후일 이러한 사실을 자인하면서, 그의 저술인 「무엇을 할 것인가?」에 드러난 논지를 역사적 관련성으로부터 떼어내어 그를 독자적인 보편적 당 이론으로 독립시키려는 태도, 그리고 특히 경제주의에 대항하기 위해 첨예하게 강조한 논쟁을 일반화시키려는 자세 등에 이의를 제기한 바 있기도 하였다(Lenin, LW 13, 93). 그러나 레닌의 당 원리는, 1905년 혁명을 통해 부분적으로는 교정되기도 하지만, 원칙적인 차원에서는 계속 고수되었던 편이다. 그렇다면 이와 같은 레닌의 전위당 이론은 과연 어떠한 이론적·실천적 문제를 동반하게 되었을까?[14]

2. 레닌주의와 '1당 독재'

바로 앞서도 언급했듯이, 레닌의 당 원칙은 특수성과 보편성의 합성물이다. 프롤레타리아트의 보편적 이해관계를 결코 훼손치 않으면서 동시에 러시아적 특수성을 끝까지 추적해 들어가는 레닌의 이러한 완강한 접근 태도는—이것은 물론 레닌주의의 특장이기도 하지만—그의 이론적·실천적 탁월성을 유감없이 드러내 보여준다. 그리고 바로 이러한 탁월성이 결국 혁명을 승리로 이끈 원동력으로 작용하긴 하였다. 이런 의미에서 레닌을 '혁명의 마술사'라 부르기도 하는 것이다. 그러나 바로 이러한 측면이 문제의 근원일 수 있다.

14 Rabehl(1973, 280 이하) 참조.

레닌은 자생적이고 순발적인(spontaneous) 운동의 생성 및 전개를 경원한다. 특히 비프롤레타리아적 요소의 엄습 통로로 이해되어진 자생성의 침투는 당의 체계와 일사불란한 통일성을 저해할 위험성이 크기 때문에, 철저히 타파하지 않으면 안 되리라 확신하기도 하였다. 왜냐하면 당이 더욱더 깊숙이 대중에 뿌리를 내리면 내릴수록 그리고 그들과의 관계가 더욱 긴밀히 밀착하면 할수록, 당이 계급의 자생적 속성을 재생산할 위험성이 그만큼 더욱 커지리라 믿었기 때문이다. 바로 이러한 관점에 입각해서, 레닌은 '자생주의'를 개량주의와 획일적으로 동일시하는 비과학적 단순화를 감행하기도 하였다. 그리하여 혁명성을 띤 노동자의 자생적 투쟁조차 "부르주아 정책"이니, "수정주의"니, "배반" 등으로 매도한 적도 있을 정도였다.

물론 이러한 태도는 무엇보다 당의 전위성·선도성·혁명성을 강조하고 과시하기 위해, 일단 부차적으로 보이는 여타 다른 모든 요소들을 가차 없이 짓눌러버리는 논리적 경직성과 당내 파벌투쟁의 전투성 탓이라 볼 수도 있다. 그러나 어쨌든 레닌은 이러한 고집스러운 "이데올로기적 보수주의"[15]에서 벗어나지는 못하였다. 그런 탓에, 계급투쟁의 매 단계를 상호 구분해내고, 그리고 그러한 단계별 계급투쟁 속에서 노동자의 정치적 계급의식이 어떻게 점진적으로 성숙해 가는가 하는 것 등을 면밀히 관찰하고 분석해내는 참을성 있는 노력을 보여주지는 못하였다.

15 하우프트(Georges Haupt)는 특히 민족문제에 대하여, 역사적 상황의 새로운 변화에도 불구하고 비타협적인 기존 입장을 완강히 고수하려는 로자 룩셈부르크의 엄격한 이념적 자세를 "이데올로기의 보수주의"라 규정한 적이 있다. 이에 대해서는, Haupt(1974, 269). 이러한 자세가 어쩌면 전투적 혁명성의 반영일지도 모르지만, 나는 이러한 규정을 당 이론에서 보여주는 레닌의 완고한 자세에도 그대로 적용할 수 있다고 생각하는 편이다.

그러나 무엇보다 심각한 것은, 레닌이 당 내부에서 발생하는 모든 견해의 차이들까지도 마구잡이로 이러한 자생적 경향의 직접적 투영으로 이해하였다는 점이다. 따라서 이러한 당 내부의 이견들은 당의 조직적 조치들을 통해 제거될 수밖에 없었다. 또한 일단 확립된 기존의 당 노선에서 이탈하는 세력들로부터 당을 보호하고 정화하기 위한 노력이 과격하게 수행되기도 하였다. 말하자면 레닌은 이데올로기의 통일성을—이론적 차원에서뿐만 아니라 실천적·조직적 차원에서까지도—극단적인 중앙집중적 조직체계를 통해서라도 확보하지 않으면 안 되리라는 신념을 결코 포기하지는 않았던 것 같다. 이처럼 당내 민주주의의 원천적 봉쇄 위험성이 이미 레닌의 논리 속에 깊숙이 잠복해 있었던 것이다.

물론 그 이유야 여러모로 해명될 수는 있겠지만, 엄밀히 말해 레닌의 이론적 입장 속에도 이러한 비민주적 경향이 짙게 꿈틀거리고 있음을 부인하기는 힘들다. 예컨대 레닌의 대표저작 중 하나이면서 후기에 저술한 『국가와 혁명』에도 이러한 비민주적 성향을 짐작케 하는 언질들이 적잖이 눈에 띈다. 그는 "프롤레타리아 독재"를 "억압자를 억누르기 위해 피억압자의 전위(avantgarde)를 지배계급으로 조직해내는 일"(Lenin, LW 25, 475)이라 단언하고 있다(강조는 필자). 요컨대 '프롤레타리아 독재'는 프롤레타리아트 자신이 아니라 바로 그들의 "전위", 곧 당을 지배계급의 자리에 올려놓는 일이라 역설한 것이다.

그러나 레닌은 중앙적 요소의 비대화와 그에 종속되는 저변적 요소의 마비 가능성을 잘 포착하고는 있었다. 그에 대한 예비책으로 제시된 것이 이른바 '민주적 중앙집중제' 원칙이었다. 하지만 민주적 요소로 하여금 중앙집중적 요소를 효율적으로 제대로 잘 견제할 수 있도록 이끌어줄 수 있는 적절한 조직적 통제수단이 별반 허여되지는 않았다. 이러한 현실은 특히 차르체제하에서 당 활동이 겪을 수밖에 없었던 극심한 난관과 혁명 이후의 대내외적 위기들로 인해, 더욱 악화할 뿐이었다. 스탈린은 사실상 그 완성자였다.

레닌의 당 원칙에 기초하는 소련 공산당의 전개 과정을 살펴보면, 이념과 행동의 일사불란한 통일을 촉구해 마지않던 중앙집중적 요소가 끊임없이 관철되고, 반면에 아래로부터 올라오는 광범위한 인민의 민주적 선도성이 철저히 차단당하는 모순적 현상이 자주 눈에 띈다. 결과적으로 일종의 정치적 "향일성"(向日性)(Jaroslawski 1973, 113)이 지배하게끔 되었다. 모든 당 조직과 당 구성원은 마치 태양을 향하는 식물처럼 항상 중앙을 지향하였고, 이로부터 한결같이 행동의 지침과 활력을 부여받았던 것이다.

그러나 흥미로운 것은, 스탈린 스스로가 바로 앞서 살펴본 바와 같은 완고하고 전투적인 초기 단계의 레닌주의에서 바야흐로 자기정당화 근거를 찾아냈다는 사실이다. 그리하여 이 시기의 레닌의 주요 저작들, 즉 철학적 기초로서 「유물론과 경험비판론」, 이데올로기적 기초로서 「무엇을 할 것인가?」, 전술적 기초로서 「민주혁명에서의 사회민주주의의 두 전략」, 조직적 기초로서 「한 걸음 앞으로, 두 걸음 뒤로」 등이 스탈린 치하에서 '새로운 유형의 당의 토대'로 적극 공인받게 되었던 것이다.

무엇보다 스탈린에 와서 어쨌든 이러한 민주적 요소가 결정적으로 동결되고 마비됨으로써, 공산당에 의한 권력독점 및 프롤레타리아트에 '대한' 독재가 제도적으로 확고하게 정착하게 된다.

마르크스가 프롤레타리아 독재 개념을 지배계급으로 부상한 '전체' 프롤레타리아 계급에 의한 국가권력 장악이라는 폭넓은 의미로 사용했다면, 레닌은 그것을 대단히 협소한 의미로 활용하고 있다. 즉 레닌의 독재 개념은, 앞의 인용문에서도 드러나듯이, 전권을 위임받은 '전위', 즉 소수에 의한 정치권력 행사라는 의미를 암시하고 있는 것이다.[16]

그러나 물론 레닌은, 스탈린과는 정반대로, 그것을 목적으로서가 아니라 하나의 엄격한 수단, 다시 말해 '국가의 사멸'을 촉진하는 진정한 민주주의 확립과 공산주의 건설을 위한 필수적 수단으로 이해하고 있었다. 그럼에도 불구하고 레닌 스스로가 이른바 '소수자 독재' 또는 '당의 독재'를 합리화하는 이데올로기적 토대를 적잖이 제공하고 있음은 결코 부인하기 힘들리라 여겨진다.[17]

특히 지배이데올로기로서의 레닌주의는 이처럼 프롤레타리아트를 단순히 피동적 통치 대상으로 전락시키는 비민주적 1당 독재체제의 이론적·실천적 토대를 제공하고 있는 것이다. 무엇보다 볼셰비키당 이론은 그 전형적인 사례에 속한다. 그러한 현상이 러시아적 상황의 특수성에 기인하는 바가 적지 않음은 물론이다. 사회주의의 전제가 주어져 있지 못한 곳에서 사회주의를 창출하려는 강압적 노력들이 이러한 기형적인 역사현실을 만들어내는 데 적잖이 기여한 것이다.

16 예컨대 대표적인 '오스트리아 마르크스주의자'(Austro-Marxist)의 한 사람인 막스 아들러는 당시 러시아의 프롤레타리아트가 정치적으로 대단히 미숙하고 허약한 사회계급이었던 관계로, 특히 레닌에 의해 '독재' 개념이 심각하게 수정될 수밖에 없었노라 주장한다. 그런 탓에, 프롤레타리아 독재는 "프롤레타리아트에 대한 독재"로, 그리고 "계급의 독재"는 "당의 독재"로 변질될 수밖에 없었다고 단언하고 있다. 이에 대해서는, Adler(1922, 189)를 볼 것.

17 공산주의 위기 또는 공산권 붕괴의 연원을 특히 레닌의 조직원리 및 실천에서 찾는 경우도 있다. 이를 보기 위해서는, Shore(1991, 86-100)를 참고할 것.

3. 스탈린주의의 본질

지금까지 살펴본 바와 같이, 레닌주의의 혈관 속에는 혁명적이고 관료주의적인 두 유형의 이질적인 혈액이 함께 관류하고 있다. 그런데 그러한 현상은 러시아적 현실의 특수성 및 레닌주의가 숙명처럼 지니고 있는 혁명이데올로기와 지배이데올로기로서의 이중적 속성을 그대로 반영하는 것이라 할 수 있을 것이다.

그렇다면 스탈린은 과연 어떠했는가? 한마디로 스탈린주의는 순수한 의미의 통치이데올로기다.

저항이데올로기가 주로 미래의 이상에 대한 설득력 있는 호소에 치중한다면, 지배이데올로기는 필연적으로 구체적인 실제현실을 정당화하고 합리화할 수 있는 수단 찾기에 골몰한다.

바로 이러한 지배이데올로기적 속성으로부터 스탈린주의적으로 채색된 이른바 '마르크스·레닌주의'가 잉태된 것이라 할 수 있다. 사용되는 용어·논리체계·서술방식 등 이데올로기의 형식적 측면에만 조명을 가한다면, 스탈린주의는 응당 마르크스·엥겔스의 명백한 계승·발전으로 평가받을 만한 자격을 갖추고 있다고 말할 수 있을지 모른다. 반면에 그 본질을 부각시킨다면, 그것은 사실상 마르크스주의의 변조·교조화·단순화에 지나지 않음이 명백히 드러난다.[18]

그렇다면 그것은 레닌주의와는 어떤 상관성이 있을까?[19] 스탈린은 여러 측면에서 레닌주의적 원칙과는 위배되는 자신만의 '고유한' 이데올로기적 논리체계를 발전시켰다. 그러나 이러한 레닌주의로부

18 예컨대 Hofmann(1984, 32).

19 이에 대해서는, Weber(1969, 특히 63-75) 참조.

터의 이탈은 사거한 레닌에 대한 '우상숭배'를 통해, 그리고—물론 스탈린의 의도에 부합하게 가려 뽑은 것이긴 하지만—레닌의 일부 사상체계를 '신성시'함으로써 대체로 은폐되어질 수 있었다.

스탈린이 레닌주의에 가한 최초의 이론적 변형이자 동시에 최초의 자신의 고유한 이데올로기적 독자노선으로 내세워지는 것은 바로 '일국 사회주의론'이다. 이른바 일국 사회주의론이란 한마디로 러시아는 사회주의, 나아가서는 그보다 더 높은 단계인 공산주의까지 선진 서유럽으로부터의 일체의 혁명적 지원 없이도 독자적으로 충분히 완성시킬 수 있는 모든 전제를 다 완비하고 있다는 주장이었다. 물론 레닌 역시 사회주의 혁명이 한 나라에서 '승리할' 수 있으리라는 견해를 표명한 바 있긴 했지만, 결코 사회주의가 한 나라에서 홀로 '완성될' 수 있다고는 추호도 믿지 않았다. 레닌은 예컨대 1918년 11월, "한 나라에서의 사회주의 혁명의 완전한 승리는 생각할 수 없다. 왜냐하면 그것은—러시아가 거기에 낄 수 없는—몇몇 선진 국가들의 능동적인 협력을 필요로 하기 때문"이라고 선언한 바 있다.[20]

스탈린 자신도 1924년까지는 유사한 견해를 공유하고 있었다. 그는 예컨대 「레닌주의의 제 문제」라는 글에서, 다음과 같이 말한 적이 있다.

> "많은 선진국 프롤레타리아트의 공동 노력 없이 사회주의의 궁극적 승리를 '한' 나라에서 이룩할 수 있겠는가? 아니다. 그것은 불가능하다. 사회주의의 궁극적 승리, 사회주의적 생산의 조직화를 위해서는 한 나라, 더군다나 러시아 같은 농업국가의 노력만으로써는 충분치

20 Weber(1969, 64)에서 재인용.

않다"(Stalin 1947, 170).

하지만 스탈린은 레닌이 영면한 몇 달 후인 1924년 12월부터는 자신의 이러한 견해를 본격적으로 수정하고, '일국 사회주의론'으로 치닫기 시작한다. 이것이 레닌의 혁명적 국제주의로부터의 최초의 이탈이었다. 스탈린에 의해 레닌주의는 점차 혁명적 이데올로기에서 산업화 교리로 변질해나가기 시작하는 것이다.

스탈린은 1936년, 소련에서는 사회주의가 확립되었다고 선포하였다. 물론 마르크스와 엥겔스가 지향하였던 '계급 없는 사회'의 여러 특징들, 즉 국가의 사멸, '자유로운 생산자 결합체'의 등장, 도시와 농촌 그리고 정신노동과 육체노동 등의 차이의 극복, 노동분화의 제거 등등이 결코 이루어지지 않았음은 두말할 나위도 없다.

그러나 예전에는 스탈린 자신도 물론 마르크스나 레닌의 이러한 신념을 공유하고 있었다. 예컨대 1906년 그는 이런 말을 하기도 했다. "계급이 존재하지 않고 가난한 자와 부유한 자가 없는 곳에서는, 가난한 자를 억누르고 부유한 자를 보호하는 정치권력이 필요 없게 된다. 따라서 사회주의 사회도 정치권력의 존재를 필요로 하지 않게 된다"(Stalin Werke 1950, Bd.1, 292). 여기에 비록 어설프게 기술되어 있긴 하지만, 이러한 '국가사멸론'은 사실 마르크스주의의 기본원리 중 하나에 속한다. 그러나 스탈린은 사회주의가 '확립'되었다고 선언한 1936년 이후의 소련에서 현실적으로 이 주장을 더 이상 견지할 수 없게 된다. 무엇보다도 '전지전능한' 국가기관의 재림과 비밀경찰의 음모적 권력의 막강한 실체가 이러한 이론과 날카롭게 대립할 수밖에 없었기 때문이다. 따라서 스탈린은 추측건대 아마도 새로운 '국가철학'을 수립하지 않으면 안 되리라는 강박감에 휩싸였으리라 추정된다. 그는 예컨대 1950년에 쓴 「마르크스주의와 언어학」이라는 글에서 이렇게 선언하고 있다.

> 엥겔스는 그의 '반뒤링론'에서 국가는 사회주의 혁명의 승리 후에 사멸해야만 한다고 말했다. 이를 근거로 사회주의 혁명이 성공한 후에 우리나라에서도 문자깨나 아는 사람이나 탈무드주의자들이, 당은 국가의 신속한 사멸과 국가기관의 해체 및 상비군의 포기를 위한 조처를 취해야 한다고 요구하기 시작하였다. 그러나 소련의 마르크스주의자들은 우리 시대의 세계상황을 연구한 끝에, 자본주의에 의한 포위가 실재함에도 혁명을 성공시킨 나라는 그 국가와 국가기관, 그리고 정보기관 및 군대를 약화시켜서는 안 되고, 오히려 모든 수단을 다 동원해 그것을 강화시켜야만 한다는 결론에 도달하였다(Stalin 1972, 440).

물론 스탈린은 현실주의자였다. 그리고 그의 상황판단이 정확했다고 말할 수 있을지도 모른다. 그러나 한편으로는, 마르크스나 레닌의 이념을 좇아 사회주의의 완성을 선포하면서, 동시에 다른 한편에서는, 그들의 이론이 더 이상 현실적이지 않음을 질타하며 그것을 완곡하게나마 거부하는 모습을 보여주기도 한 것이다. 어쨌든 스탈린은 이런 식으로 마르크스와 레닌이 제창하였던 '국가사멸론'을 뿌리치면서, 오히려 내부적 억압을 강화하기 위해 국가 및 국가기관을 보다 더 견고하게 구축해 나갔다. 뿐만 아니라 그는 레닌이 「국가와 혁명」에서 제기하였던 '노동자 국가'의 이념도 무산시켰다.

예컨대 1919년의 러시아 공산당 강령은 모든 근로대중을 국가 행정업무에 동참시킬 것을 촉구하고 있다. 그러나 이미 1927년, 소련 공산당 내부의 비판세력이 앞장서서 국가가 결코 이러한 원칙에 따라 발전하지 못하고 있고, 오히려 관료주의가 국가를 더욱 질식시키고 있다고 다음과 같이 통렬히 비판하고 나선 적이 있다.

> "거대한 관료군(軍)의 중요성이 계속 증대하고 있다. 왜냐하면 이 군대는 공격을 가할 수 없고, 노동자 계급에 대해 아무런 책임도 지지 않으며, 사회화한 생산수단뿐 아니라 국가의 집행기관도 다 (자신에게) 복속시키고 있기 때문이다. 그리하여 이 군대는 정치경제적으로 점차 더욱더 강력해지고, 관료주의의 유지 및 강화에 깊은 관심을 기울인다. 그것은 점점 더 특수하고 독자적인 사회계층으로 변모해 가고 있다"(Sapronow u.a. 1927, 40 이후).

소비에트가 기본목표로 삼고 있었던 보통선거 및 모든 관리에 대한 노동자 임금 수준의 봉급지불 제도 대신에, 오히려 인민에 의해 교체되어지지 않으면서도 막대한 특권을 휘두르는 관료제가 들어섰다. 자유로운 선거 및 선거민에 의해 항상 소환될 수 있는 인민대표의 선출은커녕, 인민대중은 정치적 영향력 행사를 철저히 박탈당한 채 단순한 지배의 피동적 대상으로 전락하였을 따름이다. 한마디로 스탈린 시대의 소련 국가는 결코 '소비에트 국가'가 아니었다.

'모든 권력은 소비에트로!'라는 구호를 내세워 10월 혁명을 승리로 이끈 볼셰비키는 내전의 와중에 멘셰비키와 사회혁명당원을 소비에트로부터 축출하였다. 게다가 그 후, 스탈린에 의해 관료제가 확립되었을 때, 소비에트는 모든 실질적인 영향력을 송두리째 탈취당하고 단지 이름만 남은 형해로 전락하였던 것이다.

10월 혁명은 또한 '노동자 통제'의 기치 아래 수행되었다. 그리고 이러한 노동자 통제는 사회주의로의 이행에 필수적인 장치로 이해되기도 하였다. 바로 이런 의미에서, 레닌 역시 혁명 1주년 기념일에 "모든 사회주의 정부뿐만 아니라 노동자 정부에게 필수적인 최초의 기본 걸음은 노동자 통제여야 한다"고 역설하였던 것이다.[21] 뿐만 아니라 1918년의 볼셰비키 강령 또한 모든 '경제기관의 관료화'에 대한 '진정한 통제'를 촉구하기도 하였다.

반면에 스탈린 치하에서는 이 모든 것이 소멸하였다. 기업에서의 노동자 발언권은 점차 축소되었고, 노동자 대표의 제반 권리들도 위축되었다. 이미 첫 5개년계획이 개시되었을 때인 1928년, 국가에 의해 임명된 경영책임자가 기업의 모든 결정권을 독점하도록 개조되었다. 오히려 스탈린은 전체 노무자의 공동결정권 및 모든 노동자 통제를 배제하는 이른바 '1인 주도'를 심지어 '사회주의적 원칙'이라고까지 미화하였던 것이다.[22]

이와 같이 스탈린은 다름 아닌 마르크스와 레닌의 개념과 용어를 빌려, 바로 이들의 근본신조 자체를 변질시켰던 것이다. 스탈린주의는 비록 레닌주의로부터 생성되긴 하였으나, 그 주요 원칙들을 사실상 왜곡시켜버렸다.

레닌의 혁명적 국제주의는 처음에는 소비에트 애국주의, 그리고 나중에는 러시아 민족주의로 대체되었다. 레닌적 의미의 혁명적 투쟁공동체인 당은 관료적이고 독재적인 권력 독점기관으로 변질되었다. 뿐만 아니라 레닌의 검소함 대신에 개인숭배가 들어섰고, 국가의 강화가 제창되었다. 또한 프롤레타리아트는 독재의 주체가 아니라 독재

21 Weber(1969, 124)에서 재인용.

22 Weber(1969, 124-129) 참조.

의 대상으로 전락하고 말았다. 그로 인하여 '독재'의 개념 자체도 변질되었다.

앞서도 살펴본 바와 같이, 레닌은 줄기차게 마르크스주의의 보편적 속성을 러시아적 특수성과 접목시키고자 노력하였다. 그러나 스탈린은 레닌주의에 잠재해 있는 마르크스주의적 보편성은 훼손시키면서, 단지 러시아의 특수성 부분만 확대·강화시켰을 뿐이다. 한마디로 스탈린은 마르크스 및 레닌으로부터의 이탈을 합리화하는 도구로 객관적 상황을 이용하기만 했을 따름인 것이다. 그를 통해 마르크스주의의 보편성과 특수성의 변증법적 통일을 와해시켰음은 물론이다. 그리고 그 와해의 과정은 곧 마르크스주의적 본질로부터의 이탈 과정이었던 셈이다. 그것은 동시에 저항이데올로기로서의 마르크스주의로부터 지배이데올로기로서의 스탈린주의로의 전락 과정이기도 한 것이었다.

그렇다면 몰락 이전, 이와 같이 스탈린주의로 분칠한 소련의 사회·경제적 현실은 과연 어떠했던가?

III. 혁명 전후, 소련의 사회·경제

사회민주주의가 마르크스주의의 서유럽적 수용 형태라 한다면, 마르크스·레닌주의는 그 러시아적 관철 형태라 할 수 있다.

마르크스는, 레닌과는 달리, 당이 아니라 프롤레타리아트의 '집단적 주체성'(die kollektive Subjektivität), 곧 계급으로서의 자율성을 강조하고, 사회주의의 물질적 전제의 필연성을 역설하였다. 그러나 이러한 마르크스주의는 레닌을 통해 반(反)봉건적 혁명 강령, 그리고 강압적·권위주의적 산업화 전략의 정당화 논리체계를 포괄하는 러시아적 사회주의로 변질하였다. 레닌은 무엇보다 '1당 독재'의 이론적 근거를 마련해준 전위당 이론을 확립하고, 스탈린은 '프롤레타리아트에 대한 독재'를 완결시켰다.

마르크스와 엥겔스에게 자본주의 '국가'는 자본주의적 생산양식의 정치적·법률적 표현이다. 그러므로 국가 및 제반 이데올로기 장치는 자본주의적 생산양식 및 정의의 충실한 대변자요 수호자로 군림할 수밖에 없게 된다. 또한 그 와중에 행사되는 폭력 역시 정의의 표출로 이해된다. 정의는 곧 정치적·법률적·도덕적 규범이다. 그리고 그것은 사회적 생산양식의 차이에 따라, 그 원칙과 속성을 달리한다. 그러므로 자본주의적 생산양식을 대변하는 자본주의적 정의는 자본주의적 관점에서는 정의로울 수밖에 없다. 반면에 자본주의 사회 자체는 본질적으로 결코 정의로울 수 없다. 이러한 논지가 마르크스주의의 요체인 것이다.

그리하여 마르크스와 엥겔스는 자본주의 '사회'에서의 실질적인 불평등과 자본주의 '국가' 안에서의 형식적인 평등 사이에 내재하는 적대적 모순관계를 날카롭게 파헤친 바 있다. 그러나 그들의 철학적 출발점은 근본적으로 평등의 이념이 아니라, 자기소외의 지양을 통한 인간의 자유로운 자기실현이었다고 말할 수 있다. 평등이 그들에게는 결코 궁극적인 가치나 목표는 아니었던 것이다. 평등은 자본주의의 소멸과 더불어 사라질 한시적 가치에 불과한 것이었다. 구체적으로 말해, 그것은 마르크스가 「고타강령 비판」에서 말하는 공산주의 사회의 초기 단계, 그리하여 아직도 자본주의적 불평등의 잔재가 남아 있는 역사적 발전단계까지만 적용될 수 있는 개념이라 할 수 있겠다. 요컨대 마르크스와 엥겔스는 평등의 개념 그 자체를 초월하고자 하였던 것이다. "능력에 따라 일하고 필요에 따라 분배 받는" 발달한 공산주의 단계는 바로 평등의 이념 자체가 초월된 사회를 일컫는다. 그러나 그것은 영원한 유토피아 아니겠는가.

어쨌든 평등과 성취(achievement)의 구현은 인류사적 숙원이라 할 수 있으리라 여겨진다. 그만큼 어려운 난제이기 때문이다. 평등과 성취 사이의 갈등은 자유민주주의 체제 역시 풀지 않으면 안 될 숙명적인 과제의 하나임은 물론이다. 물론 그것은 비단 자유민주주의에만 국한된 문제는 아니다.

또한 소련과 동유럽을 지배하고 있던 국가 사회주의 체제하에서도, 그로 인해 똑같은 이론적·실천적 알력이 불거져 나올 수밖에 없었다. 그러나 문제의 양상이 질적으로 전혀 달랐다. 국가 사회주의 사회에는 평등과 성취 사이의 생래적인 갈등 외에도, 평등과 성취, 그 둘 중 어느 하나도 '제대로 충족되지 못하고 있다'라는 긴박한 좌절감이 덧붙여졌던 것이다.

만약에 공산주의적 철권통치가 오랫동안 이를 강압적으로 억누르지 않았더라면, 바로 이러한 갈등과 좌절감으로 인한 폭발은 자본주의 국가들에서보다 훨씬 더 빈번하고 가공할 만한 수준이었을지 모른다. 왜냐하면 여기서는, 자유민주주의 체제하에서와는 달리, 평등을 단연코 사회주의적 탁월성의 자랑스러운 징표라 늘 찬양하고 있었기 때문이다. 하지만 인민의 가슴속에 잠복해 있던 그러한 회의와 갈등은 마치 시한폭탄처럼 오랫동안 안으로만 타올랐다. 그러나 그것이 일단 한번 터져나오기 시작하자, 그것은 그토록 견고하게 보였던 공산체제의 철옹성까지도 일거에 무너뜨리는 괴력을 발휘하게 되었던 것이다. 요컨대 소련 및 동유럽 공산권은 이처럼 이 평등과 성취를 둘러싼 고질적인 모순을 해소하지 못한 탓에, 붕괴할 수밖에 없었던 것은 아니라 추정된다.

마치 자유민주주의에서 이 평등과 성취의 문제를 둘러싸고 '자유평등주의'와 '자유지상주의'가 각축을 벌이고 있는 것과 마찬가지로,[23] 국가 사회주의하에서도 역시 "이데올로기적 평등주의"(ideological egalitarianism)와 "실용적 개량주의"(pragmatic reformism)가 서로 맞붙어 으르렁거리기도 하였다.[24] 전자는 마르크스가 주장했던 것처럼, '노동에 따른 분배'라는 사회주의적 원칙에서 파생되는 여러 부정적인 결과들, 예컨대 소득격차 및 그에 따른 문화적·교육적 차별 등에 이의를 제기하고, '필요에 따른 분배'를 충족시킬 수 있는 분야, 예를 들어 학교, 의료, 사회보장 분야 등에서의 보다 폭넓은 평등을 촉구하였다. 이들은 성취보다는 평등 측면에 보다 큰 무게를 싣고 있었다고 말할 수 있겠다. 반면에 '실용적 개량주의자'들은 예컨대 전문직과 일반 노동자 사이의 소득격차 등 불평등에서 비롯하는 자극을 통해, 오히려 생산력의 발전 및 경제성장이 보다 확실히 이루어질 수 있다고 믿는 편이었다. 그러므로 이들에게는 평등한 분배를 위해서도, 무엇보다 생산성 향상이 급선무로 비쳤던 것이다.

이처럼 평등과 성취 간에 일반적으로 내재하는 갈등은 소련이 벗어나지 않으면 안 되었던 딜레마의 존재를 우리들에게 다시 한 번 더 명료히 환기시켜 준다.

소련에서는 무엇보다 한편으로는, 국제적 차원에서 정치·군사적 경쟁이 끊임없이 되풀이되고 있었기 때문에, 그에 대처하기 위해서는

23 이에 대해서는, 박호성(1994, 2장 2절)을 참고할 것.

24 이 용어는 코너(Walter D. Connor)가 자신의 저서, Connor(1979, 18)에서 사용하고 있다. 그리고 '이데올로기적 평등주의'와 '실용적 개량주의' 사이의 논쟁에 관해서는 pp. 18-25를 참고할 것.

생산력의 비생산적 낭비가 불가피했었다. 그러나 다른 한편으로는, 이러한 국제적 경쟁에도 불구하고(또는 그 때문에) 국내정치적 정통성의 확보가 절실히 필요했었고, 그를 위해서는 인민을 위한 보다 균등한 분배 및 분배 몫의 증대가 필연적으로 요구될 수밖에 없었다. 이러한 딜레마를 해결하기 위해서는, 무엇보다 생산력의 폭넓은 발전이 전제되지 않으면 안 되었다. 그러나 또 그를 위해서는, 성취보다는 평등을 우선적으로 손상시키지 않으면 안 되었고, 그것은 거꾸로 체제의 정통성에 대한 불신을 증폭시키는 결과를 자초할 수밖에 없었다.

이처럼 소련은 자본주의 국가들과는 비교할 수 없을 정도로 무거운 이중부담에 짓눌려 있었다고 말할 수 있겠다. 요컨대 소련은 평등과 성취를 동시에 충족시키지 않으면 안 되었던 것이다. 그러나 결과는 정반대였다. 소련은 이 난관을 돌파하지 못하였다.

결국 소련의 사회주의 체제는 자본주의와의 국제적 경쟁에 무릎을 꿇었다. 뿐만 아니라 인민으로부터도 정통성을 인정받지 못하였다. 거칠게 말해 소련은 70여 년 동안의 사회주의 건설 과정에서 평등도 달성하지 못하고, 경제적 성취도 이룩해내지 못한 채 안팎의 '적'에 의해 붕괴되지 않으면 안 되었던 것처럼 보인다. 다시 말해 소련은 바로 이 평등과 성취의 긴장 사이에서 결국엔 좌초하고 말았으리라는 말인 것이다.

하지만 평등과 성취, 또는 보다 폭넓게 자유와 평등 사이의 긴장이라는 면에서는, 자본주의 사회와 사회주의 사회 간에 본질적인 차이가 별반 존재하지 않는다. 자본주의 사회에서는 경제가 사회적 불평등의 근본요인으로 작용하지만, 대신에 정치가 분배의 평등을 촉진하는 민주적 도구로 기능할 수도 있다. 반면에 사회주의에서는 경제적 차원에서는 원칙적인 평등이 조성·조장되었지만, 오히려 정치의 논리가 그것을 불평등으로 변질시키는 역할을 떠맡았으리라 짐작된다. 요컨대 자본주의에서는—자유민주주의와 사회민주주의 체제를 다 포괄하여—상품관계가, 반면에 사회주의에서는 권력관계가 사회적 불평등의 기본요인이라 할 수 있는 것이다.

어쨌든 사회주의 사회는 생산의 사회적 성격과 생산수단의 사적 소유 사이에 존재하는 본질적인 모순이 바야흐로 극복되었노라고 외쳤다. 즉 노동의 사회화 및 소유의 사회화가 서로 조화를 이루고 있다는 말이다. 어쨌든 생산자가 곧 생산수단의 소유자가 되는 것이다.

그에 따라 근로인민의 생산과정 참여는 바로 국가를 매개로 한 정치권력의 행사와 직결된다. 말하자면 사회주의 사회에서는 정치와 경제가 분리되어 있지 않다는 말인 것이다. 근로인민의 정치적 조직체로 이해되어지는 사회주의 국가에서는 주민의 압도적인 다수가 전 인민의 재산 대부분을 소유하고 있을 뿐만 아니라, 인민 스스로가 전체 국가경제의 조직 및 통제 책임을 떠맡고 있기 때문이다. 그러므로 부르주아 사회가 필요로 하는 상부구조적 왜곡이라든지 기만 같은 것이 불필요하게 된다. 무엇보다 국가와 인민 사이에 이러한 일체감이 확보되어 있다고 믿기 때문이다. 이를테면 생산영역 및 정치영역이 동일한 인민에 의해 통일적으로 구축되어 있다는 말인 것이다. 그러므로 정치·경제 및 국가·사회의 분리로 말미암아 인간의 권리와 시민의 권리가 이중적으로 분리되는 부르주아 사회에서와는 정반대로, 사회주의 사회의 인민은 경제적 권리와 정치적 권리를 동시에 구현하는 일체화된 통일적 존재로 엄존해야 하는 것이다. 시민(인민)은 곧 생산자이고 국가는 이들의 의지를 좇아 움직이므로, '시민권'은 곧 "국가의 권리"이기도 한 것이다. 그러나 시민권은 국가의 명령에 의해 만들어지는 것이 아니라, 사회의 경제체제에 의해 규정되는 것일 따름이

다.[25]

이처럼 국가 사회주의의 통상적 이론에 의하면, 공산국가에서는 국가·사회의 통일로 말미암아, 시민권의 진정한 구현이 온전히 이루어질 수밖에 없게 된다. 인간의 권리는 시민권이요, 시민권은 곧 국가의 권리다. 그러므로 바꿔 말하면, 국가에 대한 저항은 반시민권적이며, 나아가서는 반사회주의적이 될 수도 있다는 말이 되는 것이다.

이와 같이 소련이 부르주아 사회에 대해 근원적인 비난을 퍼붓고 있긴 하지만, 어떤 의미에서는 자본주의적 인권 또는 시민권의 긍정적인 측면을 소위 '변증법적'으로 수용한 듯이 비치기도 한다.[26] 예를 들어 1977년의 소련 헌법은 부르주아적 기본권을 전폭적으로 받아들이고 있다. 그것은 한편으로는, 언론 및 결사의 자유, 집회 및 시위의 자유(50-51조)와 양심의 자유, 곧 종교의 자유(52조), 그리고 통신의 자유(56조) 등을 철저히 보장한다고 선언한다. 그러나 동시에 다른 한편으로는, 이 모든 자유들을 한꺼번에 우스꽝스럽게 만들어버릴 수도 있는 독소조항이 버젓이 뒤따른다. 62조는 "소연방의 시민은 소련 국가의 이해관계를 보호하고, 그 권력과 명예를 고양할 의무를 진다"라는 규정이 점잖게 덧붙어져 있는 것이다[Constitution (Fundamental Law) of the Union of Soviet Socialist Republics, adopted in 1977, 46-51]. 그러나 현실정치에서 과연 어느 법조문 쪽이 더 큰 위력을 압도적으

25 사회주의 사회에서의 시민권 개념을 보기 위해서는, Szabo(1966, 53-81), 특히 pp. 54-57 및 p. 60 이하를 참고할 것.

26 헤겔적 의미에서의 '지양'(aufheben)은 원래 두 개의 의미를 동시에 지니고 있다. 첫째는, '제거하다'(beseitigen), 부정하다, 끝내다는 뜻으로 자본주의의 부정적 유산을 소멸시키는 것을, 그리고 둘째는 '보존·유지하다'(aufbewahren)라는 뜻으로 자본주의의 긍정적인 측면을 '한 단계 더 높은 곳으로' 끌어올린다(Auf-eine-höhere-Stufe-heben)는 것을 각각 의미한다. 마르크스도 물론 이런 용어법을 충실히 따랐다고 말할 수 있다. 이에 대해서는, 예컨대 Bahro(1979, 28 이하)를 참고할 것.

로 발휘하게 될까? 언론의 자유에 대한 보장일까, 아니면 국가의 소위 '이해관계' 및 '권력과 명예'의 수호일까?

소련 인민의 자유와 권리에 대한 소련 당국의 공식적인 견해를 전달하고 있는 메드베데프와 쿠리코프는 "자유와 사회주의적 민주주의는 사회주의 국가에 대항하는 우리들의 적들을 위한 자유라기보다 공산주의 사회를 이룩하고 있는 전체 인민의 자유를 말한다"고 역설한다. 왜냐하면 "인간의 진정한 자유"는 "사회의 이해관계 속에서 또한 사회의 고귀한 목표를 위해 활동하는 자유, 그리고 모든 편견과 계급적대로부터의 자유"를 의미하는 것이기 때문이다. 하지만 만일 이러한 진정한 자유의 고귀한 목표를 제대로 이해하지 못하거나 또는 그것에 거역하는 경우, 국가는 당연히 그러한 사람들을 "자유롭게" 만들거나 "잘못을 저지르지 않도록" 그들을 "재교육시킬" 수 있어야 한다(Medvedev and Kulikov 1981, 190, 203-205). 말하자면 국가 사회주의 하에서는 이처럼 인민의 자유와 권리가 사회주의 수호의 명분을 내건 국가의 자의적인 개입에 의해 언제든지 억눌림당할 수 있는 길이 항상 열려 있다는 말이 되는 것이다.

그럼에도 이러한 소련 및 동유럽 공산권의 실제현실은 우리에게 두 개의 중요한 사실을 명백히 일깨워준다.

첫째, 사회주의에 의해서도 부르주아적 인권 및 자유가 원칙적으로 적극 수용되고 있다는 점이다. 그러나 그것이 사회주의적으로 재해석된 자유요 권리를 의미함은 물론이다. 따라서 이러한 인권과 자유는 국가 사회주의적 현실에서는 더 이상 단지 형식적이고 상징적인 의미만을 지니는 '상부구조'적 현상의 일부로 기능하지는 않는다. 그것이 사회주의적 '토대'의 직접적인 반영이기 때문에, 인민 스스로가 만들어내고 인민 스스로가 향유하는, 인민의 진정한 이해관계의 표출로 이해될 수밖에 없는 것이다. 이 사실은 어쨌든 인권과 자유라는 것이 사회주의에 의해서도 받아들여질 정도의 보편적 가치 및 규범체계를 지니고 있다는 것을 반증하는 것이라 할 수 있다.

둘째, 하지만 이러한 권리와 자유의 체계가 자본주의 사회에서는 구체적인 현실정치적 적용 과정에서 경제적 토대(사회)에 의해 근본적으로 제약받게 되는 경향이 농후하다. 반면에 소련과 같은 사회주의 사회에서는 정반대로, 그것이 정치적 상부구조(국가) 스스로에 의해 규제당한다고 말할 수 있다. 도식적으로 말해 자본주의 사회에서는 토대가 상부구조를 배반한다면, 국가 사회주의에서는 상부구조가 토대를 억압한다고 말할 수 있는 것이다.

뿐만 아니라 옛 공산권에서는 사회주의적 평등 역시 부르주아 사회의 형식적인 평등을 초월하고 있다는 역설이 울려 퍼지곤 했다. 무엇보다 생산수단에 대한 사회적 소유가 이미 실현되어진 까닭에, 모든 인민이 원칙적으로 온전한 정치·사회·경제적 평등을 향유하고 있는 것으로 양해되었던 것이다. 이런 시각에서 소련은 "모든 경제·정치·사회·문화적 문제들의 결정에 모든 사람이 동참할 권리", 말하자면 "법 앞의 평등, 경제·정치·사회·문화적 삶에서의 모든 시민의 기본적 권리와 의무의 평등성"을 철저히 인정한다고 선언하기도 하였다.[27]

그러나 문제는 이렇게 선포된 사회주의적 평등이 영구적인 것이 아니라, 사회주의 사회의 발전 과정에 따라 다양해질 수 있다는 점이다. 분명한 것은 사회주의 사회의 기본가치가 모든 인민에게 일괄적

27 사회주의적 평등의 개념과 현실을 살펴보기 위해서는, Halasz(1966, 181-189)를 참조할 것. 인용은 p. 181.

으로 강요되어진다는 사실이다. 그리고 바로 이런 관점에 입각해서, 새로운 사회의 이해관계 및 그 공고화를 위한 권리 면에서 이전 사회의 착취계급과 노동자 계급 간에 내재하는 차별이나 제한, 곧 불평등이 정당화되기도 하였다. 예를 들어 이전 착취계급의 구성원들로부터는 선거권 및 피선거권을 박탈한 반면에, 노동자들에게는 선거권에서의 다양한 특권을 인정해준 것이다. 소련의 경우, 이러한 권리의 합법적 불평등은 1936년 스탈린에 의해 사회주의 사회의 확립이 선포될 때까지 계속되었다(Halasz 1966, 183 이하). 여기서도 암시받을 수 있듯이, 사회주의 사회가 출범하면서부터—비록 사회주의의 적을 제거한다는 명분을 내걸긴 했지만—불평등이 정당화되기도 했음은 물론이다.

아울러 국가 사회주의는 모든 사람의 무차별적인 평등, 즉 "기계적 평등"(mechanical egalitarianism)을 결코 지향하지는 않는다고 결연히 선언한 바 있다. 레닌 역시 "모든 사람을 평등하게 만들겠다고 큰소리치는 것은 가장 무의미한 구호이며, 때로는 성실하게 말로 주거니 받거니 하는, 그러나 사실상 아무런 내용도 없이 그저 티격태격하기만 하는 지식인의 공허한 발명품"에 지나지 않는다고 빈정거리기도 하였다. 사회주의적 평등은 단지 모든 시민의 '평등한 권리 및 의무의 평등'을 의미할 뿐이다. 이 권리의 평등은 사회의 모든 구성원에게 동일한 법률적 규제가 통용되고, 어느 누구도 특권을 향유할 수 없으며, 또 어느 누구에게도 특별한 의무가 부과되지 않는다는 것을 뜻한다. 그리고 의무의 평등은 부르주아적 평등권을 보완하는, 따라서 부르주아적 평등 개념을 뛰어넘는 특별한 사회주의적 노력의 표현으로 해석되어졌다.[28]

현실적으로 볼 때, 어쨌든 자유민주주의는 개인의 자유를 최대한 보장하면서, 원칙적으로 '법 앞의 평등'과 '기회균등'을 허용할 수 있는 최대한의 평등범주로 받아들인다. 따라서 경제적 불평등을 당연시하는 경향을 지닌다. 다른 한편 사회민주주의는 일반적으로 자유 속에서의 평등, 즉 정치적 자유의 토대 위에서 '조건의 평등'을 겨냥하고 있다. 그러나 자유민주주의와는 달리, 국가의 개입과 생산수단의 공유화 등이 빈곤의 퇴치 및 사회적 조건의 폭넓은 평준화를 가능케 함으로써, 오히려 개인의 자유와 전체 공동체의 이해를 더욱 공고히 다질 수 있다고 믿는 편이다. 다시 말해 평등의 확보를 통해 자유가 더욱 증진될 수 있다는 입장을 견지하고 있는 것이다.

반면에 국가 사회주의, 요컨대 몰락한 동유럽 공산권에서는, 경제적 평등의 원칙을 고수하고자 했지만, 경향적으로는 개인적 자유를 심각하게 훼손하는 '결과의 평등'만을 추적한 셈이라고 말할 수 있다. 말하자면 가령 개인적 능력이나 성향의 차이 같은 것은 다 제쳐 두고, 오로지 어느 누구든 무조건 100m 골인지점에 똑같이 골인시키고자 하는, 이른바 '결과'의 평등만을 추구했다는 말이 되겠다.

도식적으로 표현하자면, 근대 이후의 역사는 '평등 없는 자유'(고전적 자유주의)에서 출발하여, 한편으로는 '자유 없는 평등'(국가 사회주의)의 실험적 거역(拒逆)을 거치면서, 다른 한편으로는 '자유 속에서의 평등'(자유민주주의 및 사회민주주의) 단계로 항진해왔다고 말할 수 있으리라 여겨진다. 역사의 비약적 발전이 불가능하다는 것을 전

28 Halasz(1966, 186, 188 이하). 레닌 재인용은 p. 186. 한때 엥겔스는 사민당 강령을 비판하는 글 속에서(1891) "모든 사람의 평등한 권리라는 말 대신에, 나는 모든 사람의 평등한 권리 및 의무라는 말을 쓰기를 제안한다. 평등한 의무는 부르주아 민주주의적 평등권을 보완한다. 그리고 이러한 보완은 후자에게서 특수한 부르주아적 의미를 박탈하기 때문에, 우리에게는 특히 중요하다"고 강조한 바 있다(Halasz 1966, 188에서 재인용).

제한다면, 우리 시대의 가장 실현 가능한 최고이상은 자유의 기본전제하에서 최대한의 평등을 현실화시키는 노력이리라 추정된다. 그리고 바로 이 현실화시키려는 평등의 폭과 깊이의 차이가 결국은 자유민주주의와 사회민주주의의 차이를 만들어낸다고 말할 수 있다. 그렇지만 자유민주주의와 사회민주주의의 실천 과정에서의 차이는 대개의 경우 수단의 차이라기보다는 오히려 목표의 차이라 할 수 있으리라 여겨진다.

20세기는 자유주의, 마르크스주의 그리고 사회민주주의, 이 세 개의 주요 패러다임의 각축 속에서 돛을 달아 올렸다. 그러나 역사의 흐름은 세기말에 와서는 자유주의의 '반명제'(Antithese)인 마르크스주의적 사회주의에 대해 판정패를 선언하고 말았다. 그리고 사회민주주의는 많은 면에서 '종합'(Synthese)의 속성을 보이고자 노력하고 있다.

하지만 현실정치적 차원에서 볼 때, 앞으로의 세계는 당분간 자유주의 또는 자유민주주의 및 사회민주주의 상호 간의 화합과 충돌로 점철되리라 예측된다. 다시 말해 사회주의 혁명은 이제 새로운 시대의 촉망받는 대안으로서의 지위를 오랫동안 상실할지 모른다는 말이다. 그것은 물론 혁명적 목표의 유실이 아니라, 혁명적 방법론의 퇴각을 의미하는 것이다.

하지만 소련 및 동유럽 사회주의권의 몰락은 역사발전이 한 단계에서 다음 단계로 뛰어넘기 위해서는 어떠한 물질적·정신적 전제를 충족시키지 않으면 안 되는가 하는 것을 우리들에게 교훈적으로 드러내 보여준다고 말할 수 있다. 역사는 월반과 추월을 허용치 않는다, 다만 단축을 관용할 따름이기 때문이다.

이미 살펴보았듯이, 부르주아 사회에는 국가와 사회 그리고 시민과 개인의 분리가 확립되어 있다. 반면에 자본주의에서 공산주의에로의 혁명적 이행기라 일컬어지는 사회주의 사회에는, 최소한 '이론적으로는', 이러한 분리가 이미 철폐되어 있다. 따라서 여기서는 시민권의 개념 역시 자본주의의 그것과 본질적으로 차이가 날 수밖에 없다.

그러나 국가 사회주의는 '부르주아적 권리의 한계'를 전혀 극복치 못한, 저급한 사회주의 단계에 머물러 있었다. 그렇기 때문에 사실상 국가 사회주의 안에는 남성과 여성, 도시와 농촌, 산업노동자와 집단농장의 농민, 정신노동자와 육체노동자, 개별 민족집단 등 상호 간에 전혀 제거되지 못한 불평등이 엄연히 도사리고 있었다. 이러한 현실에서, 국가 사회주의자들은 이러한 잔존하는 불평등이 보다 높은 단계의 공산주의 사회로 이행하게 되면 자연히 소멸하게 되리라는 공허한 주장만 늘어놓을 뿐이었다. 하지만 그들은 이러한 불평등의 소멸 대신에 바로 그 불평등으로 인해 자신의 사멸을 자초하고 말았을 따름이다. 그렇다면 소련의 불평등 현실은 과연 어떠한 수준이었고, 그것은 어떻게 생성케 되었을까?

소련의 평등 현실

레닌 탄생 100주년이 되던 해인 1970년, 브레즈네프(Brezhnev)는 그를 추모하면서 처음으로 "발전된 사회주의"(developed socialism)라는 개념을 사용하였다(Evans 1977, 412). 그 이후 소련의 이론가들은 소련 사회를 바로 이 '발전된 사회주의' 하나로 균일하게 규정하기 시작한 것이다.

하지만 1910년대의 러시아는 아직도 "대륙적 의미의 귀족"이 지배하고 있던 나라였기 때문에, 오히려 '1789년의 프랑스 혁명'을 향하여 돌진해야 할 실정이었다. 그러나 그러한 곳에서 '프롤레타리아 혁명'이 발발하였고, 그 이후 불과 50여 년 만에 '발전된 사회주의 사회'가 건설된 것이다!

소련의 마르크스주의자들은 10월 혁명 이후의 소련 사회의 발전 과정을 대체로 네 단계로 나누어 고찰하는 데 익숙해 있다. 첫째, 1917년 10월에서 1925년까지의 사회혁명 기간, 둘째, 1926년에서 1936년까지의 사회주의적 산업화 과정, 셋째, 1936년에서 1956년까지의 사회주의 건설 제1단계의 완성기, 넷째, 1956년 이후 시기로 사회주의 건설의 제2단계, 즉 공산주의 사회의 건설기로 각각 구분하는 것이다. 그리고 1936년의 둘째 단계까지를 프롤레타리아 독재가 관철된 시기로 간주한다. 이러한 인식은 다시 말해 1936년 이후에는 소련에 더 이상의 계급갈등이 존재하지 않았다는 말로 풀이될 수 있는 것이기도 하다.[29]

첫 사회혁명의 단계에서는 주로 비프롤레타리아적 요소의 제거를 위한 계급투쟁이 활발히 전개되었다. 토지 및 대부분의 산업에 대한 국유화 조치는 지주 및 자본가 계급 소탕 작업의 일환이었다. 혁명 이전의 지배계급들은 시민권을 상실하게 되었고, 투표권이나 공산당 가입이 거부되었다. 뿐만 아니라 모든 전(前) 시대적 특권이 철폐됨과 아울러, '노동에 따른' 임금이 부여되었다. 이런 모든 평등주의적 시책들은 계급투쟁의 요구를 충족시키기 위한 조처들로 이해되었다. 나아가 여성에게도 남성과 동등한 법률적 권리가 주어졌다. 그러나 여러 법제도적 변혁에도 불구하고 사적 기업이나 부르주아적 가치들이 아직 널리 산재해 있었고, 이때까지만 해도 볼셰비키는 특히 농촌지

29 Lane(1982, 9 이후). 소련 사회의 각 발전단계별 사회·경제적 특성은 pp. 10-33에 간결하게 잘 정리되어 있다.

역에서는 전혀 광범한 지지를 획득치 못하고 있었던 것이다. 이런 상황에서 급격한 산업화와 집단화가 추진되었다.

대지주 및 자본가들에 대한 대대적인 청산 작업은 이들이 수적 소수였던 데다가, 인민적 지지를 손쉽게 확보할 수 있었기 때문에 비교적 원활히 수행될 수 있었다. 그러나 소농은 경우가 달랐다. 1928년 이들은 2천 5백만 명에 달했다. 더구나 10월 혁명은 레닌도 앞장서서 부추겼듯이, 이들 농민과 노동자 동맹에 의해 달성되었다고 말할 수 있는 것이었다. 그러나 이들 대부분은 프롤레타리아적 사회주의 이데올로기와는 상당히 거리가 먼 편이었다. 혁명 이후 이들이 토지를 소유하게 되고, 게다가 개인적 소득을 위한 사적 생산에 관심을 기울이게 되면서부터는 공산당에 적의까지 품게 되었다고 한다. 그 갈등의 결과는 농민 토지의 강압적 수용과 그 집단화였다. 그리고 집단농장(kolkhozy)은 볼셰비키 정부의 통제하에 놓이게 되었다.

이러한 상황에서 스탈린은 급속한 산업화 전략을 채택하게 되었다. 그에 따라 사회 구조도 급변하게 되었다. 가령 1928년에서 1937년까지 산업에 고용된 전체 노동자 수가 380만에서 1,010만으로 급증했다. 중공업 분야의 육체노동자 수는 1929년에서 1936년 사이 280만에서 620만으로 늘어났다. 또한 1929년에 전체 인구 중 19% 정도를 차지하던 도시인구도 1940년에는 33%로 뛰어올랐다. 이런 과정 속에서, 노동자의 정치화 및 교육수준 개선을 위한 여러 조처들이 병행되었다. 이런 변화들과 맞물려, 임금격차 등 사회적 계층화 현상이 점차 두드러지게 나타나기 시작한 것이다.

소련에서는 프롤레타리아 독재가 19년간 지속된 셈이었다. 그리고 1936년 스탈린은 소련이 '사회주의' 사회, 곧 공산주의의 첫 단계를 완성하였다고 선언하였다. 따라서 마르크스주의적 이론에 의할 것

같으면, 그 이후 소련 사회에는 더 이상 적대적 계급이 존재할 수 없어야 했고, 지배계급 및 피착취계급도 사라져야 마땅했었다. 또한 마르크스의 평등이론을 좇아, 이미 모든 사회적·경제적 불평등이 극복되었어야 했다. 그러나 과연 그러 했던가? 소련 사회의 붕괴는 이 모든 화려한 수사들을 한갓 우스갯짓으로 전락시키고 만 셈이 되었던 것이다.

그렇다면 소련식 국가 사회주의적 사회복지 현실은 과연 어떠했을까?

예컨대 마르크스도 「고타강령 비판」에서, 비록 사회주의 사회가 도래한다고 해서 노동자가 모든 사회적 생산물을 골고루 다 분배 받을 수는 없다고 명백히 밝힌 바 있다. 무엇보다 사회적 총 생산물로부터 반드시 공제되지 않으면 안 되는 사회적 소비가 있기 때문이라 했다. 그 중 중요한 것이 바로 교육이나 의료서비스 등과 같은 "사회적 필요를 충족시키기 위한" 사회적 소비, 그리고 노약자나 어린이 등 "노동할 수 없는" 사람들을 위한 복지기금의 충당이 바로 그것이다. 따라서 사회적 총 생산물에서 이 몫을 공제한 나머지 부분이 노동자의 개인적 소비를 위해 최종적으로 분배된다고 주장한 것이다(Marx, MEW 19, 19). 마르크스가 염두에 두었던 바로 이러한 '사회적 소비'와 '복지기금 충당'을 현대적인 용어로 바꾸면 넓은 의미의 사회복지 또는 사회보장이 될 것이다.

국가 사회주의하에서는 경제체제와 복지제도는 밀접한 연관성을 지니고 있었다. 복지제도는 한편으로는, 경제발전 및 변화가 수반하는 불가피한 후유증들, 특히 산재, 가정적 결손, 청소년 실업 등의 문제들을 타개하기 위한 안전판(safety net) 구실을 한다. 그러나 다른 한편으로는, 그것은 경제발전을 촉진하는 자극제로도 활용된다. 더욱이 노동규율 및 노동생산성을 강화하는 노동인센티브 정책으로도 활용될 수 있기 때문이다. 이렇게 볼 때, 국가 사회주의의 사회복지는 "국가 가부장주의 및 노동자 연대의 표현이며, 경제발전의 증진 및 사회주의의 공고화를 위한 도구"로 기능한다고 말할 수 있는 것이다(Dixon and Kim 1992, 3).

이러한 사회주의적 사회복지 문제의 일반적 기준을 처음으로 체계화한 것은 다름 아닌 레닌이었다. 1912년 프라하에서 개최되었던 '러시아 사회민주당' 제6차 전 러시아 회의에서, 레닌은 사회주의적 사회복지제도의 원칙을 다음과 같이 제시한 바 있다.

> 1) 그것은 연로자, 사고, 질병, 생계유지자의 사망, 뿐만 아니라 임신 및 출생보조 등을 포괄하는 일체의 능력결여에 대한 지원을 제공해야 한다.
> 2) 그것은 '모든' 임금소득자 및 그 가족을 총괄해야 한다.
> 3) 모든 비용은 고용주 및 국가에 의해 충당되어야 한다.
> 4) 그것은 위험에 따른 것이 아닌 지역별 일괄 보험조직을 갖추어야 하며, 그 행정은 보험에 가입한 모든 노동자들의 전면적 관리하에 두어야 한다(George and Manning 1980, 33).

이러한 사회복지의 기준과 원칙은 차르 러시아적 상황에 견주어 보면, 상당히 진보적인 것이었노라고 말할 수 있겠으나, 당시 서유럽적 체험과 비교하면 그저 고만고만한 수준으로서 비스마르크의 복지정책과 유사한 정도였다고 말할 수 있을 것이다(George and Manning 1980, 33).

반면 스탈린은 사회주의적 사회복지에 대해 두 개의 중요한 "마키아벨리적" 원칙을 도입한 것으로 평가할 수 있으리라 여겨진다.

첫째, 그는 사회복지의 제공을 노동자의 기존의 고용 성적, 노동 성취도, 작업태도 등과 결부시킴으로써, 사회복지와 노동인센티브를 결합시켰다. 그리고 둘째로, 정치적·이데올로기적 충성심을 사회복지 제공의 필수조건으로 만들었다. 이를 통해 사회주의적 사회복지제도는 경제발전의 촉진 및 사회주의의 공고화를 위한 합법적 제도장치로 널리 활용되었고, 이런 면에서 그것은 그 자체 목적이라기보다, 목적을 위한 수단으로 치부될 수 있는 것이었다.

이와 관련하여, 국가 사회주의는 대략 다음과 같은 네 개의 구체적인 지침을 사회주의적 사회보장의 필수적 원리로 부각시켰다. 첫째, 사회보장은 사회주의 사회의 본질적 구성요소이며, 계급연대의 실천적 표현이다. 둘째, 수익자가 그 비용을 분담하지 않는(non-contributory) 사회보장제는, 모든 근면하고 충성스러운 사회주의자 및 그 가족의 기본권리다. 셋째, 사회보장은 노동기여도가 상이한 사람들의 소득을 평준화해서는 안 된다. 그것은 사회주의적 분배의 원칙에도 어긋난다(이런 면에서, 국가 사회주의적 사회보장제는 결국 소득 불평등을 심화시키는 작용을 하기도 하였다). 넷째, 사회보장은 노동정신의 앙양을 위하여, 노동을 통한 자활능력을 갖추고 있는 사람에게는 베풀어지지 않아야 한다(Dixon and Kim 1992, 4).

이를 통해서도 드러나지만, 사회주의적 사회정책은 자본주의적 복지국가체제의 그것과도 본질적인 차이를 드러낼 수밖에 없었다. 예컨대 핀란드의 사회학자인 루스(J.P. Roos)는 이 양자 간에 존재하는 여섯 개의 주요 차이점을 다음과 같이 정리한다.

첫째, "사회주의적 사회정책은 자본주의적 사회정책보다 더욱 광범위하고 동질적인 목표가치 체계를 가지고 있다". 둘째, 결과적으로

"사회주의적 사회정책에는 사회발전의 기본방향이 이미 설정되어 있다. 반면에 자본주의에서는 사회정책의 진로가 적대적인 이해관계의 사회적·정치적 투쟁의 성과에 달려 있다". 셋째, "사회주의적 사회정책은 사회구조와 개인적·가정적 상황 두 개의 차원에서 동시에 전개된다. 반면에 자본주의적 사회정책은 주로 개인적·가정적 생활조건에 영향을 끼치고자 시도한다". 넷째, 이 세 번째 특성에서 연유하는 것이긴 하지만, "사회주의적 사회정책이 기본적으로 사회과정을 포괄적이고 의도적으로 주도하고자 한다면, 자본주의적 사회정책은 드러난 사회적 질병에 대응하는 부분적이고, 고립적인 변화를 지향한다". 다섯째, "사회주의적 사회정책은 자본주의적 사회정책보다 활용할 수 있는 보다 많은, 보다 효율적인 수단들을 가지고 있다". 여섯째, 따라서 "사회주의 사회에는 경제정책과 사회정책 간의 상호모순이 비교적 적지만, 자본주의에는 사회정책이 경제정책에 극심하게 종속되어 있거나 또는 그것과 갈등을 일으킨다"(Roos 1997).

한마디로 국가 사회주의는 사회주의적 사회정책을 공산주의적 목표를 달성하기 위한 수단, 그리하여 인민의 필요를 충족시키고, 사회적 불평등을 제거하며, 나아가서는 계급 없는 사회를 창조해내기 위한 근본적이고 거시적인 수단의 하나로 이해한다. 그러나 이것은 어디까지나 '이론'이다. 이런 면에서 보면, 사회주의적 사회복지가 자본주의의 그것보다 언제나 질적으로 우월하다고 할 수 있을지 모른다.

그러나 국가 사회주의 내부도 나라마다 각각 사정이 다르다는 것을 염두에 둘 필요도 있을 것이다. 이 기회에 특히 소련의 경우를 따로 끄집어내어, 소련의 복지체제와 자본주의의 그것과를 서로 비교해보는 것이 보다 유효하리라 여겨진다. 그를 통해 소련식 사회정책의 특성을 보다 명확히 드러내 보일 수도 있을 것이다.

소련의 사회정책[30]은 첫째, 어느 자본주의적 복지국가보다도 그 적용 범주와 목표 설정에서 훨씬 광범위하고 보편적이었다. 그것은 교육, 건강 그리고 사회보장뿐만 아니라 주택, 휴가보조, 교통 및 식량까지 다 포괄한다. 이곳에는 물론 자본주의에서와는 반대로, 사립 교육이나 사설 건강서비스 또는 개인 임차주택 등이 존재하지는 않는다. 사회정책은 자본주의 국가들과는 비교가 되지 않을 정도로 폭넓게 정부의 책임과 주도하에 이루어진다. 어쨌든 성취도에서는 적잖은 결함과 문제점을 지니고 있긴 하지만, 정책적 목표의 원대함에서는, 자본주의적 복지국가들의 그것을 원천적으로 능가한다. 또한 소련은 중앙통제식 계획경제체제를 지니고 있기 때문에, 경제정책과 사회정책의 연계가 긴밀하다. 따라서 사회정책은 경제발전으로부터도 도움을 입기도 하지만, 동시에 경제성장을 촉진하는 도구로도 활용되었다.

소련의 사회정책은 둘째, 지배적인 집단주의적 이데올로기와 조화를 잘 이루고 있었다. 생산수단의 사유에 기초하고 있는 복지 자본주의 사회에서는, 사회정책이 만약 사적 이익을 침해한다면, 공공비용의 정당성이나 유용성이 심각한 도전에 직면할 수밖에 없게 된다. 그러나 소련에는 정반대로, 그러한 위협 대신에 오히려 사회정책의 발전을 조장하는 이데올로기적 조건들이 존재하였고, 그를 통해 거꾸로 기존 정치·경제체제의 정당성이 보다 확실하게 확보될 수 있는 유리한 근거가 만들어질 수 있었다.

소련의 사회정책은 셋째, 이러한 야심적인 시도와 이데올로기적 지원에 힘입어, 사회주의적 발전뿐만 아니라 공산주의 사회로의 질적 도약까지 가능케 하는 역사발전의 매개물로 인식되었다. 그리하여 그

30 이에 관해서는 George and Manning(1980, 167-174)을 참고할 것.

것은 '노동에 따른 분배'의 사회주의적 원칙에서 비롯하는 사회적 불평등을 효율적으로 극복케 하는 제도적 수단으로 비치기도 했다. 그러나 이러한 평등주의적 재분배 시도가 항상 기대한 결과를 만들어낸 것이 아니었음은 물론이다. 예를 들어 사회보장의 측면에서[31] 소련이 자랑하는 가장 위대한 업적 중의 하나는 바로 실업 퇴치다. 실업급여(unemployment benefit)는 이미 1930년 스탈린에 의해 추진된 급속한 산업화 과정에서 완전히 사라졌다. 그리고 소련의 헌법 제40조는 노동할 권리를 철저히 보장한다고 선언하였다. 그러나 이러한 업적은, 만약 일자리가 원하지 않는 지역, 원하지 않는 분야에 주어지게 된다면, 노동자에게는 오히려 불리하게 작용할 수도 있다. 다른 한편 연금제도는 특히 브레즈네프에 와서 비약적으로 개선되었는데, 다른 산업국가들에 비해 이른 나이에 은퇴한 대부분의 근로자들이 처음으로 추가 노동의 필요 없이 생활을 영위할 수 있을 정도로 충분한 연금을 지급받게 되었다. 그러나 노동소득의 불평등이 연금률에도 그대로 반영되었기 때문에, 불평등은 계속 재생산된 셈이다. 과거의 노동 실적이나 기록이 이처럼 사회보장과 연계되었다는 사실은 한편으로는, 사회보장제도의 노동 통제적 성격을 드러내는 것이며, 다른 한편으로는, '필요의 원칙'이 제대로 충족되지 못했다는 것을 보여주기도 한다. 그리하여 사회적으로 가장 결핍된 집단들, 예컨대 가난한 어린이, 장애자, 병약자, 실업자, 결손가정의 구성원 등은 오히려 이러한 사회보장제도의 지원을 제대로 제공 받지 못한 채 방치되기 일쑤였다(Mandel 1989, 12). 말하자면 '사회부조'(social assistance)는 정상적인 기능을 발휘하지 못하였던 것이다. 이러한 사정은 다음 〈표 1〉에서도 잘 드

31 George and Manning(1980, 31-63)을 참고.

러난다. 그것은 소련에서 복지기금이 어떻게 분배되었던가 하는 것을 잘 보여준다.

표 1 소련의 복지기금 분배(과학 포함) (1986년, %)

교육	24
과학	17.7
건강 및 휴양	14
사회보장 및 보험	39.5
연금	29.5
보조 및 수당	8.7
기타	4.8
총계	100

출처: Lane(1990, 300).

사회복지 기금의 약 40%가 사회보장 및 사회보험에 지출되는데, 그 중 사회부조에 해당하는 생활보조비는 9%에도 미치지 못한다. 물론 소련 사회에서는 모든 인민의 욕구가 다 충족되지 못하였고, 또 그를 위한 자원도 충분히 확보되지는 못하였다. 게다가 국가기구를 통한 행정적 분배가 거의 전권을 휘두르게 됨으로써, 담당 관료들의 특권이 조장되게끔 되었다. 요컨대 "재분배자가 재분배로부터 이득을 얻게" 된 것이다(Deacon 1992, 4). 이런 의미에서, 국가 사회주의에서 일어난 사회 내부의 주된 적대적 갈등은 직접 생산자와 국가기관을 통해 부를 재분배하는 세력 간에 발생한 것이라고 말할 수 있을 정도다.[32]

32 Szelenyi(1978, 63-83). 뿐만 아니라, Feher et al.(1983)에서는, 소비에트형 사회의 구조적 특성으로 특히 "집합적 전체로서의 국가기관"(apparatus as a corporate entity)과 직접생산자 및 대다수 피지배계층 간의 적대가 강조되고 있다(ch. 3, 특히 p. 126).

나아가 밥 디콘(Bob Deacon)은 소련을 포함한 동유럽 공산권 일반의 사회보장제가 지니고 있던 문제점을 총괄적으로 "저발전의 평등주의" 및 "필요에 따른, 아래로부터의 자율적인 논의 및 로비 권리의 부재", 두 개로 축약하고 있다. 요컨대 한편으로는, 긍정적 측면이라고 말할 수 있는 평등주의적 사회보장정책이 저발전되고 비효율적인 경제와 맞물려 전개되었고, 다른 한편으로는, 사회복지의 수혜자들이 스스로 민주적 영향력을 행사할 수 있는 가능성을 거의 갖지 못한 채 관료주의의 피동적 객체로 전락해버렸다는 비판인 것이다(Deacon 1992, 6-7). 바꾸어 말하면, 소련의 사회보장은 결과적으로 평등 대신에 경제적 비효율성을, 그리고 민주적 자율성 대신에 가부장적 통제를 더욱 심화시켰다는 말이 되리라. 응당 이러한 현실이 소련의 붕괴와 불가분의 관계를 맺고 있음은 물론이다.

지금까지의 총괄적인 논의를 토대로 하여, 이제부터 소련 및 동유럽 공산권의 구체적인 평등 현실을 실증적으로 심층 분석하는 것이 나름 유의미하리라 생각된다.

소련 사회는 우선 동유럽 공산권 내부에서, 그리고 선진 자본주의 국가들과 비교할 때, 과연 어느 정도의 경제적·사회적 위상을 지니고 있었을까?

우리는 이를 알아보기 위해, 무엇보다 소련 및 동유럽 몇몇 나라, 그리고 OECD 국가들의 여러 주요 사회지표들을 개괄적으로 상호 비교·검토해보는 것이 보다 간편하고도 유익하리라 여겨진다. 다음 〈표 2〉는 붕괴 직전의 소련 및 동유럽 그리고 선진 자본주의 국가들의 주요 경제적·사회적 역량에 대한 개략적인 비교이다.

이 통계수치를 보면 소련은 OECD 국가들은 말할 것도 없고, 공산권 안에서도 사회적·경제적 발전 수준에서 가장 뒤진 쪽에 속해 있

표 2 소련 및 동유럽 국가들의 주요 사회지표(1988)

사회지표	소련	체코	동독	헝가리	폴란드	OECD
인구(백만)	286.4	15.6	16.6	10.6	38.0	824.8
1인당GDP(US $)	5,552	7,603	9,361	6,491	5,453	14,637
1천 명당 차 보유량	50	182	206	153	74	385
평균수명	70	71	73	70	72	76
유아사망률(1천 명당)	25	13	8	16	16	8
중등교육 수료 노동자	27.3	29.4	-	33.8	28.8	61.0

출처: Deacon et al.(1992, 6).

음을 알 수 있다. 1인당 국내총생산은 선진 자본주의 국가의 1/3 정도에 머물러 있고, 노동자의 교육수준도 최하위를 기록하고 있다. 의료수준을 간접적으로 알려주는 유아사망률의 지표에서도 단연 선두를 달리고 있다.

나아가 소련 사회의 평등 현실을 측정하는 지표로 계층별·직업별·성별·소수민족 집단별 기준 등을 살펴보는 것이 보다 유의미하리라 판단된다. 구체적으로 말해, 노동자·농민·지식인 등의 소득차별, 농촌과 도시의 차이, 남성과 여성의 불균형, 소련 안의 여러 소수민족 집단별 차이, 특권계층의 문제 등에 초점을 맞추어본다는 말이 되겠다.

다음 〈표 3〉, 〈표 4〉, 〈표 5〉는 노동자를 기준으로 하여 이들과 기술자 및 사무직원, 그리고 이들과 농민들 간의 소득차이 등을 각각 비교한 것이다.

〈표 3〉에서 노동자에 비해, 엔지니어·기술노동자 및 사무직원의 소득이 사회주의 건설이 진행됨에 따라 확연히 줄어들어 왔음을 확인할 수 있다. 1932년의 경우 전문 기술노동자의 소득이 일반 노동자의 무려 263%에 달하였으나, 1978년에는 118%로 그 비율이 대폭 감소

표 3 노동자, 엔지니어·기술노동자, 사무원의 소득비교(노동자: 100)

연도	노동자	엔지니어·기술자(ITR)	사무원
1932	100	263	150
1933	100	271	151
1935	100	236	126
1940	100	213	111
1945	100	230	101
1950	100	176	93
1955	100	166	89
1960	100	148	82
1965	100	142	83
1970	100	136	85
1973	100	127	81
1978	100	118	81

출처: 송두율(1990b, 68).

표 4 1959년 소련 산업의 기업등급에 따른 봉급 격차(월급/루블)

구분	I	II	III	IV
공장장	350-400	310-360	250-300	200-250
수석엔지니어	320-370	280-330	200-270	190-220
부서책임자(생산과 기술)	250-300	200-250	150-210	150-180
부서책임자 (디자인·계획·노동조직·판매)	190-220	160-190	140-160	110-130
상급엔지니어	110-135	110-135	100-120	100-120
엔지니어	100-120	100-120	90-110	90-110
기능공	75-90	75-90	75-85	75-85

출처: 송두율(1990b, 69).

하였다. 2차 대전 이후에는 사무직원의 소득이 오히려 노동자의 그것에도 미치지 못하게 되고, 1970년대에 들어서면 노동자 소득의 80% 정도에 머물고 있음을 알 수 있다. 육체노동자의 상대적인 임금수준이 특히 2차 대전 이래 괄목할 만하게 개선되었다는 것은 어김없는 사실이다. 그러나 다소 오래된 자료이긴 하지만 가령 1959년의 경우, 〈표 4〉에서 보듯이, 기업 내의 공장장과 기능공의 소득격차는 등급이 높은 기업일수록 더 크게 벌어져서 I급 기업의 경우 거의 5:1에 육박한다. 1970년대에도 소련에서 (공장장의) 최고 봉급과 (노동자의) 최저 임금의 비율은 3:1에서 6:1까지 나타난다. 만약에 상여금까지를 포함해 계산한다면, 이 비율은 노동자에게 더욱 불리하게 나타날 것으로 추정된다(송두율 1990b, 70 이하).

〈표 5〉는 노동자와 농민의 소득격차가 어떠한 수준인지를 보여준다. 콜호즈니키(Kolchozniki: 집단농장 종사원)의 경우 평균 연 임금에서는 1960년대 후반까지도 노동자의 절반에도 미치지 못하였다. 이들은 또 같은 농민이면서 솝호즈니키(Sovchozniki: 국영농장 노동자 및 사무원)의 절반에도 모자라는 임금을 계속 받다가, 1960년대 후반에 들면서 상황이 다소 개선되어 1970년대 이후에는 이들의 거의 80%를 오르내리는 소득을 올리고 있다. 전체적으로 보면 콜호즈니키와 솝호

표 5 소련 산업노동자, 솝호즈노동자, 콜호즈니키의 소득비교

연도	1953	1958	1960	1963	1964	1965	1967	1970	1972
평균산업	100	100	100	100	100	100	100	100	100
솝호즈	53.7	61.4	59.0	68.2	70.2	72.1	74.9	75.5	78.7
임금 콜호즈	17.9	28.6	25.2	31.8	36.9	42.3	48.4	68.0	68.0
평균산업	100	100	100	100	100	100	100	100	100
1일 솝호즈	63.1	67.9	65.9	78.3	81.2	83.5	86.9	78.6	82.2
임금 콜호즈	24.6	40.0	34.1	43.0	50.1	57.5	65.7	69.6	70.0

참고: 산업노동자=100, 부업·사회복지에서 오는 소득은 제외

출처: 송두율(1990b, 169).

즈니키의 소득은 1970년대에 들어와서는 산업노동자의 70-80% 정도의 수준을 각각 유지하고 있다. 〈표 4〉에서 보듯이 같은 기업 내에 종사하는 노동자의 소득도 계층에 따라 그 격차가 크게 나타나는 것처럼, 농민 내부에도 유사한 현상이 나타난 것이다. 〈표 6〉은 이를 잘 보여준다.

표 6 콜호즈의 직업집단에 따른 1일임금·연소득·연노동일수(1964)

직업집단	1일임금(루블)	1년 임금소득(루블)	1년 노동일수
야외경작노동자	1.79	346	193
가축사육인력	2.28	733	321
트랙터운전수	3.83	844	220
생산대대장	3.01	933	310
농학자	4.35	1,270	292
콜호즈의 장	7.22	2,233	308

출처: 송두율(1990b, 152).

이 통계는 콜호즈 내의 직업별 소득격차가 어느 정도인가를 잘 드러내 보여준다. 평균적인 야외노동자의 소득은 노동일수의 '혜택'을 고려한다 하더라도, 콜호즈 장의 20-30%, 그리고 생산대 간부 같은 중간급 지도인력의 30-50% 정도에 지나지 않는다.

반면에 소련 사회의 직업별 임금구조를 입체적으로 살펴보게 되면, 자본주의 사회의 그것과 유사하다는 것을 발견할 수 있다. 〈표 7〉은 소련과 영국의 직업별 상대임금을 서로 비교한 것이다.

소련의 경우 최고 봉급소득자는 아카데미 회원으로서 일반 숙련노동자 임금의 3.93배에 달한다. 그러나 그것은 영국의 최고 봉급소득자인 대사(388%)와 영국 숙련노동자 간의 비율적 차이를 다소 능가하는 수치다. 전문직 종사자들, 예컨대 엔지니어, 의사, 간호원, 교사, 대

표 7 1980년대 초 소련과 영국의 상대 임금(100=숙련노동자)

직업	소련	영국
청소부	43	74
치과의사	56	233
미숙련 육체노동자	70	77
여성 직물노동자	72	70
운전수	100	85
대사	208	387
유자격 엔지니어	108	148
주임 의사	178	368
지하 갱부	267	146
아카데미 회원	393	-

출처: Lane(1990, 146).

학교수, 변호사 등의 수입은 소련이나 영국 둘 다 대체로 숙련노동자의 그것을 넘어서고 있다. 다만 치과의사와 갱부의 소득만 두 나라가 거꾸로 되어 있을 뿐, 전체적인 소득구조의 면에서 보면 사회주의 국가와 자본주의 국가의 직업별 상대적 소득차별은 대체적으로 비슷한 양상을 띠고 있다고 말할 수 있다. 이러한 현상은, 거칠게 말해서, 사회주의 국가인 소련에도 역시 자본주의 국가에서 일반적으로 찾아볼 수 있는 소득불평등이 엄연히 존재한다는 사실을 명백히 보여주는 것이라 할 수 있다.

나아가 소련 사회에서 경제적 측면뿐만 아니라 정치적·사회적 차원에서도 불평등의 구조가 제도화되어 있다는 것을 발견할 수 있다. 도시와 농촌 간의 격차를 보더라도, 그 차이는 산업노동자와 집단농장 농민의 그것을 훨씬 앞지르고 있다. 예를 들어 1978년의 경우 전체 인구의 39%에 해당하는 산업 및 건설업 종사자들이 전체 국민소득의 65.6%를 차지한 반면, 전 인구의 21%에 달하는 농촌의 농업 종사자들은 단지 17.5%만을 거두어들였을 뿐이다. 도시와 농촌 간에 내재하는 이러한 불평등의 원인은, 농촌에는 상대적으로 더 높은 비율의 육체 및 미숙련 노동력이 존재한다는 사실, 그리고 농촌의 교육·문화·사회적 서비스의 수준이 열악하다는 것 등에서 찾아지리라 추정된다.[33]

지식인은 그 계층적 속성상 사회의 어떤 계급으로부터도 충당될 수 있다. 또한 지식인들은 어디서나 사회적 신분상승의 기회를 상대적으로 보다 많이 향유할 수 있다. 따라서 지식인의 충원이 구조적으로 어떻게 이루어지고 있는가 하는 것은 사회의 평등구조가 어떠한 현실에 처해 있는가를 간접적으로 알려주는 지표가 될 수 있다. 다음 〈표 8〉은 소련 대학생이 주로 어떤 직업을 가진 부모로부터 충원되는가 하는 것을 잘 보여준다.

표 8 1960년대 후반 소련 대학생의 부모 직업 현황(단위: %)

대학	전문직	비전문직 사무원	노동자	콜호즈 농장원	기타
로스토프국립대(1966)	50.4	47.0	2.6		
고리키국립대(1967)	46.4	25.6	25.3	1.3	1.4
페름국립대(1969)	31.5	29.5	29.4	4.2	5.4
우랄국립대(1969)	39.0	9.1	27.1	0.9	23.9
전 직업인 중 비율(1970)	14.2	10.6	60.0	15.2	

출처: Yanowitch(1977, 88-89).

33 이에 대해서는 Lane(1982, 42-46)을 참조할 것. 참고로 1970년의 경우 도시인구의 65.6%가 주로 육체노동에 종사하고 있었다면, 농촌에는 84.1%가 육체노동자였다. 또한 1979년에는 도시인구 1,000명당 93명이 고등교육을 이수한 데 반해서, 농촌에서는 겨우 25명으로 그쳤다. 그리고 1963년의 예를 들면, 도시 가계의 59%가 텔레비전을, 25.7%가 100권 이상의 서재를 갖고 있었고, 36.5%가 세 종류 이상의 신문이나 잡지를 구독하고 있었던 데 반해, 집단농장 가계에서는 그 비율이 각각 0%, 0.3%, 13.2%로 대폭 떨어진다.

여기서 보면 소련 대학생들의 거의 40-50% 이상이 전체 직업인구의 14% 정도에 지나지 않는 전문직 종사자의 자녀들로 채워지고 있다는 것을 알 수 있다. 반면에 전 직업인구의 60%에 가까운 노동자의 자녀들 중 대학생 비율은 고작 30%도 채 되지 않는다. 농민의 자녀는 5%를 넘지 않는다. 소련 대학생 부모의 2/3 가까이는 전문직과 사무직 등 정신노동자로 충당된다고 말할 수 있다. 이를 통해 소련에서도 사회적 불평등이 세대적으로 계승되어나갈 수 있는 기본조건이 갖추어져 있었던 것으로 간접적으로나마 평가할 수 있으리라 추정된다.[34]

뿐만 아니라 공산당원의 충원에서도 역시 유사한 현상이 나타나고 있다. 다음 〈표 9〉는 소련 공산당 당원의 계급별 구성 비율을 연도별로 정리한 것이다.

표 9 소련의 전체 인구와 당원 및 후보당원의 계급 구성(%)

구분	전체 인구			공산당원		
	1959	1970	1978	1961	1971	1977
노동자	49.5	56.8	61.8	34.5	40.1	42.0
콜호즈니키	31.4	20.5	15.1	17.5	15.1	13.6
사무원(지식인)	18.8	22.7	23.1	48.0	44.8	44.4

출처: 송두율(1990b, 214).

당원의 선발에서 사무원(지식인 포함)의 우대가 스탈린 사후에는 노동자 및 콜호즈니키의 우대로 수정되고, 브레즈네프에 와서는 노동자 강화로 연결되기는 하였으나, 사무원 선호의 전통은 별반 달라

34 소련 사회의 교육 불평등에 대한 자세한 분석을 참고하기 위해서는, Yanowitch(1977, 58-99)를 볼 것.

진 게 없다. 1970년대의 경우 사무원(지식인 포함)이 전체 인구에서 차지하는 비율이 23% 정도에 불과한데도, 공산당원 충원 비율은 45% 가량이나 된다. 그러나 예를 들어 1981년에 오게 되면, 공산당원의 충원에서 정신노동자 그룹과 육체노동자 집단이 차지하는 비율이 각각 43.8%와 43.4%로 거의 균형을 이루게 되지만, 인구비로 보면 사무직 및 전문직 종사자들의 과대 충원이 여전히 계속되는 셈이다. 반면에 집단농장 농민들은 물론 과소 충원되고 있는 형편이다(Lane 1982, 117 이하).

소련 사회의 불평등을 논하면서 빼놓을 수 없는 것이 특권계급, 예컨대 당 및 국가 관료, 대규모 생산업체 경영인, 기술 및 예술 계통의 인텔리겐치아 대표, 군부 및 외교관 등을 포괄하는 이른바 '노멘클라투라'(Nomenclatura)의 존재다. 그 중 당 및 국가 관료가 거의 60%를 차지한다.[35] 이들은 실질소득의 면에서나, 소비·주택·교통수단의 이용·교육 및 문화·휴가 및 해외여행 등등에서 물론 각종 특권을 향유하였다. 이러한 특권의 행사는—무엇보다 그것이 평등주의적 당 공식 이데올로기에 배치되기도 하였지만—항상 장막 뒤에서 은밀히 이루어지는 관계로, 그 실체를 정확하게 파악해내기가 전혀 쉽지 않다. 그러나 대략적으로 볼 때, 이들의 소득은 최소한 4, 5백 루블로서 소련 평균소득의 네 배, 최저소득의 일곱 배에 해당한다. 예를 들어 연방공화국의 제1서기는 800여 루블, 연방공화국 각료는 600여 루블, 작곡가 연맹 제1서기는 1,400루블, 저명 작가 800-1,000루블, 모스크바 변호사 500루블, 소련군 원수 2,000루블, 대규모 탄광회사 경영인 650

35 소련의 특권계급의 생성 및 생활양식 등에 관해서는, 이 분야의 독보적인 연구업적의 하나라 할 수 있는 Matthew(1978)을 참고할 것. '노멘클라투라'의 개념 및 구성에 관해서는 특히 p. 27, 34 이하를 볼 것.

여 루블 등등이다. 매튜스에 따르면, 이러한 엘리트적 특권은 러시아 혁명 직후부터 오히려 관용되거나 조장되어 왔고, 그를 축소하고자 하는 어떠한 노력도 사실상 진지하게 기울여진 적이 없을 정도였다(Matthew 1978, 23-27, 184). 이러한 특권계층의 존재는 당연히 일반 인민대중과의 사회적 괴리를 심화시키는 데 기여했을 뿐만 아니라, 사회주의 사회의 평등주의적 지향에 심각한 손상을 끼치기도 하였음은 물론이다.

한편 소련 사회에서는, 물론 자본주의 사회와는 비교가 되지 않을 정도로, 남녀 간의 성적 차별이 상당 부분 해소되었다. 그를 위해 사회주의 정권이 들어서면서부터 물론 여성해방을 위한 여러 조처들이 일찍부터 가시화하였다.

여성의 사회적 지위의 변화를 가장 선명하게 드러내 보여주는 지표는 아마도 고등교육, 그리고 전통적으로 남성이 지배해 오던 직업 분야에 대한 여성의 진출 상황일 것이다. 고등교육기관에 종사하는 여성의 분포는 1928년에서 1935년까지 28%에서 38%로, 그리고 1941년에는 50%로 늘어났고, 1970년대 중반 이래 51%에 머물고 있다. 이 비율은 선진 자본주의 국가들, 예컨대 미국의 46%, 영국의 41%, 서독의 41%를 앞지르는 수치다. 뿐만 아니라 소련 여성은 1979년까지 모든 전문직, 즉 특수한 중등교육 및 고등교육 자질을 요하는 직종의 59%, 그 가운데서 의사의 69%, 교사의 71%를 담당하였다. 그리고 1930년대에 이미 각종 산업 분야에 여성 취업이 본격화하여 1928년에 산업노동자 중 여성이 차지하는 비율이 24%에 불과했던 것이 1978년에는 51%로 뛰어올랐다. 또한 소련 여성의 유급상근(full-time) 비율은 86%로 타의 추종을 불허한다. 그러나 이러한 괄목할 만한 여성의 진출에도 불구하고 그들의 취업은 특정적인 분야에 몰려 있고, 숙련도나 책임의 수준 면에서도 남성의 그것에 비해 적잖이 뒤떨어지는 편이다(Matthew 1978, 75-77).

1960년대 후반 노동력의 질적 수준에 따른 소련 남성과 여성의 산업 분야 점유율을 보면, 고급 노동력에서는 31% 대 4%, 중급 노동력은 50% 대 30%, 하급 노동력은 19% 대 66%의 분포를 각각 보인다(McAuley 1981, 81). 또한 주요 직책별 여성 고용 실태를 보면, 1963년과 1973년의 경우 경영 책임자급은 6%와 9%, 책임 엔지니어는 16%와 10%, 작업장 책임자 또는 대리 책임자의 경우는 12%와 16%로 지극히 낮은 수치를 보이고 있으나, 반면에 통계원 및 계획원은 70%와 86%, 엔지니어-관리인 및 회계-관리인은 65%와 78%, 일반 산업노동자는 45%와 49%의 높은 수치를 각각 기록하고 있다(Dodge 1966, 179; McAuley 1981, 88).

뿐만 아니라 국가 사회주의 사회에서도 여성은 산업일꾼이면서 동시에 가정주부로서의 이중부담에서 헤어나지 못한다. 임금수준도 남성의 그것에 비해 저렴하다. 그러나 이러한 부수적인 불평등에도 불구하고 전반적으로 볼 때, 소련 여성들이 선진 자본주의 국가들의 여성에 비해 훨씬 평등한 사회적 대우를 받았다는 것은 의심의 여지가 없다.

다른 한편 특히 소련 같은 다민족국가, 그리하여 사회주의 체제가 붕괴하자 모든 소수민족들이 뿔뿔이 제 갈 길을 찾아 공화국 독립을 선포할 정도로 민족분리적 전통이 강한 곳에서는, 연방을 구성하고 있는 소수민족 그룹들 상호 간의 관계나 차이들이 현실정치적으로 매우 중요한 기능을 발휘한다. 레닌 자신도 차르체제에 의해 억압당하던 이러한 러시아 내 소수민족의 혁명적 잠재력이 어떠한 폭발력을 지니고 있는가 하는 것을 일찍이 간파하였다. 그리고 이들을 사회주의 혁명을 위해 성공적으로 활용할 줄도 알았다.

생산수단에 대한 국유화 및 공산당의 일사불란한 단일지배를 기반으로 하여, 소련이 다양한 민족집단별 차이를 뛰어넘어 하나의 단일한 이해관계로 뭉치는 통일된 사회주의적 공동체를 건설하고자 노력하였음은 분명한 사실이다. 따라서 사회적 화합·연대·통일성은 소련의 전통적인 지배이데올로기의 하나였다. 그리하여 한편으로는, 러시아와 같은 지배민족의 민족적 특권을 억누르고 다른 한편으로는, 소수민족의 민족적 분파 이기주의를 동시에 억압함으로써 단일국가적 화합과 통일성을 견지해 나가고자 노력해왔다. 그럼에도 22개의 주요 민족집단 그리고 15개의 개별 연방공화국 간에는 극복되기 힘든 여러 사회적·경제적 격차들이 존재하였음 역시 자명한 사실이다. 다음 〈표 10〉은 소련 내 개별 연방공화국의 도시화 정도를 나타낸다.

도시화 비율은 산업화의 지표로도 활용될 수 있다. 러시아, 발틱, 아르메니아공화국은 2/3 이상이 도시화된 반면에, 중앙아시아 지역과 몰다비아공화국은 대체로 농촌적·농업적인 속성을 그대로 견지하고 있다. 도시화가 가장 많이 진척된 러시아공화국과 가장 저조한 타지크공화국 간에는 도시화의 비율이 무려 41%나 차이가 나고, 가장 신속한 증대율을 보인 백러시아와 오히려 마이너스 성장을 보인 타지크공화국 간에는 25%의 격차가 나타난다. 그리고 15개 연방공화국 중에서 소련 전체의 평균 도시화율 10%에도 채 미치지 못하는 공화국이 10개나 된다. 이러한 불평등은 예컨대 공화국별 소득실태에서도 그대로 드러난다. 다음 〈표 11〉은 소련 내 공화국별 노동자 소득 증가율 및 1인당 평균소득을 서로 비교해 놓은 것이다.

여기서도 알 수 있듯이, 평균소득도 공화국별로 상당한 차이를 보여주고 있다. 그 가운데서도 비유럽 민족구성원 쪽이 주로 불리한 형

표 10 1970년 및 1987년의 연방공화국의 도시화 정도(%)

	1970	1987	변화율
소련(USSR) 평균	56	66	+10
러시아연방공화국(RSFSR)	62	74	+12
우크라이나공화국	55	67	+12
백러시아공화국	43	64	+21
우즈베크공화국	37	42	+5
카자흐공화국	50	58	+8
그루지야공화국	48	55	+7
아제르바이잔공화국	50	54	+4
리투아니아공화국	50	67	+17
몰다비아공화국	32	47	+15
라트비아공화국	62	71	+9
키르기스공화국	37	40	+3
타지크공화국	37	33	-4
아르메니아공화국	59	68	+9
투르크멘공화국	48	48	0
에스토니아공화국	65	72	+7

출처: Lane(1990, 170).

편에 속한다. 가장 많은 소득을 올리는 공화국들(에스토니아, 러시아공화국, 라트비아, 리투아니아)은 다 유럽 쪽에 속한 지역들이고, 그 반대편에 아제르바이잔, 몰다비아, 우즈베크 등이 있다. 1인당 평균소득이 제일 낮은 아제르바이잔은 그것이 제일 높은 에스토니아의 70% 정도에 불과하다. 특히 중앙아시아 지역 공화국들의 형편은 가장 열악한 편에 속하는데, 우즈베크, 카자흐, 키르기스, 타지크, 투르크멘의 소득증가율은 전체 소련 평균 167%에서 각각 -3%, -2%, -4%, -16%, -11%를 기록하고 있다. 이 지역들의 1인당 평균소득도 소련 전체의 그것을 당연히 밑돌고 있다.

이러한 민족 집단별 경제적 불평등은 정치적 불평등에도 그대로

표 11 소련 내 육체 및 정신 노동자의 근로소득

	1인당 소득증가율(%) (1970-86)	1인당 평균소득(루블) (1986)
소련 평균	167	195.6
에스토니아	159	221
러시아공화국	173	207.8
라트비아	153	201.4
리투아니아	157	194.7
투르크멘	156	193.1
카자흐	163	192.7
아르메니아	164	184.5
백러시아	178	180.5
우크라이나	165	179
그루지아	189	170.6
키르기스	163	166.4
우즈베크	164	165.9
타지크	151	162
몰다비아	181	161.8
아제르바이잔	165	161.7

출처: Lane(1990, 173).

연결된다. 예를 들어 소련 공산당 정치국원의 출신 민족 집단별 충원 분포를 비교하면, 그 실태를 대략이나마 파악할 수 있다. 러시아 민족 출신이 압도적인 다수를 차지하여 1973년에는 56%, 1980년에는 68%, 1988년에는 84%에까지 이르렀다. 그 외에 우크라이나가 16%, 7%, 8%, 그리고 백러시아계가 12%, 7%, 4%를 각각 차지하였다. 나머지 민족집단은 거의 명색을 드러내지 못하였다. 이런 상황은 각료회의나 최고위 관직 점유율에서도 비슷하게 되풀이된다. 러시아와 우크라이나계가 거의 대부분의 자리를 독점하고 있다고 해도 과언이 아니다(Lane 1990, 182-184). 소연방의 해체는 이러한 불평등에 대한 소수

민족집단의 본능적 반발의 결과였을지도 모른다.

회고컨대, 러시아 혁명 자체가 하나의 거대한 인류사적 에피소드는 아니었을까? 누군가는 "위대한 10월 혁명"으로 말미암아, "인류의 전사(前史)는 종결되었다"고 감동적으로 선언한 적도 있다(Schreiner 1958, 17). 또한 소련 공산당 중앙위원회는 10월 혁명 40주년 기념사에서 러시아 혁명은 "인간에 의한 인간의 착취, 기존의 사회적·민족적 억압을 종결시켰으며, 사회주의·평화·평등의 대이념을 선포하였을 뿐만 아니라 그것을 실현하기도 하였다"고 자랑스럽게 공포하기도 하였다.[36]

반면에 공산 동독의 반체제 이론가였던 루돌프 바로는 10월 혁명의 과제가 "사회주의가 아니라 비자본주의적 방식에 의한 러시아의 신속한 산업발전이었다"고 단정 짓는다(Bahro 1979, 58). 또 누군가는 당시 러시아에는 사회주의의 전제가 결여되어 있었기 때문에, 결코 사회주의 혁명이 일어날 수 없었다고 주장하기도 한다.

러시아 혁명을 어떻게 규정하고 소련식의 사회주의를 어떻게 개념화하든 간에 한 가지 분명한 사실은, 러시아 혁명이 마르크스와 엥겔스의 기대와는 달리 성숙한 자본주의 사회에서 발발하지도 않았고, 아울러 소련은 자본주의적 소유관계하에서 나타나는 것과 같은 제반 사회적 모순을 극복할 수 있을 정도로 충분한 생산력도 발전시키지 못하였다는 점이다. 바로 이러한 소련의 저급한 생산력 수준 탓이었을까, 스탈린도 "평등주의는 그 근원이 개별 농민적 멘탈리티, 즉 동일한 몫의 심리학, 원시적 '공산주의'의 심리학에 있다. 평등주의는

36 Thesen zur Abteilung und Propaganda beim ZK der KPdSU: Zum 40. Jahrestag der Großen Sozialistischen Oktoberrevolution; "Neues Deutschland" (Berlin(o), vom 22. Sep. 1957).

마르크스주의와 아무런 공통점이 없다"고 잡아떼지 않으면 안 되었을 정도였다(Stalin 1955, 120).

어쨌든 소련은 결과적으로 '저발전의 평등주의'를 이룩한 셈이었다. 그리고 경제발전을 급속히 휘몰아가기 위해서나, 또는 저발전이 허용하는 한정된 사회적 생산물의 평등한 분배를 위해서, 자연히 국가가 앞장설 수밖에 없게 되었으리라. 그리하여 한편으로는, 노동자와 농민, 육체노동자와 정신노동자, 도시와 농촌, 여성과 남성, 민족 집단과 집단 사이에 불평등이 조성되게끔 되었고, 다른 한편으로는, 국가권력에 의존한 새로운 특권계층 및 사회적 불평등의 세대적 계승을 가능케 할 수 있는 사회적 환경도 만들어지게 되었다. 공식적으로는 산업노동자야말로 사회주의의 전위요, 전담세력이라 추켜세워졌지만, 실제로는 이 노동자 스스로도 명예나 권력, 소득의 면에서 오히려 사회적 희생양에 지나지 않았다. 그 자리를 대신 차지한 것은 실은 다양한 인텔리겐치아 계층 아니었으랴 추정된다.

이러한 측면은 사회주의 사회도 '평등'과 '능률'(또는 성취) 사이의 본질적인 갈등에서 해방될 수 없으며, 스스로가 안고 있는 다양한 사회적 불평등 역시 결과적으로 이러한 갈등의 불가피한 산물이었다는 것을 간접적으로나마 시사해주는 것처럼 보인다. 이러한 평등과 성취의 긴장이라는 면에서는, 자본주의 사회와 국가 사회주의 사회 사이에 본질적인 차이를 찾아내기는 힘들 것 같다.

물론 자본주의 사회에서는 경제가 소득 및 부의 불평등을 생성시키는 근본 요인으로 작용하지만, 대신에 정치가 분배의 민주화를 촉진하는 도구로 기능한다. 반면에 국가 사회주의 사회에서는 경제적 차원에서는 원칙적으로 평등이 조성되지만, 오히려 정치의 논리가 그것을 불평등으로 변질시키는 역할을 떠맡는다. 왜냐하면 자본주의와는 정반대로, 소유의 주체가 국가이며, 자본주의적 이윤은 국가에 의해 장악되는 경제적 잉여가치로 바뀌고, 자본주의적 시장이 생산, 분배 및 교환에 대한 국가의 독점으로 대체되기 때문이다. 시장의 논리가 아니라, 국가의 계획이 일체를 지배한다. 따라서 국가 사회주의에서는 국가계획을 전담하는 "행정계급"(administrative class)이 정치적 권능을 거의 독점하다시피 했던 것이다.[37] 아울러 당 또는 국가에 대한 충성심이 분배의 주요한 척도로 등장한다. 요컨대 자본주의에서는 상품관계가, 반면에 사회주의에서는—생산성의 후진성을 제쳐놓는다면—권력관계가 사회적 불평등의 근원이라 할 수 있다.

결과적으로 소련 사회는 선언된 평등주의보다는 오히려 경제적 비능률에 더욱 빠져들었고, 선언된 프롤레타리아 민주주의보다는 오히려 관료주의적 권위주의에 더욱 침잠하는 역사 과정을 걸었다. 그리고 그 종착역은 사회주의 자체의 몰락이었다.

IV. 소련 및 동유럽 공산권 몰락의 역사적 의의

그렇다면 러시아 혁명은 우리에게 과연 무엇을 보여주고 있는가?

예컨대 영국의 철학자 버트런드 러셀(Bertrand Russell)은, 1920년 러시아를 방문하고 돌아와서 다음과 같이 술회한 적이 있다.

"나는 두 가지 이유로 어쩔 수 없이 볼셰비즘을 거부하게끔 되었다.

37 체제의 운동방식에 나타나는 자본주의와 국가 사회주의 간의 차이에 대한 간결한 분석을 참고하기 위해서는, Davis and Scase(1987〈1985〉), 특히 pp. 90-108을 볼 것("행정계급" 인용은 p. 98).

첫째는 볼셰비키적 방식으로 공산주의를 달성시키기 위해 우리 인류가 지불해야 할 대가가 너무나 소름끼칠 정도이기 때문에, 둘째는, 비록 그러한 대가를 지불한다 하더라도, 나는 그 결과가 볼셰비키의 공언처럼 되리라고는 믿지 않기 때문에."[38]

마르크스와 엥겔스는 자본주의적 발전이 필연적으로 부르주아 민주주의, 즉 자본주의적 상부구조의 성숙을 동반한다는 점을 간과하기는 하였지만, 그들이 원칙적으로 자본주의적 생산력의 충분한 발전을 사회주의 혁명의 기본전제로 인식하였다 함은 되풀이 강조할 필요조차 없이 너무나 명약관화하다.

마르크스와 엥겔스가 경제적 모순에 의한 자본주의적 생산관계의 필연적 붕괴를 확신하고 있었음은 새삼 거론할 필요조차 없다. 그러나 자본주의적 발전에 발맞춘 부르주아 민주주의의 확립을 통해 자본주의적 경제질서의 모순이 은폐·완화·교정되어질 수 있으리라는 측면을 그들은 별반 고려하지 않았던 것처럼 보인다. 이러한 점은 그들이 바로 정치적 영역에 대한 관심—예컨대 국가론—을 소홀히 한 것과 잘 맞아떨어지는 것 같다. 예컨대 보비오(Norberto Bobbio)는 이런 측면을 보다 명쾌하게 부각시키고 있다. 그에 따르면, 마르크스·엥겔스는 우선 "어떻게" 지배하는가 하는 문제보다 "누가" 지배하는가 하는 문제에 더욱 본질적인 관심을 집중시켰다. 왜냐하면 그들은 '정치'의 개념을 부정적인 것으로 파악하고 있었던 탓에, 모든 정부 및 국가형태를 자동적으로 부정적인 것으로 간주하였기 때문이다. 마르크

38 Radice(1965, 18-19)에서 재인용. 또한 소련 및 동유럽의 사회주의 혁명이 야기한 인간적 손실에 관해서는, Hook(1975, 150-163)도 볼 것.

스와 엥겔스 그리고 레닌 역시 마찬가지로 정치과정의 제반 제도보다는 오히려 그 주체 문제에 일차적인 의미를 부여하였던 것이다.[39]

하지만 볼셰비키 혁명은 오히려 자본주의적 발전이 제대로 수행되지 못한 지역, 스스로 제국주의 국가이면서 동시에 제국주의적 침탈에 내맡겨져 있는 나라, 그리하여 부르주아적 자유의 연약한 싹조차 제대로 틔워보지 못한 전제적 차르체제의 불모지에서 터져 나왔다. 뿐만 아니라 볼셰비키들은 국제적 제국주의 체제에 의해 강제 포위당해 있는, 게다가 세계대전과 내전에 의해 피폐해질 대로 피폐해진 그 땅에서 사회주의의 물질적 전제를 창출하기 위한 강고한 투쟁을 전개해 나가지 않으면 안 되었다. 이러한 '전투상황'에서 결국 당에 의한 국가통제력 독점 및 초중앙집권적 '명령경제체제' 수립이 촉진될 수밖에 없었다.[40]

프롤레타리아 계급의 아방가르드로서의 당, 따라서 혁명적 이념의 최고구현체로서, 그리고 최고의 프롤레타리아 조직형태로서의 당에 대한 레닌의 지대한 이론적·실천적 열정은 결과적으로 인민과 국가의 극심한 괴리를 초래하게 만들었다.

하지만 혁명이념의 순수성과 프롤레타리아트의 계급적 이해관계를 전위적으로 통일시켜 나가기 위해서는, 역설적으로 프롤레타리아트를 배제한 중앙집중적 조직체계를 견지하지 않으면 안 되었다. 결국 '프롤레타리아트의 독재'가 아니라 '프롤레타리아트에 대한 독재'로 귀결되었다. 말하자면 '프롤레타리아 독재'의 핵심적 주체세력이

39 이에 대해서는, Bobbio(1987), 특히 p. 61을 볼 것.

40 이미 오래전부터 공산권 내부에서조차 절로 이러한 측면을 강력히 부각시켰던 인물이 있었다. 그는 바로 1977년 호네커의 비밀경찰에 의해 체포되어 결국에는 서독으로 추방당할 수밖에 없었던 동독의 공산주의 이론가 루돌프 바로(Rudolf Bahro)였다. 이를 보기 위해서는, Bahro(1979), 특히 S. 57-140을 참조할 것.

되어야 할 노동자 계급이 오히려 국가 및 공산당의 피동적 통치대상으로 전락해버리는 모순이 배태되었다는 말이다. 그에 따라 당과 노동자 계급, 또는 국가와 인민 간의 괴리는 나날이 더욱더 깊어질 수밖에 없었다.

예컨대 유고슬라비아 '공산주의자 동맹'(League of Communists)의 정치국원이었던 질라스(Djilas)는 공산당이 일단 권력을 장악하게 되면, 당에 의한 통치는 국가적 소유를 독점적으로 통제함으로써 전문적 정치관리인에 의한 전제정으로 전락할 위험성이 지대하다고 역설하면서, 결국 당은 스스로를 새로운 지배계급으로 변형시키게 되리라 전망한 적이 있다. 뿐만 아니라 이른바 '부다페스트 학파'의 대표적인 이론가들인 페어(Feher), 헬러(Heller), 그리고 마르쿠스는(Markus)는 소련 및 동유럽을 지배하고 있는 "필요에 대한 독재"(dictatorship over needs)체제가 왜 "역사적인 막다른 길"(historical dead-end)에 다다를 수밖에 없는가 하는 것을 설득력 있게 예측하기도 하였다.[41]

어쨌든 프롤레타리아 독재는—앞서도 언급한 바쿠닌의 예언처럼—전위당의 전횡으로 귀결되었고, 그로 인해 사회주의적 민주주의의 싹은 애초부터 메말라버렸다. 당과 국가 관료는 특권화하였고, 노동대중의 자율적인 창발성은 억눌렸으며, 결과적으로 생산력의 발전이 정체되었고, 경제적 복지는 침체를 면치 못하게 되었다. 말하자면 정치적 자유의 확보뿐만 아니라 경제적 복지의 향유까지 다 근절되어 버리고 말았던 것이다.

이윽고 무엇보다 소련에서부터 '과거청산'의 불꽃이 타올랐다.

41 이에 대해서는, Djilas(1957) 및 Feher et al.(1986)의 특히 ch. 9를 참고할 것.

동시에 동유럽의 공산정권은 밖으로부터의 소련의 지원, 그리고 안에서의 강압정치에 의해 가까스로 인위적인 명맥을 힘겹게 이어오다가, 드디어 외부의 개혁(페레스트로이카)과 내부적인 변혁의지의 분출로 말미암아 더 이상 회피할 수 없는 사회적 위기와 맞닥뜨릴 수밖에 없게 되었던 것이다.[42]

물론 스탈린적 사회주의 체제[43]가 경제의 양적·외연적 성장을 가능케 한 것은 숨길 수 없는 사실이다.그러나 그것은 점차 과학기술의 발전 및 기술혁신에 의거한 생산과정의 지속적인 혁신, 그리고 근로대중의 자발적인 창의성 분출 등을 저해하게 됨으로써, 오히려 사회주의적 생산력 발전에 심각한 장애를 끼치게 되었다.[44]

예컨대 소련의 국민소득의 성장률은 1966-70년이 7.8%, 1971-80년이 4.3%, 그리고 1981-85년이 3.6%로 점차 하강곡선을 그려왔다. 1인당 실질소득의 증가율 역시 1966-70년의 5.9%에서, 1981-85년의 2.1%로 줄어들었다(Saslawskaja 1989, 89). 뿐만 아니라 소련 경제는 자본주의적 산업국가들에 비해 낙후를 면치 못하였다. 특히 1970년대 말 이른바 '제3의 물결'로 표현되는 첨단기술 및 정보화 시대에 들어와서는, 사회주의와 독점자본주의 간의 생산력 격차는 더욱 심하게 벌어졌다. 미국이 1988년에 대략 3,200만 대의 퍼스널 컴퓨터를 생산하였을 때, 소련은 고작 10만 대 정도를 생산했을 뿐이다(송두율 1990a, 20). 뿐만 아니라 소련 상품들은 세계시장에서의 경쟁력까지도

42 2차 대전 후 동유럽사회의 변화 과정을 간략히 참고하기 위해서는, Connor(1988, 138-159)를 볼 것.

43 스탈린적 사회주의 체제 및 그 역사적 배경을 개괄하기 위해서는, Angotti(1988, 5-31)을 참고할 것.

44 스탈린의 성장모델이 지니는 특성과 다양한 문제점을 보기 위해서는, Erlich(1977, 137-154)를 참고할 것.

상실해버렸다. 그로 인해 소련은 수출품목 중 자연자원 및 원료가 차지하는 비중을 더욱 늘릴 수밖에 없었다.

스탈린은 물론 파시즘과의 결연한 투쟁, 자본주의의 포위에도 불구하고 이룩한 높은 산업화, 그리고 그에 기초한 인민대중의 물질적 생활의 전반적 개선 등을 통해, 역사발전에 나름 긍정적으로 기여한 측면을 지니고 있음도 결코 부인할 수는 없다. 그러나 그 대가는 너무나 가혹했다. 바로 그 '기여'가 기여의 목적 자체를 폐기시킨 꼴이 되어버렸기 때문이다.

소련은 한때 '프롤레타리아트의 조국'이었고, 세계 공산주의의 창설자였으며, 또 그 주도세력이었다. 이러한 소련에서 공산주의적 지배체제가 몰락하고 소연방이 해체됨에 따라, 특히 서유럽적 문화전통과 직접적으로 연결되었던 지역에서의 공산주의는 그 마지막 종언을 고할 수밖에 없게 되었다.

결국엔 비유럽 지역의 지배 공산당체제만 잔류하게 된 모양새다. 무엇보다 이 지역이 대부분 아직도 짙게 남은 혁명 1세대의 여운이 공산정권을 주도하는 곳일 뿐만 아니라, 공산체제의 역사적 성립이 반제국주의적 민족해방투쟁과 불가분의 관계를 맺은 곳이기도 하다는 사실에 특별히 주목할 필요가 있으리라 여겨진다. 다시 말해 혁명 1세대에 의해 고취된 사회주의적 혁명정신이 아직도 면면히 생동하고 있는 동시에 민족적 단합의 역사적 전통이 비교적 굳건히 확립된 지역에서는, 사회주의 체제가 아직도 나름 꿋꿋이 존속하고 있다는 말이 되겠다.

하지만 소련과 동유럽의 공산체제 붕괴는, 두 가지 맥락에서, 이 지역들의 사회주의 국가에 지속적으로 영향을 끼치게 되리라 전망된다. 공산권 몰락은 한편으로는, 중국, 북한, 쿠바 등지의 공산체제에 대해 근본적인 자성의 기회를 부여할 것이다. 또 그를 통해 획기적인 자아비판 및 정화와 개신의 계기를 꾸준히 제공할 수도 있으리라 추정된다. 그러나 다른 한편으로는, 이들 나라들이 이제 국제적 고립을 절감할 수밖에 없게 되었을 뿐만 아니라 선진 자본주의의 침투에도 적나라하게 노출될 수밖에 없게 되었음 또한 주목을 요하는 사실이다. 이 지역에서의 '혁명적' 공산주의의 앞으로의 진로는 바로 이 두 측면의 쟁투에 의해 결정되리라 예측된다.

그렇다면 잔존하는 이들 지역의 사회주의 국가들의 장래는 과연 어떻게 될 것인가, 예컨대 중국, 쿠바, 북한, 베트남 등도 소련과 동유럽의 뒤를 따를 것인가?

대단히 난해한 문제이긴 하지만, 우리는 일단 이들 양자 간에 존재하는 다음과 같은 차이점들에는 최소한 유념할 여유를 가져야 하리라 생각된다.

1) 중국의 경우, 그들은 자신들의 사회주의적 출범이 마르크스적 전제와는 상당한 차이를 보이고 있다는 것을 스스로 자인하고 있다. 예컨대 1987년 13차 전국대회에서 조자양은 정치보고를 통해 중국의 상황이 "10억 인구의 농촌 편재, 낙후된 생산력과 과학기술, 인구의 1/4에 달하는 문맹, 그리고 사회주의적 공유에 필요한 사회화 수준의 낙후, 상품경제와 국내시장의 미발달, 자연경제 및 반자연경제가 상당한 비중을 차지하고 있는 여건"임을 솔직히 자인한 적이 있었다.

요컨대 마르크스주의가 제시하는 사회주의적 전제의 부재를 시인하면서, 독자적인 사회주의 건설을 위한 새로운 이론적 모색을 활발히 수행하고자 하는 굳건한 다짐인 것이다. 그에 따라 마르크스주의를 수정하고 재평가하기 시작했다. '사회주의 초급 단계론'은 그러한 고뇌의 산물일 수 있으며, 그에 입각해 생산력 향상을 대대적으로 추진하고 있는 중이라 할 수 있다.[45] 현재는 '심지어' 미국과 다각도로 경합을 벌이기까지 하고 있을 정도다. 그리고 북한의 '주체사상' 역시, 최소한 이념적으로는, 크게 보아 이 범주에 속한다고 말할 수 있을 것 같기도 하다.

2) 이들 나라들에서의 사회주의 사회의 창설 과정은 대체로 민족해방운동과 직결해 있었다. 따라서 제국주의 국가들에 대한 전통적인 민족적 적개심이 아직도 민족통합의 근원으로 작용하고 있는 것처럼 보인다. 이것은 또한 지배세력과 피지배 인민대중들 간의 상호관계를 공고히 구축하는 데 어느 정도는 일정하게 조력하고 있으리라 짐작된다. 이러한 측면이 소련 및 동유럽과의 본질적인 차이점 아닐까 여겨진다.

3) 이들 나라에서는 관료주의의 전횡이 상대적으로 약한 편에 속한다고 말할 수 있을 것 같다. 예컨대 가디너는 중국 사회주의는 소련 및 동유럽과는 달리 전통적으로 상당할 정도의 대중적 논의를 허용하는, 보다 개방적이고 민주적인 사회주의적 실험을 추구하였다고 주장한다(Gardiner 1977, 191-202).

4) 이 지역에는 아직도 혁명 1세대가 잔존해 있으며, 이들에 의해 혁명정신의 진작과 고취가 비교적 꾸준히 이루어지고 있다고 말할 수 있을 듯하다.

5) 소련 및 동유럽 공산정권의 몰락이 물론 이들 나라에 충격적인 경각심을 불러일으켰으리라는 것은 두말할 나위도 없는 일이다. 이러한 체험이 이들에게는 값진 교훈으로 작용하고 있으리라 짐작된다. 더구나 국제 공산주의 세력이 전면적으로 약화함으로써 이들에게는

45 이희옥(1992, 329-330)에서 재인용.

생존에 대한 불안이 일상화할 수밖에 없을 것이다. 이러한 측면이 거꾸로 이들을 끊임없이 각성시키리라 추정된다. 그리하여 이들은 살아남기 위해 목숨 바치는 각오로 생존의 결의를 일상적으로 다지고 또 다지고 있을 터이다. 인간은 죽음의 면전에서 무한히 강해질 수 있는 동물 아닐까.

이렇게 볼 때 우리는 지금 '역설'이 요청되는 시대에 살고 있다고 말할 수 있다.

공산권이 몰락한 이후 특히 과거 동독 쪽에서는 이전 시대를 그리워하는 새로운 조어가 만들어지기도 했다. 독일어로는 향수를 의미하는 노스탤지어를 노스탈기(Nostalgie)라 부르고, 동쪽, 즉 east를 오스트(Ost)라 칭한다. 예컨대 동유럽을 오스트오이로파(Osteuropa)라 부르는 것이다. 이즈음 특히 과거 동독 사람들은 흔히들 '오스탈기'(Ostalgie)에 시달린다는 말을 자주 뇌까리곤 한다. '오스탈기', 요컨대 동쪽이라는 '오스트'와 향수라는 '노스탈기'가 합쳐진 이 말은 이를테면 과거 동유럽 또는 공산 동독 시절을 향수처럼 그리워한다는 의미를 함축하고 있는 신조어다.

무엇보다 독일 통일 이후 특히 과거 동독 지역 주민들은 사회주의 체제하에서 지닐 수 있었던 공감과 연민과 연대의식이 자본주의적 경쟁심으로 돌변해가는 현실을 마주하며 망연자실하곤 했다. 그리하여 외국인, 특히 베트남이나 모잠비크에서 온 유색인 노동자들에 대해 거의 인종주의적인 냄새까지 풍기는 박해와 테러를 일삼기도 했다. 그것은 사실 서독인들에 대한 열등감의 발로일 수도 있었다. 즉, 우리의 위에는 서독인들이 있지만 우리의 밑에도 '우리가 짓밟을 수 있는' 누군가가 있다는 것을 과시하기 위해서, 또는 고조되는 실업사태에 대한 반발의 일환으로, 이 외국인 노동자들을 추방함으로써 자신들의 일터를 확보하겠다는 다부진 자본주의적 생존의지의 표출일 수도 있었다. 어쨌든 과거에는 이 외국인 노동자들을 형제애로 보살필 줄 알았다. 또 그것을 미덕으로 여겼다. 그러나 사회주의 체제가 붕괴하면서 이들은 완강한 자본주의적 경쟁대상으로 변질하기 시작하였고, 동시에 혐오의 표적으로 전락하였다. 국제주의적 배려가 민족주의적 탄압으로 돌변한 것이다. 어쨌든 이 '오스탈기'라는 신조어야말로 과거 사회주의 체제를 체험한 동독 주민들이 당면 자본주의적 정서에 대해 지니고 있는 자조적인 감수성을 예리하게 드러내는 화법의 하나라 말할 수 있다.

어쨌든 우리가 공산권의 붕괴를 어떻게 해명하고 또 사회주의의 존속 가능성을 어떻게 추정하든지간에, 거대한 세계사적 실험의 하나가 극적으로 무산되어가고 있다는 사실만은 어느 누구도 부인하지 못할 것이다.

우리는 여기서 인민의 정치적 소외가 결과적으로 어떠한 폐해를 초래하는가 하는 귀중한 교훈을 발견할 수 있으리라 여겨진다. 결국 민주주의와 직결된 갈등과 혼란이 문제의 핵심이 되어왔으며, 이는 자연스레 어떠한 민주주의가 어떠한 현실에 가장 적합한 것인가 하는 해묵은 문제를 새롭게 환기시키고 있다. 이런 의미에서, 소련 및 동유럽에서의 사회주의 붕괴는 '프롤레타리아트 없는 프롤레타리아 민주주의'의 몰락을 의미한다고 말할 수 있을 터이다. 동시에 그것은 '형식적·절차적' 민주주의를 몰각한 '프롤레타리아 민주주의'의 파산을 뜻한다고도 말할 수도 있을 것 같다.

공산주의 사회는 프롤레타리아트의 독재가 아니라 "노동자 계급의 당", 즉 "스스로 지명한 전위"의 노동자에 대한 독재체제였다. 공산주의는 모든 생활의 요소마다 새로운 계급지배를 창출해내었다. 생산수단의 국유화는 결국 노동자 계급의 자결권을 송두리째 제거해버렸으며, 민주적 통제가 불가능한 "관료적 과두체제"가 직접생산자의 파업권·단결권·저항권 등을 모조리 훼손하고 말았다. 게다가 비판과 대안을 용납치 않는 당과 국가의 공식적 이데올로기가 배타독점적인 지배권을 행사해버린 것이다.

이러한 상황을 목격하며, 심지어는 20세기 초반 한때 '마르크스주의의 황제'로 추앙받으며 일세를 풍미하던 한 불세출의 급진적 사상가인 카우츠키조차 볼셰비키의 주된 죄악을 이러한 독재에서 찾아내기도 할 정도가 되었다. 그리곤 "볼셰비키적 공산주의의 최고정점이 바로 이러한 국가 노예제"라 질타해 마지않았던 것이다(Kautsky 1921, 122).

어쨌든 소련 및 동유럽 공산권의 몰락은 역사발전이 한 단계에서 다음 단계로 넘어가기 위해서는 어떠한 물질적·정신적 전제를 충족시키지 않으면 안 되는가를 우리들에게 교훈적으로 드러내 보여준다. 역사는 자동차가 아니니다. 결코 추월을 허용치 않는다.

또한 역사발전은 결코 단선적이 아니다. 그리고 역사는 빛과 그림자를 동시에 간직한다. 밝음과 어둠이 서로 교차하면서 역사의 날줄과 씨줄이 짜이는 것이다. 그리하여 모든 역사 발전단계 속에는 어둠과 빛이 함께 뒤섞여 있을 수밖에 없다. 말하자면 어제의 어둠이 오늘의 빛이 될 수도 있고, 오늘의 밝음이 내일의 어둠으로 변모할 수도 있다는 말이다. 그리하여 혁명(revolution)과 진화(evolution)와 퇴행(involution)을 되풀이하는 것, 그것이 바로 역사의 흐름 아니겠는가.

어쩌면 우리는 지금 '역사의 미로'를 걷고 있을지도 모른다. 이 미로 위에서는 전진한다거나 퇴보한다는 것이 아무런 의미 없는 개념일 수 있다. 그러므로 우리는 전혀 새로운 '역사의 기하학'을 준비하지 않으면 안 될 것이다.

어쨌든 역사적 현실은 언제나 변화한다. 그 변화는 때로는 점진적·평화적으로, 또 때로는 급진적·혁명적으로 이루어진다. 한편 장기적인 안목에서 볼 때, 완만한 역사적 변화의 축적이 혁명으로 집약될 수도 있다.

마르크스와 엥겔스도 결코 개량을 거부하지는 않았다.[49] 그들은 노동자 계급이 취해야 할 전술적 태도로서 이른바 '전부 아니면 무원칙'(Alles-oder-Nichts Prinzip)을 배척하기도 하였다. 이러한 원칙은 무정부주의자들의 소신으로서, 결국 "정치에 대한 무관심" 또는 "정치로부터의 격리"에 지나지 않는다고 개탄하기도 하였다(Marx, MEW 18, 299-304). 물론 그들은 혁명과 단절된 개량이 아니라 궁극적으로는 혁명의 절정으로 귀결될 그러한 유기적 개량을 고려하고 있었다. 이런 관점에서 노동자 계급은, 그들이 처한 역사적 조건, 사회 내부의 여러 조직적 역학관계, 자체의 역량 등에 기초하여, 개량주의자가 되지 않으면서도 개량을 위한 투쟁에 헌신할 수도 있다는 것이 마르크스·엥겔스의 소신이었던 것이다.

그러나 앞서도 살펴본 바와 같이, 혁명의 역사적 조건이 완비되지 못할 때 노동자 계급의 투쟁은 결국 개량에 집중될 수밖에 없었다. 이것이 서유럽 노동운동이 걸어온 길이었고, 또 그러한 경향은 소련 및 동유럽 공산권의 붕괴에 즈음하여 보다 정당한 호소력을 발휘하고 있는 것처럼 보인다.

바야흐로 사회주의 혁명은 이제 새로운 시대의 촉망받는 대안으로서의 지위를 오랫동안 상실하리라 추정된다. 그것은 물론 혁명적 목표의 유실이 아니라, 혁명적 방법론의 퇴각을 의미하는 것이다. 사회주의가 인류사적 이상의 하나이기 때문이다.

제8장

결 론

사회주의 사상은 인류역사의 본격적인 시발점이기도 한 저 머나먼 고대 희랍에서 비롯한다. 무릇 2천여 년 전부터 사회주의는 줄곧 인류사회와 함께 명맥을 이어온 것이다.

이처럼 사회주의는 인간의 유구한 동반자다. 무엇보다 그것이 공동체적 인간본성을 활성화하는 가치이기 때문이다. 사회주의가 궁극적으로는 인간의 존엄성을 기리고 또 올곧게 세우고자 시도하는 이념이기 때문에, 그것은 내실 있는 휴머니즘의 한 유형에 포함될 수 있으리라 여겨진다. 가령 이 지상에 금본위제도보다 인간본위제도부터 우선적으로 수립하고자 노력하는 체제나 이념이 존재한다면, 나는 사회주의가 응당 맨 첫자리를 차지하게 되리라 믿는다. 이에 덧붙여 정치적 상상력을 좀 더 발휘해본다면, 사회주의는 휴머니즘의 본성을 지켜내기 위해 강자에게는 강하고 약자에게는 약하게 대응하는 사회체제, 요컨대 강자가 밑에 있고 약자가 위로 올라서는 '인간 피라미드' 체제 구축까지 서슴없이 적극 시도하리라 생각된다. 그런데 이러한 상상력이 단순히 '몽환적'이기만 할까?

응당 사회주의가 보다 정의롭고 보다 평등하고 행복한 공동생활의 최선의 형태를 끊임없이 탐색하는 총체적인 인간적 노력의 일환이라 폭넓게 이해될 수 있음은 물론이다. 이런 취지에서, 사회주의는 으레 인간 공동체의 성립과 그 시발을 같이하는, 장구한 인류사적 전통을 지닐 수밖에 없는 영속적인 이상의 하나로 해석될 수 있을 터이다.

그런데 평화롭고 이상적인 인간의 공동생활을 가능케 하기 위해서는, 우선적으로 무엇이 필요할까? 무엇보다 공동체 구성원 상호 간의 '연대' 구축, 요컨대 '우리는 하나'라는 이상적인 일체감 형성이 필연적으로 요구될 수밖에 없으리라 추정된다. 나아가 이러한 집단적 연대가 순조롭게 구축될 수 있기 위해서는, 어떠한 조건이 필요할까? 그것은 특히 공동체 구성원 서로 간의 평등한 상호관계의 토대 위에서 보다 확실하게 구축될 수 있으리라 여겨진다. 무엇보다 '연대'와 '평등'이 불가분의 상호관계로 서로 긴밀히 결속해 있는 가치이기 때문이다. 연대는 평등을 촉진하고, 평등은 연대를 가속화하게 될 것이다.

이런 의미에서, 사회주의란 한마디로 인간 공동체 구성원 상호 간의 집단적 평등 및 연대 구축을 지향하는 체제 및 이념이라 이를 수 있을 터이다.

하지만 사회주의를 일단 정신적 가치개념으로 못박아놓고 고찰한다면, 우리는 고대 희랍의 플라톤에서 그 효시를 찾아볼 수 있을 것이다. 그런데 그로부터 이른바 유토피아 사회주의자군에 이르기까지 그 이념적 속성은 가히 '공상소설' 수준이라 할 수 있을 정도다. 반면에 근대 이후 특히 프랑스 혁명을 거치며 비로소 '실천문학' 정도의 수준으로 변신하면서, 사회주의는 구체적인 현실을 토대로 하여 비약적으로 발전해나가기 시작한다. 말하자면 고귀한 인간적 동정심이나 품성 또는 인간애 등에 대한 애매모호한 호소로 일관해온 구태를 과감히 탈피함으로써, 바야흐로 실질적인 정치·사회 체제 및 제도에 대한 대대적인 혁신운동으로 단호하게 변신해나갔다는 말이 되겠다.

사회주의 사상의 역사를 개괄해보면, 사회주의는 사회주의적 유토피아에서 출발하여 유토피아적 사회주의를 거쳐 과학적·혁명적 사회주의로 발전해온 양상을 보여준다. 이러한 유구한 전개 과정을 거치는 동안, 사회주의의 내용 및 속성 역시 부단히 변모할 수밖에 없었음은 물론이다. 하지만 오늘날까지의 장구한 흐름 속에서 가라앉고 또 가라앉아 굳게 퇴적한 침전물이 어찌없을 수 있으랴. 필자는 이를 사회주의의 기본정신이라 부르고자 한다. 이 저술의 앞머리에서 말문을 여는 데 도움을 주었던 사회주의의 기본정신에 대한 간략한 소회를 이 글의 뒤 마무리 부분에서 다시 그 요체를 간결하게 정리하면서, 역시 장구한 이 저서를 마감하고자 한다.

사회주의의 기본정신

과연 조선시대 사람들도 '오늘은 공기가 참 맑다'는 말을 할 줄 알았을까? 하여튼 오늘날처럼 자연이 '각광'을 받은 적이 드물지 않았나 싶을 정도다. 위기가 닥쳐야 비로소 거동하기 시작하는 인간의 타고난 진중함 덕분일지도 모른다. '환경위기'니, '지구를 살리자'느니 하는 절규가 곳곳에서 터져 나오고 있다.

필자는 자연이 인간의 소유물이 아니라, 인간이 자연의 소유물이라 믿는다. 무엇보다 자연이 모든 생명체를 잉태하였기 때문이다. 따라서 모든 생명의 원천인 자연을 단순히 '보호'하는 게 아니라 오히려

'존중'하는 자세가 보다 소망스럽다고 여기는 편이다. 이런 취지에서, 우리는 이 지상의 모든 살아 있는 것에 연민을 갖고서 최대한 많은 것에 이득을 베풀고, 그리고 최소한의 것에 해를 끼치도록 노력해야 하지 않을까 한다. '생명(生命)'은 '살라는 명령'이리라. 모든 생명체가 '살라는 명령'을 함께 부여받고 또 살 권리를 공평히 지녔으니, 우리 인간이 줄 수 없는 생명을 어찌 우리 손으로 함부로 취할 수 있으랴.

그런데 자연의 자연스러운 본성은 과연 어떠한 것일까? 자연은 모든 생명체들을 공평하고 평등하게 잉태해왔다.

이런 의미에서 우리 인간이 자연에서 와서 더불어 자연으로 되돌아갈 피붙이 공동운명체라는 것은 결코 부인할 수 없는 사실이라 할 수 있다. 부귀한 사람도 빈천한 사람도 언젠가는 모두 자연으로 되돌아간다. 흙이 되기는 매일반일 터인데, 어찌 조그만 눈앞의 이익을 탐해 허망한 싸움을 그칠 줄 모를 수 있을까.

방금 내 몸 속에서 더운 피를 타고 흐르던 나의 숨결이 바로 옆 사람의 가슴으로 흘러 들어가는 공기가 되고, 조금 전 어느 집 문창살을 부러뜨린 거센 바람이 지금은 내 이마의 땀을 식히는 부드러운 미풍이 되어 살랑거리기도 한다. 그러하니 자신만 생각하며 인생여로를 홀로 걷는 사람은 자신의 인생 마지막 길 또한 결국 홀로 끝내고 말리라.

사람끼리 나누는 악수는, 아니 함께 부여잡는 손은, 또 얼마나 인간적이며 자연적인가. 우리는 단 한 사람의 손만을 잡는 게 아니라, 여태까지 그들이 더불어 손잡았던 모든 사람들의 손을 다 같이 잡는 셈이 되지 않으랴. 무엇보다 우리 인간이 공동체적인 존재이기 때문이다. 사회주의는 이와 같이 모든 사람의 손을 다 함께 부여잡는 일, 달리 말하면 공익의 세계를 합심해서 널리 풍요롭게 만들어나가기 위해 노력하는 이념인 것이다. 무엇보다 사회주의가 휴머니즘이기 때문이다.

그러나 우리가 잃어버린 게 아니라, 안타깝게도 오랫동안 잊고 있었던 게 하나 있다. 그것은 바로, 전통적인 우리의 생활양식이나 전래의 사고방식 밑바닥에는 이미 이러한 사회주의의 기운이 맥맥이 흐르고 있다는 사실이다.

우리 민족의 정신세계에서 으뜸으로 쳐온 게 과연 무엇이었을까? 그것은 널리 인간을 이롭게 한다는 '홍익인간'(弘益人間) 정신 아니겠는가. 이 아리따운 전통은 결국 나라를 다스리는 근본이념으로 고착하게 되고, 마침내는 대한민국의 교육법이 규정한 기본적인 교육이념으로 도약하기까지 하였다.

이러한 '홍익인간' 이념은 이윽고 '나'라는 개인보다는 내가 속한 공동체인 '우리'의 이로움을 우선시해야 한다는 세계관으로 발전하기까지 하지 않았으랴. 그런 탓에 이런 사상은 지금까지도 우리의 일상생활에 그대로 녹아들어 있다. 우리가 일상적으로 쓰는 말에서도, 그 흔적을 쉽사리 찾아볼 수 있음은 물론이다.

우리는 예컨대 '나의' 나라가 아니라, '우리'나라, 그리고 '내' 집이 아니라, '우리' 집이라고 말한다. 남편들이 자기 아내를 말할 때도 '우리' 마누라라고들 한다. 이 말을 가만히 따져보면, 마치 부인을 여러 사람이 동시에 공유하는 것처럼 들리기까지 할 정도다. 문법적으로는 분명히 틀린 말이지만, 홍익인간 사상이 낳은 언어적 표현임을 이해한다면, 결코 틀린 말이 아니라 할 수 있지 않으랴.

어쨌든 홍익인간 이념은 적어도 정신적 차원에서는, '나'라는 개인보다는 원칙적으로 내가 속한 공동체인 '우리'를 보다 중시하고 또 이에 더욱 더 애착하는 기본속성을 지닌 원리라 할 수 있을 것이다.

하지만 '변화'는 변함없는 진리임에 틀림없다. 이 땅에 특히 자본주의가 번창한 이래, 우리의 사회적 기상도가 사뭇 달라진 것같아 보인다. 널리 인간을 이롭게 한다는 이러한 홍익인간의 숭고한 원래 정신이, 나는 이미 오래전 바야흐로 '널리 인간을 손해 보게 한다'는 뜻의 각박한 '홍손인간'(弘損人間)' 개념으로 전락해버렸다고 믿고 있다.

무엇보다 오늘날 우리 사회에 우주 간에 나보다 더 존귀한 것은 없다는 의미의 '천상천하 유아독존'(天上天下唯我獨尊) 스타일의 '사익 절대주의'가 기승을 부리고 있기 때문이다. 그런 탓에, 사회구성원 상호 간의 공생과 유기적 연대에 똬리를 튼 우리의 전통적인 공동체 의식이 상처에 소금 저며지듯 다름 아닌 이기주의에 의해 극렬히 할퀸을 당하고 있는 것처럼 보일 정도다. 물론 '힘센 놈이 최고' 식의 자본주의적 자유경쟁 원리가 그 든든한 주춧돌 노릇을 하고 있음은 의심의 여지가 없으리라. 사회적 평등에 대한 기대가 그만큼 더욱더 멀어질 수밖에 없음은 지당한 이치 아닐까 한다. 예컨대 '홍익인간' 이념이 그런 속내를 잘 일러주고 있듯이, 우리가 전통적으로 공동체적 삶의 윤리에 대단히 숙달해 있는 민족임은 부인할 수 없는 사실일 것이다. 그런데 과연 그 홍익인간 기백이 아직도 무사할까?

가령 우리나라의 자살률이 경제협력개발기구(OECD) 36개 회원국 가운데 당당히 1위를 차지한 게 이미 오래전 일이다. 그러나 그게 다가 아니다. 예컨대 비정규직 노동자들이 일상적으로 겪는 사회적 시련과 고통은 현재 사회적 갈등이 어느 정도 위험수위에 육박해 있는가를 웅변으로 증언하기도 한다.

한마디로 인간적 화합의 몸짓이 아니라, 경쟁적 이기주의가 더욱 살인적으로 기승을 부리는 것 같다. 타인에 대한 증오와 자신에 대한 열애만이 가장 확실한 삶의 밑천인 것처럼 보이기도 한다. 따라서 이러한 곳에 과연 공익이니, 이웃사랑이니, 사회적 평등이니, 연대니 하는 인륜적 가치들이 자리 잡을 틈이 한 뼘이라도 있을까. 단지 이기주의, 배금사상, 자기중심주의만이 기림받을 뿐이다. 수단, 방법을 가리지 않고서라도 오로지 자기 자신의 이기적 욕망만을 채우기만 하면 그만일 따름인 것이다. 이를테면 오직 자기향일성만 요구될 뿐, 자신의 것 이외의 일체 다른 것에 신경 쓰거나 관심을 기울일 틈이 없고, 또 그래서도 안 된다. 오로지 자기에게 풍족한 자양분을 선사할 태양만을 열심히 쫓아다니기만 하면 그만인 것이다.

하지만 인간은 굶어 죽지 않을 천부적인 권리를 지니고 있다. 마찬가지로 우리 인간에게는 주위에 굶어 죽어가는 사람이 있다면 그들을 무조건 도와주어야 할 천부적인 의무도 역시 주어져 있다.

가령 일본에서는 한때 이런 일이 있었다 한다. 도쿄 올림픽 준비로 경기장 확장공사를 하다가 지은 지 삼 년밖에 안 되는 집을 부득이 헐게 되었다. 그런데 인부들이 지붕을 들어내다가 꼬리가 못에 박힌 채 꼼짝 못하는 도마뱀 한 마리를 발견하였다. 그 도마뱀은 집 지을 때 못에 박혀 삼년 동안이나 움직이지 못하면서도 죽지 않고 살아온 것이다. 인부들은 어찌 이 도마뱀이 한 자리에 붙박인 채 굶어 죽지 않고 살아남았는지 몹시 의아했다. 그들은 작업을 중단하고, 현장을 유심히 살펴보았다. 잠시 후 어떤 다른 도마뱀 한 마리가 꼬리에 못이 박힌 자기 동료에게 소리 없이 계속 먹이를 물어다 주는 것을 발견했다고 한다. 그 도마뱀은 그 기나긴 삼 년이라는 세월 동안 하루에도 몇 번씩이나 친구를 위해 먹이를 날라다주는 고행을 말없이 수행해온 것이다. '하찮은' 도마뱀조차 이러하거늘 하물며 인간은 어때야 할까?

이기주의는 비인간적인, 너무나 비인간적인 재앙의 불씨며 뿌리다. 인간의 이기심은 질투와 경쟁심이 만든 새장이다. 그러므로 이기적인 인간은 자신 스스로가 만든 새장 속에서 꼼짝달싹 못하거나 짓눌려 있을 수밖에 없다. 사회주의는 바로 이러한 이기주의를 질타하며, 이를 극복하고자 전념하는 이념이기도 한 것이다.

역사적으로 볼 때, 앞으로의 세계는 개인의 자유를 옹호하는 '개인주의'와 개인에 대한 일정한 개입을 통해 공동체적 결속을 지향하는 '집단주의' 또는 '국가주의'의 대결로 점철되리라 예측된다.

이런 맥락에서 살피면, 세계사적 성감대인 한국 사회는 지금 이중적 시련에 봉착해 있는 것처럼 여겨진다. 이를테면 한국 사회는 현재 이중적 '회복운동'을 과감히 전개하지 않으면 안 되는 갈림길에 서 있다는 말이다. 요컨대 상호 모순관계에 빠져 있는, 서로 얽히고설킨 이중과업이 동시 해결을 촉구하는 심각한 사회적 과제로 자리 잡고 있는 것이다. 한편으로는 개체적 자유회복, 그리고 다른 한편으로는 집단적 연대구축, 이 두 과업이 바로 동시적 구현을 촉구하는 절박한 시대적 과제로 버티고 앉은 형국이다.

첫째, 우리가 여태 자유주의 정신을 제대로 소화하지 못하고 있는 것과 마찬가지로, 우리는 여태 진정한 의미의 개인의 자유를 쟁취하지 못한 상태에 놓여 있다. 따라서 우리는 마치 봉건적 신분질서로부터 개인의 해방을 쟁취한 유럽의 근대사에서처럼, 일차적으로 온전한 개체적 자유회복을 도모하지 않으면 안 되게끔 되어 있다. 우리는 그를 통해 비로소 합리적인 현대사회를 건설해나갈 수 있는 참다운 토대를 확보할 수 있을 것이다. 그러나 동시에 둘째로, 우리는 인간적 공생과 공동체적 결속을 쟁취하기 위해, 개인의 진정한 해방 위에 우뚝 선 집단주의에 호소하지 않으면 안 되리라.

이와 같이 이 두 과제에 동시에 육박해 들어감으로써, 비로소 우리는 한편으로는 무엇보다 여태 해소하지 못한 봉건적 잔재를 말끔히 청산할 수 있을 뿐만 아니라, 동시에 다른 한편으로는 또 그를 토대로 하여 합리주의에 뿌리내린 건강한 미래사회를 위한 초석을 완비할 수도 있으리라 여겨진다. 말하자면 개체적 해방을 지향하는 참다운 개인주의와 공동체적 연대구축을 촉진하는 집단주의를 동시에 추진함으로써, 인간적 해방 및 연대를 동시에 구현하는 균형 잡힌 미래지향적 사회체제를 구축해나가야 하리란 말이 되겠다.

하지만 이러한 해방과 연대의 가치는 무엇보다 높은 수준의 정치의식과 지성적 분별력을 전제하는 것이기에, 그것을 현실화한다는 것이 결코 손쉬운 일이 아님은 물론이다. 그러나 실현하기 힘든 꿈이기에, 그 꿈이 위대한 것일 수도 있지 않으랴. 어쨌든 역사는, 비틀거릴 때도 적지 않았지만, 그러한 꿈을 붙들고 꿋꿋이 전진해왔고 또 앞으로도 그렇게 나아가리라 사료된다.

물론 사회주의의 꿈 역시 결코 순순하지만은 않았다. 한때 보다 과격한 사회주의 세력들은 자유민주주의 체제의 허구성과 기만성을 폭로하면서, 사적 소유의 철폐 및 경제적 불평등의 제거만이 진정한 인간해방의 길임을 소리 높여 역설하였다. 그리고 혁명적 방법만이 유일한 대안임을 믿어 의심치도 않았다. 그들은 대체로 평등 속에서 그리고 평등을 통해서만이 자유를 온전히 구현할 수 있다고 믿었던 것이다.

러시아의 볼셰비키 혁명은 이러한 신조의 산물이었다. 그리고 소련은 한때 이러한 이상이 바야흐로 실현되었노라고 자랑스레 대내외에 선포한 적도 있다. 그러나 그들은 단지 주민의 개인적 자유를 짓누르며 당과 국가의 일방통행식 명령만 복창하도록 만든 '앵무새'의 평등만을 겨우 현실화하고자 노력했을 따름이다. 하지만 그조차 얼마나 허구적이었던가 하는 것이 공산정권의 궤멸로 인해 오히려 여지없이 폭로되고 말았다. 결국 자본주의의 '평등 없는 자유'를 뒤쫓는 긴장된 추격전은 국가 사회주의의 '자유 없는 평등'으로 끝맺음하게 된 것이다. 소련 및 동유럽 공산권의 붕괴는 바로 이러한 '자유 없는 평등'의 몰락을 의미하는 것이기도 하였다. 이렇게 하여 '평등 속에서의 자유 구현'을 모토로 한 역사적 실험은 일단 좌초당한 셈이다. 그것은 거칠게 말해 자유에 대한 평등의 패배를 뜻하는 것이기도 하다.

반면에 자본주의 진영에서는 '힘센 놈이 최고' 식 '호랑이'의 자유만을 높이 기릴 뿐이다. 그리하여 자본주의로 전일화한 우리 시대의 역사적 발전단계는 '자유 속에서의 평등구현'을 최고이상으로 삼는 수준에 계속 머무르게 되었고, 그 한계를 극복하기 위한 부수적인 시도들이 비주류의 범주 속에서 간헐적으로 행해지고 있기도 하다. 그러나 언제까지 이 단계가 지속될 것이며, 또 그것이 과연 어떤 방식으로 지양될 것인가 하는 것에 대해서는 지금 아무도 명확히 예측할 수는 없으리라 짐작된다. 결국 자유와 평등을 동시에 극대화할 수 있는 인류사적 대안모색은 계속 환상의 세계에만 머무르게 된 셈일 따름이다.

아무튼 사회주의는 스스로를 이러한 '호랑이'의 천적으로 간주한다. 특히 근대적 사회주의는 원칙적으로 자유주의적 개인주의를 거부하는 입장에 설 수밖에 없었다. 무엇보다 자본주의의 이념적 토대가 자유주의이고, 또 자유주의의 철학적 기초가 바로 개인주의라 믿었기 때문이다. 어떤 의미에서는, '사회'주의가 '개인'주의의 반대개념일 가능성이 상당히 높다고 말할 수 있으리라 여겨지기도 한다.

도식적으로 표현하자면, 근대 이후의 역사는 '평등 없는 자유'(고전적 자유주의)에서 출발하여, 한편으로는 '자유 없는 평등'(국가 사회주의)의 실험적 거역(拒逆)을 거치면서, 다른 한편으로는 '자유 속에서의 평등'(자유민주주의 및 사회민주주의) 단계로 항진해왔다고 말할 수 있을 것 같다.

역사의 비약적 발전이 불가능하다는 것을 전제한다면, 우리 시대의 가장 실현 가능한 최고이상은 자유의 기본전제하에서 최대한의 평등을 현실화시키는 수준이 되리라 할 수 있을 것이다. 그리고 실현하려는 바로 이 평등의 폭과 깊이의 차이가 결국은 자유민주주의와 사회민주주의의 차이를 만들어낸다고 말할 수 있을 듯하다. 그렇지만 이 두 이념의 실천 과정에서의 차이는 대개의 경우 수단의 차이라기보다는 오히려 목표의 차이라 할 수 있을 수준이다.

정신사적으로 볼 때, 20세기는 바로 이러한 자유주의, 마르크스주의 그리고 사회민주주의, 이 세 개의 주요 패러다임의 각축 속에서 돛을 달아 올렸다. 그러나 역사의 흐름은 세기말에 와서는 자유주의의 '반명제'(Antithese)인 마르크스주의적 사회주의에 대해 판정패를 선언하고 말았다. 그리고 사회민주주의는 많은 면에서—최소한 이론적인 차원에서는—'종합'(Synthese)의 속성을 보이고자 애쓰고 있다.

하지만 현실정치적 차원에서 볼 때, 앞으로의 세계는 당분간 자유민주주의와 사회민주주의 상호 간의 화합과 충돌로 점철되리라 예측된다. 다시 말해 사회주의 혁명은 이제 새로운 시대의 촉망받는 대안으로서의 지위를 오랫동안 상실하게 될 가능성이 지극히 높다는 말이 되겠다. 그것은 물론 혁명적 목표의 유실이 아니라, 혁명적 방법론의 퇴각을 의미하는 것이다.

하지만 소련 및 동유럽 공산권의 몰락은 우리에게 무엇을 가르치고 있는가? 한마디로 그것은 역사발전이 한 단계에서 다음 단계로 도약하기 위해서는, 어떠한 물질적·정신적 전제를 충족하지 않으면 안 되는가 하는 것을 우리들에게 교훈적으로 드러내 보여준다고 말할 수 있다. 역사란 월반과 추월을 허용치 않는다. 다만 단축을 관용할 따름이다.

물론 현실 정치세계에서는 문제의 영원한 해결이란 결코 있을 수 없다, 오직 문제의 영원한 지속만이 있을 따름이다. 그런데 우리 시대는 과연 어떠한 수준일까?

우리 시대가 안고 있는 문제들은 혁명의 단칼로 명쾌히 처치할 수 있을 정도로 그렇게 만만치는 않다. 일단 여기서 "지금 우리는 어디에 있는가?"라는 지극히 곤혹스러운 물음을 자성적으로 던지며, 현대의 복잡다단한 문제더미로 육박해 들어가는 폴란드의 철학자 레셰크 콜라코프스키(Leszek Kolakowski)의 다음과 같은 겸허한 진술에 진지하게 귀 기울일 필요가 있으리라 여겨진다.

> "우리는 평등을 지향한다. 그러나 우리는 경제조직이 임금의 평등에 기초할 수 없고, 문화적 후진성이란 것이 어떠한 제도적 변화를 가지고도 신속히 극복될 것처럼 보이지 않는 자기 영속적 메커니즘을 지니고 있으며, 어떠한 불평등들은 유전적 요인들에서 비롯하지만 그것들이 사회과정에 미치는 영향에 대해서는 거의 아는 바가 없다는 것을 잘 알고 있다.
>
> 우리는 경제적 민주주의를 원한다. 그러나 우리는 그것을 유효적절한 생산의 흐름과 어떻게 조화를 이루게 할 것인가 하는 것을 잘 알지 못한다. 우리는 관료주의에 반대하는 많은 논거들을 갖고 있긴 하지만, 동시에 생산수단에 대한 증대하는 공공통제, 즉 더 많은 관료주의를 지지하는 논거들 역시 적잖이 지니고 있다. 우리는 현대적 기술의 파괴적 효과에 대해 한탄하지만, 우리가 알고 있는 그에 대한 유일한 안전장치는 바로 보다 더 많은 기술이다. 게다가—마치 그 사이에 아무런 모순이 없는 것처럼—우리는 소규모 공동체에 대해서는 더욱 많은 자율을 요구하면서, 대규모적인 차원(on the global scale)에서

는 더욱 더 많은 계획을 추구한다….

우리는 인간을 물질적 존재로 간주해야 한다고 주장하지만, 인간이 육체를 소유하고 있다는 사실보다 우리를 더욱 경악스럽게 만드는 것은 없다. 말하자면 인간은 유전적으로 규정되며, 태어나고, 죽고, 젊고, 늙고, 남자고, 여자고 하는 등등의 이러한 요인들이 누가 생산수단을 소유하고 있는가 하는 문제와는 아무런 상관도 없이, 사회과정 속에서 일정한 역할을 담당한다는 사실을 무시할 수 없다는 말이다.

따라서 어떤 중요한 사회적 파워들은 역사적 조건의 산물이 아니며, 그리고 계급적 구분에도 의거하지 않는다는 사실을 받아들이지 않으면 안 된다"(Kolakowski 1974, 15-16).

어떤 면에서는 마르크스와 엥겔스가 오히려 우리들보다 훨씬 더 행복했을는지 모른다. 왜냐하면 그들은 날카롭게 벼린 자신들만의 장쾌한 '단칼'을 소지하고 있긴 했지만, 그럼에도 그것을 사용함으로써 어떠한 가공할 결과를 야기할 것인가 하는 것은 쓰라리게 체험할 기회를 가질 필요조차 없었기 때문이다. 하지만 오늘날 현실세계에는, 콜라코프스키의 지적처럼, 한칼에 통쾌하게 해치우기 지극히 난망한 복합적인 모순들이 난마처럼 뒤엉켜 있다. 그런데 이처럼 복잡다단하게 얽히고설킨 문제점들이 과연 혁명의 '단칼'로 씻은 듯이 치유될 수 있을까?

물론 혁명적 낭만은 있을 수 있다. 그러나 낭만적 혁명은 존재할 수 없다. 혁명은 절박한 힘의 대결과 가혹한 희생을 요구한다. 뿐만 아니라 역사적 상황이 베푸는 시혜까지 함께 동행해주어야 하리라. 혁명적 실험은 가능할지 모른다. 그러나 혁명의 성취는 수많은 혹독한 관문들을 통과한 이후에나 가까스로 가능해질런지 모른다. 하지만 이러한 가혹한 난관 돌파조차도, 소련의 경우에서 보듯이, 역사로부터 허망하게 버림받기 일쑤다.

이러한 상황에서—비록 공산주의적 획일주의와 전체주의에 대한 자유주의적 대응논리라는 시대적 제약을 안고 있긴 하지만—우리는 자유주의의 화신 이사야 벌린(Isaiah Berlin)이 들려주는 다음과 같은 심오한 충고를 조신하게 경청할 여유를 지녀야 하지 않을까 사료된다.

> 지금 이 시대에 필요한 것은 … 보다 많은 신념이 아니다 … 오히려 정반대의 것, 말하자면 보다 적은 메시아적 열정(Messianic ardour), 보다 많은 계몽된 회의주의(enlightened scepticism), 개별적 특성에 대한 보다 많은 관용(toleration of idiosyncrasies)이다(Berlin 1969, 39).

벌린은 제국주의와 볼셰비즘과 파시즘을 체험한 2차 대전 후, 냉전적 적개심과 종교적 광신 그리고 도그마티즘이 기승을 부리는 파란만장한 역사적 참상을 겪으며, 이러한 발상의 전환을 촉구해 마지않았던 것이다.

소련과 동유럽의 공산주의가 역사적으로 종언을 고한 오늘날의 현실에서, 우리는 하나의 신념체계에 대한 거대한 실험의 임종을 보다 겸허하게 맞아들인다는 뜻에서, 그리고 '역사의 종언'이란 논문으로 주목받기도 한 일본계 미국학자 프랜시스 후쿠야마 류의 자유주의적 독단을 보다 이성적으로 통제하기 위한 내적 결단을 예비한다는 의미에서도, 오히려 이사야 벌린이 건네준 이러한 유연한 성찰과 "계몽된 회의주의"가 우리에게 더욱 더 절실히 요구되는 것은 아닐런지?

예컨대 오래전 1848년 혁명을 망명지에서 맞이하면서, 러시아의 사회주의자 알렉산더 헤르쩬(Alexander Herzen)은 "무한히 멀리 떨어진 목표는 목표가 아니라 함정 같은 것이다. 목표는 더욱 가까이 있어야 한다"고 절규한 적이 있다. 그는 자유주의의 허구성을 질타하면서도, 중요한 것은 미래의 유토피아가 아니라 지금 당장 빵이 필요한 인민대중의 질곡이라 역설하였던 것이다.[1] 말하자면 추상적 관념이나 비현실적 목표가 아니라, 무엇보다 그 구체적 실현 가능성을 우선적으로 따지고 드는 이러한 현실적인 역사인식은 특히 오늘날과 같은 상황—요컨대 완벽한 인간해방의 구현이라는 거대한 공산주의적 실험의 오류와 허구성이 역사적으로 실증된 이러한 시점—에서 보다 겸허하고 합리적인 호소력을 지닌다고 말할 수 있으리라 여겨진다. 예컨대 이미 앞 장에서도 살펴본 바 있는 카우츠키 류의 '혁명적 대기주의'(Revolutionarer Attentismus)[2] 같은 것이 바로 헤르쩬이 말한 "함정"에 추락한 유토피아라 할 수 있으리라.

이런 관련하여, 1차 대전 전 독일 사회민주주의의 개량주의의 대부로 널리 알려진 게오르그 폰 폴마(Georg von Vollmar)의 개량주의 정당화 논리 역시 한번쯤 경청할 만한 색다른 가치가 있으리라 생각된다. 그는 다음과 같이 역설하였다.

> 우리는 학문적 이론의 대변자일뿐만 아니라 동시에 고통당하는 민중의 대변자이기도 하다…. 만약 우리들이 종교적 종파나 학문적 학파가 되고자 한다면, 그렇다면 우리는 물론 불편한 현실을 걱정할 필요도 없이 공중누각 쌓는 일만 부지런히 해나가면 된다. 종파와 학파

1 Herzen(1979). Arblaster(1987〈1984〉, 269)에서 재인용.

2 이 책의 334-336쪽을 볼 것. 아울러 박호성(1989, 339-341)도 참고할 것.

는 절대성과 함께 일하며, 그들의 요구를 실행 가능성과 상관없이 내세우기만 하면 된다. 그러나 현실 속에서 일하는 정당은 그렇게 할 수 없다…. 우리를 고양하고 강화하는 미래에 대한 희망은 현재에 대한 기대를 질식시킬 것이 아니라 오히려 그것을 본격적으로 활성화시켜야 한다.[3]

여기서 폰 폴마는 첫째, 오늘날 용어로 전환하면 '대중성'의 문제를 제기하고 있다. 왜냐하면 절대이론 수준의 "공중누각 쌓는 일"은 그에게는 비현실적으로 비칠 수밖에 없었고, 따라서 대중에 뿌리를 내려야 할 정치적 당(黨)으로서는 결코 용인할 수 없는 엘리트주의적 편향에 지나지 않는 것으로 비쳤기 때문이다. 둘째, 요원하고 추상적인 목표(예컨대 '무계급 사회'의 실현 등)은—마치 앞서 헤르쩬이 날카롭게 지적한 바와 같이—대중들에게는 결코 숨 막히는 현실의 질곡에 대한 구체적인 대안이 될 수 없음을 강조하기도 한다.

혁명의 필요성과 혁명의 가능성은 별개의 문제다. 그러나 필요성이 주어져 있지 못할 때 가능성을 운위하는 것이 부질없는 것과 마찬가지로, 가능성이 전혀 담보되어 있지 못할 때 필요성을 절규하는 것 역시 위선적인 일일 수 있다. 혁명의 현실적 불가능성을[4] 냉철히 주시

3 Friedemann(1978, 84-85). 어쨌든 개량주의는 마르크스주의와 무관할 뿐만 아니라, 이론적인 논쟁 등에도 등을 돌리고 있었다는 점에서, 베른슈타인 류의 수정주의와는 이질적이다. 반면에 유토피아적 목표보다는 현실의 운동논리에 집착하는 실용주의적 관점에서는 상호 유사성을 보이기도 하는 편이다.

4 혁명의 성공 가능성 문제는 해당 사회의 사회경제적 속성에서 출발하여 민족국가적 차원뿐만 아니라 국제적 맥락까지도 반드시 염두에 두고 따져보아야 할, 대단히 복합적이고 지난한 특성을 지니고 있다. 그러나 여기서는 이 기회에 다만 혁명의 성공을 위한 전제조건으로 기능하리라 여겨지는, 직접적이고 구체적인 단일 국가적 차원의 정치사회적 배경 정도를 다음과 같이 간략히 제시하는 것으로 매듭짓고자 한다.

한다는 것은 결코 패배주의의 발로일 수 없다. 가령 비가 올 가망이 없을 때는, '낙관적 신념을 불태우며' 머리를 치켜들고 두 주먹을 불끈 쥔 채 마냥 하늘만 노려보며 묵묵히 서 있을 게 아니라, 허리를 굽히고 땅, 땅을 파야 하지 않으랴.

휴머니즘은 바로 이러한 땅 위에서 찾을 수 있는 것이다. 인도주의는 사실 지극히 단순한 것일 수 있다. 말하자면 자신이 기르는 애완동물에 쏟아 붓는 애정의 절반이나 100분의 1 정도만이라도 주위의 힘든 동료인간에게 베풀어준다면, 그게 당당한 인도주의가 될 수 있지 않으랴. 요즈음에는 이런 저런 대학들에서 '애완동물 관리학과' 같은 것도 만들어지고 있다는 소식이 들릴 정도다. 말 못하는 동물에게도 지극한 정성을 기울일 수 있는 존재가 인간인데, 하물며 같은 인간에게는 더 이상 무슨 복잡한 설명이 필요하겠는가. 인간도 숨쉴 줄 아는 동물 아닌가. 그런데 애완동물이 우리의 휴머니즘을 독차지해야만 할까?

한마디로 사회주의는 휴머니즘이다. 사회주의 정신의 본질이란 인간과 인간 사이의 연대구축을 통한 공동체적 평등수립을 지향하는 본원적 휴머니즘인 것이다. 그리고 바로 앞서도 살펴본 바와 같이, 사회주의는 인성융합적이고 자연친화적인 이념이라 할 수 있다. 따라서

1. 사회적 불만, 특히 경제적 모순에 대한 전 국민적 불만이 사회적으로 팽만하여야 한다. 동시에 이러한 불만의 표출이 합법적·평화적으로 개진될 수 있는 통로와 가능성이 차단·봉쇄되어 있을 필요가 있다. 2. 이러한 국민적 불만을 조직하고 동원할 수 있는, 대중적 기반을 확고히 갖추고 있는 혁명 이데올로기와 혁명세력이 존재해야 한다. 3. 집권세력 내부의 극심한 분열과 기강해이로 인해, 혁명세력에 대한 효율적인 통제가 난관에 봉착해 있어야 한다. 4. 동시에 이 혁명집단은 외부로부터 오는 물리적 제재를 격파할 수 있는 자체의 무장력을 소유하거나, 또는 군부의 호의적 중립 내지는 지원을 확보할 수 있어야 한다. 5. 외국의 무력 간섭과 개입을 저지할 수 있거나, 또는 이들로부터의 호의적 중립 내지는 적극적 지원을 획득할 수 있어야 한다.

인간과 자연의 화합을 위해 전력을 경주하는 환경정의 및 지구 살리기 운동 시대의 표상의 하나라 일러도 큰 무리는 없으리라 할 것이다.

하지만 이 저술은 적지 않은 한계와 결함을 지니고 있다. 일일이 다 담아낼 수 없을 정도로 많고 또 많지만, 핵심적인 것만 간추려내면 대략 다음과 같이 축약할 수 있으리라 여겨진다.

첫째, 이 글은 주로 서양의 정치사상사적 흐름에 치중한 한계를 지닌다. 요컨대 동양사회의 고전적 사례 등은 능력이 닿지 않아 외면해버릴 수밖에 없었다.

둘째, 사상사적인 사회주의 탐구로 일관하다보니, 정치경제적 특성이나 구체적인 실증적 정책사례, 역사적인 사회체제의 변화 과정 등에 대한 구조적이고 입체적인 탐사를 방기해버린 셈이 되었다.

셋째, 소련 및 동유럽 공산권 붕괴를 다루는 과정에서, 잔존 공산국가별 역사와 존립특성 및 전망 등을 비교정치적으로 보다 체계적·입체적으로 분석·소개할 수 있었다면, 보다 알찬 작업이 될 수도 있었을 터인데, 일일이 섭렵할 여력이 뒤따르지 못했다.

그럼에도 앞날을 기약하며, 기약도 없이 이젠 내 손을 떠나게 되었다.

에필로그

20세기는 자유주의, 마르크스주의 그리고 사회민주주의, 이 세 개의 주요 패러다임의 각축 속에서 닻을 올렸다. 그러나 역사의 흐름은 지난 세기말에 와서는 자유주의의 '반명제'(Antithese)인 마르크스주의적 사회주의에 대해 판정패를 선언하고 말았다.

이런 의미에서 지난 20세기를 가장 괄목할 만하게 장식한 것은 사회주의 체제의 성립과 그 붕괴라 할 수 있을 터이다. 세계사적인 관점에서 볼 때, 20세기는 볼셰비키 혁명으로 돛을 달아 올렸고, 동구 공산권의 몰락으로 닻을 내린 셈이다.

소련 및 동유럽의 공산주의는 결국 '프롤레타리아 독재'가 아니라 '프롤레타리아트에 대한 독재'로 마감하였다. 그와 더불어 이른바 마르크스·레닌주의도 종언을 고하게 되었노라고 모두가 입들을 모은다. 이러한 상황은 지극히 자연스럽게 일체의 사회주의적 실험과 구상들을 경멸하도록 조장하기도 하였다.[1] 다시 말해 사회주의 혁명은 이제 새로운 시대의 촉망받는 대안으로서의 지위를 오랫동안 상실하게 되리란 말이 되겠다. 그것은 혁명적 목표의 유실이 아니라 혁명적 방법론의 퇴각을 의미한다.

하지만 오늘날 무엇보다 이러한 공산권의 몰락과 더불어, 자본주의 체제의 전제적 세계지배가 관철되었다. 그에 편승하여 '세계화'의 폭풍이 또한 이 세계를 휩쓸고 있다. 그리하여 자유경쟁의 미명하에, 빈부격차와 사회적 불평등까지 세계화되어 가고 있는 현실이다. 이러한 신자유주의의 돌풍을 배경으로 하여, 한편에서는 자유민주주의의 궁극적 승리가 예찬되지만, 또 다른 한편에서는 민주주의의 위기가 소리 높이 절규되기도 한다.

이러한 상황에서 나는 앞으로의 세계가 개인의 자유를 옹호하는 '개인주의'와 개인에 대한 개입을 통해 공동체적 결속을 지향하는 '집단주의'의 대결로 점철되리라 전망하고 있다.

하지만 오늘날 '자유경쟁'과 '기회의 균등'이라는 개인주의적 구호에도 불구하고(또한 그 때문에) 빈부격차와 사회적 불평등이 부추겨지고 깊어지고 있다. 그런데 바로 이러한 "심각한 불평등과 만인의 만인에 대한 투쟁이 자리하고 있는" 상황에서, "자유주의의 오류"야말로, 특히 "인간적 연대"를 외면하고 사회적 불의와 부자유, 그리고 분열을 조장하는 점에 있다고, 자유주의를 매섭게 질타하는 세력 역시 상존한다. 이러한 경향이야말로 사회적 '견제'와 '균형'을 도모하는

1 예컨대 사회주의자가 아니었던 막스 베버(Max Weber)는 1920년 3월 볼셰비키 혁명에 공감하고 있던 자기 친구 게오르그 루카치(Georg Lukacs)에게, "나는 이 실험들이 단연코 사회주의를 앞으로 백여 년 동안이나 불신에 빠뜨릴 결과를 초래하리라 믿어 의심치 않네"라는 편지를 써 보낸 적이 있다(인용은 Arpad 1991, 251). 같은 해 러시아 무정부주의자 페터 크로포트킨(Peter Kropotkin)은 레닌에게 "현재의 상황이 지속된다면, 사회주의라는 어휘 그 자체가 저주로 돌변할 것"이라 쓴 서신을 보내기도 했다(인용은 Raskin 1991, 512). 어떻게 보면 베버와 크로포트킨 이 두 사람은 오늘날 공산권의 몰락과 사회주의의 시세 폭락을 이미 사전에 날카롭게 예언한 것처럼 보인다.

역사의 바람직한 균형추 역할일지 모른다.

다른 한편 공산권이 몰락한 이후, 특히 과거 동독 쪽에서는 이전 시대를 그리워하는 새로운 신조어가 만들어지기도 했다. 독일어로는 향수를 의미하는 노스탤지어를 노스탈기(Nostalgie)라 부르고, 동쪽, 즉 east를 오스트(Ost)라 칭한다. 이런 맥락에서 예컨대 동유럽을 오스트오이로파(Osteuropa)라 부르는 것이다. 공산권 붕괴 후 특히 과거 동독 사람들은 흔히들 '오스탈기'(Ostalgie)에 시달린다는 말을 자주 뇌까리곤 했다. '오스탈기', 요컨대 동쪽이라는 '오스트'와 향수라는 '노스탈기'가 합쳐진 이 말은 이를테면 과거 동유럽 또는 공산 동독시절을 향수처럼 그리워한다는 의미를 함축하고 있는 신조어인 것이다.

무엇보다 독일통일 이후 특히 과거 동독지역 주민들은 사회주의 체제하에서 지닐 수 있었던 공동체의식과 연민과 연대의식이 자본주의적 경쟁심으로 돌변해가는 현실을 마주하며 망연자실하곤 했다. 그리하여 그렇게도 당당히 치켜세우던 '노동자 계급의 국제적 연대'의 깃발을 짓밟고 외국인, 특히 베트남이나 모잠비크에서 온 유색인 노동자들에 대해 거의 인종주의적인 냄새까지 풍기는 박해와 테러를 일삼기도 했다.

그것은 사실 서독인들에 대한 열등감의 발로일 수도 있었다. 즉 우리의 위에는 서독인들이 있긴 하지만, 우리의 밑에도 '우리가 짓밟을 수 있는' 무언가가 있다는 것을 과시하기 위한 정서적 도구로 작용하기도 했던 것이다. 사실은 고조되는 실업사태에 대한 반발의 일환으로, 이 외국인 노동자들을 추방함으로써 자신들의 일터를 확보하겠다는 다부진 자본주의적 생존의지의 표출이기도 했음은 물론이다. 어쨌든 과거에는 이 외국인 노동자들을 형제애로 보살필 줄 알았다. 또 그것을 미덕으로 여기기도 했다. 그러나 사회주의 체제가 붕괴하면서 이들은 완강한 자본주의적 경쟁대상으로 변질하기 시작하였고, 동시에 혐오의 표적으로 전락하게 된 것이다. 국제주의적 배려가 민족주의적 탄압으로 돌변한 셈이었다. 어쨌든 이 '오스탈기'라는 신조어야말로 과거 사회주의 체제를 체험한 동독 주민들이 당면 자본주의적 정서에 대해 지니고 있는 자조적인 모멸감을 예리하게 드러내는 화법의 하나라 말할 수 있을 듯하다.

앞서도 이미 언급했듯이, 자연의 섭리에 순응하여 인간의 자연적 평등을 구현하기 위한 사회를 건설하는 일이야말로 자연의 자연스러운 요청이라 할 수 있으리라. 따라서 인간사회의 평등실현을 지향하는 사회주의 또한 이러한 자연의 섭리를 존중하는, 자연스러운 이념의 하나이기도 함은 분명해 보인다.

이러한 사회주의야말로 보다 정의롭고 평등하고 행복한 인간적 공동생활의 최선의 형태를 끊임없이 탐색하는 꾸준한 인간적 노력의 일환임은 물론이다. 이처럼 폭넓게 이해한다면, 사회주의는 응당 인간 공동체의 성립과 그 시발을 같이 하는 장구한 인류사적 전통을 지니는 이상의 하나로 해석될 수 있을 것이다.

게다가 바람직한 인간의 공동생활이 가능해지기 위해서는 무엇보다 공동체 구성원 상호간의 든든한 '연대' 구축이야말로 가장 절실히 요구되는 핵심 덕목 아니겠는가. 이런 취지에서, 사회주의란 한마디로 인간 공동체 내부에 구성원 상호간의 집단적 평등 및 연대 구축을 도모하는 정신적 결의라 할 수 있으리라 여겨진다. 사회주의란 곧 개인과 개인, 개인과 사회 상호간에 평등한 연대관계의 수립을 지향하는 체제 및 이데올로기라 규정할 수 있을 것이다.

이런 의미에서, 특히 근대적 사회주의는 원칙적으로 자유주의적 개인주의를 거부하는 부정적인 시각을 지닐 수밖에 없었으리라 추정된다. 무엇보다 자본주의의 이념적 토대가 자유주의이고, 자유주의의 철학적 기초가 바로 개인주의, 즉 '거인주의'이기 때문이다.

그것은 요컨대 사회적 권력, 부, 명예 등을 배타 독점적으로 장악하고 있는 사회 내부의 보다 힘센 세력의 자유만을 우선적으로 비호하는 불평등체계라는 말인 것이다. 반면에 사회주의는, 최소한 이론적인 차원에서는, 무엇보다 사회적으로 소외당하고 억눌림 당하는 사회 저변집단의 해방을 일차적인 목표로 설정하는 일반적인 기본입장을 고수하고 있다고 말할 수 있다. 그리고 바로 그러한 해방을 시발점으로 하여 사회주의는 비로소 공동체 전체 구성원 모두의 화해와 연대를 지속적으로 추구해나갈 수 있는 토대를 확보할 수 있게 되리라 믿는 것이다.

어쨌든 무엇보다 험준한 역사적 과업을 달성코자 할 때나 또는 우리에게 가해지는 역사의 채찍질이 험난할 경우, 개인과 개인 그리고 개인과 사회가 서로 굳세게 결속하고 있다면, 우리의 의지는 강화되고 고통은 약화될 것이다. 말하자면 개인과 개인, 개인과 사회 상호간에 구축되는 역사적 연대가 그만큼 소중하다는 말인 것이다.

이 연대는 프랑스 대혁명의 구호 가운데 하나인 '박애'(fraternity)와 맞물린다. 그러나 연대는 본질적으로는 19세기 노동운동의 직접적 산물로서 노동자 계급의 동질적인 이해관계를 반영하는 민주주의적 투쟁의 전통에 입각해 있다고 말할 수 있다. 따라서 다양한 형태와 속성을 지닌 지배집단의 특권을 제거하고 나아가서는 만인에게 자유와 정의와 번영을 안겨주기 위해 현실상황에 대한 정확한 인식과 판단, 그리고 그러한 상황을 개혁하려는 단호한 의지 및 행동이 절실히 요구되었던 것이다. 이것이 바로 연대의 의의라 할 수 있다.

그러나 연대는 단순한 투쟁수단만을 뜻하지는 않는다. 그것은 시민사회의 발전으로 말미암아 바야흐로 사회 각 분야의 필수적인 덕목으로 자리를 굳혀오게 되었다.

이런 맥락에서 연대는 동등한 사회적 구성원으로서 지녀야 할 자발적인 인간적 유대감 및 도덕적 의무감을 가리킨다고 말할 수 있다. 그것은 특히 사회적으로 억압당하거나 불리한 상황에 처한 종속적 개인 및 집단의 낙후된 현실을 개혁하기 위한 공동체적 결속과 단합의 표현인 것이다. 그러므로 연대는 예외적인 경우(예를 들어 장애인 전용 주차장 설치 등)을 제외하고는, 원칙적으로 국가의 영역에서 벗어난 기본가치에 속한다고 말할 수 있다. 왜냐하면 그것이 – 예컨대 마치 이승만 치하에서처럼 "뭉치면 살고, 흩어지면 죽는다!" 식의 형태로 – 국가에 의해 부추겨지는 경우 극단적으로는 파쇼적이고 전체주의적인 상황으로까지 발전해나갈 수 있기 때문이다. 이런 의미에서 연대는 오히려 국가에 대한 사회의 저항으로 해석될 수 있다.

다른 한편 연대는 집단적 속성을 지니고 있음으로 해서, 곧잘 개인적 자유와 충돌할 소지를 적잖이 안고 있기도 하다. 그러므로 연대는 항상 자발성에 뿌리를 내려야 한다. 또한 이 연대는 개인적 능력에 따른 자유경쟁이 치열하게 전개되는 곳, 예컨대 자유주의적 개인주의가 지배하는 영역에서는 손쉽게 무장해제당할 수 있는 약점을 지니고 있기도 하다. 뿐만 아니라 연대의 구축을 위해 정서적 일체감, 의식적인 노력, 그리고 역사에 대한 수준 높은 합리적 판단까지 요구하는 경우가 지배적이기 때문에, 그것을 현실화시킨다는 것이 결코 그리 손쉬운 일이 아님은 물론이다. 무엇보다 투철한 정치의식과 지성적 분별력 그리고 치열한 투쟁의식이 함께 해야 하기 때문이다. 그러나 실현하기 힘든 꿈이기에 그 꿈이 위대해질 수 있음 또한 부인할 수 없는 사실 아니랴.

하지만 오늘날 '독주'의 자유만 있지, '공생'의 자유는 찾아보기 힘들다. 더구나 전 세계를 단일시장화하는 '세계화'의 확산과 더불어 소비주의, 물신주의 역시 동시에 세계화하고 있다. 이를테면 국제적인 차원으로까지 비약하여 '거인'의 독주만 옹호되고 권장되는 실정인 것이다. 한마디로 '호랑이의 자유'만이 극대화되어가고 있는 현실이라는 말이다. 이러한 논법에 따르면 국제관계란 "정글이며, 무정부주의가 규칙이다. 그리고 질서, 정의, 윤리는 예외"에 불과한 것으로 나타난다. 말하자면 국제관계의 "정글" 속에서는 오로지 '호랑이'만이 '리바이어던'으로 군림할 수 있게 되리란 말이 되겠다.

그리하여 도처에 '시장형 인간'만 주조되고 있다. 이처럼 물신주의가 팽배할 때, "공익을 추구하는 존재로서의 시민의 개념은 사라지고 발가벗은 자신만의 사적 이익만을 추구하는 이기적인 '시장형 인간'만이 활개 치게 된다"(강정인 1994, 38-40).

시장과 광장

인류의 역사는 대체로 시장 및 광장과 떼래야 뗄 수 없는 상호관계를 굳건히 맺어왔으리라 여겨진다.

시장이 사익을 위해 흥정하는 곳이라면, 광장은 공익을 위해 절규하는 곳이라 이를 수 있을 것이다. 이를테면 범속하고 혼잡한 이기주의가 활개 치는 공간을 시장이라 한다면, 정의의 함성을 내지르며 서로 뜨거운 연대의 손을 맞잡고 분투하는 곳이 바로 광장 아니랴 하는 말이 되겠다. 그리하여 시장에선 은밀하게 주판알을 튀기는 영업이 주업으로 기능한다면, 광장에서는 공개적으로 규탄의 함성을 한껏 내지르는 게 본업으로 각광받을 것이다. 거칠게 말해 역사는 끊임없이 시장에서 시작하여 광장에서 마무리되는 험난한 과정을 밟아왔으리라 유추된다. 말하자면 '거래'(trade)와 '나눔'(share)의 연쇄적인 전개 과정을 역사라 이를 수 있다는 말인 것이다.

그런데 사람들이 함께 모여 서로 힘을 합치지 않고서야 어찌 역사 발전을 이루어낼 수 있으랴. 이런 의미에서 광장이란 불의한 사회질서에 맞서 서로 결속해 항거함으로써 궁극적인 승리를 쟁취하기 위해 함께 싸워나가는 공간이라 할 수 있는 것이다. 개인의 사적 이익을 저울질하며 은밀하게 사사로이 흥정을 벌이는 곳이 아니라, 더불어 힘을 모아 대의를 향한 성토의 아우성을 내지르는 영역이 곧 광장이기 때문이다. 그리하여 광장엔 서로 뜨겁게 맞잡는 강인한 연대의 손들이 있다. 이를테면 민심이 천심임을 입증해내는 곳이 바로 광장 아니랴 하는 말이 되리라. 이런 맥락에서, 인간이 실제로 어떻게 살아가고 있는가 하는 것을 숨김없이 드러내 보여주는 곳이 시장이라 한다면, 인간이 응당 어떻게 살아가야 하는가 하는 것을 엄중하게 일깨워주는 곳이 곧 광장인 것이다.

무릇 사회주의야말로 이러한 광장의 이념이라 할 수 있는 것이다. 어쩌면 시장과 광장의 역사에서 가장 찬연한 빛을 쏘아올린 정신의 하나라 이를 수 있을지 모른다. 이를테면 시장에 저항하며 광장을 지향해온 가장 장렬한 역사적 투혼의 하나가 바로 사회주의라는 말이 되리라.

짐작컨대 역사는 시장에서 광장으로 몰려가는 장대한 인간행렬의 장구한 전개 과정을 보여주는 데 지극히 익숙해 있는 것처럼 보인다. 이런 맥락에서 인류의 역사를 밀실을 걷어차고 광장으로 집결함으로써, 끝내는 진정한 민주주의 확립을 위해 고투해온 '광장 공동체주의'의 확장사라 이를 수도 있으리라. 예를 들어 '주권재민'의 원리야말로 지금껏 광장의 투혼이 거두어들인 가장 빛나는 역사적 결실의 하나 아니겠는가.

그러나 오늘날 현실은 과연 어떠한가? 하기야 전 세계 65억 인구의 절반 이상이 하루 2달러도 안 되는 돈으로 '생계를 유지한다는' 참담한 보도가 나온 적도 있지 않은가. 곧 세계 인구의 53%가량이 빈곤선에서 허덕이고 있는 것으로 드러난 것이다. 뿐만 아니라 농촌 인구의 대략 1/3 정도가 안전하게 마실 물을 공급 받지 못하고 있는 실정이라고도 한다. 어린이들도 결코 예외는 아니다. 전 세계 어린이 노동자 수가 아동인구의 10% 정도에 해당하는 1억 6천만 명 정도에 달한다고 한다.

예컨대 유엔 '경제사회국'(DESA)은 「불평등의 곤경」이라는 보고서를 통해 지난 10년간 경제가 크게 성장했음에도 세계화의 급진전 등으로 인해 불평등이 오히려 더욱 심화했음을 밝힌 바 있다. 나아가 세계인구 20%가 지구상의 부 80%를 차지하고 있을 뿐만 아니라 선진국 10억 명이 전 세계 국내총생산(GDP)의 80%를 장악하고 있는 반면에, 개발도상국 50억 명이 나머지 20% 정도를 나눠 갖고 있다고 개탄하기도 하였다.

이처럼 유엔이 앞장서 불평등이 국가 안팎을 가리지 않고 날로 깊어져만 간다는 심각한 우려를 급박하게 표명할 수밖에 없는 지경에 이를 정도가 되었다. 뿐만 아니라 '심지어' 테러리즘이 바로 이러한 불평등에 기인한다고까지 질타하기도 하였다.

나아가 이 보고서는 또 전 세계 노동자의 1/4이 겨우 입에 풀칠할 정도인 하루 1달러의 수입도 채 올리지 못하고 있다고 개탄하기도 하였다(한겨레신문 2019.10.20.).

그런데 우리 한국은 어떠할까. 이러한 실정에서 별반 그리 크게 벗어나 있지는 않은 것 같다.

현재 우리나라는 세계 최고의 자살률, 세계 최저의 출산율, OECD 국가 중 최하위 수준의 사회복지예산 및 최하위 행복지수 등등을 기록하고 있다. 그러나 이게 다가 아니다. 곤혹스러운 자연환경까지 우리를 윽박지르고 있는 중이다.

우리 대한민국은 오늘날 "세계 제2위 기후악당"이라 조롱당하는 지경에까지 이르고 있을 정도다(프레시안 2023.05.13.). '기후악당'이란 게 대체 무엇을 가리키는 개념인가? 그것은 한마디로 세계적인 '기후위기'에 중대한 책임의 한 몫을 응당 짊어져야 할 국제적인 문제국가를 비아냥거리기 위해 쓰이는 개념이다.

이러한 상황에서 우리나라에서는 현재 혹시 '죽어 가는 사회'는 아닐까 하고 스스로 다그쳐보기도 하는 속절없어 보이는 자문·자답 행위까지 또 관행적으로 생겨나고 있는 것 같아 보인다. 무엇보다 현재 한국이 세계 최고', '세계 최저', '세계 최악'타이틀을 이미 여러 개씩이나 선점한 탓이리라 여겨진다.

예컨대 부유한 나라 중에서 비정규직 근로자가 가장 많고(전체 임금 근로자의 약 37%), 노인 빈곤율(37.6%)이 가장 높은 나라도 한국이다. 합계출산율(2021년 기준, 0.78) 또한 세계 최하위에 머물러 있으나, 자살률은 인구 10만 명당 23.5명으로 OECD 국가 중 최악을 기록할 정도다. 결과적으로 행복지수 역시 저조할 수밖에 없다. 가령 유엔 산하기관인 '유엔 지속가능 발전해법 네트워크'(SDSN)가 '국제 행복의 날'을 맞아 제출한 '세계행복보고서'에서, 우리 한국의 행복지수가 10점 만점에 5.951점으로, 조사대상 137개국 중 57위, 그리고 경제협력

개발기구(OECD) 38개 회원국 가운데 끝에서 4번째에 해당한다는 내용의 보고서까지 공개된 적도 있을 정도다(KBS News 2023.03.20.).

이러한 실정과 무관한 현상은 결코 아니겠지만, 우리 사회에 '흙수저'니 '금수저'니 하는 사회적 불평등을 은유하는 직설적 화법이 난무한 지도 이미 오래다. 근래에는 새로운 용어가 새로이 바람을 잡고 있다. 이를테면 연애, 결혼, 출산을 포기한 젊은이를 흔히 '3포 세대'라 하고, 여기에다 취업과 내 집 마련까지 포기한 '5포 세대'가 추가되었을 뿐만 아니라, 꿈과 희망까지 포기한 '7포 세대', 급기야는 모든 것을 무한대로 모조리 다 포기한다는 'N포 세대'까지 덧붙여지는 암담한 상황이 기승을 부리고 있는 현실이다. 다른 한편 비정규직, 특수고용노동자, 플랫폼노동자 등 노동법 사각지대에 놓인 노동자들이 벌이는 이른바 '고공농성'이 최근 500일을 넘기면서 세계신기록을 갈아치우기도 했다. 그야말로 "세상에서 가장 슬프고 아픈 대한민국의 세계신기록"인 것이다(오마이뉴스 2025.05.22.).

그러나 우리 대한민국은 앞서도 역설한 바 있는 역사적인 '광장'의 투혼을 결코 망각한 적은 없다. 그런 탓에 이러한 광장의 투지를 때맞춰 발휘하곤 하여, 전 세계인의 뜨거운 갈채에 휩싸이곤 하는 자랑스러운 경우가 결코 드물지는 않다. 예컨대 가장 빛나는 최근의 성공사례는 '윤석열 대통령'의 12·3 비상계엄령에 대한 우리 국민의 우아한 저항 아닐까 한다.

가령 조선시대에 이런 선비가 있었다. 비가 오면, 그는 비가 새는 안방에 우산을 받쳐 들고 앉아 있기 일쑤였다. 그렇지 않아도 찌든 가난에 끼니조차 제대로 잇지 못하던 그의 아내가 그 꼴을 보고서는 방바닥을 치며, "궁상 좀 고만 떨라"며 바가지를 긁어댔다. 그러면 그 선비 하는 말이, "그래도 우리는 우산이라도 있어 남보다 낫지 않느냐"

는 말로 아내를 위로했다 한다.

어떻게 보면 우리나라는 전통적으로 가난뱅이들의 나라였는지도 모르겠다. 예컨대 지금도 우리가 즐겨 먹는 '빈대떡'이 '빈자(貧者)떡', 말하자면 가난한 사람들이 먹는 떡에서 유래했다고 주장하는 언어학자도 있다. 그 정도로 가난은 우리의 일상이었던 듯하다. 그러한 탓에 가난한 벼슬아치를 '청백리'라 칭송하며, 국가적으로도 널리 자랑스럽게 떠받들기도 하지 않았을까…? 어쨌든 가난을 명예로운 훈장이자 덕망의 상징으로 공경하는 생활자세야말로 우리의 오랜 전통이었던 것처럼 여겨진다.

그러나 빈 부대가 똑바로 서 있기 어려운 것처럼, 가난한 사람이 끊임없이 정직하게 살아간다는 것이 얼마나 어려운 노릇이랴.

더군다나 자본주의가 화려하게 막을 올린 이후로는 상습적으로 가난이 늘 실패와 무능의 딱지처럼 따라다니곤 한다. 그 와중에 사회적 불안이 엄습할 때면, 가난한 사람들이 심지어 그 매개체라 손가락질당하며, 곧잘 '요주의 대상'으로 낙인찍히기 일쑤였다. 아무튼 가난을 국가가 아니라 획일적으로 개인의 책임으로 내몰아치는 기법만 나날이 발전시켜온 셈이다.

어쨌든 우리는 1960년대 이후 눈부신 경제성장을 이루어내기 시작하여, 급기야는 오늘날 세계적인 경제 강국으로 발돋움 하고 있는 화려한 여정을 과시 중이다. 그런데 우리의 현실은 과연 어떠할까.

비록 경제성장은 지속하고 있긴 하지만, 우리는 저출산·고령화·소득불평등·고용불안정·지역격차·환경문제 등등, 다양한 사회적 난관에 사로잡혀 있는 형편이다. 그 와중에 상황이 보다 악화하고 있다는 우려가 널리 확산하기도 한다.

특히 1997년 외환위기 이후 한국사회의 불평등이 급증하면서, 특히 소득이나 재산과 같은 경제적 영역에서의 불평등이 점차 누적되고 구조화함에 따라 불평등 수준에 대한 곱지 않은 주관적인 인식 역시 점차 심화하고 있다는 우려 섞인 연구가 뒤따르기도 하였다(황선재·계봉오 2018). 어쨌든 전체 국민 7명 중 1명이 소득 빈곤층이라는 보도가 줄을 이었다. 게다가 가난과 낮은 학력이 대물림되고 있다는 연구결과가 공표되기도 하였다(여유진 2008). 최저생계비 수준의 소득으로 살아가는 빈곤층이 결코 소수가 아니다. 뿐만 아니라 국민기초생활법상 정부 지원을 받는 계층 역시 극소수에 머물고 있다. 반면에 최저생계비 이하의 소득밖에 벌고 있지 못하지만 이러저러한 이유로 정부의 보호를 받지 못하는 빈곤계층의 수는 결코 적지 않은 것이다. 여기에 절대적 빈곤층까지 포함하게 되면, 그 수는 어마어마해진다.

아무튼 빈곤층이 급증하는 것은 두말 할 나위도 없이 경기침체와 높은 실업률 때문이다. 문제는 장기불황의 충격파가 고소득층보다는 저소득층에 훨씬 더 극심하게 미친다는 데 있다. 따라서 빈곤의 원인을 '개인의 나태함'이나 '무능력' 같은 요인에서 찾으려드는 것은 위험하고도 무책임한 발상이라 하지 않을 수 없다. 빈곤을 방치할 경우, 심각한 사회문제가 야기될 개연성이 높아진다는 것은 지극히 자연스러운 현상이다. 그러므로 의료비 및 생계비 지원 등, 정부의 보다 적극적인 대빈곤정책이 절실히 요구된다 함은 중언부언할 필요조차 없는 일이라 할 수 있다.

특히 IMF 외환위기 이후 우리나라 전체 가구에서 절대빈곤층이 차지하는 비율이 2배 이상 증가한 것으로 나타나기도 했다. 절대빈곤층은 가구가 벌어들이는 소득이 최저생계비에도 못 미치는 계층을 말하는 것으로, 국가로부터 생계비 지원을 받아야만 하는 집단이다. 또한 절대빈곤층이 가난에서 벗어날 가능성도 외환위기 이후 급격히 떨어지는 추세라 한다. 일단 빈곤의 함정에 빠지면 헤어날 길이 막막해질 수밖에 없으리라는 게 대다수 보통 사람들의 예측인 것이다.

저소득층일수록 고용여건이 더 나빠지면서 소득이 뒷걸음치기 때문이다. 이러한 현상은 부익부 빈익빈의 사회 양극화를 심화하는 결과를 가져온다. 빈부격차는 필연적으로 사회경제적 갈등을 야기하고 성장잠재력을 떨어뜨리는 악순환을 낳는다.

이런 상황에서 지금 당장 시급한 것은 경제적 어려움에 처해 있는 빈곤층에 대한 지원일 것이다. 애당초 벌어놓은 것이 없는 빈곤가구에 소득마저 끊겼다는 것은 막다른 길로 내몰렸음을 의미한다. 하기야 한 여중생이 가정형편이 어려워 전기료를 못 내는 바람에 전기가 끊겨, 촛불을 킨 채 깜빡 잠이 들었다가 화재로 참변을 당한 일도 있지 않았던가.

뿐만 아니라 가난과 낮은 학력이 대물림되고 있는 실정이라는 연구도 있다. 학생의 성적이 부모의 재력에 달렸다는 건 이젠 상식이 되었다. 수험생의 수능성적이 부모의 재력과 정확하게 비례했다는 조사결과가 나오기도 했다. 학교교육과 본인의 노력에 대한 믿음을 결코 포기할 수 없는 수많은 저소득 가정의 학부모들에게 이보다 더 참담한 일이 또 어디 있으랴.

우리의 경제규모가 비록 세계 11위라지만, 빈부격차에 따른 양극화 현상이 우리 사회를 위협하는 가장 심각한 요인의 하나라는 사실을 어찌 마냥 외면할 수 있겠는가. 이러한 상황에서, 기업과 사회단체를 중심으로 예컨대 정치자금 모금이 아니라 빈곤층 지원기금 모금 같은 것을 적극 검토해보는 것이 보다 현명하지 않을까 짐작된다.

한때 노무현 대통령이 경제적 양극화 해소문제가 우리의 핵심적 과제임을 앞장서 역설한 적도 있긴 했다. 하지만 교육문제가 그 중심에 들어서야 하리라 여겨진다. 부모의 가난이 아이들의 보다 더 큰 가난으로 이어지는 한 양극화는 해소될 수 없을 것이다. 어쨌든 교육을 매개로 한 빈부의 대물림이 차단되지 않으면 안 된다. 그러자면 모든 아이들이 공정한 교육을 받을 기회를 누릴 수 있도록 해야 하리라. 해답은 명백하다. 공교육이 교육의 중심이 되도록 만드는 길뿐이다. 아이들에겐 아무런 죄가 없지 않은가.

돌이켜보면 사회주의 주제를 화두 삼아 집필에 몰두해야 했던 나의 속내는 그리 편안치만은 않았던 것 같다.

무엇보다 우리가 지금까지 적대적 이데올로기로 분단된 사회에서, 사실상 냉동생선처럼 획일적으로 얼어붙은 일상생활을 영위하지 않으면 안 되도록 운명 지어진 삶에 친숙해왔다는 사실이 화근인 듯했다. 우리는 일단 '사회주의' 하면 가차 없이 획일적으로 '빨갱이'니, '친북·친공 세력'이니, '마르크스·레닌주의'니 하는 등속의 불길한 특수명사만을 조건반사적으로 떠올리지 않으면 안 되도록 특이하게 길들여져 왔기 때문이다. 심지어는 '반공'이야말로 국가시책의 근본이라 선포된 적도 있지 않은가.

아무튼 '빨갱이'란 화법도 그 유산의 하나이긴 하지만, 색깔은 정치와 떼래야 뗄 수 없는 돈독한 상호관계를 맺어온 자랑스러운 전통을 지니고 있다. 가령 위계적 신분질서가 지배하던 봉건사회에서는, 지위의 높고 낮음과 직책의 같고 다름을 우선 몸에 걸치는 관복의 색깔 차이로 구별하곤 했다. 그러나 1789년의 프랑스 대혁명과 더불어 화려하게 개막한 이른바 '이데올로기의 시대'에 들어서면서부터는, 색깔은 특정한 사상과 이념을 상징하는 정치적 도구로 활용되기 시작한다. 예를 들어 빨간 색은 혁명이나 공산주의를 일컫는다는 식으로 ….

하지만 인간사회가 출범한 이래, 전 인류는 보다 행복하고 평등한 사회를 향한 꿈을 한시도 외면한 적이 없다. 이런 면에서, 사회주의 이상은 감히 인류의 역사와 그 궤를 같이한다고 말할 수 있을 정도다.

그러나 우리나라의 경우는 특이하다. 파쇼적 통치 질서가 더욱 기승을 부릴수록 그에 맞서 싸우는 저항세력의 저항이념 또한 더욱 과격한 양상을 띨 수밖에 없음은 정해진 이치다. 차가 급격히 우회전하면, 안에 타고 있는 승객들이 심하게 좌측으로 쏠리는 게 자명하지 아니한가.

그런 탓에, 대체로 무엇 무엇에 대한 반대에, 예컨대 반독재, 반유신, 반군사통치 등에 치중되었던 1970년대까지의 일종의 소극적 저항방식이 지양되면서, 1980년대 이후에는 단순한 반대가 아니라 나름대로 구체적인 지향목표를 설정해놓은 상태에서의 기존체제에 대한 거부가 저항세력의 주류를 형성하기 시작한다.

따라서 새로운 이념과 새로운 사회질서를 갈망하는 조직적 노력들이 치열하게 전개되곤 하였다. 그에 따라 예컨대 민중민주주의, 사회민주주의, 마르크스주의, 레닌주의 등 다양한 진보적 이념체계들이 획기적으로 소개되고 논의되기 시작한 것이다. 이러한 맥락에서 지극히 흥미로운 것은, 마르크스주의에 대한 합법적인 연구와 논의가 '도둑이 제 발 저리듯' 다름 아닌 전두환 정권에 의해 공식적으로 허용되었다는 사실이다.

어쨌든 1980년대 이후의 변혁 이데올로기는 – 물론 그 본질적 속성에 있어서는 다양한 차이들을 드러내고 있긴 하지만 – 일단 직·간접적으로 사회주의와 긴밀한 관련을 맺고 있었다고 말할 수 있을 것이다. 그리하여 일반적인 이념적 유통구조는 마르크스주의를 기본 축으로 놓고 한편으로는 변신을 꾀하기도 하고 또 다른 한편으로는 정통성을 고집하기도 하는, 또는 아예 그것을 용도 폐기 처분해 버림으로써 정직하게 이념적 허무주의로 빠져 들어가는 그런 파행적 양상들을 보여주는 것처럼 보이기도 했다.

돌이켜 볼 때, 우리에게는 무시하지 못할 이념적 아이러니와 비극성이 숙명적으로 게재해 있었던 것이다. 그것은 바로 동구 공산권의 몰락과 직결해 있었다.

소련 및 동유럽 공산권에서 마르크스주의가 결정적으로 거부당하고 그리하여 그것이 새로운 인민재판의 제물로 전락해가고 있을 바로 그 무렵, 우리는 본격적으로 마르크스주의를 도입하고 심지어는 우상화하기 시작했던 것이다. 따라서 제대로 마르크스주의를 체계적으로 소화하고 자기화하기 이전에 우리는 이른바 논쟁의 차원으로 단축 월반을 감행해버리고 말았다. 말하자면 걸음마를 익혀야 할 순간에 졸지에 전쟁터로 내달았던 셈이다. 그리고 그것도 어마어마하게 세계관적 대립이라던가, '변절' 등의 구호로 공방전을 벌이면서까지…. 그러나 마르크스주의에 대한 조건 반사적이고 기회주의적인 허무주의도 민망한 일이지만, 동시에 교조적이고 맹목적인 일편단심 또한 딱한 노릇이 아니겠는가.

그런데 과연 우리는 어떠한 겸허함을 지니고 있었던가? 우리 가운데 혹시 이데올로기 풍속사범은 존재하지 않을까?

마르크스주의가 금압당하고 있을 때는 자유민주주의자였다가 그것이 허용되자 사회주의자로, 그러다가 동구 공산권이 붕괴한 이후에는 사회민주주의자로 자임하다가 내친 김에 다시 포스트 마르크스주의자로 모습을 바꾸는, 그 끝없는 변신의 행렬에 투신한 체험을 갖고 있지는 아니할는지….

우리는 어쨌든 분단국가의 구성원답게 이념적 아이러니로 몸살을 겪지 않으면 안 되었던 것 같다.

우리 남한에서는 특히 동구공산권의 몰락으로 세계사적 파행을 겪지 않으면 안 되었던 지난 1990년대 이후에야 비로소 한정적으로나마 사상의 자유를 미약하게나마 보장하는 체제가 도입되기도 하였다. 따라서 사회주의 문제를 둘러싼 이론적 논쟁의 역사가 지극히 일천할 수밖에 없음은 나름 대단히 자연스러운 현상이라 할 수 있을 터이다. 게다가 우리가 특히 주목해보지 않을 수 없는 사실은 북한을 마주하고 있으면서도, 아니면 바로 그 때문에, 남한에서는 아직 사회주의 이념의 세계사적 전개와 그 부침 과정을 총체적으로 분석·해부한 연구가 거의 전무한 실정이라는 점이다.

그런 탓인지, 우리는 사회주의 이념을 대체로 마르크스주의 하나에만 초점을 맞추어 왈가왈부하는 치우친 습속에 깊숙이 갇혀 있는 것처럼 보일 지경이다. 우리는 사회주의 하면 곧잘 마르크스주의 하나와 획일적으로 동일시해버리는 관행에 사로잡히기 일쑤였던 것이다.

물론 마르크스주의가 근대 이후 가장 핵심적인 사회주의 사상의 결정판이라는 점에는 이의가 있을 수 없으리라 사료된다. 하지만 우리는 이미 2천5백여 년 전, 예컨대 서양철학사의 원조로 손꼽히는 고대 희랍의 플라톤 역시 대단히 심오한 사회주의 사상의 본질을 파헤치기도 한 바 있음을 결코 망각해서는 안 될 것이다. 플라톤의 사회주의 이념이야말로 모름지기 사회주의가 사실상 인류의 역사와 그 궤를 같이 하는 장구한 역사와 전통을 과시하고 있는 정신임을 보여주는 괄목할 만한 본보기의 하나라 말할 수 있으리라 여겨진다.

이러한 관점에서 볼 때, 현재 우리에게도 역시 사회주의 주제에 대한 범인류사적인 차원의 총체적이고 통사적인 관심 진작이 필요하지 않을까 추론해볼 수 있을 것 같다. 요컨대 사회주의에 대한 시각 역시 세계화가 절실히 요구되는 현실인 것이다.

다른 한편 사회주의의 역사가 유구한데 비해, 우리 대한민국의 현실은 대단히 기묘한 편이다.

무릇 사회주의는 우리 한국인의 일상적인 인식구조 속에서는 좌우지간 지극히 불순하고 무지막지한 용어이자 개념으로 특이하게 자리 잡고 있지 않을까 한다. 그런 탓에 기회가 주어진다면, 아니 일부로 기회를 만들면서까지 억지로라도, 당연히 기피하지 않으면 안 될 1순위 특수 모국어가 바로 이 '사회주의' 아닐까 유추되기까지 할 정도다. 하지만 널리 알려져 있다시피, 세계의 역사는 전혀 그 결을 달리한다.

그렇다면 사회주의는 대체 언제쯤이나 역사적으로 출생신고를 하였을까? 벌써 2천 수백 년 전의 일이다.

그러나 우리는 사회주의를 응당 마르크스주의 하나와만 일체화시켜버리는 기이한 습벽에 오랫동안 길들여 오진 않았을까.

물론 우리가 자본주의 사회에 살고 있기 때문에, 그에 대한 가장 체계적이고 적나라한 비판적 사회주의 사상이 곧 마르크스주의라는 관점에 대해 이의를 제기할 사람은 그리 흔치 않을 것이다. 이와 같이 마르크스주의가 대표적인 사회주의 이념의 한 유형인 것은 결코 부인할 수 없는 사실이다. 하지만 모든 사회주의가 다 마르크스주의라는 등식은 결코 성립하지 않는다. 달리 말하면, 마르크스주의란 겨우 19세기 이후에 출현한 가장 상징적인 사회주의 사상 및 이론체계라 이를 수 있을 따름인 것이다.

그러나 우리나라에서는 사정이 좀 독특하다. 사회주의 문제를 입에 올리자마자 혹여 우리가 즉각 위축되기 시작하는 것은 아닌지 응당 스스로 자문해볼 필요가 있을 듯하다. 무엇보다 우리가 적대적인 이데올로기로 양분된 사회에서 냉동생선처럼 경직된 일상을 살아왔기 때문이다. 하지만 유구한 사회주의의 역사에 비한다면, 지금껏 고작 수십 년 정도에 지나지 않을 뿐이다.

하기야 오늘날 같은 '이데올로기 시대'에는, 어떻게 국민대중의 가치판단에 영향을 주고, 어떻게 그들을 특정의 이념체계로 끌어들이며, 또 어떻게 그러한 특정한 주의·주장을 대중의 이름으로 합리화하고 정당화할 것인가 하는 문제가 언제나 급박하고도 필수적인 정치적 과제로 인식된다. 그러므로 서로 이질적이고 심지어는 적대적이기까지 한 구호와 정책을 내세우면서도, 모든 정당과 정치인들은 노상 '국민이 우리를 지지한다'고 외치며 국민의 이름을 독점하기 위한 우스꽝스러운 난투극을 경쟁적으로 펼쳐나간다. '국민'이란 이름을 갖다 붙인 정당까지 있지 아니한가. 비극적인 코미디다.

아무튼 정치인들은 어떻게 하면 지극히 간단명료하게 자신의 이념적 입장을 압축함으로써 가장 효율적으로 대중을 자기편으로 끌어들일 수 있을까 하는 문제를 두고 종내 골머리를 썩이곤 한다. 구호, 로고, 의상, 노래, 깃발, 색깔 등등이 그 방편의 주요 품목들이다.

무엇보다도 이러한 대중 동원수단의 대표 격은 역시, 무언지 모르게 늘 국민들의 가슴을 뭉클하게 만드는, 창공에 펄럭이는 국기와 하늘에 장엄하게 울려 퍼지는 애국가 아닐까 한다. 그 중 우리에게 역사적으로 가장 널리 알려진 것이 청·백·적색의 프랑스 국기, 그리고 처음에는 반혁명군 타도를 외치는 군가였다가 급기야 프랑스 국가로 진화한 '라 마르세예즈'라 할 수 있으리라. 이것들은 사실상 프랑스 대혁명의 직접적인 산물이며, 혁명과 공화국을 수호하려는 프랑스 인민들의 피 끓는 열정을 상징적으로 담아내는 방편임은 물론이다. 거기에도 이미 색깔이 등장했다.

어쨌든 정치적 목적으로 색깔이 활용될 경우, 그것은 본래부터 특정적인 이념 및 노선 등과 직결되었던 것이다. 예컨대 사회주의는 전통적으로 적색으로 상징되어 왔다.

하지만 저 먼 고대로부터 사회사상이 항용 현실에 대한 불만에 기초하는 관성을 지녀왔음은 자명한 일이라 할 수 있다. 그런 탓에 불행과 모순으로 가득 찬 현실세계를 떠난 꿈같은 이상향에 대한 동경을 본능적으로 밑바닥에 깔기 일쑤지 않았으랴 짐작되기도 한다. 예컨대 '철인 왕'이 지배하는 플라톤의 이상국가론이나 토마스 모어의 '유토피아', 그리고 캄파넬라의 '태양의 나라' 또는 별천지에 대한 꿈으로 충만한 중국의 '무릉도원'과 홍길동의 '율도국' 환상 등속이 그 전형적인 사례라 할 수 있을 터이다.

이와 관련해 사회사상은 대저 '시장'과 '광장'의 울타리 안에서 역사적으로 부침을 거듭해온 전통을 견지해오지 않았으랴 유추된다. 이런 의미에서 이러한 이상향에 대한 꿈이나 동경 같은 것과 밀착한 사회주의 역시 예외가 아님은 물론이다.

자본주의와 사회주의, 그리고 대한민국의 미래

'자유'로부터의 억압에 대한 최초의 본격적인 '평등'의 반발은 1848년 혁명에서 그 첫 신호탄이 터져 나온다. 이 혁명은 자유주의적 부르주아 계급들로 하여금 점차 노동대중에 뿌리를 드리우기 시작하는 민주주의에 대한 공포를 새삼 환기시켜 주었다. 그러나 동시에 자유의 운동원리를 새롭게 점검하는 자아비판적 계기를 만들어 주기도 하였다.

자본주의적 자유가 인민대중의 행복을 보장해주지 못한다는 것이 확연해지자, 자유에 대한 반란이 본격적으로 조직화하기 시작하였다. 다양한 공산주의 및 사회주의 조류들이 대오를 정비하였다. 그들은 수단과 방법의 측면에서는 상당한 이질성을 노정하고 있었지만 특히 경제적 평등의 구현이라는 궁극적 목표에 있어서는 대체로 견해의 일치를 보이고 있었다.

이러한 상황에서 자유주의적 부르주아 계급에 의해 고안된 자구책이 바로 자유민주주의였던 것이다. 그것은 경제적 평등이 아닌 정치적 평등만을 인민대중에게 허용함으로써, 한편으로는 자유주의적 지배세력의 경제적 기득권은 계속 온존시키면서 다른 한편으로는 사회주의 세력의 변혁적 예봉은 미연에 무력화시키고자 하는, 일종의 절묘한 정치적 타협책이기도 하였다. 그러나 그마저도 실은 적지 않은 주저와 불안 속에 이루어졌다. 그 이후 물론 다양한 우여곡절을 겪긴 했지만 자본주의 사회는 오늘날 '자유 속에서의 평등구현'의 역사적 단계로 진입하였다고 말할 수 있을 것이다.

한편 보다 과격한 사회주의 세력들은 자유민주주의 체제의 허구성과 기만성을 폭로하면서 사적 소유의 철폐 및 경제적 불평등의 제거만이 진정한 인간해방의 길임을 역설하고 있었다. 이를 위해서 혁명적 방법만이 유일한 대안으로 제시되기도 하였다. 그들은 대체로 평등 속에서 그리고 평등을 통해서만이 자유를 온전히 구현할 수 있다고 믿었던 것이다. 러시아의 볼셰비키 혁명은 이러한 신조의 산물이었다. 그리고 소련은 한때 이러한 이상이 바야흐로 실현되었노라고 선포한 적도 있었다. 그러나 그들은 당과 국가를 통해 단지 개인의 자유와 창발성을 획일적으로 짓누른 '앵무새의 평등'만을 현실화시켰을 따름이다. 하지만 그조차 얼마나 허구적이었던가 하는 것이 공산정권의 궤멸로 오히려 폭로된 셈이다. 이렇게 하여 '평등 속에서의 자유구현'을 위한 혁명적 실험은 일단 좌절당하였다. 그것은 거칠게 말해 자유에 대한 평등의 패배를 의미한다.

결국엔 '자유경쟁'의 원리가 성경 말씀처럼 군림하게 된 사회가 보편화하였다. 말하자면 모두가 실성한 듯 오직 경쟁에만 탐닉하여, 결국엔 특권을 독점한 이들로 하여금 '보다 유리한 위치선점'을 더욱 더 용이하게 만들어주기 위해 최선을 다하는 사회현실이 거의 신성시되고 있을 정도란 말이 되겠다. 그리하여 자유경쟁이라는 멋들어진 허울을 뒤집어쓴 채 '기울어진 운동장'에서 희희낙락하는 동안, 낙오자는 계속 패배의식과 자괴감에 빠져들며 위장된 공정성 속에서 마취환자처럼 숨가쁘게 살아갈 수밖에 없는 현실이 일상화 되어버린 것이다. 그런 연유로 '악마적 불평등'이란 말이 결국 시대의 보편개념으로 정착하게끔 되어버렸다.

그럼에도 오늘날 '사색'은 사라지고, '검색'만 활개 친다. 검색은 열렬히 향유되건만, 사색은 줄곧 뒤편으로 밀려나고만 있는 것이다.

하지만 우리에겐 '역설'이 있다. 말하자면 여태껏 냉전체제에 볼모 잡힌 거의 유일한 분단국가에 살고 있다는 절박한 현실이 우리로 하여금 결국엔 멋들어진 '역설'로 점철될 멋진 신세계의 도래를 예비해주고 있음에 특별히 주목하지 않으면 안 되리란 말이 되겠다.

하기야 우리 민족은 두드러지게 강인한 저력을 과시해온 자랑스러운 전통을 간직하고 있지 아니한가. 일제에 의해 거의 40여 년에 가까운 참담한 환난을 겪은 치욕적인 과거를 지니고 있긴 하지만, 한국은 이 지상의 유일무이한 뒤집기 성공사례에 속한다.

우리나라는 인류역사상 거의 유례를 찾기 힘들 정도로 신속하게 산업화와 민주주의를 동시에 달성하고 확립해내었다. 그 와중에 급기야는 선진국 대열로 뛰어오르는 쾌거를 이루어내기까지 하였다. 그런데 우리처럼 처참한 침탈을 겪은 나라들 중에, 지금 우리처럼 OECD의 일원으로 선진국 대우를 받고 있으면서 또 그러한 소용돌이에도 불구하고, 올림픽이나 월드컵을 줄줄이 성대하게 개최해본 실적이 있는 나라가 과연 하나라도 있는가? 없다.

그렇다면 도대체 무엇이 '역설'이란 말인가?

오늘날 우리 인류는 전 지구적인 환경오염과 생태계 파괴현상이 줄을 잇는 비극적인 상황 속에서, 그야말로 절망과 희망이 교차하는 곡예사와도 같은 위태로운 삶을 영위하고 있는 것처럼 여겨진다.

하지만 바로 이러한 요인 때문에라도, 나는 우리 대한민국의 미래에 찬란한 서광이 비치고 있음을 결코 믿어 의심치 않는다. 무엇보다 실재하는 우리의 특성이 타의 추종을 불허하기 때문이다.

첫째, 무엇보다 자연과 더불어 살아온 우리 민족의 기나긴 역사적 삶의 발자취가 매우 괄목할 만한 것이라 할 수 있다. 우리는 그야말로 빼어나게 '자연 친화적인' 공동체적 삶의 전통을 누리며 살아온 가상한 민족 아닌가. 집요하게 자연과 한 몸처럼 더불어 살아온 뛰어난 삶의 기량이 강물처럼 넘실대고 있는 것이다.

가령 소나무 하나를 보자. 우리는 소나무와 끊으래야 끊을 수 없는 간곡한 인연을 맺으며 살아왔다. 눈, 바람, 서리를 이겨내며 늘 푸르게 우리 땅 어디에서나 잘 자라는 소나무는 우리 민족의 삶 속에 깊숙이 뿌리내려왔다. 우리 애국가에도 "남산 위에 저 소나무 …" 하는 구절이 있을 정도 아닌가. 우리 선조는 소나무로 지은 집에서, 소나무 장작으로 불을 피우며 살았고, 죽어서는 소나무 관에 누웠다. 송진으로 배의 이음새를 메웠고, 흉년이나 보릿고개에는 소나무 속껍질로 허기를 달랬으며, 어두운 밤에는 관솔불로 주변을 밝혔다. 추석에는 솔잎을 깔고 송편을 쪘으며, 솔잎이나 송홧가루, 솔방울 등으로 차나 술을 빚으며 살아오지 않았던가. 소나무의 땅 속 뿌리에 기생하는 '(백)복령'을 요긴한 약재로 쓰기도 했다. 소나무는 바위 꼭대기 천길 높이에 우뚝 서 있기 예사다. 올바른 마음과 굳은 절개를 지니고 사철 푸른 본성을 간직하며 얼음과 서리를 막아 추위를 이겨내니, '군자'는 소나무를 본받는다 일렀다. 이처럼 정신적으로도 우리는 늘 이런 소나무와 함께 하며, 그를 닮고자 애써온 것이다. 산꼭대기 바위틈에까지 소나무를 키우는 우리 강산은 또 얼마나 축복 받은 땅인가. 그러나 그게 다가 아니다. 우리는 늦가을에 잘 익은 홍시를 따내면서도, 까치가 요기 삼아 찾아 먹을 수 있게끔 몇 알은 따지 않고 나무에 그대로 남겨둘 줄 아는 '형제애'를 발휘하기도 하지 않았던가.

더욱이 찬송가 가사에서까지 '삼천리 반도 금수강산, 하나님 주신 동산' 하며, 우리 자연에 대한 예찬을 아끼지 않을 정도다. 물론 외국인들도 예외는 아니다. 그네들은 우리 산천이 그렇게 인간 친화적일 수 없다고 입을 모은다. 무지막지할 정도로 광활한 대평원들이 끝간 데 없이 뻗어 있는 다른 나라들과는 달리, 우리나라의 경우에는, 오밀조밀한 들판이 널찍이 펼쳐져 있는가 싶으면 그 끝자락에는 다소곳한 산이 병풍처럼 포근하게 감싸고 앉아있기 일쑤여서, 그렇게 아늑하고 편안한 정감을 자아낼 수 없다고 경탄들을 쏟아낸다.

계곡을 굽이굽이 감돌아 흘러내리는 물 빛깔은 또 어떠한가. 아름답다는 칭송을 세계적으로 한 몸에 꿰고 있는 알프스 산록의 계곡 물조차 대개가 다 뿌연 잿빛을 띠기 일쑤다. 그야말로 옥구슬처럼 맑고 투명한 우리네 물빛 같은 것을 세계 어디서 그리 손쉽게 찾아볼 수 있으랴…. 이처럼 우리 민족은 방방곡곡 어디에서나 늘 푸른 소나무와 고즈넉한 산, 그리고 맑고 수려한 물과 함께 하는 유려한 삶의 터전에서 지금껏 고결한 삶을 이어오지 않았던가. '삼천리 금수강산'이란 말이 어디 괜스레 나왔을까?

더구나 오늘날처럼 자연과 극한대치 중인 총체적 난국에 직면하여, 이 지구촌을 선구적으로 앞장서 선도할 수 있는 용솟음치는 기백과 출중한 역량을 이처럼 한 몸에 올곧이 담지하고 있는 나라가 우리 외에 또 어디 더 있을 수 있기나 할까.

둘째, 그러나 그게 다가 아니다. 우리는 여태껏 냉전체제에 볼모 잡힌 세계유일의 분단국가 아닐런가.

모름지기 그런 탓에, 우리가 전쟁이 아니라 필연적으로 평화를 선도하지 않으면 안 될 인류사적 소명을 한 몸에 안고 있기도 함은 자명한 이치 아닐까. 그런데 인류사회의 평화란 궁극적으로는 무엇보다 자연을 온전히 보존함으로써 비로소 쟁취되어질 수밖에 없는 것 아니랴. 전쟁이란 곧 자연파괴를 의미하는 것이기 때문이다.

따라서 이처럼 자연과 한 몸처럼 살아온 우리 민족이야말로 자연과의 합일과 아울러 세계평화 구축이라는 인류사적 소명을 주도해나가기에 가장 적합한 존재 아니겠는가.

하지만 축복받은 이 땅의 자연과도 같이 순박한 우리 백성들은 지금 그 소명에 걸맞은 존귀한 삶을 이끌어가고나 있을까? 아니다, 그러지 못하고 있는 것 같다. 안타깝게도 이러한 한국적 역사현실의 지형 변화에 대부분 무심한 듯 보인다.

하지만 나는 운 좋게도 늦게나마 각성할 기회를 갖게 되었다. 그리하여 비록 누추한 현실에 처해 있긴 했지만, 이처럼 광채 나는 소명을 담지하고 있는 빛나는 우리나라의 미래를 위해 역사적인 실루엣이나마 되살려 보고픈 강한 욕구를 절실히 깨닫기 시작했다. 이윽고 역사적으로 그러한 복된 사회를 만들기 위해 분투해온 샛별 같은 인류의 사도들의 발자취를 탐색하고 싶어졌다. 이를테면 미래를 위해 과거를 되돌아보고 싶었던 것이다. "미래는 아직 오지 않은 과거이기에, 과거를 고찰하는 것은 곧 현재를 뛰어넘어 미래로 도약하는 방편"이라고 말하기도 하지 않는가(김탁환 2014, 254). 요컨대 과거의 역사가 결국엔 '미래에 대한 예고'가 될 수도 있는 것이다. 그리하여 나는 달리는 말에 채찍을 가하듯, 집필을 서둘렀다.

참고문헌

강정인. 1994. “세계화 그리고 민주주의의 미래.” 강정인·김세걸 편. 『현대 민주주의론의 경향과 쟁점』. 문학과 지성사.

김영한. 1988. 『르네상스의 유토피아 思想』. 탐구당.

김영한. 1991. “서양사상에서의 사회적 불평등: 플라톤에서 아퀴나스까지.” 『서양사론』 36: 33-80.

김영한. 1994. “유토피아주의(Utopianism).” 김영한·임지현 편. 『서양의 지적운동』. 지식산업사.

김탁환. 2014. 『혁명2: 광활한 인간 정도전』. 민음사.

나정원. 1989. 『플라톤의 정치사상』. 법문사.

레오 스트라우스·조셉 크랍시. 1995. 『서양 정치철학사 I: 고대-중세』(초판 2쇄). 김영수 외 옮김. 인간사랑.

로버트드 오언. 2008(1814). 『사회에 관한 새로운 의견』(*A New View of Society*). 하승우 역. 지식을 만드는 지식.

로버트 램. 2000. 『서양문화의 역사 II: 중세-르네상스 편』. 이희재 역. 사군자.

로저 트리그. 1966. 『인간 본성에 관한 10가지 철학적 성찰』. 최용철 옮김. 자작나무.

박종현 역주. 1997. 『플라톤의 국가』. 서광사.

박호성. 1989. 『사회주의와 민족주의: 보론, 노동운동과 이념투쟁』. 도서출판 까치.

박호성. 1992. “사회주의 건설 및 지양의 이념적 논리체계: 소련 및 동유럽을 중심으로.” (『서강대 사회과학연구』 창간호)

박호성. 1994. 『평등론: 자유민주주의, 사회민주주의, 맑스주의의 이론과 현실』. 창비.

박호성. 2005. 『사회민주주의의 역사와 전망』. 책세상.

박호성. 2006. 『우리시대의 상식론』. 랜덤하우스 중앙.

박호성. 2008. “플라톤의 사회주의관 연구.” (『철학연구』 35: 73-122)

박호성. 2009. 『공동체론: 화해와 통합의 사회·정치적 기초』. 효형출판.

박호성. 2011. “자연의 휴머니티에 관한 소고.” (『시대와 철학』22(2): 167-196)

박호성. 2012. 『자연의 인간, 인간의 자연』. 후마니타스.

손호철. 1995. 『해방 50년의 한국정치』. 새길.

송두율. 1990a. “정통 마르크스·레닌주의는 무엇인가.” 『현대와 사상』. 한길사.

송두율. 1990b. 『소련과 중국: 사회주의 사회에서의 노동자·농민·지식인』. 한길사.

스티븐 호킹·믈로디노프. 2010. 『위대한 설계』. 전대호 옮김. 까치.

아담 쉐보르스키. 1991. “사회민주주의의 역사적 전개.” 『사회민주주의와 민주사회주의: 이론과 현실』. 박호성 편역. 청람문화사.

아르투어 로젠베르크. 1993(1990). 『프랑스 대혁명 이후의 유럽 정치사: 사회주의와 민주주의』. 박호성 역. 역사비평사.

아리스토텔레스. 1984. 『니코마코스 윤리학』. 최명관 역. 서광사.

앨빈 굴드너. 1984. 『맑시즘: 批判과 科學』. 김홍명 역. 한벗.

여유진. 2008. “한국에서의 교육을 통한 사회이동 경향에 대한 연구.” (『보건사회연구』 28(2): 53-80)

이상인. 2006. 『플라톤과 유럽의 전통』. 이제이북스.

이희옥. 1992. "중국 사회주의의 변화와 한반도." (『창작과 비평』 78: 327-343)
임영방. 1985. "캄파넬라의 유토피아사상." 『유토피아·태양의 나라·그리스도인의 자유권리를 위한 투쟁』. (노재봉·임영방 외 역. 삼성출핀사)
임혁백. 2000. 『세계화시대의 민주주의: 현상·이론·성찰』. 나남출판.
장 자크 루소. 1995. 『에밀』. 민희식 옮김. 육문사.
정승현. 1993. "마르크스주의의 과학성에 관한 비판적 연구." (서강대 정치외교학과 박사학위 논문)
존 슈튜어트 밀. 1992. 『자유론』. 김형철 옮김. 서광사.
최자영. 2005. "플라톤의 이상적 사회 구상의 변화: 철학자-통치자와 법률, 용기와 온유·화목, 공유제와 사유제의 관계를 중심으로." (『서양 고대사 연구』 17: 53-90)
코올, G.D.H. 1988. 『사회주의 사상사 I』. 이방석 역. 도서출판 신서원.
콜, G.D.H. 2017. 『로버트 오언: 산업혁명기, 협동의 공동체를 건설한 사회혁신가』. 홍기빈 옮김. 칼폴라니 사회경제연구소.
토마스 모어. 2020. 『유토피아』. 박문재 옮김. 현대지성.
파이낸셜뉴스. 2021. "WHO "팬데믹, 세계가 실패하고 있는 시험"." 07. 21. https://www.fnnews.com/news/202107211347344483
프롬·포핏츠. 1983. 『마르크스의 人間觀』. 김창호 옮김. 동녘.
피터 게이. 1994. 『민주사회주의의 딜레마: 베른슈타인의 마르크스주의에 대한 도전』. 김용권 옮김. 한울.
허균 외. 2007. 『홍길동전·박씨부인전·전우치전』. 로은옥 고쳐 씀. 도서출판 보리.
황선재·계봉오. 2018. "경제적 불평등 인식에 대한 경험적 연구: 한국 사례와 함의." 『한국인구학』 41(4): 65-88.

Abendroth, Wolfgang. 1964. *Aufstieg und Krise der deutschen Sozialdemokratie*. Frankfurt am Main: Stimme-Verlag.
Abendroth, Wolfgang. 1975. *Sozialgeschichte der europäischen Arbeiterbewegung*. 10. Aufl. Frankfurt/M.: Suhrkamp Verlag.
Adler, Max. 1922. *Die Staatsauffassung des Marxismus*. Wien: Verlag Weiner Volksbuchhandlung.
Angotti, T. 1988. "The Stalin Period: Opening up History." *Science and Society* 52(1): 5-34.
Arblaster, Anthony. 1987(1984). *The Rise & Decline of Western Liberalism*. New York: Basil Blackwell.
Aristoteles. 1984. *Politics*. 5. Aufl. München: dtv Klassik.
Arnold, Scott N. 1990. *Marx's Radical Critique of Capitalist Society: A Reconstruction & Critical Evaluation*. New York: Oxford University Press.
Arpad, Kadarkay. 1991. *Georg Lukacs*. Cambridge: Basil Blackwell.
Autorenteam des HDS(Hochschulinitiative Demokratischer Sozialismus). 1977. *Zur Einführung in die Theorie des Demokratischen Sozialismus*. Frankfurt/M./Köln: Europäische Verlagsanstalt.
Bahro, Rudolf. 1979. *Die Alternative*. Köln/Frankfurt a.M.: Bund Verlag.
Barker, Ernest. 1959. *The Political Thought of Plato and Aristotle*. New York: Dover Publications, Inc.

Bebel, August. 1978. *Aus meinem Leben*. 5. Aufl. Berlin/O: Dietz.

Berlin, Isaiah. 1969. *Four Essays on Liberty*. London; New York: Oxford University Press.

Berlin, Isaiah. 1978. *Russian Thinkers*. London: Hogarth Press.

Bernstein, Eduard. 1976a. "Was ist Sozialismus?" (Vortrag vom 28. Dezember 1918). in: Helmut Hirsch. (Hg.). *Ein revisionistisches Sozialismusbild*. 2. Aufl. Berlin/Bonn-Bad Godesberg: Dietz.

Bernstein, Eduard. 1976b. "Wie ist wissenschaftlicher Sozialismus möglich?" (Vortrag vom 17. Mai 1901). in: Helmut Hirsch. (Hg.). *Ein revisionistisches Sozialismusbild*. 2. Aufl. Berlin/Bonn-Bad Godesberg: Dietz.

Bernstein, Eduard. 1977. *Die Voraussetzungen des Sozialismus und die Aufgaben der Sozialdemokratie (1899)*. 7. Aufl. Berlin/Bonn-Bad Godesberg: Dietz.

Bernstein, Eduard. 1978. "Die Zusammenbruchstheorie und die Kolonialpolitik." in: Peter Friedemann. (Hg.). *Materialien zum politischen Richtungsstreit in der deutschen Sozialdemokratie 1890-1917*. Bd. 1. Frankfurt/Berlin/Wien: Ullstein.

Bobbio, Norberto. 1987. *Which Socialism?: Marxism, Socialism and Democracy*. Minneapolis: University of Minnesota Press.

Braunthal, Gerard. 1983. *The West German Social Democrats, 1969-1982: Profile of a Party in Power*. Boulder, Colorado: Westview Press.

Butt, John. 1972. (Introduction). *Robert Owen: A New View of Society and Other Writings*. (Everyman's Library). London: Dent.

Cohen, Gerald Allan. 1988. *History, Labour, and Freedom: Themes from Marx*. Oxford: Clarendon Press.

Conert, Hansgeorg. 1973. *Die politischen Grundrichtungen innerhalb der deutschen Sozialdemokratie vor dem Ersten Weltkrieg: Richtungskämpfe in der SPD*. 2. Aufl. Offenbach: Verl 2000.

Connor, Walter D. 1979. *Socialism, Politics, and Equality: Hierarchy and Change in Eastern Europe and the USSR*. New York: Columbia University Press.

Connor, Walter D. 1988. *Socialism's Dilemmas: State and Society in the Soviet Bloc*. New York: Columbia University Press.

Constitution (Fundamental Law) of the Union of Soviet Socialist Republics, adopted in 1977. Moscow: Novosti Press Agency Publishing House.

Corrigun, P., H. Ramsay and D. Sayer. 1978. *Socialist Construction and Marxist Theory: Bolshevism and its Critique*. New York: Monthly Review Press.

Crosland, Anthony. 1964(1956). *The Future of Socialism*. London: J. Cape.

Dangelmayr, Siegfried. 1979. *Die philosophische Interpretation des Theorie-Praxis-Bezugs bei Karl Marx und ihre Vorgeschichte*. Meisenheim am Glan: Hain.

Dann, Otto. 1980. *Gleichheit und Gleichberechtigung: Das Gleichheitspostulat in der alteuropäischen Tradition und in Deutschland bis zum ausgehenden 19. Jahrhundert*. Berlin: Duncker & Humblot.

Davis, Howard and Richard Scase. 1987(1985). *Western Capitalism and State Socialism: An Introduction*. Oxford: Basil Blackwell.

Deacon, Bob. 1992. "East European Welfare: Past, Present and Future in Comparative Context." in: Bob Deacon et al. *The New Eastern Europe: Social Policy Past, Present*

and Future. London: SAGE Publications Ltd.
Deacon, Bob. et al. 1992. *The New Eastern Europe: Social Policy Past, Present and Future*. London: SAGE Publications Ltd.
Dixon, John and Hyung Shik Kim. 1992. "Social welfare under socialism." in: John Dixon and David Macarov. (ed.). *Social Welfare in Socialist Countries*. London and New York: Routledge.
Djilas, Milovan. 1957. *The New Class: An Analysis of the Communist System*. London: Thames & Hudson.
Dodge, N.T. 1966. *Women in the Soviet Economy*. Baltimore: Johns Hopkins Press.
Droz, Jacques. (Hg.). 1974. *Das utopische Denken bis zur industriellen Revolution*. Frankfurt/M, Berlin, Wien: Verlag Ullstein GmbH.
Edwards, Richard C., Michael Reich, and Thomas E. Weisskopf (ed.). 1978. *The Capitalist System*. 2nd ed. Englewood Cliffs, N.J.: Prentice-Hall.
Engels, Friedrich. "England in 1845 and in 1885." Collected Works 26.
Engels, Friedrich. Die Preussische Militärfrage und die deutsche Arbeiterpartei. MEW 16.
Engels, Friedrich. Die Entwicklung des Sozialismus von der Utopie zur Wissenschaft. MEW 19.
Engels, Friedrich. "Deutsche Zustände." MEW 2.
Engels, Friedrich. Herrn Eugen Dührings Umwälzung der Wissenschaft(Anti-Dühring). MEW 20.
Engels, Friedrich. 'Einleitung zu Marx' 'Klassenkämpfe in Frankreich 1848 & 1850' / Antwort an Giovanni Bovivs(1892. 2) / Der Sozialismus in Deutschland / Nachwort(1894) zu 'Soziales aus Russland / Internationales aus dem Volksstaat. MEW 22.
Engels, Friedrich. an Marx, 15.Aug. 1870. MEW 33.
Engels, Friedrich. Marx에게 보낸 1858년 10월 7일 자 서신. MEW 29.
Engels, Friedrich. Kautsky에게 보낸 1882년 9월 12일 자 서신. MEW 35.
Engels, Friedrich. Sassulitsch에게 보낸 1885년 4월 23일 자 서신. MEW 36.
Engels, Friedrich. To Werner Sombart(11. March 1895). MEW 39.
Engels, Friedrich. "Drei neue Konstitutinen." / "Vorrede"(zur englischen Ausgabe von 1888). MEW 4.
Engels, Friedrich. "Revolution und Konterrevolution in Deutschland." MEW 8.
Engels, Friedrich. "Der deutsche Bauernkrieg." MEW 7.
Erlich, Alexander. 1977. "Stalinism and Marxian Growth Models." in: Robert C. Tucker (ed.). *Stalinism: Essays in Historical Interpretation*. New York, NY: Norton.
Euchner, Walter. (Hg.). 1991. *Klassiker des Sozialismus: Von Gracchus Babeuf bis Georgi Walentinowitsch Plechanow*. München: Verlag C.H.Beck.
Euchner, Walter. 1992. "Die Herausbildung des Konzepts 'Demokratischer Sozialismus'." in: Herfried Münkler. (Hg.). *Die Chancen der Freiheit: Grundprobleme der Demokratie*. München/Zürich: Piper.
Evans, B.A., Jr. 1977. "Developed socialism in Soviet ideology." *Soviet Studies* 29(3): 409-428.
Feher, Ferenc, Agnes Heller, and Gyorgy Markus. 1983. *Dictatorship Over Needs: An*

Analysis of Soviet Societies. London: Basil Blackwell.

Femia, Joseph V. 1993. *Marxism and Democracy*. New York: Oxford University Press.

Fenske, Hans. (Hg.). 1990. *Geschichte der politischen Ideen: Von Homer bis zur Gegenwart*. Frankfurt am Main: Fischer-Taschenbuch-Verlag.

Fetscher, Iring. 1982. *Vom Wohlfahrtsstaat zur neuen Lebensqalität: Die Herausforderungen des demokratischen Sozialismus*. Köln: Bund-Verlag.

Fricke, Dieter. 1962. *Zur Organisation und Tätigkeit der deutschen Arbeiterbewegung 1890-1914*. Dokumente und Materialien. Leipzig: VEB.

Fried, Albert and Sanders Ronald. Ed. 1992. *Socialist Thought: A documentary History*. New York: Columbia University Press.

Friedemann, Peter. (Hg.). 1978. *Materialien zum politischen Richtungsstreit in der deutschen Sozialdemokratie 1890-1917*. Bd. 1. Frankfurt/Berlin/Wien: Ullstein.

Friedman, Milton. 1962. *Capitalism and Freedom*. Chicago and London: University of Chicago Press.

Friedrich, Carl J. 1967. "A Brief Discourse on the Origin of Political Equality." in: Roland Pennock and John W. Chapman. (ed.). *Equality*. New York: Atherton Press.

Frölich, Paul. 1967. *Rosa Luxemburg*. 4. Aufl. Frankfurt/M.: Europaische Verlagsanstalt Anst.

Fülberth, Georg. 1971. "Zur Genese des Revisionismus in der deutschen Sozialdemokratie vor 1914." *Das Argument* 63: 1-21.

Fülberth, Georg. 1975. "Die Entwicklung der deutschen Sozialdemokrate von ihrer Gründung bis zum Ende des Sozialistengesetzes." in: V. Freyberg, G. Fülberth. u.a. (Hg.). *Geschichte der deutchen Sozialdemokratie 1863-1975*. Köln: Pahl Rugenstein Verlag.

Fülberth, Georg. (Hg.). 1972a. *Kautsky, Der Weg Zur Macht(1907)*. Frankfurt/M.: Europäische Verlagsanstalt.

Fülberth, Georg. (Hg.). 1972b. *Kautsky, Der Weg zur Macht(1909)*. Frankfurt/M.: Europäische Verlagsanstalt.

Gardiner, J. 1977. "Conflict, Control and Cleavage in the Chinese People's Republic." in: R. Scase. (ed.). *Industrial Society: Class Cleavage and Control*. London: Allen & Unwin.

Gay, Peter. 1979(1952). *The Dilemma of Democratic Socialism: Eduard Bernstein's Challenge to Marx*. New York: Octagon Books. 『민주사회주의의 딜레마: 베른슈타인의 마르크스주의에 대한 도전』. 김용권 옮김. 한울. 1994.

Gebhardt Handbuch der deutschen Geschichte Bd. 17.

George, Vic and Nick Manning. 1980. *Socialism, Social Welfare and the Soviet Union*. London: Routledge & Kegan Paul.

Geyer, D. 1985. *Die Russische Revolution*. 4. Aufl. Göttingen: Vandenhoeck & Ruprecht Gmbh & Co.

Grebing, Helga. 1979. *Geschichte der deutschen Arbeiterbewegung*. 9. Aufl. München: Dt. Taschenbuch-Verl.

Green, Philip. 1981. *The Pursuit of Inequality*. NY, Pantheon Books.

Groh, Dieter. 1974. *Negative Integration und revolutionäre Attentismus: Die deutsche*

Sozialdemokratie am Vorabend des Ersten Weltkrieges. Frankfurt/M., Berlin, Wien: Ullstein.

Halasz, Jozsef. 1966. "Civic equality and equality before the law." in: *Socialist Concept of Human Rights*. Budapest: Akademiai Kiado.

Hansen, Mogens Herman. 1989. *Was Athens a Democracy?: Popular Rule, Liberty and Equality in Ancient and Modern Political Thought*. Copenhagen: R. Danish Acad. Sci. Lett., Commissioner Munksgaard.

Harvey, F.D. 1965. "Two concepts of equality." in: *Classica et Mediaevalia* 26: 101-146..

Haupt, Georges. 1974. "Dynamik und Konservativismus der Ideologie." in: C. Pozzoli. (Hg.). *Rosa Luxemburg oder Die Bestimmung des Sozialismus*. Frankfurt/M.: Suhrkamp.

Hayek, F.A. 1960. *The Constitution of Liberty*. London: Routledge and Keegan Paul.

Heller, H. 1921. *Hegel und der nationale Machtstaatsgedanke in Deutchland*. Leipzig/Berlin: B.G. Teubner.

Hertzler, Joyce Oramel, 1965. *The History of Utopian Thought*. New York: Cooper Square Publishers, INC.

Herzen, Alexander. 1987(1984). "From the Other Shore." in: Anthony Arblaster. *The Rise & Decline of Western Liberalism*. Oxford: Basil Blackwell.

Herzen, Alexander. 1979. *From the Other Shore*. New York: Oxford University Press.

Heuer, Uwe-Jens. 1989. *Marxismus und Demokratie*. Baden-Baden: Nomos-Verl.

Hofman, Werner. 1979. *Ideengeschichte der sozialen Bewegung*. 6., erw. Aufl. Berlin/New York: De Gruyter.

Hofmann, Werner. 1984. *Was ist Stalinismus?* Heilbronn:Distel Verl.

Hook, Sidney. 1975. *Revolution, Reform, and Social Justice*. New York: New York University Press.

Hook, Sidney. 1990. "Myth and Fact in the Marxist Theory of Revolution of Violence." in: Bob Jessop. (Ed.). *Karl Marx's Social & Political Thought*. Vol. III. London: Routledge.

Hudelson, Richard H. 1993. *The Rise and Fall of Communism*. Boulder/San Francisco/Oxford: Westview Press.

Jaroslawski, Jan. 1973. *Theorie der Sozialistischen Revolution. von Marx bis Lenin*. Hamburg: Hoffmann und Campe.

Joseph, Keith and Jonathan Sumption. 1979. *Equality*. London: John Murray Publishers Ltd.

Kadarkay, Arpad. 1991. *Georg Lukacs*. Cambridge: Basil Blackwell.

Kautsky, Karl. 1914. "Der Imperialismus." in: *Neue Zeit* 32/2(1914).

Kautsky, Karl. 1919a. *Demokratie oder Diktatur*. Berlin: Paul Cassirer.

Kautsky, Karl. 1919b. *Die Diktatur des Proletariats*. Wien: Wiener Volksbuchhandlung, I. Brand & co.

Kautsky, Karl. 1921. *Von der Demokratie zur Staatssklaverei*. Berlin: Verlagsgenossenschaft Freiheit.

Kautsky, Karl. 1947. *Vorläufer des neueren Sozialismus*. (Unveränderter Nachdruck der dritten Auflage 1913). Berlin: Verlag JHW Dietz Nachl.

Kenafick, K.J. 1984. (trans. and ed.). *Marxism, Freedom and the State*. London: Freedom Press.

Kesselman, Mark. 1992. "Prospects for Democratic Socialism in advanced Capitalism: Class struggle and Compromise in Sweden and France." *Politics and Society* 11(4): 397-438.

Kolakowski, Leszek. 1967. *Der Mensch ohne Alternative*. München: Piper.

Kolakowski, Leszek. 1974. Introduction. in: Leszek Kolakowski and Stuart Hampshire. (eds.). *The Socialist Idea: A Reappraisal*. London: Weidenfeld and Nicolson.

Kremendahl, Hans. 1978. "Demokratischer Sozialismus versus sozialistische Demokratie." in: H. Horn et al. (Hg.). *Sozialismus in Theorie und Praxis: Festschrift fur Richard Lowenthal*. Berlin/New York: Walter de Gruyter.

Kuczynski, J. 1962. *Die Geschichte der Lage der Arbeiter unter dem Kapatalismus: Darstellung der Lage der Arbeiter in Deutschland von 1871 bis 1900*. Band 3. Ost-Berlin: De Gruyter.

Lakoff, Sanford A. 1964. *Equality in Political Philosophy*. Cambridge: Harvard University Press.

Lane, David. 1982. *The End of Social Inequality?: Class, Status and Power under State Socialism*. London: George Allen & Unwin.

Lane, David. 1990. *Soviet Society under Perestroika*. Boston: Unwin Hyman.

Lassalle, Ferdinand. 1970a. "(Arbeiterprogramm) Über den besonderen Zusammenhängender gegenwärtiger Geschichitsperiode mit der Idee des Arbeiter-standes." in: F. Jenaczek. (HG.). *Ferdinand Lassalle. Reden und Schriften, Mit eineeer Lassalechronik*. München: Deutscher Taschenbuch Verlag.

Lassalle, Ferdinand. 1970b. "Offenes Antwortschreiben an das Zentral-Komitee zur Berufung eines allgemeinen deutschen Arbeiter-Kongresses zu Leipzig." in: F. Jenaczek. (HG.). *Ferdinand Lassalle. Reden und Schriften, Mit eineeer Lassalechronik*. München: Deutscher Taschenbuch Verlag.

Lenin, Vladimir Ilich. "Der ökonomische Inhalt der Volkstümlerrichtung." LW 1.

Lenin, Vladimir Ilich. "Die drohende Katastrophe und wie man sie bekämpfen soll"(1918). LW 25.

Lenin, Vladimir Ilich. "Die proletarische Revolution und der Renegat Kautsky"(1918). LW 28.

Lenin, Vladimir Ilich. "Über das Genossenschaftswesen"(1923). LW 33.

Lenin, Vladimir Ilich. "Unser Programm." LW 4.

Lenin, Vladimir Ilich. "Vorwort zu Sammelband: '12 Jahre'." LW 13.

Lenin, Vladimir Ilich. "Die Aufgaben des Proletariats in unserer Revolution." LW 24.

Lenin, Vladimir Ilich. "Werden die Bolschewiki die Staatsmacht behaupten?" LW 26.

Lenin, Vladimir Ilich. Staat und Revolution. LW 25.

Lenk, Kurt. 1972. *Marx in der Wissenssoziologie*. Neuwied/Berlin: zu Klampen Verlag.

Lichtheim, George. 1968. *Ursprünge des Sozialismus*. Gütersloh: Bertelsmann Sachbuchverlag.

Lindblom, Charles. 1977. *Politics and Markets*. New York: Basic Books.

Maehl, W. 1952. "The Triumph of Nationalism in the German Socialist Party on the Eve

of the First World War." *The Journal of Modern History* 24(1): 15-41.
Mandel, Ernest. 1989. *Beyond Perestroika*. London: Verso.
Mandelbaum, Kurt. 1974. "Sozialdemokratie und Imperialismus." in: Kurt Mandelbaum. *Sozialdemokratie und Leninismus, Zwei Aufsätze*. Berlin: Rotbuch Verlag.
Mann, Golo. 1958. Deutsche Geschichte des 19. und 20. *Jahrhunderts*. Frankfurt/M.: S. Fischer Verlag.
Marks, Harry J. 1939. "The Sources of Refomism in the Social Democratic Party of Germany 1890-1914." *The Journal of Modern History* 11(3): 334-356.
Marshall, T.H. 1963. *Sociology at the Crossroads*. London: Heinemann.
Marx-Engels. Marx to Ludwig Kugelmann(29. November 1869), Collected Works 43.
Marx-Engels. Review, Mai to Oktober(1850). Collected Works 10.
Marx-Engels. Collected Works 4, 5.
Marx-Engels. Collected Works 6.
Marx-Engels. "Manifest der Kommunistischen Partei." MEW 4.
Marx-Engels. "Revue, Mai bis Oktober 1850." MEW 7.
Marx, Karl. an Engels. 20.Juli 1870. MEW 33.
Marx, Karl. Confidential Communication / Revolution in China and in Europe / The General Council. Colleted Works 12.
Marx, Karl. The General Council to the Federal Council of Romance Switzerland / Confidential Communication. Colleted Works 21.
Marx, Karl. "Zur Kritik der Hegelschen Rechtophilosophie. Einleitung." MEW 1.
Marx, Karl. Zur Kritik der politischen Ökonomie. MEW 13.
Marx, Karl. "Herr Vogt." MEW 14.
Marx, Karl. Inauguraladresse der Internationalen Arbeiter-Assoziation(1864). MEW 16.
Marx, Karl. "Erste Adresse des Generalrates über den Deutsch-Französischen Krieg." MEW 17.
Marx, Karl. Der politische Indifferentismus / Rede über den Haager Kongress. MEW 18.
Marx, Karl. "Kritik des Gothaer Programms." MEW 19.
Marx, Karl. Das Kapital 1. MEW 23.
Marx, Karl. Feuerbach These. MEW 3.
Marx, Karl. "ökonomisch-philosophische Manuskripte aus dem Jahre 1844." MEW 40.
Marx, Karl. "Junirevolution." MEW 5.
Marx, Karl. "Die Klassenkämpfe in Frankreich 1848-1850." MEW 7.
Marx, Karl. Der achtzehnte Brumaire des Louis Bonaparte. MEW 8.
Matthews, Mervyn. 1978. *Privilege in the Soviet Union: A Study of Elite Life-Styles under Communism*. London: George Allen & Unwin.
Matthias, Erich. 1957. "Kautsky und der Kautskyanismus: Die Funktion der Ideologie in der deutschen Sozialdemokratie vor dem ersten Weltkrieg." Marxismus Studien 2: 151-197.
Maximoff, G.P. 1953. *The Political Philosophy of Bakunin: Scientific Anarchism*. NewYork: The Free Press.
Mayer, Gustav. 1969. "Die Trennung der proletarischen von der bürgerlichen Demokratie in Deutschland." in: H.-U. Wehler. (Hg.). *Radikalismus, Sozialismus*

und bürgerliche Demokratie. Frankfurt/M.: Suhrkamp.
McAuley, A. 1981. *Women's Work and Wages in the Soviet Union*. London: HarperCollins Publishers Ltd.
McCarney, Joseph. 1990. *Social Theory and the Crisis of Marxism*. London/NY: Verso.
McCarney, Joseph. 1991. "The True Realm of Freedom: Marxist Philosophy after Communism." *New Left Review* 189: 19-38. 『창작과 비평』 1992년 봄(429-455쪽).
Medvedev, F. and G. Kulikov. 1981. (trans. L. Lezhneva). *Human Rights and Freedoms in the USSR*. Moskow: Progress Publishers.
Meyer, Thomas, K-H. Klaer, u.a. (Hg.). 1986. *Lexikon des Sozialismus*. Köln: Bund Verlag.
Meyer, Thomas. 1977. "Zur Entstehung der Grundwerte des Demokratischen Sozialismus." (Teil I), in: *Forum-DS H.3*.
Miliband, Ralph. 1969. *The State in Capitalist State*. New York: Basic Books.
Miller, Susanne. 1977. *Das Problem der Freiheit in Sozialismus, Freiheit, Staat und Revolution in der Programmatik der Sozialdemokratie von Lassalle bis zum Revisionismusstreit*. Berlin/Bonn-Bad Godesberg: Dietz.
Miller, Susanne und Heinrich Potthoff. 1983. *Kleine Geschichte der SPD: Darstellung und Dokumentation 1848-1983*. 5. Aufl. Bonn: Verlag Neue Gesellschaft GmbH.
Molyneux, J. C. 1976. "Marxist Theories of the Political Party." University of Southampton, Doctoral Thesis.
Mommsen, Hans. (Hg.). 1974. *Sozialdemokratie zwischen Klassenbewegung und Volkspartei*. Frankfurt am Main: Athenäum-Fischer-Taschenbuch-Verl.
Mommsen, Hans. 1978. "Einleitung." in: Peter Friedemann. (Hg.). *Materialien zum politischen Richtungsstreit in der deutschen Sozialdemokratie 1890-1917*. Bd. 1. Frankfurt/Berlin/Wien: Ullstein.
Morton, A. L. 1969. *The Life and Ideas of Robert Owen*. New York: International Publishers.
Myrdal, Alva. 1971. *Towards Equality: The Alva Myrdal Report to the Swedish Social Democratic Party*. Stockholm: Prisma.
Nielsen, Kai. 1985. *Equality and Liberty: A Defense of Radical Egalitarianism*. New Jersey: Rowman & Littlefield Publishers.
Nozick, Robert. 1974. *Anarchy, State and Utopia*. New York: Basic Books.
Örtzen, Peter von. 1974. *Die Aufgabe der Partei*. Bonn-Bad Godesberg: Verl. Neue Ges.
Örtzen, Peter von. 1980. "Eine marxistische Grundlegung des Demokratischen Sozialismus?: Thesen und Hypothesen zu einer offenen Frage." in: Thomas Meyer. (Hg.). *Demokratischer Sozialismus - Geistige Grundlage und Wege in die Zukunft*. München/Wien: Olzog.
Ottmann, Hennig. 2001. *Geschichte des politischen Denkens: Die Griechen von Platon bis zum Hellenismus*. Stuttgart-Weimar: Verlag J.B. Metzler.
Padgett, Stephen and William E. Paterson. 1991. *A History of Social Democracy in Postwar Europe*. London and New York: Longman.
Pantin, I. and E. Plimak. 1991. "The Ideas of Karl Marx at a Turning Point in Human Civilization." *Soviet Studies in Philosophy* 30(1): 42-69.

Patterson, Orlando. 1991. *Freedom: Vol. 1, Freedom in the Making of Western Culture.* New York: Basic Books.

Petrovic, Gajo. 1974. "Socialism, Revolution and Violence." in: L. Kolakowski and S. Hampshire. (ed.). *The Socialist Idea: A Reappraisal.* London: Weidenfeld and Nicolson.

Platon. 1986. *The Laws* (Penguin Books). Book Six.

Popper, Karl. 1945. *The Open Society and its Enemies.* vol. 1. Princeton: Routledge & Kegan Paul.

Przeworski, Adam. 1980. "Social Democracy as a Historical Phenomenon." *New Left Review* 122: 27-58.

Przeworski, Adam. 1985. *Capitalism and social Democracy.* Cambridge: Cambridge University Press.

Rabehl, B. 1973. *Marx und Lenin: Widersprüche einer ideologischen Konstruktion des "Marxismus-Leninismus".* Berlin: VSA.

Radice, Giles. 1965. *Democratic Socialism: A Short Survey.* London: Longmans.

Rappoport, Angelo Solomon. 1924. *Dictionary of Socialism.* London: T.F. Unwin ltd.

Raskin, Marcus. 1991. "Rethinking the Left: The Road to Reconstruction." *Nation*, April 22.

Rawls, John. 1971. *A Theory of Justice.* Cambridge: Belknap Press of Harvard University Press.

Richter, Helmut. 1978. *Zum Problem der Einheit von Theorie und Praxis bei Karl Marx: eine biographisch-systematische Studie über den frühen Marx.* Frankfurt u.a.: Campus Verlag.

Ritter, Gerhard A. Die deutsche Sozialdemokratie 1875-1914(미발표 원고).

Roos, J.P. 1997. "Social Policy in Socialism and Capitalism: A Conceptual Analysis." *The Greek Review of Social Research* 29: 24-29.

Rosa Luxemburg, 1988. *Gründungsparteitag der KPD 1918/19, Gesammelte Werke* Bd. 4. Berlin: Dietz Verlag.

Rosenberg, Arthur. 1969. *Geschichte des Bolschewismus.* 2. Aufl. Frankfurt: Europäische Verlagsanstalt.

Roth, Günther. 1963. *The Social Democrats in Imprial Germany: A study in Working-Class Isolation and National Integation.* Totowa/NewYork: Bedminster Press.

Sapronow, Smirnow u.a., 1927. "Vor dem Thermidor. Die Plattform der linken Opposition in der bolschewistischen Partei." Hamburg: Druck und Verlag.

Sartori, Giovanni. 1962. *Democratic Theory.* Detroit: Wayne State University Press.

Saslawskaja, Tatjana. 1989. *Die Gorbachow-Strategie: Wirtschafts und Sozialpolitik in der UdSSR.* Wien: Orac.

Sauer, W. 1970. "Das Problem des deutschen Nationalstsstes." in: H.-U. Wehler. (Hg.). *Moderne deutsche Sozialgeschichte.* 3. Aufl. Köln: Kiepenheuer & Witsch.

Schaffle, Albert E.F. 1885. *Die Aussichtslosigkeit der Socialdemokratie.* Tübingen: Laupp.

Scharrer, Manfred, 1976. *Arbeiterbewegung im Obrigkeitsstaat: SPD und Gewerkschaft nach dem Sozialistengesetz.* Berlin: Rotbuch-Verl.

Schattschneider, E.E. 1942. *Party Government.* New York: Holt, Rinehart and Winston.

Schieder, Theodor. 1961. *Das deutsche Kaiserreich von 1871 als Nationalstaat.* Köln/ Opladen: Westdeutscher Verl.

Schieder, Wolfgang. 1974. "Das Scheitern des bürgerlichen Radikalismus und die sozialistische Parteibildung in Deutschland." in: H. Mommesen. (Hg.). *Sozialdemokratiz Zwischen Klassenbewegung und Volkspartei.* Frakfurt/M.: Athenä um Fischer Taschenbuch Verlag.

Schlei, Marie und Joachim Wagner. 1976. *Freiheit-Gerechtigkeit-Solidarität: Grundwerte und praktische Politik.* Bonn-Bad Godesburg: Verlag Neue Gesellschaft.

Schlumbohm, Jürgen. 1973. *Freiheitsbegriff und Emanzipationsprozess: Zur Geschichte eines politischen Wortes.* Göttingen: Vandenhoeck & Ruprecht.

Schorske, Carl E. 1981. *Die große Spaltung: Die deutsche Sozialdemokratie 1905-1917.* (영어 원본의 독일어 번역본), Berlin.

Schreiner, A. 1958. "Auswirkungen der Großen Sozialistischen Oktoberrevolution auf Deutschland vor und während der Novemberrevolution." in: *Die Oktoberrevolution und Deutschland.* Berlin: Akademie Verlag.

Schröder, H.-C. 1968. *Sozialismus und Imperialismus.* Hannover: Verlag für Literatur u. Zeitgeschehen.

Schröder, H.-C. 1973. *Sozialistische Imperialismusdeutung.* Göttingen: Vandenhoeck & Ruprecht.

Schumacher, Kurt. 1973. *Der Kampf um den Staatsgedanken in der deutschen Sozialdemokratie. (Urban-Taschenbücher: Bd. 839).* Stuttgart/Berlin: Kohlhammer.

Schwan, Gesine. 1982. *Sozialismus in der Demokratie?: Theorie einer konsequent sozialdemokratischen Politik.* Stuttgart/Berlin: Kohlhammer.

Shore, Cris. "Lenin and the Crisis of Communism: The View from Inside." *Government and Opposition* 26(1): 86-100.

Stalin Werke (Berlin 1950). Bd. 1.

Stalin, Joseph. 1947. *Fragen des Leninismus.* Moskau: Verlag für fremdsprachliche Literatur.

Stalin, Joseph. 1955. "Talk with Emil Ludwig." in: Collected Works, vol. 13. Moscow: Foreign Languages Publishing House.

Stalin, Joseph. 1972. "Marxism and Linguistics." in: B. Franklin. (ed.). *The Essential Stalin: Major Theoretical Writings 1905-1952.* New York: Anchor Books.

Steinberg, Hans-Josef. 1971. "F. Eengels' Revolutionäre Strategie nach dem Fall des Sozialistengesetzes." (F. Engels 1820-1970, Referate, Diskussionen, Dokumente.)

Steinberg, Hans-Josef. 1974. "Die deutsche Sozialdemokratie nach dem Fall des Sozialistengesetzes. Ideologie und Taktik der sozialistischen Massenpartei in Wilhelminischen Reich." in: Hans Mommsen. (Hg.). *Sozialdemokratie zwischen Klassenbewegung und Volkspartei.* Frankfurt am Main: Athenäum-Fischer-Taschenbuch-Verl.

Steinberg, Hans-Josef, 1976. *Sozialismus und deutsche Sozialdemokratie.* Bd. 4. Berlin/ Bonn-Bad Godesberg: J. H. W. Dietz.

Straus, Leo. 1964. *The City and Man.* Chicago: Rand Mc.Nally & Company.

Stürmer, M. 1974. "1848 in der deutschen Geschichte." in: Hans Ulrich Wehler. (Hg.).

Sozialgeschichte Heute. Göttingen: Vandenhoeck & Ruprecht.
Szabo, Imre. 1966. "The socialist theory of citizen's rights and duties." in: I. Szabo, I. Kovacs. et al. *Socialist Concept of Human Rights*. Budapest: Akademiai Kiado.
Szelenyi, J. 1978. "Social Inequalities in State Socialist Redistributive Economics." in: *International Journal of Comparative Sociology* 19(1-2): 63-87.
Tawney, R.H. 1952. *Equality*. 4th. ed. London: George Allen & Unwin LTD.
Thesen zur Abteilung und Propaganda beim ZK der KPdSU: Zum 40. Jahrestag der Großen Sozialistischen Oktoberrevolution; "Neues Deutschland" (Berlin(o), vom 22. Sep. 1957).
Tilton, Tim. 1990. *The Political Theory of Swedish Social Democracy: Through the Welfare State to Socialism*. Oxford: Clarendon Press.
Treadgold, Donald W. 1990. *Freedom: A History*. New York: New York University Press.
Treue, Wilhelm, 1981. *Gesellschaft, Wirtschaft und Technik Deutschlands im 19. Jahrhundert*. 9. Aufl. München: Deutscher Taschenbuch Verlag.
Tucker, Robert C. 1956. "The Cunning of Reason in Hegel and Marx." *The Review of Politics* 18(3): 269-295.
Tucker, Robert C. 1963. "Marx and Distributive Justice." in: Carl J. Friedrich and John W. Chapman. (eds.). *Justice: Nomos VI*. New York: Atherton.
Tucker, Robert C. 1969. *The Marxian Revolutionary Idea*. New York: W.W. Norton.
Turner, Bryan S. 1986. *Equality*. London: Ellis Horwood Ltd.
Von Laue, T.H. 1971. *Why Lenin? Why stalin?: A Reappraisal of the Russian Revolution, 1900-1930*. 2nd ed. New York: J. B. Lippincott.
Vorstand der SPD. (Hg.). 1989. Grundsatzprogramm der Sozialdemokratischen Partei Deutschlands; Beschlossen vom Programm-Parteitag der SPD am 20. Dezember 1989 in Berlin.
Vranicki, Predrag. 1972a. *Geschichte des Marxismus*. Bd. 1. Frankfrut/M.: Suhrkamp Verlag.
Vranicki, Predrag. 1972b. *Geschichte des Marxismus*. Bd. 2. Frankfrut/M.: Suhrkamp Verlag.
Wagner, Adolph. 1892. *Grundlegung der politischen Okonomie*, 1.Teil, 2.Halbband. Leipzig: C.F. Winter.
Walzer, Michael. 1983. *Spheres of Justice: A Defense of Pluraism and Equality*. New York: Basic Books.
Weber, H. 1969. *Demokratischer Kommunismus?: Zur Theorie, Geschichte und Politik der Kommunistischen Bewegung*. Hannover: Dietz.
Wehler, Hans Ulrich. 1980. *Das deutsche Kaiserreich 1871-1918*. 4. Aufl. Göttingen: Vandenhoeck und Ruprecht.
Werner, Conze und Groh Dieter. 1966. *Die Arbeiterbewegung in der nationalen Bewegung: Die deutsche Sozialdemokratie vor, während und nach der Reichsgründung*. Stuttgart: Klett.
Windelwand, W. und W. Frauendienst. (Hg.). 1933. *Bismarck: Die gesammelten Werke*, Band 14/1: Briefe, 1822-1861. Berlin: Otto Stollberg Verlag.
Yanowitch, M. 1977. *Social and Economic Inequality in the Soviet Union: Six Studies*.

New York: M.E. Sharpe, Inc.
Ziele und Aufgaben des Demokratischen Sozialismus: Erklärung der Sozialistischen Internationale (Beschlossen in Frankfurt a. Main am 3. Juli 1951), in: Susanne Miller und Heinrich Potthoff. 1983. *Kleine Geschichte der SPD: Darstellung und Dokumentation 1848-1983*. Bonn: Verlag Neue Gesellschaft GmbH.

찾아보기

[ㄱ]
가나안 149
가난한 인민대중 305~307
가능하다면 경쟁을, 필요한 경우 계획을! 408, 430
가부장 질서 300
가족연합 163, 164
가톨릭 172, 173, 183, 319
강권국가 이념 379, 380
강제노동 79, 186
강제적 공동체 388
개량 89, 249, 397, 399
개량적 사회주의 306
개량적 실천 316, 337
개량주의 68, 261, 266, 276, 289, 290, 314, 316, 318, 320, 324~330, 333, 335, 338, 340, 349, 361, 374, 383, 384, 386, 391~400, 404, 421, 447, 462, 475, 521, 538, 539
개량화 261, 271, 277, 331, 338, 339, 340
개인 52, 83, 93, 94, 121, 134, 178, 213, 233, 237, 238, 245, 297, 299, 528, 543, 546, 563
개인과 전체의 행복 234
개인 없는 개인주의 417
개인의 자유 50, 297, 299, 413, 417, 482, 531
개인주의 51, 52, 83~87, 92~95, 134, 169, 297, 299, 378, 417, 531~533, 545
개체적 자유회복 531
개혁 95, 103, 125, 132~134, 146, 150, 153, 156, 160, 161, 168, 172, 214, 223, 229, 240, 269, 270, 289, 306, 309~311, 322, 336, 355, 383, 390, 392, 398, 399, 403, 406, 429, 431, 443, 514
객관주의자 452, 453, 457
거인 52, 56, 92, 417
거인주의 52, 83, 94, 546
게노쎈샤프트 387
격정의 능력 109, 111
결과의 평등 427, 428, 482
결정론적·자연법칙적인 해석 450
결혼제도 164, 177, 242
경제성장 406, 553
경제위기 267, 283, 447
경제적 결정성 291
경제적 요인 212
경제적 평등 563
경제적 후진성 379
경제주의 461
경제질서 50, 235, 264, 276, 280, 282, 297, 321, 343, 398, 429, 453, 511
「경제철학 수고」 457
경제체제 81, 84, 236, 245, 248, 258, 396, 400, 407, 408, 416, 417, 430, 477, 487, 491
경제투쟁 276, 284, 332, 389
계급 58, 78, 79, 137, 301, 404
계급모순 265, 439, 452
계급문제 321, 343, 345, 366, 374
계급 없는 사회 468, 490
계급운동 66, 87, 310, 322, 390
계급의식 277, 278, 281, 288, 322, 336, 362, 447, 460, 462
계급의 양극화 283, 360
계급적대 82, 120, 129, 135, 283, 453, 479

계급적 연대 341
계급적 이해관계 258, 307, 385, 403, 513
계급적 특권 79, 388, 389
계급지배 207, 261, 325, 332, 410, 520
계급투쟁 206, 247, 251
계몽된 회의주의 537
계몽사상 192
계몽주의 86
계몽철학 201, 223
계획경제 408, 430, 491
고대의 노예적 존재 204
고대 희랍 65, 66, 82, 88, 98, 101, 102, 117, 126, 524, 525, 559
「고데스베르크 강령」 391, 395, 402, 404, 407, 408, 423, 430
「고타강령 비판」 78, 255, 261, 312, 473, 487
공공복리 204
공공적 경제통제 398
공동노동 187, 190, 250
공동생활 76, 87, 92
공동 소유 81, 127
공동운명체 90
공동체 27, 33, 46, 51, 56~58, 61, 82, 83, 86, 92~94, 119~123, 137, 138, 158, 177, 178, 183, 234~242, 245, 528, 529, 543~545, 565
공동체 사회주의 384
공산권의 몰락 51, 53, 254, 299, 520, 534
공산당 318, 513
「공산당 선언」 82, 88, 127, 191, 202, 260, 267, 280
공산주의 28, 64~67, 72~74, 78~82, 87~89, 119, 127~129, 132~135, 139, 148, 173, 176, 180, 184, 190, 191, 203, 250, 254, 255, 278, 292, 305, 309, 313, 314, 317~319, 364, 383, 394, 399, 408, 410, 422, 430, 434, 441, 455, 456, 465, 467, 473, 474, 479, 484~487, 490, 492, 509, 511~518, 520, 537, 538, 557, 563
공산주의 사회 초기 단계 78, 203, 473
「공산주의 인터내셔널」 318
공산주의자 66, 74, 87, 127, 134, 139, 173, 305, 309, 314, 317, 319, 383, 399, 513
공상적 사회주의 185, 248, 257
공생 92, 529
공유재산 241, 407, 429
공유제 119
공유화 408, 430, 482
공장법 228, 229
공통적·보편적 이해관계 403
공화국 307, 352, 562
공화주의적 민주주의자 305
과격주의 356, 357
과소 소비론 244, 246
과잉공급 185
과학 52, 64, 68, 72, 77, 113, 137, 140, 146, 151, 171, 194~199, 209, 210, 248, 252, 256~259, 268, 278, 281~288, 293, 315, 317, 358, 442~445, 460, 462, 493, 514, 516, 526
과학적 가설 293
과학적 사회주의 252
과학적 산업체제 196, 197
과학적 세계관 285, 445, 453
과학적 이데올로기 258, 259
과학적 지성의 지배 442
과학적·혁명적 사회주의 526
관념철학 256
관료적 과두체제 410
관료적 국가체제 398
관료적 사회주의 410
관료주의 75, 425, 455, 466, 470, 494, 510, 517, 535
관료체제 152, 310, 315, 407, 470
관료화 276, 277, 278, 336~339, 471

관헌국가체제 315, 322
광장 548, 549, 552, 562
광장 공동체주의 550
교육 222, 228, 231~234, 238, 245
교육원리 226, 227
교육철학 223, 226
교환관계 262
교황청 171, 174, 175
교회 243, 249
교회와 국가의 분리 360
구체제 185, 193, 205, 212, 280
국가 15, 25~29, 36, 54, 56, 67, 74~76, 79~82, 88, 93~95, 99~102, 106, 112~129, 131~139, 148, 149, 152, 156~158, 163, 167, 176~184, 187, 190, 202~204, 207, 208, 211, 213, 220, 229, 234~239, 243, 249, 261~264, 268, 273, 278, 279, 283, 285, 288, 296, 298, 307~311, 314, 315, 318, 321~327, 331~333, 336, 339, 341~351, 360~366, 369~371, 375~381, 384~389, 392~425, 429~431, 434~442, 445, 451, 456~ 458, 463~484, 487~495, 499, 502~505, 509~517, 520, 531~533, 539, 541, 547
국가관 207, 261, 324, 325
국가권력 79, 202, 262, 339, 407, 420, 421, 458, 465, 509
국가 노예제 394, 520
『국가론』 35, 112, 512
국가사멸론 80, 465~469
국가사회주의 76, 384, 456
국가 속의 국가 331
『국가와 혁명』 463, 469
국가의 개입 123, 124, 283, 405~408, 417, 420, 424, 430, 482
국가의 존재 262, 325, 403
국가 자본주의적 독점 455
국가주의 531
국민 120, 179, 302, 404
국민교육 223, 246
국민연합 348
국민정당 402
국왕 198, 207, 212
국유화 74, 79, 81, 408, 410, 430, 456, 485, 505, 520
국제관계 56, 93
국제 노동운동 313, 317
국제 사회주의 운동 316, 317
국제 사회주의 혁명 451
국제주의 278~281, 317, 326, 468, 471, 519
군국주의 369, 371, 374
군부 343, 345, 381
군주정 207, 212
궁핍화 이론 288
권력관계 477, 510
권력탈취 207, 292, 335, 393
권리 59, 78
권리의 합법적 불평등 481
권위주의 130, 249, 300, 422, 438, 442, 457, 473, 510
규범적 이론 255
극단적 당파(extreme Partei) 439
근대적 사회주의 92, 225, 546
근대정신 85, 86
근로대중 312, 417, 469, 514
글래스고 220, 228
금욕주의 191
금융 및 독점자본주의 시대 283
급진좌파 316, 334, 337, 338, 447
급진혁명 348
기간산업의 사회화 398
기계적 평등 481
기독교 183, 184, 249
기본가치 87, 95, 304, 400, 421~425, 432, 480

기본권 187, 296, 388, 406, 478, 489
기업가 208, 212~215, 218, 225, 230, 231, 234, 245, 246, 342, 415
기울어진 운동장 564
기존 질서 233, 274, 302, 315, 328, 335~340, 400
기회균등 13, 14, 158, 299, 398, 417, 424~429, 432, 482, 543
기회주의 319
기후악당 551
끝없는 길 411

[ㄴ]
「나로드니키 노선의 경제적 내용」 452
『나시오날』 306
나치즘 366, 377, 380
나폴레옹 전쟁 378
나폴리 175
남부 독일 345, 349
남-북한 365, 366
냉전체제 365, 567
네덜란드 275
노동 66, 68, 75, 78~81, 85~91, 95, 104, 112, 134, 135, 141, 162~167, 180, 185~188, 190, 201~218, 221~251, 256, 258, 261~263, 266, 269~278, 283, 288, 289, 300, 301, 308~354, 359~378, 381~385, 388~392, 398, 405~410, 420, 424~426, 429~431, 434, 435, 442, 446~448, 453, 458~462, 468~471, 475, 477, 481, 484~489, 492, 495~509, 513, 514, 519~522, 529
노동가치론 236, 247
노동관계 384
노동귀족 266, 270, 271
노동당 319
노동력 79, 162, 187, 227, 232, 236, 262, 459, 500, 504
노동문제 249, 324, 343, 374, 375
노동생산물 235, 236, 246
노동시간 221~223, 229, 234, 276
노동에 따른 분배 475
노동운동 68, 89, 95, 201, 247, 276~278, 283, 289, 310~314, 317, 320~330, 340~343, 347, 349, 350~353, 361~368, 371~376, 381~385, 398, 426, 429, 447, 522, 546
노동의 경제적 기능 205
노동의무 214
노동자 66, 75, 78~81, 87, 89, 95, 112, 134, 135, 141, 165, 166, 185~188, 201~213, 216~218, 221~226, 229, 230, 233~248, 251, 258, 262, 266, 269~278, 283, 288, 300, 308~315, 319~342, 344~353, 360~363, 368, 369, 372~375, 383, 385, 388~392, 398, 405~410, 420, 425, 429~431, 434, 435, 445~448, 453, 459~462, 469~471, 475, 481, 484~489, 492, 495~509, 513, 519~521, 529
노동자 강령 361
노동자 계급의 해방 213, 251, 309, 327
노동자·농민 인민위원회 434
노동자 단결권 360
노동자보험 360
노동자에 대한 독재체제 410, 520
노동자 자전거 동맹 331
노동자정당 75, 269, 310~312, 315, 320, 321, 347, 348, 372
노동자 통제 81, 470, 471
노동자협회 309
노동조건 217, 218, 223, 224, 229, 276, 300
노동조합 247, 248, 270, 311, 315, 329~333, 336, 338, 354, 405, 406
노동조합적 투쟁 311

노동 주체 224
노동환경 217, 218
노멘클라투라 502
노무관리 217, 221, 224
노예 51, 79, 100, 104, 121, 126, 164, 186, 200, 204~209, 233, 236, 242, 244, 297, 394, 520
농민 152, 161, 198, 205, 276, 308, 434, 438, 439, 448, 451, 484, 486, 495~502, 509
농민문제 438
농업국가 343, 345, 467
농업노동자 344, 448
뉴 라나크 220, 221, 224~234, 240~244
「뉴 라나크 시설에 대한 스테이트먼트」 231
「뉴 라나크주에 대한 보고」 244, 245
『뉴욕 데일리 트리뷴』 243
뉴 하모니 협동체 241, 242
능력 79, 209

[ㄷ]
다국적 기업 409
다민족국가 505
다민족적 전제국가 437, 457
다원주의 288, 396
다원주의 357, 359
단일시장 378, 548
단합 119, 124, 137
당 29, 336, 338, 563
당 강령 312~316, 359~361, 404, 421, 423, 469, 482
당 기관지 312, 357
당내 민주주의 463
당의 독재 465
당이론 438, 458
당 중앙파 333, 337
대(大)독일주의 369
대독일통일 369, 372
대의민주주의 원칙 404
대의정부 412
대의제 412~414, 443
대중운동 353
대중정당 328, 331, 336, 338, 355
대중파업 316, 332, 333
대통령 300, 307
대한민국(한국) 53, 67, 163, 300, 301, 346, 362~368, 531, 551, 554, 560, 562, 565, 567
데모크라티아 103
덴마크 186
도덕적 타락 205
도미니코 수도원 171, 174~176
도제 344
독립적인 노동조직 322
『독불연보』 243
독일 66, 68, 73, 74, 175, 180, 241, 258, 260, 261, 264, 272, 277, 289~292, 301, 303, 309~384, 391, 393, 395, 399~404, 423, 426, 439, 450, 518, 538
독일 공산당 318
독일 관세동맹 345
독일노동자연맹연합 347, 369
독일 노동자정당 321
독일노동자총연맹(ADAV) 312, 313, 347, 351, 353, 361, 368
「독일 농민전쟁」 439
독일동맹 347
독일민족 341, 364, 376~381
독일 사민당 261, 312~315, 329, 331, 359, 361, 391, 395, 399~404, 423, 426
독일사회민주노동당 312
독일 사회민주주의 261, 277, 289, 290, 301, 309, 314~317, 320, 323~328, 330~341, 347, 354~363, 365, 368, 371, 381~384, 393, 423, 538
독일 사회민주주의 노동운동 314, 341,

347, 365, 371, 381, 382
독일 사회주의 노동당 359
독일 소국가 345
독일역사의 특수성 321, 323, 362, 377
독일연방공화국 364
『독일 이데올로기』 180, 258, 292
독일인민당 347
독일통일 341, 345~349, 369, 370, 373, 380, 544
독일판 반공법 353
독일혁명 373
독일 후진성 378
독재 394, 471
독점 52, 55, 59, 73, 94, 159, 165, 182, 189, 211, 269~272, 281~283, 315, 337, 343, 345, 360, 375, 379, 381, 386, 408, 410, 416, 430, 431, 455, 464, 471, 508~515, 520
독점자본주의 시대의 라쌀레 386
독주의 자유 548
동아리적 관계 또는 연대성 387
동유럽 공산권 29, 53, 58, 65~68, 76, 81, 273, 289, 298, 303, 364, 382, 399, 428, 433, 435, 441~443, 474, 479, 482, 494, 511, 520, 522, 533, 534, 541
동유럽 공산권 붕괴 65, 67, 273, 298, 364, 382, 399, 435, 511, 541, 542
동학혁명 207
드링크워터 217, 219
등가교환 262

[ㄹ]
라쌀레주의 312, 313, 323~327, 349~351, 360, 363, 367, 372~376, 383, 386
라쌀레주의의 이중성 327
『라인신문』 243
라트비아 506, 507
라파엘 히틀로다이오 159, 161
『러 그로브(*Le Globe*)』 74
러시아 29, 51, 68, 254, 264, 273~275, 289, 297, 298, 303, 316~319, 322, 323, 332, 345~354, 362, 368~376, 394, 395, 434~439, 445~451, 455, 457, 460, 461, 465~473, 484, 488, 503~511, 532, 538
러시아공화국 505~507
러시아 민족주의 471
러시아 사회민주노동당 318, 434
러시아적 특수성 450, 461, 472
러시아 혁명 51, 273, 298, 316, 332, 395, 434~437, 503, 508~511
런던 215, 228
레닌주의 61, 254, 285, 318, 396, 402, 422, 437, 438, 445~449, 454~457, 461, 464~468, 471, 472, 557
「레닌주의의 제 문제」 467
『레포름』 305, 306
르네상스 168~170
리바이어던 56, 93, 548
리투아니아 506, 507

[ㅁ]
마르크스·레닌주의 61, 254, 396, 402, 422, 466, 472, 542, 556
마르크스주의 61, 66, 68, 76, 97, 139, 148, 201, 252~260, 265, 266, 273, 279, 280, 284~290, 293, 298, 314~319, 323~326, 332~334, 356~361, 383, 392~399, 403, 415, 421, 435, 438, 439, 444~454, 457, 465~469, 472, 473, 483~487, 509, 517, 520, 534, 539, 542, 557~561, 573
「마르크스주의와 언어학」 469
마르크스주의의 황제 394
마르크스주의적 사회민주주의 314, 315
마르크스주의적 사회주의 61, 298, 483,

534, 548
마르크스주의적 역사변증법 201
마르크스주의적 일원론 359
마르크스주의 혁명론 265, 273, 279
마지막 심급 290, 291
만인 사제론 159
만인의 만인에 대한 투쟁 543
맨체스터 215, 217, 218
맹동주의 259
메시아 183
멘셰비키 470
면 공장법 229
명령경제체제 512
명령사회주의 456
모르(Mor; Love) 179, 181
모스크바 287, 503
모험주의 259
목표로서의 민주주의 392
목화의 시대 282
몰다비아공화국 505~507
무계급사회 180, 438, 449
무국가 사회 202
무릉도원 149, 562
「무엇을 할 것인가?」 461, 464
무정부주의자 254, 403, 440, 521
무한경쟁 428
문화적 민족관념 380
문화적 우월감 379
물질생활 278, 327, 339
물질적 생산력 263, 326
물질적 생존조건 439
물질주의 85, 86
미국 193, 217, 233, 240~242, 271, 272, 275, 279, 283, 311, 344, 354, 415, 427, 503, 515, 517, 537
미국 독립전쟁 193
미국의 노예제도 233
미래사회 77, 78, 87, 132, 147~149, 201, 302, 531
미래에 대한 예고 568
민족 56~58, 85, 141, 172, 173, 199, 200, 264, 265, 268, 271, 272, 277, 278, 301, 316, 317, 321, 326, 339~353, 362~382, 389, 412, 437, 438, 451, 457, 462, 471, 484, 495, 505~509, 515~519, 528, 529, 539
민족관념 378~380
민족문제 321, 341, 343~350, 353, 368, 371~374, 379, 438, 462
민족의식 277, 278, 365, 378
민족자결 378, 379
민족적 방어전쟁 351
민족주의와 민주주의의 서유럽적 합일 380
민족주의적 적개심 272
민족통일 301, 340, 341, 349~353, 362~371, 374~378, 382
민족해방운동 172, 517
민족혁명 265, 345, 348
민주공화국 305, 310, 349, 368
민주사회주의 304, 319, 320, 382~386, 393~411, 573
민주사회주의의 이중성 408
민주사회주의적 민주화 401
민주적 민족국가 수립 345
민주적-사회적 공화국 310
민주적 자유주의 418, 419
민주적 통제 407, 410, 414, 420, 421, 430, 520
민주주의 58, 76, 87, 103, 114, 187, 189, 280, 288, 299, 300, 305, 306, 314, 411, 414, 543, 550
민주주의를 흡수한 자유주의 418
민주주의자 총회 310
민주주의 좌파 309, 383
민주체제 건설 362
민주혁명 369

「민주혁명에서의 사회민주주의의 두 전략」 464
민주화 58, 301, 322, 340, 341, 347, 349, 362~367, 371, 372, 375, 376, 380, 389, 391, 392, 401, 402, 417, 421, 424, 431, 510
민중민주주의 557

[ㅂ]
바리케이드 투쟁 329
바뵈프주의 191
박애 50, 94, 546
반공주의 320, 395, 556
「반뒤링론」 79, 358, 469
반봉건민주화운동 363
반(反)비스마르크 374
반(反)유토피아주의 148
반(反)인간주의 292
반자본주의 혁명 264, 275, 322
발전된 사회주의 484, 485
방법론 53, 77, 101, 253, 257~259, 284~286, 293, 298, 444, 445, 450, 483, 522, 534
백러시아 505, 507, 508
번영 속의 불평등 426
법(nomos) 105
법(physis) 105
법 앞의 평등 103, 190
법적 강제장치 208
법제도 262, 486
「베를린 강령」 402
변증법 91, 198, 201, 202, 264, 285, 357~361, 399, 472, 478
변증법적 역사인식 198, 201
변증법적 통일 361, 472
변혁 89, 121, 134, 148, 185, 189, 191, 192, 201, 225, 245, 250, 256, 259, 273, 280, 288, 291, 312, 337, 375, 390, 400, 456, 486, 514
변혁 이데올로기 191
보나파르티즘 307
보리알의 부정 358
보·불 전쟁 340, 349, 350
보수적 기독교연합 404
보수주의 343, 422, 427, 428, 462
보·오 전쟁 340, 347~350
보통선거권 296, 305, 307, 312, 324, 327, 348, 373, 383, 385, 392
보편국가 183
보편성에 대한 헌신 388
보편이해 258, 459
보편적 국민교육 223
보편적 생활형태 402
보편적 이해관계 387, 388, 389, 403, 461
보편적 자연법칙 358
보편혁명 279, 435, 436
보호관세 354
보호무역 282, 354
복지국가 75, 187, 204, 288, 296, 298, 395, 398, 399, 489, 491
복지정책 283, 488
볼셰비즘 511, 537
볼셰비키 공산주의의 최고정점 394
볼셰비키 당이론 438
볼셰비키 혁명 29, 51, 254, 285, 297, 303, 393, 445, 446, 512, 532, 542, 543, 563
봉건계급 198, 207, 212
봉건사회 191, 206, 556
봉건세력 211, 342
봉건적 국가질서 321, 343
봉건적 유습 378
봉건적·전통적 지배질서 321, 343
봉건제 198, 204~207
봉건주의 51, 205, 212, 291, 297, 303
부다페스트 학파 513
부르주아 계급 27~29, 51, 151, 152, 157,

258, 262, 283, 284, 297, 321, 322, 325, 327, 342, 343, 349, 362, 363, 372~378, 381, 563
부르주아 계급과의 연대 327, 375
부르주아 계급의 계급지배 도구 325
부르주아 국가의 계급성 403
부르주아 사회 82, 260, 261, 267, 278, 325, 452, 477, 478, 480, 484
부르주아 이데올로기의 옹호자 213
부르주아 자유주의적 민주주의 306
부르주아적 공화주의자 305~307
부르주아적 생산형태 267
부르주아적 자유주의 190
부르주아적 프롤레타리아트 268
부르주아 정당 317, 336, 360, 400
부르주아지 127, 163, 167, 191, 198, 213, 215, 266~69, 272, 276, 308, 309, 319, 337, 385, 435, 436, 448
부르주아지화 268, 272, 276
부자유 261, 299, 325, 427
부정의 부정 358
북독 동맹 373
북한 516, 517, 559
분단국가 364, 567
분배 79, 86~89, 102, 104, 117, 133, 162, 163, 177, 187, 188, 202, 203, 235, 237, 244, 246, 250, 263, 270, 284, 298, 398, 405~408, 415, 424, 425, 428, 430, 441, 474~476, 487, 489, 492, 493, 509, 510
분배체제의 모순 235
분할전쟁 350
불의 66, 80, 88, 99, 146, 166, 247, 252, 255, 299, 378
불평등 27, 29, 51, 52, 58, 62, 78, 79, 94, 104, 106, 129, 130, 135, 136, 139~141, 188, 203, 229, 248, 250, 261, 270, 274, 284, 297, 299, 325, 417, 422~428, 431, 473~477, 481~484, 487~492, 499, 500~510, 532, 535, 543, 546, 550, 554, 563, 564
「불평등의 곤경」 550
붉은 공화국 342
비례적 평등 105, 106
비민주적 1당 독재체제 438, 446, 465
비상조치법 354, 355, 360
비생산적 계급 201, 203, 206, 210, 251
비엔나체제 196
비정치적인 무정부주의 311
빈곤 550, 554
빈부격차 129, 140, 141, 299, 417, 543, 555
빨갱이 556
쁘띠부르주아지 266

[ㅅ]
사무직원 276, 277, 300, 331, 338, 339, 420, 448, 495~497
사민당 261, 314, 315, 328~331, 334, 336, 361, 391, 395, 400~404, 423~426, 482
사유재산 73, 89, 131, 136, 160~167, 185, 190, 241, 242, 250, 306, 307, 407, 418, 429
사유재산의 폐지 160
사익 절대주의 529
사적 소유 29, 75, 78, 129, 188, 204, 280, 291, 398, 563
사적 유물론 260, 334, 358, 449, 450
사적 행복 222
사회 27, 95, 184, 187, 202, 261, 262, 325, 386, 402, 473, 546
사회갈등 250
사회개량 189, 248
사회개량의 메카 230, 232
사회개혁 161, 214, 223, 240, 310, 311
사회경제적 구조 255
사회계급 205, 258, 276, 283, 339, 388, 392, 428, 439, 449, 452, 465

사회계약론 149
사회관계 212, 251
사회당 399, 405, 423, 424
사회문제 310, 385
사회민주노동당 312, 318, 350, 351, 434
사회민주당 313, 314, 319, 359, 399, 404, 405, 421, 423, 488
사회민주적 개량주의 326
사회민주적 조직형태 315
사회민주주의 52, 53, 61, 68, 75, 81, 190, 261, 276, 277, 289, 290, 295, 298~320, 323~341, 347, 349, 353~365, 368, 371, 372, 376, 381~386, 391~396, 399, 403~406, 410, 411, 420~432, 464, 472, 477, 482, 483, 533, 534, 538, 542, 557
사회민주주의 노동운동 314, 341, 347, 349, 365, 371, 376, 381, 382
사회민주주의자 75, 308, 312~314, 317~319, 335, 357, 383, 404, 405, 411, 420, 424, 428, 558
사회민주주의적 노동운동 310, 311
사회민주주의적 평등관 427
사회법 360
사회변혁 191, 225
사회보장 79, 276, 296, 398, 405, 406, 430, 431, 475, 487, 489, 491~494
사회복지 296, 487~490, 493, 494, 497
사회사상 189, 225, 250
사회양극화 54
『사회에 관한 새로운 의견』 224, 226, 232
사회운동 65, 247
사회의 국가화 381
사회이론가 214, 245
사회적 국가 406, 429
사회적 권리 296
사회적 기본권 406
사회적 다원주의 402
사회적 민주주의 190, 307~309, 398, 399
사회적 법치국가 401
사회적 생산양식 291, 473
사회적 소비 487
사회적 안전망 431
사회적 애국주의자 319
사회적 연대 432
사회적 정의 108, 133, 380, 404, 424
사회적 총 생산물 487
사회적 파시스트 319
사회적 평등 101, 250, 404, 424, 428, 529
사회제도 65, 77, 81, 153, 164, 183, 206, 214, 245, 257, 340, 389
「사회제도론」 245
사회주의 10, 11, 17, 18, 24, 25, 28, 29, 34, 35, 46, 51~53, 57, 59~69, 72~98, 101, 119, 128~135, 138, 140~146, 151, 153, 176, 185, 191, 195, 201, 209, 212~214, 220, 225, 228, 248~283, 288~293, 298, 304~309, 312~322, 325~333, 339, 350, 353~360, 372, 373, 381~411, 421, 423, 426, 429~439, 442, 443, 446~460, 465~493, 497, 499, 503~505, 508~528, 531~534, 538~541, 545, 548, 555~563, 573
사회주의 건설 438, 454, 476, 485, 496, 517
사회주의 경제 280, 282, 442
사회주의권의 몰락 265, 483
「사회주의 노동자 인터내셔널」 319
사회주의를 위한 전쟁 350
사회주의 선구자 214
『사회주의 월보』 384
사회주의의 궁극적 승리 467
사회주의의 기본정신 89, 526
사회주의의 도래 391, 449, 453
사회주의의 마르크스주의적 정향 399
『사회주의의 미래』 395

사회주의의 역사적 가능성 453
사회주의의 역사적 필연성 453
「사회주의의 제 문제」 316
사회주의의 최종목표 390
사회주의 이념논쟁 289
사회주의 이론 212, 213, 251, 289, 305, 328, 339, 357
사회주의 인터내셔널 320, 396, 423
사회주의자 탄압법 353~360
사회주의적 노동운동 322
사회주의적 민주주의 306, 307, 309
사회주의적 사회정책 489, 490
사회주의적 생산양식 442
사회주의적 유토피아 526
사회주의적 인텔리겐치아(직업혁명가) 460
사회주의적 평등 480, 481
사회주의 정당 276, 278, 330
사회주의 혁명 53, 260~283, 291~293, 298, 326, 360, 392, 393, 435, 436, 451, 457, 467, 469, 483, 505, 508, 511, 522, 534, 548
사회질서 74, 75, 80, 87, 88, 150, 167, 177, 184, 188, 203, 222, 245, 249
사회체제 75, 82, 249
사회혁명 263, 265, 284, 326, 440, 456, 470, 485
사회화 74~76, 91, 263, 326, 381, 398, 407, 429, 430, 453, 456, 470, 477, 516
산술적 평등 106
『산업』 196
산업 196, 205, 211, 247
산업 군주제 198, 208, 212
산업노동자 66, 87, 276, 339, 362, 484, 497~500, 504, 509
산업독점 269~271
산업발전 196, 205, 212, 248, 344, 508
산업사회 185, 195, 202, 203, 206, 210, 213, 251
산업위기 235, 246
산업자 195~198, 205, 207, 210~213, 251
산업자본 225, 252, 269, 282
산업자본주의 252
『산업자의 정치적 교리문답』 197
산업자 평의회 198, 208
산업적 봉건사회 321, 343
산업제도 193, 195
산업주의 195~198, 204, 205, 210, 212, 251
산업체제 195, 198, 212
『산업체제론』 196
산업 프롤레타리아트 307, 436, 448
산업혁명 196, 210, 215, 228, 251, 252
산업혁명 시대 214, 225
산업화 53, 214, 321, 343, 345, 425, 438, 448, 457, 468, 473, 485, 486, 492, 505, 515
살롱사회주의 89
삶의 기회균등 424, 432
상대적 자유 421
상대적 정의 421
상부구조 264, 266, 274, 278, 281, 449, 477~480, 511
상업 185, 243
상인 185, 198, 205
상층 보수계급 381
상품관계 51, 79, 262, 297, 477, 510
상품교환 262
상호 공속감 340
새로운 교육체제 223
새로운 인간형 224
새 사람 231, 233
새 학교(New Institution) 226, 228, 232
생산 75, 244~248
생산관계 128, 261~264, 281, 325, 326, 377, 449, 451, 511
생산관계와 생산력 간의 충돌 326, 451
생산기술 344

생산력 162, 217, 218, 223, 224, 244, 263, 264, 267, 270, 271, 279, 285, 326, 437, 451, 453, 475, 476, 509, 511, 514~517
생산력 증진 223, 224
생산수단 74~81, 84, 164, 263, 273, 326, 360, 398, 407~410, 429, 455, 456, 470, 477, 480, 482, 491, 505, 520, 535, 536
생산수단의 공유화 408, 482
생산수단의 사회화 75, 76, 407, 429
생산의 사회적 성격 452
생산자 74, 75, 79
생산자 공동체 202
생산조합 185, 236, 237, 247, 324~327, 385
생산조합 건설 327, 385
생산조합식 공동체 237, 239
생산형태 263, 267, 283, 326
생시몽주의자 74
생태계 58, 60, 62, 63
서독 364~366, 503, 512, 519
서양철학사 559
서유럽 81, 273~279, 282, 287, 310, 320, 321, 342, 343, 377, 380, 423, 435, 449, 467, 472, 488, 515, 522
선(善) 115, 116, 160
선거 315, 415
선거투쟁 338
선민주, 후통일 347, 367, 368
선진 자본주의 국가 264, 273, 278, 279, 435, 494, 495, 503, 504
선통일, 후민주 347, 367, 368
섬나라 161~163, 167
섬유산업 282
성격 218
성격 개량 224, 225
성격형성 222~225
성격형성의 원리 227, 243
성 공동체 178
성공회 155
성부 마르크스 280, 286
성생활 177, 182, 183
성신 레닌 280, 286
성인교육용 야간학교 223, 224, 227
성자 엥겔스 280, 286
성적 차별 503
성중(城中)평화 278, 317
성취 30, 38, 509
세계관 88, 116, 154, 285, 286, 396, 402, 422, 423, 445, 456, 528
세계관적 중립성 396
세계사의 목표 324
세계시장 265, 269~271, 282, 515
세계연맹 188
세계질서 89
세계창조 183
세계화 55, 92, 299, 300, 543, 548, 550
세당 350, 352
세속주의 85, 86
세습귀족 308
소국가 345, 378, 379
소(小) 독일적 해결방식 347, 348
소(小)독일주의 369
소득불평등 203, 499
소련 11, 13, 29, 53, 58, 61, 65~68, 74, 76, 81, 254, 298, 303, 318, 367, 399, 409, 428, 433~435, 441~446, 464, 468~487, 490~522, 532~534, 537, 541
소련 및 동유럽 공산권 몰락 53, 58, 61, 65~68, 76, 81, 558
소비에트 434, 454, 470, 471, 493
소비에트 애국주의 471
소비조합 247, 331
소수자 독재 465
소시에타스(societas) 387
소시우스(socius) 387
소외 244, 382, 409
소유 82, 84

소유관계 263, 280, 326, 509
소피스트 104, 105
소학교 223, 227
솝호즈니키 498
수공업 장인 309, 341
수도원 171, 242
수에즈운하 193
수요 욕구 235
수정주의 276, 287, 290, 316, 319, 332, 335, 337, 359, 384, 386, 391~397, 446, 447, 452, 462, 539
수정주의 논쟁 287, 316, 332, 447
수호자 112, 117~126, 129, 132, 134
스웨덴 사회민주 노동당 424, 426
스칸디나비아 319
스코틀랜드 219, 220
스탈린식 사회주의 모델 395
스탈린주의 445, 466, 471, 472
스토아학파 105
스파르타 99, 102
스페인 172, 173, 174, 175, 193
승자 독식 사회 58
시민권 283, 296, 406, 448, 477, 478, 484, 485
시민운동 322, 372
시민적 자유 435
시민혁명 321, 343, 380, 438
시장 246, 408, 548, 549, 562
시장경제 75, 398, 408, 416, 417, 430
시장의 한계 235
시장의 확대 235, 344
시장주의 58
시장집중 409
시장형 인간 548
시칠리아 99
식민지 172, 269, 445, 446, 451
신(Sin; Wisdom) 179, 181
신경제정책(NEP) 중단 456
『신라인신문』 243
신분질서 51, 112, 113, 297, 531, 556
신비주의 249
신성동맹 281
『신시대』(*Neue Zeit*) 316, 357
신자유주의 58, 59, 62, 299, 543
신학 287
실업문제 415
실용성 238, 240
실용적 개량주의 475
실증철학 199, 201
실질임금 275
실질적 사회화 456
실천적 개량성 360, 393
실천적 사회운동 234

[ㅇ]
아동노동 221, 360
아동학교 238
아래로부터의 혁명 345, 349, 372, 376
아레테(areté) 107
아르메니아공화국 505
아이제나허(Eisenacher) 312, 353
아일랜드 233, 265, 269
아제르바이잔 506, 507
아테네 99, 100, 103, 104, 114
악의 3위1체 242
「안티-뒤링론」 216
알사스-로렌 352, 353
암스테르담 275
앵무새의 평등 26, 29, 532, 564
야경국가 385, 406
야누스 302, 335
양극화 53, 555, 556
양로보험 제도 222
어린이 교육문제 231
억압 252, 311, 325
언론매체 243, 315

업적원칙 203
업적주의 424
에덴동산 149
에스토니아 506, 507
에스프리 201
「에어푸르트 강령」 314, 331, 356, 359, 361
엘도라도 연설 328
엘리트에 의한 인민의 통치 412
여성 360, 485, 495, 503, 504
여성공동체 164, 177~79
여성 및 유아 노동 247
여성해방 125, 503
역사결정론 288
역사발전의 법칙성 199, 201
역사의 기본 발전방향 198, 212
역사의 미로 46
역사의 종언 537
역사적 소명의식 379
역사적 필연 260, 449, 453, 454, 457
역사철학 198
역사해석 250
역설 46, 518, 564, 565
연금제도 492
연대 34, 46, 51, 56~59, 82, 83, 92~96, 129, 136, 137, 234, 245, 276, 281, 299, 322, 327, 340~342, 363, 372~375, 387, 388, 393, 399, 406, 421~424, 429, 432, 488, 489, 505, 518, 525, 529, 531, 532, 540, 543~546, 555
연대의식 46, 340, 518, 544
영국 73, 74, 144, 154~156, 196, 214~217, 233~235, 240~247, 265~275, 278, 282~284, 303, 311, 313, 319, 320, 344, 377, 378, 384, 395, 397, 424, 436, 450, 499, 503, 511
영국 노동당 320, 424
영국혁명 270
영속적인 과제 392
영혼 108, 111~118, 131, 132
오버 슐레지엔 지역 344
오스탈기 518, 544
오스트리아 319, 345~350, 368~370, 424, 465
오스트리아 마르크스주의 319, 465
오스트리아 사민당 424
오웬주의 73, 89, 225, 244
오이노미아(eunomia) 103
완전고용 406
외향적 통일 347
욕망 111~113, 118
「우리의 강령」 450
우상숭배 467
우즈베크 506, 507
우크라이나 506~508
우파 시민계급 348
운동방식 89, 257, 510
울타리 정치론 300, 301
원칙 고수주의 371
원칙 충성심 371
위계질서 112, 113, 135, 181, 184, 203, 207~209, 212, 300, 402, 425, 442
위기 195, 235, 246, 267, 287, 299, 401
위로부터의 압력 363
유고슬라비아 75, 513
유급 당 관료 331
유년공 228, 229
유럽 53, 58, 61, 65~68, 74, 76, 81, 153, 171, 175, 191, 195, 196, 224, 230, 244, 250, 254, 273~279, 282, 287, 289, 298, 303, 305, 310, 311, 314, 315, 320, 321, 342, 343, 351, 352, 364, 377, 380, 382, 393, 399, 405, 409, 423, 428, 433, 435, 441~443, 447, 449, 467, 472, 474, 479, 482, 483, 488, 494, 495, 506, 511~518, 520, 522, 531~534, 537, 541
유럽 노동운동 351, 352, 522

유럽중심주의 273
유로코뮤니즘적 개량주의 399
「유물론과 경험비판론」 464
유물론자 452, 453
유물사관 263, 266, 279, 326, 454, 458
유아노동 229, 234
유아보호 238
유아사망률 495
유치원 223, 226, 238
「유태인 문제」 187
『유토피아』 176
유토피아 67, 68, 73, 80, 87, 128, 131, 132, 143~168, 176, 189, 191, 225, 248, 249, 252, 255, 289, 290, 421, 474, 525, 526, 538, 539, 562
유토피아니즘 148
유토피아 사회주의 128, 146, 151, 225, 249, 252, 526
율도국 562
융커계급 354, 381
융커의 자유화 381
은행가 213, 220, 342
의무의 평등 480, 481
의사(擬似) 변증법적 속성 357
의지의 자유 450
의회 75, 181, 198, 208, 228, 229, 233, 241, 261, 269, 270, 276, 305, 315~318, 324, 328~331, 335~338, 346, 350, 353~356, 360, 386, 391, 393, 394, 398, 401, 454
의회개혁 269, 270
의회민주주의 75, 398
의회주의적 경향 316
의회주의적 실천 315, 360
이기주의 51, 53, 55, 57, 86, 177, 248, 297, 505, 529, 530
이데올로기 51, 52, 58, 68, 92, 180, 191, 213, 253, 258~262, 277, 285~288, 292, 293, 302, 303, 310, 325, 327, 329, 333, 335, 337, 356, 360, 365, 381, 396, 397, 404, 405, 410, 418, 423, 437, 438, 444~446, 449, 454, 457~468, 472~475, 486, 489, 491, 503, 505, 520, 540, 545, 556
이데올로기 시대 556, 561
이데올로기의 보수주의 462
이데올로기적 평등주의 475
이론과 실천 246
이론과 실천의 괴리 323, 327, 331
이론과 실천의 통일 136, 256, 393
이론의 수정 328
이상국가 120, 124, 131~134, 149, 183
이상국가론 119, 176, 562
이상사회 150, 185, 204
이성 111, 113, 160
이세고리아(isegoria) 102
이소노미아(isonomia) 102, 103
이소로기아(isologia) 103
이소모이리아(isomoiria) 102
이솝세피아(isopsephia) 102
이스라엘 188
이신론 183
이웃사랑 25, 30
이윤추구 83, 409, 442
이중위기 57~59, 62
이중적 편향성 399
이타주의 57
이탈리아 170, 172, 175, 317, 319
이탈리아 공산당 399
이탈리아 사회당 424
이해관계 56, 75, 79, 93, 95, 134, 152, 154, 180, 197, 203, 205, 208, 212, 237, 258, 276, 307, 312, 321, 325, 338, 342, 352, 354, 363, 375, 376, 381, 385~389, 402~404, 416, 426, 440, 441, 461, 478~481, 490, 505, 513

인간 공동체 92, 245
인간과학 195
『인간과학에 관한 각서』 195
인간본성 441
인간애 226, 240
인간위기 58
인간의 자연화 91
인간적 소외 236
인간적 평등 34
인간 피라미드 524
인간해방 29, 52, 184, 189, 256, 292, 293, 532, 538, 563
인구이동 344
인권 27, 187, 190, 262, 296, 443, 478~480, 486
인도주의 240, 245, 396, 422, 540
인류 50, 51, 57~77, 82, 85~87, 92, 130, 138, 147, 194, 200, 210, 213, 242, 245, 251, 258, 287, 297, 303, 324, 385, 446, 474, 508, 511, 522~525, 533, 557, 559, 568
인류의 구원자 213
인류의 전사(前史) 446, 508
인민 75, 181, 186, 189, 208, 273, 289, 305~308, 312, 348, 352, 355, 363, 380, 383, 401, 411~414, 419, 422, 425, 434, 441, 448, 451, 455, 464, 470, 474~480, 486, 490, 493, 503, 513~519, 538
인민공동체 422
인민에 의한 인민의 통치 412
인민의 직접지배 411
인민정부론 208
인민주권론 186, 208, 412
인클로저 운동 159
인터내셔널 268, 315~320, 335, 360, 396, 423, 460
인플레이션 409, 415
일국 사회주의론 467, 468
일부일처제 179
임금 165, 167, 188, 208, 217, 22~223, 232, 246, 262, 275, 300, 345, 384, 385, 405, 406, 458, 470, 485~488, 497~499, 504, 535
임금결정 300
임금수준 221, 232
임금철칙 385
입헌민주당 434
잉글랜드교회 155
잉여가치 79, 236, 247, 262, 510
잉여가치론 236, 247

[ㅈ]
자급자족적 생산협동체적 공동체 239
자기소외 53, 128, 382, 473
자기향일성 530
자동붕괴 268, 289, 334, 335, 450, 452
자동주의 259, 334
자본과 노동의 모순 261, 325, 459
『자본론』 255, 260, 267
자본주의 50~53, 66, 76~80, 83, 86, 87, 92, 127, 128, 140, 141, 159, 161, 167, 186, 187, 201~204, 230, 235, 239, 243, 246~248, 252, 257~268, 271~285, 288~291, 297~299, 303, 304, 307, 310, 317~322, 325~327, 331, 334~340, 343, 345, 360, 364, 377, 378, 382, 386, 389~392, 396~411, 414, 416, 422, 423, 426, 429~432, 435~438, 447~449, 452, 453, 457~460, 469, 473~478, 480, 484, 489~491, 494, 495, 498, 499, 503, 504, 508~512, 515, 516, 519, 528, 529, 532, 533, 562
자본주의 발전 298, 310, 320, 339, 345, 378
자본주의 붕괴 290, 339
자본주의 생산양식 262

자본주의 위기 및 붕괴 이론 288
자본주의의 발전 276, 277
자본주의의 임종 263, 326
자본주의의 진화론적 변형 396
자본주의의 탄력성과 적응력 391
자본주의적 모순 230, 239, 247, 264, 274, 282, 284, 400, 411
자본주의적 사회정책 490
자본주의적 산업화 53, 321, 343, 448
자본주의적 상부구조 264, 278, 511
자본주의적 생산관계 261, 325, 377, 511
자본주의적 자유 563
자살 197, 529
자생주의 462
자연 11, 13, 21, 25, 27, 33, 34, 42, 43, 55, 59~62, 85, 89~91, 105, 130, 178, 227, 527, 545, 567
자연법 178
자연의 인간화 91
자연적 평등 34, 545
자연친화적인 교육 223
자유 13, 14, 26~30, 46, 50~53, 56~64, 72~76, 81~88, 92~95, 101~104, 123~126, 136, 139, 141, 147, 149, 152, 168~170, 174, 175, 179, 187~192, 196, 205, 229, 233, 255, 262~266, 269, 274, 275, 282, 285, 289, 296~299, 304~307, 310, 312, 319, 321~325, 342~349, 355, 356, 372~382, 385, 386, 390, 392, 394, 395, 401, 404~432, 435, 437, 442, 450, 468, 470, 473~483, 512, 514, 529~534, 537, 538, 543, 546, 547, 562
자유경쟁 52, 83, 95, 136, 282, 299, 407, 408, 417, 424, 427, 430, 529, 543, 564
자유노조 355, 356
자유무역 269, 282
자유민주주의 13, 29, 52, 53, 264, 266, 274, 275, 298, 299, 304, 382, 394, 401, 410~419, 423, 430, 431, 474~477, 482, 483, 532~534, 543, 563
자유 속에서의 평등 29, 482, 533, 563
자유 시장경제 75, 408, 430
자유 없는 통일 345
자유 없는 평등 482, 532, 533
자유주의 27~29, 46, 52, 53, 58~62, 85, 86, 92~95, 139, 141, 147, 190, 192, 196, 264, 266, 269, 289, 298, 299, 304~307, 310, 312, 319~323, 342, 343, 349, 372~375, 378, 380, 385, 386, 392, 395, 406, 412~414, 417~424, 427, 428, 482, 483, 531~534, 537, 538, 542, 548
자유주의자 147, 319, 322, 418, 428
자유주의적 개인주의 92, 546
자유주의적 민주주의 306, 307
자유주의적 부르주아 계급 321, 342, 343, 349, 372, 374, 375
자유주의적 야경국가 385
자유지상주의 475
자유평등주의 475
자조 246
작센인민당 348
재산공동체 164, 190, 250
재산공유 88, 129, 160
재화공동체 191
저발전의 평등주의 494, 509
저임금 223
저축은행 222, 232
저항의 독점 381
저항이데올로기 310, 438, 466, 472
적대감 262, 283, 309, 325, 341, 347, 348, 369, 424
적대적 모순 261, 325, 473
전(前) 공산주의 89
전문직 숙련노동자 309
전부 아니면 무원칙 521

전위당 442, 451, 457~461, 473, 514
전위당 이론 457, 460
전쟁예산 350, 353
전쟁책임 국가 366
전제정 370, 513
전제주의 350, 368
전체주의 94, 95, 136, 148, 369, 395, 443, 537
절대군주국가 152
절대빈곤층 54
절대적 자유 421
절대적 정의 421
절대주의 152
절대평등 33, 34, 89, 90, 191
정당운동 311
정당화 이데올로기 286, 445, 453
정복전쟁 352, 353
정서 및 이념공동체 339
정의 106, 107, 114~116, 120, 122, 132, 160, 189, 248, 421, 473
정적주의 334
정치권력 202, 280, 342, 458, 465, 468, 477
정치사상 80
정치운동 341, 353
정치적 권리 104, 187, 296, 308, 477
정치적 기본권 388
정치적 다수 403
정치적 딜레마 348
정치적 명령체제 456
정치적 실천수단 327
정치적인 노동조합 311
정치적 자유 296, 307, 323, 395, 404, 422, 482, 514
정치적 저항의 독점 320, 323
정치적 평등 563
정치적 향일성 464
정치투쟁 102, 276, 311, 316, 322, 338, 374, 388, 389, 458
정치혁명 281
제2 신분 117~120
제2 인터내셔널 268, 315, 316, 335, 460
제3 신분 117, 118, 134
제3의 길 410, 411, 430
제3 인터내셔널 318
제국의회 328~331, 336, 346, 355, 356
제국주의 173, 263, 272, 277, 278, 281, 283, 317, 338, 366, 379, 437, 438, 445, 451, 457, 512, 515, 517, 537
제국주의론 438, 451
제국주의 시대 283, 437, 457
제국주의 시대의 혁명 이데올로기 437, 457
제국주의적 국제질서 366
제국주의 전쟁 317
제도적 마르크스주의 287
「제조업 불황구제 위원회에 대한 보고서」 234
조건의 평등 239, 424, 427, 482
조국수호 278, 317, 350, 351
조국수호 전쟁 350, 351
조국 없는 무리 323, 381
조세법 406
조세제도 378
조직 애국심 323, 336, 340
조합운동 311, 384
존엄성 379
종교 242, 243, 297
종교개혁 156, 168, 172
종합(Synthese) 61, 264, 298, 483, 534
좌파 국민정당 402
좌파 사회민주주의 399
좌파세력의 저항이데올로기 310
주관적·의지적 필연성 454
주관주의 259
중간계급 198, 206, 360
중공업 344, 345, 354, 486
중국 265, 516, 517, 523

중·남서부 독일 376
중도통합적 이데올로기 337
중앙집권적 조직형태 311
중앙집중적 노동조합 405
중앙파 318, 333, 337
증기기관 216, 235, 344
지리상의 발견 152
지배계급 120, 129, 158, 167, 200, 258, 280, 417, 432, 463, 464, 485, 487, 513
지배 엘리트 342
지배이데올로기 438, 457, 465, 466, 472, 505
지배질서 161, 321, 323, 343, 349, 382, 400, 424, 460
지배집단 95, 286, 445
지성인 242
지속적인 과제 411
지양 127, 128, 134, 256, 285, 291, 389, 432, 473, 478, 533
지옥 187, 258, 259, 302
지적 엘리트 218, 219
지중해 193
지혜 109, 110, 131
직접민주주의 412
『진리의 거울』 243
진보당 323
진보이념 199, 201
진보적 부르주아 268, 336, 363
진화론 334, 357, 358, 396
질병 공제기금 232
집단빈곤 248
집단생활 242
집단적 연대구축 531
집단적 주체성 472
집단주의 87, 190, 299, 379, 442, 491, 531, 532, 543
집중화 180, 263, 292, 326

[ㅊ]
차르체제 448, 451, 464, 505, 512
차티스트 운동 269
착취 79, 86, 166, 167, 172, 239, 249, 252, 261~263, 268, 283, 284, 325~327, 407, 411, 429, 446, 452, 458, 481, 487, 508
착취관계 262, 325
착취기구 249, 261, 325
처·자식 공동체 119, 120, 123, 124, 129, 134
천국 187, 259, 265, 302
천년 왕국설 184
철인 112, 113, 117, 119, 131, 132, 137, 139
철인 왕 100
철과 피 346
초기 공산주의 79
초기 단계의 독일 노동운동 365
초기 사회주의 250
총자본가 집단 262, 325
총파업 338
최저생계비 54, 554
최저생존권 187
최종목표 390
최종진리 422
출발에서의 기회균등 427
출판·집회·결사의 자유 435
충실한 삶을 누릴 평등한 권리 426

[ㅋ]
카우츠키주의 334
카자흐 506, 507
케인즈식 경제운용 395
코로나19 56, 57
코민테른 192, 318
콜호즈 498
콜호즈니키 497, 501
쾨니히그레쯔 350

쿠바 516
퀘이커 240
크론슈타트 봉기 455
키르기스 506, 507
키부츠 제도 188

[ㅌ]
타지크 505~507
『태양의 나라』 175~180, 183, 562
태평천국 봉기 265
터키 172, 173
통일 독일제국 341, 347, 353
통일문제 321
통일 민족국가 341, 351
통일전쟁 350
통치이데올로기 466
통합 이데올로기 337
투르크멘 506, 507
특권계급 280, 437, 441, 502
특수이해 120, 122, 258, 387, 388, 415, 459

[ㅍ]
파리 175, 176, 196, 306, 341
파리 꼬뮌 261
파시즘 422, 515, 537
파이어니어 225
팔랑쥬(Phalange) 187~189
패러다임 542
팽창주의적 문화 제국주의 379
페레스트로이카 514
페이비언 사회주의 266, 397
펠로폰네소스 전쟁 98, 99
평등 13, 14, 26~30, 33, 34, 50~52, 58~66, 72, 76~84, 88~96, 101~106, 119, 120, 125, 129~141, 147, 152, 158, 166, 167, 187~192, 203, 209, 229, 239, 248, 250, 255, 261~263, 270, 274, 285, 296~299, 322, 325, 360, 393, 395, 399, 404, 410, 417, 422~428, 431, 473~477, 480~492, 494, 495, 499~510, 525, 529, 532~535, 540, 545, 562
평등과 성취 59, 474~476, 509
평등 속에서의 자유 구현 29, 564
평등 없는 자유 482, 532, 533
평등을 위한 음모 190, 191
평등의 최고수준 209
평등주의 27
평등한 최초의 기회 427
평의회민주주의 75
포스트 마르크스주의자 558
「포이에르바흐 테제」 259
폭력 249, 473
폭력혁명 68, 82, 190, 207, 210, 250, 251, 340
폰(Pon; Power) 179, 181
폴리스 104, 105
푸리에주의 89
풍요 속의 빈곤 426
프랑스 50, 51, 73, 74, 94, 146, 169, 175, 176, 185~193, 196, 198, 205~208, 212, 250, 251, 269, 280, 296, 297, 303~305, 308, 309, 319, 344, 350~352, 376~378, 383, 399, 437, 440, 450, 485, 525
프랑스 대혁명 50, 51, 94, 176, 280, 296, 297, 303, 308, 378, 546, 556, 561
프랑스 사회당 399
「프랑크푸르트 선언」 320, 396, 401
프러시아 322, 323, 332, 345~352, 362, 368~376
프러시아/오스트리아 이원주의 349
프롤레타리아 계급의 부르주아지화 272
프롤레타리아 국가 403, 441
프롤레타리아 국제주의 278, 279, 281
프롤레타리아 독재 254, 281, 410, 441,

443, 444, 456, 463~465, 485, 486, 513, 520, 542
프롤레타리아 민주주의 510, 520
프롤레타리아적 부르주아지 268
프롤레타리아트 52, 79, 80, 82, 163, 191, 201, 254, 258, 260, 268, 273, 274, 279~284, 288, 307, 308, 311, 313, 329, 360, 370, 393, 394, 410, 435~440, 443~448, 458, 461~467, 471~473, 513, 515, 520
프롤레타리아트 없는 프롤레타리아 민주주의 520
프롤레타리아트에 대한 독재 254, 465, 473, 513, 542
프롤레타리아트의 전위 458
프롤레타리아트의 조국 446, 515
프롤레타리아 혁명 77, 82, 262, 264, 267, 273, 279, 280, 325, 436, 440, 458, 485
필연성 185, 187, 225, 258~260, 267, 271, 286~291, 333, 348, 360, 392, 396, 444, 451~454, 457, 472
필요에 대한 독재 513
필요에 따른 분배 475
필요의 원칙 492

[ㅎ]
학교 223, 238
학문의 임무 205, 212
「한 걸음 앞으로, 두 걸음 뒤로」 461, 464
한국인 346, 364, 365
한반도 364~366
한반도 분단 및 통일문제 364, 365
한판의 결정적 싸움 396
「합리적 유아학교 제도」 226
합리적인 의지 통일체 380
합법적 민주주의 306
해방 50, 52, 66, 82, 94, 125, 126, 172, 173, 180, 183, 184, 189, 191, 211~213, 242, 251, 256, 275, 286, 292, 293, 297, 309, 327, 377, 383, 436, 449, 503, 509, 515, 517, 531, 532, 538
행복 190, 211
행복 추구욕 234
『헤겔 법철학 비판』 255
혁명 50~53, 68, 77, 82, 86, 89, 94, 156, 161, 168, 172, 173, 176, 187~198, 207~210, 214, 215, 225, 228, 247, 250~275, 278~298, 302~311, 315~322, 325~349, 352, 357~360, 369~383, 390~400, 403, 434~441, 444~451, 454~473, 483~486, 503, 505, 508~518, 521, 522, 525, 526, 532~540, 557
혁명 1세대 515, 518
혁명기의 패러독스 342
혁명사상 260, 263, 303
혁명세력 189, 334
혁명시대 225, 303
혁명의 마술사 462
혁명의 필연성에 대한 신앙 444
혁명 이데올로기 437, 438, 446, 457, 540
혁명이론 68, 260, 438, 447, 451
혁명적 낭만 536
혁명적 대기주의 259, 289, 334~337, 538
혁명적 마르크스주의 357, 383, 447, 457
혁명적 민주주의 306
혁명적 사회주의 326, 454, 526
혁명적 의회전술 261, 329
혁명정부 194
혁명 제1주의 259, 280
현실주의 87
현존 사회주의 409
「현하 궁핍원인의 한 해명」 245
협동 237~241, 245
협동조합 222, 223, 240, 247
협동체 241, 242

협조체제 315
형식적(법률적) 사회화 456
형이상학 179, 199
형제애 187, 248
형평 296, 424, 431
호랑이의 자유 26, 27, 29, 93, 533, 548
호모이오스(homoios) 102, 105
혼합경제 395, 408, 430
홍익인간 528, 529
화폐 378
화폐경제 165
화폐귀족 308
화폐지배 248
환경 224, 225, 233
환경론 223
황금시대 200
휴머니스트 158, 184, 249
휴머니즘 30, 31, 35, 64, 85, 96, 128, 153, 154, 158, 249, 524, 527, 540
흑역사 381

1당 독재 438, 446, 461, 465, 473
1일 8시간 노동 360
1차 세계대전 278, 290, 317, 320, 323, 330, 331, 338, 340, 383, 384, 393, 403, 451, 538
2월 혁명 306, 434
2차 세계대전 320, 331, 361, 364~366, 383, 384, 395, 497, 514, 537
「4월 테제」 317
4인 위원회 181
10월혁명 317, 319, 454, 508
『19세기의 과학적 연구서설』 194
1848년 프랑스 혁명 269, 289, 298, 304, 306~309, 341~343, 345, 369, 371, 537, 562
1860년대 310, 321, 323, 340~343, 362, 364~367
1866년 전쟁 349, 370, 373
1905년 러시아 혁명 316
IMF 554
OECD 494, 551, 565

[인명]

가디너(Gardiner, J.) 517
가르니에-빠제(Garnier-Pages, Louis-Antoine) 307
갈릴레이(Galilei, Galileo) 171, 175
게이(Gay, Peter) 316
게프터(Gefter, M.) 444
그람시(Gramsci, Antonio) 170, 268
꽁트(Comte, Auguste) 196, 197
나폴레옹(Napoléon) 3세 196, 198, 307, 350, 352, 392
달랑베르(d'Alembert, Jean Le Rond) 193
뒤베르제(Duverger, Maurice) 412
라마르띤(Lamartine, Alphonse de) 306, 307
라쌀레(Lassalle, Ferdinand) 261, 311~313, 321~327, 347~351, 360~363, 367, 372~376, 383~389
러루(Leroux, Pierre) 74
러셀(Russell, Bertrand) 510
레닌(Lenin, Vladimir) 61, 68, 192, 254, 263, 270, 280, 285, 286, 303, 315~318, 394, 396, 402, 422, 434~473, 481~488, 505, 512, 513, 543
레드뤼-롤랭(Ledru-Rollin, Alexandre-Auguste) 305~308, 313
레오나르도 다빈치(Leonardo da Vinci) 169
레이보(Reybaud) 73
로젠베르크(Rosenberg, Arthur) 305, 307, 313
로크(Locke, John) 303

루소(Rousseau, Jean-Jacques) 101, 149, 186, 192, 228, 250, 303
루스(Roos, J. P.) 489
루이(Louis) 13세 176
루이(Louis) 14세 176
루카치(Lukács, Georg) 254, 543
루터(Luther, Martin) 153, 159, 172
룩셈부르크(Luxemburg, Rosa) 75, 192, 315~318, 333, 337, 447, 462
리슐리외(Richelieu, Cardinal de) 176
리프크네히트(Liebknecht, Wilhelm) 312, 341, 348, 350, 351, 363, 367~376
린드브롬(Lindblom, Charles) 415, 416
립크네히트(Liebknecht, Karl) 192
마라(Marat) 306, 307
마르크스(Marx, Karl) 52~55, 61, 66, 68, 74~84, 87, 89, 91, 97, 127, 128, 136, 139~141, 146~151, 161, 163, 167, 180, 186~192, 200~203, 207, 210, 213, 225, 235, 236, 243, 247, 251~269, 272~293, 298, 303, 308~319, 322~326, 329, 332~334, 351, 352, 356~361, 369~371, 377, 378, 383, 392~399, 402, 403, 415, 421, 422, 434~457, 465~475, 478, 483~487, 509~512, 516, 517, 520, 521, 534, 536, 539, 573
마샬(Marshall, Thomas H.) 296
마이어(Meyer, T.) 384
마키아벨리(Machiavelli, Niccolò) 153, 158, 489
말로(Malraux, André) 31
맥카니(McCarney, Joseph) 284
메드베데프(Medvedev, F.) 479
메링(Mehring, Franz) 333
모렐리(Morelly) 185
모어(More, Sir Thomas) 68, 128, 144, 145, 149~161, 167, 170, 176, 180, 184, 185, 204, 249, 562
몽테스키외(Montesquieu) 303
무솔리니(Mussolini, Benito) 170
문익환 346
미켈란젤로(Michelangelo) 169
밀(Mill, John Stuar) 266, 416
바그너(Wagner, Adolph) 442
바로(Bahro, Rudolf) 508, 512
바뵈프(Babeuf, François N.) 190~192, 249, 250
바이틀링(Weitling, Wilhelm) 309
바쿠닌(Bakunin, Mikhail A.) 311, 440~443, 513
박정희 418
박헌영 173
박호성 316, 412, 438
버크(Burke, Edmund) 147
벌린(Berlin, Isaiah) 147, 148, 537
베른슈타인(Bernstein, Eduard) 276, 287, 290, 314~316, 332, 335, 337, 357, 360, 384~396, 401, 403, 539, 573
베버(Weber, Max) 254, 255, 543
베벨(Bebel, August) 312, 316, 317, 323, 333, 341, 348, 350, 351, 354, 363, 367~376
보른(Born, Stephan) 309
보비오(Bobbio, Norberto) 512
볼테르(Voltaire) 303
브라케(Bracke, Wilhelm) 351
브레즈네프(Brezhnev, Leonid) 484, 492, 501
블랑(Blanc, Louis) 305~307, 313
블랑끼(Blanqui, Louis A.) 305
블레이크(Blake, William) 14
비스마르크(Bismarck, Otto von) 323, 345~347, 362, 366, 374, 379, 488
생시몽(Saint-Simon) 68, 73, 192~214, 250, 251

샤를마뉴(Charlenmagne) 대제 192
샤플레(Schaffle, Albert) 442
소크라테스(Socrates) 99
손호철 367
쇼(Shaw, George B.) 384
쉐보르스키(Przeworski, Adam) 275, 276
슈마허(Schmacher, Kurt) 361
슈바이처(Schweizer, Johann Baptist von) 312, 313, 322, 348, 349, 368, 370, 373
슈타인(Stein, Lorenz von) 74
스미스(Smith, Adam) 204
스탈린(Stalin, Joseph) 68, 192, 285, 292, 395, 435, 443~445, 455, 456, 464~473, 481, 486~489, 492, 501, 509, 514, 515
신채호 43
싸르토리(Sartori, Giovanni) 418
아놀드(Arnold, N. Scott) 255
아리스토텔레스(Aristoteles) 83, 101, 104, 106, 126, 138, 176
아벤트로트(Abendroth, W.) 361
알튀세르(Althusser, Louis) 289
에라스무스(Erasmus) 153~156, 158, 160, 184
엘리자베스(Elizabeth) 여왕 155
엥겔스(Engels, Friedrich) 52, 66, 68, 77~82, 87~89, 127, 136, 140, 146, 149, 151, 163, 167, 191, 192, 203, 207, 210, 216, 225, 251, 252, 256~273, 276~283, 286, 288, 291, 292, 303, 313~317, 322, 325, 326, 329, 330, 342, 351, 352, 357~361, 369, 370, 376, 377, 383, 435~440, 443~445, 449, 451, 466~469, 473, 482, 509~512, 521, 536
오웬(Owen, Robert) 68, 73, 74, 185, 214~249, 252, 270
자술리치(Sassulich, Vera Ivanovna) 436
전태일 218
제럴드 코헨(Cohen, G. A.) 410
조자양 516
질라스(Djilas, Milovan) 513
체트킨(Zetkin, Klara) 333
카르스키(Karski) 333
카우츠키(Kautsky, Karl) 66, 268, 281, 289, 314~316, 333~336, 357, 360, 384, 391~395, 447, 460, 520, 538
캄파넬라(Campanella, Tommaso) 68, 152, 153, 170~185, 204, 249, 562
케설만(Kesselman, Mark) 405
코페르니쿠스Copernicus, (Nicolaus) 153
콜라코프스키(Kolakowski, Leszek) 287, 535, 536, 549
쿠리코프(Kulikov, G.) 479
크로스랜드(Crosland, Anthony) 395
크로포트킨(Kropotkin, Peter) 254, 255, 543
키르케고르(Kierkegaard, Søren) 186
터커(Tucker, Robert) 55, 260
파농(Fanon, Frantz Omar) 43
판네코에크(Pannenkoek) 333
팔레아스(Phaleas) 104
페스탈로치(Pestalozzi, Johann Heinrich) 226, 228
페춰(Fetscher, Iring) 74
포이에르바하(Feuerbach, Ludwig) 291
포퍼(Popper, Karl) 147, 148
폴마(Vollmar, Georg von) 290, 328, 538, 539, 552
푸리에(Fourier, Charles) 73, 185~189, 249
프랑스(France, Anatole) 14, 146
프롬(Fromm, Erich) 52
프루동(Proudhon, Pierre Joseph) 311, 352
플라톤(Platon) 35, 65~67, 77, 82, 83, 88, 97~101, 105~121, 124~141, 149, 152,

156, 158, 164, 167, 176~180, 238, 432, 525, 559, 562
플레하노프(Plechanov, Georgi) 317
필립(Philippe, Louis) 304
하이네(Heine, Heinrich) 377
헤겔(Hegel, Georg Wilhelm Friedrich) 55, 201, 255, 256, 261, 324, 325, 357, 385, 478
헤로도투스(Herodotos) 103
헤르쩬(Herzen, Alexander) 289, 538, 539, 552
헨리(Henry) 8세 154, 155
홉스(Hobbes, Thomas) 303
후쿠야마(Fukuyama, Francis) 537
히틀러(Hitler, Adolf) 361, 366, 380
힐퍼딩(Hilferding, Rudolf) 384